LE CHANT DU BOURREAU

Tome II

Fils d'émigrés juifs, Norman Kingsley Mailer est né dans l'Etat de New Jersey (U.S.A.) en 1923. Après des études à Harvard, il participa à la seconde guerre mondiale, ce qui lui inspira son premier roman, Les Nus et les Morts *(The Naked and the Dead, 1948) avec lequel Norman Mailer fait une entrée fracassante dans le monde des lettres. Il s'oriente ensuite vers l'existentialisme, qui demeure, encore aujourd'hui, une composante importante de son œuvre. Mais le grand tournant de sa carrière se produit dans les années 60, avec l'apparition de livres qui se situent entre le roman, l'essai (politique, historique, philosophique) et le reportage journalistique. C'est vers ce nouveau type de récit que Mailer se tourne en priorité, surtout depuis 1967.*

Ce qui reste dans les mémoires, c'est le dénouement : le 17 janvier 1977, à la prison d'Etat de l'Utah, un peloton d'exécution mit un terme à la vie de Gary Gilmore, reconnu coupable de meurtre. Pour la première fois sans doute, un condamné refusait tout appel, tout recours, et demandait que la justice allât jusqu'au bout : condamné à mort, Gilmore exigeait d'être exécuté. C'était la conclusion d'une histoire de violence et de peur, de jalousie et de désarroi, d'un amour aussi qui même dans la mort restait encore un défi.
L'auteur recrée dans ses détails les plus intimes et les plus sordides, les plus bouleversants et les plus étonnants, le monde tourmenté de Gilmore. Il s'appuie pour cela sur les témoignages de sa maîtresse, Nicole, confrontée à un monde presque aussi impitoyable pour elle que pour Gilmore, sur les témoignages de sa famille, de ses amis, de policiers, de gardiens de prison, de juges, d'avocats, de journalistes, de psychiatres : des centaines de gens qui d'une façon ou d'une autre ont été mêlés à cette extraordinaire aventure.
Ce livre nous décrit une Amérique que l'on voit rarement : les gens pauvres et déshérités de l'Ouest américain qui depuis longtemps n'est plus une frontière, les descendants de ces pionniers mormons venus si nombreux dans ces terres arides que le voyageur, aujourd'hui encore, peut voir d'avion les traces laissées par leurs chariots.

erso.)

D0840958

C'est un homme de chair et de sang qui meurt devant le peloton d'exécution. Un meurtrier que nous en sommes venus à connaître et presque à aimer, car le plus surprenant, c'est que cette histoire pleine de bruit et de fureur est au fond une poignante histoire d'amour : l'amour fou entre deux êtres dont l'un a passé les trois quarts de sa vie en prison et l'autre est une jeune femme belle, sensible, détraquée, irrémédiablement paumée, une enfant comme Gilmore de cette nouvelle génération perdue des années 60.

ŒUVRES DE NORMAN MAILER

Dans Le Livre de Poche :

LES NUS ET LES MORTS.
UN RÊVE AMÉRICAIN.
LE CHANT DU BOURREAU. Tome I.

NORMAN MAILER

Le Chant du bourreau

Tome II

ROMAN

TRADUIT DE L'AMÉRICAIN
PAR JEAN ROSENTHAL

ROBERT LAFFONT

L'auteur remercie les organisations et les personnes qui l'ont autorisé à utiliser les textes ci-dessous :

— Barry Farrell pour des extraits de « Merchandising Gary Gilmore's Dance of Death » dans *New West,* 20 décembre 1976.

— « Bonjour l'Amérique » pour des extraits de l'émission du 17 novembre 1976. © 1976 by American Broadcasting Company.

— Le *Los Angeles Times* pour des textes de David Johnston (© 1976 *Los Angeles Times*) et des textes de William Endicott (© 1978 *Los Angeles Times*), utilisés avec l'autorisation des auteurs.

— Le *New York Times,* pour un extrait, © The New York Times Company.

— Slow Dancing Music Inc. pour un couplet de « Old Shep », © 1935 Whitehall Music et © 1978 Slow Dancing Music. Tous droits réservés par Slow Dancing Music Inc.

— Tree Publishing Company Inc. pour quelques vers de « Busted », paroles et musique de Harlan Howard, © 1962 by Tree Publishing Company Inc. Tous droits réservés.

— Veronica Music Inc. pour un passage de « Paloma Blanca » de Hans Bouwens © 1975 by Witch Music. Tous droits réservés pour le Canada et les Etats-Unis par Veronica Music Inc. et WB Music Corp.

L'auteur remercie également les journaux suivants : *Daily Herald, Deseret News, Los Angeles Herald Examiner, National Enquirer, New Times* et *Salt Lake Tribune.*

Titre original :

THE EXECUTIONER'S SONG

© *Norman Mailer, Lawrence Schiller*
& The New Ingot Company, Inc., 1979.
Traduction française : *Éditions Robert Laffont, S.A., Paris,* 1980.

LIVRE II

VOIX DE L'EST

PREMIÈRE PARTIE

SOUS LE RÈGNE DU BON ROI BOAZ

CHAPITRE I

LA PEUR DE TOMBER

1

LE 1er novembre, le jour où Gary Gilmore déclara pour la première fois au tribunal qu'il ne souhaitait pas faire appel, le procureur général adjoint Earl Dorius était au travail dans le bureau du procureur général de l'Utah, au Capitole de l'Etat, à Salt Lake City. C'était un bâtiment monumental avec un dôme doré, un palais de marbre rectangulaire dont l'intérieur même était dallé de marbre et au milieu duquel on pouvait, en levant les yeux, voir les étages avec leurs balustrades blanches polies. Earl aimait travailler dans tout ce marbre. Il n'était pas du tout hostile à l'idée de travailler là jusqu'à la fin de sa vie et y assurer ses responsabilités.

Cet après-midi-là, Earl reçut un coup de téléphone du directeur de la prison d'Etat de l'Utah. Comme Dorius faisait fonction de conseiller juridique pour la prison, le directeur s'adressait fréquemment à lui, mais cette fois Sam Smith semblait nerveux. Son responsable des transports venait d'emmener un détenu, Gary Gilmore, à Provo pour une audience au tribunal, et Gilmore, semblait-il, avait dit au juge qu'il ne voulait pas faire appel. Le juge avait donc confirmé la date de l'exécution : elle aurait lieu dans deux semaines.

Le directeur était soucieux. Cela ne leur laissait pas beaucoup de temps pour se préparer. Dorius pouvait-il vérifier ?

Earl appela Noall Wootton et ils eurent une longue conversation. Wootton dit que non seulement c'était vrai, mais qu'il ne comprenait pas l'attitude de Gilmore. Le règlement prévoyait l'exécution dans un délai qui n'était pas inférieur à trente jours et pas supérieur à soixante. Du fait que Gilmore n'avait pas interjeté appel, que se passerait-il si on ne l'exécutait pas le 7 décembre, soixante jours après le 7 octobre, dernier jour de son procès ? Gilmore pourrait demander une libération immédiate. La seule sentence qu'on lui avait infligée, après tout, c'était la mort. Ce n'était pas une peine de prison. Techniquement, on n'aurait pas de motif pour le retenir. Il pourrait sortir en invoquant l'Habeas Corpus.

Bien sûr, Gilmore n'allait pas filer aussi facilement, reconnurent les juristes, mais il est bien certain que cela pouvait se révéler embarrassant. L'Etat aurait l'air ridicule et incompétent de le garder en prison sous un prétexte ou sous un autre pendant que le corps législatif et les tribunaux mettraient un peu d'ordre dans la loi.

Earl Dorius rappela Sam Smith et lui dit : « Vous feriez mieux de commencer à vous préparer pour une exécution. » Le directeur en resta baba.

Néanmoins, Sam Smith commença à poser quelques sérieuses questions. Combien le peloton d'exécution compterait-il de membres, voulut-il savoir ? Où pourrait-il les recruter : dans l'ensemble de la communauté ou dans les rangs de la police ?

Le directeur avait aussi compulsé les règlements appropriés mais ils laissaient bien des points dans le vague. Ils ne précisaient pas, par exemple, s'il était possible de procéder à l'exécution en dehors des murs de la prison. Ils étaient flous sur un tas de points. Il faudrait prendre beaucoup de décisions. Par exemple, Gilmore voulait faire don de quelques-uns de ses organes au Centre médical de l'Université. Earl pouvait-il consulter la loi à ce sujet ?

Dorius était excité. Il se rendit compte qu'il se trouvait devant une affaire très exceptionnelle et il se mit à parcourir les bureaux en disant aux gens : « Vous n'allez pas le croire, mais nous allons peut-être être obligés de procéder à une exécution. » Il descendit au bureau du procureur général, mais ce dernier était sorti, si bien qu'il dut annoncer la nouvelle aux secrétaires. Earl fut un peu déçu de leur réaction. On aurait dit qu'elles ne comprenaient pas l'importance de ce qu'il annonçait : la première exécution en Amérique depuis dix ans ! On ne pouvait tout de même pas crier ça aux gens.

1er novembre

Salut bébé,

Je viens d'écrire une lettre au directeur Smith demandant un peu plus d'heures de visite. Je lui ai dit que ça représentait beaucoup pour nous deux. Ça aiderait sans doute si tu voulais lui parler aussi. Je ne sais pas quel genre de type il est, et je ne savais pas comment l'aborder dans ma lettre. Je lui ai simplement dit que je comptais être exécuté comme prévu le 15 novembre et que la seule requête que j'avais à présenter, c'était qu'on m'autorise à te voir davantage... Je lui ai dit que toi et moi on s'entendait vraiment bien et qu'on ne se déprimait pas mutuellement pendant ces visites malgré les circonstances dans lesquelles je me trouve. Il m'a semblé que ça pourrait être bien de dire ça parce que tu sais comment ces gens-là raisonnent parfois...

Bébé, tu as dit dans une lettre, il y a deux jours, qu'aucune femme n'a jamais aimé un homme plus que tu ne m'aimes. Je le crois. Il me semble que ton amour est une bénédiction. Et, mon ange, aucun homme n'a jamais aimé une femme plus que je ne t'aime. Je t'aime avant tout ce que je suis. Et tu continues à faire de moi plus que je ne suis.

De bonne heure le matin du 2 novembre, jour des élections, Earl reçut un coup de téléphone d'Eric Mishara du *National Enquirer.* Il avait appelé le directeur de la prison qui l'avait adressé à son conseiller juridique. Mishara dit qu'il voulait interviewer Gilmore tout de suite.

Il se montra trop insistant au goût de Dorius. Dès l'instant où Earl essaya de le calmer, Mishara commença à expliquer ce qu'il allait faire à la prison si on essayait de lui en interdire l'accès.

Une ancienne affaire vint tout de suite à l'esprit de Dorius : *Pell contre Procunier.* C'était une décision de la Cour suprême des Etats-Unis qui disait que les membres de la presse écrite ou parlée n'avaient aucun droit particulier de voir les détenus. La prison, expliqua Dorius à Mishara, prendrait cette position : Gary Gilmore ne pouvait pas être interviewé.

Mishara dit aussitôt : « Je vous poursuivrai. » Il se mit à parler de grands avocats de New York. Dorius répondit : « Peu m'importe d'où viennent vos avocats. Dites-leur de consulter *Pell contre Procunier.* Je pense qu'ils seront d'accord avec moi. »

Après cela, Earl n'entendit plus parler de M. Mishara pendant quelque temps.

DESERET NEWS

Carter remporte les élections

Le juge ordonne l'exécution de l'assassin condamné

Prison de l'Etat d'Utah, 2 novembre... Si Gilmore obtient satisfaction, il sera le premier condamné à être exécuté dans l'Utah depuis seize ans.

2

Le 2 novembre, jour où il se rendait en voiture dans l'Utah, Dennis Boaz lut dans les journaux un article sur Gary Gilmore et, peu après, il eut une étrange expérience avec la mort. Cela lui parut un bizarre synchronisme.

Il roulait sur la file de gauche et réfléchissait au cours qu'il allait donner au Westminster College à Salt Lake City. Dennis, à cette époque, avait le goût de l'allitération, aussi allait-il l'appeler : Société-Symbolisme-Synchronisme. Juste au moment où il se disait le dernier mot, un semi-remorque freina brutalement juste devant lui et il dut déporter sa voiture sur la gauche pour l'éviter. Au moment où il passait, il aperçut dans le rétroviseur ce spectacle incroyable : un torse d'homme pendant par le pare-brise, les bras tendus vers le sol.

Puis un autre spectacle !

Il entrevit, toujours dans son rétroviseur, un second camionneur qui se précipitait vers le premier camion. Dennis ne s'arrêta pas. Il y avait trop de voitures derrière lui. Mais juste avant que l'accident se produise, il pensa à la date : 2 novembre. Dans son esprit, il le voyait comme 2/11. Ce qui, bien sûr, faisait treize. Dans les grands arcanes du tarot, treize était la carte de la mort.

Le mot lui trottait donc dans l'esprit au moment même où il vit le corps du conducteur. Il pensa : « Bon sang, fichtre ! Je parie que le prochain panneau de signalisation donnera une autre indication. » Lorsque apparut la sortie sur le bas-côté, il put lire : *Star Valley and Death.* Ça faisait beaucoup de coïncidences, même pour quelqu'un ayant les nerfs solides.

Le soir du 2, il arriva assez tôt à Salt Lake pour voter et donner sa voix à Carter. Puis, le matin du 3, il s'éveilla en pensant à Gilmore. « Bon Dieu, me voici en plein dans quelque chose de vraiment important », songea Dennis. Il voyait les possibilités se dérouler devant lui. « C'est une occasion formidable pour un écrivain, pensa-t-il, et je devrais envoyer une lettre à Gilmore ! »

Ce que fit Boaz. Quelques années auparavant, alors qu'il était un jeune procureur, Dennis était en fait contre la peine capitale, mais il en était venu aujourd'hui à penser que même dans une société idéale, on pourrait encore avoir à appliquer la peine de mort. La peine capitale, bien appliquée, pouvait faire prendre conscience sérieusement aux individus du fait qu'ils étaient responsables de leurs actions, et c'était là l'important. Boaz ne mit pas tout cela dans sa lettre, mais il dit quand même qu'il soutenait Gilmore dans son droit de mourir.

3

Les jours où la clinique psychiatrique de Timber Oaks voulait bien laisser April sortir, Kathryne l'emmenait passer deux heures dans l'appartement de Nicole. Parfois, April disait : « Nicole, est-ce qu'ils vont vraiment fusiller Gary ? Pourquoi est-ce que Gary n'a pas envie de vivre, Nicole ? » Nicole répondait avec le plus grand calme. « Oh ! je ne sais pas », disait-elle. Calme comme tout. Comme si ça ne la tracassait même pas. Ça mettait Kathryne dans un tel état qu'elle en criait toute seule la nuit. Elle ne pouvait pas supporter d'en entendre parler à la télé. Comme ça, en plein milieu des spots publicitaires. C'était dingue.

Parfois Nicole venait chez Kathryne avec les gosses et y passait la nuit. Elle ne parlait jamais. Pas même à sa tante Cathy. Elle mettait Sunny et Jeremy au lit et puis écrivait des poèmes. C'était tout. Elle écrivait des lettres et des poèmes. Elle ne se montrait jamais violente avec les gosses, simplement elle ne s'en occupait pas beaucoup.

La première semaine de novembre, Kip mourut. Il se tua en faisant une chute en montagne. En escalade. Kathryne s'apprêtait à partir travailler, le 4 novembre, lorsqu'elle entendit un nom à la radio, Alfred Eberhardt, et elle se dit : « Oh ! mon Dieu, ça doit être Kip. » Toute la journée, elle se demanda comment Nicole allait prendre ça. Elle alla droit à Springville en sortant de son travail. Nicole était là, avec sa petite lampe pas allumée, en train d'écrire et d'écrire. Kathryne entra et dit : « Qu'est-ce que tu fais dans cette pénombre ? » Nicole dit : « Oh ! je n'avais pas remarqué. » Elle alluma la lampe, se fit du café, rit et plaisanta. Kathryne ne savait pas comment lui demander si Alfred Eberhardt était bien Kip. Elle dut quand même finir par poser la question. Nicole se contenta de répondre : « Mais oui, mais oui. » Kathryne dit : « C'est bien ce que je craignais. » Nicole reprit : « Mais oui. » Kathryne ne trouvait pas que Nicole manifestait les sentiments qu'elle aurait dû éprouver.

Un peu plus tard, cependant, Nicole leva le nez et dit qu'elle voudrait téléphoner aux parents de Kip. Kathryne était tout à fait d'accord et Nicole demanda : « Je ne sais pas. Qu'est-ce que je vais leur dire ? »

« On voit que ça lui fait mal, se dit Kathryne. Ça lui fait quand même de l'effet. »

Nicole se rappelait ce jour, voilà des années, où elle avait plaqué Barrett et était partie avec tout ce qu'elle possédait dans un sac jeté sur son dos, avec Sunny, alors un bébé, sur les bras. Quand Kip l'avait prise en stop, leur aventure avait commencé le même soir. Il s'était montré tout de suite un véritable étalon. Une vraie première nuit.

Le lendemain, ils roulaient dans les Rocheuses du Colorado, Kip arrêta la voiture et emmena Nicole et Sunny sur un petit sentier de montagne. Ils aperçurent un type qui essayait de grimper une falaise. Il y avait un petit rebord, à environ un mètre du sol, sur lequel ce type ne cessait d'essayer de monter, mais ensuite il s'affolait probablement à l'idée d'aller plus haut et redescendait.

Deux heures plus tard, lorsqu'ils reprirent le sentier en sens inverse, le type était toujours là. « Il est dingue », dit Kip en riant, mais néanmoins avec un air préoccupé. Plus haut sur la falaise, il y avait d'autres types avec des cordes, à peu près la hauteur d'un huitième ou d'un dixième étage, comme accrochés à la paroi. Kip ne parvenait pas à en détourner les yeux. Nicole le voyait se déprimer. Pensait-il qu'il se trouvait là avec une nouvelle pépée, une pépée super, et que ces connards voulaient lui faire de l'esbroufe ? A vrai dire, Nicole n'aurait vu aucun inconvénient à rencontrer l'un d'eux. Ils avaient l'air super audacieux.

La radio disait que Kip était un grimpeur novice. Nicole se prit à se demander s'il avait tenté cette escalade avec des cordes ou bien s'il avait agi en pauvre dingue coincé au pied de la corniche et incapable de grimper.

3 novembre

Écoute — et ne va pas jouer les rebelles, les entêtées ni les indépendantes comme c'est souvent ta réaction immédiate quand on te dit de faire ou de ne pas faire une chose. Bon. Ce que je te dis, c'est ceci : tu ne vas pas partir avant moi. Tu en parles dans ta lettre et je te prends toujours au sérieux. Je n'aime dire à personne, et surtout pas à toi, de faire ou de ne pas faire quelque chose. Sans leur donner une raison. Les raisons sont celles-ci : je désire partir le premier. Je le désire. Deuxièmement, je crois que j'en sais peut-être un peu plus que toi SUR LE PASSAGE DE LA VIE A LA MORT. Je crois que je le sais. Je m'attends à me trouver instantanément devant ta présence physique, où que tu sois à l'époque. Je ferai tout ce qui sera en mon pouvoir pour calmer et apaiser ton chagrin, ta souffrance et ta crainte. Je déploierai autour de toi mon âme même et tout le formidable amour que j'éprouve. Tu ne dois pas partir avant moi, Nicole Kathryne Gilmore. Ne me désobéis pas.

Une lettre partit aussi pour Vern. Gary y constatait que ni Vern ni Ida n'étaient venus le voir après sa condamnation à mort, « *il va donc de soi que vous avez honte de moi.* » Puis Gary ajoutait : « *Vous n'avez même pas encadré le portrait que je vous ai donné. Je veux que vous preniez ce tableau et que vous le donniez à Nicole. Je ne veux plus rien avoir à faire avec vous.* »

Quand Ida eut retrouvé ses esprits, elle écrivit : « *J'adore les dessins que tu m'as donnés. C'est la seule chose que j'aie de toi. Pour ce qui est d'y renoncer et de les donner à Nicole, il ne faut pas y compter, je ne le ferai pas. Ils sont à moi.* »

Vern ajouta un post-scriptum à la lettre d'Ida : « *Je ne sais pas ce qui te prend. Nous avons essayé de te voir à la prison et la seule personne que tu voulais voir c'était Nicole, alors nous avons renoncé. C'est la vérité. Je suis tout à fait de l'avis d'Ida. Nous ne donnerons pas les dessins.* »

Nicole, j'espère que ça n'a pas provoqué une discussion ou une scène pénible. J'ai reçu aujourd'hui une lettre de Vern et d'Ida : Ida t'aurait retrouvée si tu avais « fait des histoires ». (Ce sont ses paroles à elle, pas les miennes.)

Mon Dieu, bébé, je suis navré. Je suis navré d'avoir des parents comme ça. J'espère que tu n'as pas eu d'ennuis avec Vern ni avec Ida. Qu'ils aillent se faire foutre. N'y pense plus, qu'ils gardent les dessins. Ils savent que ça ne me plaît pas mais je ne vais pas te faire avoir une discussion avec eux. Ça me gêne.

Gary écrivit aussi à Brenda de donner à Nicole sa peinture à l'huile, et elle demanda à Vern ce qu'elle devait faire. Vern lui dit de suivre sa conscience. Elle envoya une lettre à Gary : « *Je n'en ai pas envie, mais si tu insistes, je le ferai. Si ça ne compte pas plus que ça pour toi, ça ne compte sûrement pas plus pour moi. J'en ai ras le bol. Je n'en veux plus. Si tu as envie d'être aussi désagréable, égoïste et enfantin, je vais prendre le tableau et aller le fourrer sur la tête de Nicole. Comme ça elle pourra vraiment l'avoir et en profiter.* »

4

Le 3 novembre, Esplin reçut une lettre de Gary. Elle disait : « *Mike, taillez-vous. Cessez de déconner avec ma vie. Vous êtes congédié.* »

PROVO HERALD

> 4 novembre. — Bien qu'ils aient été congédiés, les deux avocats de la défense ont, dans la journée de mercredi, interjeté appel — en leurs noms propres — auprès du juge J. Robert Bullock du 4e District. Ils ont déclaré que c'était « dans le propre intérêt » de l'accusé.

Cet article valut à Earl Dorius de nombreux coups de téléphone. La presse ne cessait de demander quelle attitude le bureau du procureur général comptait prendre envers Gilmore. Dorius répondit que Snyder et Esplin pouvaient tenter d'interjeter appel sans le consentement de leur client, mais que, selon lui, leur requête manquerait de justification.

Earl avait l'impression que « la justification » n'allait pas tarder à devenir un terme légal important dans son bureau. Même si Snyder et Esplin se retiraient, il estimait que d'autres groupes — que Gilmore le voulût ou non — ne tarderaient pas à essayer d'interjeter appel. Alors, la justification — le droit de porter une affaire devant la Cour — allait jouer un rôle très important

4 novembre

Salut Bébé.

Aujourd'hui, alors que j'allais parler à Fargan de visites supplémentaires, ce mec un peu habillé comme une fille m'a interpellé au passage d'une des autres sections... Ce gars-là est en haute surveillance pour avoir foutu une rossée à un lieutenant de la garde. Je crois que c'est un homme, à bien des égards, un prisonnier solide d'après tout ce que j'entends dire de lui, mais aussi une tante, une pédale, enfin comme tu voudras l'appeler. Ce soir, à la bouffe, il m'a fait passer ce petit mot que je t'envoie pour que tu le lises — et pour que ça te fasse rigoler aussi.

> *Salut Gil,*
>
> *J'ai lu ton histoire dans le journal, et je dois dire que tu es une exception à toutes les règles. Les gens ne savent que penser de toi. Qu'est-ce que tu veux, ils ne nous connaissent pas, nous autres Texans, pas vrai, car on peut supporter n'importe quoi dans ce foutu monde, hein ?*
>
> *Ce matin, j'ai fait la remarque que j'avais envie de te parler, pour voir un peu comment tu fonctionnais !*
>
> *Mon chou, ne fais pas attention à toutes les saloperies qu'on raconte sur moi, car tu sais ce que c'est qu'une salope qui a le vertige.*
>
> *Qu'est-ce que tu fais tout le temps, à part réfléchir ? Je pense que je ne devrais pas te poser un tas de questions connes, mais tu sais ce que c'est qu'une putain, elle réclame toujours quelque chose !*

Gary ajouta en dessous :

Eh ! bébé Nicole — ne va pas te mettre à être jalouse maintenant !

Jimmy Carter est notre nouveau président. C'est quelque chose ! Je ne pensais pas que Ford pouvait perdre — je crois que c'est seulement la seconde fois dans toute l'histoire qu'un président en exercice a été battu.

DESERET NEWS

5 novembre. — Les représentants en Utah de American Civil Liberties Union (A.C.L.U.) et le N.A.A.C.P. (National Association for the Advance of Coloured People) ont déclaré qu'ils allaient essayer de faire intervenir leurs avocats dans la procédure d'appel.

Le porte-parole de l'A.C.L.U., Shirley Pedler, a déclaré : « Notre position est que l'Etat n'a pas le droit de l'exécuter sans tenir compte de ses choix ni de ses décisions. »

J'ai rencontré aujourd'hui un Indien que je connais depuis des années. C'est le chef Bolton. Il était gardien dans la taule de l'Oregon quand je l'ai connu, voilà plusieurs années. C'est un grand et solide gaillard. Dans les cent trente kilos, un type au poil, même s'il est gardien, et... il a dit qu'il pouvait facilement comprendre mes sentiments — je crois que les Indiens comprennent mieux la mort que les Blancs.

5 novembre

J'ai reçu une lettre d'un nommé Dennis Boaz, de Salt Lake. C'est un ancien avocat de Californie. Il a l'air de parfaitement comprendre ma situation et estime que j'ai le droit de prendre l'ultime décision sans l'intervention d'aucune autorité juridique. Ce Boaz est aujourd'hui journaliste indépendant et il veut faire un article pour un grand magazine. Il a dit qu'il partagerait l'argent qu'il toucherait pour son reportage avec la personne que je choisirai.

Mais je refuse d'emblée... Je ne veux absolument pas faire d'argent avec cette affaire, en aucune façon...

C'est une chose personnelle, c'est ma vie, Nicole. Je ne peux pas empêcher qu'on fasse une certaine publicité là-dessus mais je ne la recherche pas. Le directeur de la prison, Smith, m'a demandé aujourd'hui ce qui pourrait me faire plaisir comme dernier repas. J'ai toujours cru que ça ne se faisait qu'au cinéma. Je lui ai dit que je n'en savais rien mais que j'aimerais deux boîtes de bière. Il m'a répondu qu'il ne savait pas si c'était possible... mais que peut-être...

5

Earl attrapa une sorte de grippe et dut rester chez lui. C'est ce même jour, le 5 novembre, que Gilmore téléphona à son bureau ! Le soir, Earl regarda des bulletins d'informations où Bill Barrett, son adjoint — aucun rapport avec Jim ni Nicole Barrett, comme Earl fut obligé de le préciser — était interviewé à la suite du coup de fil de Gilmore. Earl était navré de ne pas s'être trouvé au bureau pour répondre lui-même. Barrett pouvait bien être son meilleur ami au travail, ils avaient fait une bonne équipe l'année précédente — ils plaisantaient toujours parce que Barrett était grand et mince alors que Earl était petit et costaud — cela ne voulait pas dire qu'ils avaient un point de vue identique sur le même problème. C'était vraiment agaçant d'être conseiller juridique, de faire tout le boulot et puis de manquer une occasion comme un coup de téléphone de Gilmore.

Barrett ne parla à Gary que quatre ou cinq minutes, mais comme il le raconta plus tard à Earl, ce fut un des épisodes de sa vie dont il se demandait s'il s'en remettrait un jour.

Ce fut le directeur adjoint Hatch qui appela. Un peu plus tard, la haute surveillance était en ligne. Le lieutenant Fargan lui présenta le détenu. Barrett entendit alors un homme à la voix douce et qui semblait très raisonnable. Il ne tempêtait pas, ne vociférait pas, ne criait pas, ne hurlait pas. En fait, il disait toujours : « Monsieur Barrett. »

Il demanda tout d'abord s'il pouvait prendre un nouvel avocat.

« Monsieur Gilmore, répondit Barrett, je crois comprendre votre situation, mais mon service ne peut rien faire. C'est à la Cour de procéder à une nouvelle désignation.

— Vous savez, monsieur Barrett, dit Gilmore, ce n'est pas une décision prise sur un coup de tête. J'y ai beaucoup réfléchi et j'estime que je devrais payer pour ce que j'ai fait.

— La difficulté, monsieur Gilmore, reprit Barrett, c'est qu'il ne sera peut-être pas facile de convaincre un avocat qu'il doit vous aider à être exécuté. Toutefois, s'il y a de nouveaux développements dont j'estime que vous deviez être informé, je vous tiendrai au courant. Je comprends votre attitude. »

En réalité, Barrett se sentait impuissant. Tout cela était si incongru. Son travail était de veiller à ce que l'homme soit exécuté, ils auraient dû être du même avis, et pourtant ce n'était pas le cas.

Un journaliste qui traînait dans le bureau recueillit l'histoire. Lorsqu'elle fut publiée, Barrett reçut des coups de fil de tous les coins du pays. Greg

Dobbs, correspondant du réseau de télévision A.B.C., téléphona de Chicago en disant : « Je vais venir dans votre coin ce week-end, est-ce que je peux vous interviewer ? Est-ce que je peux venir chez vous ? » La conversation était à peine terminée qu'ils prenaient date. Des stations de radio de Floride et de Louisiane l'interviewèrent par téléphone. En Utah !

Jamais Earl n'avait eu autant de travail. Au département criminel du bureau du procureur général, il n'y avait que deux procureurs à plein temps, Barrett et lui, plus quelques juristes et secrétaires. Ça ne faisait pas beaucoup de personnel pour absorber tout ce qui arrivait. Ainsi, dès le jour suivant, Dorius tomba sur deux avocats bien connus de Salt Lake, Gil Athay et Robert Van Sciver, qui tenaient une conférence de presse dans le hall de la Cour suprême de l'Utah, un étage au-dessus du bureau du procureur général. Earl les entendit dire devant les caméras qu'ils avaient l'intention de demander un sursis à l'exécution de Gilmore au nom de tous les autres détenus du quartier des condamnés à mort de la prison d'Etat de l'Utah. Le client d'Athay était un des « tueurs de haute-fidélité ». Les tueurs de haute-fidélité avaient été condamnés pour avoir tué plusieurs personnes dans un magasin de disques. Ils avaient commencé par leur verser du décapant dans la gorge, et les avaient achevés en leur enfonçant des stylos à bille dans les oreilles. C'étaient les meurtres les plus abominables commis en Utah depuis des années, exactement le genre de crimes à faire de nouveau adopter à toute allure la peine capitale. Gilmore, en réclamant son exécution, n'allait pas attendrir l'opinion publique vis-à-vis des tueurs de haute-fidélité.

Oui, ça chauffait vite. Trop vite. Dorius comptait se rendre à Phoenix pour une conférence des fonctionnaires de l'administration pénitentiaire à laquelle Barrett et lui devaient assister, mais le moment était mal choisi pour quitter le bureau. Earl se faisait interviewer quasiment sans interruption par tous les médias. A son bureau, chez lui, dans la rue... partout.

CHAPITRE II

SYNCHRONISME

1

A PEINE Earl Dorius et Bill Barrett étaient-ils arrivés à la conférence des fonctionnaires de l'administration pénitentiaire qu'ils s'aperçurent qu'à Phoenix aussi Gary Gilmore faisait la une des journaux. Tous les soirs, des reportages à la télé. Ils virent même l'interview de Bill Barrett par Greg Dobbs au journal du soir de la chaîne A.B.C. C'était quelque chose de voir Barrett sur un réseau national !

Puis Earl et Bill firent la connaissance de deux procureurs généraux adjoints de l'Etat d'Oregon qui racontèrent quels problèmes posait Gilmore au système pénitentiaire de l'Oregon. Jamais, semblait-il, Gilmore n'était satisfait de ses fausses dents. Chaque fois qu'on lui faisait un nouvel appareil, il le jetait dans les toilettes. La prison finit par lui dire que s'il continuait à balancer comme ça d'autres râteliers, il mâchonnerait sa nourriture avec ses gencives jusqu'à la fin de son séjour en prison. Ces procureurs généraux adjoints disaient maintenant en plaisantant qu'après l'exécution de Gilmore, l'Utah devrait rendre les appareils dentaires à l'administration pénitentiaire de l'Oregon.

Le lendemain, nouveaux développements. On pouvait dire que les événements se bousculaient. La Cour suprême de l'Etat venait de rendre son arrêt sur la demande en appel de Snyder et Esplin et avait accordé à Gilmore un sursis d'exécution, qu'il le voulût ou non. Maintenant, personne ne savait quand elle aurait lieu. Le même jour, Gilmore adressa une nouvelle lettre à la Cour. Naturellement les journaux la publièrent. Earl avait du mal à croire ce qu'il lisait.

Les habitants de l'Utah n'ont-ils donc pas le courage de leurs opinions ? On condamne un homme à mort — moi — et quand j'accepte ce châtiment suprême de bonne grâce et avec dignité, vous, le peuple de l'Utah, voulez revenir sur votre décision et en discuter avec moi. Vous êtes stupides.

Juste après cela, le directeur de la prison, Smith, téléphona. Gilmore lui avait envoyé une nouvelle lettre :

Monsieur le Directeur, je ne désire voir aucun des membres de la presse. Il y a toutefois un nommé Dennis Boaz, journaliste indépendant et ancien avocat, que je souhaite rencontrer. M. Boaz est la seule exception à mon refus de toute interview.

Qui donc est Dennis Boaz ? se demanda Earl.

2

Le dimanche soir, Gary dit à Cline Campbell : « J'ai besoin de votre aide. Je n'ai pas d'avocat et je pense comparaître devant la Cour dans quelques jours. Je peux toujours aller là-bas et me représenter moi-même, mais ça paraîtrait plus sérieux si j'avais un avocat. » Il remit une lettre à Campbell. « Cet homme dit qu'il est avocat. Voulez-vous le contacter ? » Lorsque Campbell eut promis de le faire, Gilmore ajouta : « Il faut le faire vite. »

La lettre ne mentionnait aucun numéro de téléphone. Le lundi matin, Campbell se rendit en voiture à l'adresse indiquée sur l'enveloppe et tomba sur un type qui sortait tout juste de l'appartement. Il déclara le partager avec Boaz et dit : « Dennis est au lit, mais je vais lui dire de se lever. Il a écrit toute la nuit. »

Lorsque Campbell eut expliqué à Boaz pourquoi il était venu, tous deux s'examinèrent avec attention. Campbell devait lever la tête. Boaz était aussi grand qu'un joueur de basket-ball, au moins un mètre quatre-vingt-dix et, comme un télescope, on aurait dit qu'il avait l'air de se déplier. Tout en haut, il y avait un visage aimable et sérieux, des cheveux bruns et une petite moustache brune. Campbell trouva qu'il aurait pu tout aussi bien être docteur ou dentiste qu'avocat.

3

Comme Dennis occupait le sous-sol sans payer de loyer, sa première pensée, lorsque Campbell arriva, fut qu'il s'agissait sans doute d'un créancier. Campbell avait l'air d'un rude petit soldat. Il ne donnait pas l'impression de plaisanter et se tenait raide comme de l'amidon. Dennis, bien sûr, avait une Saab neuve à propos de laquelle il se trouvait dans une situation délicate. Que voulez-vous, il était fauché... En fait, il devait cinq briques. Dans ces circonstances, il crut tout naturellement que Campbell était venu reprendre possession de la voiture.

Dès l'instant où il comprit que Cline était au contraire porteur de bonnes nouvelles, il parvint à le trouver sympathique. Un homme aimable et à la voix douce, décida-t-il, courtois et préoccupé.

L'appartement était un vrai fatras. Everson, avec qui il le partageait, était un peu désorganisé à l'époque ; aussi y avait-il des livres et des journaux partout. Et ce grand lit, dans la pièce qui donnait sur la rue, avait un air un peu insolite, c'est vrai. Campbell n'allait pas se laisser impressionner, étant donné qu'il régnait, malgré tout, une atmosphère convenable. Everson était un brave bougre de laisser Dennis habiter là, puisqu'à n'en pas douter cela le gênait pour recevoir des femmes. Mais le fait d'avoir si bon cœur atténuait un peu les choses. D'ailleurs, Boaz estimait que maintenant le plus dur était fait. Il avait su se tirer de situations plus catastrophiques que cela.

Il dit à Campbell qu'il ne lui faudrait qu'une heure pour se préparer mais qu'il devrait acheter des piles pour son magnétophone et aller voir ce qui se passait au Syndicat des conducteurs de cars dont il était le conseiller juridique. Pour cela il était censé toucher de modestes honoraires mais il n'avait encore rien vu. Il n'arriva donc pas à la prison avant deux heures, soit trois heures plus tard.

La prison se trouvait à Pointe de la Montagne, à trente kilomètres au sud de Salt Lake City, a mi-chemin d'Orem et de Provo, et juste à l'opposé de l'endroit de l'autoroute où la montagne s'arrêtait. Sur la droite, à la bretelle de sortie, on avait une bonne vue sur toutes les étendues désolées se déployant vers l'ouest, et puis une vue de la prison juste au bord du désert ; un assemblage de bâtiments bas en pierre jaune abrités derrière une haute clôture métallique.

Boaz gara sa Saab, passa sous le mirador et pénétra dans les bâtiments de l'Administration. Il y avait une petite entrée, pas de hall, juste deux étroits couloirs qui se coupaient à angle droit. Un guichet pour les renseignements se trouvait sur un côté de cette croix. On aurait dit le coquet bureau qu'on aurait pu trouver derrière la porte d'un grand entrepôt. Les gardiens arboraient des blazers rouges trop courts dans le dos pour ceux qui avaient de gros culs, et Boaz les voyait déambuler dans le couloir ou franchir dans un sens ou dans l'autre les doubles portes qui donnaient accès au quartier de moyenne surveillance. Un prisonnier de corvée, debout près d'une petite vitrine, vendait aux touristes des ceintures de cuir fabriquées par les détenus. Comparé aux prisons de Californie qu'il avait vues, Dennis trouva que cet édifice était vieillot et bizarre pour un pénitencier d'Etat. Malgré cela, l'ambiance n'était pas désagréable, tout ça faisait un peu ferme. Les gardiens avaient des visages sans particularités, mais madrés, comme s'ils étaient allés se rouler dans le foin. Rien pourtant d'envieux ni de techniquement corrompu. Quelques-uns parmi les gardiens plus âgés avaient bien des ventres qui auraient demandé à être soutenus par des brouettes, mais dans l'ensemble c'était un endroit relativement sans chichis, dirigé par des gens de la campagne, ce qu'ils devaient d'ailleurs être. Cependant, parmi les gardiens, il y avait quelques mecs à l'air pas commode.

Devant le bureau du directeur se trouvait un message dactylographié punaisé au mur :

Je ne peux pas blairer les gars
Qui ne cessent de critiquer
Les gars par-ci les gars par-là
Dont l'art a toujours consisté
A savoir être plus malins que tous les autres
[moins que rien

Qui jour et nuit finissent
Par critiquer Sam Smith

Puis le bureau. Petit pour le cabinet d'un directeur, mais fichtrement petit pour Sam Smith qui était encore plus grand que Dennis et avait une gigantesque carcasse. On aurait dit un croisement, songea Dennis, de Boris Karloff et d'Andy Warhol, et il portait de grosses lunettes à monture en imitation d'écaille. Cela dit, il parlait d'une voix douce.

« Je suppose, commença Dennis, que vous savez un peu pourquoi je suis ici.

— Non, fit Smith, je n'en ai aucune idée. »

Un type rudement prudent, pensa Dennis. Smith avait quelque chose de figé dans l'expression. Il était renversé dans son fauteuil et examinait son visiteur avec circonspection.

Dennis expliqua qu'il était là en tant qu'écrivain. Gilmore voulait discuter de la possibilité de lui accorder une interview.

« Oh ! dit Smith, nous ne pouvons pas accepter d'écrivain ici.

— C'est que Gilmore veut me voir. Il m'a envoyé l'aumônier. »

Smith secoua la tête. Il avait une attitude énergique, très directeur de prison, se dit Dennis. Un contrôle absolu de soi dissimulant peut-être l'inquiétude. Et il n'entendait pas laisser percer cette inquiétude.

« Qu'est-ce que ça veut dire ? fit Dennis qui commençait à s'énerver. Cet homme va bientôt mourir, et personne ne peut l'approcher ? Il a envie de me voir. Il veut me parler.

— Je ne peux pas laisser d'écrivains entrer ici », dit Smith. Bon sang, qu'il se tenait raide. Pour un homme de sa corpulence, Smith se déplaçait facilement, mais on pouvait dire qu'il se contrôlait. Dennis ne l'aimait pas, et n'aimait pas la manière qu'il avait d'être assis dans son fauteuil : froid, préoccupé, sans sourire.

Sam Smith resta assis là à réfléchir un long moment. Sa remarque suivante surprit Dennis. « Au fait, fit le directeur, vous êtes avocat. »

Il en sait bien plus sur moi qu'il ne me l'a laissé voir jusqu'à maintenant, songea Dennis.

« De Californie », lui confirma Dennis. « Alors, murmura Sam Smith, nous ne pourrions pas nous opposer au droit qu'a Gilmore de voir un avocat. »

Boaz commençait à piger. Est-ce que par hasard Smith voudrait le voir là, lui, plutôt qu'Esplin et Snyder ? Même s'ils avaient été congédiés, ils étaient encore les seuls avocats de Gilmore, et ils avaient obtenu un sursis. Bien sûr ! Le directeur voulait que l'exécution ait lieu à l'heure dite.

Pourtant, Sam Smith n'était pas aimable. On pouvait même dire qu'il avait un physique intimidant. Mais voilà qu'il déclarait maintenant, d'une voix tranquille, sans jamais regarder Boaz, que celui-ci ne pourrait rencontrer Gary Gilmore qu'en tant que conseiller juridique, mais il faudrait mentionner cela noir sur blanc.

Dennis griffonna un mot pour spécifier qu'il n'écrirait pas d'article destiné à un magazine ou à un journal et qu'il rencontrerait Gilmore en qualité d'avocat. Toutefois, il ajouta qu'il écrivait cela à la demande du directeur et ne manqua pas de préciser : « Notre accord est illégal. » Le directeur se mit en colère. Il émanait de lui comme des radiations d'un poêle chauffé au rouge. De toute évidence, toute cette procédure avait beaucoup d'importance pour Sam Smith. L'homme avait quelque chose à prouver.

On laissa entrer Boaz, mais sans son magnétophone. Un gardien vint le chercher au bâtiment de l'administration et ils parcoururent une centaine de mètres, jusqu'au quartier de haute surveillance, un vilain bâtiment trapu, à l'écart. Là, on fit entrer Boaz dans une assez grande salle de visite, peut-être douze mètres sur huit, avec, dans une cage de verre à l'épreuve des balles, seulement un gardien pour le surveiller. Ce gardien contrôlait l'ouverture et la fermeture de la porte mais ne pouvait sans doute pas entendre grand-chose de l'intérieur de sa cabine. Il était à moitié endormi. La stupeur s'ajoutant à des malheurs anciens, voilà la triste impression que Dennis percevait en haute surveillance.

4

La première impression de Dennis fut qu'en même temps que Gilmore et malgré son visage calme et renfermé, une intelligence venait d'entrer dans la pièce. Dennis songea qu'il ne l'aurait peut-être pas remarqué dans la rue à moins d'établir un contact visuel. Gilmore avait des yeux gris-bleu très lumineux. Etonnants. Un regard clair et direct. Comme il portait la salopette blanche un peu large de haute surveillance et qu'il était arrivé dans la pièce pieds nus, Dennis le comparait à un saint homme de New Delhi.

Leur conversation commença bien. Boaz expliqua très vite un tas de choses. Il parla de son passé de juriste, Boalt Hall à Berkeley — le hochement de tête de Gary montra qu'il savait que c'étaient là de bonnes lettres de créance — et du temps qu'il avait passé comme assistant du procureur dans le service du District Attorney du comté de Contra Costa, un peu au nord-ouest de San Francisco. Il avait dirigé l'accusation dans plusieurs affaires de marijuana, insista-t-il. S'il se trouvait du côté punitif de la justice, ses sympathies penchaient plutôt pour la défense. C'était sans doute pour avoir écouté Ginsberg et Kerouac vers la fin des années 50, quand il venait tout juste d'entrer au collège — Gilmore et lui devaient avoir à peu près le même âge, reconnurent-ils — et plus tard pour avoir accordé sa sympathie à des gens comme Mario Savio, Jerry Rubin et au mouvement de Berkeley en général. Il jalonnait l'histoire de sa vie de tous ces noms : Gilmore les connaissait.

Ces derniers temps, déclara Boaz, il n'avait pas beaucoup exercé. C'était trop astreignant. Il s'intéressait plus au mouvement de conscience, aux groupes de rencontres, à la méditation, au soufi, à la méthode Fischer-Hoffman. Il était sorti de cette expérience si bouleversé par les transformations qui s'étaient opérées en lui qu'il était devenu un conseiller Fischer-Hoffman. Mais il en était venu à trouver cela astreignant aussi. Alors, en esprit du moins, il s'était installé à Findhorn. Il aimait l'idée qu'il existait un endroit où l'on pouvait faire pousser les choux de dix kilos sur trois centimètres de terreau, là-bas, en Ecosse, et où même des fleurs pouvaient s'épanouir en hiver si l'on savait leur parler et guider les énergies ambiantes.

Gilmore écouta tout cela et posa parfois de très bonnes questions. Boaz était un peu soufflé. Gilmore lui offrait la plus brillante conversation intellectuelle qu'il ait eue depuis son arrivée à Salt Lake City. Bizarre.

Ils discutaient bouquins, une discussion sérieuse. Gary parlait de *Demian* de Hermann Hesse, de *Catch-22*, de Ken Kesey, d'Alan Watts, de *Mort à Venise*. Il citait l'auteur, Thomas Mann, et disait : « Le petit mignon m'a vraiment mis K.O. » Puis il conclut : « J'aime tout ce que ce dingue d'Irlandais, J.P. Donleavy, a écrit. » C'était plutôt l'énoncé de goûts partagés qu'une discussion. Il aimait aussi *L'agonie et l'Extase* et *Lust for Life* d'Irving Stone.

Dennis n'entendait pas Gary développer des idées neuves. Il faut dire que par rapport à la plupart des gens, il était assez cultivé dans ces domaines-là même s'il ne se considérait que comme un dilettante. Il était assez au courant et fut donc impressionné de voir à quel point Gilmore connaissait bien ces histoires de mouvement de conscience. Alors qu'au fond Gary n'avait rien de neuf à apporter, il avait cependant suffisamment réfléchi au sujet. « On ne peut pas échapper à soi-même, dit Gilmore. Il faut s'affronter. »

Dennis était tout à fait d'accord. On était responsable de ses actes. Mais il trouvait Gilmore un peu dogmatique à propos de la réincarnation. Dans ce domaine, Boaz n'avait pas lui-même de croyance bien établie : la réincarnation n'était qu'une possibilité parmi d'autres. « Ecoutez, Gary, dit-il — il avait décidé de jouer l'avocat du diable — je me suis trouvé un jour avec quelqu'un qui m'a dit qu'il allait me ramener dans mes vies antérieures et on a fait quelques exercices. Je peux jouer à ce jeu-là. J'étais censé être mort sous la torture au XIVe siècle, et puis j'étais Pan à une autre époque. J'ai baissé les yeux et j'ai vu des pieds fourchus... Vous voyez ? Ç'aurait pu n'être rien d'autre qu'une création de mon imagination. Je ne sais pas. Je suis ouvert à tout ça, mais je trouve que ça n'a pas d'importance. J'estime qu'on peut avoir sa morale sans se lancer dans la réincarnation. »

Gilmore secoua la tête. « La réincarnation existe, dit-il, je le sais. »

Boaz laissa tomber. Même si on pouvait apprécier une discussion, il fallait saisir le moment où s'arrêter.

Ils en arrivèrent à la numérologie. Le jour anniversaire de Gilmore faisait un total de vingt et un. Dans le tarot, c'était la carte de l'Univers. Deux et un faisaient aussi trois, un chiffre porte-bonheur, l'Impératrice. De son côté, l'anniversaire de Boaz totalisait l'Empereur et le Fou.

« On s'équilibre, fit Boaz, en riant.

— Oui, dit Gilmore, nous sommes de bons associés. »

Toutefois, si on donnait des chiffres aux lettres de son nom, on arrivait à un total de sept pour Gary et de six pour Gilmore. Treize était la carte de la mort. Boaz sentait cette vibration traverser Gilmore. Quel gâchis, songea-t-il, quelle honte ! Il en est à la dernière semaine de son existence. Ça le rendait triste d'être une des très rares personnes à se rendre compte que Gilmore était sérieux quand il parlait de mourir avec dignité, et il le lui dit.

Gilmore hocha la tête. « Je suis disposé à vous accorder l'interview », dit-il. Mais il ajouta : « J'ai besoin d'aide. Voulez-vous être mon avocat ? »

S'il acceptait, se dit Dennis, beaucoup de gens, assurément, n'allaient pas comprendre. Ça allait être fichtrement difficile sur le plan professionnel. Mais quelle expérience !

« Bon Dieu, fit Dennis, vous savez le genre de réputation que ça va me valoir ?

— Vous pouvez le supporter », fit Gary.

Boaz acquiesça. Il pouvait le supporter en effet. Il se crut quand même obligé de dire : « J'ai l'impression d'être Judas en vous aidant à vous faire exécuter.

— Judas, répondit Gary, a été l'homme le plus calomnié de l'Histoire. »

Judas savait ce qui se passait, ajouta Gilmore. Judas était là pour aider Jésus à réaliser la prophétie.

Maintenant qu'ils étaient convenus de travailler ensemble, Boaz commença à songer au côté plus coriace de Gary. Macho dans une certaine mesure. Bien sûr, il devait se servir d'une arme pour faire la preuve de sa puissance. Il vivait dans les extrêmes. Il avait dû être un enfant très sensible.

Ça fit penser Dennis à l'époque où il était en dernière année de lycée à Fresno et à ceux de sa classe qui avaient déjà des filles, qui fumaient, qui regardaient des photos pornos et buvaient de l'alcool en douce alors que lui était toujours aussi naïf.

En s'en allant, Gilmore lui dit : « Je veux que vous veniez tous les jours. » Boaz promit de le faire. Il avait passé là près de trois heures.

Sam Smith voulut savoir comment ça s'était passé. Il aborda Dennis dans le couloir et lui fit un sourire. « Alors, monsieur Boaz, demanda Sam Smith, vous êtes vraiment avec nous ? » Avec Nous ?

En réponse, Dennis eut un sourire. L'avocat de la défense copinant avec le directeur de la prison. « Oui, je suis avec vous, monsieur le directeur. » Eh oui. A fond.

5

Ils avaient beau être arrivés en Californie des années après que les Okies aient immigré de la cuvette à poussière, les parents de Boaz n'aimaient pas beaucoup qu'on dise qu'ils venaient de l'Oklahoma. Durant toute la Crise et la Seconde Guerre mondiale, Okie était un mot mal vu à Fresno. Peu importait que le beau-père de Dennis fût adjudant dans l'armée, c'était quand même une tache. Etant enfant, Dennis disait des choses comme : « Mon frère, il... » et en classe élémentaire on lui fit suivre un cours de repêchage en anglais. Il allait rattraper cela en ayant de bonnes notes au lycée, en travaillant sa diction et en se faisant des amis parmi les gosses de la bourgeoisie. Il voulait s'établir comme Californien.

Lorsqu'il fut plus âgé, toutefois, il put apprécier son héritage. Une partie de lui-même ne se laissa jamais gagner par toute cette éthique bourgeoise. Mais il s'était donné du mal. En dernière année, il se fit élire président du corps des étudiants, jouait au basket-ball et était capitaine de l'équipe de tennis au lycée. Pourtant il se rendait compte qu'il en faisait trop et pendant toutes ces années de collège et de faculté de droit, il y eut cette grave division en lui-même : allait-il choisir ce poste d'assistant du District Attorney à Contra Costa ou bien se lancer dans le mouvement Underground sur le droit de jouer et la poursuite du bonheur ?

Un tiers des procureurs du bureau de Contra Costa, les plus jeunes, fumaient tout le temps de l'herbe tout en travaillant sous les ordres de patrons à la mentalité étriquée et parfois F.B.I. : chemise blanche à manches courtes et petite cravate noire.

Au cours d'une soirée dans un bungalow de deux étages, une demi-douzaine de jeunes procureurs, y compris Dennis, montèrent au grenier pour fumer un peu, tandis qu'au rez-de-chaussée leur patron s'imbibait d'alcool dans la salle de séjour. La vraie juxtaposition de la gnôle et de l'herbe. Les patrons — avec leurs biberons — étaient en enfer en bas, et Dennis et ses copains montaient au ciel.

A peu près à cette époque, Dennis se maria à une femme superbe et l'aida à élever son fils. Dennis avait été élevé par un beau-père et se retrouvait lui-même beau-père. Une bonne symétrie aidait à maintenir un bon équilibre affectif. Pendant quelque temps, ce fut un bon mariage. Il quitta le bureau du District Attorney, s'installa comme avocat d'assises et il aimait ça. C'était plus dramatique de se battre au tribunal pour la liberté de quelqu'un que de protéger son argent. Sa femme, Ariadne, et lui à cette époque, se mirent à goûter aussi les aspects sensuels du droit de jouer. Les bonnes choses, les belles voitures, la cuisine française, les voyages en Europe..

Et puis Ariadne et lui se dirigèrent vers des buts différents. Le divorce se dessina comme un point de rupture. Dennis s'intéressait moins à sa clientèle. Il était encombré de problèmes de propriétés, alors qu'il se trouvait en pleins problèmes psychologiques. Il passa aux techniques d'éveil de la conscience et il s'attacha à un hindou nommé Harish. Autour du gourou gravitaient des physiciens, des poètes, des artistes, des médecins, des musiciens et des gens de théâtre. Un groupe d'entre eux forma la Modulation Maya. Ils mirent tous de l'argent dans un film sonore qu'on devait tourner en Inde, mais un des membres de l'équipe mourut là-bas. Tout le projet s'effondra.

En 1975, Dennis était fauché comme les blés et décidé à vivre de sa plume. Il échoua à Ariadne Street, à East Oakland, avec un vieux partenaire de handball et un type fou de jogging. La maison sentait les chaussures à pointes et la transpiration. Dennis dormit sur un divan du salon pendant six mois. Il y avait des moutons dans tous les coins de la maison d'Ariadne Street. Seulement, c'était le nom de son ex-femme. C'était marrant, une coïncidence. Il avait aussi deux ou trois amies qui prenaient pitié d'un écrivain cherchant à percer et qui le nourrissaient un peu.

Mais en 1976, il était dans le trente-sixième dessous. Deux semaines logé et nourri gratuitement chez sa mère voulaient dire supporter l'agacement qu'elle éprouvait à voir qu'un jeune et brillant avocat avait tout laissé tomber. Deux mois avec un copain qui dirigeait une boîte de noctambules voulait dire impossibilité de dormir et impossibilité d'écrire. Ensuite, il repeignit une maison pour son vrai père. Dennis vivait d'expédients. Bien entendu, il adorait la politique du bord de l'abîme.

Il décida de revenir au droit. Il avait aussi le sens des responsabilités. Son vrai père était installateur en plomberie et Dennis ne voulait absolument pas perdre ses liens avec la classe ouvrière. Aussi accepta-t-il de devenir l'avocat du Syndicat des conducteurs de bus de Salt Lake et s'apprêta-t-il à engager un procès contre les compagnies de cars qui n'autorisaient pas leurs chauffeurs à utiliser les postes de radio amateurs. Selon Dennis, les radios amateurs pouvaient sauver des vies dans les cas d'urgence. Il faisait donc la navette au volant de sa Saab entre la Californie et l'Utah quand, lors du dernier de ces voyages, il aperçut l'homme mort sur l'autoroute alors qu'il retournait à Salt Lake afin de voter pour Carter.

6

Et voilà que maintenant, une semaine plus tard, sa vie était au tournant d'un grand changement. Il était en train de monter la colline jusqu'au Capitole de l'Etat, avec son superbe dôme qu'il avait si souvent regardé, car on le voyait d'à peu près n'importe où à Salt Lake. Dennis était ravi. Aujourd'hui il allait déposer sa carte de visite dans le bureau du procureur général et déclarer que Gilmore voulait que Dennis Boaz fût son avocat demain devant la Cour suprême de l'Utah pour y proclamer son droit de ne pas voir retardée son exécution. Ça n'allait pas être une rencontre ordinaire, et Dennis prit son temps pour traverser le bâtiment. Il essayait de percevoir l'aura de ces vieux mormons. La piété de l'atmosphère était comme la lourde piété qu'on trouve dans toutes les salles de tribunal et les bâtiments officiels, sauf qu'il y manquait les relents de vieux cigares. Peut-être y avait-il moins de corruption dans cette piété. On y trouvait assurément un parfum de révérence. Dans le style : nous serons tous présents le Grand Jour où le Seigneur fera Son apparition.

Dennis avait déjà visité Temple Square et regardé le bâtiment où chantait le chœur mormon du Tabernacle, et au Centre des Visiteurs, il avait écouté le guide raconter l'histoire de Dieu venant à Joseph Smith avec les plaques d'or de l'ange Moroni. Dennis ne pouvait pas s'en empêcher, il réagissait : il y avait ces anges Mormon et Moroni, deux anges uniquement sous les ordres de Dieu, tout aussi importants que Pierre et Paul dans les milieux mormons, et leurs noms lui disaient quelque chose.

Ce ne fut qu'après être monté jusqu'au bâtiment du Capitole et alors que, planté sur le perron, il regardait au pied de la colline le panorama de Salt Lake City, que cela lui vint. De là, par temps clair, on apercevait la moitié de l'Utah. Seulement aujourd'hui le temps n'était pas clair. D'ailleurs, il n'y avait jamais plus de jours tellement clairs à Salt

Lake. Jadis, le désert d'Utah était aussi beau que les déserts de Palestine cités dans l'Ancien Testament, mais aujourd'hui il ne valait pas mieux que les faubourgs de Los Angeles. Des bicoques dans le style ranch s'alignaient aussi loin que le brouillard permettait à l'œil de voir, et là-bas à l'ouest, il y avait les fonderies d'Anacoda Copper apportant leur contribution à la pollution du ciel. Dennis comprit tout d'un coup. Ces anges, Mormon et Moroni, signifiaient More Money, plus d'argent. Pas étonnant que les mormons eussent fini par être la plus riche Eglise d'Amérique. Cet acharnement à gagner de plus en plus d'argent ! Dennis se mit à rire tout seul. Il se sentait maintenant d'attaque pour discuter avec le procureur général.

Intrigué par la similtude des noms, Dennis savait néanmoins que le procureur général Robert Hansen n'était pas parent de Phil Hansen, ancien procureur général et le plus grand avocat d'assises de l'Utah. Non, ce Hansen-ci, Robert Hansen, avait été élu procureur général juste la semaine précédente.

Dennis ne le trouva pas mal. Plutôt aimable encore qu'un peu brusque. Un homme de droite bien bâti, pas mal de sa personne, cheveux bruns, lunettes, comme on en trouve dans les cabinets républicains. Ils se mirent tout de suite à parler d'écoles de droit, et Boaz comprit qu'il était bien coté dans l'esprit de Robert Hansen lorsqu'il mentionna Boalt. Hansen répondit que lui était allé à Hastings. Parfait. Parfait. Tout était net et formel dans ce grand bureau lambrissé de noyer avec ses tapis bleus et ses lourds rideaux de velours bleu marine.

Les médias, expliqua Hansen, s'imaginaient que son bureau soutenait le désir de mourir de Gilmore, même qu'ils tablaient dessus. Toutefois, le bureau du procureur général insistait pour affirmer que Gilmore n'allait pas mourir parce qu'il en avait envie, mais parce que c'était la juste sentence pour ce qu'il avait fait.

Cela dit, Hansen se montra coopératif. Boaz, expliqua-t-il, aurait besoin d'un avocat de l'Utah comme parrain devant la Cour suprême de l'Etat. Il se trouvait que le procureur général adjoint, Mike Deamer, avait justement en ce moment dans son bureau un camarade de classe du nom de Tom Jones. Celui-ci, convoqué, accepta aussitôt. Bon travail d'équipe, tout baignait dans l'huile.

En préparant son dossier cette nuit-là, Dennis essayait de tenir compte de la Cour suprême de l'Etat devant laquelle il allait plaider. Ses membres avaient la réputation d'être à la droite de Barry Goldwater. Ces juges étaient sans doute tous mormons, et à peu près ce qu'on pouvait trouver dans la magistrature de plus près d'une théocratie. Dennis décida qu'il aurait plus de chances s'il mettait un peu d'émotion dans sa plaidoirie. Même s'il n'avait pas fait de droit criminel depuis le printemps 1974, il ne se sentait pas dépassé. Au contraire, il se sentait extrêmement compétent. Après tout, dans le cas présent, il n'y avait pas de recherches à faire. Hansen, avec ses assistants, pouvait faire cinq ou six fois plus de travail qu'il n'en serait capable à un stade aussi tardif. Dennis décida donc d'aller essayer d'inspirer aux juges de la compassion pour le désir qu'avait Gilmore de mourir avec dignité.

7

PROCUREUR HANSEN : L'État d'Utah n'est pas représenté ici pour faire valoir les droits de M. Gilmore, l'Etat est représenté ici pour faire valoir les droits du peuple... Je prétends que surseoir à l'exécution est... contraire aux droits de la victime et de sa famille, et contraire à l'intérêt public tel qu'il est exprimé dans les lois de cet État.

JUGE HENRIOD : Merci. Lequel de vous, messieurs, veut s'adresser à la Cour ? Vous pouvez commencer.

MAÎTRE BOAZ : Votre Honneur, messieurs les juges de la Cour suprême de l'Etat d'Utah... J'ai examiné le dossier présenté par le procureur général et je partage son opinion... Il ne s'agit pas d'une affaire où mon client conclut une sorte de pacte de suicide avec l'Etat, pas plus qu'il n'éprouve une envie perverse de mourir. C'est un homme qui est prêt à accepter la responsabilité de son acte, et il a demandé qu'on procède à une exécution juste et rapide... et non pas la mort lente dont s'accompagnerait une demande automatique d'appel susceptible de se prolonger des jours, des mois et peut-être des années. Ce n'est pas à nous de juger. Aucun de nous n'a passé plus de quatre-vingt-dix pour cent de sa vie adulte dans une cellule de prison. Mon client a pris une décision lucide sur le point de savoir s'il désire continuer à vivre ou être exécuté. Il se présente ici en homme responsable et sain d'esprit qui a accepté le jugement du peuple, qui a fait la paix avec lui-même et qui souhaite mourir comme un homme dans des conditions de dignité où il puisse se respecter... C'est tout ce qu'il demande à la Cour : que la demande d'appel soit écartée, que le sursis soit annulé et qu'il soit autorisé à mourir sans déchoir lundi prochain. J'ai maintenant quelques questions à poser à M. Gilmore... Gary Gilmore, vous rendez-vous compte que vous avez le droit absolu de faire appel à la condamnation et à la sentence prononcées dans cette affaire ?

GILMORE : Oui, monsieur.

JUGE HENRIOD : Monsieur Gilmore, voulez-vous parler d'une voix aussi forte que possible afin que tout le monde puisse vous entendre car c'est à peine si je vous entends moi-même.

MAÎTRE BOAZ : Avez-vous précédemment indiqué à vos anciens défenseurs que vous ne souhaitiez pas interjeter appel dans cette affaire ?

GILMORE : Je leur ai dit au cours du procès et même peut-être avant que, si j'étais reconnu coupable et condamné à mort, je préférerais accepter la sentence sans aucun délai. Je crois qu'ils ne m'ont peut-être pas pris tout à fait au sérieux car, lorsque c'est devenu une réalité et... je n'avais pas changé d'avis, ils voulaient en discuter avec moi... ils ont déclaré qu'ils allaient faire appel malgré mes objections. Je ne pouvais pas les congédier devant un juge et faire enregistrer le fait, tout simplement parce que je n'ai pas accès aux juges du tribunal puisque je suis en prison. Mais je les ai congédiés et ils le savent.

MAÎTRE BOAZ : Gary Gilmore, êtes-vous, en fait, actuellement prêt à accepter l'exécution ?

GILMORE : Pas actuellement, mais je suis prêt à l'accepter... lundi prochain à huit heures du matin. C'est la date qui a été fixée. C'est à ce moment que je serai prêt à l'accepter.

JUGE HENRIOD : Je crois que dans l'intérêt de la justice, nous devrions demander à maître Snyder de préciser sa position. Je tiens à ce que ce soit très bref.

MAÎTRE SNYDER : Il faut que l'on sache que j'ai parlé à M. Gilmore bien plus souvent et bien plus longtemps que ne l'a fait maître Boaz. J'estime que la décision à laquelle M. Gilmore s'est trouvé confronté lui a imposé une extraordinaire tension... A mon avis, ce que M. Gilmore tente de faire en l'occurrence, c'est l'équivalent d'un suicide. Il n'a pas à mourir... Je crois que ce serait une honte si cette Cour annulait maintenant le sursis d'exécution et laissait M. Gilmore être exécuté le 15 novembre sans avoir réexaminé et reconsidéré les problèmes substantiels soulevés tout à la fois par la condamnation et par la procédure qui a suivi.

JUGE HENRIOD : Je vous remercie.

JUGE MAUGHAN : ... Si je comprends bien, votre préoccupation est alors de vous assurer que la procédure a bien été respectée ?...

MAÎTRE SNYDER : C'est exactement cela... Nous sommes chargés par la Cour de veiller à ce que M. Gilmore ait bien eu un procès équitable, qu'il n'y ait pas eu d'erreurs et que la procédure soit dûment révisée par cette Cour.

JUGE ELLETT : Vous n'êtes plus concerné. Vous avez été relevé, vous avez été supplanté...

MAÎTRE SNYDER : Je ne l'admets pas...

JUGE ELLETT : Pourquoi ne voulez-vous pas accepter de bonne grâce le fait que M. Gilmore vous ait congédié, comme il est disposé à accepter de bonne grâce la sentence de la Cour ?

JUGE CROCKETT : Je crois que les avocats de la défense ont fait ce qu'ils estiment en conscience devoir faire et je pense que nous ne devrions pas les critiquer pour ce qu'ils ont fait. Mais nous nous trouvons aujourd'hui devant une situation imprévue et nous en avons tous conscience.

JUGE HENRIOD : Monsieur Gilmore, y a-t-il quelque chose que vous aimeriez dire maintenant sans qu'on vous pose de question ?

GILMORE : Votre Honneur, je ne veux pas prendre beaucoup de temps avec mes paroles. Je suis persuadé d'avoir eu un procès équitable, j'estime que la sentence est juste et je suis prêt à l'accepter comme un homme. Je ne souhaite pas faire appel. Je ne sais pas exactement quels sont les motifs de maître Esplin et de maître Snyder... Je sais qu'ils doivent songer à leur carrière... Peut-être leur fait-on des critiques qui ne leur plaisent pas. Je l'ignore. Je désire être exécuté à la date prévue et je souhaite simplement accepter cela avec la grâce et la dignité d'un homme et j'espère qu'il en sera ainsi. C'est tout ce que j'ai à dire.

8

Gary et Dennis se trouvaient ensemble dans un bureau lorsqu'on annonça le résultat. La Cour suprême de l'Utah avait annulé le sursis par quatre voix contre une. L'exécution aurait lieu le lundi 15 novembre.

Gary était ravi du résultat. « Cela lui apporte la paix, se dit Dennis, de savoir qu'il quitte tout cela. » Quelques minutes plus tard, il devait le déclarer au cours d'une conférence de presse.

« Vous pouvez, lui dit alors Gary, garder tout ce que vous apportera votre récit. » « Oh ! non, dit Dennis en riant, moitié moitié. Ça me semble équitable. »

C'était la première fois qu'ils discutaient des conditions. Ce serait donc moitié moitié. Ils ne prirent même pas la peine de mettre cela par écrit. Ils échangèrent juste une poignée de main.

DESERET NEWS

> Salt Lake, 10 novembre. — Menottes aux poignets et les fers aux pieds, Gilmore a été amené dans la salle où siège la Cour suprême dans le bâtiment du Capitole de l'Etat. De sévères mesures de sécurité avaient été prises. Lorsqu'il en est sorti, une foule de spectateurs ainsi que des reporters et des opérateurs des télévisions et des journaux locaux et nationaux ont déferlé sur lui.

Ce soir-là, au dîner, la femme de Bob Hansen et ses enfants voulaient tous entendre parler de Gilmore. Lorsqu'il exerçait comme avocat, Hansen ne discutait jamais des affaires qu'il plaidait, mais le bureau du procureur général avait constamment à connaître de questions publiques. C'était comme exercer dans une maison de verre. Aussi les enfants de Hansen étaient-ils non seulement curieux, mais au courant. Ils accumulaient pratiquement la documentation de ses dossiers en collectionnant tous les articles de journaux.

Pendant le dîner, il raconta donc à sa famille que Boaz avait été éloquent, et même impressionnant, et que Gilmore l'avait surpris en se révélant du même niveau intellectuel que les membres de la Cour. A dire vrai, Hansen ne se rappelait pas d'autre affaire dans laquelle l'accusé avait semblé en mesure de comprendre et de discuter avec avocats et juges comme avec des pairs. Gilmore ne s'était pourtant jamais présenté comme avocat. Hansen trouvait cela impressionnant. On n'avait jamais l'impression que Gary méprisait le droit des juges ou des avocats de plaider en sa faveur ou contre lui. Cela ajoutait à sa dignité. En réalité, Hansen fit observer qu'il ne s'était absolument pas comporté comme un homme désorienté et déprimé, mais au contraire qu'il semblait tout à fait sain d'esprit. Cela l'avait impressionné, dit-il. La famille poursuivit son repas d'un air songeur.

10 novembre.

Cher Gilroy,

Cé n'était qu'oune enfant ! Je me suis demandé si j'allais ou non t'écrire, et puis j'ai décidé de te mettre quelques lignes et j'y ai joint quelques dollars, je suis sûr que tu peux en faire bon usage.

J'ai beaucoup entendu parler de toi aux informations ; tu sais que tu as vraiment plus de style, de classe et de cran que personne que j'aie jamais rencontré.

Il y a quelque chose que je tiens à te dire et comme tu sais, je ne suis pas aussi fort que toi avec les mots, alors voilà.

Je ne sais pas quel genre de dispositions ta famille, tes parents et Nicole ont prises pour l'enterrement, mais s'il y a quelque chose que je puisse faire pour donner un coup de main financièrement, fais-moi juste savoir à qui et où tu veux que j'envoie l'argent.

GIBBS

DESERET NEWS

L'histoire Gilmore fait la une des journaux

Salt Lake, 11 novembre... La décision prise par la Cour suprême de l'Utah de permettre à Gary Mark Gilmore de mourir devant un peloton d'exécution de la prison a fait aujourd'hui la une du *New York Times*, du *New York Daily News* et du *Washington Post.*

NEW YORK TIMES

---

11 novembre 1976. — L'inspecteur Glade M. Perry, de la police de Provo, s'est porté volontaire pour le peloton d'exécution. « Il faut bien que quelqu'un le fasse, a-t-il déclaré, et nous avons bien le courage de risquer notre vie tous les jours. »

Un homme d'un certain âge, aux cheveux gris, qui a refusé de donner son nom, a confié : « On devrait donner aux parents des garçons que Gilmore a tués la possibilité de le fusiller. »

Le shérif Ed Ranyan, de Ogden, a dit que dans le passé il a reçu des douzaines de demandes de gens qui voulaient faire partie d'un peloton d'exécution, mais il a ajouté :

« Ils étaient malades comme un chasseur à la veille de sa première ouverture si jamais le moment arrivait de le faire. Un des hommes de mon service a participé à une exécution voilà près de vingt ans et il jure qu'il regrette de l'avoir fait : ça le tracasse encore la nuit. »

LOS ANGELES HERALD EXAMINER

Salt Lake, 17 novembre... Gilmore a fait savoir qu'il avait choisi pour le traditionnel dernier repas du condamné un paquet de six canettes de bière fraîche.

« Gary a un vrai côté macho, c'est sûr, a déclaré Boaz, mais il n'a pas le sang si froid que ça. Il croit au Karma, et pense qu'il va souffrir pour ce qu'il a fait. Il est persuadé aussi que l'âme évolue, que la réincarnation existe et que la manière dont on meurt peut être une expérience enrichissante pour autrui. »

CHAPITRE III

LA SPÉCIALISTE DU COURRIER DU CŒUR

1

A PEU près au moment où tous les reporters découvraient qu'ils ne pouvaient obtenir une interview de Gary à cause de ces foutus règlements de la prison, Tamera Smith, du *Deseret News*, remarqua qu'on s'intéressait beaucoup à Nicole Barrett. On disait que Nicole voyait Gary tous les jours, aussi tout le monde essayait-il de la contacter. Personne n'y avait réussi, sauf un type de la Chaîne Cinq qui avait discuté quelques minutes un soir en direct avec la petite amie de Gilmore. Tamera trouvait que Nicole ne s'était pas montrée sous son meilleur jour. En réalité, elle avait un air fatigué et préoccupé, comme un petit oiseau trempé par la pluie.

Bref, un camarade journaliste du *Deseret News* du nom de Dale Van Atta était en train de déplorer combien c'était difficile d'approcher Nicole, quand Tamera dit : « Je l'ai déjà rencontrée. Veux-tu que j'essaie ? » Van Atta la considérait pour ce qu'elle était, une jeune journaliste tout juste sortie du collège, et dit : « Je ne pense pas que ça t'avancera. » Elle appela la prison alors que Nicole était justement dans la salle de visite de haute surveillance. Tamera ne s'attendait pas à lui parler aussi vite, et c'était à peine si elle savait quoi dire, mais

Nicole se rappela tout de suite qui elle était, alors Tamera lui dit : « Je me demande si vous seriez d'accord pour qu'on se voie et qu'on bavarde un peu. »

Même au téléphone, Tamera sentit sa pensée cheminer. Nicole prenait toujours très au sérieux ce qu'on lui disait. Même la remarque la plus anodine, elle l'enfouissait tout au fond d'elle-même. C'était comme si elle ne se décidait à donner sa réponse que si elle avait assimilé *tout* ce qu'on lui disait. Cette fois, après un silence, Nicole dit qu'elle n'avait vraiment pas envie de parler, mais il y avait quelque chose dans le ton de sa réponse qui était encourageant ; aussi Tamera lui demanda-t-elle si elles pouvaient le faire à titre privé. Nouveau silence puis Nicole dit qu'à titre privé ça pourrait se faire. Tamera répondit qu'elle passerait la prendre à la prison.

Dehors, dans le parking, Tamera piétinait dans la première neige de novembre et frissonnait, lorsque Nicole descendit l'allée menant au quartier de haute surveillance, l'aperçut, lui fit un charmant sourire et s'approcha. Mais sur la route, Nicole recommença à avoir l'air triste. Elle raconta bientôt que son grand-père était mort et qu'on allait l'enterrer le surlendemain, et puis il y avait cet ancien ami, Kip, qui venait de se tuer les jours précédents. De plus, Gary était très excité parce que, le matin même, il avait gagné devant la Cour suprême de l'Utah et qu'il allait probablement se trouver en face d'un peloton d'exécution. Cela surprit Tamera que Nicole ne parût pas bouleversée. Elle était assise là, calme et immobile, soufflant doucement sa fumée, comme le font les gens vraiment amateurs de tabac.

Tamera s'arrêta à Provo pour offrir à déjeuner à Nicole, et elles durent bavarder deux bonnes heures là, chez J.B., dans Center Street, dégustant des hamburgers et des milk-shakes. En général, l'établissement était bourré d'étudiants, mais au milieu de l'après-midi, l'endroit était assez calme. Tamera sentit que Nicole se détendait au fur et à mesure de la conversation.

2

Elles s'étaient déjà rencontrées au mois d'août, lors de la seconde audience préliminaire. Tamera travaillait alors comme pigiste à Provo pour le *Deseret News*, poste qu'elle avait obtenu après avoir travaillé à BYU, au *Daily Universe*. Ayant fait du journalisme de collège, elle avait l'habitude de faire la ronde des commissariats, mais au tribunal, ce fut autre chose : elle fut captivée par Nicole.

Lorsqu'on amena Gilmore, entravé et marchant d'un pas traînant, elle remarqua cette fille assise au premier rang. Il s'arrêta devant elle, l'embrassa, et Tamera comprit que ce devait être sa petite amie. Elle l'entendit même dire : « Je t'aime. » Tamera se sentit aussitôt débordante de compréhension pour Nicole. Gilmore n'avait alors rien d'impressionnant, ce n'était qu'un criminel comme un autre, l'air dur, assez peu engageant, avec un visage marqué. Tamera se sentit humiliée pour lui de le voir les chevilles enchaînées, marchant à petits pas saccadés, mais en fait c'était la fille qui l'attirait, qui la fascinait littéralement. Elle avait un air mystique, une sorte d'éclat, songea Tamera, comme une vedette de cinéma d'autrefois. Tamera perçut tout de suite le drame de la situation. « En plus des veuves, il y a une autre femme dans l'histoire », se dit-elle. L'audience terminée, Tamera s'attarda dans le fond de la salle et regarda Gary donner à Nicole un baiser d'adieu. Puis, dans la rue, elle vit Nicole lui faire des signes jusqu'à ce qu'il eût disparu. On pouvait dire qu'elle avait voulu être belle pour lui parce qu'elle portait ce jour-là une robe longue un peu démodée et modeste. Elle était si belle que Tamera, en l'observant, eut l'impression d'être elle-même une grande blonde peu soignée et dégingandée. Elle attendit que Nicole fût montée dans sa voiture, mais elle ne put se retenir plus longtemps. Elle fut prise d'un besoin irrépressible de lui parler et traversa la rue en courant pour la rejoindre.

A l'époque, il n'était pas question de faire un article. L'affaire Gilmore était encore un procès comme les autres. Tamera voulait juste que Nicole sache que quelqu'un s'intéressait à elle, parce que, dans une ville comme Provo, tous les gens prenaient le parti des victimes.

Arrivée à la voiture, elle dit : « Je m'appelle Tamera Smith, je travaille pour le *Deseret News* et j'aimerais vous parler. Pas en tant que journaliste mais en tant qu'amie. Je me demande si vous accepterez de prendre un café. Vous devez en avoir gros sur le cœur. » Nicole hésita, puis accepta. Alors elles prirent la voiture de Nicole, qui roulait de façon épouvantable, car on ne savait jamais quelle vitesse allait passer. Nicole expliqua qu'elle avait eu un accident deux jours avant, et elles allèrent chez Sambo pour bavarder.

Les deux filles parlèrent d'elles, et en fait Tamera se surprit à beaucoup se dévoiler. Elle fut étonnée de la rapidité avec laquelle elle raconta à Nicole que son père était mort il y avait bien des années et que cela avait laissé en elle un vide énorme qu'elle n'arrivait pas à combler. Puis elle raconta que jadis elle avait écrit à un type en prison, et que ses frères et sœurs, qui étaient tous des mormons aussi actifs qu'on pouvait trouver, avaient été dans tous leurs états. Mais le type s'était révélé merveilleux et elle était même allée le voir dans une prison du Kentucky. Cela lui ouvrit certainement le cœur de Nicole.

Pendant tout le temps de la conversation, Tamera fut aux anges. Ce n'était pas que Nicole était d'une beauté sans défaut, mais elle était fascinante. De plus, elle avait un air tellement calme qu'on avait l'impression de se trouver devant quelqu'un qui ne le perdait jamais. Et pourtant, d'après les histoires que racontait Nicole, Tamera se dit qu'elle devait avoir un sacré tempérament. Mais ce jour-là elle était royalement sereine.

Lorsqu'elles se dirent adieu, Tamera lui donna son numéro de téléphone et dit : « Si vous avez besoin d'aide, je serai heureuse si je peux faire quelque chose. » Ce fut tout. Le journal ne lui confia pas le reportage du procès et elle n'eut plus rien à faire avec cette histoire. Elle s'occupa d'autre chose. Elle avait presque oublié.

3

Mais aujourd'hui, chez J.B., peut-être que Nicole n'avait encore rencontré personne à qui elle eût envie de se confier, mais on peut dire qu'elle s'épancha. Tout en sirotant sa boisson, elle avoua à Tamera qu'elle allait se suicider. Elle le lui déclara posément en insistant sur toutes les morts qui pesaient sur elle : les victimes, Kip, son grand-père, Gary bientôt. Tamera sentit qu'elle avait peur.

Ce qui donnait à Tamera envie de pleurer, c'était que Nicole attendait, tout comme Gilmore, la date de sa mort. Quand elle était avec lui, expliqua-t-elle, ça allait bien, elle n'avait pas peur parce que Gary avait une vision de ce que la vie serait après la mort, mais quand elle le quittait, de nouveau elle était effrayée. Ces hauts et ces bas devaient être affreux, songea Tamera. Chaque fois que Gary obtenait un sursis, il en était de même pour Nicole.

Pour Tamera, c'était quelque chose de prodigieux. Ses amis se moquaient toujours d'elle parce qu'elle était très émotive, et Tamera se disait qu'elle devait être un des êtres les plus divisés qui fussent. D'un côté une mormone active et croyante, et de l'autre des élans déments. Aux yeux de tous, sauf aux siens, elle devait sembler un peu folle. Grandir en croyant à l'Alliance divine et croire à tout ça encore aujourd'hui, et pourtant se déchaîner devant les Rolling Stones ! Ses camarades disaient toujours que, si elle n'avait pas une éruption, elle allait exploser : il y avait trop de lave brûlante en elle. Et voilà maintenant que cette histoire lui tombait dessus. C'était le sujet le plus formidable qu'elle eût jamais approché, mais en même temps elle se faisait beaucoup de souci pour Nicole.

Tamera ne voulait pas se montrer indiscrète, mais elle ne put faire autrement que poser des questions. « Et les gosses ? » voulut-elle savoir. Nicole semblait prête à éclater en sanglots. Elle ne les traitait pas, avoua-t-elle, aussi bien qu'elle l'aurait voulu. Tamera lui demanda aussi si elle et Gary parlaient beaucoup de ce suicide. Nicole répondit : « On ne parle que de ça. »

Tamera brûlait d'écrire son article.

Dans la rue, devant le petit immeuble où habitait Nicole, elles aperçurent une camionnette d'une station de télé de Salt Lake. A peine étaient-elles dans l'escalier qui conduisait au second étage qu'un journaliste sortit en courant d'une voiture à l'arrêt.

« C'est vous Nicole Barrett ? » demanda-t-il. « Je suis sa sœur », dit Nicole. « Non, vous êtes Nicole », insista le journaliste. Elle le toisa calmement : « Je suis sa sœur. Nicole est à la prison. » « Pourtant, je vous reconnais », dit le reporter. « Non, je suis sa sœur. » Tamera et Nicole s'éloignèrent, suivirent la galerie et entrèrent dans l'appartement. Dès l'instant où la porte fut fermée, elles éclatèrent de rire. Cela donna à Tamera le courage de demander un peu plus tard à Nicole si elle l'autorisait à écrire leur histoire.

Ce qui se passa en réalité, c'est que Nicole avait sorti quelques-uns des dessins de Gary et que Tamera les trouva très bons. Elle déclara que le public devrait être plus informé sur la vie de Gary. C'était un bon argument et Tamera était sincère. En fait, en regardant les dessins, elle se dit qu'il devait avoir une vie intérieure intense. Ces croquis étaient trop mélancoliques et trop contrôlés.

Elle parla à Nicole du détenu dont elle avait été l'amie. Tamera l'avait interviewé à la prison municipale de Provo alors qu'elle était encore à BYU. Elle était arrivée et elle avait découvert ce type dans sa cellule, gentil, chaleureux et beau garçon. Tout ce qu'il avait fait, ç'avait été de voler un tas de cartes de crédit, des appareils photos, des trucs sans trop d'importance. Elle était tombée amoureuse tout de suite et, quand il avait été transféré dans le Kentucky, elle était vraiment épinglée. Il écrivait de magnifiques lettres d'amour. Elle correspondit avec lui pendant un an et demi. Parfois, elle recevait jusqu'à sept lettres par jour. Ça remplissait presque le vide laissé par la mort de son père. Ces lettres disaient presque toujours la même chose : « Vous êtes belle et je n'ai jamais rencontré quelqu'un comme vous, votre compréhension et votre patience m'ont conquis. » Etc.

Elle raconta à Nicole qu'elle avait même pris un car pour le Kentucky après qu'il lui eut envoyé de l'argent, et que pendant une semaine elle lui avait rendu visite six heures chaque jour. Sa famille pensait qu'elle était devenue folle, mais pour elle ç'avait été une époque merveilleuse.

C'était une prison où les détenus jouissaient d'une certaine liberté. Ils pouvaient aller s'asseoir sur la pelouse, lire des livres ensemble et jamais de sa vie elle ne s'était sentie aussi proche de quelqu'un. Ses camarades de chambre avaient été tout excitées lorsqu'elle était revenue. On lui avait trouvé un type charmant pour sa soirée d'anniversaire, mais lorsqu'elle eut regagné l'appartement et dit bonsoir à son cavalier, ses sept camarades avaient jailli dans la chambre à coucher. Elles portaient toutes des T-shirts sur lesquels était inscrit le matricule de prisonnier de leur amoureux. Brandissant des pistolets à eau, elles l'avaient enlevée et emmenée dans un restaurant. Elle devait devenir une sorte de personnage légendaire à B.Y.U. Ses camarades étaient même fières de la façon dont elle avait pris la chose. « On ne sait jamais ce qui va se passer avec Tammy », disaient-elles avec une certaine satisfaction.

Lorsque son amoureux sortit de prison, il revint à Provo et trouva un emploi de menuisier. Environ trois semaines plus tard, il prit la voiture de Tamera, la chargea de tout ce qu'il put prendre chez elle et chez le type avec qui il habitait et s'en alla. Tamera ne l'avait jamais vu depuis.

Ça s'était terminé de telle façon qu'elle se demandait encore comment elle avait pu être si proche de ce garçon. Toute sa vie à lui n'était sans doute qu'une suite d'escroqueries. Il lui avait raconté tant de mensonges qu'elle ne comprenait toujours pas comment elle avait pu tomber si amoureuse de lui.

Ils n'avaient jamais partagé la même vérité, dit-elle à Nicole. Et pourtant si, il y avait eu une sorte de vérité, insista-t-elle.

4

Maintenant, dans le silence qui avait suivi, Tamera ne pouvait plus se retenir tant elle était excitée. « Je vous en prie, fit-elle, laissez-moi juste... (Sa voix s'étranglait. Elle poursuivit :) Ecoutez, je vais trouver une machine à écrire, taper l'article, vous le rapporter et vous le laisser lire. Si vous n'aimez pas ce que je fais, nous n'en parlerons plus, vous savez. Parce que, après tout... j'ai dit que ça resterait entre nous, alors si c'est encore ce que vous voulez, ce sera ainsi. Mais il faut que j'essaie. »

Elle alla jusqu'à l'appartement d'une vieille copine d'université, lui raconta ce qui se passait, s'installa et commença. Ça lui faisait un drôle d'effet. Il y avait tant de choses à dire que ça lui prit deux heures pour écrire deux pages, et lorsqu'elle les rapporta, Nicole les lut, les assimila avec soin, puis leva les yeux et dit : « Non, ça ne me plaît pas. » Tamera dit alors : « Bon, on n'en parle plus. »

Elle se sentait déçue mais, bah... elle n'aurait qu'à attendre. Elle n'allait pas violer leur accord.

La déception devait se lire sur son visage, car maintenant Nicole se sentait embêtée aussi. Tamera dit : « Ne vous inquiétez pas. C'était ça notre accord. » Nicole se leva, s'approcha d'une petite commode et dit : « Je vais vous montrer quelque chose que je n'ai jamais montré à personne. Aimeriez-vous lire des lettres de Gary ? »

C'était encore un gros coup après une journée plutôt chargée. Tamera dit : « Bien sûr. » Nicole prit le tiroir plein et le renversa sur la table. Il y avait tant d'enveloppes que Tamera se mit à lire au hasard. Elle n'en croyait pas ses yeux. La première qu'elle prit avait des passages vraiment bons. « Nicole, dit-elle, ça vous ennuierait si je recopiais quelques phrases ? »

Elles arrivèrent à une sorte d'accord : Tamera n'écrirait pas d'article dans l'immédiat, mais une fois Nicole disparue, Tamera pourrait dire tout ce qu'elle voudrait. Elles restèrent donc assises là toutes les deux devant la table de la cuisine à lire les lettres, et Tamera recopiait des passages aussi vite qu'elle pouvait. Elle finit par s'en aller vers huit heures. Elles étaient ensemble depuis midi.

Sur la route de Provo à Salt Lake, en général, Tamera roulait vite, avec la radio qui marchait à plein tube et elle collectionnait les contraventions. Ce soir-là, elle roula à peine à quatre-vingts en essayant de réfléchir. Elle ne savait pas quoi faire, elle n'arriva pas à dormir et le lendemain matin, elle décida de se confier à son rédacteur en chef. Tout ça semblait trop gros. Dans le secret de son bureau, à titre strictement confidentiel, elle lui relata comment Nicole comptait se suicider dès que Gary serait exécuté, et son rédacteur en chef lui fit remarquer qu'il avait entendu la même chose d'autres journalistes. Il y avait beaucoup de bruits qui couraient. Toutefois, cette confirmation l'avait convaincu d'alerter les autorités. Tamera se sentit beaucoup mieux.

Elle se dit que ce dont Nicole avait le plus grand besoin dans l'immédiat, c'était d'une amie. Tamera allait jouer ce rôle-là. La pousser à faire des choses et à se dégager de l'énorme fardeau que c'était de vivre tout le temps en esprit auprès de Gilmore.

5

Aujourd'hui, tu as embrassé mes yeux, tu les as bénis pour toujours. Je ne peux voir que la beauté maintenant. Oh ! belle Nicole Kathryne Gilmore. Tu es un petit lutin doux et pur et drôle à manger. Je ne suis pas un grand poète... Mais si je t'avais nue sur un lit ou sur l'herbe sous les étoiles, j'écrirais une vraie chanson d'amour sur tout ton beau corps criblé de taches de rousseur avec ma langue et mes mains et mon sexe et mes lèvres et je parlerais tout doucement de ta beauté je te ferais sentir et planer et voler et chanter pour danser autour du soleil et de la lune et nous ne ferions qu'un et nous jouirions comme un seul être *et jouirions et jouirions et je te ferais pousser de petits soupirs en roulant des yeux fous abandonnée noyée dans le plaisir en sueur humide et tiède tes seins contre moi nos bouches verrouillées dans de doux et humides baisers baisers baisers — oh ! regarder ton corps nu j'adore te regarder nue ou juste en socquettes quand tu enfiles ta culotte dans la douce fente de ta jolie petite chatte j'aimais tant te regarder te promener nue dans la maison... Mon petit elfe sexy, je t'aime... ton Gary.*

Gibbs reçut un mot ce jour-là :

Jusqu'à maintenant j'ai reçu une lettre de Napoléon, une du Père Noël, plusieurs de Satan et tu ne croirais pas le nombre de cachets de la poste et d'adresses de l'expéditeur que Jésus-Christ lui-même utilise... Les gens croient que je suis fou. Ah ah ah.

Tu ne devineras jamais de qui j'ai reçu une lettre. De Brenda ! D'abord elle les aide à me pincer, puis elle les aide à me condamner, maintenant elle veut m'écrire et venir me voir. Il faut avoir les couilles bien accrochées.

Le lendemain, jeudi, dès que Tamera arriva au travail, elle reçut un coup de téléphone d'un correspondant du magazine *Time*. Il avait appris qu'elle avait rencontré Nicole. Il voulait savoir si elle avait de petits renseignements à donner. La pression commençait à se faire sentir aussi sur ses rédacteurs en chef. Ils étaient obligés de faire patienter de vieux copains. Ce fut la première fois que Tamera se rendit compte à quel point le journalisme ressemblait à une boutique d'échanges. « Je te donnerai un bout de mon histoire aujourd'hui si tu me rends service demain. » Elle avait toujours cru que ça ressemblait plus au cinéma : on allait à la chasse tout seul et on ramenait le gibier vivant.

Le chef des informations retira Tamera de ses autres enquêtes et lui dit : « Tu t'occupes de Nicole. Fais ce que tu crois devoir faire. » Elle le regarda sans comprendre et il ajouta : « Je m'en fous si tu la ramènes à Salt Lake et si tu l'installes chez toi. S'il le faut, emmène-la dîner. Peu m'importe ce que ça coûte. Fais n'importe quoi, mais ne loupe pas cette histoire. » Ma foi, ça ressemblait plutôt à ce qu'elle s'était imaginée. Puis le type de *Time* rappela pour dire qu'il voulait des renseignements sur Nicole. Lorsqu'elle répondit « C'est une affaire entre Nicole et moi », il rétorqua : « Elle vient de donner une interview au *New York Times.* » « QUOI ? » s'écria Tamera.

Plus tard ce matin-là, Tamera attendait Nicole à la sortie de la prison. A peine eut-elle mentionné l'interview du *Times* que Nicole dit : « C'est ridicule. Je n'ai parlé à personne. »

« Je tiens simplement à ce que vous compreniez ma position, fit Tamera. Je garderai les secrets que vous m'avez confiés aussi longtemps que vous les garderez aussi. (Elle regarda Nicole droit dans les yeux.) Admettez que vous commenciez à parler à d'autres journalistes : je ne me sentirai plus liée par ma parole d'honorer notre accord. Que vous vouliez gagner de l'argent avec ça, c'est totalement justifié. Si quelqu'un veut vous payer, formidable. Mais je tiens à ce que vous sachiez que j'écrirai un article aussitôt que ça se produira. »

Nicole se contenta de répondre : « D'accord. » Elle se conduisit comme si elles étaient toujours amies. Toute la colère de Tamera se dissipa. de nouveau elle aimait Nicole et elle commença à envisager des projets pour ce qu'elles pourraient faire samedi, son jour de congé. Peut-être aller dans les montagnes ? Bonne idée de sortie. Nicole était d'accord.

6

Puis elles allèrent jusqu'à la maison de Kathryne, prirent des grillés au pain complet et bavardèrent. Au milieu de la conversation, Nicole murmura qu'elle voulait que Tamera garde les lettres de Gary. Elle ne voulait pas que sa mère les voie quand elle ne serait plus là.

Ensuite, Nicole et Kathryne se lancèrent dans une conversation impossible. « Lundi matin, annonça Nicole, je vais à l'exécution. » Kathryne dit : « Nicole, je ne veux pas que tu ailles là-bas.

— Eh bien, fit Nicole, j'irai quand même.

— Si tu y vas, déclara Kathryne, j'irai aussi.

— Gary ne t'a pas invitée.

— Que m'importe qu'il m'ait invitée ou non. Je ne vais pas là-bas pour le voir. J'y serai pour t'attendre.

— Non, dit Nicole, j'irai toute seule.

— Comprends-moi bien, ma petite, insista Kathryne, c'est moi qui t'emmènerai. »

Puis on annonça la nouvelle à la radio. Elles n'en croyaient pas leurs oreilles. L'exécution de Gary avait de nouveau été retardée. Le gouverneur Rampton avait décidé un sursis. Le speaker ne cessait de le répéter d'une voix excitée.

Tamera était bien contente que son rédacteur en chef lui ait dit de s'occuper de Nicole. Sinon, elle serait peut-être rentrée en courant au journal pour voir si on avait besoin d'elle. Au lieu de cela, elle proposa à Nicole de l'emmener à la prison. En cours de route, Nicole lui donna la clef de l'appartement de Springville. Elle lui dit qu'elle pouvait prendre les lettres et les garder.

Durant ce trajet de vingt minutes jusqu'à la prison, Nicole resta calme, mais Tamera savait qu'elle était sonnée. Le résultat était clair : maintenant Gary devrait se suicider. Nicole n'en était donc pas loin non plus.

Elle se mit à parler à Tamera de sa belle-mère, Marie Barrett. Elle aimait vraiment bien Marie, dit-elle, elle l'aimait beaucoup plus que Jim Barrett. Marie était une femme à la coule et elle aimait Sunny et Jeremy. Nicole précisa qu'elle se serait toujours admirablement entendue avec elle si Marie n'avait pas été une maîtresse de maison aussi maniaque. Nicole aimait avoir une maison bien tenue, mais il fallait toujours que sa belle-mère le fasse à sa façon. A part ça, elle était formidable. Nicole avait à peu près décidé que Sunny et Jeremy devraient être élevés par Marie quand elle ne serait plus là.

Puis elle relata à Tamera la dernière fois où elle avait vu Marie. C'était juste après que Kip se fut tué. « Maintenant, ça va arriver bientôt à Gary, avait dit Nicole à Marie Barrett. Qu'y a-t-il donc chez moi qui fasse qu'ils meurent tous comme ça ? » Elle se sentait malheureuse comme les pierres. Marie répondit : « Nicole, peut-être que la prochaine fois tu trouveras un homme avec qui tu pourras avoir de bonnes relations. Sois simplement plus prudente. Renseigne-toi un peu plus avant de te marier.

— Il n'y aura pas de prochaine fois, dit Nicole.

— Tu en as fini avec les hommes ? demanda Marie.

— Ce n'est pas ce que je veux dire, répondit Nicole, mais il n'y aura pas de prochaine fois. (Elle faillit lâcher le morceau.) S'il m'arrivait quelque chose, tu accepterais de prendre les gosses ?

— Bien sûr que oui, dit Marie, tu le sais bien. Seulement il ne t'arrivera rien. »

« Et puis cet après-midi-là, dit Nicole à Tamera, les flics sont arrivés à Springville, ont frappé à la porte et m'ont regardée sur toutes les coutures. » Ils lui firent juste un peu de conversation sur le pas de la porte, mais elle savait que c'était Marie qui les avait envoyés. Malgré tout, Nicole était prête à lui confier les enfants, seulement elle n'était pas sûre de pouvoir lui faire entièrement confiance. Tamera prit cela comme un message.

Dès qu'elle l'eut déposée à la prison, Tamera revint à l'appartement de Nicole, prit les lettres, les fourra dans un sac à provisions et fouilla partout en quête d'un pistolet ou de somnifères. Elle ne savait pas ce qu'elle ferait si elle découvrait effectivement quelque chose, mais elle perquisitionna quand même.

Provo Herald

---

11 novembre 1976... Salt Lake City (U.P.U.) — Le gouverneur de l'Utah, Calvin

L. Rampton, a demandé à la Commission des Grâces de l'Utah d'examiner la condamnation de Gilmore lors de sa prochaine réunion le mercredi 17 novembre pour décider si la peine de mort est justifiée.

Gilmore a déclaré qu'il était « déçu et furieux » de la décision du gouverneur. « Le gouverneur, apparemment, cède à la pression de divers groupes qui sont motivés par la publicité et par leurs propres soucis égoïstes plutôt que par l'intérêt qu'ils portent à mon "bien-être". »

CHAPITRE IV

CONFÉRENCES DE PRESSE

1

LÀ-BAS, à Phoenix, Earl Dorius était bombardé d'informations. Tout le monde l'arrêtait dans le hall pour lui demander : « Qu'est-ce qui se passe en Utah ? » Earl avait l'impression que la conférence était complètement gâchée pour lui. Il était incapable d'écouter quoi que ce soit. Il n'arrêtait pas de se précipiter pour prendre les informations. S'il n'était pas au téléphone, il passait d'une station à l'autre sur son récepteur de télé. « Que pensez-vous de la décision du gouverneur ? » lui demandaient les gens. « Je n'ai pas eu le temps de l'examiner, répondait-il, mais j'ai l'impression que le sursis n'était pas justifié car il a été accordé à la demande de parties extérieures à l'affaire. »

Il se rendait compte qu'il finissait par être plus près de son bureau que de la conférence, et décida de quitter Phoenix pour se remettre au travail.

2

SALT LAKE TRIBUNE

---

12 novembre 1976. — Boaz a signé un accord avec le directeur de la prison de

l'Etat d'Utah, Samuel W. Smith, d'après lequel il ne jouerait auprès de Gilmore que le rôle d'avocat, puis il a librement parlé de ses intentions de « servir d'abord d'écrivain, et ensuite d'avocat ».

« Nous n'avons aucune autorité pour le censurer. Il n'appartient pas au Barreau de l'Utah », a expliqué un membre de la Commission exécutive du Barreau de l'Etat d'Utah.

PROVO HERALD

Provo, 12 novembre 1976. — Boaz a déclaré qu'il comptait « gagner un peu d'argent » avec l'histoire de Gilmore et partager moitié-moitié avec la famille du condamné et toutes les œuvres de charité qu'il pourrait choisir.

Juste à l'instant où Dennis arrivait à la prison, Sam Smith l'interpella en disant : « Il paraît que Gilmore a donné une interview à un journal de Londres ce matin. Vous êtes au courant ? »

Dennis était tout excité. David Susskind venait d'appeler de New York. Il envisageait de faire un film sur la vie de Gary. Ça pourrait rapporter beaucoup d'argent. Les pensées de Dennis se précipitaient.

« Le journal de Londres ? fit-il à Sam Smith. Oh ! bien sûr, c'est moi qui ai arrangé ça. »

Le visage du directeur devint tout rouge, couleur insolite pour un homme plutôt pâle. Puis il se mit à crier. Tous les gens de cette extrémité du couloir passèrent la tête par la porte de leur bureau. Dennis, d'ailleurs, fut stupéfait aussi. Personne n'avait l'habitude d'entendre Sam Smith vociférer ainsi.

Smith déclara qu'il allait porter plainte. Dennis dit : « Je m'en fiche éperdument, monsieur le directeur. » Il commençait à prendre un plaisir personnel à rechercher des déclarations susceptibles d'agacer Sam Smith. Il y avait quelque chose chez Sam qui lui donnait envie de l'asticoter.

Dennis éclata même de rire lorsqu'on l'astreignit à une fouille corporelle, à titre de représailles. Une vraie comédie. Les gardiens lui arrivaient aux aisselles. Deux jours plus tôt ils avaient été si impressionnés par la façon dont il s'était comporté devant la Cour suprême de l'Utah qu'ils l'avaient laissé apporter sa machine à écrire pour venir bavarder avec Gary.

La fouille terminée, Boaz rencontra Nicole. A l'extrémité sud de la salle de visite, il y avait une fenêtre munie de persiennes. Elle était assise sur les genoux de Gary, contre la fenêtre, tous deux regardant la pointe de la montagne. Elle ne fit guère attention à Dennis. Tout ce qui l'intéressait, c'était de se faire caresser par Gary.

Lorsqu'elle en eut terminé, Dennis trouva qu'elle avait un visage très doux, plus innocent qu'il ne s'y attendait. Elle avait l'air très fatiguée, épuisée même, et cela lui donnait un air mélancolique qui plaisait beaucoup à Boaz. Mais Gary avait l'air furieux. Il n'approuvait pas cette amitié naissante. On aurait dit qu'il pensait que Nicole flirtait, alors qu'elle lui disait simplement que l'enterrement de son grand-père allait commencer dans à peu près une heure.

Lorsqu'elle fut partie et que Dennis se retrouva seul avec lui, Gary ne lui laissa pas l'occasion de parler de la proposition de Susskind. Lui aussi était fou de rage contre le gouverneur Rampton. Ça semblait contagieux. Dennis adorait la façon dont Gary pouvait vous faire partager ses émotions. Dennis, à vrai dire, se sentait comme une chaudière, tout enflammé à l'idée de ce qu'il allait bientôt pouvoir dire à propos du gouverneur.

3

Dès le début, Dennis comptait exprimer des idées qui amèneraient les gens à affronter des sujets qu'ils avaient toujours négligés. Il voulait faire quelques déclarations fracassantes sur les exécutions et faire réfléchir les gens. Arriver à ce qu'ils se posent la question : « Pourquoi les exécutions ont-elles lieu derrière des portes closes ? De quoi avons-nous honte ? » Justement, ce matin-là on avait publié une de ses formules :

PROVO HERALD

> Provo, 12 novembre 1976. — « J'estime que les exécutions devraient être télévisées à l'heure de plus grande écoute, dit Boaz. Alors, elles auraient un effet vraiment dissuasif. »

Il donnait des conférences de presse pratiquement deux fois par jour depuis que Gary et lui l'avaient emporté à la Cour suprême de l'Etat et inlassablement il répétait à la presse qu'il était là pour représenter la discussion libre et ouverte et que, d'ailleurs, sa vie était un livre ouvert. Peut-être se ferait-il tirer dessus à boulets rouges, mais sa responsabilité était d'être un vrai Sagittaire et de raconter des choses, sur lui et sur ses sentiments, qui pourraient sembler étranges. Du moins les gens seraient-ils ainsi traités ouvertement et non pas manipulés. La presse pouvait déformer ses citations, donner de lui une image fausse, prendre ses observations au hasard et les déformer. Peu importait. Il n'allait pas dissimuler sa personnalité. D'ailleurs, juste en sortant de la Cour suprême de l'Utah, il déclara aux reporters qu'il était à Salt Lake parce qu'on y trouvait un plus fort pourcentage de jolies femmes que dans toutes les villes qu'il connaissait. Sans compter le fait, précisa-t-il à la presse, que beaucoup de ces femmes étaient ravies de rencontrer des Californiens. Pour acquérir le goût du mal. Il y avait des millions à gagner ici, ajouta-t-il, en important la conscience californienne. Parfaitement. Bien sûr, on ne publia jamais un mot de ces propos.

La presse réagit en posant des questions sur sa situation financière. « Je n'ai rien à cacher, leur dit-il. C'est un fait que je dois dix mille dollars, en réalité plutôt quinze mille, si l'on compte non seulement ce que je dois à des créanciers mais à des amis. Je n'en ai pas honte. Un jour, j'ai fait un mauvais placement et avant de m'apercevoir que l'affaire était gonflée l'argent avait disparu. »

On raconta alors, comme il l'apprit bientôt, qu'il s'occupait de Gilmore pour de l'argent. Peu lui importait. Les rumeurs cesseraient lorsqu'on s'apercevrait que ça n'était pas vraiment le cas.

« Croyez-vous, demanda un journaliste, que votre expérience de District Attorney adjoint vous a donné envie de voir couler le sang de Gilmore ?

— Comprenez bien, répliqua Dennis, travailler au bureau du D.A. m'a donné plus de pouvoir pour aider les gens que d'être avocat commis d'office. Je pouvais minimiser les accusations, plaider des causes. J'ai blanchi neuf personnes de suite au détecteur de mensonges avant de quitter ma charge. Ça fait partie du jeu aussi, voyez-vous. » Dans l'ensemble, on l'écoutait. Depuis des années, Dennis avait acquis la notion que les médias étaient inquiets et ne voulaient absolument pas être accablés de communiqués et de foutaises. Un homme sincère qui supprimait tout obstacle entre ses élans et son discours pouvait retourner le monde.

« Je suis intéressé par cette affaire en partie à cause de la numérologie, expliquait Dennis. Je ne suis pas un dingue de la numérologie, bien sûr. Je crois bien trop au libre arbitre pour ça. Mais la numérologie peut vous rendre sensible à des schémas. Toute discipline spirituelle révèle un schéma, après tout. Ensuite on choisit sa route entre les schémas. C'est là où intervient le libre arbitre. »

« Vous dites que vous avez beaucoup de dettes ?

— Je ne cache pas mes dettes, dit Boaz. je dois aussi deux mille cent dollars à Master Charge, mais ça je ne le paierai pas. Un ami les a escroqués avec ma carte à Master Charge. C'est l'affaire de Master Charge, pas la mienne. »

On voulut savoir ce qu'il avait publié. Il n'avait encore pas publié, dit-il. Ecrivait-il sous son nom ? Il écrivait sous le nom de K.V. Kitty ou de Lejohn Marz. Un autre de ses pseudonymes était S.L.Y. Fox. Fox, leur expliqua-t-il, représentait 666, le signe de la bête. Bien sûr, ils n'avaient jamais entendu parler d'Alister Crowley.

On le ramena au sujet qui les intéressait. Que pensait-il de la décision du gouverneur Rampton ? *Monstrueux.* On pouvait le citer. Il était toujours surpris de voir comme on le citait peu.

Il savait que les journaux ne publieraient pas ce qu'il dit ensuite, mais il le leur dit quand même. « Gary, déclara-t-il, vit dans une cellule si étroite qu'il peut toucher les deux murs en étendant les bras. La lumière est allumée vingt-quatre heures sur vingt-quatre. Des gardiens tapent sur les barreaux. L'écho est si fort qu'il tue les dernières pensées d'un homme. Gary essaie de masquer la lumière en accrochant une serviette aux barreaux. "Enlevez-la, lui intime-t-on, sinon on vous retire votre matelas." »

Peu importait s'ils comprenaient le dixième de ce qu'il disait. Qu'ils ne devinent pas les ironies. Quand on commence à enfoncer une porte, il faut que la pression soit plus forte au début, et pourtant c'est à ce moment-là que la porte bouge le moins. « Gary est confiné dans sa cellule, dit-il. C'est pourquoi on doit lui donner du fiorinal. Pour survivre, la plupart des prisonniers prennent des médicaments. Ça dissipe un peu l'oppression. » On lui demanda si les fonctionnaires du pénitencier étaient au courant. « Bien sûr. Ils veulent que les détenus soient drogués. Comme ça, il n'y a pas d'émeutes. »

Dennis attendait les réactions. Il entendit un reporter murmurer : « Ce type exagère tout. »

Il n'était pas ici pour se défendre. Ce qu'il fallait, c'était attaquer. « Le directeur, dit-il, veut que cette exécution ait lieu à huis clos. Nous voulons, nous, qu'elle soit publique. Au Moyen-Orient, lors d'une exécution, la foule est la bienvenue. Elle soutient la victime qui a alors l'impression qu'ils sont tous réunis pour une cérémonie commune. Ça rappelle à tout le monde que nous sommes tous sacrifiés à Dieu. Alors qu'ici, pour soutenir le condamné dans ses derniers instants, il n'y a que les bourreaux. Je trouve cela horrible.

— De quoi parlez-vous, Gary et vous ?

— Nous parlons de l'évolution de l'âme, répondit Boaz. Gary connaît un tas de choses sur Edgar Cayce et sur le Registre akachique. Nous discutons du karma et du besoin d'assumer la responsabilité de nos actes. Les dieux et les déesses jouissent d'une liberté totale parce qu'ils ont une responsabilité totale. » Bien évidemment, on ne publia jamais rien de tout cela.

Un journaliste lut à haute voix une déclaration de Craig Snyder : « Boaz ne nous a jamais contactés. J'étais à la Cour suprême de l'Utah et nous avons développé des points de vue opposés, mais nous n'avons jamais été présentés. Je ne lui ai jamais parlé. A ma connaissance, il n'a jamais examiné le dossier ni su ce qui s'était passé au procès. Son accord de publication avec Gilmore est une violation flagrante de la déontologie. » « Où a-t-il fait cette déclaration ? demanda Dennis.

— A l'Adelphie Building, où se trouve son cabinet, à Provo.

— C'est un endroit avec d'épais tapis jaunes et des murs bruns et jaunes, n'est-ce pas ? demanda Dennis.

— Vous ne l'avez jamais vu ? s'étonna le reporter.

— Non, dit Boaz, mais je connais le décor des cabinets d'avocats cryptocapitalistes.

— Voyons, Dennis, fit le reporter, pourquoi n'avez-vous pas pris contact avec Esplin et Snyder ?

— Gilmore ne veut pas faire appel, c'est son droit, non ? Je représente Gilmore, pas le foutu système d'appel.

— Mais si vous aviez lu le compte rendu des débats ?

— Il n'y en a pas.

— Ça, fit un journaliste, c'est parce que personne n'en a jamais demandé un. Il est facile d'obtenir un compte rendu d'audience.

— Nous n'avons pas d'argent pour payer un compte rendu, fit Dennis. D'ailleurs, ajouta-t-il, ça ne servirait à rien. Gilmore ne veut pas que sa peine soit commuée en emprisonnement à vie.

— Mais, demanda le journaliste, si l'on découvrait qu'il n'a pas été prévenu de ses droits ou que les instructions du juge étaient erronées ? S'il avait une chance d'avoir un nouveau procès, ce serait autre chose, non ?

— Pas du tout, fit Dennis. D'après les faits, Gary est mort. Il serait condamné de nouveau. Ecoutez, il faut comprendre Gilmore, reprit Dennis. C'est peut-être un tueur pervers, mais il est *juste.*

— Il n'a pas été très *juste* avec les deux types qu'il a tués, répliqua le journaliste.

— C'est exact, répondit Dennis, mais pourtant, c'est un *juste.* »

Voilà comment se déroulaient les interviews. Mais ce jour-là, sur ces marches, les oreilles bourdonnant encore de la rumeur que Smith était ivre de rage, les journalistes voulurent savoir ce que Dennis avait pu faire pour le mettre dans cet état. Dennis tint donc une conférence de presse impromptue, là, sur les marches de la prison.

Eh bien, dit-il, Sam Smith était furieux parce qu'il avait vendu deux interviews. L'une pour cinq cents dollars au *Daily Express* de Londres et l'autre pour la même somme à un journal syndicaliste suédois. « Les Suédois étaient sans doute attirés par la coïncidence historique, expliqua Dennis. Joe Hill, le célèbre immigrant suédois qui avait mis sur pied le Syndicat mondial des travailleurs, fut exécuté en Utah en 1915. Vous ne vous souvenez pas de cette affaire ? Eh bien, la nuit dernière, j'ai rêvé de Joe Hill. Il était vivant comme vous et moi et avait demandé à son meilleur copain de transporter ses restes jusque dans l'Etat voisin du Wyoming. Il n'avait pas envie, disait-il, de passer une nuit de plus en Utah.

— Et l'autre interview ? demandèrent les journalistes.

— Bryan Vine pour le *Daily Express.* « J'ai parlé « avec un tueur », voilà comment il va titrer. Il a été le premier à me proposer de l'argent, insista Dennis.

— Qu'est-ce que vous en avez tiré ?

— Je vous l'ai dit, cinq cents dollars !

— Vous ne trouvez pas que c'est peu ?

— Je ne voulais pas demander trop et avoir l'air cupide. Cinq cents dollars pour une interview de dix minutes ! C'est du temps bien payé. »

Ainsi parlait-il, et eux écrivaient. Puis les articles sortaient. On le présentait souvent comme quelqu'un de relativement responsable, peut-être un peu dingue, mais qui savait se maîtriser, songeait Dennis.

4

Tamera s'était mise au travail à cinq heures du matin et avait passé dix heures à photocopier les lettres de Gary. Elle savait que certains journalistes trouvaient exagérée la façon dont elle protégeait son matériel, mais Tamera ne voulait pas que l'on puisse lire par-dessus son épaule et faire le genre de commentaires cyniques ou nonchalants dont étaient capables les journalistes. Mais personne, cependant, ne semblait excité à ce point-là.

En fait, à la conférence du vendredi après-midi, le rédacteur en chef dit : « Je ne crois pas que ces lettres d'amour nous intéressent. » Et l'affaire sembla en rester là.

Le journal était célèbre, bien sûr, parce qu'étant le principal quotidien mormon du monde, et il était propriété de l'Eglise mormone, aussi avait-il tendance à être un peu compassé. Tamera avait souvent entendu des réflexions de non-mormons qui y travaillaient. Le *Deseret News* avait des règles incroyables pour un journal. Comme les bureaux étaient situés dans un bâtiment appartenant à l'Eglise, on ne pouvait pas fumer dans la salle des informations, ni boire du café à son bureau. Il fallait aller au réfectoire. En conséquence, une foule de journalistes faisait toute la journée une incroyable navette entre leurs bureaux et les toilettes. Ça n'était donc pas le style des dirigeants du *Deseret news* de s'exciter pour des lettres d'amour, bien que deux jours plus tôt, ils avaient été frénétiques pour se les procurer. Maintenant, l'histoire mijotait à petit feu. Même Tamera ne pouvait se défendre d'un certain scepticisme. Après tout, cela pouvait simplement se réduire à la relation des amours d'un détenu et de sa petite amie. Avec l'exécution remise une fois de plus, la mort de Gary pouvait bien ne pas être pour demain...

12 novembre

Boaz était tout excité parce qu'un producteur de cinéma et un célèbre journaliste du nom de David Susskind venaient de lui offrir quinze à vingt mille dollars cash comme premier paiement pour les droits de cette foutue histoire — plus cinq pour cent de la recette brute du film ; et merde ça pouvait faire des centaines de milliers de dollars, avait dit Boaz.

Bébé, je n'aime pas ça... Ça commence à me dépasser.

Boaz est mon avocat mais il se comporte maintenant plutôt comme un agent, un chargé de presse.

Tout cela devient un vrai cirque.

Oh ! bébé comme j'aimerais que nous nous retrouvions à Spanish Fork à nous occuper de ton petit jardin, à faire l'amour.

Nicole arriva un peu en retard à l'enterrement de son grand-père. Kathryne trouva qu'elle avait l'air vraiment triste, debout au premier rang avec la famille, et remarqua qu'elle ne s'approchait pas du cercueil pour y jeter un dernier regard. Kathryne ne cessait de penser : « Oh ! mon Dieu, elle pense à Gary dont ce sera bientôt le tour. » Après la cérémonie, Nicole lui demanda si elle pouvait prendre sa voiture. Elle voulait aller voir Gary encore une fois. Kathryne tenta de l'en dissuader en lui disant qu'elle y était déjà allée dans la journée et qu'elle n'aurait pas d'autorisation. Tout ce qu'elle obtint comme réponse fut qu'elle n'aurait pas d'accident. Kathryne finit par lui dire : « Eh bien, prends-la. »

Nicole ne rentra que le soir et alors Kathryne lui sauta dessus. « Tu n'es même pas allée à la prison », lui dit-elle. Nicole répondit : « Si. J'y suis allée mais on m'a dit que je ne pouvais pas entrer, alors j'ai juste roulé. Ça me faisait du bien de tout regarder. »

5

David Susskind avait téléphoné à Dennis et commençait vraiment à parler contrat. Dennis appréciait l'approche de Susskind. Un débit suave et stimulant. Une grande énergie mais bien disciplinée.

Et puis il y avait cet autre type, Larry Schiller, qui avait appelé en disant qu'il était un ancien photographe du magazine *Life* actuellement producteur de films pour le cinéma et la télévision. Dennis n'aimait pas sa voix. Il insistait trop sur l'importance de faire admettre son point de vue.

Une super technique de vendeur. Très professionnel. Dennis ne se sentait pas à l'aise.

Lorsqu'ils se rencontrèrent à la cafétéria de l'hôtel Utah, ils ne s'entendirent pas trop bien. Dennis était méfiant. La cafétéria se trouvait au sous-sol, une grande pièce déserte et sinistre.

Schiller avait une grande barbe noire et une moustache qui rejoignait la barbe, des cheveux noirs aux boucles vigoureuses, une belle tête. Il aurait pu ressembler à quelqu'un comme Fidel Castro, mais il était beaucoup trop gros, songea Dennis. C'était comme si l'on avait pris la tête de Fidel Castro et qu'on l'eût posée sur un corps plus massif. Comme il ne savait pas grand-chose sur Schiller, il avait interrogé deux ou trois journalistes et appris que l'homme avait acheté les droits de l'autobiographie de Susan Atkins dans l'affaire Charlie Manson, plus la dernière interview jamais acordée par Jack Ruby. Un type dont il fallait se méfier, dit quelqu'un à Boaz. Il arrive toujours lorsque les gens sont près de mourir.

Malgré tout, Boaz fut ravi de la conversation. Tout d'abord, Schiller offrait plus d'argent que Susskind. Il n'arrêtait pas de parler de tous les projets qu'il avait menés à bien. Boaz fit exprès de se montrer insolent. « Gary n'est pas Susan Atkins », déclara-t-il. Il aimait vraiment se montrer arrogant, à ce moment-là. Qu'est-ce que ça lui foutait si Schiller le trouvait antipathique ? Ça ne diminuerait pas la somme qu'il offrirait pour l'histoire de Gary.

« Vous feriez mieux de prendre un agent », dit Schiller en conclusion.

Ça coupa son élan à Dennis. Il dut convenir que l'idée de venir retrouver Susskind en lui disant qu'il avait une meilleure offre l'amusait. Pouvait-il rattraper tous les os qu'on lui lancerait ?

6

Le samedi matin, Nicole téléphona pour demander qu'on lui rende les lettres. Elle en avait besoin. Elle semblait méfiante. Tamera ne comprenait pas. Elles s'étaient quittées en bons termes. Elle se demanda si Gary ou Boaz lui avait conseillé de demander qu'on les lui rende. En tout cas Tamera annonça à Nicole que ça ne posait aucun problème. Ça n'en posait pas, elle avait les photocopies. Elle demanda donc au garçon avec qui elle sortait de la conduire à Springville ce soir-là et lorsqu'ils arrivèrent, Nicole se confondit en excuses sur le mal qu'elle lui avait donné.

Ils restèrent deux heures et passèrent un très bon moment. Le garçon qui accompagnait Tamera était de Philadelphie et d'origine italienne, il n'était pas mormon et c'était un vrai personnage à B.Y.U. Il s'appelait Millebambini et personne ne connut jamais son prénom puisqu'il traduisait Millebambini par Mille Salopards. C'était vraiment la traduction et à l'école ils en tombèrent sur le cul. Un étudiant se mit à l'appeler Milly de Philly. Dingue. Cela devint son nom. Milly de Philly. C'était un garçon très vivant qui avait toujours des tas d'histoires drôles à raconter et qui s'occupait de quantité de trucs bizarres. Tamera l'aimait vraiment bien.

Ce soir-là, Nicole fut fascinée par Milly. Tamera avait dit à celui-ci : « Ne parle pas de Gilmore, mais essaie de distraire Nicole. » Milly la fit vraiment rire aux éclats. Tamera commença à se rendre compte que Nicole, bizarrement, avait eu à certains égards une existence protégée et qu'il y avait des tas de choses qu'elle ne connaissait pas. Elle les écouta toute la nuit et Tamera partit pleine d'optimisme. Sur le chemin du retour, elle dit à Milly : « Peut-être que si on continue à la voir, on parviendra à lui changer les idées. » Tamera estimait qu'il allait s'écouler quelque temps avant l'exécution de Gilmore, si jamais elle avait lieu. Elle en était arrivée à la conclusion à peu près certaine qu'on pouvait écarter le risque d'un suicide.

CHAPITRE V

TESTAMENTS

1

SALT LAKE TRIBUNE

Les chefs de l'Eglise mormone expriment leur opinion sur la peine capitale.

13 novembre 1976. — Mgr McDougall a déclaré que la majorité des théologiens modernes sont opposés à la peine capitale, estimant que la peine de mort tend à œuvrer contre ceux qui sont désavantagés sur le plan social et économique.

Le révérend Jay H. Confair, pasteur de l'Eglise presbytérienne de Wasatch, 1626 17e Rue Est, a déclaré : « La notion « œil pour œil » de l'Ancien Testament a été remplacée par les concepts d'amour et de réhabilitation du Nouveau Testament. »

« Mais l'affaire Gilmore est un problème différent, a ajouté le pasteur Confair. L'homme veut mourir. Il ne veut pas être récupéré », et il a fait remarquer que son cas est similaire à celui d'un malade maintenu en vie dans un hôpital par des machines et qui veut « être débranché ».

Bien des gens, ici, tout en déclarant qu'ils sont partisans de la peine de mort, surtout pour des crimes aussi violents que celui de Gilmore, disent aussi qu'ils ne peuvent supporter l'idée de prendre part à l'exécution proprement dite.

« Pas question de me traîner là-bas, a dit Noall T. Wootton, le procureur qui a dirigé l'accusation contre Gilmore. J'ai fait mon travail. J'ai demandé et obtenu la peine capitale — et je crois à l'efficacité de cette peine. Mais l'exécution est une opération répugnante et je ne veux pas y participer. »

SALT LAKE TRIBUNE

Le vieux fusil est encore prêt
si besoin en est.

13 novembre 1976. — Un fusil, qui se trouve actuellement dans un magasin d'armes et qui a été utilisé lors de précédentes exécutions dans l'Utah, se trouvera parmi les cinq prêtés aux services du shérif du comté de Salt Lake si le meurtrier condamné à mort Gary Mark Gilmore est exécuté.

Leo Gallenson, un des directeurs du magasin, a déclaré que ce fusil, qui n'a jamais été destiné à la vente, a dû être utilisé entre six et douze fois au cours d'exécutions.

Los Angeles Times

L'ancien patron du tueur de l'Utah
prêt à faire partie du peloton d'exécution

14 novembre 1976, Provo, Utah. — ... Spencer McGrath avait offert à Gary Mark Gilmore une bonne place et lui donnait de dix à vingt dollars de supplément chaque semaine de sa poche. Il avait fait, à ses frais, réparer la voiture de Gilmore et l'a gardé parmi ses employés même quand celui-ci s'est mis à boire et à arriver en retard au travail.

Aujourd'hui, McGrath, un homme plutôt bienveillant qui dirige un atelier de matériaux isolants et qui a déjà aidé de nombreux anciens détenus, affirme qu'il serait prêt à faire partie du peloton d'exécution que réclame Gilmore, « rien que pour montrer à Gary que les lois s'appliquent aussi à lui ».

14 novembre

Mon chou, je suis en train de devenir très célèbre.

Je n'aime pas ça... Pas de cette façon, ça n'est pas bien.

Je crois parfois que je sais ce que c'est que la célébrité et quel effet ça fait parce que j'ai été célèbre dans une vie antérieure. J'ai l'impression de le comprendre. Mais je ne veux pas en arriver au point où nous savourerons la gloire sans ne plus être nous-mêmes. Nous ne sommes que GARY ET NICOLE et il ne faut pas oublier ça.

14 novembre

Salut Gibbs.

Ça n'était qu'oune enfant.

Content d'avoir de tes nouvelles — tu sais que tu as pas mal de classe toi aussi.

Si un jour tu es plein aux as et que tu aies quelques dollars à dépenser, je suis sûr que ma mère pourrait les utiliser. Elle est vieille, infirme et ne vit que de sa pension. Même maintenant, si tu voulais bien lui écrire une lettre pour l'aider un peu à digérer ça...

Merci pour le billet de dix.

Ton ami
GARY

Gibbs se demanda : comment écrit-on à la mère de quelqu'un quand on ne l'a jamais vue ?

Chère madame Gilmore, tout va bien se passer. Quatre seulement des cinq fusils sont chargés.

Il demanda au Gros Jake de lui trouver une jolie carte postale et Gibbs y joignit trente dollars et la lui posta.

LOS ANGELES TIMES

La pittoresque carrière de l'avocat de la mort

14 novembre. — Ce n'est qu'en janvier dernier que Boaz est parti en croisade contre ce qu'il appelle l'« hypocrisie du système », tout en tentant sans succès de se faire arrêter pour fumer de la marijuana dans le hall du bâtiment fédéral de cette ville.

Il vient maintenant de se présenter à la prison d'Etat de l'Utah, à Draper, en qualité tout à la fois d'avocat et de biographe du condamné Gary Gilmore.

Ce double rôle est impossible à tenir en

respectant les règles du Barreau de l'Etat d'Utah, a déclaré Craig Snyder. Ces règlements exigent qu'un avocat représente un client et non pas son portefeuille. « Si cette exécution a lieu, a dit Snyder, Boaz va en tirer profit. »

Bien que Boaz ait été critiqué pour avoir exploité son client, le doyen adjoint de Boalt Hall, James Hill, garde néanmoins de lui un bon souvenir.

« C'est un garçon timide, modeste et tendre, un très brave type », raconte Hill qui dit avoir vu Boaz de temps en temps depuis son départ de l'université.

SALT LAKE TRIBUNE

---

15 novembre 1976... Utah. — Le meurtrier Gary Gilmore voulait mourir à huit heures aujourd'hui. En fait, il a pris ce matin un petit déjeuner de petits pains au lait, de céréales, d'oranges, de café au lait et a regagné sa cellule dans le quartier des condamnés à mort. Gilmore recevra aujourd'hui la visite de Nicole Barrett, vingt ans, divorcée et mère de deux enfants.

« Il tient beaucoup à cette fille et elle doit tenir beaucoup à lui, sinon elle ne ferait pas ce qu'elle fait maintenant » (rendre visite à Gilmore), a déclaré Vern, l'oncle de Gilmore.

Boaz, qui a passé trois heures et demie avec Gilmore dimanche soir, a annoncé que son client aimerait rencontrer le chanteur Johnny Cash.

« Il n'y a pas de plus grand admirateur de Johnny Cash », a affirmé Boaz. Il a adressé un télégramme au chanteur pour l'informer du souhait de Gilmore.

2

Vern n'avait pas vu Gary depuis près de six semaines, depuis le dernier jour du procès. En allant lui rendre visite, il se sentait mal à l'aise. Vern venait de quitter l'hôpital après s'être fait opérer de son genou et marcher, même avec une canne, lui était extrêmement douloureux, comme si, à chaque pas, on lui enfonçait un clou dans l'os. Ce fut un long et pénible trajet depuis l'endroit où il dut laisser sa voiture près de la porte de la prison, jusqu'au quartier de haute surveillance. Ça lui faisait vraiment serrer les dents que de poser un pied devant l'autre le long du parcours d'une centaine de mètres au moins qu'il dut faire entre deux clôtures parallèles de barbelés.

Dans la salle des visiteurs, avec un air plus robuste que Vern ne lui avait jamais vu, Gary exhiba immédiatement la lettre furieuse que Ida lui avait écrite.

Vern dit : « Ecoute, c'est toi qui as écrit le premier une lettre désagréable. Tu ne voulais plus rien avoir à faire avec nous. »

Ils se regardèrent, et Vern poursuivit : « Gary, nous ne t'en voulons pas. Nous voulons t'aider, au contraire.

— Bon, fit Gary, j'ai des remords d'avoir écrit cette lettre à Ida et je veux m'excuser.

— Ida aussi veut te faire ses excuses, dit Vern. Elle voudrait que tu déchires sa lettre comme elle a déchiré la tienne. Jette-la dans les toilettes. » On n'en parla plus. Gary semblait soulagé et ils discutèrent un petit moment. Dans l'ensemble, ça ne fut pas une mauvaise visite.

Lorsque Dennis arriva à la prison le lundi matin, Vern venait de partir. Il ne fallut pas longtemps à Boaz pour comprendre que le vieil oncle Vern était de nouveau dans le coup. Gary parlait de son oncle en termes élogieux et affectueux.

Dennis ne l'avait jamais entendu s'exprimer ainsi avant. Jusqu'alors, il exprimait plutôt pas mal de ressentiment, et voilà que tout d'un coup Gary avait ce revirement complet envers son oncle. Pour Dennis il était évident que Gary avait vraiment envie d'être aimé par sa famille. Peu importait ce qui s'était passé avant.

La veille, Dennis avait eu une drôle de discussion avec lui. Le samedi, Gary avait insisté pour que Dennis lui apporte en douce cinquante comprimés de deux somnifères différents. Dennis le lui promit mais une fois rentré chez lui, cette idée l'empêcha de dormir. Le lendemain, il dut se résoudre à dire à Gary qu'en aucun cas il ne voulait faire une chose pareille, mais ça l'avait secoué. Dimanche soir, en revenant chez Everson, Dennis perçut nettement que l'idée du suicide se précisait. Dès l'instant où il alluma la radio, il tomba sur le Blue Oyster Cult. Pendant les deux derniers jours, ils avaient été largement diffusés et en ce moment même, Dennis écoutait les paroles de *N'aie pas peur de la Faucheuse.* De quoi vous geler le sang. « Allons, bébé, n'aie pas peur de la faucheuse, se prit à fredonner Dennis, Roméo et Juliette sont unis dans l'éternité. » Mon Dieu, il y avait de quoi devenir fou si on se lançait dans le synchronisme, songea Dennis, percevant le grand enchaînement de toutes les petites choses. C'était effarant. De quoi vous embrouiller les idées.

Le lundi, après la visite de Vern, Brenda reçut un coup de téléphone de Gary qui lui demanda le nom du médecin qui soignait sa fille. Il voulait que le docteur s'assure que sa glande pituitaire irait à Cristie, après son exécution. Comme Johnny et Brenda dépensaient tout leur argent pour que Cristie ne manquât pas d'extrait de glande pituitaire, qui était le produit le plus cher du monde, cet appel de Gary arrivant ainsi, pour annoncer à Brenda qu'il voulait que le docteur s'assure qu'après sa mort sa glande pituitaire serait utilisée pour Cristie, c'était comme s'il lui donnait mille dollars. Ce fut une conversation démente. Brenda ne savait pas s'ils étaient de nouveau amis. « Prends garde à toi, Gary », dit-elle à la fin. Il se contenta de raccrocher.

3

Ce matin-là, lorsque Tamera entra dans la salle des informations, son rédacteur en chef lui dit : « On reçoit un tas de coups de fil à propos de Nicole. Ton article n'attendra pas l'exécution de Gary. Je veux que tu obtiennes de Nicole la permission de le publier. »

En roulant vers Springville, Tamera ne savait pas comment le lui demander. Mais lorsqu'elle exposa son problème à Nicole, celle-ci eut un sourire et dit : « Eh bien, il faut que je vous confesse quelque chose. J'ai décidé d'accorder une interview, pour deux mille dollars. » Une filiale de la N.B.C. à Boston — c'était du moins ce que Nicole avait compris — avait envoyé un grand type, beau garçon, Jeff Newman, qui avait des cheveux bouclés, des yeux bleus et une barbe. Il l'avait persuadée. Elle devait donner son interview le vendredi. Tamera découvrit par la suite que c'était en fait le

National Enquirer, et non pas une filiale à Boston de N.B.C. Mais sur le moment, sa seule réaction fut que Nicole lui avait dit qu'elle pouvait y aller. Tamera la quitta donc en très bons termes. Elle retourna au bureau et passa le reste de la soirée à travailler sur son article.

Au cours de la semaine précédente, Nicole était allée consulter plusieurs médecins dont elle avait relevé l'adresse dans l'annuaire, afin de les consulter sur le fait qu'elle était très énervée et qu'elle n'arrivait pas à dormir. La seule chose qui marchait, c'étaient les somnifères, disait-elle.

Elle réussit à en recueillir cinquante d'une marque et vingt d'une autre. Maintenant qu'il fallait qu'elle s'occupe de Gary, elle décida que lundi matin serait le bon moment pour les lui faire passer. Elle partagea donc les médicaments en deux, vingt-cinq d'une marque et dix de l'autre pour Gary, le reste pour elle. Puis elle mit les comprimés de Gary dans une petite balle de gosse, deux balles, en fait. Jaunes toutes les deux, l'une à l'intérieur de l'autre. Puis elle les introduisit dans son vagin.

Pendant tout le trajet jusqu'à la prison, elle eut peur de se faire gronder par Gary. Il n'avait pas cessé de lui répéter de s'en procurer plus. Il la poussait et la poussait à aller trouver de nouveaux médecins, mais elle avait le sentiment qu'aucun de ces docteurs ne lui faisait confiance et que si elle allait en trouver un de plus, ça pouvait tout faire échouer. Ces médecins pourraient bien même appeler les flics dix minutes après lui avoir donné leurs ordonnances. Elle avait ruminé ça toute la journée du dimanche. Et voilà que maintenant elle se retrouvait au quartier de haute surveillance avec ces balles cachées dans son ventre.

On la fouilla, mais la surveillante ne lui mit les doigts nulle part, elle se contenta de regarder sous ses aisselles et à l'intérieur de ses joues, d'inspecter ses longs cheveux. C'était une fouille tout à fait convenable et, d'ailleurs, la surveillante aurait dû avoir le doigt très long, car la balle était bien enfoncée.

Pour une fois, dans la salle de visites, il n'y avait personne, rien que le gardien dans sa cage de verre. Gary et elle allèrent s'installer sur la chaise près de la fenêtre et elle s'assit sur ses genoux. Parfois on les laissait faire, d'autres fois non, mais ce jour-là le gardien ne les ennuya pas. Ils purent se peloter tout à loisir. Une vraie chance. Car il y avait quelquefois jusqu'à quatre ou cinq personnes dans la pièce, un, deux ou trois avocats, mais cette fois Gary et elle étaient seuls.

Comme elle était assise sur ses genoux, Gary essaya d'enfoncer son doigt pour attraper la balle, mais sans résultat. Elle était trop loin. En fin de compte, Nicole se planta devant la fenêtre, et Gary la serra par-derrière pour que le gardien ne puisse pas la voir. Dans cette position, les bras de Gary lui entourant les épaules, elle plongea une main sous sa jupe pour attraper la balle. Un sacré boulot. Elle l'avait placée si haut que ses doigts ne rencontraient rien. Elle en arriva au point qu'elle fut obligée de pousser comme pour accoucher. Elle poussa même si fort, tout en enfonçant ses doigts le plus loin possible, que lorsqu'elle parvint enfin à attraper la balle, elle en avait la migraine. Des étoiles dansaient devant ses yeux. Elle avait l'impression que sa tête venait d'éclater ou tout au moins qu'elle s'était fait péter un vaisseau sanguin. Gary ne se rendait pas compte de ce qu'elle avait enduré. Il s'était contenté de lui murmurer des paroles douces et encourageantes.

Lorsqu'elle lui eut donné la balle, Gary s'assit et passa la main par le devant de son grand pantalon large et flottant, pour s'enfoncer la balle dans le rectum. Ce fut lent et difficile, pas commode du tout, et ça lui prit plus d'une minute. Quand ce fut fait, il dit simplement : « Voilà, elle est en place. » Elle s'assit alors sur ses genoux et l'embrassa.

Elle se sentait bien. Elle mesurait maintenant à quel point elle s'était inquiétée. Nicole était persuadée que la prison avait été alertée par les médecins et qu'on allait la fouiller soigneusement. Elle était donc fière de ce qu'elle venait de faire, et Gary était encore plus fier d'elle. La visite se prolongea encore au moins une heure. Ils se bécotaient comme des dingues. C'était la plus belle de toutes leurs visites. Quand ils ne s'embrassaient pas, ils se chantaient des chansons. Aucun d'eux ne savait chanter mais c'était beau quand même. Jamais de sa vie elle ne s'était sentie aussi proche de l'âme de qui que ce soit.

4

Ce jour-là, Marie Barrett reçut un coup de fil de Nicole lui demandant si elle voulait passer la prendre. Nicole voulait venir avec Sunny. Elles s'installèrent dans la salle de séjour pour regarder *Sybil* à la télé, et Nicole fit la remarque que sa fille ressemblait à April. Elle alla dans la chambre pour lire des histoires à Sunny, l'écouta dire ses prières, puis alla faire la conversation dans le salon avec Marie et son ex-beau-père Tom Barrett, qu'elle aimait bien aussi. Enfin, elle finit par rentrer, bien qu'elle n'en eût guère envie.

Ensuite, elle alla faire des courses avec sa voisine, Kathy Maynard. Le centre commercial était ouvert jusqu'à neuf heures du soir et Nicole se lança dans une orgie de dépenses en achetant des albums à colorier et des crayons pour tous les gosses de Kathy. Lorsqu'elles revinrent, elle tendit dix dollars à Kathy en lui disant : « Allons, si tu ne les prends pas, tu vas me faire de la peine. » Kathy la regarda. Kathy n'était pas très grande, elle avait des cheveux blond cendré, des yeux un peu ronds et un visage doux et simple. Elle avait l'air ahurie. Nicole insista : « Profites-en. » « A demain matin », dit Kathy. « A demain matin », répondit Nicole.

Maintenant seule dans l'appartement avec Jeremy qui dormait à poings fermés, Nicole attendait minuit. C'était l'heure que Gary et elle avaient choisie pour absorber les comprimés, seulement le temps semblait long pour y arriver. Nicole ne cessait de penser combien Gary était inquiet à l'idée que la quantité ne fût pas suffisante. Il lui avait expliqué que si on en prenait assez pour vous faire perdre conscience, mais pas assez pour mourir, on pouvait devenir un légume. Il y avait vraiment de quoi s'inquiéter. Ils étaient pourtant convenus de le faire quand même. Ou bien ça marcherait ou bien ça ne marcherait pas. Nicole sortit alors son testament contenant ses dernières volontés. Elle avait passé toute sa journée de dimanche à le rédiger et elle le relut pour voir s'il n'y avait pas trop de fautes d'orthographe. Elle était à peu près sûre d'ailleurs d'en avoir fait quelques-unes. C'était un long testament et il y avait sans doute des erreurs qu'elle n'avait pas remarquées, mais elle en était quand même contente.

5

Nicole K. Baker
Dimanche 14 novembre 1976

A TOUTES FINS UTILES :

Moi, Nicole Kathryne Baker, ai un certain nombre de requêtes personnelles que je désirerais voir exaucées au cas où à un moment quelconque, on me retrouve morte.

Je me considère comme totalement saine d'esprit, si bien que ce que j'écris ici devra à tous égards être pris au sérieux.

Au moment où j'écris ces lignes, je suis engagée dans une procédure de divorce avec un homme du nom de Steve Hudson.

A mon avis, l'éventualité de ma mort devrait dissoudre tous les liens *avec cet homme et le divorce être prononcé et enregistré* A TOUT PRIX.

Je désire qu'on me rende mon nom de jeune fille qui est Baker. Et que personne ne me cite jamais sous un autre nom.

L'acte de naissance de ma fille mentionne qu'elle s'appelle Sunny Marie Baker, bien qu'à l'époque de sa naissance, je me sois trouvée légalement mariée à son père, James Paul Barrett.

L'acte de naissance de mon fils stipule que son nom est Jeremy Kip Barrett. J'étais à cette époque encore mariée à James Paul Barrett, mais ce n'est pas lui le père de Jeremy.

Le père de Jeremy est feu Alfred Kip Eberhardt.

Jeremy a donc légalement des grands-parents dont le nom de famille est Eberhardt et qui désireront peut-être être informés de l'endroit où il se trouve. Ils résident à Paoli, en Pennsylvanie, je crois.

Quant à la garde et à l'entretien de mes enfants, je n'exprime pas seulement le désir mais la volonté *que la responsabilité de les élever et toutes décisions les concernant soient confiées directement et immédiate-*

ment aux mains de Thomas Giles Barrett et/ou Marie Barrett de Springville, Utah.

Si les Barrett souhaitent adopter mes enfants, ils ont mon consentement. Cela, bien sûr, jusqu'à ce que les enfants aient l'âge légal de choisir eux-mêmes.

J'ai une bague avec une perle qui est au clou chez un prêteur de Springville. J'aimerais vraiment que quelqu'un la sorte pour la donner à ma petite sœur, April L. Baker.

J'ai pris aussi des dispositions pour qu'une somme d'argent soit consacrée au problème de la santé mentale d'April. Ma mère ne devrait pas dépenser cet argent pour autre chose que pour payer les frais d'une bonne clinique capable d'aider April à retrouver sa santé d'esprit.

Maintenant quant à la décision de ce que l'on devra faire de mon cadavre, je demande qu'il soit incinéré. Et avec le consentement de Mme Bessie Gilmore, j'aimerais que mes cendres soient mêlées à celles de son fils, Gary Mark Gilmore. Pour être ensuite, à toute date adéquate, répandues au flanc d'une colline verdoyante de l'Etat d'Oregon et aussi de l'Etat de Washington.

Si ma mère et mon père, Charles R. Baker et Kathryne N. Baker, sont hostiles à cette demande, qu'il en soit fait selon leur volonté. Qu'ils décident.

Je demande aussi qu'ils s'arrangent pour qu'au moins trois chansons soient chantées à mon enterrement...

Une chanson écrite par John Newton intitulée Amazing Grace, *une de Kris Kristofferson intitulée* Pourquoi moi ? *et enfin une chanson intitulée* Valley of tears, *dont je ne connais pas l'auteur.*

Si d'autres personnes, parents ou amis, souhaitent chanter ou faire chanter d'autres chansons à mon enterrement pour moi ou pour ceux qui pleurent, sont sensibles ou indifférents à ma disparition, eh bien... je leur en serai reconnaissante.

Maintenant qu'elle l'avait relu, Nicole se rendait

compte qu'elle avait plus à dire, un tout petit peu plus. Elle n'avait pas vraiment disposé de ses affaires. Dans le silence de son appartement, elle s'assit à la table devant une feuille de papier :

Nicole K. Baker
Lundi 15 novembre 1976

Je n'ai pas beaucoup envie d'écrire aujourd'hui. Mais je suppose qu'il y a des choses encore dont il faut que je m'occupe.

Juste ce qui suit.

Bien entendu, ma mère peut décider de ce qu'elle veut faire de tout ce qui se trouve dans mon appartement.

Je n'ai rien ici de grande valeur sauf le tableau de deux petits garçons qui regardent la lune. Toutefois il appartient maintenant à Sunny Marie Barrett. Il doit être accroché dans sa chambre dans la maison de Tom et Marie Barrett — jusqu'à ou à moins qu'elle ne demande qu'on l'enlève — et je préférerais qu'elle ne le vende jamais — ce sera à elle de choisir lorsqu'elle aura atteint dix-huit ans.

Je le déclare une fois de plus : le tableau des deux petits garçons regardant la lune et peint par Gary Gilmore appartient maintenant à Sunny Marie Baker Barrett.

Ma mère a mon plein accord pour prendre tout ou partie de mes lettres et en faire ce que bon lui semble. Si elles peuvent en quelque façon lui rapporter de l'argent, alors j'en serai d'autant plus contente. Mais je désirerais qu'elle partage l'argent comme cela lui semble juste, avec tous mes frères et sœurs et aussi avec ma tante, Kathy Kampmann.

Comme il y a tant de gens qui essaient — et qui y réussissent — de gagner de l'argent avec l'histoire de Gary Gilmore et de moi, j'aimerais autant que ce soit quelqu'un que j'aime, à qui je suis attachée et en qui j'ai confiance, qui participe à cette réussite. Alors... les lettres sont à ma mère, Kathryne N. Baker.

Si elle souhaite les brûler, qu'il en soit ainsi.

Ma mère n'a sans doute pas grand-chose à faire de tout ce qu'il y a dans la maison — qui est sans valeur — alors j'aimerais vraiment que ma bonne amie Kathy Maynard prenne tout ce qu'elle veut dans mon mobilier et tout ce qui est accroché à mon mur — n'importe quoi dans cet appartement que ma mère ne répugnerait pas trop à abandonner. J'espère que maman sera raisonnable à ce sujet. Kathy M. m'a aidée à passer plus d'une longue et dure journée, elle n'a pas beaucoup de meubles ni de choses comme ça...

C'est tout.

NICOLE K. BAKER

6

Il y avait tout un tas de comprimés et elle les prit lentement, en avalant un ou deux à la fois, prenant soin de ne pas s'étrangler. Si elle vomissait, tout serait foutu. Au beau milieu de son absorption, elle se mit à penser à un tas de choses. Elle se souvint du type de la station de télévision de Boston qui devait lui payer les deux mille dollars et se demanda s'il tiendrait sa parole alors qu'elle ne serait plus là. Sans cette somme, où April trouverait-elle l'argent pour sa clinique ? Elle pensait aussi qu'il avait dit qu'il viendrait le matin et que se passerait-il si elle ne répondait pas à son coup de sonnette ? Entrerait-il ? Si elle n'était pas encore morte, on pourrait la ranimer. Elle devait donc décider si elle allait ou non fermer la porte à clef.

Elle voulait que personne ne puisse entrer. Mais s'il fallait enfoncer la porte, ce bruit pourrait terrifier Jeremy. D'un autre côté, si la porte n'était pas fermée à clef, Jeremy pourrait l'ouvrir sans mal et s'en aller vagabonder le lendemain matin. Kathy Maynard pourrait le retrouver, le ramener à la maison et la découvrir trop tôt. Nicole finit par tourner le verrou. Mais ça la navrait de penser à Jeremy qui pleurerait demain en la regardant.

Elle prenait maintenant trois ou quatre comprimés à la fois avec de l'eau et agissait comme si Gary était assis près d'elle. Il n'y avait pas eu une minute tous ces jours-ci où elle n'avait pas pensé à lui. Mais maintenant il était tout proche et elle commença à se dire qu'elle allait être bientôt avec lui et comme elle lui faisait confiance elle n'avait pas peur. Puis elle songea à s'allonger sans ses vêtements et se demanda ce qu'elle devait faire. Elle ne voulait pas mourir tout habillée, cela c'était sûr. Mais ça lui faisait quand même un drôle d'effet d'enlever ses vêtements. Les journalistes pourraient venir demain matin et regarder son corps.

En se mettant au lit elle prit une photo de Gary qu'elle plaça sur l'oreiller et posa la main dessus. Elle se sentit encore un peu plus nue. Et puis les comprimés commencèrent à faire leur effet. Elle sentait que ça venait. Elle se leva et marcha un peu, rien que pour avoir cette agréable sensation de ses jambes se déplaçant dans un délicieux flottement. C'était rudement captivant, comme si elle apprenait à marcher pour la première fois. Puis ses jambes commencèrent à peser. Elle s'allongea et reprit la photo de Gary puis pensa à la lettre qu'elle avait écrite dix minutes avant d'avaler les comprimés. Relisant son testament contenant ses dernières volontés et la lettre dans laquelle elle disposait de son mobilier, elle se dit qu'il n'y avait vraiment rien de très personnel pour sa mère et pour sa famille. Elle allait donc écrire une lettre supplémentaire, mais en même temps sa pensée alla vers Kathy

Maynard, juste à côté, qui était la plus charmante voisine qu'elle eût jamais eue, un véritable ange. Cette toute dernière lettre commença à surgir dans son esprit et Nicole s'endormit.

Lundi 15 novembre 1976

Maman, papa, Rik, April, Mike mon ange

Tout le monde sait que je vous aime et que vous comptez pour moi.

Surtout ne m'en veuillez pas de quitter cette vie.

J'essaie de ne faire de mal à personne — si je pouvais vous épargner à tous la moindre douleur, je le ferais sûrement.

Mais je m'en vais. Parce que j'en ai une véritable envie.

Vouloir une chose comme ça — et ne pas me l'accorder — me transformerait sûrement en une vieille femme laide et amère avec le temps, ou peut-être que je perdrais ma raison.

Je crois que vous tous comprenez à peu près ce qu'il y a entre Gary et moi. Sinon, eh bien, le temps vous l'apprendra.

Je l'aime. Plus que la vie et plus que ça.

Et je vous aime tous beaucoup. Je n'aurais jamais pu demander une meilleure famille. On en a vu de dures une fois ou deux, mais j'espère que tout le mal que j'ai pu faire à l'un de vous me sera pardonné aussi facilement que je pardonne.

Je ne peux plus parler. Je regrette de ne pas avoir écrit ça plus tôt. J'avais tant de choses à dire.

Enfin, on finira tous par y voir clair rien qu'en sachant que je vous aime tous aujourd'hui et que je vous aimerai toujours.

Je vous en prie, essayez aussi de ne pas avoir de chagrin pour moi... et de ne pas en vouloir à Gary.

Je l'aime.

J'ai fait mon choix.

Je ne le regrette pas.

Je vous en prie, aimez toujours mes enfants comme ils font partie de la famille.

Ne leur cachez jamais aucune vérité.

Quand l'un de vous aura besoin de moi, je serai là pour écouter car Gary et moi — et vous-mêmes — vous faites tous partie d'un Dieu merveilleux, bon et compréhensif.

Que cette séparation nous rapproche dans l'Amour, la compréhension et la tendresse qu'on peut attendre les uns des autres.

Je Vous Aime Tous

NICOLE

DEUXIÈME PARTIE

DROITS EXCLUSIFS

CHAPITRE VI

VEILLÉE

1

QUATRE mois après le matin où Kathy Maynard découvrit Nicole au lit avec une overdose de somnifère, les journalistes arrivaient encore avec leurs magnétophones. Leur intérêt pour Nicole était grand et la curiosité concernant Kathy elle-même assez mince, mais c'est une technique de certains intervieweurs que de commencer par poser à chaque témoin, important ou non, de nombreuses questions sur sa vie.

INTERVIEWEUR : Quel âge aviez-vous quand vous vous êtes mariée ?

KATHY MAYNARD : Seize ans.

INTERVIEWEUR : Pourquoi vous êtes-vous mariée à seize ans ?

KATHY MAYNARD : Parce que mes autres amies le faisaient.

INTERVIEWEUR : Et qui avez-vous épousé ?

KATHY MAYNARD : Tim Mair, de Heber City.

INTERVIEWEUR : Quel âge avait-il ?

KATHY MAYNARD (en ricanant) : Dix-sept ans.

INTERVIEWEUR : Dix-sept ans, et qu'est-ce qu'il faisait ?

KATHY MAYNARD : Il travaillait dans une scierie.

INTERVIEWEUR : Et où l'avez-vous rencontré ?

KATHY MAYNARD : Devant l'école. Sur une pelouse.

INTERVIEWEUR : Combien de temps êtes-vous sortie avec lui avant de l'épouser ?

KATHY MAYNARD : Environ un mois.

INTERVIEWEUR : Où vous êtes-vous mariés ?

KATHY MAYNARD : Chez lui, à Heber.

INTERVIEWEUR : Pourquoi vous êtes-vous mariés chez lui et non pas chez vous ?

KATHY MAYNARD : Parce que ma mère habitait un motel.

INTERVIEWEUR : Votre mère était-elle heureuse de ce mariage ou non ?

KATHY MAYNARD : Non, elle était très secouée : elle ne voulait pas que je me marie.

INTERVIEWEUR : Combien de temps êtes-vous restés mariés ?

KATHY MAYNARD : Ohhhhh, voyons... trois mois.

INTERVIEWEUR : Vous aviez couché avec lui avant de vous marier ?

KATHY MAYNARD : Oh ! que oui. (Ricanement.)

INTERVIEWEUR : Bon. Et, hum, qu'est-il advenu de ce mariage ?

KATHY MAYNARD : Il s'est tué.

INTERVIEWEUR : Il s'est tué ?

KATHY MAYNARD : Hé oui.

INTERVIEWEUR : Alors que vous étiez mariés ?

KATHY MAYNARD : Hé oui.

INTERVIEWEUR : Pourquoi ? Je veux dire, qu'est-ce qui s'est passé... Qu'est-ce qui est arrivé ?

KATHY MAYNARD : Eh bien, il buvait et ce jour-là, on allait à Provo, faire des courses de Noël... En revenant de Provo, il s'est arrêté pour s'acheter un couteau de chasse, et sur le moment je n'ai pas fait attention...

INTERVIEWEUR : Bon.

KATHY MAYNARD : Et en revenant on s'est disputés parce qu'il ouvrait toujours la vitre et qu'il faisait froid, alors quand on est rentrés chez maman... il a recommencé à se disputer avec moi. Ma mère dormait, elle travaillait de nuit, alors je lui ai juste demandé de se calmer un peu, vous comprenez... de bien vouloir parler plus bas pour ne pas la réveiller. Alors il s'est mis en colère et il est sorti. J'étais au lit. Il a fait demi-tour et il est revenu. Il a allumé l'électricité, il avait son couteau à la main et il a dit : « Regarde », et il s'est poignardé.

INTERVIEWEUR : Comme ça, devant vous ?

KATHY MAYNARD : Hé oui. *Kevin, remets le beurre de cacahuètes à sa place !*

INTERVIEWEUR : Vous avez une idée de la raison pour laquelle il a fait ça ?

KATHY MAYNARD : Je ne sais pas... Une fois il s'est tiré une balle dans le pied.

INTERVIEWEUR : Alors que vous étiez mariés ?

KATHY MAYNARD : Avant qu'on se marie... parce que j'étais avec un autre type.

INTERVIEWEUR : Bon.

KATHY MAYNARD : *Kevin, va jouer dehors une minute.*

INTERVIEWEUR : Vous vous êtes fait des reproches ?

KATHY MAYNARD : Oh ! pendant pas mal de temps parce que ça m'a plutôt secouée et je me disais, ma foi, si je ne m'étais pas disputée avec lui...

INTERVIEWEUR : Oui, oui.

KATHY MAYNARD : Et puis, je ne sais pas, après avoir parlé à pas mal de gens je me suis rendu compte qu'il était malade et qu'il avait besoin d'être soigné.

INTERVIEWEUR : Comment s'est-il poignardé ?

KATHY MAYNARD : Eh bien, il s'est enfoncé le couteau dans le ventre. On n'a pas pu arrêter l'hémorragie, alors il est tombé dans le coma et puis la perte de sang...

INTERVIEWEUR : Est-ce qu'il est mort dans le... l'appartement ?

KATHY MAYNARD : Oh ! non, il est mort à l'université d'Utah... à Salt Lake... deux jours plus tard.

INTERVIEWEUR : Deux jours plus tard ?

KATHY MAYNARD : Hé oui.

INTERVIEWEUR : Et... euh... vous n'étiez pas enceinte à cette époque ?

KATHY MAYNARD : Si, j'étais enceinte... mes jumeaux étaient de Tim.

INTERVIEWEUR : Vous saviez que vous étiez alors enceinte ?

KATHY MAYNARD : Non !

INTERVIEWEUR : Combien de temps après sa mort avez-vous su que vous étiez enceinte ?

KATHY MAYNARD : Ohhh ! *apporte-moi le beurre de cacahuètes et le couvercle, tu veux ?* Il y avait un mois que je n'avais pas eu mes règles mais je ne m'inquiétais pas parce que ça m'était déjà arrivé avant...

INTERVIEWEUR : Vous vous en êtes donc aperçue environ deux mois plus tard ?

KATHY MAYNARD : Oui.

INTERVIEWEUR : Vous dites ça avec un soupir...

KATHY MAYNARD : Ohh ! ça m'a foutu un coup. Comme je vous le disais, j'ai épousé Les Maynard deux semaines après la mort de Tim, alors...

INTERVIEWEUR : Vous voulez dire que vous vous êtes remariée tout de suite après la mort de Tim ?

KATHY MAYNARD : J'ai fait la connaissance de Les à l'enterrement de Tim.

INTERVIEWEUR : Vous connaissiez Les Maynard avant ?

KATHY MAYNARD : Je ne savais même pas qui il était.

INTERVIEWEUR : Comment se fait-il qu'il était à l'enterrement ?

KATHY MAYNARD : C'était un ami de Tim. Il le connaissait.

INTERVIEWEUR : Bon. Vous l'avez donc rencontré à l'enterrement ? Que s'est-il passé après cela ?

KATHY MAYNARD : Euh. Euh. (Silence.) Eh bien, j'habitais avec ma cousine et son mari... et Les est passé... j'ai pas dessoulé pendant deux semaines après la mort de Tim...

INTERVIEWEUR : Vous n'avez pas dessoulé ?
KATHY MAYNARD : Non. (Ricanements.)
INTERVIEWEUR : A la bière, au whisky ou quoi ?
KATHY MAYNARD : Oh ! tout ce qui me tombait sous la main... J'ai pris tout l'argent qui restait de l'enterrement de Tim et j'ai acheté de quoi picoler. Les est resté là avec moi deux semaines et puis on s'est mariés...
INTERVIEWEUR : Pourquoi avez-vous épousé Les ?
KATHY MAYNARD : Je me sentais seule. Je crois que j'avais peur.
INTERVIEWEUR : Et pourquoi vous a-t-il épousée ?
KATHY MAYNARD : Je n'en ai aucune idée... Peut-être parce qu'il me plaignait.
INTERVIEWEUR : Vous n'en avez jamais parlé avec lui ?
KATHY MAYNARD : Non.
INTERVIEWEUR : Et comment était votre mariage avec Les ?
KATHY MAYNARD : Epouvantable.
INTERVIEWEUR : Dès le début ?
KATHY MAYNARD : Eh bien, quand je me suis dégrisée et que je me suis rendu compte de ce que j'avais fait je ne pouvais pas supporter qu'il me touche et je... j'allais tout le temps m'asseoir au cimetière près de la tombe de Tim et j'ai jeté mon alliance sur sa tombe. Ça n'allait pas fort... J'ai filé pour deux mois, ce qui a causé un tas de problèmes, des histoires de jalousie et des trucs comme ça...
INTERVIEWEUR : Quand vous êtes partie, avez-vous commencé à voir d'autres hommes ?
KATHY MAYNARD : Oh ! non.
INTERVIEWEUR : Vous êtes juste partie pour être toute seule ?
KATHY MAYNARD : Oui.
INTERVIEWEUR : Donc vous n'avez jamais été amoureuse de lui.
KATHY MAYNARD : Ça n'était pas de l'amour. Ça n'était pas possible. Mais je crois que ça a fini

par donner autre chose. Après qu'on eut eu les gosses.

INTERVIEWEUR : Les deux premiers ?

KATHY MAYNARD : Hmmm, oui.

INTERVIEWEUR : Et combien de temps avez-vous vécu avec lui ?

KATHY MAYNARD : Deux semaines.

INTERVIEWEUR : Vous n'avez vécu avec Les que deux semaines aussi. Quand l'avez-vous vu pour la dernière fois ?

KATHY MAYNARD : Les ? Ah ! ah ! avant-hier.

INTERVIEWEUR : Alors vous le voyez régulièrement ?

KATHY MAYNARD : Hem ! hem ! il est avec ma meilleure amie.

INTERVIEWEUR : Quand il revient vous voir, est-ce qu'il cherche à coucher avec vous ou quoi ?

KATHY MAYNARD : Oh ! non.

INTERVIEWEUR : Est-ce que Les et vous avez divorcé ?

KATHY MAYNARD : On est en train.

INTERVIEWEUR : Qu'est-ce qu'il fait maintenant ?

KATHY MAYNARD : Il travaille dans une station-service à Spanish.

INTERVIEWEUR : Spanish Fork ?

KATHY MAYNARD : C'est ça.

2

Kathy réveillait Nicole tous les matins. Afin qu'elle puisse partir de bonne heure pour voir Gary, Kathy devait passer car la plupart du temps Nicole n'arrivait pas à se réveiller.

Ce matin-là, Kathy arriva avec la cafetière, frappa et sonna à la porte de Nicole puis regarda par la fenêtre et vit que celle-ci dormait. Elle était allongée à plat ventre sur le divan. On apercevait un peu de son dos nu. Quand Kathy eut sonné un moment, elle essaya la porte. Le verrou était mis, ce qui la tracassa un peu. Elle rapporta le café chez elle, revint et se mit à appeler Jeremy jusqu'au moment où il finit par s'éveiller et par sortir de la chambre. Il était encore à moitié endormi et vint s'affaler sur le divan auprès de sa mère. Il portait un petit pyjama vert et tout ce qu'il voulait, c'était recommencer à dormir. Enfin, au bout d'un quart d'heure, elle réussit à se faire ouvrir la porte par Jeremy, mais quand Kathy entra, secoua Nicole et la retourna, celle-ci ne réagit pas.

Nicole s'était endormie sur une photo de Gary enfermée dans un petit cadre doré, une simple photo en couleurs où il portait sa veste bleue de prisonnier, mais il avait l'air bien. A côté de la photo se trouvait une lettre et Kathy vit d'un coup d'œil que c'était une vieille lettre, écrite au début d'août. Elle remarqua la date parce que Nicole lui avait souvent dit combien la première longue lettre de Gary comptait pour elle. Alors Kathy essaya encore une fois de réveiller Nicole. Pendant tout ce temps, Jeremy les regardait toutes les deux.

Kathy finit par appeler Sherry, une autre voisine. Les deux femmes s'approchèrent pour secouer Nicole et se retrouvèrent sur le balcon, en jeans et pieds nus, très inquiètes. Au moment où elles venaient de se décider à appeler le docteur, voilà qu'arriva ce journaliste, Jeff Newman, qui se dirigeait tout droit vers la porte de Nicole. Kathy hurla : « Elle dort. Nicole dort. »

Jeff Newman les regarda d'un drôle d'air et dit : « Elle va bien ? Je suis censé l'emmener à la prison ce matin. » Kathy dit : « Oui, elle est juste fatiguée. » Il reprit : « Je reviendrai dans une demi-heure », et s'en alla. Elles appelèrent alors le médecin de Sherry. Dès l'instant où il entendit le nom de Nicole, il leur dit de téléphoner à l'hôpital.

Les flics couraient dans l'appartement en essayant de trouver des flacons de somnifère et les ambulanciers, sans perdre de temps, installèrent Nicole sur une civière et Kathy s'en alla chercher Jeremy, qu'elle avait déposé chez elle, avec ses gosses. Ils étaient tous en train de manger de la confiture qu'ils avaient prise dans le réfrigérateur. Sur ces entrefaites, Jeff Newman revint. Kathy lui dit : « Je ne sais pas si Nicole serait contente de vous savoir ici. » « Pourtant, je reste », lui déclara-t-il.

Kathy se dit qu'avec des gens comme Jeff, en train de fouiner partout, elle ferait mieux de prendre les lettres de Nicole. Elle alla donc chercher un sac, les fourra dedans et rapporta le tout chez elle. Ensuite Les arriva et Kathy s'en alla chercher du lait pour les enfants. Pendant qu'elle était partie, deux policiers rappliquèrent et dirent à Les qu'ils voulaient les lettres. Peut-être avaient-ils surveillé l'appartement. Ils dirent à Les que Kathy pouvait s'attirer de graves ennuis. Les dit : « Bon, prenez-les. » Plus tard dans la journée, Kathy essaya d'aller voir Nicole à l'hôpital, mais on ne laissait entrer personne, sauf la famille. En fait, Kathy ne devait jamais revoir Nicole.

3

Pendant le week-end, les conversations avec Gary avaient été pleines de questions littéraires et philosophiques sur la nature de la prison, et ce mardi matin-là, Dennis comptait parler des meurtres. Bien entendu, il était très curieux à ce sujet. Ça lui flanqua un coup quand le journaliste téléphona pour demander ce que M. Boaz pensait de la double tentative de suicide de Gary et de Nicole. Dennis avait complètement oublié « N'aie pas peur de la faucheuse. » Il se dit : « Je ne suis vraiment pas dans le coup. » « Ils ne sont pas morts ? demanda-t-il.

— C'est tout juste », répondit le journaliste.

La veille encore, un ami avait conseillé à Dennis d'obtenir de Gary un accord écrit. Il n'avait pas voulu le demander. Dans des circonstances aussi insolites, un contrat étoufferait toute possibilité de relations humaines convenables. Il devait toutefois reconnaître que Gary commençait à faire preuve d'esprit pratique. La veille, il avait manifesté un certain intérêt pour Susskind, et parlait de Schiller, qui lui avait envoyé un télégramme. Dennis avait perçu un intérêt nouveau dans la voix de Gary. Ce fut pourquoi la tentative de suicide le surprit tant.

Dans la journée les choses ne firent qu'empirer. Un autre journaliste téléphona pour lui annoncer : « Monsieur Boaz, vous figurez sur la liste établie par Sam Smith des gens susceptibles d'avoir fait passer les somnifères à Gilmore. » Dennis se sentit angoissé. Et si, à son insu, la prison avait enregistré ses conversations avec Gary ? On aurait très bien pu prendre sur bande celle où il parlait avec Gary de lui apporter cinquante comprimés de somnifère, mais peut-être pas la suivante où il avait dit à Gary qu'il ne le voulait pas et ne le pouvait pas. A cet instant, Dennis comprit ce que c'était que la main froide et moite de la peur quand elle vous serre les tripes. Ce n'était pas un cliché. Il avait vraiment les tripes serrées par une force extérieure.

A l'hôpital, un type de *Newsweek* confirma la nouvelle : Boaz était le suspect numéro un du directeur. Puis Geraldo Rivera, de la chaîne de télévision A.B.C., dit la même chose. « Je n'ai vraiment pas besoin de ça », songea Dennis.

Cela devint pour lui une journée d'inquiétude et de grande émotion. A la pensée de Gary mort et de Nicole disparue, Dennis éprouva un tel sentiment de perte qu'il commença à se demander s'il pouvait, en bonne conscience, continuer à exiger que Gary fût exécuté.

Sur ces entrefaites, Geraldo Rivera proposa une interview et ils allèrent dans sa suite à l'hôtel pour en discuter. Afin de ne pas nuire à Gary, Dennis, durant toute la semaine, n'avait pas fumé d'herbe et n'en avait pas sur lui. Il se dit que Rivera connaîtrait peut-être quelqu'un pouvant lui en fournir et, de fait, il y avait un reporter à l'hôtel avec du Phai d'excellente qualité. Dennis en aspira une bouffée comme si c'était l'air du paradis. Mais il y avait toujours la prémisse plus ou moins raisonnable qu'un peu de l'amour de Dieu était enfermé dans l'herbe. Bien sûr, Dennis était ainsi tombé un jour sur un type qui avançait d'intéressantes contre-hypothèses, voulant démontrer que ce qui entrait dans vos poumons sous forme d'amour n'était peut-être qu'un fac-similé offert par le démon. Un argument intéressant, mais tout ce que Dennis savait dans l'immédiat c'était que l'herbe de bonne qualité le réconfortait affectivement. Ça lui allait droit au cœur.

Assis dans la chambre d'hôtel à bavarder avec Geraldo Rivera, il commença à éprouver le sentiment accablant du caractère désespéré de la situation et il éclata en sanglots. Dennis ne pouvait pas se contenir. Il se mit à pleurer bruyamment devant Geraldo. Tout ça était beaucoup plus triste qu'il ne l'avait pensé.

4

Tamera devait être la première à reconnaître que ça avait peut-être l'air idiot mais que, sur le moment, elle ne se doutait absolument pas que son article allait avoir les honneurs de la une.

Deux mois auparavant, lorsqu'elle avait débuté au *Deseret News*, elle avait eu sa signature à la une pour un article sur la rupture du barrage de Teton. C'était formidable pour une jeune journaliste. Elle pensait que son reportage sur le barrage de Teton allait être son grand et unique coup et elle n'envisageait même pas qu'il se présenterait quelque chose d'aussi important. Aussi, lundi après-midi, après avoir quitté Nicole, retourna-t-elle au journal où elle se mit à lire toutes les lettres, puis travailla sur son article pendant la nuit sans se préoccuper un seul instant de la place où on le publierait. Toutefois, lorsqu'elle eut fini, à sept heures du matin, elle aurait dû s'en douter. Il y avait d'autres gens qui travaillaient autour d'elle maintenant, dont deux rédacteurs. Elle espérait simplement que son article toucherait les lecteurs. Mais comme tout le monde était rassemblé autour de son bureau, l'aidant à faire les corrections de dernière minute, cela finit par devenir un de ces articles où la feuille à peine retirée de la machine à écrire on la porte à la composition. Il fut mis sous presse à huit heures du matin et Tamera s'attarda encore pour aider à trouver des intertitres. Enfin, vers huit heures et demie ou neuf heures, elle aurait pu aller se coucher mais elle avait envie de voir d'abord son article imprimé. Elle alla donc faire un tour en attendant la première édition.

Tamera finit par se retrouver au Centre des Visiteurs, à Temple Square, où elle monta la rampe. C'était une grande allée en spirale qui s'incurvait si bien en l'air qu'on avait l'impression de monter à l'assaut d'une galaxie. Le plafond était bleu foncé et tout en haut il y avait une énorme statue de Jésus. Un bel endroit. Tamera était allée là autrefois pour être seule et méditer. On éprouvait dans cet endroit un sentiment très doux de paix. On sentait presque des puissances rôder autour de soi. Elle se mit à prier pour que son histoire ait de l'impact et que d'une façon ou d'une autre les choses s'arrangent pour Nicole.

Tamera revint au journal et jamais encore elle n'avait senti une ambiance aussi électrique dans la salle des informations. Elle comprit que quelque chose d'énorme avait dû arriver au moment du bouclage. On était en train de rassembler si vite les éléments d'un article qu'on le tapait directement sur le terminal de l'ordinateur relié à l'atelier de composition. Vraiment dingue. Son rédacteur en chef s'approcha et dit : « Nicole et Gilmore ont essayé de se suicider. Ils sont en réanimation. Commence à faire un petit article. » « Fichtre ! » s'exclama Tamera. Elle s'assit devant sa machine, sans avoir l'idée de ce qu'elle allait pouvoir écrire.

La mort et le suicide, commença Tamera, *étaient le principal sujet des conversations du meurtrier Gary Mark Gilmore et de son amie Nicole Barrett durant la semaine précédant leur double tentative de suicide.*

Nicole m'a parlé de ces conversations. Lors d'une série d'entretiens privés que nous avons eus durant cette semaine si tendue, elle m'a fait lire les nombreuses lettres qu'elle a reçues de Gilmore, elle m'a raconté combien il l'avait encouragée et rassurée à propos du suicide et elle a discuté en toute franchise de sa propre attitude devant la mort.

En ce moment, mon amie est à l'article de la mort, dans un hôpital de Provo, et le monde entier a les yeux tournés vers elle...

Elle continua à écrire, une page suivant l'autre, relatant tout ce qui lui était arrivé ainsi qu'à Nicole.

Je disposais d'une source d'informations que personne jusqu'alors n'avait pu atteindre. Mes émotions étaient diverses. Je la respectais en tant qu'individu mais, comme n'importe quel journaliste, j'espérais bien en tirer un bon article. Pourtant, je ne voulais pas faire pression sur elle ni la mettre dans une situation où elle ne désirait pas se trouver.

En la voyant sortir de la prison, en jeans, chandail à la main, et fumant une cigarette, je l'interrogeai sur sa visite et notre conversation commença. Nous sommes montées dans ma Volkswagen et je n'ai pas allumé la radio pour que tout soit silencieux si elle avait envie de parler. Cela m'avait semblé être le cas.

« Quand j'arrive pour le voir, me dit-elle soudain, j'ai l'estomac noué, mais je me sens mieux après. Il est si fort, tellement plus fort que moi. Il me rassure toujours et m'oblige à me sentir mieux. »

Tamera écrivait comme un robot. Elle se dirigea d'ailleurs, ses feuillets en main, jusqu'au terminal d'ordinateur et se mit au clavier sans tout d'abord rien éprouver de spécial. Puis elle fut tout à coup envahie par une intense émotion : elle ne s'était pas doutée un seul instant que Nicole allait tenter de se suicider ce même jour. Absolument pas.

Elle parvint à se calmer, mais tout aussitôt la colère s'empara d'elle : Gary n'était qu'un manipulateur de la pire espèce. C'était une chose, se dit Tamera, que d'essayer de persuader quelqu'un de coucher avec vous, mais faire en sorte de manipuler les autres pour les faire mourir avec soi, c'était de l'égoïsme absolu. Ces lettres, où il se montrait si terriblement jaloux. Il ne pouvait pas supporter l'idée, disait-il, que Nicole rencontre un autre homme, ou Dieu sait quoi ! De l'enfantillage, se dit Tamera, du pur enfantillage !

Sur ces entrefaites, son frère Cardell entra dans la salle des informations. Il travaillait dans le centre et c'était la première fois qu'il venait ainsi la voir. Il avait entendu l'histoire à la radio et s'était dit que Tamera aurait peut-être besoin de lui. Elle serra Cardell dans ses bras et éclata en sanglots. Peut-être pensaient-ils tous les deux à son ancien ami le prisonnier. Plus tard ce même soir, son autre frère téléphona de Vancouver pour la féliciter et lui dire combien sa femme et lui étaient fiers d'elle. Ils faisaient des photocopies des articles pour les envoyer à la famille. Elle découvrit par la suite que toutes les agences de presse avaient repris son article. L'Associated Press le distribua abondamment, ainsi que l'*Observer* de Londres, une agence de presse scandinave, un journal d'Afrique du Sud, une agence de Paris, *Newsweek* et les Allemands de l'Ouest. Son journal conclut chacune de ces ventes à sept cent cinquante dollars, ce qui représentait plus que le salaire de Tamera jusqu'à ce jour. Excellente opération.

5

Wayne Watson et Brent Bullock, du bureau de Noall Wootton, se rendirent à l'appartement de Nicole Barrett après avoir reçu un coup de fil de la police à propos des lettres. Ils pensaient qu'ils pourraient peut-être trouver là des preuves qui pourraient se révéler utiles dans l'affaire Max Jensen si jamais on devait aussi juger Gary pour ce crime.

De retour au bureau de Noall, Watson et Bullock commencèrent à étudier le matériel, mais après avoir lu les dix premières lettres, ils n'y découvrirent aucun indice. De toute évidence, le type était un individu intelligent, mais les lettres, pour ce qui était de découvrir des preuves nouvelles, étaient sans intérêt. Wayne Watson tomba bien sur un paragraphe qui signifiait quelque chose si on savait qu'en argot des Jacks et des Jills étaient des somnifères. Il prit contact avec un homme du bureau du shérif de Salt Lake, qui menait l'enquête au pénitencier afin de découvrir comment les somnifères avaient été introduits dans la place, et qui lui dit que c'était bien possible que ça soit Nicole qui l'ait fait.

A dire vrai, le plus intéressant de toute l'opération fut que Brent Bullock et Wayne Watson se firent photographier dans la petite salle de séjour de Nicole. On les voyait, chacun accroupi et regardant les lettres jetées à terre, tous deux aussi costauds que des joueurs de rugby professionnels et se redressant comme des poux. De plus Brent exhibait une moustache en guidon de vélo de quinze centimètres. Lorsque cette photo fut publiée, leurs femmes et leurs amis se payèrent leur tête. « Les Sherlock Holmes au travail », s'esclaffèrent-ils.

6

Kathryne était au travail à Ideal Mobilier quand sa mère, Mme Strong, téléphona. « Tu as entendu la radio ? demanda-t-elle. Tu n'as pas écouté la radio ? » Puis elle lâcha un seul mot : « Nicole ! ».

Kathryne s'effondra. Elle se mit à hurler : « Non ! Non ! Non ! » Elle imaginait le pire. Au fond du magasin le grand poste stéréo était allumé, mais en sourdine et elle n'écoutait pas. Elle tendit soudain l'oreille et entendit les mots : « L'amie de Gilmore... suicide. » Kathryne eut une véritable crise de nerfs. Sa mère avait beau hurler dans l'appareil, ce ne fut qu'une fois calmée qu'elle comprit ce qu'elle lui disait : « Elle n'est pas morte, tu sais, elle est à Utah Valley. Je vais passer te chercher. » Kathryne resta prostrée, comme si elle avait eu une commotion. Sa mère arrêta la vieille Lincoln devant le magasin, cette saloperie de Lincoln, la vieille plaisanterie de la famille, et l'emmena. A l'entrée des urgences, à l'hôpital, l'employée de la réception les envoya au second. Lorsqu'elle entra dans la chambre de Nicole, Kathryne ne put retenir un mouvement d'horreur. Cette abominable machine était là une fois de plus. Dire qu'il y avait à peine sept jours, son père était relié au même appareil. Il était mort et c'était au tour de Nicole d'y être réunie.

On donna un peu de valium à Kathryne et un docteur se présenta. Il avait une petite bouche aux lèvres serrées et il déclara que les chances de survie de Nicole étaient de cinquante pour cent. « Ça peut basculer d'un côté ou de l'autre », dit-il. Puis il ajouta : « Nous ne savons pas s'il y a eu lésion cérébrale... Le problème est qu'elle puisse supporter l'appareil qui assure ses fonctions respiratoires... et je ne peux pas le garantir. » On peut dire qu'il ne leur laissait pas beaucoup d'espoir. « Je ne peux rien garantir, conclut-il, tant qu'on n'aura pas réussi à éliminer tout le somnifère de son organisme. » Un policier était assis devant la porte.

Kathryne entrait un quart d'heure dans la chambre de Nicole, puis sortait pour aller s'asseoir dans le couloir pendant que sa mère prenait sa place. Puis elle y retournait. Ça dura tout l'après-midi. Rikki était revenu du Wyoming après l'enterrement du père de Kathryne et il resta dans la salle d'attente du service de réanimation afin d'éloigner les journalistes. On les empêchait de monter, mais une d'elles parvint à se glisser jusqu'au service de réanimation et resta là toute la journée, avec un sac à tricoter à ses pieds. Personne ne savait que c'était une journaliste. Au bout de trois heures, elle dit à Kathryne : « Vous êtes la mère de Nicole ? » Kathryne se contenta de la regarder sans y prêter attention. La femme s'adressa alors à Cathy Kampmann : « Vous êtes de la famille de Nicole ? » « Je vous en prie, ne nous ennuyez pas », répondit Cathy. Mais la femme insista : « Nicole a des frères et sœurs ? » Ce fut alors que Cathy comprit. « Vous êtes une reporter de télé, n'est-ce pas ? » Elle avait remarqué que chaque fois que l'une d'elles commençait à parler, la femme se penchait vers son sac et tournait quelque chose. Kathryne entra dans une colère folle, et la fit expulser.

Tout d'abord Charley ne devait pas venir, et puis, à la surprise de Kathryne, il passa vers trois heures alors qu'elle était allée jusqu'à l'appartement de Nicole. L'infirmière lui raconta que M. Baker était venu et qu'il s'était effondré en voyant Nicole, puis il était parti. Kathryne apprit plus tard que Charley était allé à Pleasant Grove et qu'il y était resté avec Angel et Mike pour le restant de la journée et toute la nuit.

Kathryne ne bougea pas et refusa d'aller dîner. Peu après minuit, elle appela quelques Anciens qu'elle connaissait dans l'Eglise mormone, et ils vinrent prier avec elle au chevet de Nicole, oignant sa tête d'huile, posant les mains sur son front. Ils prièrent Dieu de lui accorder le rétablissement. Ils ne pouvaient le faire au nom de l'Eglise étant donné qu'elle avait tenté de se suicider, mais ils demandèrent quand même au Seigneur de les écouter au nom de la foi de tout le reste de la communauté.

Vers quatre heures du matin, sa mère raccompagna Kathryne chez elle où elle resta avec Charley jusqu'à dix heures, heure à laquelle il la reconduisit à l'hôpital. Mais elle ne voulut pas se reposer, et ne cessa pas d'appeler l'hôpital pour voir s'il y avait un changement.

Le lendemain, il y avait tant de journalistes que Kathryne fut obligée de se dissimuler sous une longue perruque blonde.

DESERET NEWS

Nashville, Tennessee (A.P.) 16 novembre. — Le chanteur populaire Johnny Cash déclare qu'il a essayé d'appeler Gary Gilmore à la prison d'Etat de l'Utah, pour l'inciter à « se battre pour sa vie », quelques minutes seulement après que le prisonnier eut été découvert inconscient à la suite, semble-t-il, d'une tentative de suicide.

« Je ne sais pas ce que j'aurais dit à un homme qui projetait de se supprimer, dit Cash. Quelquefois ça aide, d'autres fois non. Mais j'aurais essayé de l'en dissuader. »

Le chanteur a déclaré que son premier mouvement avait été de ne pas s'en mêler. « Je lui ai dit (à l'avocat) que je ne recherchais pas la publicité. Je pensais que je ferais mieux de m'occuper de mes affaires. Qui, d'ailleurs, recherche ce genre de publicité ? »

Comme Boaz insistait, en disant que son client voulait absolument voir Cash, le chanteur déclara qu'il avait décidé d'appeler la prison.

7

Dès l'instant où Brenda entendit la nouvelle, elle se mit à téléphoner d'heure en heure, mais tout ce que l'hôpital où se trouvait Gary, à Salt Lake, voulut bien lui dire, c'est qu'il était encore en vie. Brenda demanda : « Si je viens, est-ce que je pourrai le voir ? » On lui répondit : « Pour être sûre d'entrer, ce ne sera qu'accompagnée du gouverneur. » Elle demanda si elle pouvait au moins parler à une des infirmières qui le soignaient, et on finit par lui en passer une. « Voudriez-vous, je vous prie, dire à Gary que Brenda a téléphoné et que je pense à lui tendrement, fit-elle. J'aimerais qu'il lutte pour sa vie. » Elle ne sut jamais si l'infirmière avait transmis le message.

A l'hôpital, on était à peu près persuadé que Gary n'avait pas fait une vraie tentative de suicide. D'après leurs estimations, il avait pris la moitié d'une dose mortelle, vingt comprimés environ. Deux grammes. Trois grammes représentaient une dose mortelle à cinquante pour cent, c'est-à-dire que la moitié des gens qui absorbaient une telle quantité en mouraient. Comme Gilmore était un grand gaillard, ses chances de réussir avec deux grammes étaient faibles. D'ailleurs, il avait pris les comprimés juste avant l'appel du matin. C'était suspect. Nicole semblait avoir absorbé la même quantité mais beaucoup plus tôt, et elle était dans un état autrement plus sérieux. Elle pesait à peine quarante-cinq kilos et lui près du double.

On interviewait Sam Smith, le directeur de la prison.

L'INTERVIEWER : Avez-vous une idée de la façon dont il a pu se procurer le produit ?

LE DIRECTEUR : Eh bien, il y a un certain nombre de possibilités. Il aurait pu accumuler les médicaments qu'on lui aurait ordonnés, les mettre de côté et les absorber ; il aurait pu aussi se les procurer peut-être par d'autres détenus du quartier de haute surveillance, mais il est possible qu'il se le soit procuré grâce à ceux qui venaient lui rendre visite.

L'INTERVIEWER : Serait-il facile pour quelqu'un d'apporter des médicaments aux détenus ?

LE DIRECTEUR : Ma foi, il est pratiquement impossible d'empêcher quelqu'un de cacher sur sa personne ou dans une cavité naturelle quelque chose d'aussi petit que des comprimés.

L'INTERVIEWER : Est-ce que les visiteurs, pourtant, ne sont pas fouillés lorsqu'ils viennent les voir ?

LE DIRECTEUR : Oui, ils sont fouillés, mais ça ne veut pas dire qu'on puisse explorer chacun de leurs orifices naturels et s'assurer qu'ils n'y dissimulent pas des médicaments.

L'INTERVIEWER : En tant que responsable du bien-être et de la sécurité de Gilmore, quel est votre sentiment sur ce qui s'est passé aujourd'hui ?

LE DIRECTEUR : Je suis navré, bien sûr, mais je reconnais d'un point de vue réaliste que lorsque les gens veulent se tuer, il est assez difficile de les en empêcher pendant longtemps.

L'INTERVIEWER : Je vous remercie, Sam.

Après cette interview, la presse se déchaîna. Un reporter fit observer que quand on écoutait Sam Smith, on n'avait pas besoin de somnifères.

La plaisanterie, parmi les journalistes, c'était que de chercher une adresse dans une ville de l'Utah, c'était comme essayer de repérer les coordonnées d'artillerie sur une carte. Par exemple, 2575 Nord 1100 Ouest. « Ici, monsieur, écrivit Barry Farrell dans son cabinet. Vous avez la bonne adresse. C'est simplement que vous n'êtes pas dans la bonne ville. » Barry Farrell, qui était là pour faire un article pour *New West,* en était à un tel point d'exaspération que sa plus grande distraction était de prendre des notes. Il abhorrait Salt Lake. « Il y a dans cette ville un côté helvétique, écrivait-il, une complaisance que les gens de la Côte Ouest trouveraient sans doute extrêmement agaçante. S'enivrer ici, c'est comme s'inscrire pour une cure de désintoxication. » Puis il ajoutait : « Après une heure, le seul bruit qu'on entende en ville, c'est le crépitement des enseignes au néon. »

C'était difficile d'obtenir des renseignements. Tout était bouclé. Farrell ne se rappelait pas beaucoup d'enquêtes où le centre d'intérêt d'une affaire semblât si éloigné. Il n'avait pas été journaliste à *Life* pendant des années sans réussir à s'introduire dans pas mal d'endroits. Souvent il parvenait à obtenir des interviews là où d'autres échouaient. Mais là, pas la moindre interview. Dans son carnet de notes Farrell écrivit : « On ne peut qu'imaginer combien Gilmore a dû trouver cela étouffant... La claustrophobie vous étreint quand on se trouve sans occasion de pécher. »

Earl Dorius était naturellement préoccupé de savoir comment les somnifères étaient parvenus à Gilmore et il téléphona au directeur de la prison pour s'informer. Sam Smith lui dit que les principaux suspects étaient Nicole Barrett, Dennis Boaz, Vern Damico, Ida Damico et Brenda Nicol. Dorius le remercia de ces renseignements.

Lorsque Gibbs apprit la nouvelle, il repensa à une discussion avec Gary sur les moyens de passer en douce des médicaments en haute surveillance. Il était d'avis, se rappela-t-il, d'utiliser des balles.

Ce soir-là, quand le gros Jake se trouva de garde, il dit à Gibbs que les gens de la prison étaient idiots. Voyons, la police de Provo avait prévenu le pénitencier que Nicole s'était procuré deux ordonnances de somnifères la veille de ces tentatives de suicides. Pourtant on ne l'avait pas fouillée à fond. Le gros Jake regarda Gibbs et ajouta : « Je parierais que c'est toi qui lui as appris comment faire passer la camelote. » Le gros Jake eut un grand sourire et s'éloigna.

DESERET NEWS

La plupart des lettres réclament la clémence.

16 novembre. —... Un habitant de Minneapolis a demandé pourquoi Gilmore devrait être le seul à être exécuté alors que d'autres tueurs condamnés vivent encore.

« L'ancien lieutenant William Calley, convaincu du meurtre avec préméditation d'au moins vingt-deux êtres humains de race orientale se promène maintenant dans les rues », écrivait-il. Par une ironie du sort, George Latimer, président de la Commission des Grâces, qui doit décider du sort de Gilmore, était le principal avocat civil de Calley.

DESERET NEWS

---

16 novembre. — Les Filles de la Sagesse de Litchfield, dans le Connecticut, parlant de Gilmore, ont déclaré : « Nous sommes persuadées qu'il est destiné à faire quelque chose de valable pour l'humanité. Il lui faut

du temps pour découvrir ce qu'est ce quelque chose. »

DESERET NEWS

16 novembre. —... Le père de Max Jensen, David Jensen, fermier de l'Idaho et président de paroisse dans l'Eglise des Saints du Dernier Jour, a déclaré : « La mort de notre fils nous a consternés, mais c'est une chose que nous acceptons. Nous ne voudrions certes pas être à la place des parents de Gilmore. »

DESERET NEWS

16 novembre. — La veuve de Buschnell, qui attend un autre enfant pour le début de l'année, est partie pour la Californie vivre avec sa belle-mère. Des membres de sa famille affirment qu'elle s'effondre lorsqu'on prononce le nom de son mari.

CHAPITRE VII

GOÛT

1

LE lundi soir, alors que Nicole rédigeait son testament et ses dernières volontés, Larry Schiller se rendit à l'aéroport international de Los Angeles pour acheter le numéro de *Newsweek* dont l'article de fond traitait de Gary Gilmore. Schiller savait que les aéroports recevaient les magazines un jour plus tôt que les autres points de vente et parfois, lorsqu'il préparait un article et qu'il avait besoin d'un magazine avant ses concurrents, il allait même chez le distributeur local.

Schiller passa une partie du lundi soir à lire cet article. Cette lecture lui apprit qu'il devrait acheter les droits de cinq personnes. Ceux de Gary évidemment et ceux de Nicole, ça faisait deux, mais lundi soir, pour la première fois, il entendit parler d'April Baker et décida qu'il ferait mieux d'obtenir aussi son accord. Puis il rencontra le nom de Brenda Nicol et apprit que c'était elle qui avait fait sortir Gary de prison. Cela pouvait être un élément clé de l'histoire. Il fallait obtenir les droits de Brenda. Il ne savait pas si elle était la fille de Vern Damico ni même si elle lui était apparentée, mais Vern était le cinquième nom sur sa liste.

Dès le mardi matin, il appela Lou Rudolph à A.B.C., pour lui parler du grand intérêt qu'il portait à cette histoire. Il y avait pas mal de façons de s'y prendre, expliqua Schiller, et il énuméra rapidement un certain nombre de possibilités. Il y avait longtemps qu'il avait compris qu'à la télévision il fallait d'abord vendre le sujet aux directeurs. Il fallait imposer l'idée que même si on n'obtenait pas tous les droits, ce serait quand même de la bonne télévision. Si, par exemple, il avait l'accord de Gilmore sans celui de Nicole, on pourrait monter le scénario d'un type qui sort de prison et lutte contre ses vieilles habitudes de détenu, mais qui finit par tuer un homme, authentique étude des souffrances endurées par un détenu brusquement libéré. De cette façon on pouvait traiter le sujet de la peine capitale et la question de savoir si un homme avait le droit de mourir sans qu'il soit besoin d'y mêler une histoire d'amour.

D'un autre côté, poursuivit Schiller, s'ils avaient l'accord de la fille mais ne parvenaient pas à faire signer Gilmore, on pourrait raconter la lutte intéressante de deux sœurs toutes deux amoureuses du même criminel. Il faudrait substituer à Gilmore un criminel imaginaire, mais on pouvait quand même exploiter cette situation triangulaire. On pourrait encore prendre Nicole comme sujet principal et faire de l'histoire l'étude d'une jeune femme qui a été mariée plusieurs fois, est encombrée d'enfants puis tombe amoureuse d'un criminel. Dans ce cas il faudrait passer les meurtres sous silence mais souligner les difficultés romanesques de tenter de vivre avec un homme à qui la société ne fait pas confiance.

Schiller n'essayait pas, expliqua-t-il à Rudolph, d'imposer un jugement sur les mérites relatifs de ces divers scénarios. Il voulait simplement faire comprendre qu'on pouvait court-circuiter Gilmore, raconter seulement l'histoire d'une femme et néanmoins en faire quelque chose de très valable.

Il avait à peine raccroché que la radio annonçait que Gilmore et Nicole avaient essayé conjointement de se suicider. Il prit aussitôt un billet d'avion pour Salt Lake. A l'aéroport, il rappela Rudolph pour lui proposer une autre solution. A supposer qu'ils ne puissent pas obtenir les droits de Gilmore, ils pourraient malgré cela faire l'étude d'une fille qui avait voulu mourir et qui avait conclu un pacte de suicide avec un criminel, cherchant par là même le moyen de résoudre un problème insoluble.

Schiller répéta qu'il était sûr des résultats et qu'il voulait obtenir d'A.B.C. un réel soutien financier. Pas pour les notes d'hôtels ou les billets d'avion, précisa Schiller, parce que, pour cela, il pouvait toujours se débrouiller avec ses cartes de crédit. Non, ce que Schiller voulait c'était l'assurance financière de pouvoir traiter avec Gilmore. Il rappellerait de Salt Lake.

Il aurait dû s'en douter. Dès l'instant où les médias apprirent la double tentative de suicide, non seulement Larry Schiller se retrouva dans l'avion, mais tous ses confrères fonçaient vers Salt Lake, prêts à descendre au Hilton où chacun des singes des médias pouvait surveiller tous les autres singes. Il allait y avoir pas mal de singes dans ce zoo.

D'après les échos qu'il entendait, Schiller savait qu'il était réputé dans les médias pour son impatience et ses réserves d'énergie. Ça le faisait toujours sourire quand il entendait des histoires de ce genre. Elles protégeaient son arme secrète : la patience. Mais il ne le montrait pas aux gens. Bien au contraire, il entretenait l'image opposée. Ça lui était égal de se trouver dans des situations où il était obligé d'attendre. On n'avait qu'à lui donner un billet d'avion et une salle d'attente. Si on comptait les années où, depuis l'âge de quatorze ans, il avait commencé à gagner de l'argent comme expert en traces de dérapage, cela faisait, d'après ses propres estimations, pas loin de vingt-cinq ans qu'il courait comme un fou. Alors, il n'était pas mécontent de pouvoir s'asseoir un peu de temps en temps.

Son père, qui dirigeait autrefois le magasin Davega sur Times Square, à New York, et qui flairait la bonne affaire quand il y en avait une, lui avait acheté, quand il était gosse, un Rolleicord et une radio qui prenait la fréquence de la police : Schiller l'écoutait et quand il entendait l'annonce d'un accident à la radio, il sautait sur sa bicyclette et fonçait sur les lieux. Si c'était loin et qu'il n'arrivait qu'après qu'on eut déjà retiré les véhicules accidentés, il pouvait toujours photographier les traces de dérapage, et il vendait les clichés aux compagnies d'assurances. Ce fut ainsi qu'il fit son apprentissage.

2

Ayant surgi dans les milieux journalistiques comme étant l'un des plus jeunes photographes de *Life,* Schiller avait couvert la visite de Khrouchtchev aux Nations unies ; il avait rencontré Mme Nhu dans un couvent ; il se trouvait au Vatican lors de la mort du pape et avait pris une photo de Nixon éclatant en sanglots lorsqu'il avait perdu contre Kennedy, une photo célèbre. Il pouvait voyager sans bagages. Il avait vendu à une chaîne de journaux l'histoire des quintuplés Fischer, photographié les tremblements de terre de l'Alaska, l'assassinat de Kennedy à Dallas et les événements de Watts, les Jeux olympiques, couvert le procès de Sirhans Sihan. Il n'avait pas vingt-quatre ans qu'il déclarait des revenus supérieurs à cent mille dollars mais il en avait vraiment marre de photographier des têtes différentes. Il était sans doute le meilleur photographe borgne du monde — il avait perdu un œil dans un accident lorsqu'il avait cinq ans — mais il en avait par-dessus la tête de s'immiscer dans la vie des gens, de leur serrer la main, de les photographier et puis de repartir. Il quitta *Life* et se mit à écrire des livres et à produire des films et à vendre des grands reportages à des chaînes de journaux et de magazines. Son désir était d'étudier les gens en profondeur. Au lieu de cela, il fit un reportage sur Jack Ruby lors de sa mort et sur Susan Atkins au procès Manson, ce qui lui valut une réputation épouvantable. Pourtant Schiller se donnait du mal pour changer cette image. Il publia un livre, *Minamata,* à propos de l'empoisonnement au mercure au Japon et créa les montages de photos publicitaires pour *Butch Cassidy et le Kid* et pour *Lady Sings the Blues.* Il produisit et mit en scène *The American Dreamer* avec Dennis Hopper. Il fit des interviews pour un livre sur Lenny Bruce par Albert Goldman. Il remporta un Oscar dans la catégorie spéciale pour *L'Homme qui descendit l'Everest à skis :* Peu importait. Il était le journaliste qui donnait dans la mort.

Assis dans l'avion, se reposant de vingt-cinq années passées à galoper d'une explosion à des photos de couverture, d'émeutes en élections, assis mais supportant l'épuisement de ces vingt-cinq années inscrit dans ses membres comme des traces de dérapage, assis donc dans cet avion plein de singes des médias en route pour Salt Lake, Schiller réfléchissait. L'histoire Gilmore n'arrangerait pas sa réputation, certes, mais il ne pouvait pas la laisser passer. Cela chatouillait en lui la fibre qui voulait qu'il ne renonçât jamais.

Après deux voyages rapides à Salt Lake, il était revenu les mains vides, et il n'avait pas l'habitude d'aussi maigres résultats. D'instinct, il s'était rendu à Salt Lake dix jours après l'annonce faite par Gilmore qu'il ne ferait pas appel, mais il n'avait rien pu glaner. Boaz contrôlait tout et Boaz ne s'intéressait guère à lui. De plus, il était en train de traiter avec David Susskind.

Schiller relut le télégramme qu'il avait envoyé deux jours plus tôt à Gilmore.

14 NOVEMBRE
GARY GILMORE
PRISON D'ETAT DE L'UTAH, BOITE 250
DRAPER UT 84 020
AU NOM DES FILMS ABC, DE LA COMPAGNIE DU NOUVEAU LINGOT ET DE MES ASSOCIÉS NOUS SOUHAITONS ACQUÉRIR DE VOUS OU DES REPRÉSENTANTS QUE VOUS AUREZ CHOISIS LES DROITS D'ADAPTATION CINÉMATOGRAPHIQUE ET D'ÉDITION DE LA VÉRITABLE HISTOIRE DE VOTRE VIE STOP NOUS AVONS DERRIÈRE NOUS QUATORZE ANS DE FILMS IMPORTANTS ET SIX BIOGRAPHIES QUI ONT ÉTÉ DES BEST-SELLERS STOP PLUS RÉCEMMENT NOUS AVONS PRODUIT LE FILM TRÈS PRISÉ PAR LA CRITIQUE « HEY I'M ALIVE », LA VÉRITABLE HISTOIRE DE RALPH FLORES UN PRÉDICATEUR MORMON LAÏC ET D'UNE JEUNE FILLE QUI SE SONT ÉCRASÉS DANS UN PETIT AVION DANS LE YUCATAN ET QUI ONT SURVÉCU QUARANTE-NEUF JOURS SANS NOURRITURE STOP CE FILM SUR LA FOI EN DIEU ET LA CONVICTION A REÇU LES ÉLOGES DE L'ÉGLISE MORMONE ET A ÉTÉ VU PAR PLUS DE TRENTE MILLIONS DE SPECTATEURS PARMI NOS AUTRES RÉALISATIONS « SUNSHINE », LA VÉRITABLE HISTOIRE DE LYN HELTON UNE JEUNE MÈRE DE DENVER COLORADO QUI A

SACRIFIÉ SA VIE TRÈS JEUNE POUR POUVOIR PASSER QUELQUE TEMPS AVEC SA FILLE STOP CETTE HISTOIRE SUR LE PROBLÈME DU DROIT DE MOURIR ET SUR LA FORCE DE LA CONVICTION A ÉTÉ VU PAR PLUS DE SOIXANTE-DIX MILLIONS DE SPECTATEURS ET LE LIVRE RACONTANT SON HISTOIRE A ÉTÉ LU PAR PLUS DE HUIT MILLIONS DE LECTEURS STOP UN EXEMPLAIRE VOUS EST ENVOYÉ SOUS PLI SÉPARÉ STOP NOUS DÉSIRONS PRÉSENTER VOTRE HISTOIRE SOUS FORME VÉRIDIQUE ET NON ROMANCÉE STOP J'AI VU MAITRE BOAZ ET LUI AI NOTIFIÉ QUE J'ALLAIS PRENDRE CONTACT AVEC VOUS STOP J'ATTENDS D'AVOIR DE VOS NOUVELLES DE VOTRE REPRÉSENTANT STOP VEUILLEZ APPELER EN PCV A TOUT MOMENT STOP SINCÈREMENT A VOUS

LAWRENCE SCHILLER

Pas de réponse. Son télégramme aurait tout aussi bien pu échouer dans la poubelle des lettres perdues au bureau de poste.

Il s'en alla voir Vern Damico à la cordonnerie de Provo mais Vern n'était pas là. Il tomba sur des journalistes locaux de Salt Lake et leur dit : « Je ne suis pas ici pour vous faire concurrence, j'aimerais simplement que vous me disiez qui est quoi dans cette ville et comment on arrive à voir Gilmore ? » Ils n'y parvenaient pas non plus. Schiller entendit parler de Nicole, mais il apprit aussi qu'elle ne voulait parler à personne. Il la manqua plusieurs fois à la prison.

Les deux voyages de Schiller à Salt Lake se révélèrent infructueux. Il se heurtait à des murs. Pas moyen de trouver l'histoire. Il monta dans sa voiture de location et quitta Provo pour gagner l'aéroport de Salt Lake et en chemin, tout en roulant, il se dit : « Si je n'arrive pas à trouver l'histoire, alors personne ne peut y arriver. Mais si personne ne le peut, alors ça doit être une bonne histoire. » Il ne pouvait plus penser à autre chose.

Dès l'instant où il apprit la nouvelle de la double tentative de suicide, Schiller se dit : « Il y a une histoire et elle est réelle. Puisqu'elle est réelle, elle doit être fantastique. »

Au Hilton, on aurait dit que la foule de journalistes était passée de cinquante à cinq cents. La presse étrangère commençait à arriver, les Anglais surtout. Lorsque les Anglais arrivaient en masse, c'était une preuve : l'histoire aurait la plus vaste audience mondiale.

Schiller donna quelques coups de fil. Sa chance semblait avoir tourné. Au premier essai il joignit Vern Damico, avec lequel il eut une bonne conversation : il demanda à M. Damico où, à son avis, pouvait se trouver Nicole. Damico supposait qu'elle était à l'hôpital de Provo, et Schiller prit rendez-vous pour discuter avec lui plus tard. Schiller monta dans sa voiture de location. Les singes allaient rester au Hilton à échanger leurs théories sur le crime, alors que lui roulait vers l'hôpital de Provo.

La salle d'attente était petite et pleine de monde. Schiller se rendit au bureau et demanda Nicole Barrett. Les employés firent comme s'ils n'avaient jamais entendu parler d'elle. Il entra dans la cabine téléphonique la plus proche et appela l'administrateur de l'hôpital en demandant si l'on pouvait joindre rapidement quelqu'un de la famille de Nicole Barrett. Une femme lui répondit que les membres de sa famille allaient et venaient sans cesse. La mère était actuellement à l'hôpital, annonça-t-on à Schiller, mais pour l'instant elle était sortie. Schiller s'assit et se prépara à attendre. Il faisait chaud dans la salle d'attente, mais il était bien. Gilmore était dans un autre hôpital, sous bonne garde. Gilmore n'était pas dans le coup et il n'était pas possible de le joindre. Là-bas, à Salt Lake, les singes devaient courir dans tous les sens en échangeant des informations, mais les seuls personnages qui comptaient maintenant étaient Gilmore et Nicole. Puisqu'il ne pouvait pas joindre Gilmore, il allait attendre de pouvoir prendre contact avec Nicole. Pour Schiller, c'était la simplicité même.

Il n'éprouvait aucune angoisse à rester assis là pendant des heures. D'autres journalistes se seraient précipités vers le téléphone, auraient posé des questions pour savoir ce qui se passait, mais Schiller, lui, restait assis, détendu, et laissait la chaleur de la pièce se déverser sur lui. Il transpirait lentement, goutte à goutte, les fatigues de vingt-cinq années bien remplies. Il lui semblait posséder des réservoirs sans fond de fatigue. Il réfléchissait calmement, se remémorant ses péchés et ses erreurs qu'il voyait déferler dans son esprit. Il les passait en revue et considérait qu'il serait idiot de ne pas en tirer des leçons maintenant qu'il avait l'expérience.

3

Son plus grand péché, sa plus grande erreur, estimait-il en général, avait été l'histoire Susan Atkins. Il était en Yougoslavie lorsque les meurtres de Tate-LaBianca furent commis, mais six mois plus tard, alors qu'il roulait sur l'autoroute de

Santa Monica, on annonça à la radio qu'une fille se trouvant en prison, une nommée Susan Atkins, venait de donner des renseignements sur l'affaire Tate-LaBianca à sa compagne de cellule. Le lendemain, Schiller apprit qu'un des avocats de cette fille était Paul Caruso qui, en 1963, avait rédigé le contrat lorsque Schiller avait vendu à Hugh Hefner une photographie de Marilyn Monroe nue. Il en avait obtenu le prix le plus élevé jamais payé jusqu'alors pour une unique photo : vingt-cinq mille dollars. Schiller appela donc Paul Caruso pour lui dire que l'histoire de Susan Atkins pourrait se vendre dans le monde entier et que cela aiderait à payer les frais de sa défense.

Schiller fut donc autorisé à voir Susan Atkins entre ses deux comparutions devant le Grand Jury, et elle avoua les meurtres au cours d'une série de trois interviews qu'il vendit, en effet, dans le monde entier. Puis on en fit un livre de poche qui parut en Amérique. Subitement, Susan Atkins n'était plus le témoin vedette de l'accusation, car elle avait maintenant les droits acquis sur son histoire. Schiller avait ainsi anéanti une partie du dossier de l'accusation.

Il en avait été malade, mais il lui fallut un moment pour s'en rendre compte. Il ne le découvrit que petit à petit. Un soir, il fut invité à dîner par un avocat célèbre et ne comprit pourquoi que lorsqu'il vit que six juges éminents y étaient présents. Ils voulaient savoir pourquoi un journaliste avait fait cela. Ce fut un dîner fort instructif et il fut ravi de passer la soirée avec des gens aussi brillants et sérieux, mais consterné de se rendre compte qu'il les avait roulés.

Précédemment, il avait vendu l'histoire de Susan Atkins à New American Library pour quinze mille dollars, une vente rapide pour un livre vite fait et plutôt moche, une façon, en quelque sorte, de liquider sa participation à l'histoire, mais en fait cela la fit plutôt proliférer. *Newsweek* l'interviewa à propos de ce livre et il déclara : « Écoutez, j'ai publié ce que Susan a dit. Je ne sais pas si c'est vrai ou non. » L'article de *Newsweek* se terminait sur cette citation : « Je ne sais pas si c'est vrai ou non. » Il en avait des sueurs froides rien que d'y penser. Il avait subi là une leçon qu'il n'oublierait jamais et il repensa au dîner auquel il avait participé avec les juges. Le secret des gens qui avaient de la classe, c'était qu'ils restaient fidèles aux faits. Schiller appelait ça l'histoire. On rapportait l'histoire avec exactitude. Si on travaillait dans ce sens, on se retrouvait pesant un certain poids.

Aussi, quand *Helter Skelter* sortit en librairie, se dit-il : « Schiller, tu as vraiment déconné. Avec le bénéfice que tu as fait sur les premières ventes, tu aurais pu faire une étude exhaustive de toute la famille Manson. Tu as gâché ce qui aurait pu être un livre important. » C'était gênant d'avoir à se rappeler ça. Il dut même comparaître devant le tribunal pour témoigner de la façon dont s'étaient passées les interviews avec Susan Atkins. Lorsque le juge lui demanda : « Comment qualifiez-vous votre profession, monsieur Schiller ? » il répondit : « Je crois que je suis un homme de communications. » La salle éclata de rire. On le prenait pour un combinard. Ce souvenir lui brûlait la peau. « Je crois que je suis un homme de communications », et la salle s'était mise à rire. Il allait s'y prendre autrement avec cette histoire Gilmore. Poser des fondations convenables pour chaque face de l'histoire. Et il restait assis, attendant dans la chaleur, drapé dans son gros manteau marron. Et les heures passaient.

Il y avait un type barbu à l'autre bout de la pièce. Schiller avec sa barbe noire et l'autre type avec sa barbe châtain clair se regardèrent. Au bout d'une heure ou deux, une fille arriva qui respirait la presse. Elle s'approcha de l'autre barbu et se mit à l'engueuler copieusement. Schiller parvint à comprendre que le type s'appelait Jeff Newman et qu'il était du *National Enquirer*. La fille râlait : « Alors, tu savais qu'elle allait tenter de se suicider et tu n'as rien dit. Oh ! toi et ton journal à la con ! » Newman était si furieux qu'il se leva et sortit. Alors Schiller s'approcha de la fille et se présenta : « Je suis Larry Schiller, représentant la chaîne de télévision A.B.C. » Elle se tourna vers lui comme une tigresse toutes griffes dehors et cria : « Ah ! vous aussi ! » Schiller ne savait même pas son nom. Ce devait être une pigiste locale, et on pouvait dire qu'elle faisait un drôle de cinéma. Les hommes se foutaient pas mal des femmes, disait-elle, et pourtant les femmes se tuaient pour eux. Schiller acquiesça de la tête et s'éloigna aussi vite qu'il put.

Et puis un jeune type très grand, avec des cheveux noirs qui lui descendaient jusqu'aux épaules et un nom de fille tatoué sur les jointures des doigts, arriva. Il avait l'air si secoué que Schiller se dit que ce devait être le frère de Nicole, si tant est qu'elle eût un frère, et Schiller s'approcha et se présenta, mais de toute évidence, le type n'avait pas envie de parler. Alors Schiller se rassit et reprit son attente. Deux autres heures passèrent avant qu'il aperçût une femme debout devant la boutique de confiserie à côté de la salle d'attente. Elle était maigre et frêle, ses cheveux étaient réunis en chignon et elle avait l'air d'une rude femme de l'Ouest qui aurait pu traverser les plaines à pied. A l'expression de son visage reflétant une sorte de fatigue pesante et un chagrin rentré, il fut sûr que ce devait être la mère de Nicole. Il découvrit plus tard que c'était la grand-mère de Nicole et que la mère de Nicole, elle, n'avait pas encore quarante ans.

Aussi écrivit-il un mot pour se présenter comme étant Lawrence Schiller et expliquant qu'il était là pour discuter des événements qui se déroulaient dans leurs existences, à propos de droits de films et de livres, qu'il aimerait avoir un entretien avec elle ou un représentant autorisé ou un avocat. (Il valait toujours mieux dire « représentant autorisé » avant de dire « avocat », ainsi les gens savaient qu'on n'était pas là pour les poursuivre.) Il conclut en mentionnant qu'il était disposé à payer à Nicole un minimum de vingt-cinq mille dollars pour ses droits et il glissa le mot dans une enveloppe sur laquelle il écrivit le nom de Madame Baker. Il tendit cela à la femme et dit : « Comme vous le verrez, je suis Lawrence Schiller, de la chaîne de télévision A.B.C. Ce ne sont ni l'heure ni l'endroit, mais quand l'occasion s'en présentera, je vous serais reconnaissant si vous vouliez bien ouvrir mon enveloppe et en lire le contenu. » Puis il tourna les talons et sortit de l'hôpital. Un contact avait été établi.

4

Lorsque l'article sur Gilmore sortit à la une dans le *New York Times* du 8 novembre, David Susskind fut fasciné. Pour un article de première page, il était bien écrit et donnait une bonne description des meurtres. De plus, la sentence infligée au condamné et sa décision de ne pas faire appel étaient bien relatées. Tout cela s'ajoutant aux antécédents criminels de Gilmore suggérait un fascinant scénario.

Peu après que l'article eut attiré son attention, presque immédiatement en fait, Stanley Greenberg, vieil ami et associé de Susskind, téléphona, et ils eurent une intéressante conversation. Voici quinze ans, Stanley avait écrit pour la télévision un scénario sur un homme attendant d'être exécuté. L'homme avait passé si longtemps dans le quartier des condamnés à mort qu'il avait changé de caractère et la question qui se posait maintenant était la suivante : « Qui allait-on exécuter ? » La pièce s'appelait *Métamorphose* et Susskind avait toujours eu l'impression qu'elle avait eu un certain impact en faveur de l'abolition de la peine capitale dans l'Etat de New York, et peut-être même un peu aussi sur la décision de la Cour suprême qui avait accordé la vie à bien des hommes du quartier des condamnés à mort. « Bien sûr, expliquait Stanley à David, à jamais inviolable veut simplement dire jusqu'à la génération suivante. Ensuite il faut tout recommencer. »

Greenberg était d'habitude un homme assez posé mais Susskind sentit qu'il était excité. « Ce qui me fascine dans cette affaire Gilmore, disait-il, c'est que c'est un commentaire sur l'échec total de notre système pénitentiaire pour récupérer qui que ce soit. Enfin, ce type a passé toute sa foutue vie à entrer en prison et à en sortir et il ne cesse d'empirer dans la mauvaise voie. Il est passé du vol de voiture au cambriolage à main armée avec arme dangereuse. C'est un commentaire accablant, dit Greenberg. Ensuite, ce pourrait être une merveilleuse déclaration sur la peine capitale et sur l'horreur de cette notion d'œil pour œil. Je crois même que toucher un vaste public pourrait bien sauver la vie de ce type. Gilmore affirme qu'il veut mourir mais de toute évidence il ne sait pas ce qu'il veut. Je crois que notre production pourrait contribuer à ce que cet homme ne soit pas exécuté. » L'idée plut à Susskind. « On ne peut pas exécuter ce type, dit-il à Stanley, il n'a pas toute sa tête. Il est fou. Ils auraient dû comprendre cela depuis longtemps. »

Ils discutèrent un long moment. Susskind finit par dire à Greenberg : « Pourquoi ne pars-tu pas pour l'Utah ? Je crois que cette histoire comporte plusieurs paliers d'importance et d'intérêt et qu'il y a là un matériel dramatique très excitant. Si, enquête faite, ça se tient, et si nous pouvons obtenir les accords dont nous avons besoin, nous pourrions bien détenir là quelque chose de très intéressant. »

Greenberg ne pouvait pas partir tout de suite à cause de son contrat à Universal, mais chaque jour ils se téléphonaient et Susskind commença à entretenir des conversations avec Boaz. Il eut tôt fait de conclure que Dennis n'était pas un avocat comme les autres.

Boaz proclamait à qui voulait l'entendre : « J'ai les autorisations de tout le monde. Je les ai toutes. » Il n'arrêtait pas de dire qu'il avait tout sous contrat. Susskind appela Stanley Greenberg et lui dit : « C'est un avocat très bizarre. En tout cas, il a l'œil sur le tiroir-caisse. »

Dennis dit : « Écoutez, je ne peux pas coopérer si vous ne me donnez pas la preuve de votre bonne foi. L'argent, poursuivit Dennis, ne doit pas être considéré comme un élément négligeable », et il se mit à rire. « Qu'est-ce que vous voulez ? » demanda Susskind. « Oh ! vous savez, fit Dennis, ça va être une affaire mondiale. » « Comment puis-je être sûr que vous avez bien toutes les autorisations que vous prétendez avoir ? » demanda Susskind. « Il faut bien, répondit Dennis, que vous commenciez par un bout. Vous feriez mieux de commencer par me faire confiance. J'ai exactement ce que je vous ai dit. Si vous ne me croyez pas, il y a dix autres personnes ici qui veulent l'histoire. C'est simplement que j'aime bien votre réputation, monsieur Susskind. J'aimerais que vous soyez le premier à vouloir faire une offre. » Il voulait une somme rondelette, dans les environs de cinquante mille dollars pour les droits de tous les intéressés, et il demanda à Susskind de mettre tout cela dans un télégramme, ce que David fit, puis il l'expédia.

Susskind y joignit divers documents : un contrat et des formulaires d'autorisations. Boaz lui avait bien dit qu'il avait tout cela, mais lorsque Susskind lui demanda sous quelle forme se présentaient les autorisations, Dennis répondit : « Des cessions de droits d'une phrase ou deux.

— Oh ! fit Susskind, ça ne marche pas du tout, il faut que vous utilisiez des formulaires légaux, des désistements de droits et tout ça. Cela doit être conforme à ce que nous faisons pour le cinéma et la télévision.

— Je ne comprends pas pourquoi vous avez besoin de toutes ces foutaises, s'étonna Dennis.

— Ce ne sont pas des foutaises, dit Susskind, c'est indispensable. Les gens peuvent changer d'avis. Une cession de droits d'une ou deux phrases est sans doute formulée de façon trop imprécise pour tenir à l'examen. Je suis désolé, il faut que je vous envoie des formulaires d'autorisation. » Il le fit. Susskind alla trouver ses avocats et ils envoyèrent tout le dossier.

5

Par une pure coïncidence, Stanley Greenberg arriva au Hilton de Salt Lake le 16, l'après-midi du double suicide, et très exactement le jour du mois le plus chargé pour les médias. Stanley avait téléphoné la veille de Kensington en Californie, où il habitait, au nord de San Francisco, pour confirmer un rendez-vous avec Boaz. Mais étant donné les circonstances, tout le brouhaha qu'il y avait au Hilton à propos du double suicide, il ne s'attendait pas du tout à voir l'avocat être au rendez-vous. Cependant, à la surprise de Greenberg, Dennis se présenta, et juste assez en retard pour avoir laissé à Stanley Greenberg le temps de regarder attentivement les informations de six heures à la télévision. Aussitôt après, à sa stupéfaction, Boaz frappa à la porte de sa chambre.

Sans le dramatique événement de la journée, ils se seraient presque certainement rencontrés, songea Greenberg, comme des adversaires. A tout le moins, il se serait senti obligé de considérer Boaz comme un étrange spécimen d'avocat disposé à faire exécuter son client. Mais Boaz avait grandement modifié son attitude et ne semblait plus aussi pressé. Leur conversation se révéla donc plus fructueuse que Stanley n'aurait pu l'espérer.

Comme il l'expliqua à Boaz devant un verre, il s'était vraiment rebiffé une semaine plus tôt lorsqu'il était devenu évident qu'il y avait un réel danger de voir Gilmore exécuté. Stanley déclara qu'il trouvait personnellement la peine capitale répugnante. Il ne pouvait pas rester assis en regardant les choses se faire. Cela pouvait peut-être sembler une réaction romantique, mais il s'était senti dans l'obligation de rassembler ses forces et de s'allier avec David Susskind, qui était d'ailleurs le producteur tout désigné pour ce genre d'entreprise.

Sa position ainsi bien établie, Greenberg était maintenant disposé à discuter l'affaire. Il commença par dire qu'il ne voyait pas en quoi un criminel avait le droit de dicter à la société ce qu'on devait lui faire. Selon lui, un criminel n'avait pas plus le droit d'exiger le châtiment suprême que de réclamer sa libération immédiate. Après tout, c'était la société qui fixait les règles.

Dennis — que Stanley, étant donné les idées qu'il se faisait sur lui, avait trouvé étrangement calme — parut soudain s'enflammer un peu. Il répondit que Gary n'exigeait rien du tout. Il ne voulait tout simplement pas faire appel. Le principe de l'appel se fondait sur la supposition que personne n'avait envie d'être exécuté et offrait donc toutes sortes de possibilités préférables. Gary, lui, ne voulait pas rechercher ces possibilités.

Ça n'était pas si simple, répliqua Greenberg. La Cour suprême avait dit qu'on pouvait rétablir la peine capitale, mais seulement si certaines mesures légales étaient prises. Si on voulait exécuter des condamnés il était essentiel de ne le faire que dans des conditions précises et bien délimitées.

Là-dessus, Dennis parut retomber dans sa mélancolie et dit qu'il n'était pas si sûr d'avoir fait du très bon travail. Dans tous les cas, ses sentiments étaient en train de changer de façon radicale. Jusqu'à maintenant, il avait soutenu la thèse de Gilmore car il estimait que cet homme avait le droit de déterminer sa propre vie. Mais maintenant, les choses n'étaient plus pareilles et il s'était rendu compte pour la première fois que Gary allait bel et bien mourir et ça le bouleversait à tel point qu'il n'était plus sûr de vouloir y être pour quelque chose.

Greenberg avait l'impression que Dennis était un peu éméché. Il se mit à exprimer ouvertement ses sentiments d'impuissance. Greenberg en arriva même à trouver Boaz plus sympathique qu'il ne s'y attendait. A certains égards, il était tout à fait séduisant, avec cette sorte d'esprit libre qu'il avait. Bien sûr, il était extrêmement et manifestement brouillon et pas du tout le genre d'avocat auquel Greenberg pourrait vouloir confier sa fortune ou son avenir. Malgré cela, il était plaisant, très plaisant. « Avez-vous pris contact avec la section locale de l'A.C.L.U.[1] ? », demanda Stanley.

Vive réaction de Boaz. Non, il ne les avait pas contactés. Son client ne le souhaitait pas. Son client était un bizarre mélange d'opinions de droite et d'émotions de gauche. Gary, par exemple, détestait les Noirs, mais ça, expliqua Boaz, c'était parce qu'ils constituaient dans une prison une majorité dangereuse. Tous les prisonniers blancs couraient le risque d'être violés par les Noirs. Gary détestait aussi l'A.C.L.U. parce que ces gens-là prêchaient la liberté de l'individu mais ne voulaient pas accorder à Gilmore la liberté de choisir sa mort. Boaz ne s'était donc pas mis en rapport avec eux. Mais voilà à peine une heure, en parlant à Geraldo Rivera, il avait eu une brillante idée. Seulement il aurait besoin d'un coup de main, au niveau de la paperasserie. Il y avait de nombreuses requêtes à formuler, pour lesquelles il aurait besoin d'un avocat du Barreau de l'Utah. Il voulait donc maintenant prendre contact avec l'A.C.L.U. Comme Greenberg l'encourageait à le faire, Boaz appela une de leurs représentantes, une certaine Judy Wolbach, et elle accepta de venir les retrouver dans la chambre pour prendre un verre.

La conversation n'était pas encore terminée que Greenberg se dit que ce devait être une des plus bizarres auxquelles il eût participé. Une pièce admirablement conçue. Il n'aurait tout simplement pas pu imaginer mieux. D'un côté cette femme intelligente, mince, vibrante, très tendue, très libérale, très méfiante à l'égard de Boaz, et de l'autre côté, Dennis, ouvrant son cœur pour expliquer comment il avait été harcelé par toute la magistrature et comment il se trouvait être le suspect numéro un

1. American Civil Liberties Union : Syndicat américain des libertés civiques.

du directeur de la prison qui pensait que c'était lui, Boaz, qui avait passé des somnifères à Gilmore.

De temps en temps Boaz avait les larmes aux yeux, et on avait du mal à discerner s'il était plus inquiet de son sort — « Je suis prêt à passer au détecteur de mensonges », déclara-t-il — ou plus bouleversé à l'idée du pauvre Gilmore, qui était peut-être en ce moment même en train de mourir à Salt Lake, et Nicole dans un autre hôpital. Etait-elle mourante aussi ? Curieux, se dit Greenberg, ce jeune avocat fou et bouillonnant de passion, et puis cette Judy Wolbach qui le dévisage comme s'il était un spécimen rare. Elle était d'une méfiance absolue. Même le petit bar, dans le coin de la chambre, devait lui sembler, étant donné les circonstances, tout à fait déplacé.

Stanley ne pouvait guère lui en vouloir. Si elle avait lu des articles de Dennis, elle devait le considérer comme une sorte d'arnaqueur hippie, et le voilà qui était là devant elle, agité, souriant, arrogant, modeste, d'abord abattu, puis la haranguant. Stanley se demandait par quel phénomène il arrivait à rester calme.

Presque aussitôt, Dennis leur exposa une idée extrêmement séduisante et tout à fait impossible. Il voulait faire transférer Gary dans une prison de semi-liberté où on permettait les visites conjugales.

Oh ! ça marcherait ! s'exclama-t-il. Nicole pourrait trouver du travail dans la ville voisine et élever ses enfants. Pendant les week-ends, ils pourraient avoir leur vie de couple, deux nuits par semaine. Ça donnerait à Gary une raison de vivre. Voyons, si le tribunal comprenait *vraiment* quel être extraordinaire était Gary, il prendrait cette décision. Gary aurait tout le loisir d'écrire et de dessiner. L'incarcération en bungalow, en résumé, voilà de quoi il parlait.

Greenberg remarqua que Boaz était de nouveau content. Cela sautait aux yeux : qu'on lui souffle une idée originale et la vague possibilité de la mettre en pratique, et il était heureux comme tout. Peu importait si les conditions étaient impossibles à réaliser ; qu'on lui fournisse une approche nouvelle dans la poursuite du bonheur, et il était le bonheur incarné.

Judy Wolbach, toutefois, ne semblait pas très impressionnée. Dennis avait terminé son exposé en déclarant que l'A.C.L.U. devrait lui prêter assistance pour mener à bien la procédure légale. Judy Wolbach lui répondit tout de suite. L'A.C.L.U., en Utah, au cas où il ne le saurait pas, était très à court de fonds.

« Vous ne voulez pas qu'il vive ? » demanda Boaz.

« Avez-vous envisagé, interrogea-t-elle, les façons dont on pourrait vraiment lui sauver la vie ? » Elle se mit à parler de certaines décisions de la Cour suprême et de procédure de droit civique en vertu de lois fédérales et de lois de l'Etat. Lorsque Boaz avoua qu'il n'était pas au courant de ces affaires-là, elle secoua la tête et demanda s'il connaissait bien le dossier psychiatrique de Gilmore. Boaz, alors, se fit critique. Pourquoi ne parlait-elle pas carrément ? Pourquoi soulignait-elle l'aspect légal plutôt que le côté humain ? Greenberg n'arrivait pas à croire à sa chance : quel magnifique document !

Boaz déclara alors qu'il se considérait comme un homme de lettres plutôt que comme un avocat perdu dans la procédure. « Du temps de la Renaissance, l'homme savait qu'il pouvait tout à la fois être poète et homme de loi, déclama-t-il.

— Alors, réfléchissez au chapeau que vous allez

porter, et restez en contact avec nous », fit Judy Wolbach.

En raccompagnant Judy dans le couloir, Stanley Greenberg se crut obligé d'observer : « Je ne pense vraiment pas que Boaz soit la personne qu'il faut pour représenter Gilmore. »

Le lendemain matin au petit déjeuner, il vit Dennis à la télévision au cours de l'émission « Bonjour l'Amérique ».

GERALDO RIVERA : Dennis Boaz... Un homme qui jusqu'à maintenant a soutenu le désir de son client d'avoir le droit de mourir. Bienvenue dans notre émission, Dennis. Vous avez affirmé devant le tribunal, parfois avec éloquence, que Gary Gilmore mérite le droit de mourir. Le pensez-vous toujours ?

DENNIS BOAZ (long silence) : J'estime qu'il a le droit de déterminer son propre sort. Je ne peux plus appuyer, euh, son exécution par l'Etat.

GERALDO RIVERA : Voulez-vous dire, Dennis, que vous avez changé d'avis ?

DENNIS BOAZ : Oui.

GERALDO RIVERA : Pourquoi ?

DENNIS BOAZ (long silence) : Eh bien, la journée d'hier a été pour moi l'heure de la vérité, et j'ai eu une extraordinaire expérience affective sur laquelle j'ai réfléchi et...

GERALDO RIVERA : Voulez-vous dire que vous en êtes arrivé à comprendre... quoi, dites-le-moi...

DENNIS BOAZ : Eh bien, il me semble qu'il y a une possibilité pour que... Nicole et Gary (sa voix ici se mit à trembler) soient peut-être réunis et, dès l'instant où j'envisage cette possibilité, où je sais qu'elle existe, je suis convaincu que Gary voudrait vivre et Nicole aussi.

GERALDO RIVERA : Après la discussion que nous avons eue hier, et nous avons parlé un long moment, vous ne me paraissez même pas être un homme qui souhaite la peine capitale. Je voudrais savoir pourquoi vous vous êtes prêté à cette horrible comédie ?

DENNIS BOAZ : Eh bien, je me suis occupé de cette affaire non parce que j'étais un partisan de la peine capitale, mais parce que... il avait besoin d'être soutenu, et j'ai en effet soutenu en un sens le désir qu'il avait de devenir plus responsable à cette époque de sa vie et de sa mort. Et il s'efforçait d'assumer cette responsabilité en acceptant le verdict de la Cour.

GERALDO RIVERA : Mais vous croyez maintenant, à cause de ce qui s'est passé, que la situation a changé ?

DENNIS BOAZ : Ma foi, elle a certainement changé pour moi...

UNE NOUVELLE VOIX : Maître Boaz, ici David Hartman à New York. Monsieur Boaz, vous avez dit que vous aviez eu hier une expérience affective. Pourquoi, exactement, avez-vous changé d'avis au cours des dernières vingt-quatre heures ?

DENNIS BOAZ (long silence) : Eh bien, c'est une question de cœur.

DAVID HARTMAN : Soyez plus précis, Dennis.

DENNIS BOAZ : Je ne peux plus être un partisan convaincu de cette exécution. Je sais que nous ne pouvons pas empêcher Gary de se supprimer s'il décide que c'est ce dont il a envie maintenant, mais je ne peux plus participer à une action officielle qui veut le faire mourir.

GERALDO RIVERA : Seriez-vous prêt, si nécessaire, à vous retirer de l'affaire ?

DENNIS BOAZ : Je vais parler à Gary dès que je le pourrai. Nous prendrons une décision de concert.

GERALDO RIVERA : Il fera sans doute une nouvelle tentative de suicide.

DENNIS BOAZ : Je ne sais pas.

DAVID HARTMAN : Geraldo, il nous reste un peu

moins d'une minute. Quelle est la prochaine étape, et que prévoyez-vous pour les prochaines vingt-quatre ou trente-six heures ?

GERALDO RIVERA : Eh bien, la Commission de Libération sur Parole doit sans doute tenir une séance sitôt que Gilmore sera suffisamment remis pour cela. Il doit être conscient. On ne peut pas exécuter un homme qui est dans le coma, David... Je crois que notre histoire doit rester en suspens, du moins jusqu'à ce que les deux principaux personnages soient remis.

DAVID HARTMAN : Merci, Geraldo, merci beaucoup et merci, merci beaucoup, maître Boaz, d'avoir participé ce matin à notre émission.

Plus tard, ce matin-là, Greenberg se rendit en voiture à Provo avec Dennis pour aller voir Vern Damico, qu'il trouva plutôt sympathique, confia-t-il par la suite à Dennis, un homme plutôt fort, avec un côté petit patron qui s'est fait lui-même, un homme bien installé dans son milieu.

Ils allèrent dîner dans une sorte de snack-bar prétentieux, près de la cordonnerie, des hamburgers, des milk-shakes — l'absence de liqueurs ne facilitait pas les choses — mais ils eurent quand même une conversation intéressante et Stanley eut des aperçus qui lui parurent précieux, surtout dans le déroulement des crimes. Il comprit fort bien quelle était la situation topographique de la maison de Vern par rapport au motel et à la station-service au bout de la rue. Excellents détails pour la télé. Gilmore frappant à la porte de son oncle dans l'après-midi pour dire qu'il était sale et qu'il avait envie de prendre une douche ; et son oncle l'éconduisant. Puis, cette nuit-là, prenant son pistolet et passant juste devant la fenêtre ouverte derrière laquelle son oncle est assis à regarder la télévision : pas besoin d'être un génie du freudisme pour comprendre ça.

A peine rentré, Greenberg appela Susskind et dit : « C'est fascinant, c'est horrible et c'est compliqué. » Susskind demanda si ce serait une bonne idée d'aller lui-même en Utah. Stanley répondit : « C'est un tel embrouillamini que je ne te le conseille pas pour l'instant. Les principaux personnages de cette histoire sont bombardés de requêtes de tous côtés. Pour l'instant on ne peut pas voir Gilmore, on ne peut pas voir Nicole, on ne peut toucher aucun des personnages sauf Damico. »

Susskind était d'accord. L'histoire, après tout, reposait sur les exploits passés de Gilmore, et Stanley était là pour en découvrir les éléments. Pas la peine de faire connaissance de Damico ni des autres. Après tout, lorsqu'il avait acheté les droits d'*Eleanor and Franklin* de Joe Lash, il connaissait en effet quelques-uns des Roosevelt ; Eliott, James et Franklin Jr., notamment, mais il n'avait fait aucun effort pour en rencontrer d'autres. Il n'était pas intervenu personnellement pour dire : « Je suis David Susskind. Laissez-moi vous expliquer pourquoi vous devriez me céder les droits. » La chose à faire, si besoin était, était d'envoyer un avocat.

DESERET NEWS

Salt Lake, 17 novembre. — La date prévue pour la comparution de Gary Gilmore devant la Commission des Grâces de l'Etat d'Utah tombait aujourd'hui alors que le condamné gisait, inconscient et enchaîné, sur un lit d'hôpital...

Pendant ce temps, Nicole Barrett, l'amie de Gilmore, et semble-t-il sa complice dans un pacte de suicide, est toujours dans un état critique à l'hôpital d'Utah Valley.

Lorsque Gilmore regagnera la prison, il

sera transféré dans une cellule plus étroitement surveillée, ses communications avec le monde extérieur seront limitées et il ne sera plus autorisé à aucun contact physique avec une personne venant de l'extérieur, a déclaré le directeur de la prison, Sam Smith...

CHAPITRE VIII

L'ESPRIT D'ENTREPRISE

1

CE soir-là, aux informations, on annonça que l'article de Tamera Smith était vendu dans le monde entier. Son téléphone commença à sonner et elle se mit à avoir des nouvelles de gens auxquels elle ne pensait plus depuis des années. Des amis lui disaient que quelques-uns des plus grands journalistes des Etats-Unis se trouvaient à Salt Lake, et que bien qu'ils eussent été sur place, elle les avait tous coiffés au poteau. Le lendemain, un type du *New York Times* voulut l'interviewer, puis une autre fois un reporter de *Time*, et un de *Newsweek*. Quand un nouveau venu arrivait en ville pour travailler sur cette affaire, il était certain qu'à peine débarqué, il cherchait à joindre Tamera. Avide de détails sur Nicole. Cette semaine-là, elle reçut un tas d'invitations à déjeuner.

Bien sûr, c'était assez excitant, mais il y avait une partie d'elle-même qui désirait fuir tout ça. Milly de Philly s'en alla en auto-stop pour gagner les montagnes. C'est ce qu'elle avait envie de faire ; plaquer tout, laisser tout le monde à Salt Lake.

2

Ce ne fut qu'après que Gary eut passé vingt-quatre heures à l'hôpital qu'on lui retira la sonde des poumons. Il avait repris connaissance depuis plusieurs heures, mais on attendit jusqu'à ce qu'on fût certain qu'il pouvait avaler. On lui fit respirer de l'oxygène, et on remarqua qu'il expectorait en quantités modérées. Lorsque les médecins lui examinèrent la gorge, il dit : « C'est une violation de ma vie privée. »

Il voulut ensuite avoir des nouvelles de sa fiancée. Tout d'un coup, il se retrouvait bien éveillé, s'agitait et refusait les soins. Il dit à l'infirmière de sortir. On dut l'attacher. Puis il refusa de respirer. Il était presque bleu lorsqu'il ouvrit enfin la bouche. Il devint extrêmement grossier. Lorsque l'infirmière tenta de lui faire une piqûre, il lui cracha à la figure. Puis il demanda qu'on lui retire de la poitrine l'appareil qui enregistrait ses battements de cœur. Il réclama du fiorinal. Lorsque les infirmières lui parlaient, il refusait de répondre. Sur sa feuille de température, on nota : « Violent, vindicatif, grossier. » Lorsque l'interne lui retira le tube introduit dans la trachée, Gilmore se redressa, crachota et dit : « Un jour je te ferai ta fête, fils de pute. »

La plupart des gens qui prenaient une dose trop forte de somnifères, lorsqu'ils s'éveillaient, n'étaient pas dans l'état de Gilmore. Il reprenait une vigueur exceptionnelle. C'était dangereux de l'approcher. « Il ressemble au démon qui s'est introduit dans Linda Blair dans *L'Exorciste,* dit une infirmière. » La plupart des rescapés du suicide étaient déprimés lorsqu'ils sortaient de réanimation. Après tout, c'était pour ça qu'ils avaient pris une overdose de somnifères. Ils n'avaient pas envie de vivre. Avec Gilmore, on aurait plutôt dit qu'il avait un désir absolu de mourir.

SALT LAKE TRIBUNE

La mère de Nicole qualifie le meurtrier de « un autre Manson ».

17 novembre. — La mère de Mme Barrett a qualifié, mercredi, Gary Mark Gilmore d'« autre Charles Manson ».

3

Lors de toutes ces allées et venues avec Charles entre le service de réanimation et Pleasant Grove, Kathryne se mit à revivre de vieux souvenirs. Ni elle ni Charles ne parlaient beaucoup, mais elle se sentait proche de lui. Après tout, ils avaient vécu de nombreuses années ensemble. Cette atmosphère nouvelle lui rappelait l'été où elle avait fait la connaissance de Charles et s'était mise à sortir avec lui quand il avait quatorze ans, elle aussi et qu'il travaillait comme forain. Ils étaient sortis pendant trois mois sans même jamais s'embrasser. Puis un jour, ils décidèrent de se marier. Kathryne s'imaginait que ça voulait simplement dire aller au cinéma quand on en avait envie et ne plus recevoir d'ordres de ses parents, alors elle persuada sa mère de les conduire à Elko dans le Nevada. Le juge de paix ne voulut pas croire que Charles avait dix-huit ans et demanda : « Si je téléphone à vos parents, mon garçon, que vont-ils répondre à ma question ? » Charles se mit à bredouiller. « Eh bien, dit le juge de paix, vous feriez mieux de dire à votre mère que je vais l'appeler. » De toute évidence il leur conseillait de lui dire de mentir.

Mais Verna Baker s'était mise à hurler, si bien que Charles avait fini par lui dire : « Ça suffit, maman. Tu lui dis que j'ai dix-huit ans. » C'était le souvenir qu'en gardait Kathryne.

Le même jour, ils rentrèrent à Provo, et la mère de Kathryne décida : « Charles peut dormir sur le divan. » C'est ce qu'il fit la première nuit.

Le lendemain matin, Charles rappliqua avec son ami George, et ils allèrent se promener toute la journée dans la voiture de George, jusqu'au moment où Kathryne dit à Charles qu'il devait la raccompagner pour dix heures. Ce qu'il fit. Le lendemain soir, George et lui revinrent, mais George finit par les conduire jusqu'à un motel qui s'appelait « Derrière les Pins ». Charles demanda une chambre. Kathryne se mit à faire toute une histoire ; sur quoi George déclara : « Descends. Tu es mariée avec lui. » « Pas du tout, fit Kathryne, raccompagne-moi. » « Je vais te dire, Nicky, fit George — on appelait parfois Kathryne « Nicky » parce que c'était son second prénom, Nicole — tu peux venir avec moi ou tu peux aller avec lui. » En fait, Kathryne n'avait pas le choix. Rien d'autre à faire que d'aller rejoindre Charles. Mon Dieu, c'étaient vraiment des gosses !

Ils se disputaient et se raccommodaient, se disputaient de nouveau et se raccommodaient encore. Un jour, à la suite d'une de ces scènes, il s'engagea dans l'armée. Ils ne s'aperçurent qu'elle était enceinte que des mois plus tard. Cela lui était arrivé si souvent de ne pas avoir normalement ses règles qu'elle ne remarqua même pas leur disparition. Lorsqu'elle commença à sentir une grosseur dans son ventre qui se développait, elle se dit : « Je dois avoir un cancer », et elle alla toute seule voir un docteur, complètement affolée. Lorsqu'elle sut qu'elle allait avoir un bébé, elle crut mourir de honte. Le médecin demanda : « Vous êtes mariée ? » Elle n'avait pas son alliance. Celle que Charles avait achetée était trop grande, et ils attendaient que son doigt grossisse. Aussi lorsqu'elle affirma qu'elle était mariée, elle vit bien que le médecin ne la croyait pas. Quand il lui demanda où se trouvait son mari, elle répondit qu'il venait de terminer ses classes. Seulement quand il insista pour savoir où Charles était en garnison, elle ne fut pas capable de se rappeler le nom du fort. Elle répondit : « Il est dans l'armée, mais je ne sais pas trop où, vous savez. » Ce docteur semblait si certain qu'elle n'était pas mariée que, lorsque Charles revint, deux semaines plus tard, Kathryne le traîna chez lui, avec elle, pour le second examen.

Pour Charles, c'était comme si Kathryne et lui étaient mariés depuis longtemps. L'un n'arrivait pas à décider sans l'autre. Comme deux mulets qui suivent la même ornière. Songeant à la façon dont ils avaient fini par se marier, Charley n'arrivait pas encore à comprendre aujourd'hui ce qui l'y avait incité à l'époque. Il était encore furieux quand il se rappelait que Kathryne lui avait déclaré qu'ils devaient se marier parce qu'elle était enceinte. Elle avait d'abord dit qu'elle ne voulait pas se marier, mais sa mère les avait sermonnés et Charles avait fini par dire : « Bah ! ça m'est égal. » Il avait eu à peine le temps de s'apercevoir qu'elle n'était pas enceinte, que hop, ça y était. Pour de bon, cette fois.

Au long des années, il avait dû claquer plus de cinq cents dollars avec différents avocats quand il voulut entamer une procédure de divorce. Elle se mettait à hurler en disant : « Qu'est-ce que je vais faire ? Je ne peux pas élever les gosses toute seule. » A chaque fois il faisait machine arrière et disait : « Bon, n'y pense plus », et il perdait les provisions qu'il avait versées. Remuer toutes ces pensées le plongeait dans une profonde mélancolie.

On ne pouvait pas dire qu'il avait eu de la chance. Lorsqu'ils arrivèrent à l'hôpital, il ne pouvait pas supporter l'idée de s'asseoir. Il ne cessait de penser à Nicole et songeait combien il l'aimait. De plus, quand lui revenait à l'esprit l'image de l'oncle Lee, ce vieil ivrogne, il se demandait pourquoi il n'avait pas tué lui-même ce vieux paillard tripoteur d'enfants.

Ils avaient à peine franchi la porte que Charles se mit à marcher de long en large en scrutant les gens. Il se sentait prêt à exploser ou à crier. Il se sentit obligé de sortir et Kathryne s'installa pour une nouvelle veille. Aussitôt, un homme s'approcha en déclarant qu'il appartenait au *National Enquirer*, qu'il était un collaborateur de Jeff Newman et que le journal avait besoin d'une meilleure photo de Nicole. Tous les clichés qu'on leur avait montrés jusqu'à maintenant étaient épouvantables. Ils voulaient quelque chose de flatteur et qui l'avantage. Kathryne se souvint d'une photo prise à Midway, lorsque Nicole était enceinte de Sunny et dit : « Contentez-vous de reproduire la tête, mais c'est tout. » Nicole était en maillot de bain et déjà très avancée dans sa grossesse. Son visage était ravissant, mais son corps de femme enceinte était la dernière chose que Kathryne avait envie de voir exhiber maintenant. Une heure après que le type eut pris la photo, Jeff Newman passa et Kathryne s'aperçut que l'homme n'était pas du tout de l'*Enquirer* mais d'un journal dont elle n'avait jamais entendu parler. Ils avaient eu la photo pour rien.

4

Dans l'après-midi, Earl Dorius fut prié de se rendre au cabinet du juge Ritter à quatre heures.

Le message émanait de Don Holbrook, un avocat que Earl respectait énormément. Holbrook déclara que le *Tribune*, qu'il représentait, portait plainte devant la *Cour fédérale*, pour obtenir le droit de pénétrer dans la prison de l'Etat d'Utah et rencontrer Gary Gilmore. Earl avait une heure pour se préparer à plaider devant Willis Ritter, le juge fédéral le plus coriace de l'Etat d'Utah. Peut-être même le plus coriace de tous les Etats-Unis. A soixante-dix-neuf ans, c'était assurément un personnage très âgé et colérique, un vieil homme revêche et corpulent, avec une solide brioche et une grande crinière blanche. Earl sentit son estomac se serrer à l'idée d'aller plaider devant Ritter sans être bien préparé. Il n'avait même pas le temps d'appeler le directeur de la prison.

Comme l'antipathie qu'avait Ritter à l'égard du procureur général était à peu près aussi grande que son horreur déclarée de l'Eglise mormone, et comme Ritter devait certainement considérer Sam Smith comme agent de ladite Eglise mormone et donc être quelqu'un de méprisable, Earl était plutôt inquiet des suites de cette prochaine rencontre. Les gens de l'extérieur avaient tendance à considérer les membres de l'Eglise des Saints du Dernier Jour comme appartenant à une vaste conspiration mormone bien organisée, alors qu'en fait il n'en était rien. Mais inutile d'essayer de l'expliquer au juge Ritter. Earl se précipita sur ses ouvrages de droit et relut rapidement le procès *Pell contre Procunier,* et essaya de se gonfler car il s'attendait à n'importe quoi de la part de Ritter. De plus, il lui fallait ne pas oublier de présenter rapidement ses arguments. Le juge Ritter ne vous laissait pas exposer votre affaire à loisir. Il était sage de faire en cinq minutes un exposé qui en aurait exigé trente normalement. « Ne pas faire s'agiter cette crinière blanche » était l'avis unanime de ses collègues.

Devant le juge, Earl commença par déclarer simplement que l'affaire n'était peut-être même pas sujette à discussion, car Gilmore ne voulait pas forcément accorder d'interview. Personne n'en savait rien. Le *Salt Lake Tribune* n'avait fait aucun effort pour s'en assurer. Pas même en adressant une lettre au condamné. A la stupéfaction d'Earl, le juge Ritter parut d'accord. Puisque Gilmore était encore à l'hôpital et inconscient, il dit qu'il ne voyait aucune urgence à ordonner une exception provisoire au règlement de la prison. Dans l'immédiat, il repoussait la requête du *Tribune.* Une fois l'homme rétabli, on pourrait reprendre l'affaire. Earl regagna son bureau, avec l'impression d'être vidé de toute l'adrénaline qu'il avait pu produire.

4

L'entrevue de Larry Schiller avec Vern eut lieu dans la salle de séjour des Damico. Schiller était arrivé, prêt à faire une offre. Il savait que Damico ne représentait pas Gary, mais malgré tout l'idée lui plaisait. En faisant l'offre, il ferait de fait en la personne de Damico le représentant de Gary. Et ce dernier devrait traiter avec lui. Une meilleure approche qu'en passant par Boaz.

Schiller tenait donc à faire bon effet au cours de cette entrevue. Sous son manteau d'hiver marron, il portait un costume safari couleur poil de chameau et une cravate marron avec une rayure. Depuis l'époque où il travaillait à *Life,* il partait toujours sur une affaire avec un ensemble de même couleur, c'est-à-dire tout en brun, ou tout en bleu, afin de ne pas avoir à se préoccuper des harmonies. Aujourd'hui, le marron était parfait. Le bleu aurait été trop froid, trop académique. Le marron était sombre, chaud, sérieux. Le photographe qu'était resté Schiller voulait se placer dans une gamme de couleurs évoquant les réunions de famille et les cigares.

Dès qu'ils se mirent à parler affaires, il déclara à Vern qu'il était prêt à offrir un total de soixante-quinze mille dollars pour tous les droits, et que Nicole en représentait un tiers, puisque sans elle il n'y avait pas d'histoire. En réalité, dit-il, il offrait à Gary cinquante mille dollars. Il ajouta qu'il n'irait pas au-dessus, mais que c'était une offre ferme, pas le début d'un marchandage. Schiller savait, bien sûr, que c'était bien au-delà des quarante mille dollars que A.B.C. lui avait accordés pour négocier. Mais, dans un tel marché, on ne pouvait pas traiter avec quarante mille. Il s'arrangerait pour expliquer ça plus tard à A.B.C.

Schiller s'ingénia à expliquer pourquoi la somme était de soixante-quinze mille dollars. « C'est, dit-il à Vern, le budget du cinéma qui dicte cette offre. » Il n'était pas venu sans atouts. Il avait des photocopies du contrat de Francis Gary Powers, de celui de l'histoire de Gus Grissom et aussi de l'affaire Marina Oswald. C'étaient ses échantillons et il les étala devant Vern en disant : « Choisissez celui que vous voulez et examinez-le tout à loisir. Ces contrats ont été négociés par les meilleurs avocats des États-Unis. Vous pensez bien, ajouta Schiller, que Marina Oswald avait le meilleur avocat qu'on puisse trouver. Tout comme Francis Gary Powers. Ce n'est pas pour vous vexer, monsieur Damico, mais les avocats qui ont rédigé ces contrats pour Grissom, Powers et Oswald étaient des gens qui connaissaient mieux le découpage des parts, les pourcentages et quel pouvait être le rapport d'un tel film que des gens comme vous, ou d'ailleurs comme Dennis Boaz. Ce que j'essaie de vous expliquer c'est que quoi qu'on puisse vous offrir d'autre, il vous faut jeter un coup d'œil aux contrats que vous avez sous les yeux. Ce sont des prix réels. Susskind peut bien vous raconter qu'au bout du compte cette histoire vaut quinze millions de dollars, moi je vous dis que vous n'en verrez jamais la couleur. Il vous offre une petite somme maintenant et vous fait miroiter un gros paquet au bout. Selon toutes probabilités, ce gros paquet, vous ne le verrez jamais. Moi, d'un autre côté, je suis prêt à vous verser l'argent de suite. Je ne vous le propose pas au début du tournage qui peut avoir lieu dans deux ou trois ou quatre ans d'ici. Je suis prêt à faire le pari dès maintenant. C'est moi qui prends le risque, pas vous. » Lorsqu'il vit que Vern Damico avait pris un des contrats entre ses grosses pattes et l'étudiait d'un air grave, Schiller ajouta : « Je suis venu aujourd'hui avec trois choses fondamentales à vous offrir. La première, comme je vous l'ai dit, c'est que je pose l'argent sur la table. La seconde est que je vous donne ma parole de rester dans cette ville et de travailler au scénario sur place. Je ne vais pas acheter les droits et puis disparaître à New York. Je ne suis pas riche. Je ne suis pas comme David Susskind qui a déjà fait fortune. Non, reprit Larry Schiller, je suis encore en bas de l'échelle, alors je resterai ici pour travailler et vous conseiller, et le jour où je ne tiendrai pas parole, c'est le jour même où vous aurez raison de ne pas vous fier à moi.

— Quelle est la troisième chose ? » demanda Vern.

« La troisième, dit Larry Schiller, est de savoir si vous allez vraiment laisser cinquante pour cent de cet argent aller à un étranger. Il me semble, dit-il, que les liens du sang, ça compte. Je ne sais pas comment Gary compte subvenir aux besoins de sa mère, mais si la moitié de cet argent doit aller à Boaz, alors la mère de Gary va toucher un pourcentage qui sera la moitié de ce à quoi elle a droit.

D'ailleurs, je pense qu'il y aura des indemnités à verser aux familles des victimes. »

Pendant le temps de la conversation qu'il eut avec Vern Damico, Schiller modifia l'idée qu'il se faisait de Gary Gilmore. Il lui sembla que Vern lui donnait un autre aperçu de l'homme. Lorsque Vern commença à égrener des souvenirs du temps où Gary travaillait à la cordonnerie et à dire d'un ton nostalgique : « C'était un bon travailleur, mais je n'ai jamais su comment tirer le meilleur de lui », Schiller fut aux anges. Ça ferait encore une meilleure histoire si Gilmore n'était pas simplement une habile canaille qui usait et abusait de tout le monde. Et puis, lorsqu'il s'aperçut que Vern avait le sens de l'humour, Schiller fut encore plus content. Il devait obtenir cette histoire. C'était essentiel. Il voulait cette histoire à tout prix. Mais ce qui pourrait le satisfaire plus encore, c'était une agréable prime. Et au fur et à mesure que la conversation se poursuivait, il sentait que Boaz était en train de perdre ses atouts. « Si j'étais vous, dit Schiller en conclusion, je prendrais un avocat. A vrai dire, ajouta-t-il, je ne formulerai mon offre en termes officiels que lorsque vous en aurez un. Ensuite, je verrai cela avec lui. Si vous voulez mon avis, vous le paierez à l'heure. Je sais trop comment les avocats arrivent à s'en mettre plein les poches », dit Schiller.

En partant, Schiller laissa son numéro de téléphone. Il ne précisa pas que ce n'était qu'une cabine téléphonique au drugstore Walgreen, au principal carrefour de Provo, et que la fille qui servait les jus de fruits lui servait de secrétaire locale. Il avait conclu un arrangement avec elle pour qu'elle prenne ses messages. Il aurait pu, bien sûr, utiliser son numéro au Hilton de Salt Lake, mais on laissait ces messages-là dans les casiers et on ne savait jamais lequel, parmi une centaine de journalistes, allait le piquer. Il aurait pu aussi demander aux gens de le contacter par l'intermédiaire de sa secrétaire à Los Angeles, mais cela l'aurait obligé à passer par l'inter. Se servir du poste de Walgreen permettait aux gens du pays de le joindre facilement. Certains d'entre eux étaient des gens simples qui pourraient hésiter à se lancer dans les complications des indicatifs, des opératrices et des communications en P.C.V.

DESERET NEWS

---

18 novembre. — Gary Mark Gilmore, remis de sa tentative de suicide, a été ramené aujourd'hui à la prison de l'Etat d'Utah en vue d'attendre le résultat de sa requête pour être exécuté...

Près d'une quarantaine de journalistes et une douzaine de membres du personnel de l'hôpital étaient là pour regarder l'homme menottes aux mains et aux cheveux ébouriffés se lever de son fauteuil roulant pour prendre place dans le fourgon cellulaire marron.

Gilmore, l'air affaibli et le teint terreux, a regardé les spectateurs d'un air mauvais tout en allant s'installer sur la banquette arrière du fourgon. Il a fait un geste obscène à l'intention des journalistes. Un groupe de protection de trois fourgons cellulaires et de deux voitures de police ont escorté Gilmore pour son retour à la prison d'Etat de l'Utah, à Draper.

Son arrivée a été accueillie par des acclamations et des hourras des autres détenus du pénitencier. Gilmore a été conduit directement à l'infirmerie de la prison où il sera constamment surveillé.

Schiller était présent lors du transfert de Gary. Lorsque le groupe de protection se fut éloigné, les journalistes se précipitèrent vers leurs voitures et leur donnèrent la chasse jusqu'à la prison. Schiller ne les suivit pas. Il n'y aurait pas grand-chose à l'arrivée et lui, il avait ce qu'il voulait.

Il avait vu Gilmore face à face. Oh ! bien sûr, à une distance de six mètres, mais assez près pour accroître son intérêt. Quand on le voyait à la télévision, Gary n'avait pas l'air d'un tueur, mais ce matin, sortant de l'hôpital, les joues creuses et le visage décharné, il avait un visage respirant la haine. Il avait l'air rageur et vindicatif d'un infirme capable de vous tuer simplement parce qu'il était furieux de la façon dont la vie avait tourné pour lui. Au moment où Gilmore montait dans le fourgon, il se retourna, regarda par la vitre et adressa à la presse un sourire cynique entre ses lèvres serrées, l'air mauvais et sans merci. Et il leva lentement son médius en l'air comme pour le planter à jamais dans le cul de chaque témoin de la scène. Schiller se dit : « Cet homme serait capable de vous plonger son poignard dans le corps et de continuer à sourire tout en le faisant. »

6

Maintenant que Gary était de retour à la prison, Cline Campbell vint lui rendre visite à l'infirmerie et le trouva assis par terre, occupé à examiner son courrier.

En guise d'accueil il dit : « Donnez-moi un coup de main », et lui lança quelques lettres. Il était assis en tailleur, en tenue blanche de prisonnier et, dès qu'il le put, Campbell fit observer : « Au fond, je regrette que ça n'ait pas marché, parce que cela aurait mis un terme pour vous à cette grande épreuve. Mais je suis heureux que vous soyez ici. »

Gilmore dit : « Je recommencerai, tôt ou tard. »

Campbell répondit : « Oui, je sais que vous êtes obstiné. Mais je crois qu'il vaut mieux ne pas vous tuer.

— Pourquoi ? demanda Gilmore.

— Parce que, répondit Campbell, vous pouvez mettre la loi à l'épreuve. Si vous vous tuez, rien ne sera résolu. Forcez-les à aller jusqu'au bout.

— Pour moi, la loi ne veut rien dire, curé.

— Peut-être, dit Campbell, mais il y a à Provo deux familles dont personne ne s'occupe et, si vous vous débrouillez bien, vous allez avoir assez d'argent pour pouvoir faire un don aux enfants. »

Gilmore hocha la tête, mais Campbell n'aurait su dire s'il était d'accord, car Gary changea de sujet. « Dites donc, fit-il, s'il y a un Dieu, et je crois qu'il y en a un, il va falloir que je L'affronte. (De nouveau il hocha la tête.) Je sais que cette création au sein de laquelle nous vivons ne se termine pas avec la mort. Il doit y avoir quelque chose après. (Puis il ajouta :) Je reviendrai, mais à un niveau plus élevé. »

Campbell dit : « Et si vous revenez sous la forme d'un gardien de prison ?

— Oh ! fit Gilmore, espèce d'enfant de salaud. »

Ils se mirent à rire. Campbell songea : « Je ris plus avec ce type qu'avec n'importe qui. »

La prison avait été constamment en contact avec Earl au sujet de la personne qui avait passé les somnifères à Gary. Maintenant, ils étaient à peu près convaincus que c'était Nicole Barrett. Pour cette raison, ils allaient laisser tomber l'affaire. C'était difficile de poursuivre une fille qui avait failli mourir elle-même et qu'on allait sans doute être obligé d'envoyer dans une clinique psychiatrique. D'un autre côté, comme la prison n'avait pas de renseignements concrets, il n'y avait pas de raisons particulières de clore l'enquête. Aussi longtemps qu'on pouvait la poursuivre, on pouvait aussi maintenir la pression sur Boaz et isoler Gilmore en lui interdisant toute visite avec un contact physique.

7

Nicole avait l'impression d'être totalement entourée de ténèbres magnifiques et douces. Elle ne savait même pas si elle avait un corps. Tout n'était que ténèbres. Puis un trou se forma, un petit trou. Elle essaya de le boucher, mais le trou ne cessait de s'agrandir. C'était plus blanc que le blanc. Elle apercevait maintenant le visage des médecins avec les petits miroirs qu'ils avaient sur le front. Comme dans un rêve, elle continuait à se débattre pour refermer ce foutu trou.

Kathryne et Rikki étaient sortis manger un morceau, et Sue Baker sommeillait dans la salle d'attente du service de réanimation, quand elle entendit Nicole hurler : « Je ne veux pas rester ici. Je n'ai aucune raison d'être ici. »

La porte s'ouvrit toute grande et un interne cria dans le couloir. Pendant peut-être une heure infirmières et médecins ne cessèrent d'entrer dans la chambre et d'en sortir. Sue avait l'impression de guetter le premier cri d'un bébé près d'une salle d'accouchement.

Puis elle entendit Nicole clamer : « Allez vous faire foutre, je veux mes cigarettes. » Tout le monde parlait à la fois. Puis elle entendit l'interne essayer de calmer Nicole, mais il finit par sortir en disant à Sue : « Voyez si vous pouvez faire quelque chose. »

Nicole lui dit : « Je suis supposée être morte, je ne suis pas censée être ici. » Mais Sue n'avait même pas eu le temps de lui prendre la main que l'interne revenait avec de l'aide et ils firent sortir Sue.

Lorsqu'elle put entrer, on avait dû dire à Nicole que Gary était vivant. Elle était d'une autre humeur. Elle dit à Sue : « Parlons de choses plus gaies. » « D'accord », répondit Sue. Nicole voulait marcher et l'interne donna son accord. Sue lui fit donc arpenter les couloirs. Nicole était chancelante et elle avait les jambes si lourdes que c'était à peine si elle pouvait se traîner. Elle dit à Sue : « Ça ne te rappelle pas les nuits où j'étais ivre ? » Elles revirent les soirées où elles buvaient ensemble, et Sue trouvait formidable que Nicole fût debout, capable de parler et elle dit : « Dis-moi, ma petite, comment as-tu pu faire ça ? J'ai besoin de toi, tu sais. »

Nicole dit : « J'ai besoin de toi aussi, mais je voulais être avec Gary. » « Eh bien, pour l'instant tu es ici. Tu ne peux pas partir », répondit Sue. Nicole soupira. « Oh ! non », fit-elle. Puis elle fit quelques pas, adressa un petit clin d'œil à Sue et dit : « S'il le faut, j'essaierai encore. »

Quand sa mère revint à l'hôpital, Nicole s'était rendormie. Mais lorsqu'elle rouvrit les yeux, Kathryne était là et Nicole lui dit : « Je ne lui en ai pas donné assez. Je savais que je ne lui en donnais pas assez. » « Il va très bien », fit Kathryne. Nicole se mit à marteler les couvertures. « Je savais que ça n'était pas assez pour un type aussi costaud. Pourquoi est-ce que je n'y ai pas réfléchi ?

— Ecoute, Nicole, fit Kathryne, si Dieu t'avait voulue, tu ne serais plus là. Tu sais, ça n'est pas ton heure. Il ne veut pas encore de toi. » « Je n'ai pas envie de vivre », fit Nicole. « Ecoute, bébé, dit Kathryne, Dieu te réserve trop de choses à faire avant que tu puisses disparaître. » Nicole éclata d'abord de rire puis elle se mit à pleurer en disant : « Oh ! maman. »

8

Gibbs reçut une lettre de l'inspecteur de Salt Lake qui s'occupait de son dossier. Lorsqu'il ouvrit l'enveloppe, il n'y avait à l'intérieur qu'un dessin paru dans un journal et représentant un homme couché dans un lit d'hôpital. L'infirmière disait : « Monsieur Gilmore, réveillez-vous. C'est l'heure de la piqûre. » Au pied du lit se trouvait un peloton d'exécution de cinq hommes.

Connaissant le sens de l'humour de Gary, Gibbs décida de lui envoyer le dessin. Là-dessus la radio annonça : « Le docteur L. Grant Christensen a déclaré que Gilmore pourrait quitter l'hôpital et regagner le quartier des condamnés à mort si son état continue à s'améliorer. » Gibbs en rit si fort qu'il faillit s'en vider la vessie. Ça le fit drôlement regretter que Gary ne soit pas là pour rire avec lui.

9

A l'infirmerie de la prison, Vern et Gary communiquaient par téléphone et étaient assis de part et d'autre d'une épaisse vitre. Ça n'était pas courant d'établir ainsi une conversation, mais avec la mauvaise jambe de Vern, ça lui évitait de faire à pied tout le chemin jusqu'à la haute surveillance.

Tout à trac, Gary demanda : « Vern, tu voudras t'occuper de tout si je congédie Boaz ?

— Je suis cordonnier, fit Vern. Je ne sais pas si je pourrai le faire. Je ne suis pas avocat.

— Avec ton sens des affaires, fit Gary, et mon intelligence — il eut un grand sourire en disant cela — on peut y arriver. »

Ils n'en dirent pas plus. Comme Vern s'apprêtait à partir, Gary dit : « Tu sais comment donner une poignée de main à travers la vitre ? » Et il posa sa paume ouverte contre le verre. Vern plaqua sa paume de l'autre côté et ils agitèrent leurs doigts dans tous les sens. Une poignée de main de prison.

Brenda était aussi venue pour cette visite-là, et ce fut très émouvant pour elle. Elle trouva que Gary avait l'air affaibli et qu'il avait perdu beaucoup de sa combativité. Toutefois, Brenda décida d'y aller carrément, et elle dit dans le téléphone : « Gary, vieille tête de mule, on dirait que tu t'en es tiré.

— Tu n'as pas changé, dit-il.

— Tu m'en veux toujours ? demanda Brenda.

— Bah ! je n'apprécie pas ce que tu as fait », dit-il. Ce à quoi Brenda répondit : « Je m'en fous. J'ai fait ce que je devais faire. Je pense que toi tu as fait ce que tu devais faire. (Elle reprit son souffle et poursuivit :) Je t'aime et je suis contente que tu t'en sois tiré. (Puis elle ajouta :) Tu vas recommencer à faire une bêtise pareille ?

— Non, dit Gary, je ne pense pas. J'ai une sacrée migraine. »

Il y avait un gardien dans la salle et il était dans tous ses états. Lorsque Brenda rendit l'appareil à son père, le gardien s'approcha et dit : « Ce n'est pas moi qui parlerais avec lui comme vous le faites. Il est mauvais. Il préférerait vous tuer que de vous regarder. Je n'aurais pas le courage de lui parler comme ça.

— Seigneur, dit Brenda, il ne peut rien vous faire. Regardez-le. Bouclé derrière une porte et affaibli. Il ne pourrait pas faire de mal à un petit chat.

— Oh ! fit le gardien, je ne parierais pas là-dessus. »

Revenue près de la vitre, Brenda ne put s'empêcher de poursuivre. L'intervention du gardien avait dû l'exciter. « Hé ! Gary, fit-elle, comment ça se fait que tu n'en aies pas pris assez pour que ça marche ?

— Qu'est-ce qui te fait croire ça ? demanda Gary.

— Si tu l'avais fait, dit Brenda, tu serais mort.

— Qu'est-ce que tu racontes ? Tu sais bien que je voulais vraiment le faire.

— Tu t'y connais mieux que ça en médicaments, répliqua Brenda. Je crois que tu savais très bien ce que tu faisais »

Gary se mordit la lèvre. Puis il eut une sorte de ricanement et dit : « Bah, j'aurais dû me douter que c'est une de mes cousines qui allait me lancer ça. »

Pourtant, du ton dont il l'avait dit, elle ne savait plus où elle en était. Il était parfaitement capable de la laisser croire qu'elle avait raison ou qu'elle se trompait. Gary aimait bien jouer avec l'esprit de sa cousine.

Ça la rendit furieuse. « Je trouve que tu es un amant égoïste. Et les deux petits gosses ? reprit-elle.

— Oh ! dit Gary, quelqu'un se serait occupé d'eux.

— Tu es un froid salaud. Vraiment. Tu voulais rester en vie juste assez longtemps pour savoir si elle était vraiment morte. Comme ça tu n'aurais pas à t'inquiéter à l'idée qu'elle prenne un autre amant.

— Je suis jaloux, dit Gary.

— Tu te rends compte qu'elle risque d'avoir une lésion au cerveau ?

— Impossible. Je n'y pense même pas, dit-il.

— Allons, Gary, dis plutôt que c'est ce que tu voulais. Si elle a une lésion au cerveau, personne d'autre ne voudra d'elle.

— Tu es cruelle, dit Gary.

— Et toi, tu n'es qu'un trou du cul », fit Brenda. A cet instant, elle se rendit compte qu'elle était allée trop loin.

« Et toi, tu es une vraie salope », cria Gary.

Ils commencèrent à se dévisager et ça devint une véritable épreuve. Même à travers le couloir, large de trois mètres, à travers deux épaisseurs de vitre, Brenda sentait son regard brûlant, et elle se dit : « Cette fois-ci il ne me fera pas baisser les yeux ; pas quand il est à moitié mort et qu'il y a toute cette protection entre nous. » Mais ça dura si longtemps qu'elle finit par se rappeler le dicton favori de son cousin et elle le lui cita au téléphone : « Un homme sincère te regardera dans les yeux, mais l'âme d'un homme essaiera de te convaincre de son mensonge. » Là-dessus, Gary se mit à rire et dit : « Ça, alors, Brenda, tu es quelqu'un. »

Il lui fit un clin d'œil avant qu'ils se disent au revoir. En sortant, elle posa la main sur la vitre et dit : « Je t'aime », et de son côté il agita les doigts.

10

Deseret News

Profil d'une vie gâchée

18 novembre. — ... Par l'étude des psycho-diagnostics, qui est la spécialité de l'auteur de ces lignes, il est possible, à partir des efforts artistiques d'un individu, de tirer

certaines conclusions quant à l'état de sa personnalité... Parfois, ces manifestations artistiques révèlent une lésion cérébrale, une psychose, ou à tout le moins une anxiété.

Dans le cas de Gilmore, il n'y a pas de tels indices. Dans sa suite de dessins, nous voyons une œuvre remarquable de cohérence, organisée et disciplinée. Selon nous, elles ne sont pas le produit d'un esprit dément ni psychotique... Gary Gilmore a un esprit extrêmement aiguisé.

SALT LAKE TRIBUNE

Par Paul Rolly
de la rédaction du *Tribune*
Provo, 18 novembre. — ... Le doyen Christiansen a déclaré que les membres de la cinquième congrégation de Provo, où Benny Buschnell était enseignant, sont « complètement écœurés » de la publicité continuelle dont bénéficie Gilmore, et qu'ils « n'arrivent pas à trouver une explication ». L'évêque a déclaré que la femme de Benny, Debbie, continue à lui écrire en lui demandant conseil.

« Bien sûr, nous nous cramponnons à notre croyance religieuse que nous nous retrouverons dans une autre vie et j'essaie de la rassurer, mais elle prend tout ça très mal et c'est parfois difficile », dit-il.

Un officier de police se rendit au domicile d'Everson pour interroger Dennis. La prison le considérait assurément comme suspect. Dennis alla trouver le patron de Sam Smith, le directeur de la Commission des Peines, Ernie Wright, un grand gaillard coiffé d'un chapeau blanc de cow-boy du

Texas et dit : « Vous savez, Sam Smith m'en veut », et le directeur de la Commission des Peines le regarda en disant : « Franchement, maître Boaz, nous n'avons pas confiance en vous. (Il le dévisagea comme s'il venait d'écraser une mouche. Puis il ajouta :) Peu m'importe ce que fait le directeur. Il peut continuer. »

Non seulement Dennis en était réduit à communiquer avec Gary par téléphone à travers un couloir, mais il ne savait même pas si le téléphone n'était pas sur table d'écoute. Et Gary se montrait considérablement moins amical. « Vous avez bien dit à l'émission de Rivera que vous ne pouviez plus insister pour que je sois exécuté ? Ça ne me plaît pas du tout. » Dennis lui-même se sentait gêné par toute cette émotivité. « Oh ! je suis désolé, dit-il, mais j'ai encore l'impression que je peux vous aider, vous savez. » Pas question de lui dire : « Allez-y, Gary, congédiez-moi. »

De plus, Gary se mit à questionner Dennis à propos de ses frais. Il avait découvert que cinq cents dollars étaient arrivés du *Daily Express* de Londres et cinq cents d'une interview pour les Suédois et il voulait savoir pourquoi Dennis lui avait dit que sa part était de deux cent cinquante dollars et non pas de cinq cents. Dennis essaya de s'expliquer. « Vous m'aviez dit que vous étiez incapable de faire des comptes et que je devais gérer vos finances, alors j'ai gardé deux cent cinquante dollars et je ne vous ai donné que cent vingt-cinq dollars de l'interview pour les Anglais. Ensuite, vous m'avez demandé de donner encore cent vingcinq dollars à Nicole. Votre part y est passée.

— Oui, mais les cinq cents autres dollars de Suède ?

— Gary, dit Dennis, tout est passé en frais. Il y en a beaucoup. Je ne vous ai pas roulé. » Ça n'allait pas fort entre Gary et lui.

Dennis n'avait jamais eu de plus grande envie de parler à la presse. « Je suis un personnage de ce livre que je suis en train d'écrire, déclara-t-il, alors je ne prévois pas tout ce que je fais. Je suis dirigé par le véritable auteur de ces événements. Qui ou quoi qu'il soit. Tenez, j'ai failli être viré aujourd'hui ! Fichtre ! Il s'en est fallu de peu.

— Que pensez-vous du suicide maintenant ?

— De la non-violence, fit Dennis. Tout en douceur. Comme Roméo et Juliette, ils ont pris du poison. » Dennis pensait que les aspects tragiques de leurs relations, si on les présentait bien, pourraient faire de Gary et de Nicole une sorte de version démocratique de Roméo et Juliette. Ensuite chaque carte qu'il jouerait aurait plus de valeur. Il pourrait leur obtenir des droits conjugaux.

« Vous ne pensez pas, demanda Barry Farrell, que si Gilmore n'est pas exécuté, il retombera parmi quatre cent vingt-quatre autres condamnés, hommes et femmes ? Beaucoup d'entre eux ont peut-être une histoire plus tragique que Gilmore.

— Gary est le seul qui a le courage d'affronter les conséquences de son acte, répondit Boaz.

— Comment, interrogea un autre journaliste, Susskind va-t-il faire le film ?

— Susskind, dit Dennis, a choisi un scénariste plein de talent et de sensibilité, Stanley Greenberg, pour l'écrire. Posez-leur la question.

— Est-ce que Schiller est toujours dans le coup ? voulut savoir Farrell.

— Schiller, fit Boaz, est venu me voir et m'a adressé un télégramme. Gary a maintenant l'impression que je ne lui communique pas toutes les offres. Je n'ai pas à me demander d'où viennent certaines mauvaises rumeurs.

— Dennis, dit un autre reporter, vous vous battiez pour le droit qu'a Gary d'être exécuté, et voilà maintenant que vous essayez de lui sauver la vie. Pouvez-vous concilier ça de façon réaliste ?

— La Déclaration d'Indépendance garantit le droit à l'existence, mais seulement si vous n'avez pas été brutalisé par le système. Gary l'a été. Gary veut mourir. Mais seulement parce qu'il ne peut pas être avec Nicole. Gary serait ravi, reprit Boaz, s'il pouvait être avec elle. Si on le mettait dans un endroit où ils pourraient être ensemble, ce serait bien, non ?

— Citez-moi une prison américaine où mari et femme peuvent se voir.

— Comme leur histoire est devenue internationale, répondit Dennis, il n'y a qu'à les transférer au Mexique. Le véritable obstacle, c'est de convaincre Gary de vivre. Pour l'instant il est déprimé. Mais si je peux continuer à passer chez Geraldo Rivera comme Snyder et à amener les gens à modifier leur façon de penser, ils vont peut-être commencer à réclamer le droit de vivre pour Gary. Les législateurs devront bien écouter.

— Il écoutera, Gilmore ?

— S'il sait qu'il finira par vivre avec Nicole, oui. Avec cette affaire, nous gagnons le cœur des gens. Quand vous touchez leurs émotions, vous les tenez. Absolument. Absolument. C'est solide.

— Voulez-vous dire que Gary habitera avec Nicole dans une prison à sécurité réduite ?

— Ou en sécurité moyenne, dit Dennis. Un an à l'extérieur. Avec les revenus de son histoire, il pourra payer aussi ses frais. Ça fera plaisir aux contribuables. Vous voyez, ça n'est pas aussi ridicule que vous le pensez. Regardez les nouvelles d'aujourd'hui. Le père de Patty Hearst lui a acheté une prison privée sur Nob Hill. Il n'y a qu'à donner à Gary un petit espace comme ça.

— Vous rêvez, Dennis, dit Barry Farrell.

— Attendez.

— J'attendrai », dit Farrell.

« Que pensez-vous vraiment de Schiller ? » demanda alors Farrell. C'était une question embarrassante pour Dennis : il n'avait rien à gagner en y répondant. Il ne voulait toutefois pas décevoir Barry Farrell. Celui-ci l'impressionnait. Farrell avait un air très écossais pour un homme ayant un nom irlandais. Grand, bel homme. Assez grand pour que Dennis puisse lui parler confortablement. Il portait du tweed. C'est ce qu'il y avait de plus proche d'un gentleman anglais parmi la presse. Une barbe poivre et sel bien taillée, et un beau passé à *Life*. Dennis se rappelait vaguement avoir lu la chronique de Barry Farrell dans *Life* en alternance chaque semaine avec Joan Didion. *Life* avait dû tenter d'apporter au peuple une certaine classe littéraire.

Il décida d'utiliser Farrell comme une sorte de super porte-parole. Il dit donc : « Schiller est un rapace, un serpent. »

11

Susskind venait de recevoir un coup de fil de Stanley Greenberg l'avisant qu'il avait décidé de quitter Salt Lake City.

« C'est en train de devenir un vrai merdier », avait conclu Stanley.

Peu après, Boaz téléphona. « Ecoutez, dit-il à David Susskind, j'ai un tas de gens qui me font la cour, et je crois que j'ai été trop coulant avec vous. Sur le plan financier, je peux obtenir beaucoup plus ailleurs. Souhaitez-vous revoir votre offre ? » « Non, répondit Susskind, je n'en ai pas l'intention, mais avec qui traitez-vous ? » Boaz dit : « Un nommé Larry Schiller. » « Oh ! fit Susskind, je connais M. Schiller comme étant le maître d'œuvre qui a mis sur pied un projet qui est devenu un livre sur Marilyn Monroe, je ne le connais que pour ça. Je ne le connais pas comme producteur de cinéma ni de télévision, mais s'il vous paraît mieux que moi, traitez avec lui. Je n'augmente pas mon prix. » Pour Susskind, l'histoire commençait à devenir un fatras malodorant et sensationnel.

Néanmoins, il appela Schiller. Susskind n'était pas ravi à l'idée de travailler avec ce dernier, mais il l'appela quand même et dit : « Vous lancez des chiffres et de l'argent, et ce pauvre type de Boaz est ébloui. Je ne comprends pas. Vous êtes dans le cinéma maintenant ?

— Oui, fit Schiller, j'y suis.

— Ecoutez, dit Susskind, vous n'êtes pas producteur. Il faudra bien un jour que quelqu'un fasse ce film. Ce n'est pas votre genre.

— Je suis producteur, dit Schiller. Je ne me considère pas comme étant de votre classe, mais j'ai produit certains films que vous ne connaissez même pas.

— Oh ! dit Susskind, je crois que vous manquez de réalisme. Bien sûr, peut-être que vous aurez de la chance. Peut-être que vous aurez le paquet.

— Je l'espère bien », dit Schiller.

Lorsque Susskind rencontra de nouveau Greenberg, Stanley lui dit : « Je n'aurai pas trop de regrets. Ça n'est pas ce que nous espérions que ça serait. » Susskind était d'accord. « Je ne crois pas que je vais faire une nouvelle offre. Tout le monde devient dingue là-bas. Ça n'est plus une histoire sur l'effondrement du système de la justice répressive, c'est une farce, le suicide de la fille, le poison introduit en fraude. » Ils convinrent que ça sentait mauvais. Stanley dit : « Je crois que celui qui prend maintenant cette histoire saute sur un corps mort et en putréfaction. C'est étrange et c'est malsain. » Ils tombèrent d'accord. Une de ces conversations où on se dit : « Et puis merde ! »

Malgré tout, il n'avait pas vraiment envie de laisser tomber. Une fois la poussière un peu retombée, l'histoire pourrait avoir encore pas mal de possibilités. Ils décidèrent que Stanley essaierait de rester disponible au cas où l'on parviendrait à conclure les accords nécessaires.

CHAPITRE IX

NÉGOCIATIONS

1

LE lendemain, Gary ramena le sujet sur le tapis. « Vern, tu es prêt à prendre la place de Boaz ? demanda-t-il.

— Je ne sais pas, dit Vern. Est-ce que je suis censé me sentir prêt ?

— Je vais tout chambouler, annonça Gary. (Il hocha la tête.) Je veux juste quelques milliers de dollars pour donner à quelques personnes et à un couple que je veux aider.

— Je ne sais pas encore avec qui traiter, dit Vern. Un tas de gens me téléphonent en ce moment.

— Vern, c'est à toi de décider.

— Ma foi, si tu crois que j'en suis capable.

— Comme tu es un homme d'affaires installé, dit Gary, tu sauras t'y prendre.

— C'est un autre genre d'affaire.

— Allons donc, fit Gary, je t'ai vu à l'œuvre dans ta boutique. Tu peux t'en tirer mieux que Boaz. »

Dans l'après-midi, Vern reçut un coup de fil de Dennis. « Saviez-vous que Gary parle de me congédier ? demanda-t-il.

— Tiens, pourquoi a-t-il fait ça ? demanda Vern.

Vous voulez dire qu'il vous l'a annoncé carrément ?

— Entre nous, poursuivit Dennis, pensez-vous que vous puissiez prendre ma place ?

— Je crois que je peux faire aussi bien que vous », murmura Vern.

Après cette conversation, Vern passa deux heures à réfléchir. Puis il appela quelques amis à Provo pour leur demander conseil sur le choix d'un avocat. Ce soir-là vers dix heures, il téléphona à un homme que tous recommandaient, un avocat du nom de Bob Moody. Vern perçut nettement que Moody réfléchissait à sa proposition. Puis il répondit : « Je serai heureux de me charger de l'affaire. Je vous aiderai de tout mon possible. Voulez-vous que nous nous retrouvions ce soir, ou demain matin, ou lundi ?

— Lundi, ça ira », dit Vern.

Il avait l'impression de remuer un poids énorme. Rien n'allait plus jamais être pareil.

2

Le désir de fumer de Nicole devenait un problème. Il y avait un tas de bouteilles d'oxygène en réanimation, et c'était délicat de la laisser craquer une allumette. Elle n'arrêtait pas de se plaindre : « J'ai envie d'ue cigarette. » Ils n'arrivaient pas à grand-chose avec elle. « Vous en avez fumé une il y a quelques heures », lui répondait-on. « Eh bien, j'en veux une autre. »

Ils finirent par laisser Kathryne l'emmener dans la buanderie où, au milieu des cuves à blanchissage et des vieilles serpillières sales qui trempaient,

Kathryne pouvait s'asseoir avec Nicole pendant que celle-ci fumait. Là, elles se détendaient. Nicole dit même une fois : « Peut-être que je suis contente d'être ici. Je ne sais pas. » Nicole ne l'avoua jamais à proprement parler, mais Kathryne se dit qu'elle n'avait pas voulu vraiment mourir, elle avait juste voulu prouver à Gary qu'elle l'aimait assez pour se suicider. Nicole finit par dire : « Je pensais que c'était mal de me supprimer, et si Dieu le pensait aussi, alors je resterais en vie. Mais si ça n'était pas un péché, je voulais mourir. » Kathryne se sentait très proche d'elle.

Ensuite, naturellement, ce fut le début de tout un affreux cirque. Les médecins voulaient faire signer à Kathryne des papiers nécessaires à l'envoi de Nicole à l'hôpital d'Etat de l'Utah. Dans le bureau de l'administrateur, Kathryne essaya de discuter, mais l'homme lui dit : « Ça ne changera rien. Il y a déjà les signatures de deux médecins attestant qu'elle est irresponsable, qu'elle a des tendances suicidaires et Nicole a d'ailleurs signé. » Kathryne ne savait pas quoi faire. Elle ne pensait pas que Nicole était prête à rentrer. Et rentrer où ? D'un autre côté, elle craignait qu'une fois Nicole à l'asile, elle ne puisse plus jamais en sortir. Kathryne avait peur des hôpitaux d'Etat. Quoi qu'il en soit, on lui tendit le papier et Kathryne signa son nom sous celui de Nicole. Elle tremblait.

Dès l'instant où Nicole avait apposé sa signature, elle comprit que c'était une terrible erreur. « Pourquoi est-ce que je ne suis pas tout simplement sortie de ce bordel ? » se demanda-t-elle. Pendant le trajet jusqu'à l'ambulance, elle ne cessa de se dire : « La raison pour laquelle tu ne l'as pas fait, ma fille, c'est parce que tu n'as rien qu'un pyjama d'hôpital et une couverture. » On l'avait bien enveloppée et elle ne pouvait bouger ni ses bras ni ses jambes. Bridée comme une volaille. Pendant le trajet, elle ne vit rien du paysage, mais il y eut quelque chose dans le gémissement des vitesses, lorsque la voiture gravit une longue côte, qui sonnait comme la fin du voyage. Elle était sur la longue allée qui menait à l'hôpital d'Etat de l'Utah. Oh ! mon Dieu, l'asile où ils avaient bouclé Gary.

Elle n'était pas dépaysée. Mêmes impressions. C'était le même pavillon. En forme d'U avec les garçons dans une aile, les filles dans l'autre et une pièce commune entre les deux. Les halls étaient longs et étroits, avec des chambres et des cellules. Du linoléum de couleur vive par terre. D'abominables peintures de trous du cul dans tous les coins. Des formules complètement connes dans le style LA COMMUNAUTÉ C'EST NOUS ! peintes dans des tons pastel qui avaient séché et s'étaient un peu effacées. Des divans orange, des murs jaunes, des tables et des chaises de cafétéria en matière plastique. C'était déprimant en diable : elle avait l'impression d'être condamnée à vivre pour toujours dans une salle de visites. les gens avaient tous l'air bourrés de tranquillisants. Ça devait vous prendre cent cinquante ans pour mourir. Tout était si follement gai et plein de chiqué.

3

John Woods avait eu mal à l'estomac la nuit précédente, il avait craché un peu de sang et s'était dit : « Bon Dieu, voilà que j'ai un ulcère. » Il décida de ne pas aller à l'hôpital mais de se reposer chez lui lorsqu'un coup de fil affolé lui arriva de son service. On lui dit : « Nicole Barrett arrive chez nous.

— Mon œil », répondit Woods.

Il se rendit au bureau du directeur et les premiers mots de Kiger furent : « Je l'ai envoyée dans votre service. C'est là que je veux qu'elle soit. »

Woods dit : « Nicole devrait être en Sécurité Maximum. Voilà une preuve de plus que l'hôpital n'est pas à la hauteur. Ils devraient pouvoir la prendre en thérapie. » Kiger était d'accord. Il allait l'interrompre, mais Woods était si en colère qu'il dit : « Laissez-moi terminer. » Il vénérait Kiger, car il pensait que c'était le seul homme à avoir eu une idée neuve dans le traitement des psychopathes, puisque c'est ainsi qu'on les nommait maintenant, et ça l'exaspérait chaque fois qu'il croyait que Kiger faisait quelque chose sans être poussé par les plus nobles mobiles.

Bien sûr, le service de Woods était le seul ayant une sécurité suffisante pour protéger Nicole de la presse. Comme disait Kiger : « Ça va être coton pour ce qui est de la presse. » Toutes les agences, tous les grands journaux et magazines allaient tout tenter pour interviewer Nicole. Ça voudrait dire pas une seconde de répit. Les médias allaient faire pression sur les politiciens qui à leur tour feraient pression sur l'hôpital. Si Nicole faisait une nouvelle tentative de suicide, ils sauteraient tous. Woods était furieux de penser à quel point cela allait gêner la thérapie de tous les autres patients du service. C'était une nouvelle tâche qu'on lui avait confiée : maintenant il était là pour maintenir Nicole en vie.

Au lieu de travailler en tenant compte des pulsions antisociales de chaque patient lorsqu'elles venaient en conflit avec l'intérêt du groupe, au lieu de faire en sorte que le groupe soit l'enclume sur laquelle on pourrait forger la personnalité de chaque patient et lui inculquer un peu plus de sens de la responsabilité sociale, il allait lui falloir maintenant entourer Nicole, l'isoler, la couper de l'influence quotidienne de Gary, pour l'empêcher de lui seriner l'idée — oh ! quel beau gourou ! — que leurs âmes étaient faites pour se retrouver de l'autre côté. Woods allait devoir donner la consigne qu'aucun de ses aides, qu'aucun malade ne devait mentionner le nom de Gilmore. Jamais. S'il entendait garder Nicole en vie, il devait neutraliser cette relation. Woods se rendait bien compte que si personne ne parlait à Nicole de Gary, elle n'en penserait pas moins à lui tout le temps. Woods ne pouvait rien faire contre ça. Il voulait tout simplement que Gilmore ne soit plus capable d'influencer ses pensées.

Mais ça le démontait. Ça n'était pas l'idée que Woods se faisait de la thérapie. Ils allaient foutre en l'air une partie de leur programme rien que pour surveiller Nicole vingt-quatre heures sur vingt-quatre.

La façon idéale de diriger un hôpital psychiatrique, c'était de prendre des risques côté suicide. Ça faisait partie des dangers de toute thérapie novatrice. Et voilà qu'il fallait supprimer ce danger. De toute façon, les idées de Kiger étaient si peu conventionnelles que son programme pourrait recevoir un coup fatal s'ils n'arrivaient pas à garder l'œil sur Nicole. Ç'allait être l'enfer.

4

Nicole avait plus envie de dormir que jamais, mais voilà qu'une nana à l'air autoritaire, sans doute une patiente, mais dans le style dominateur et fichtrement sûre d'elle-même dans sa faible mesure, lui disait : « On ne s'allonge pas sur les lits dans la journée. » « Va prendre une douche ! » « Ôte tes bijoux. » On commença à l'empoigner et elle se mit à résister. Ce fut alors que Nicole se rendit compte que désormais tout allait être un combat. Ça lui tomba dessus comme une maladie. Ça allait être une bataille perdue d'avance. « Je vais être étouffée par tous ces foutus moutons », se dit-elle. Oui, c'était bien l'endroit que Gary lui avait décrit où tout le monde dénonçait tout le monde.

Elle essaya de s'endormir, mais on ne voulait pas la laisser faire. Elle s'allongea par terre et on la réveilla mais elle retourna s'allonger par terre et se rendormit. Alors, ce fut la femme de Norton Willy qui la secoua. Mayvine, elle s'appelait. La femme de Norton Willy qui avait grandi à deux pas de chez sa grand-mère. Nicole n'arrivait pas à croire que Norton avait pu épouser cette sorcière, une horrible grosse lèche-cul qui aidait maintenant à diriger l'établissement. Nicole ne pensait qu'à une chose, dormir sur les divans, mais sans arrêt on l'obligeait à se lever. Elle se sentait trois fois plus faible que dans l'autre hôpital. Tout ce qui l'intéressait, c'était d'être seule et de penser à Gary.

5

Schiller alla à l'aéroport. Sa petite amie, Stéphanie, arrivait. Comme elle avait été sa secrétaire autrefois, il savait qu'elle ne serait pas surprise lorsqu'il l'accueillerait et lui annoncerait qu'il devait aller tout de suite à Pleasant Grove, près d'Orem, à une bonne soixantaine de kilomètres de l'aéroport, pour rencontrer Kathryne Baker.

Schiller s'attendait à trouver des journalistes mais, en fait, la maison n'était pas facile à trouver. Baptiser les rues d'après leur orientation ne se faisait pas à Pleasant Grove. Il y avait trop de vieilles routes de campagne, d'anciens pâturages pavés et de lits de rivière à sec. Le 400 North pouvait très bien se trouver à côté du 900 North et le 200 Est couper le 60 Ouest. Ça n'était pas le genre d'adresse qu'un journaliste, employé dans un journal qui bouclait à cinq heures, allait perdre une demi-journée à chercher.

Toutefois Schiller eut le temps d'avoir une longue conversation avec Mme Baker. Il trouva la maison dégueulasse, avec une cour encombrée de vieux pneus et des carcasses métalliques qui rouillaient dans l'herbe. Et pas moyen de dire si c'étaient des carcasses de vieilles bagnoles ou de vieilles machines à laver. Il y avait des taches de confiture sur la table et la poussière, la crasse, la graisse formaient une croûte sur pas mal d'endroits de la cuisine. Il y avait aussi un nombre extraordinaire de gosses : il vit passer Rikki et les enfants de Sue Baker, plus ceux de quelques voisins, et il les confondit avec Angel, la plus jeune enfant de Kathryne Baker, qui pouvait avoir six ou sept ans et qui était d'une beauté stupéfiante, on aurait dit Brooke Shields. Avec tout ce bruit, ç'aurait pu être déconcertant, mais Schiller comptait sur sa capacité de faire accepter une proposition aussi bien dans un palais que dans une salle de billard. Il débita aussitôt un discours comme celui qu'il avait tenu à Vern. « Que j'obtienne ou non les droits sur la vie de votre fille, voici, à mon avis, ce que vous devriez faire. » Et il entreprit de lui donner confiance quant à la façon dont il comprenait les problèmes auxquels elle devait faire face. Il lui expliqua qu'elle devrait changer de numéro de téléphone et envoyer les enfants chez une parente. Ainsi, la presse ne les découvrirait pas. Pendant qu'il parlait, il se rendait compte que ce qui impressionnait le plus Kathryne, c'est qu'il ne restait pas assis à poser des questions et à noter ses réponses, comme s'il volait une interview. « Madame Baker, dit-il, il vous faut un avocat. » Kathryne dit : « Je n'en connais pas. » « Où travaillez-vous ? » demanda Schiller. Lorsqu'elle le lui eût dit, Schiller reprit : « Appelez votre patron et demandez-lui quel est son avocat. » Il s'aperçut que cela la surprenait agréablement de le voir insister pour qu'elle prenne quelqu'un qui s'occuperait de ses droits. Elle n'était pas habituée à ce genre de propos.

Schiller avait appris lors de ses négociations pour *Sunshine* que si l'on voulait faire de gros coups dans le cinéma et l'édition et jouer avec les producteurs et les éditeurs, il fallait partir du bon pied et rédiger les contrats qu'il fallait dès les premiers jours. Sinon, on pouvait se retrouver comme perché dans un arbre et se balancer de branche en branche. Avec *Sunshine*, il n'avait pas réussi à obtenir un contrat séparé du mari de la mourante. Universal avait donc dû dépenser un tas d'argent plus tard pour lui acheter ses droits. C'était un détail qui avait hanté Schiller. Il expliqua donc à Mme Baker : « Trouvez-vous un avocat. Trouvez-le et on parlera argent seulement quand vous l'aurez. »

En rentrant, il eut sa première grande scène avec Stéphanie. Le père de celle-ci était dans la confection. Schiller était persuadé que le père de Stéphanie avait toujours été aussi plongé dans les affaires qu'un mouton dans la laine, mais Stéphanie était la joie de son père et son père avait fait de son mieux pour la protéger. Stéphanie Wolf était une belle princesse qui avait horreur d'évoluer dans le monde des affaires. Elle y avait cependant travaillé comme secrétaire, mais ça ne l'avait pas marquée. Elle avait horreur des affaires.

Et voilà que Stéphanie lui disait qu'avec Kathryne Baker il s'était conduit comme un manipulateur. « Comment oses-tu profiter de cette femme en lui parlant affaires alors qu'elle est pleine de chagrin ? Sa fille a été enfermée seulement hier. » Larry tenta une explication : « Ça ne t'ennuie pas, dit-il, lorsque tu vas aux cocktails d'A.B.C., mais A.B.C. se fout éperdument de savoir si Larry Schiller viendra à son cocktail la semaine suivante. Je ne vaux que par ce que je peux faire pour A.B.C. Bon sang, ajouta-t-il, si tu t'intéresses à moi, il faut que tu m'acceptes tel que je suis. Il faut que tu acceptes ce qui te plaît en moi, mais s'il y a quelque chose dans mon caractère qui ne te plaît pas, il faudra que tu apprennes à t'en accommoder. Je ne te laisserai pas m'engueuler à cause des propositions que je peux faire à des gens, et ce alors que je suis à peine sorti de chez eux. » Ils eurent vraiment une grande scène. Après tout, Stéphanie était la fille pour qui Schiller était prêt à rompre un mariage qui durait depuis seize ans, mais il sentait que leurs rapports allaient être soumis à pas mal de tension pendant toute cette histoire Gilmore. Et pourtant il avait déjà eu l'idée et même envisagé la possibilité d'expédier Stéphanie en Europe pour s'occuper des droits étrangers. Si elle restait là, il allait peut-être perdre l'histoire Gilmore. Et déjà pour ce premier épisode, ils en étaient arrivés à un point d'exaspération qui frisait l'explosion.

Cette nuit-là, incapable de dormir, il se leva à deux heures du matin et dicta à une agence juridique de Salt Lake City un contrat concernant les droits de Gilmore. Son texte était enregistré par téléphone et de bonne heure le matin une dactylo le taperait à la machine. Toutefois il n'aimait pas l'idée qu'un étranger allait entendre les termes du contrat. Il pouvait facilement y avoir une fuite jusqu'à un journal. Schiller savait que si lui avait travaillé pour un canard local, il aurait essayé d'avoir ses entrées dans ce genre d'officine. Ça pouvait parfois se révéler fructueux.

Mais il devait avoir quelque chose à montrer aux avocats de Vern et de Mme Baker. Il agit donc comme s'il était un acheteur de moutons et de bétail venant de Californie et il dicta combien d'agneaux et de vaches devaient être vendus en échange de la cession de tous les droits sur ledit troupeau. A deux heures du matin, l'humour de la chose lui plut beaucoup.

Demain, il changerait les moutons et les vaches en noms de personnes précis. Il y avait dans le monde beaucoup de bons hommes d'affaires et beaucoup de bons journalistes, se dit Schiller, mais peut-être était-il un des rares à pouvoir être les deux à la fois.

6

Pendant le weed-end, Barry Farrell interviewa Larry Schiller à Los Angeles. Ils avaient travaillé ensemble à *Life* voilà bien des années, mais ces temps-ci Farrell n'avait pas des sentiments très amicaux envers Schiller. Un peu plus d'un an auparavant, Larry était en train de préparer un livre de photographies sur Mohammed Ali. Il avait téléphoné à Barry pour lui dire qu'il aimerait qu'il en écrive le texte, et Farrell en avait discuté avec son éditeur. Mais Schiller avait signé avec Wilfred Sheed. Farrell avait estimé n'être qu'un nom de plus à fourrer dans l'entonnoir, et ça l'avait vexé.

Mais à chaque fin d'année, il aimait bien régler ses comptes, aussi écrivit-il à Schiller une lettre disant à peu près : « J'ai digéré ma colère. On a fait de bonnes choses ensemble dans le temps et peut-être qu'on en fera d'autres. » Pour Farrell ça clarifiait l'atmosphère. Il estimait qu'il pourrait parler sans préjugés à Larry si quelque chose se présentait.

Néanmoins, dès qu'il apprit que Schiller était en Utah pour essayer de mettre la main sur l'histoire Gilmore, Farrell se sentit prêt à voyager avec un crayon bien aiguisé. Larry allait s'exposer à la chose même pour laquelle on l'avait tant critiqué jadis. Ç'allait être l'occasion ou jamais d'observer comment il allait enchérir pour le cadavre de Gilmore.

Farrell s'arrangea donc pour faire un article pour *New West*, il vit le directeur de la prison, rencontra Susskind et finit par retrouver Schiller à Los Angeles pendant le week-end. A ce moment, Farrell était plutôt mécontent de Dennis Boaz. Ce foutu hippie, se disait-il, n'arrive même pas à comprendre ce qui est en jeu. En l'occurrence, Farrell avait démarré avec une certaine animosité contre Schiller, mais Susskind avançait de futurs bénéfices se chiffrant jusqu'à quinze millions de dollars tout en offrant des clopinettes. Farrell se mit à penser, non sans quelque amertume — car résolution de Noël ou pas, il comptait bien glisser dans son article un ou deux couplets sur Schiller — que le gaillard pourrait bien être le seul ayant une notion réaliste de ce qui pouvait vous arriver quand on mourait en public. Schiller l'avait déjà fait, il avait vu la famille, il leur avait tenu la main. Il était plus proche du problème que Boaz, et se présentait toujours comme un vrai petit saint.

Grand Dieu ! Gilmore avait besoin de protection. Rien ne faisait plus les délices de la télévision que la mort publique. Dans un bungalow de prison entouré de quelques plantes en pots dans la cour, Farrell écouta Dennis parler de Gary et de Nicole et il en sortit écœuré. La vie de Gary touchait à son terme. Ils allaient sûrement l'exécuter. Mais si jamais Gilmore ne l'était pas, ça risquait de déclencher toute une suite de conséquences. Tous les conservateurs d'Amérique diraient : « Ils n'ont même pas été fichus de fusiller ce type qui demandait à l'être. Qui allons-nous jamais châtier après cela ? »

Le discours de Schiller, au moins, se tenait. Bâtir des fondations. Dresser des contrats comme des murs. Faire savoir à tout le monde où on en était. Farrell s'ingénia à bien traiter Schiller dans l'article qu'il écrivit pour *New West.*

7

Schiller passa à la radio deux ou trois fois et la nature de ses coups de téléphone changea. Il sentait la presse approcher. Il décida de prendre contact avec Ed Guthman, du *Los Angeles Times.* « Ed, dit-il, j'ai besoin d'une plate-forme. Je vous donnerai deux mille mots pour la une et une interview exclusive avec Gilmore quelque temps avant la date d'exécution si vous voulez bien me donner un de vos meilleurs reporters criminels pour me donner son avis sur mon projet. » Guthman avait un bon journaliste du nom de Dave Johnston, qui était disponible pour une journée. Schiller et Johnston tentèrent donc de prévoir les problèmes. Si, par exemple, on ne pouvait obtenir qu'une seule interview avec Gilmore, quelles devaient être les questions à poser ?

En outre, Schiller avait besoin pour la semaine suivante ou celle d'après d'un article sur lui. Pas un grand article, mais quelque chose de discret, un lundi. Il voulait diminuer l'importance de sa présence en scène. Que l'attention n'aille pas brusquement se concentrer sur lui et que tout le monde ne dise pas : « Le charognard est au travail. » Au lieu de cela, Johnston allait écrire un article en racontant comment la presse du monde entier était arrivée à Salt Lake, et Schiller ne serait mentionné que dans le troisième ou le quatrième paragraphe.

Comme cette perspective modeste n'allait pas arranger son prestige auprès des nouveaux avocats de Vern Damico et de Kathryne Baker, Schiller prit la peine de leur expliquer séparément que l'article qui allait paraître lui donnerait dans l'immédiat l'avantage de garder un profil discret. Il continua en disant qu'il y aurait des moments, dans le maniement de la presse, où il pourrait commettre des erreurs mais, ajouta-t-il, « j'ai flairé le vent et je ferai de mon mieux pour protéger votre crédibilité. Nous allons travailler en équipe et c'est moi qui prendrai les coups. » Il disait souvent : « Il pourra y avoir des choses que je ferai et qui vous ennuieront, nous pourrons ne pas être toujours d'accord, mais je suis toujours resté en bons termes avec les gens avec qui j'ai travaillé. Tenez, disait-il, décrochez le téléphone et appelez Shelly Dunn à Denver, dans le Colorado. Il était l'avocat pour *Sunshine*. Il vous racontera comment lui et moi sommes toujours amis maintenant et que, en général, j'avais raison à propos de la presse, pas toujours raison, mais souvent. » Schiller citait ensuite le numéro de téléphone de Paul Caruso en leur rappelant qu'il était l'avocat dans l'affaire Susan Atkins. « Nous avons eu un tas d'ennuis avec ça, dit Schiller, bien des désaccords, mais n'hésitez pas à l'appeler. » Il cita aussi deux ou trois autres avocats.

En fait, Schiller n'avait pas une idée bien claire de ce que tous ces avocats pourraient dire sur lui mais il savait par expérience que très peu de gens, quand on leur faisait de telles propositions, allaient jusqu'à téléphoner.

8

Lorsque Vern rencontra son avocat, Bob Moody, le lundi matin, il le considéra comme un homme intelligent, calme et inspirant confiance. Moody était bien bâti, à moitié chauve et ses lunettes lui donnaient un air compétent. Il parlait en choisissant ses mots. Vern remarqua que lorsque Bob Moody disait quelque chose, il n'avait pas besoin de le répéter. Il supposait que vous aviez compris. Vern le rangea dans la catégorie de la haute société. Il devait être membre du Country Club et avoir une somptueuse maison dans les collines de Provo. « Les Hauteurs hypothéquées », comme les appelait Vern.

A Moody, Vern Damico parut être un parent soucieux, sincèrement avide de bons conseils et du meilleur contrat qu'ils pouvaient mettre sur pied. Il n'arrêtait pas de dire qu'il voulait exécuter les souhaits de Gary. Il voulait, si possible, que son neveu conservât une sorte de dignité.

Moody lui parla de la difficulté qu'il y avait de représenter Gary tout à la fois en tant que criminel et qu'auteur. Bob Moody ne pensait pas que ça serait facile de négocier des contrats pour des livres ou des films tout en essayant de conseiller Gary sur sa situation légale. Et si, à un moment, Gary voulait changer d'avis et faire appel, alors les droits de son autobiographie vaudraient considérablement moins. Il existait là un conflit d'intérêts potentiel. Il ne fallait pas créer une situation au sein de laquelle un avocat pourrait avoir à se demander si la mort de son client pouvait lui être plus profitable. Vern acquiesça. Il faudrait un second avocat.

Bob mentionna alors un nommé Ron Stanger. Un homme du pays avec qui il avait travaillé autrefois. Tantôt comme associés, tantôt comme adversaires. Il avait le sentiment qu'il pouvait recommander Ron.

Moody, d'ailleurs, avait déjà appelé Stanger pendant le week-end. « Ça te plairait, avait demandé Bob Moody en plaisantant, de remplacer Dennis Boaz ? » Ils avaient convenu que ce serait fascinant. Ça intéresserait le public et en même temps cela posait de passionnantes questions de droit. En fait, un type comme Gilmore, capable d'en faire voir de toutes les couleurs à l'Etat d'Utah, devait être intéressant à rencontrer. Bien sûr, ils se demandaient aussi si ça n'allait pas être une nouvelle croisade pour la gloire. Moody et Stanger avaient terminé leur conversation en décidant tous deux qu'ils envisageraient un tas de points, dont l'un d'eux serait la peine capitale. Bien sûr, on pouvait penser que ça n'irait pas aussi loin. Sans doute le condamné bluffait-il. Quand on en arriverait à la dernière extrémité, il ferait certainement appel.

Environ une semaine auparavant, Moody et Stanger, quittant ensemble le palais de justice, avaient aperçu Snyder et Esplin en train d'être interviewés par la station de télé locale sur la pelouse du palais de justice. En passant devant, ils s'étaient payé leurs têtes. C'était vraiment drôle de voir Craig et Mike sous les projecteurs de la télévision. Peu après, ils avaient plaisanté Snyder à la cafétéria. Quel effet ça faisait d'interjeter appel quand votre client ne voulait pas ? « Tu fais vraiment du bon travail », lui dirent-ils en souriant. Snyder leur rendit leur sourire.

Même après la tentative de suicide, Moody et Stanger avaient du mal à prendre l'affaire tout à fait au sérieux. Ce qu'on racontait alors dans les couloirs du Palais tenait souvent dans des propos du genre : « Snyder tu te donnes du mal pour rien. Ton client se charge tout seul d'exécuter la sentence. » Il est vrai que les avocats devaient se conduire comme des chirurgiens avant une opération et plaisantaient tout en se lavant les mains. Aussi, au téléphone ce samedi soir-là, quand Moody expliqua à Stanger qu'il y avait de bonnes chances pour qu'on lui téléphonât, Stanger répondit : « Maintenant, il ne nous manquerait plus que d'être filmés par la télé et que Craig Snyder passe en voiture à ce moment-là ! »

Le lundi matin, après en avoir discuté avec Vern, Bob Moody dit au téléphone : « Ron, viens que je te présente à Vern et qu'on voie ce qu'il pense de toi. » C'était sa façon de dire à Stanger qu'il avait l'affaire.

Vern fut frappé par la différence entre les deux hommes. Ron était un vrai costaud. A vrai dire, le physique de Stanger déconcerta Vern. Il avait l'air d'un étudiant tout frais émoulu de la faculté de droit. Vern se demanda : « Est-ce qu'un homme aussi jeune est capable de faire ce que veut Gary ? » Il décida de l'engager sur la recommandation de Moody, mais ne put s'empêcher de dire à Stanger : « Je trouve que vous êtes plutôt jeune.
— Pas vraiment, répondit Stanger en désignant Moody. Ce demi-chauve et moi avons pratiquement le même âge. » Vern ne savait pas s'il le trouvait sympathique. Stanger avait les yeux brillants. « Allons-y », disait son regard. C'était peut-être bien pour un avocat. Vern avait pas mal de réflexions à se faire avant de savoir dans quelle mesure il

pourrait leur faire confiance. Ce n'était pas ce qui s'appelait une situation confortable.

9

Explorer ses sentiments était une coûteuse entreprise s'il fallait le faire sur des heures de bureau non payées, mais, dès l'abord, cette affaire donna plus à réfléchir à Moody que d'habitude. Il plaidait surtout des affaires concernant des rapports familiaux, des accidents de travail, des cas où il pouvait traiter avec des gens. Il aimait sortir de son cabinet. Mieux valait aller faire une petite tournée d'inspection que de se plonger dans le Code et dans une comptabilité interminable. Aussi était-il d'ordinaire satisfait de prendre une affaire criminelle s'il s'en présentait une. Il n'avait assurément rien trouvé d'incompatible entre le fait d'être avocat d'assises et haut dignitaire de l'Eglise mormone, et cette affaire lui donnait d'agréables frissons dans le dos, mais il sentait que Gilmore allait heurter les sentiments de bien des gens. Nombre de personnes allaient mettre en doute le droit moral de ce qu'il faisait.

C'était parfois dur pour des gens à l'esprit religieux de comprendre pourquoi tout d'abord c'était un avocat qui se trouvait là pour représenter certains accusés. Ils ne comprenaient pas que la base du système était le droit d'un accusé d'avoir sa version racontée à la Cour le mieux possible. Ils ne pouvaient donc pas comprendre qu'il n'y avait rien d'extraordinaire pour deux avocats de se prendre à la gorge devant un tribunal, puis de se retrouver ensuite pour dîner ensemble.

Quelques années auparavant, alors que Moody était assistant du procureur du Comté, il avait plaidé dans une affaire de drogue, et c'était Ron Stanger qui défendait l'accusé. Ce jour-là, les méthodes de Ron avaient été parfaitement insultantes. Moody avait fini par se mettre dans une telle colère que le juge dut les rappeler à l'ordre tous les deux et le jury en fut tout excité : deux avocats luttant à mort. Dans sa conclusion, Ron décocha un dernier trait en disant au jury que si Maître Moody avait vraiment été prêt à prouver le bien-fondé de son accusation, il aurait pris ce billet de dix dollars dont le ministère public soutenait qu'il avait servi à payer la drogue et il aurait montré les empreintes qu'il y avait dessus. C'était une conclusion sans réplique car Bob ne pouvait pas répondre qu'un billet de dix dollars ne comporte pas moins de dix mille empreintes. Il était très énervé. Une partie du jeu consistait donc à remporter sa cause — on aimait bien gagner — mais la tactique de Ron était allée trop loin ce jour-là.

Tout en attendant la décision du jury, bien que crispés tous les deux, ils n'en déjeunèrent pas moins ensemble. Les jurés, en passant devant la cafétéria, les virent qui buvaient et riaient et ils envoyèrent même deux d'entre eux trouver le juge pour dire que les avocats n'étaient pas sincères. Bob pressentait donc ce qui allait se passer avec l'affaire Gilmore. L'autre histoire ne serait rien auprès du tintouin qui allait se faire autour de cette affaire.

10

Vern prit quelques feuilles de papier à en-tête du cabinet de Moody et Stanger et les apporta le lendemain à Gary. « Ces avocats sont des gens du pays, dit-il à Gary. Si tu veux mon avis, je ne pense pas que tu puisses trouver mieux. Ils vont se battre pour tes droits.

— Est-ce qu'ils sont partisans de la peine capitale ? » demanda Gary. Vern ne le savait pas très bien — il songea qu'il n'avait même pas posé la question à Moody — mais il répondit : « Ils défendront tes droits quels que soient leurs sentiments. »

Moody et Stanger se rendirent un peu plus tard à la prison. Gary voulait les voir. Ils se rencontrèrent donc. De chaque côté de la vitre. Ils se parlèrent par téléphone et ce fut une entrevue sans chaleur. « Voulez-vous que nous vous représentions ? » demandèrent-ils, et Gary répondit : « Laissez-moi en discuter avec mon oncle. »

Une longue conversation commença entre Gilmore et Vern. Moody entendait ce qui se disait du côté de Vern, par exemple : « Je me sens en confiance », mais Gilmore semblait craintif comme un écureuil. En tout cas il ne parlait pas librement. Il avait un air hagard et un mauvais teint. Il parlait sans cesse de ses migraines. De toute évidence, il souffrait du contrecoup de son empoisonnement. Ils apprirent alors qu'il faisait la grève de la faim. Il n'avait pas l'intention de manger, déclara-t-il, tant qu'on ne l'autoriserait pas à donner un coup de téléphone à Nicole. Il annonça cela puis resta silencieux. Il les dévisageait.

Gary aborda ensuite la question de la peine capitale. Moody s'apprêtait à déclarer qu'il n'en était pas partisan mais il méditait encore sur l'opportunité d'une telle affirmation lorsque Ron lança dans l'autre téléphone que lui, pour sa part, y était opposé.

« Voudrez-vous quand même suivre mes directives ? demanda Gary.

— Oui, dit Ron, je veux bien vous représenter. »

Bob dit alors à Gary que les avocats avaient l'habitude de travailler à l'encontre de leurs idées. On ne pourrait pas défendre beaucoup de gens si on mêlait à leur défense ses propres opinions.

Malgré ces affirmations, ça ne marchait pas bien avec Gilmore. Il répondait toujours aux questions en observant : « Je déciderai quand je l'aurai vu par écrit. » Il se méfiait de l'humanité en général et des avocats en particulier. « Je n'ai rien de personnel contre vous deux, dit Gilmore, c'est simplement que je n'aime pas les avocats. » Là-dessus, il rota. On entendit le bruit dans l'écouteur.

Etant donné le peu de chaleur de cet entretien, Moody décida qu'il ferait aussi bien de s'assurer du terrain sur lequel ils s'engageaient. Il parla donc de Dennis Boaz. « Avez-vous cessé tout rapport avec lui ? demanda-t-il.
— Dennis, répondit Gary, était le seul homme qui à un moment a voulu vraiment m'aider, et je lui en suis redevable. Mais c'est fini. Je vais le congédier cet après-midi. »

Gary bâilla. Moody avait entendu dire combien les premiers jours d'un jeûne étaient pénibles et, si c'était vrai, c'était tout aussi bien, car il sentait chez Gilmore un entêtement profond qui lui donnait à penser qu'une grève de la faim pourrait se prolonger pas mal de temps.

11

Dennis dit : « J'ai parlé à Vern et il m'a laissé entendre que vous vouliez me congédier.
— Oui, exact, dit Gilmore.

— Je trouve que c'est une bonne idée », fit Dennis.

Ça désarçonna Gary. A travers la vitre, Dennis le voyait remuer les pieds comme s'il s'apprêtait à partir dans une direction alors qu'il en cherchait maintenant une autre.

« Ça ne m'a pas plu que vous parliez à la télé avec Geraldo Rivera, dit Gary. Ça ne m'a pas plu davantage que vous traitiez le directeur d'ignorant. Vous m'avez rendu les choses plus compliquées. » Il eut un énorme bâillement. « Gary, fit Dennis, j'ai l'impression qu'il y a une rupture totale des relations entre vous et moi.

— Ça n'a pas d'importance, dit Gilmore. (Puis il hocha la tête et comme s'il se parlait à lui-même :) Dennis, dit-il, vous avez droit à quelque chose. Combien voulez-vous ?

— Tout ce que je veux, c'est écrire votre histoire », répondit Dennis. Il se disait qu'il serait peut-être obligé d'appeler son personnage Harry Kilmore, et non Gary Gilmore. Il pouvait équilibrer son livre en traitant le thème des meurtres et en parlant de son propre travail avec le syndicat des chauffeurs ; deux dossiers ; l'un un litige en vue d'accroître la sécurité des voyageurs, l'autre une quête de la mort. Ça pourrait faire un bon roman.

Il se rendit compte à quel point Gilmore était impressionné de voir qu'il ne s'intéressait pas à l'argent.

« Nous avons un petit désaccord, reprit Gilmore. Mais, je vais vous dire, Dennis, je vous inviterai à mon exécution. »

Dennis était vexé. Tout d'un coup, il était fou furieux de la façon dont il s'était fait évincer. « Je n'ai pas envie de voir votre exécution », dit-il. Ça devrait ennuyer Gary. Il voudrait avoir des amis à ce moment-là. Mais Gilmore se contenta de hocher de nouveau la tête et ils se dirent au revoir, chacun d'eux marmonnant : « Bon, à bientôt, portez-vous bien. » Dennis ne put s'empêcher de dire à la dernière minute : « Vous savez, si vous avez besoin de moi là-bas, je viendrai. »

Toutefois, après avoir quitté la prison, il se remit en colère. Il appela Barry Farrell et dit : « Je veux retirer ce que je vous ai dit en traitant Schiller de serpent. Il est un cran au-dessus. C'est une anguille. Schiller a pris du galon, il est passé du serpent à l'anguille. » Farrell rigola. « Vous allez probablement finir par vous arranger tous les deux », dit-il. « Je n'y pense même plus, répondit Dennis. Mais je vais vous dire ce qui me réjouit vraiment.

— Quoi donc, Dennis ?

— De savoir que vous pourriez, vous aussi, prendre rapidement un nouveau visage. »

Farrell appela Schiller pour avoir sa version. « Je n'y suis pour rien, dit Larry Schiller. Cette nouvelle me surprend beaucoup.

— On dirait que c'est toi qui vas avoir l'histoire, dit Barry.

— Rien n'est réglé, fit Schiller d'un ton lugubre. Il y a encore un tas d'obstacles.

— Mais le sujet t'intéresse toujours ?

— Entre nous, dit Schiller, j'ai un gros problème. Où sont les personnages sympathiques ?

— Tu as toujours une histoire d'amour, répondit Barry.

— Je n'en suis pas si sûr, rétorqua Schiller, je n'ai pas rencontré Nicole. Je ne peux donc pas répondre à cent pour cent à ta question. »

Farrell sortit dans le soleil sans chaleur de novembre. Dans la vallée, de l'autre côté du désert, la fumée des aciéries Jeneva Steel à Orem déversait un torrent empoisonné si puissant que les yeux de Farrell, habitués pourtant depuis longtemps au smog de Los Angeles, le piquaient. Il avait l'impression d'être devenu un charognard, car il était là, comme tous les autres, pour voir si Gary Gilmore serait exécuté. A faire la navette sur l'autoroute pour aller d'une ville neuve à une autre, ou cap au sud vers une vallée enfumée pour repartir ensuite vers le nord. Adieu Dennis. Barry Farrell n'arrivait pas à décider s'il l'aimait bien ou si ce type représentait un manquement total à cet exquis raffinement que Gilmore, somme toute, exigeait des autres.

CHAPITRE X

CONTRAT

1

SCHILLER décida de quitter Salt Lake et d'aller s'installer au Trave Lodge, à Provo. De sa chambre, il pouvait voir les montagnes, de l'autre côté d'University Avenue, et chaque matin il y avait davantage de neige sur les sommets. La lettre Y tracée en pierres blanches sur une des montagnes commençait à être recouverte.

Il prit tout de suite rendez-vous avec Phil Christensen, l'avocat de Mme Baker, et avec Robert Moody. Christensen à trois heures, Moody à quatre heures. Il estimait que le premier rendez-vous lui prendrait à peu près une demi-heure et qu'il irait ensuite à pied jusqu'au bureau de l'autre avocat. Ils devaient se trouver dans le même quartier. Ayant prospecté un peu le milieu juridique de Provo, il savait que les cabinets d'avocats étaient groupés autour du palais de justice. Schiller ne prit même pas la peine de regarder l'adresse de Moody. Ça devait être au coin de la rue. Aussi, lorsqu'il entra dans l'immeuble de Christensen, il eut une surprise. En bas la pancarte annonçait : « Christensen, Taylor et Moody. » Au même cabinet. Schiller rayonnait.

Le bureau faisait province. Même les lambris du placage, la moquette jaune-orange et les petits fauteuils de cuir marron foncé, tout collait. Autant de choses qu'on aurait pu trouver dans un petit appartement meublé de vacances. Quand il y avait deux associés du même cabinet représentant des clients séparés dans la même affaire, on pouvait supposer qu'ils allaient s'arranger pour ne pas avoir à se retirer pour conflits d'intérêts. Comme il avait déjà proposé cinquante mille dollars à Gary et vingt-cinq mille à Nicole, ces deux hommes de loi n'allaient vraisemblablement pas s'opposer à cette offre et perdre les honoraires qu'ils pourraient récolter.

Phil Christensen se révéla être un avocat distingué et d'un certain âge avec des cheveux blancs, mais cinq minutes ne s'étaient pas écoulées que Schiller avait l'impression qu'il avait commencé à impressionner Christensen par sa connaissance du droit. Il dit aussitôt : « Je ne veux pas que les frais juridiques soient déduits de ce que j'offre à Nicole Barrett, aussi vous demanderai-je ce qui vous semble convenable. » Christensen lui dit que mille dollars seraient bien et Schiller dit : « Disons alors vingt-six mille dollars pour Nicole Barrett, mais je veux que, là-dessus, Mme Baker vous paie vos honoraires. » C'était, pour Schiller, une façon de bien établir que Christensen allait être l'avocat de la mère de Nicole et non de Schiller. Cela frappa beaucoup Christensen. Puis Schiller dit : « Il est bien entendu que tout cela doit être approuvé par la Cour. » Il ne voulait pas aller de l'avant tant que Christensen n'aurait pas un curateur désigné légalement. Schiller dit qu'à son avis la mère de Nicole devrait être nommée curatrice à la succession, et la Cour, bien sûr, curatrice à la personne. Christensen le regarda. « Où avez-vous appris tout ça ? » demanda-t-il. C'est encore un détail qui accrut le respect de Christensen.

Un peu plus tard, Kathryne Baker vint participer à l'entretien. Christensen dit lui-même : « Nous n'avons pas réglé toutes les questions financières, mais je peux vous dire que je me sens très en confiance avec M. Schiller. » En fait, Christensen demanda cinq mille dollars pour les frais médicaux d'April, et Schiller accepta de payer cette somme en plusieurs versements. Schiller stipula aussi qu'il voudrait les droits de l'histoire d'April et de celle de la grand-mère, Mme Strong. L'entretien se poursuivit donc, sur un ton agréablement professionnel. Quand ce fut l'heure pour Schiller d'aller à son rendez-vous avec Woody, de l'autre côté du couloir, Christensen participa à la réunion. Ron Stanger vint aussi un moment, et Schiller commença son exposé. Il se retrouva parlant beaucoup à Stanger qui avait un bagou extraordinaire et dont la réplique assez vive aurait pu lui permettre d'être présentateur à la télévision.

Schiller sortit les contrats et ils commencèrent à parler argent. Il ne leur dit pas qu'il avait téléphoné à A.B.C. pour dire que quarante mille dollars ne suffisaient pas. Ça devait être cinquante. Le chiffre final, il le savait, allait être bien supérieur, mais il avait calculé que pour l'instant soixante mille dollars versés de suite suffiraient. Gary devrait toucher ses cinquante mille d'un coup, mais Nicole étant dans un asile, il pouvait rédiger son contrat de façon à lui verser dix mille maintenant, six mille quand elle serait prête à être interviewée et cinq quand le film serait produit. Qu'on lui donne les cinquante mille d'A.B.C. et il pourrait toujours trouver les dix mille autres.

Le lendemain, pour faire avancer les choses un peu plus, Larry dit à Vern : « Ecoutez, je vous ai dit que ma proposition de contrat ne dépend pas des autorisations que vous obtiendrez, et c'est vrai, mais évitons les problèmes pour l'avenir. Voulez-vous aller trouver Brenda pour qu'elle signe, ainsi que son mari Johnny ? J'ai aussi besoin de votre signature et de celle d'Ida. Dites à tout le monde que je ne vais pas demander un contrat exclusif leur interdisant de parler à personne d'autre, mais une simple autorisation. » Vern accepta, monta dans sa camionnette et s'en alla récolter les signatures. Le total allait augmenter de quatre mille dollars.

Vern lui dit que Gary ne voulait donner son accord à aucun contrat avant de l'avoir rencontré. Schiller acquiesça. Très bien. C'était normal. Vern dit : « Mais il n'y a pas moyen que vous puissiez rencontrer Gary. »

« Voyons, dit Schiller, parlez-moi de l'horaire de la prison. On m'a déjà dit dans ma carrière qu'il y avait des endroits où je ne pourrais pas entrer et j'y suis arrivé. » Larry poursuivit : « Dessinez-moi un plan, et dite-moi, est-ce qu'on vous fouille ? Est-ce que l'heure de la journée change quelque chose ? Est-ce qu'on vous autorise à y aller de jour ou de nuit ? Quel genre de gardiens y a-t-il selon les heures ? » Schiller se disait : Gary va trouver de l'aide à l'intérieur. Ça ne fait pas très longtemps qu'il est détenu ici, mais, d'un autre côté, il a un statut à part auprès des condamnés et des gardiens. « Vern, dit Schiller, que Gary nous dise comment faire. Il saura bien quand le moment sera venu. »

2

Susskind reçut un coup de fil de Moody et de Stanger. Ils lui dirent que Dennis Boaz avait été congédié. Susskind trouva que ces nouveaux avocats étaient réguliers et semblaient très sûrs. Très petite ville dans le bon sens du terme. Des hommes corrects, décréta-t-il.

Toute cette affaire, expliquèrent-ils, avait été vraiment très mal menée. Ils ne pensaient pas pouvoir compter sur la coopération de Boaz, aussi aimeraient-ils connaître directement l'offre de Susskind. David n'était pas disposé à monter ses prix, mais il se lança quand même dans une discussion financière sur les sommes que cela pouvait rapporter et précisa qu'ils pourraient toucher cent cinquante mille dollars. Susskind semblait de nouveau intéressé. Le problème était de s'assurer s'il était plausible de retrouver de l'intérêt à une affaire momentanément abandonnée.

Mais oui ! Le numéro de *Newsweek* du 29 novembre parut le mardi matin, 23 novembre, avec Gary Gilmore en couverture. En travers de sa poitrine on pouvait lire en gros caractères JE VEUX MOURIR. Moody estima que c'était excellent pour les enchères.

Il s'ensuivit de nouvelles conversations avec Susskind qui voulut savoir si Bob avait jamais entendu parler de Louis Nizer, et qui cita deux ou trois autres vedettes du barreau comme Edward Bennett Williams. Et il avait à peine raccroché qu'on appelait Moody au téléphone.

« Maître Moody, ici Louis Nizer. Mon ami David Susskind m'a demandé de vous appeler pour vous confirmer qu'il est exactement ce qu'il prétend être et à mon avis il serait content de traiter avec vous. Je le sais. J'ai eu affaire à lui.

— Je suis très heureux de vous entendre, maître Nizer, répondit Tom, mais, vous savez, vous n'avez pas besoin de me vanter les mérites de M. Susskind. Nous connaissons son travail et je sais fort bien que c'est un homme très compétent et plein de talent. » Ça n'était pas la bonne façon de s'y prendre avec Bob Moody : il n'aimait pas qu'on le traite comme un plouc.

Moody avait eu souvent affaire à des avocats de San Francisco et de Los Angeles, et ils étaient rarement pontifiants. Ils se trouvaient assez près de Salt Lake pour supposer qu'il pouvait se passer en Utah des choses d'importance raisonnable, alors que dans ses rapports avec des avocats de New York ou de Washington, il avait toujours ressenti que ceux-ci avaient un certain dédain vis-à-vis des avocats d'une petite ville comme Provo.

Moody expliqua donc à Susskind qu'il devrait peut-être penser à se déplacer. Schiller faisait chaque jour meilleure impression sur Vern Damico, expliqua Moody, et c'était Vern qui était en relation avec Gary.

Susskind se mit alors à critiquer violemment Larry Schiller. « Monsieur, dit-il, je ne voudrais pas me vanter, mais la différence entre Susskind et Schiller, en tant que producteurs, est la même que celle qui existe entre une équipe de fotball nationale et l'équipe d'un lycée. » Moody répéta cela à Schiller, qui sourit dans sa barbe noire, un sourire si large qu'on le percevait à travers toute cette masse de poils, et il dit : « Susskind a raison. Il joue dans une équipe nationale et moi seulement dans une équipe de lycée. Mais je suis ici, en tenue et prêt à jouer. Où est l'équipe nationale ? Même pas sur le stade. »

Moody, en outre, trouvait Susskind beaucoup trop ferme sur un point. Personne n'aurait un sou de lui tant que ne seraient pas acquis les droits de l'histoire de Nicole, de Bessie et d'un certain nombre d'autres personnes. Susskind voulait que les avocats se chargent de ça. A eux les ennuis. Au fond, il faisait d'eux des Larry Schiller. Comme Larry avait pratiquement l'accord de Nicole et que c'était Phil qui s'occupait de cela, Moody ne tenait pas à se trouver dans une situation où son vieil associé et lui pourraient avoir à représenter des clients différents avec des conflits d'intérêts flagrants.

Au milieu de toutes ces conversations, Schiller invita Ron, Phil et Bob dans une suite de l'hôtel Utah. Ils eurent une soirée paisible, pas d'alcool, mais un tas de desserts mormons, du genre pâtisseries à la crème, et il les présenta à Stephanie. Elle leur fit grosse impression. Elle était si belle. Elle était mince, avait les traits finement dessinés et semblait vibrer intensément à tout ce qu'elle ressentait, mais prête à offrir une résistance de pierre à ce qui la laissait insensible. « Seigneur tout-puissant, dit Stanger, cette fille est aussi attachante que Néfertiti. » Il se mit à plaisanter Larry. « Mais qu'est-ce qu'une belle fille comme Stephanie fait en compagnie d'un vilain barbu ? » Et il ajouta : « Vous savez, Schiller, un type qui a une telle amie ne peut pas être foncièrement mauvais. »

Sur ces entrefaites, les films Universal entrèrent en scène. Les avocats qui avaient représenté Melvin Dumar dans l'affaire concernant le testament de Howard Hughes arrivèrent à Provo et discutèrent dans le bureau de Bob pendant deux heures. L'un d'eux était même un spécialiste des questions fiscales et il avait été à la faculté de droit avec Bob. Il proposa son expérience non négligeable pour rédiger des contrats extrêmement avantageux pour Gilmore et pour Vern. Moody était tenté, car, en plus, ces gens étaient de bons mormons. Tout semblait donc bien se présenter. Toutefois, à la fin de la journée, les avocats déclarèrent : « Nous sommes gênés de vous dire ceci, mais le contrat ne prendra effet que si l'exécution a lieu. »

Quand Moody et Stanger racontèrent cela à Gary, il éclata de rire derrière sa vitre et dit au téléphone : « Vous ne pensez pas que ce soit un bon contrat, hein ? » Il but une gorgée de café — pendant son jeûne il se permettait du café — et poursuivit : « Bon sang, je pense bien que l'exécution aura lieu. » Moody répondit : « Ma foi, Gary, ça ne dépend peut-être pas seulement de vous. » Sur quoi Gary explosa : « Ces enfants de salaud, ces enfants de salaud », hurlait-il. Il était d'une pâleur à faire peur.

Pendant ce temps, Larry Schiller était au téléphone pour expliquer à Stanley Greenberg qu'il avait sous contrat Damico et la mère de Nicole et que le seul élément qui manquait, c'était l'écrivain que voulait Schiller : Stanley Greenberg.

Alors David Susskind appela Stanley et lui dit : « Schiller n'a pas de contrat du tout. Il y a de nouveaux avocats mormons à sa place. » Stanley s'imagina quatorze voitures de pompiers faisant la course dans Salt Lake et Provo. Tout le monde avait l'air de vouloir gagner du fric sur le dos du pauvre Gary Gilmore. Tout à fait écœurant. Stanley n'allait pas se lancer dans la bagarre pour ramasser les morceaux. Il avait envie de faire quelque chose à propos de l'effet de la peine capitale sur le public en général plutôt que ce scénario de chasseurs d'ambulance.

Schiller rappela et Stanley Greenberg dit non. Il n'avait rien personnellement contre M. Schiller, mais il avait atteint un point de sa carrière qui ne lui permettait pas de s'engager avec un producteur qu'il ne connaissait pas. C'était ainsi, Stanley estimait que c'était beaucoup trop dangereux.

3

Si Greenberg avait accepté d'écrire le scénario, Schiller aurait pu obtenir davantage d'argent d'A.B.C. Maintenant, ils allaient sûrement demander une part des droits d'édition. C'était une chose qu'il ne voulait pas céder. Il allait falloir s'y prendre autrement. Peut-être vendre les lettres adressées à Nicole par Gary. Les échantillons qu'il avait lus dans l'article de Tamera Smith avaient l'air bons. Mais pour une telle transaction, il avait besoin d'une couverture. Il appela donc Scott Meredith à New York pour lui demander d'en être l'agent.

A son horreur, Meredith dit : « Larry, vous êtes sûr que vous avez les droits ? Susskind était ici tout à l'heure et prétendait qu'il les avait.

— Aucun contrat n'a encore été signé, répondit Schiller. Ni par moi ni par Susskind. Scott, c'est à vous de décider qui vous voulez croire. Je vous affirme que personne n'a signé. » « Alors, dit Meredith, quel argent utilisez-vous ? » « Je représente A.B.C., dit Schiller, mais je suis propriétaire des droits de presse et d'édition. » Meredith semblait très embêté. « Susskind vient de me dire qu'il représentait A.B.C.

— QUOI ?

— Mais, oui, dit Meredith, il m'assure qu'il représente A.B.C.

Schiller appela Lou Rudolph à Los Angeles. « Qu'est-ce que vous fabriquez, hurla-t-il, ce n'est pas juste. » « Larry, répondit Rudolph, je vous jure que Susskind ne travaille pas pour A.B.C. » Il y eut un silence puis Rudolph reprit : « Ne quittez pas. Je vais appeler New York. » La réponse ne tarda pas. En fait, Susskind avait bien un accord avec le bureau de New York. New York n'en avait jamais parlé à Los Angeles et Los Angeles n'en avait jamais parlé à New York. Oh ! mes enfants.

Schiller était très ennuyé. Susskind venait de produire *Eleanor and Franklin.* En ce moment, personne ne pourrait avoir une meilleure cote à A.B.C.

Il dit à Lou Rudolph : « Quand Susskind a-t-il passé son accord ? Quelle est la date ? Je veux la date. Celui qui a passé un accord avec vous le premier est celui qui doit être appuyé par A.B.C. »

On retrouva les dates. Susskind n'avait pris contact avec aucun patron du studio avant le 9 novembre, le lendemain du jour où l'histoire de Gilmore avait fait pour la première fois son apparition à la une du *New York Times.* Schiller avait tâté le studio le 4.

« J'ai demandé le premier, fit Schiller, je veux l'appui du studio. » Il lui fut refusé. Il y eut des conversations téléphoniques entre New York, Los Angeles et Provo. Et enfin une décision. A.B.C. allait retirer équitablement son soutien. Ni Susskind ni Schiller ne pouvaient dire maintenant que c'était un projet A.B.C. D'un autre côté, celui d'entre eux qui apporterait le premier le contrat Gilmore aurait l'argent. Schiller était au bord de l'apoplexie. A.B.C. n'avait fait que se protéger. Les gens d'A.B.C. ne voulaient tout simplement pas qu'on apprenne qu'ils étaient de foutus connards.

Susskind le rappela. Schiller se trouvait dans la cabine du drugstore de Walgreen et il entendait Susskind lui faire une proposition.

« Pourquoi nous battons-nous ? Pourquoi faire monter les prix ? demanda Susskind. Vous êtes sur place. Moi, je suis à New York. Associons-nous. » Schiller, on le pense bien, l'écoutait attentivement. « Je vais monter une société de production à Los Angeles, dit Susskind. Utilisons ce projet pour voir comment marchent nos relations. Après cela, peut-être ferez-vous des films pour nous. » « J'aimerais beaucoup faire des films avec vous, répondit Schiller, mais dans l'immédiat c'est un problème séparé, David. »

Schiller était si tenté qu'il en avait les narines frémissantes. C'était comme l'attente du premier rendez-vous quand on est jeune. Mais ça voulait dire aussi que ce serait Susskind qui ferait l'émission télévisée. Schiller décrocherait peut-être le projet, mais ça ne serait jamais le sien. Schiller déclara qu'il voulait réfléchir.

Après avoir raccroché, tout devint clair. Si Susskind voulait qu'ils unissent leurs forces, c'était parce que Susskind ne pouvait pas se procurer les droits sans lui. Ça signifiait donc que l'histoire lui appartenait. Il pouvait l'avoir, s'il était prêt à en accepter les soucis. Il voulait avoir les droits de l'histoire de Gary Gilmore comme jamais il n'avait rien désiré auparavant dans le domaine des affaires et de la création. Il ne savait pas pourquoi. C'était comme ça.

Ça voulait dire aussi qu'à partir de maintenant il allait avoir à chaque instant des problèmes d'argent.

Schiller s'apprêtait à repartir pour la Côte, avec Stephanie, pour passer le week-end de Thanksgiving. Il n'avait pas vu ses enfants depuis quelque temps, et il comptait les emmener à La Costa, à San Diego. Ce serait le premier Thanksgiving avec ses enfants en l'absence de sa femme, Judy. Alors que les gosses commençaient maintenant — il en avait l'impression — à aimer beaucoup Stephanie — compte tenu de leur fidélité envers leur mère — ce serait quand même un Thanksgiving avec des fantômes. Des fantômes en plus de tous ces foutus problèmes.

Il partit donc pour La Costa avec de solides problèmes économiques sur les épaules et il n'était pas arrivé depuis vingt-quatre heures que le vendredi 26, dans la soirée, il reçut un coup de fil de Moody. « Nous croyons que nous pouvons vous faire rencontrer Gary demain après-midi, dit l'avocat. S'il doit jamais y avoir une chance, c'est maintenant. »

4

Gibbs, tu ne croirais pas le volume de courrier que je reçois. Trente à quarante lettres par jour. Un tas de jeunes nanas, quinze, seize ans, mais il est vrai que j'ai toujours été un assez beau petit diable. Et tu ne croirais pas combien il existe en ce monde de fanatiques chrétiens et d'autres religions. J'ai reçu tant de Bibles que je pourrais ouvrir une église... Tu as besoin d'une Bible ? Un homme m'a écrit pour dire que s'il pouvait changer de place avec moi, il le ferait. Je crois que je vais lui répondre en disant : « Mon Dieu, ils viendront vous chercher lundi matin dès l'aube. » Je parie qu'ils auraient un sacré mal à trouver.

Tiens, j'ai obtenu le droit d'inviter cinq témoins à mon exécution, j'aimerais t'inviter pour pouvoir te dire adieu en personne. Dis-moi si tu veux venir...

Gibbs songea : ça doit être une première. J'ai été invité à des mariages, à des anniversaires, à des distributions de prix, mais je n'ai jamais entendu parler d'être invité à une exécution.

Il répondit : « Si tu veux que je sois là, j'y serai. »

5

Moody et Stanger préparaient le chemin pour Schiller. Aux autorités de la prison, ils expliquèrent qu'ils avaient à régler des problèmes techniques qui les dépassaient. Il fallait prévoir un étalement fiscal des revenus possibles que Gary pouvait tirer de l'histoire de sa vie, inclure ça dans un testament, ce qui impliquait dans le contrat de nombreux facteurs compliqués. Ils amenaient un nommé Schiller, de Californie, pour en discuter avec Gary. « Il vient en tant que votre conseiller ? » demanda-t-on à Moody et à Stanger. « Oui, répondirent-ils, en tant que notre conseiller. » Ils disaient la vérité. Mais ils la formulaient avec soin.

Schiller prit l'avion jusqu'à Salt Lake et se rendit en voiture à Pointe de la Montagne de bonne heure le samedi après-midi. Il était très nerveux et avait peur de tout louper.

Le gardien décrocha un téléphone et parla pendant dix minutes avant de laisser entrer Larry. A son grand étonnement, Schiller ne passa pas plus de deux portes à barreaux coulissantes et de l'autre côté, à cinq ou six mètres au bout du couloir, dans une cellule fermée à clé sur la droite, il aperçut Gilmore qui le regardait par une petite fenêtre. Au bout du couloir, de l'autre côté, dans une pièce dont la porte était ouverte, se trouvaient Vern, Moody et Stanger, qui le dévisageaient tous en souriant. Il vit alors que Gilmore souriait aussi. Ils avaient réussi.

Vern fit les présentations et Larry, gardant son manteau, s'assit dans le fauteuil que Vern lui avait réservé. La porte resta ouverte. Il laissa son regard traverser les trois mètres de couloir jusqu'à la pièce où Gary se tenait et leurs yeux se croisèrent. Schiller comprit tout de suite que cet homme aimait regarder droit dans les yeux. Il fallait agir comme s'il était la seule force qui existât.

Ce genre d'épreuves ne gênait pas Schiller. Il avait constamment un subtil avantage : il n'y voyait que d'un œil. Son interlocuteur se heurtait toujours, dans l'autre œil, à une absence totale d'expression et s'y usait.

Gilmore, cependant, s'était installé derrière la petite fenêtre de telle façon que, si Schiller se penchait vers la gauche, lui, à son tour, devait aussi se pencher vers la gauche et maintenir ainsi l'encadrement de la fenêtre dans la même position par rapport à eux deux. C'était comme s'ils regardaient dans des viseurs. Comme il se trouvait loin de la vitre, Schiller commença à avoir l'impression que c'était lui qui était prisonnier alors que Gilmore était dehors, en liberté et qu'il le dévisageait.

Quoi qu'il en fût, Schiller attaqua son discours. Il dit, d'un ton formel : « Vous connaissez manifestement la raison de ma présence ici, en indiquant d'un léger déplacement de l'œil que, selon toute probabilité, les téléphones étaient sur table d'écoute. Bob et Vern vous ont sans nul doute expliqué que je suis ici pour vous *conseiller*, ajouta-t-il avec un petit sourire, en supputant toute la signification de ce mot, afin d'aborder les problèmes concernant votre succession, vos avoirs et des détails de ce genre. » Ils échangèrent un petit sourire. A ce moment un gardien vint s'asseoir sur un banc dans le couloir pas bien loin et Gary dit : « Pas la peine de s'occuper de lui », juste au moment où le gardien prenait un magazine et se mettait à le lire. « C'est, reprit Gilmore, l'un des deux types qui sont tout le temps avec moi, que je sois dans ma cellule ou dehors. D'assez braves types. » Il déclara cela comme l'aurait fait le chef d'une équipe qui savait que ses coéquipiers sont fiers de jouer avec lui. Schiller fut surpris de voir combien il avait l'air ordinaire. Cela faisait plus d'une semaine qu'il l'avait vu quitter l'hôpital et on pouvait dire qu'il avait beaucoup changé. Vern avait pourtant dit à Schiller que Gary faisait la grève de la faim, mais ça ne se voyait pas. Il avait l'air en bien meilleure santé que la dernière fois. Et plutôt calme.

D'après ce qu'avaient dit Vern, Moody, Stanger et Boaz, Larry s'attendait à rencontrer un homme pétillant d'intelligence et d'esprit. En fait il se trouvait devant un type dont on sentait qu'il ne serait pas à l'aise dans un restaurant où les tables seraient agrémentées de nappes.

Schiller estimait qu'il avait quinze à vingt minutes pour faire passer son message, aussi parla-t-il avec un débit dur et rapide, sans jamais quitter Gilmore des yeux et durant ces quinze premières minutes, pas une question ne fut posée, jusqu'au moment où Schiller finit par dire : « Si vous voulez m'interrompre, je vous en prie », mais Gilmore dit : « Non, non, j'écoute. » Schiller alors s'orienta vers le genre de discours qu'il avait tenu à Kathryne Baker et à Vern, sauf qu'il utilisait beaucoup le mot « merde », et aussi « connerie » et « me couillonner » et que de temps en temps il disait : « On a essayé de me le faire au baratin. » Pendant ce temps, il observa Gilmore et se dit : c'est ça, ce type avec un quotient intellectuel si élevé ? Schiller avait totalement terminé les quinze minutes préparées et il improvisait depuis un bon moment, lorsque Gilmore finit par intervenir pour la première fois pour dire : « Qui va jouer mon rôle dans le film ? »

Une demi-heure était passée. « Qui va jouer mon rôle dans le film ? » Pour Schiller, ça signifiait : à malin, malin et demi. « Voyez-vous, fit Gary d'un ton traînant, il y a un acteur que j'aime bien. Je n'arrive pas à me rappeler son nom, mais il jouait dans un film qui s'appelait *Apportez-moi la tête d'Alfredo Garcia* et il était aussi dans un autre film de Sam Peckinpah. » « Je crois, dit Schiller, que c'est de Warren Oates que vous voulez parler.

— Eh bien, fit Gilmore, il me plaît, ce type. Je voudrais qu'il joue mon rôle. (Il hocha la tête, regardant toujours Schiller droit dans les yeux et poursuivit :) Je veux, dans le cadre de notre accord, que ce soit cet acteur qui joue mon rôle dans le film. »

Schiller prit son temps et réfléchit avant de répondre. « Gary, dit-il, vous m'avez écouté, mais je ne sais pas encore grand-chose de vous. Peut-être qu'il n'y aura pas d'histoire possible. Commençons par établir un bon scénario avant de parler de quoi que ce soit d'autre.

— Je pense, dit Gilmore, que j'aimerais que Warren Oates joue mon rôle et je veux que ça fasse partie de l'accord.

— Ça n'est pas possible, fit Schiller, que j'inclue cette clause dans notre accord. Je ne peux pas vous lier à une condition qui pourrait vous coincer. Warren Oates pourrait ne pas être disponible. Je pourrais ne pas vouloir de Warren Oates. Il pourrait y avoir des acteurs qui conviennent mieux au rôle. Il se pourrait aussi qu'on puisse obtenir un gros paquet d'argent uniquement si on employait un autre acteur. Là, vous intervenez dans ma partie de l'affaire. Je dois dire non à l'idée que Warren Oates soit une condition de notre accord ! »

Gilmore eut un sourire. « Larry, dit-il, j'ai horreur de Warren Oates.

— Très bien, fit Schiller avec un grand sourire. Qui voulez-vous vraiment ?

— Gary Cooper, fit Gary Gilmore, c'est de lui que je tiens mon prénom. »

Ça brisa la glace. Maintenant Gilmore avait l'air disposé à parler de lui.

« Quand vous étiez gosse, demanda Schiller, que vouliez-vous être ?

— Un gangster, fit Gilmore, appartenir à une bande. » Il se mit à raconter comment, étant gosse, il était une petite canaille, piquant des choses ici, faisant un casse là. Un de ses amis et lui s'étaient trouvés pris dans une folle poursuite en voiture. Il avait fallu une demi-heure aux flics pour les avoir. Son visage s'éclairait en parlant. On aurait dit un type en train de vous parler des nanas séduisantes qu'il s'était envoyées.

Après avoir discuté à peu près trois quarts d'heure, Schiller dit : « Je vous ai parlé de moi et vous m'avez un peu parlé de vous, je pense que nous aurons encore l'occasion de bavarder et de décider si je peux vous être de quelque utilité. »

Gilmore demanda : « Vous avez un endroit où aller ?

— Non, dit Schiller, mais on ne va pas me laisser rester assis là jusqu'à demain.

— Pourquoi pas ? dit Gilmore. Restez toute la nuit.

— Vraiment ?

— Oh ! oui, Vern et moi on parle six heures d'affilée quand on en a envie. »

Schiller commençait à comprendre à quel point Gilmore contrôlait la situation. De temps en temps il se tournait vers le gardien pour dire : « Où sont mes comprimés ? » ou bien : « Apporte-moi mon café », et il déclarait ça d'un ton qui ne permettait pas de douter qu'il allait obtenir ce qu'il voulait. « Apporte-moi mon café », comme : « Apportez-moi la tête d'Alfredo Garcia. »

Mais, comme un long moment s'était passé et que le café n'était pas arrivé, Gilmore hurla tout d'un coup : « OÙ EST LE CAFÉ ? » Schiller avait bien constaté un peu d'agacement chez Gilmore, mais ça arriva vraiment sans avertissement, un cri perçant qui démontrait à Schiller l'insouciance absolue de Gilmore quant à la détestable impression qu'il pouvait faire sur Vern ou sur ses avocats. On aurait ressenti la même chose en parlant à une femme qui brusquement se serait mise à vociférer après ses gosses.

Un employé en uniforme blanc finit par apporter des comprimés, et Gary l'engueula copieusement. « Vous m'avez fait attendre une heure et quart, dit-il. Vous ne savez donc pas que quand je demande des médicaments, je suis censé les avoir tout de suite ? C'est le règlement. C'est vous autres qui faites le règlement et ensuite vous ne l'appliquez pas. » Il se montra si violent, en fait, que Schiller fut surpris de constater qu'on ne le ramenait pas de force dans sa cellule. C'était extraordinaire de se rendre compte jusqu'à quel point Gilmore pouvait aller.

Le café arriva bientôt, servi dans un gobelet en carton, et il se mit à crier avec colère qu'il n'était pas censé utiliser des ustensiles en carton. Le règlement prévoyait de la vraie vaisselle. Puis il dit à Schiller : « Ces types s'attendent à ce que je vive d'après le règlement, que je fasse mon temps d'après le règlement, que j'aille au lit d'après le règlement, que je sois exécuté d'après le règlement, mais ils passent leur temps à enfreindre le règlement. Ils l'enfreignent chaque fois qu'ils en ont envie. » Il se lança dans une tirade de dix minutes et tout d'un coup Schiller sut qui Gilmore lui rappelait : c'était Mohammed Ali faisant des déclamations extravagantes ; cette même voix dure, implacable, inhumaine que Mohammed savait prendre quand il le désirait. Schiller s'était trouvé un jour dans la chambre d'Ali, au Hilton à Manille, et il avait dû rester là une heure à écouter Mohammed Ali piquer une crise de colère. Gilmore avait le même ton. Il se moquait de ce qu'on pensait de lui. Schiller reprit donc : « Vous avez vraiment tué ces deux types, n'est-ce pas ? » « Bien sûr que oui », dit Gilmore, l'air presque vexé. Et Schiller dit alors : « Vous les avez *tués* », comme pour faire sentir qu'il y avait une énorme différence entre tuer quelqu'un dans un accès de rage et tuer de sang-froid, en ayant pleinement conscience du fait. Gilmore appartenait à la seconde catégorie. Il était capable de vous tuer parce que vous lui serviez du café dans une tasse en carton.

Ça refroidit pas mal l'ambiance de la conversation. Schiller comprit qu'il était temps de faire machine arrière, aussi dit-il : « Vern, vous voulez dire quelque chose ? » Et Vern prit l'appareil pour quelques minutes. Lorsque Schiller estima que l'atmosphère s'était de nouveau détendue, il dit : « Voyons, Gary, c'est l'heure du dîner. Vous voulez que je revienne après ? » Et Gilmore dit : « Oui, oh ! oui. On va rester toute la nuit à bavarder. » Il était redevenu plus chaleureux. Schiller s'en alla en songeant : « Mon vieux, ce que je vais pouvoir faire avec ce type ! C'est un sujet en or pour une interview. »

6

A mesure que l'interview se poursuivit, Moody et Stanger commencèrent à s'inquiéter à l'idée d'être découverts et gênés sur le plan professionnel. Ils n'auraient pas hésité à insister pour faire partir Schiller, mais Gary avait envie de continuer à bavarder. De toute évidence, il aimait ça. Comme les avocats ne pouvaient entendre que les propos de Schiller, ils n'avaient aucune idée précise de ce que disait Gary.

Ils en vinrent alors à se demander avec inquiétude s'il n'était pas en train de se mettre à table et de raconter toute l'histoire à Schiller sans se préoccuper du contrat. Gary était assurément radieux. C'était la première fois que Moody le voyait aussi enthousiaste. Cela confirma son impression que Schiller représentait un bon choix, mais cela les exposait aussi à un débordement par l'aile : si Schiller était en train d'obtenir des tonnes de matériel, il pourrait bien lui venir à l'idée de les doubler.

Au restaurant, Schiller demanda souvent si c'était toujours comme ça que se conduisait Gary. Tout le monde fut unanime à dire : « Mon Dieu, il n'a jamais parlé à personne comme il vous a parlé. » Schiller se demandait s'ils disaient ça pour l'amadouer, mais Vern dit d'un ton doux : « Je crois vraiment qu'il vous aime bien. » Aussi la confiance de Schiller se consolidait-elle. Lorsqu'ils revinrent, il se mit à parler à Gary d'un certain nombre de sujets, mais la conversation n'avait pas débuté depuis un quart d'heure qu'ils furent interrompus par le téléphone, et il y eut une longue conversation entre Moody et quelqu'un à l'autre bout du fil. Le directeur de la prison, ou le directeur adjoint. Schiller en avait terminé.

Gary était très énervé. Il n'arrêtait pas de demander : « Qui a dit ça ? Qui en a donné l'ordre ? Il fait partie de mon équipe d'avocats. Il a le droit d'être ici. » Schiller dit : « Ne vous en faites pas, Gary, nous aurons largement le temps. » Moody, alors, se leva et dit : « Tenez, Gary, voici le contrat dont nous avons discuté. » Ils brandirent une longue feuille de papier et se mirent à énoncer des sommes au téléphone. Gary dit : « Oui, faites taper ça. Je regarderai encore une fois et je signerai. »

Une fois les avocats et Schiller partis, Gary demanda à Vern : « A ton avis, c'est le type qu'il nous faut ? » Vern répondit : « Je ne sais pas encore exactement, mais je crois que oui.

— Et Susskind ? » demanda Gary. Mais il répondit lui-même. « J'ai l'impression que M. Schiller est notre homme. J'aime bien sa façon de traiter les affaires. »

Ce samedi soir et le dimanche matin, Schiller travailla avec Moody et Stanger à établir les contrats, à y apporter des modifications, et firent venir les secrétaires pour faire fonctionner ces foutues machines à écrire. Les avocats n'allèrent pas au service religieux, et ce fut le sujet de nombreuses plaisanteries. Mais le dimanche après-midi les contrats étaient rédigés et Schiller regagna son motel en attendant la signature.

A peu près au même moment, Boaz appela Susskind en P.C.V. Il appelait toujours en P.C.V. Susskind dit : « Vous n'avez même pas le téléphone ? » Dennis se mit à rire.

« Ecoutez, fit Susskind, vous êtes allé trop loin. Je ne sais pas ce que vous avez fait, mais vous n'êtes plus dans le coup et il y en a d'autres qui y sont. Vous n'avez plus aucun droit sur cette affaire. » « Oh ! non, dit Boaz, ça ne peut pas se faire sans moi.

— Oh ! que si, rétorqua Susskind, ça peut se faire et ça se fera. Et ce n'est pas moi qui vais le faire. » « Ecoutez, dit Dennis, je ne suis peut-être plus l'avocat de l'affaire, mais j'ai quelques documents et j'ai... » Susskind décréta qu'il battait vraiment la campagne. « Vous êtes un imposteur, déclara-t-il, un menteur et un type qui fait de l'esbroufe. J'estime que vous êtes un peu reluisant personnage. Ne me retéléphonez plus jamais, ni en P.C.V. ni autrement. » Il n'était pas exagéré de dire que les choses se terminaient sur une note extrêmement désagréable.

7

Moody et Stanger se reposèrent un peu puis, en fin d'après-midi du dimanche, ils se rendirent à la prison. Par le téléphone intérieur ils énumérèrent les termes du contrat. Gary n'exigeait pas beaucoup de changements, et ce fut seulement lorsqu'ils discutèrent de l'utilisation de ses lettres qu'il se mit en colère. Il raya la clause et écrivit sur le contrat qu'il n'accordait aucune autorisation de les utiliser avant d'en avoir parlé à Nicole. Les avocats essayèrent de discuter. « Vous ne pouvez guère intervenir sur ce sujet, le prévint Moody, ces lettres sont maintenant la propriété absolue de Nicole.

— Eh bien, bon Dieu ! insista Gary, on ne les publiera pas sans mon accord. »

Pendant ce temps-là Schiller attendait dans sa chambre. Il resta dans son motel jusqu'à trois heures du matin le lundi, attendant qu'ils appellent. Il téléphona même à la prison où il apprit qu'ils n'étaient plus là. Puis, il téléphona au domicile de Moody et le réveilla. Ils étaient rentrés depuis longtemps. En fait, depuis huit heures et demie du soir. Tout simplement l'idée ne leur était pas venue qu'il pouvait attendre. Et pourtant, pour s'occuper, Larry avait fait défiler dans sa tête une série de scénarios plus désespérés les uns que les autres.

8

Le Gros Jake revint avec un grand pot de café soluble, un grand pot de jus d'orange et une cartouche de cigarettes de la marque que fumait Gibbs, des Viceroy super-longues. Il dit à Gibbs que Gary avait demandé à Vern Damico de les déposer à la prison. Il y avait aussi un message : *Gibbs, tout d'un coup, je suis devenu plutôt riche : si tu as besoin de* n'importe quoi, *tu n'as qu'à demander.* Gibbs se dit que Gary avait dû vendre l'histoire de sa vie à quelqu'un. Ceci dit, il se versa un gobelet de jus d'orange.

Boaz appela Susskind une dernière fois. Ça n'était pas en P.C.V. « Je vous l'ai dit, fit Susskind, je ne veux plus entendre parler de vous. » Boaz assura : « J'ai un point de vue tout à fait nouveau. Je veux écrire *mon* histoire. » « Boaz, répondit Susskind, vous êtes fou. » «Non, insista Dennis, la véritable histoire extraordinaire, c'est la mienne. C'est une histoire formidable, répéta Dennis. J'ai pris des notes. » « Je vous en prie, je vous en prie, dit Susskind, allez voir M. Schiller. Je suis sûr qu'il serait ravi de vous voir. »

Le lendemain, Gibbs reçut une carte blanche dans une enveloppe. Gary avait rédigé dessus une invitation :

BANG ! *BANG !*

Une vraie fusillade en direct !

Mme Bessie Gilmore, de Milwaukie, Oregon, vous invite cordialement à l'exécution de son fils, Gary Mark Gilmore, trente-six ans.

Adresse : Prison d'Etat de l'Utah. Draper, Utah.

Heure : Lever du soleil.

ON FOURNIRA LES BALLES ET LES PROTÈGE-TYMPANS.

A la carte était jointe une lettre :

Je vais dans peu de temps distribuer un tas d'argent. J'aimerais te donner à peu près deux mille (2 000) dollars. Je t'en prie, ne dis pas non. Accepte-le comme je te le donne, en ami. Autant que je te donne un peu de mon argent, parce que sans ça, je le donnerai tout bonnement à quelqu'un d'autre.

TROISIÈME PARTIE

LA GRÈVE DE LA FAIM

CHAPITRE XI

LA GRÂCE

1

EARL DORIUS se trouvait dans une situation fichtrement délicate. L'administration de la prison voulait savoir si on pouvait interrompre la grève de la faim de Gilmore et l'obliger à s'alimenter. En ce temps-là, l'alimentation par la force était considérée, sur le plan légal, comme l'équivalent de la médication forcée, et il y avait eu, en 1973, une décision de la Cour suprême qui stipulait qu'on devait avoir le consentement du prisonnier.

Il y avait toutefois des exceptions reconnues. Earl écrivit une lettre au directeur Smith, soulignant que les prisons devaient préserver l'ordre et ne pouvaient se faire complices d'une tentative de suicide. « Ce serait un grave abus de jugement que de permettre à un détenu de mourir de faim. » Earl concluait que le médecin de la prison avait « l'autorité légale pour ordonner l'alimentation forcée ».

Earl contacta la presse et quelques-unes des stations locales pour leur annoncer qu'il publiait un communiqué dans ce sens. Il s'attendait, bien entendu, à ce que ce fût la grande histoire Gilmore de la journée et, pour être franc, il n'en était pas mécontent. Sa lettre à Sam Smith avait nécessité des recherches considérables appuyées, estimait-il, sur un raisonnement solide, mais tout cela s'éclipsa devant une autre information : Holbrook, du *Salt Lake Tribune*, téléphona ce même après-midi pour annoncer : « Le *Trib* retourne devant le juge Ritter pour essayer encore d'obtenir une contrainte provisoire à l'encontre du refus de laisser Gilmore donner des interviews. »

Earl était déçu. Il comptait bien trouver une documentation plus récente que le bon vieux dossier *Bell contre Proculnier*. Toutefois, le problème de l'alimentation forcée lui avait pris beaucoup de temps. Le *Trib*, de son côté, se présenta bien préparé. Le juge Ritter accorda la contrainte provisoire. Le *Tribune* allait pouvoir envoyer un journaliste le jour même pour interviewer Gilmore.

2

Schiller se trouvait à la prison quand le journaliste arriva, et ce fut une surprise. Il était en train d'interviewer Gary, et il venait tout juste de commencer à lui parler de l'article de fond de *Newsweek*. Par ce biais, Schiller s'était dit qu'il pourrait découvrir si Gilmore s'intéressait vraiment à la publicité. Il cita donc quelques vers publiés par *Newsweek* qui les attribuait à Gary, et fit remarquer que c'était de la très bonne poésie. Gary éclata de rire. « C'est un poème de Shelley intitulé « La « Sensitive », dit-il. Bon sang, Schiller, c'est vraiment cloche de la part de *Newsweek*. Tous ceux qui reconnaîtront le poème vont croire que j'ai fait semblant de l'avoir écrit moi-même. »

Par la suite, Schiller se dit qu'il avait dû avoir l'intuition qu'il ne pourrait pas parler longtemps à Gary, car il avait abordé un sujet délicat alors qu'il avait pour principe de les garder pour la fin. C'était inutile de couper court à une interview par une question impertinente. Schiller, toutefois, n'arrivait pas toujours à maîtriser son caractère un peu emporté, et c'est ainsi qu'il se surprit à dire : « Pourquoi avez-vous stipulé dans le contrat que je ne pouvais pas disposer de vos lettres adressées à Nicole ? Elle est à l'hôpital. Vous savez que je ne peux pas la joindre.

— Schiller, répondit Gary, ce foutu Dr Woods m'empêche de lui téléphoner. Il ne veut même pas que je lui écrive. Je fais la grève de la faim pour montrer de façon spectaculaire qu'on m'empêche d'approcher la seule personne au monde qui compte vraiment pour moi. Alors j'ai mis cette clause-là dans notre contrat. (Il regarda Schiller droit dans les yeux.) Je me rends compte que vous êtes débrouillard. Vous allez obtenir que Woods me permette de communiquer avec Nicole. Peu m'importe si vous l'achetez mais, mon vieux, tant que je ne lui aurai pas parlé, vous n'aurez pas les lettres, d'accord ? Disons que je vous fais chanter. »

Schiller n'était pas réellement surpris. Il pensait depuis le début que la grève de la faim de Gilmore n'était pas un geste de désespoir mais une façon de mettre Gary en position de négocier. Il avait été très fort, Schiller l'avait entendu dire, pour inciter les détenus à se révolter au pénitencier d'État de l'Oregon et il l'avait fait plus d'une fois. Bien sûr, il avait passé douze années dans cet établissement, plus qu'assez pour appartenir à un clan ou à un autre. Ici il était peut-être devenu une célébrité, mais la question était de savoir s'il pourrait faire étendre sa grève à dix hommes ou à cinquante. Gary pouvait être un tueur, et même être considéré comme fou, mais qui allait le craindre dans le quartier des condamnés à mort, alors qu'il n'avait pas de contacts ni d'amis fidèles dans la place ? Schiller se demanda si l'argent et la publicité ne gâtaient pas le jugement de Gary. Jusqu'à maintenant, personne ne s'était rallié à sa grève.

Sur ces entrefaites, les gardiens arrivèrent avec la nouvelle : Gus Sorensen, du *Salt Lake Tribune,* était dehors, avec une ordonnance du juge Ritter. On devait le laisser entrer. Sorensen pouvait interviewer Gary Gilmore.

Schiller eut l'impression qu'une fusée lui explosait dans la tête, mais il ne cilla pas. « Très bien, dit-il à Moody et à Stanger, que Gary parle. Peut-être que ça peut aider notre image de marque. Notre position est que nous sommes ici non pas pour assister à l'exécution d'un homme, mais pour l'aider. » Il traversa le couloir pour aller au-devant de Sorensen dès que ce dernier eut franchi la grille. Il se présenta en disant : « Monsieur Sorensen, je pourrais dire à Gilmore de ne pas vous parler, mais ce n'est pas mon intérêt. » Ça ne l'était assurément pas. Schiller n'avait pas envie de s'aliéner le *Salt Lake Tribune.* Un contact avec le plus grand journal local pouvait lui permettre d'avoir un œil sur le contenu des dépêches A.P. et U.P. En outre, Sorensen avait la réputation d'être le meilleur reporter d'assises de l'État d'Utah. Il pouvait être utile et fournir de la documentation sur la prison.

Malgré tout, Schiller aurait voulu éviter cette conversation. Comment pouvait-il savoir ce que Gilmore choisirait de révéler ? Si celui-ci décidait de se suicider, une interview sans importance pouvait fort bien se révéler être les dernières paroles de Gary Gilmore. Il s'agissait donc d'imposer certaines règles.

Il se représentait Sorensen disant au téléphone : « Ce type a acheté les droits de Gilmore. Il ne me laisse pas parler en dehors de sa présence. » Schiller était en nage. Ce matin même il avait remis à Vern un chèque de cinquante mille dollars. Si Gary avait envie de le doubler cet après-midi et de tout raconter à Sorensen, il ne pouvait pas faire grand-chose. Schiller jouait sur le fait que Gilmore n'allait pas tout flanquer par terre par pur plaisir. Il entendit Sorensen dire : « Ma foi, je ne sais pas. J'ai entendu de bonnes choses et de mauvaises sur le compte de Schiller. » Larry alla téléphoner au directeur de Sorensen : « Écoutez, lui dit-il, ça ne m'intéresse pas d'arrêter vos rotatives. Je n'ai aucune objection au fait que M. Sorensen parle à Gilmore. Je veux simplement m'assurer, puisque nous détenons les droits, que votre copyright sur l'interview de M. Sorensen nous revienne ensuite. » Ça voulait dire que le directeur devait appeler l'avocat du *Tribune*. Entre-temps, Schiller s'adressa à Gary et lui dit : « Ça peut marcher à notre avantage. Lorsque vous parlerez avec Sorensen, n'abordez pas les détails du meurtre. Parlez de la prison au présent, de la vie quotidienne, des raisons pour lesquelles vous faites la grève de la faim. Si j'estime que vous pourriez livrer quelque chose qui serait d'une grande valeur pour vous, je me frotterai le menton. Dès l'instant où je ne le fais pas, vous pouvez répondre à la question. Dans l'ensemble, ne dites pas grand-chose de votre vie personnelle. C'est ce qui intéresse le plus le monde, Gary. »

Schiller resta assis auprès de Sorensen durant l'interview, mais comme il n'y avait qu'un seul téléphone, il ne pouvait pas entendre ce que Gilmore disait. Toutefois, lorsque Sorensen eut posé ses premières questions, Schiller comprit que cet homme était un reporter classique. Il ne recherchait pas des choses inédites sur la vie antérieure de Gary. Ce serait juste quelques paragraphes que le spécialiste des chapeaux de la salle des informations pourrait coiffer de quelques mots intrigants. D'ailleurs, on pouvait sans doute faire confiance à Gary. Il ne répondrait pas au hasard.

Lorsque Sorensen eut terminé, Schiller et lui franchirent les portes à barreaux qui donnaient accès aux bâtiments de l'administration et là, dans le petit hall crasseux, sous l'éclairage des tubes à néon, on aurait pu croire que tous les journalistes de Salt Lake, jusqu'au dernier, étaient venus s'entasser. Ils criaient tous à la fois. Sorensen, ils le connaissaient. Sorensen venait d'interviewer Gilmore. Mais Schiller, c'était autre chose. « Qui êtes-vous, qui êtes-vous ? » demandaient-ils tous en même temps et Gus Sorensen — Schiller l'aurait béni — ne dit pas un mot, loyal dès le début. Toutefois Schiller se rendit compte du pétrin dans lequel il s'était mis. Il devait y avoir dans cette cohue des gens qui le connaissaient. Il percevait des murmures qui circulaient. Un reporter finit par dire : « Allons, Larry, tu as acheté l'histoire de Gilmore, non ? » Schiller s'efforçait de calculer les différents angles. S'il continuait à nier, d'ici à demain il serait coincé. Il ne s'agissait pas de mettre les journalistes en éveil comme des chiens de chasse. En vingt-quatre heures, ils sauraient l'histoire et ne lui pardonneraient jamais. Il allait devoir marcher sur des œufs.

Je suis comme un éléphant dans un magasin de porcelaine, se dit Schiller, esquivant sur la gauche, esquivant sur la droite : « Pourquoi êtes-vous ici ? » lui demanda-t-on, et il répondit : « Je suis conseiller pour des questions de succession. » Des journalistes qui le connaissaient se mirent à le huer.

Schiller se dit qu'il allait être obligé de donner une version de la vérité. Quelque chose de vague et d'ennuyeux, qu'on n'aurait pas envie de publier. « Oh ! finit-il par dire, j'ai acheté les droits pour faire un film à gros budget. » Ça semblait peut-être assez vague pour qu'on ne voie pas en lui l'homme qui détenait l'exclusivité des récits de Gilmore. Mais dans sa tête, une voix lui soufflait : « J'aurais dû leur dire : pas de commentaires. » Le petit ordinateur qu'il avait derrière les yeux déclenchait toutes les sonnettes d'alarme.

Moody et Stanger étaient consternés. « Eh bien, murmura Moody, Schiller vient de tout flanquer par terre. » Conseiller en affaires de succession auprès de « producteurs de Hollywood », c'était leur oie qui était en train de rôtir ici même à la prison. Stanger dit : « Cet enfant de salaud nous a doublés. C'est son histoire à lui qu'il veut faire passer. »

DESERET NEWS

Une atmosphère de foire entoure
les négociations autour
des droits de cinéma de Gilmore.

29 novembre. — Lundi soir, à la prison d'État de l'Utah, dans une atmosphère de cirque, les représentants des médias, des avocats, des agents littéraires et des producteurs de cinéma s'agitaient en discutant des droits d'interviews et d'adaptation cinématographique.

3

Lorsqu'il vit Schiller au journal télévisé ce soir-là, Dorius était fou de rage. Il appela la prison et engueula violemment un des adjoints du directeur. « Je me suis cassé le cul pour tenir le *Tribune* à l'écart, et voilà, dit-il, que vous laissez entrer un producteur de Hollywood. »

Earl prévoyait une succession sans fin de procès. Les journaux l'un après l'autre, les stations de télé, de radio, tous allaient porter plainte. Ritter allait sans doute devoir ouvrir la prison à tout le monde. Même si Dorius faisait appel à chacune de ces décisions devant la Cour de Denver, cela pouvait faire perdre un temps fou de se lancer dans ce genre de procédure. Ça pouvait prendre un an. Pendant tout ce temps, les reporters circuleraient dans la prison comme dans un moulin. Impossible de prévoir ce que Gilmore allait dire dès l'instant qu'il allait se trouver en mesure de parler à la presse.

Dorius commença à demander dans son service qui savait comment procéder pour contrer Ritter rapidement. S'adresser à une juridiction supérieure, lui suggéra-t-on. Cela exigerait un jugement en référé immédiat de Denver. Dorius ne se laissait pas facilement intimider, mais s'adresser à une juridiction supérieure en face de Ritter, c'était assurément pousser les choses un peu loin. Cela reviendrait à dire que Ritter, qui à n'en pas douter se vantait d'être un des plus fins juristes de l'État de l'Utah, se serait dans cette affaire révélé si ignorant des principes de lois bien établis que ce ne serait réparable que par une mesure exceptionnelle : une plainte formulée par Dorius contre le juge. C'était une sacrée décision à prendre : un jeune procureur comme lui attaquant un juge fédéral ! Ritter ne serait sans doute pas près de lui pardonner.

4

DESERET NEWS

Pointe de la Montagne, Utah, 28 novembre. — Gary Gilmore, le meurtrier condamné, dans une lettre adressée à la Commission des Grâces de l'Utah a dit : « Allons-y, bande de lâches... »

Gilmore a réclamé son exécution immédiate devant un peloton d'exécution. « Je ne cherche ni ne désire votre clémence », a-t-il écrit, en soulignant trois fois « ne ».

Durant la session de la Commission des Grâces, Schiller se demanda qui pouvait bien être le petit type soigné et bien bâti avec une moustache en brosse. Il avait l'air d'un jeune moniteur de collège privé. Qui pouvait-il être ? Le type n'arrêtait pas de le foudroyer du regard.

Il semblait être du genre jeune avocat de l'Establishment, ou jeune bureaucrate de l'Utah, qui ne devait pas souvent avoir ce regard-là. Mais quand ça lui arrivait, attention, c'était du feu liquide. Schiller haussa les épaules. Il avait l'habitude de sentir les gens l'incendier en pensée. Dans de tels moments, on se sentait plus à l'aise d'être gros : une couche d'amiante supplémentaire contre les flammes.

Malgré tout, le type semblait le trouver si antipathique que Schiller essaya de savoir qui il était. Il lui fallut interroger plusieurs journalistes avant que l'un d'eux puisse lui répondre : « C'est Earl Dorius. Service du procureur général. » Plus tard, Schiller le vit bavarder avec Sam Smith, et c'était un spectacle qui valait la peine : Sam Smith mesurait vingt-cinq centimètres de plus.

Schiller avait du mal à comprendre l'administration de la prison. Ces gens ne cessaient de dire qu'ils ne voulaient pas de publicité, mais ils tenaient la séance de la Commission des Grâces dans une salle de conférences, juste à côté du grand hall du bâtiment de l'administration. On avait invité la presse. Autant jeter quelques morceaux de viande à une bande de lions. Il y avait des caméras de télévision, des microphones, des photographes, des ampoules au magnésium, des projecteurs sur trépied, d'autres accrochés à des échafaudages. La parfaite définition d'un cirque. Ça faisait longtemps qu'il ne s'était pas trouvé dans une atmosphère aussi chaude.

Lorsqu'on amena Gilmore, les fers aux pieds, la plupart étaient juchés sur des chaises pour mieux voir. On aurait dit un film que Schiller avait vu autrefois sur le Moyen Age et dans lequel un personnage en robe blanche avançait d'un pas traînant pour être brûlé sur le bûcher. Ici, c'était un pantalon blanc flottant et une longue chemise blanche, mais l'effet était le même. Ça donnait au prisonnier l'apparence d'un acteur dans le rôle d'un saint.

Une fois de plus, Schiller changea d'avis au sujet de l'apparence physique de Gilmore. On aurait dit que cet homme pouvait retirer un masque, l'accrocher au mur et en prendre un autre. Aujourd'hui, Gary n'avait pas l'air d'un concierge, d'un démarcheur ou d'un tueur au sang de glace. Ça faisait dix jours qu'il faisait la grève de la faim et ça l'avait rendu pâle. Son visage s'était creusé et on en distinguait mieux les cicatrices. Il était beau mais frêle. Comme rongé. Il ne ressemblait pas à Robert Mitchum ni à Gary Cooper, mais à Robert DeNiro. La même impression de torpeur, mais la même force derrière cette torpeur.

Tout autour, on entendait discuter des équipes de la C.B.S. et de la N.B.C., et Schiller se sentait mal à l'aise de voir à quel point ils méprisaient Gilmore. Ils en parlaient comme si c'était un combinard de bas étage qui avait trouvé assez de trucs pour s'en tirer jusque-là. Un des journalistes de la presse locale marmonna : « Ça n'est pas croyable, l'attention qu'obtient ce petit salopard. »

Schiller se souvint que le directeur de la Commission des Grâces, George Latimer, avait été jadis l'avocat de la défense lorsque le lieutenant Calley avait comparu en justice pour avoir mitraillé des villageois vietnamiens à My Lai. Pour Schiller, Latimer n'était autre qu'un mormon au visage rougeaud, avec une grosse tête de bouledogue et des lunettes. L'air pompeux et content de soi. Il ne voyait autour de lui que fébrilité et réactions déplaisantes. Quelle ambiance ! Le seul visage agréable qu'il apercevait, c'était Stanger. Schiller ne savait pas s'ils allaient s'entendre, car Ron Stanger lui semblait d'un côté avoir trop de bagou et d'un autre côté ne pas prêter assez d'attention aux détails importants. Mais pour l'instant, le visage juvénile de Ron exprimait beaucoup de choses. Il se montrait plein de sollicitude envers Gary.

En fait, Stanger était ravi. Jusque-là, Gary s'était toujours montré extrêmement méfiant à son égard. Ça ne le dérangeait pas. Il était contre la peine de mort et n'était pas convaincu que Gilmore fût sérieux non plus. Toute cette animation intéressait plus Stanger que les mérites de la position de Gilmore. C'était superbe. Chaque jour, quelque chose de neuf. C'était marrant. Puisqu'il était possible que Gilmore — même si Stanger ne le croyait pas — puisse être exécuté, il n'avait pas envie d'être trop proche de son client.

Néanmoins, il était tout naturel de chercher à améliorer les relations avec un être humain qu'on devait voir assez souvent. Aussi, lorsque Stanger faisait une promesse à Gilmore à propos d'un petit détail, il faisait en sorte de la tenir. S'il déclarait qu'il lui apporterait des crayons, il ne les oubliait pas ; si c'était du papier à dessin, il en apportait. Mais aujourd'hui, devant le tribunal, c'était la première fois que Ron se sentait fier de défendre cet homme. Jusqu'à maintenant, il n'avait pas pu apprécier comment Gilmore se révélerait devant la pression. Mais Stanger le trouva ce jour-là formidable, et d'une intelligence remarquable.

Au fond de la salle se trouvait un drapeau bleu et, assis à une longue table, quatre hommes qui semblèrent à Schiller être des mormons, tous en costume bleu et portant lunettes. Schiller enregistrait tous les détails dont il pourrait se souvenir, car c'était de l'histoire, ne cessait-il de se répéter, mais il s'ennuya jusqu'au moment où le président dit à Gilmore qu'il avait la parole. Ce fut alors que Gary Gilmore commença à impressionner tout le monde et même Larry Schiller. Sans la tenue blanche de haute surveillance, Gilmore aurait pu être un étudiant de dernière année passant son oral devant un groupe de professeurs qu'il méprisait un peu.

« Je m'interroge, commença-t-il. Votre Commission dispense un privilège, et j'ai toujours cru que les privilèges étaient recherchés, désirés, gagnés et mérités ; or, je ne recherche rien de vous, je ne désire rien de vous, je n'ai rien à gagner et je ne mérite rien non plus. »

Dans cette pièce encombrée, éclairée par les tubes à néon, tous les regards étaient fixés sur lui. Il attirait tous les regards, et tous les yeux, derrière les lunettes. Schiller était maintenant doublement impressionné par les qualités de comédien de Gilmore. Il se montra à la hauteur des circonstances non pas en grand cabot, mais en choisissant de n'en pas tenir compte. Il était simplement là pour exprimer son idée. Gilmore parlait de son idée avec une confiance absolue, du même ton tranquille qu'il aurait pu employer s'il ne s'était adressé qu'à un seul homme. Cela équivalait au genre de performances des acteurs qui vous font oublier qu'on se trouve au théâtre.

Quelle vedette de l'écran ce type aurait fait, songea Schiller, et il était ivre de joie à l'idée qu'il possédait les droits de l'histoire de sa vie. Mais tout de suite après, il tombait dans le plus noir désespoir en songeant qu'on lui avait peut-être supprimé le droit de parler personnellement à Gary. Désormais, peut-être devrait-il toujours poser ses questions par le truchement d'intermédiaires.

5

GILMORE : J'en étais arrivé à la conclusion que c'était à cause du gouverneur de l'Utah, Rampton, que j'étais ici, parce qu'il s'inclinait devant toutes les pressions qui s'exerçaient sur lui.
J'avais personnellement décrété qu'il était lâche d'avoir fait cela. J'avais simplement accepté la sentence qui m'avait frappé. Toute ma vie j'ai accepté les sentences. Je ne savais pas que j'avais le choix dans ce domaine.
Lorsque je l'ai acceptée, tout le monde s'est précipité en voulant discuter avec moi. On dirait que les gens, et surtout les gens de l'Utah, sont partisans de la peine de mort, mais qu'ils ne veulent pas d'exécution. Quand c'est devenu une réalité qu'ils allaient peut-être avoir à en organi-

ser une, eh bien, ils ont commencé à faire machine arrière.

Or, je les avais pris au pied de la lettre et au sérieux lorsqu'ils m'avaient condamné à mort, tout comme si on m'avait condamné à dix ans ou à trente jours de prison. Je croyais qu'on était censé les prendre au sérieux. Je ne savais pas que ce pouvait être une plaisanterie.

Mme Shirley Pedler, de l'A.C.L.U., veut s'en mêler, mais ces gens de l'A.C.L.U. veulent toujours se mêler de tout. Je ne pense pas qu'ils aient jamais rien fait d'efficace dans leur vie. J'aimerais que tous, y compris ce groupe de révérends et de rabbins de Salt Lake City, cessent de s'en mêler : c'est de ma vie et de ma mort qu'il s'agit. C'est sur une décision de la Cour que je dois mourir, et cela, je l'accepte...

LE PRÉSIDENT : En dépit de ce que vous pouvez penser de nous, vous pouvez tenir comme certain que nous ne sommes pas des lâches et que nous allons trancher cette affaire d'après les statuts de l'État d'Utah et non pas d'après vos désirs... Richard Giauque est-il présent ?

Nous allons entendre les personnes qui ont demandé à prendre la parole.

Richard, nous avons reçu de vous un mémoire et, soit dit en passant, je vous en félicite, car c'est un mémoire fort joliment écrit. Je puis être en désaccord avec certaines de vos idées, mais il n'empêche que la façon dont elles sont présentées est remarquable.

Schiller vit alors un homme mince et blond, avec un nez proéminent, un menton plutôt petit et l'air fort élégant, se lever. Schiller supposa que l'homme devait être un avocat de l'A.C.L.U. ou d'un groupe de ce genre, et nota dans sa tête de l'interviewer le moment venu, car il avait l'air intéressant. Giauque se comportait avec la supériorité qui l'autorisait à penser qu'il était sans doute plus intelligent que la plupart des gens auxquels il s'adressait. Peut-être pour cette raison ne regarda-t-il jamais une fois Gilmore. Gary, de son côté, le dévisageait avec une extraordinaire acuité, et Schiller perçut la base de la rancœur de Gilmore : voilà qu'un homme d'un tout autre milieu parlait de lui.

GIAUQUE : Monsieur le président, j'aimerais faire un très bref commentaire ici concernant les pouvoirs de la Commission. Nous demandons que la Commission renouvelle le présent sursis, jusqu'au moment où les questions dont nous estimons qu'elles ne sont pas de votre ressort auront été tranchées par un tribunal.
Indépendamment des désirs de M. Gilmore, la société a un intérêt direct dans cette affaire. Je suis persuadé qu'il existe ici certains faits qui devraient être examinés. L'un d'eux est de savoir s'il a ou non volontairement renoncé à ses droits constitutionnels, ou s'il demande ou non à l'État de devenir purement et simplement son complice... Ce n'est pas le désir de M. Gilmore qui, ici, importe le plus et je voudrais simplement demander, monsieur le Président... que la décision d'appliquer la peine de mort ne soit pas prise par M. Gilmore ni par cette Commission, mais... qu'elle soit tranchée par les tribunaux.
LE PRÉSIDENT : Eh bien, je vais vous répondre... Nous n'allons pas prolonger cette affaire pour attendre que quelqu'un d'autre décide de ce que peut ou ne peut pas être la loi... Nous sommes ici pour veiller à ce que cette affaire ne se prolonge pas indéfiniment, et pour soutenir tout le monde et l'État d'Utah à propos des lois sur la peine capitale. Pour ma part, je ne serai pas en faveur d'un renouvellement du sursis.

Un peu plus tard survint la première suspension d'audience. On emmena Gilmore et les membres de la Commission des Grâces quittèrent la salle. Rares furent ceux parmi les membres des médias à quitter leurs places.

Earl Dorius n'avait jamais été aussi près de la crise de rage. Il n'avait pas encore préparé sa requête adressée à la Cour de Denver, et pourtant il se trouvait là, perdant toute une matinée à cette session qui se déroulait de la manière la plus abominable. Il n'arrivait pas à comprendre comment Sam Smith pouvait tolérer cela. Que voyait-il durant cet entracte — il fallait bien appeler ça un « entracte » plutôt qu'une suspension, tant on avait réussi à créer une atmosphère théâtrale — que voyait-il sinon ce nommé Schiller assis sur un des sièges réservés aux collaborateurs du procureur général. Comme sur un fauteuil de metteur en scène, on lui avait soigneusement collé un ruban avec le nom de Bill Evans ! Dorius ne cessait de chuchoter à Evans : « Retirez-lui donc ce fauteuil de sous les fesses », ce qui n'était guère dans le style d'Earl. En général, il n'était pas homme à conseiller aux autres de porter la main sur autrui, mais l'ambiance de cette salle, l'insouciance avec laquelle les gens des médias utilisaient les lieux, tout cela était vraiment répugnant.

Dorius était stupéfait par l'absence de toute mesure de sécurité. Il n'y avait pas de détecteur à la porte et personne n'avait été inspecté. Des caméramen inconnus arrivaient l'un après l'autre, chargés de matériel. Mon Dieu ! N'importe qui pouvait apporter un Magnum et faire sauter la cervelle de Gary. Le directeur de la prison aurait dû avoir l'autorité de signifier à la presse qu'elle n'avait pas accès à la salle, mais un de ses supérieurs ne semblait pas indifférent à la publicité. Dorius était écœuré par l'attitude de son client. Si l'on devait téléviser tout cela, pourquoi, bon sang, la prison n'avait-elle pas demandé aux médias de travailler en association : une seule caméra, un seul reporter radio, un seul journaliste ? C'était insensé la façon dont tout le monde s'entassait là ! Une chose cependant impressionnait Earl. Il était bel et bien possible que ce Gilmore ne fût pas là pour la galerie.

6

A la prison municipale, on permit à Gibbs d'aller dans le bureau pour assister à la session avec quelques policiers et des geôliers. Ils étaient tous l'œil rivé au récepteur de télé. Gibbs trouva que c'était un sacré mélo. Lorsque Gary déclara à la Cour que c'était un ramassis de lâches, Gibbs se mit à rire si fort que les flics lui lancèrent un drôle de regard.

Gary gagna par trois voix contre deux. On annonça à la télévision que, selon toute probabilité, son exécution aurait lieu le 6 décembre, afin de respecter la règle des soixante jours écoulés depuis la date de sa condamnation, le 7 octobre. Gibbs songea : « Gary Gilmore n'est peut-être sur terre que pour une semaine encore. »

DESERET NEWS

Salt Lake, 30 novembre. — L'Association Nationale Contre la Peine de Mort, qui regroupe plus de quarante organisations nationales, religieuses, juridiques, de minorités, politiques et professionnelles, a publié mardi soir un communiqué énergique sur la décision de la Commission des Grâces de l'Utah.

« Cette mesure rend possible le premier

homicide sanctionné par les tribunaux commis aux États-Unis depuis dix ans », déclarait le communiqué...

Parmi les organisations appartenant à cette association, on compte l'A.C.L.U., l'Union éthique américaine, le Comité des Amis de l'Amérique, l'Association orthopsychiatrique américaine, la Conférence centrale des Rabbins américains et diverses autres.

CHAPITRE XII

LE SERVITEUR DU GOUVERNEMENT

1

EARL fut conscient qu'il ne pouvait pas appeler cela de l'admiration, mais lors de la session de la Commission des Grâces, il en arriva bel et bien à être heureusement surpris de la façon dont Gilmore se conduisait. L'homme faisait la grève de la faim et pourtant son intelligence restait aiguë. Dorius était satisfait d'éprouver quelque chose de positif. Il avait profondément méprisé Gilmore quand celui-ci avait tenté de se suicider. Tous ces grands discours dramatiques à propos de la justice, et puis une façon lâche de se défiler. Mais maintenant, aux yeux de Dorius, Gilmore était en train de se racheter.

Earl se rendait compte de l'ironie de la situation. La seule chose que Gilmore et lui avaient en commun, c'était de chercher à hâter l'exécution, chacun pour des raisons qui lui étaient propres. Il serait difficile d'appeler cela un lien. Et pourtant, à cette session, voilà qu'il encourageait l'homme comme s'ils étaient membres de la même équipe. Il est vrai qu'il fallait bien applaudir l'autre quand il jouait le jeu aussi bien. Earl, bien sûr, admettait que dans son sentiment entrait une part d'égoïsme.

L'affaire Gilmore serait sans doute la seule à laquelle il aurait travaillé et à propos de laquelle il pourrait encore écrire dans cinquante ans. « Après Gilmore, hélas, hélas, ma vie sera sur la pente descendante. » Il n'y avait, il est vrai, guère de chances qu'il se retrouvât jamais participer à un procès de résonance nationale et internationale. Des gens qu'il avait rencontrés en Angleterre bien des années auparavant, alors qu'il était missionnaire mormon, recommençaient même à correspondre avec lui, des gens qu'il avait convertis à la religion mormone sept ou huit ans plus tôt. Earl avait donc toutes raisons d'être satisfait de se trouver le premier à reconnaître l'importance de toute cette affaire.

Sans doute la raison pour laquelle il était maintenant fier de Gilmore, c'était que le condamné respectait aussi la situation. Ç'aurait été déplaisant de travailler sur une affaire de cette ampleur et de sentir que le principal personnage n'était qu'une petite canaille au mobile douteux. Le désir de Gilmore, s'il était sincère, entrait dans la ligne de quelques-uns des propres objectifs d'Earl.

Ces dernières années, certains des juges de la Cour suprême des États-Unis avaient dit que le client le plus mal représenté du pays était l'État et le gouvernement local. Earl avait pris cela personnellement. Il voulait améliorer l'image des gens qui travaillaient dans les bureaux du gouvernement. S'il avait une ambition, ce n'était pas de faire une carrière politique ni de voir son nom briller sous le feu des projecteurs, mais de devenir le meilleur avocat devant la Cour suprême de l'Utah. Être une autorité en matière de lois pénitentiaires. Il voulait acquérir une réputation de juriste méticuleux et de haute compétence. En fait, s'il était prêt à faire de son travail une critique constructive, c'était qu'il avait tendance à établir des bases solides en ce qui concernait les arrêts de mort. Ça le serait de remettre un travail bâclé. Aussi longtemps que Gary Gilmore occuperait toutes ses heures dè travail, Earl savait qu'il serait prêt à y consacrer quatorze ou quinze heures par jour. Même ses enfants comprenaient que cela devait empiéter sur sa vie familiale. Maintenant, chaque fois que les enfants décrochaient le téléphone, ils pouvaient s'attendre la moitié du temps à entendre un étranger demander leur père.

Lorsque sa femme et lui arrivaient à une réception, tout le monde voulait connaître les détails de l'affaire. Sur ce plan-là, Earl était prêt à parler. Malgré tout le mal qu'il se donnait, ça le payait un peu de ses efforts que de renseigner les gens sur ce qu'il faisait. Malgré tout, il essayait aussi de faire comprendre, aussi raisonnablement que possible, qu'au bureau du procureur général, ils n'étaient pas vraiment abrutis. Qu'ils essayaient en fait d'accomplir un travail dont ils pouvaient être fiers.

Earl était trop fin pour annoncer au monde qu'il avait enfin la solution qu'il avait souhaitée et que son travail lui donnait les satisfactions qu'il avait toujours recherchées. Pendant des années, quand il étudiait le droit, et alors que pour faire vivre sa jeune famille il avait dû s'escrimer pendant des heures à travailler comme secrétaire juridique l'après-midi et le soir, il y avait eu en lui une force qui le soutenait, un rêve qui l'avait aidé à traverser les années de travail missionnaire, de collège, de mariage et d'école de droit : l'espoir qu'il finirait par s'installer quelque part et s'y établirait. Maintenant, il avait une maison au lieu d'un appartement, il était le père d'une famille qui ne faisait que croître, il aimait son travail, il était fier de sa femme et passait beaucoup de temps avec ses enfants. On pouvait y voir, il le savait fort bien, une réaction à la mouvance perpétuelle de sa jeunesse.

Le père d'Earl — et il ne disait pas cela pour être critique mais simplement pour être exact — avait été un loup un peu solitaire. L'idée que son père se faisait de la distraction, c'était de prendre son chevalet et sa toile et de partir tout seul, pour revenir à la fin de la journée avec un beau paysage. Durant toute l'enfance d'Earl, lorsqu'ils habitaient en Virginie, à Los Angeles puis à Salt Lake, son père avait été avocat du Pentagone, et souvent déplacé. Comme Earl n'avait pas de frère et que sa seule sœur s'était mariée lorsqu'il avait treize ans, il avait été pratiquement enfant unique et il avait eu une vie intérieure un peu bizarre. En seconde, par exemple, il était devenu le meilleur caricaturiste de son lycée, et il avait écrit à Walt Disney pour demander si on voulait l'engager malgré son jeune âge.

Au lycée, en Virginie, pourtant, il avait été très populaire. Il jouait dans un orchestre de danse et était assez bon sportif, il faisait beaucoup de basket-ball et de course à pied jusqu'au jour où il se cassa la jambe en faisant un exercice de gymnastique. Cela mit un terme à sa carrière athlétique, mais il fut élu président de sa classe et il allait poser sa candidature pour la présidence de tout l'établissement, sortant même avec la fille qui dirigeait la brigade des supporters, quand sa famille dut partir pour Los Angeles. Son père était nommé ailleurs et Earl, une fois de plus, était déraciné.

Au lycée, à l'université de Los Angeles, il n'avait rien été du tout. Il y avait énormément d'élèves. Il déjeunait seul, ne connaissait personne. Ce fut la seule fois de sa vie où l'envie le prit de désobéir. Il avait envie de retourner en Virginie habiter avec son oncle pour retrouver sa petite amie.

Son père fut attristé de le voir malheureux. Peut-être cela suffit-il. Earl dit : « Je suis navré, je vais rester », et il le fit, mais sa dernière année de lycée ne fut pas la plus heureuse.

Puis son père fut transféré dans l'Utah. Ce n'était pas si mal. Sa famille, appartenant à l'Église des Saints du Dernier Jour, avait toujours gardé une petite maison à Salt Lake et ils venaient y passer l'été. Comme la jeune étudiante de Virginie ne représentait plus une alternative possible, Earl se mit à sortir avec la sœur de son meilleur ami à Salt Lake et cela se poursuivit jusqu'au jour où ils se marièrent.

Il estimait que sa vie était plus stable que celle de la plupart des hommes de son âge, mais seulement parce qu'il connaissait ses lacunes. Il savait qu'il avait mauvais caractère. Aujourd'hui encore, il se libérait en interpellant le récepteur de télé. « Regarde cet imbécile », criait Earl au petit écran. Mais seulement devant sa famille. Quand il était plus jeune, son père l'avait souvent pris à part pour lui donner des conseils et l'aider à maîtriser ce caractère. Si bien qu'aujourd'hui, lorsqu'il livrait une joute verbale au tribunal, il n'élevait jamais la voix devant son adversaire. C'était très bien d'être énergique, mais Earl s'efforçait de rester calme dans ses plaidoiries. C'était pourquoi il appréciait la conduite de Gilmore à la session de la Commission des Grâces. C'était comme si, mentalement, il incitait Gilmore à refréner sa colère.

2

Earl était très conscient de ce qu'il savait faire et de ce qu'il ne savait pas faire. Le contre-interrogatoire des témoins n'avait jamais été son point fort. Une des raisons pour lesquelles il appréciait l'affaire Gilmore était qu'il se trouvait cerné par des dossiers exigeant une analyse de nouveaux aspects juridiques, mais n'obligeant pas d'avoir à patauger devant des témoins récalcitrants. Earl savait qu'il n'avait pas l'art de formuler les questions de telle façon que, dix questions plus tard, il puisse utiliser les réponses du témoin contre lui. Il voulait aller droit au cœur du problème. Peut-être avait-il trop souvent été interrompu dans son jeune âge pour ne pas savoir qu'en tant qu'avocat, il ne possédait pas l'art de poser des questions pertinentes lui permettant d'embobiner son adversaire. Il pensait aussi que c'était pour la même raison qu'il limitait le nombre de ses relations. Même aujourd'hui, le cercle de sa famille et de ses amis n'allait pas au-delà de sa femme, de son beau-frère, de leurs amis les plus proches, de quelques voisins et de quelques relations de bureau. La plupart de ses amis les plus intimes, il se les était faits dans son travail.

Ses relations avec Sam Smith en étaient un bon exemple. Il pouvait presque dépeindre le directeur de la prison comme un ami cher, et pourtant ils ne se voyaient jamais sur le plan mondain. C'était plutôt parce qu'ils avaient tous les deux appris pratiquement ensemble le droit pénitentiaire. Sam avait été nommé directeur à peu près au moment où Earl était arrivé pour travailler dans le service du procureur général. En apprenant à connaître Sam, Earl avait appris aussi beaucoup sur les problèmes de prison et il estimait que le directeur était plus libéral qu'on ne le croyait en général. D'abord, il permettait les visites avec contact en haute surveillance. C'était précisément ce qui avait rendu possible la tentative de suicide de Gilmore. Si on avait interdit à Gilmore tout contact avec l'extérieur, on ne lui aurait peut-être jamais passé les somnifères. Earl lui en avait parlé, mais Smith avait répondu : « Oh ! vous savez, ça ne facilite pas la récupération de ces garçons s'ils ne peuvent avoir aucun contact physique avec le monde extérieur. » Du point de vue d'Earl, le directeur péchait plutôt par bienveillance et c'était cela qui le mettait dans des situations où il risquait de se faire traiter d'incompétent.

Le vrai secret du directeur Smith, Earl en était persuadé, c'était qu'il avait trop bon cœur. Il était loin d'être l'homme strict ou sévère que l'on croyait, et Earl se demandait combien de directeurs de prisons se levaient de bon matin pour aller prendre le petit déjeuner au quartier de moyenne surveillance avec les détenus plutôt que de le prendre en famille. C'était une raison pour laquelle Earl estimait qu'il devait protéger Sam de toutes ces plaintes de journaux qui déploraient de ne pouvoir rencontrer Gilmore.

Le problème, que l'on ne pouvait pas expliquer facilement à un journaliste ou à un juge — surtout si c'était le juge Ritter — c'était que la tension de la vie de prison avait souvent pour résultat que cette tension se concentrait sur un détenu. Il pouvait en résulter qu'il devînt comme une vedette de baseball qui aurait refusé d'obéir à son entraîneur. Le risque d'être exposé aux médias ne résidait pas seulement dans le fait que Gilmore pourrait raconter n'importe quoi : le risque, c'était la réaction des autres détenus. Chaque fois qu'un prisonnier devenait plus important que la prison, il fallait toujours resserrer la discipline.

3

Le 1er décembre, Earl adressa sa requête à la Cour de Denver. Il y faisait remarquer que le juge

Ritter avait pris des décisions fort importantes concernant le *Tribune* sans s'appuyer sur aucun élément nouveau. Le matin même, il reçut un coup de téléphone de Leroy Axland, représentant A.B.C. News. Axland comptait introduire le lendemain une demande devant la Cour d'État en vue d'une levée provisoire de l'interdiction de visite, de façon que, comme le *Tribune*, A.B.C. puisse aussi interviewer Gilmore.

Le lendemain matin, le *Deseret News* en fit autant et Robert Moody se présenta pour Gary Gilmore. Même Larry Schiller était présent. Earl, ce jour-là, avait affaire à toute une coalition. Il ne fut pas content du tout de ce qu'il dut faire ce jour-là.

Une fois de plus, estimait-il, son point faible se manifestait. Il commença le contre-interrogatoire de Lawrence Schiller, mais il entra dans une telle colère qu'il ne parvint pas à garder son calme. Schiller, qui venait tout juste d'être admis dans la prison en qualité de prétendu conseiller, avait maintenant le culot de déclarer à la barre qu'il avait interviewé de nombreux détenus dans de nombreuses prisons et qu'il avait toujours respecté les règlements en vigueur dans l'établissement. Earl savait qu'il aurait dû mener le contre-interrogatoire du témoin avec le plus grand calme, mais il devint si furieux qu'il se contenta d'exposer ses propres arguments. Avec un peu d'habileté, il aurait pu amener Schiller à avouer qu'il en avait pris à son aise avec les règlements de l'État d'Utah, mais faisant intérieurement la balance entre la sincérité de l'administration pénitentiaire et le cynisme flagrant de son adversaire devant les droits d'autrui, il se mit dans une telle colère et fut si violent envers Schiller que le juge, Marcellus Snow, l'interrompit.

Earl ne fut donc pas surpris lorsque le juge Snow accorda satisfaction au demandeur. Le soir même pourrait avoir lieu une interview télévisée de Gilmore.

MOODY : Bien. Nous avons passé toute la journée au tribunal avec Schiller, A.B.C.-télé et de nombreux avocats. Le juge Snow est en train de signer une ordonnance autorisant la presse à vous interviewer ce soir. Larry a été cité à la barre comme témoin, et je crois que c'est lui qui a convaincu le juge.

GILMORE : Oh ! j'imagine qu'il se débrouille pas mal dans tous les cas. Il sait parler aux gens... A quelle heure a lieu l'interview ?

MOODY : Ça commence à neuf heures.

GILMORE : J'espère que ça ne sera pas plus tard que ça. Mon vieux, je suis fatigué et je me réveille à cinq heures du matin... Quand on parle pour une chaîne comme A.B.C., il faut être au mieux de sa forme... Est-ce que Larry va s'asseoir de façon à pouvoir me faire des signes ? S'il ne veut pas que je réponde à la question, qu'il se frotte le menton, j'aurai compris.

4

A peine Earl était-il revenu de chez le juge Snow qu'il se mit à rédiger une nouvelle requête. A son grand plaisir, lorsqu'il consulta le recueil des lois de l'État, il s'aperçut que la procédure était la même que pour les autorités fédérales. Il n'avait donc qu'à recopier les documents préparés pour Denver en changeant les noms. Il fit taper cela par sa secrétaire pendant l'heure du déjeuner et au début de l'après-midi, il était prêt à interjeter appel.

Il monta voir le greffier de la Cour suprême de

l'Utah et annonça au président Henriod que l'ordonnance du juge Snow ne serait peut-être prête qu'en fin d'après-midi ; donc, si la Cour ne siégeait pas après cinq heures, il n'y aurait pas moyen d'empêcher les reporters d'obtenir une interview de Gilmore ce même jour. Ce n'était pas une procédure normale, mais le juge Henriod lui laissa entendre qu'il serait prêt. Dorius dit encore : « Je reviendrai de chez le juge Snow aussi vite que je pourrai. »

Ce qu'il fit. Mais il fut tout d'abord obligé de franchir quelques autres obstacles. Le projet d'ordonnance du juge Snow avait été rédigé par les avocats des médias et, pendant que Earl en discutait certains points, le greffier lui remit un message : la Dixième Chambre de Denver allait examiner sa requête contre Ritter le lendemain après-midi. Earl devrait se présenter à Denver juste au moment où tout allait se discuter ici.

De plus, sur le coup de quatre heures, le juge Snow décida d'aller s'installer dans une grande salle d'audience d'où il pourrait annoncer sa décision à la radio. Le temps commençait à devenir court. Dorius se dit : « Le juge a signé l'ordonnance, qu'il l'ait rendue publique ou non. » Il demanda à un assistant de mettre la main sur un exemplaire signé dès qu'il le pourrait et Earl repartit au pas de course vers la Cour suprême de l'Utah.

Trois juges siégeaient, ils prirent connaissance de son document et accordèrent un sursis provisoire pour le soir. On pourrait, décrétèrent-ils, discuter de la requête le lendemain. Cela empêcherait la télévision d'interviewer Gilmore le soir même.

Les couloirs du Capitole de l'État commençaient à ressembler aux coulisses d'une convention, à une salle de réunion politique. Partout des micros et des projecteurs. Earl donna deux ou trois interviews, puis se précipita au bureau du procureur général pour expliquer à deux de ses collègues ce qu'il faudrait faire le lendemain devant la Cour suprême de l'Utah. Jusqu'à ce jour c'était lui qui s'en était chargé.

5

Chez lui, ce soir-là, Dorius se rappela que l'exécution de Gilmore aurait sans doute lieu dans quatre jours. Le 6 décembre. Si seulement on parvenait à écarter la presse pendant quatre jours, l'administration pénitentiaire l'emporterait. Les journalistes ne faisaient pas irruption dans le bureau d'un président de banque pour demander : « Dites-nous ce que vous savez. » Mais ils ne voulaient pas comprendre qu'un directeur de prison pouvait avoir le désir d'être traité avec le même souci de bienséance.

Il réfléchissait encore à cela lorsque Sam Smith téléphona pour dire qu'il appréciait les mesures prises par Earl en vue de nourrir Gilmore de force, mais qu'il allait attendre un peu. Pour l'instant, Gilmore ne semblait pas en danger de mort. En fait, le jeûne le rendait plus irritable. Il lançait ses plateaux de repas à la figure des gardiens. Il était donc rassurant, dit Sam Smith, de savoir qu'on pourrait le nourrir de force si et quand besoin en serait. Ça n'était pas une perspective agréable d'exécuter un homme qui n'avait pratiquement rien avalé depuis deux semaines.

Earl alla se coucher en songeant qu'il devrait plaider le lendemain contre Donald Holbrook. L'avocat était un ami proche de la famille d'Earl, et il avait même acheté la maison de ses parents. S'il y avait quelqu'un dans sa profession que Earl admirait, c'était Holbrook, qui avait une réputation bien établie à Salt Lake. Earl espérait être à la hauteur de la confrontation.

Le lendemain matin, Earl reçut un coup de téléphone de son bureau. Grande nouvelle. La Cour suprême des États-Unis venait de décréter un sursis à l'exécution de Gary. La mère de Gilmore, semblait-il, avait présenté une requête par l'intermédiaire de Richard Giauque, et ils demandaient à la Cour de décider la révision. Réfléchissant à cela dans l'avion, Earl se demandait s'il était prêt à faire face à un pareil rebondissement. La fatigue accumulée de journées de travail de douze à quatorze heures commençait à se faire sentir. Ça l'agaçait, par exemple, de voir que Holbrook voyageait en première et qu'il disposait de beaucoup de place pour étaler ses papiers, alors que lui, Earl, serviteur du gouvernement, était coincé dans un de ces sièges étroits de la classe économique. Il aurait bien aimé, du moins pendant un certain temps, ne plus penser à la Cour suprême des États-Unis ni au travail qui l'attendait le jour même à Denver.

L'atmosphère du tribunal de Denver était assez impressionnante, mais au bout d'un moment, Earl se fit une raison. Il comprit qu'on n'arriverait à aucune conclusion ce jour-là à Denver, puisque le *Tribune* prétendait que l'administration pénitentiaire avait fait montre de favoritisme envers Schiller et Boaz. Earl pensait que c'était une grave erreur commise par la partie adverse. Cela exigeait l'établissement de certains faits, ce qui voulait dire de nouveaux délais. En outre, Schiller avait pénétré dans la prison en se présentant aux gardiens sous une qualité usurpée, si bien que les déclarations, lorsqu'elles seraient rassemblées, affaibliraient le dossier du journal. C'est donc d'assez bonne humeur que Earl reprit l'avion pour Salt Lake mais en se demandant toutefois comment il allait pouvoir venir à bout, pendant ce week-end, du prodigieux travail à faire pour se présenter devant la Cour suprême des États-Unis. Il allait devoir rassembler des forces bien dispersées.

Mais, lorsqu'il arriva, il apprit que c'était Bill Barrett qu'on avait chargé du dossier. Earl devait se reposer, lui dit-on. Il l'avait mérité. Dorius savait qu'il avait besoin de souffler un peu. Avec ces semaines de quatre-vingts heures qu'il avait assurées, il n'était pas en état de s'attaquer à la préparation d'un dossier pareil. Malgré tout, il avait l'impression qu'on l'avait mis sur une voie de garage. Tous les débats spectaculaires de la Cour suprême allaient se dérouler sans lui.

6

STANGER : Gary, étiez-vous au courant de la requête en sursis d'exécution qui a été présentée par votre mère ?

GILMORE : J'en ai entendu parler à la radio.

STANGER : L'avocat est Richard Giauque. Vous vous rappelez ce type blond de l'A.C.L.U. qui représentait tous les ministres et les rabbins ? Avez-vous idée de la façon dont il a contacté votre mère ?

GILMORE : Je ne sais pas. J'aimerais parler à ma mère... Rien de nouveau pour ce qui est de me laisser parler à Nicole ?

STANGER : Si. Le directeur de l'hôpital, Kiger, a rappelé il y a à peu près deux heures. Vous l'avez tellement coincé qu'il refuse de faire un geste. Que diriez-vous de faire pression sur lui par l'intermédiaire de l'opinion publique ?

GILMORE : Je trouve que c'est une sacrément bonne

idée. C'est pour ça que je fais la grève de la faim. J'espérais que l'hôpital allait être harcelé par l'opinion publique.

STANGER : C'est vrai.

GILMORE : J'aimerais abattre ce Kiger.

STANGER : Il est un peu bizarre.

GILMORE : Il est vrai que tous ces médecins, autant qu'ils sont, sont bizarres. Vous avez déjà rencontré un psychiatre qui avait toute sa tête ?

STANGER : Mon Dieu, il est souvent plus dingue que ceux qu'il soigne.

GILMORE : Vous savez, j'ai dépensé cent soixante dollars aujourd'hui en boîtes de conserve et toutes sortes de petites choses à grignoter ; j'ai fait boucler tout ça dans la cellule à côté de la mienne et dès que j'aurai pu téléphoner à Nicole je vais leur faire ouvrir cette cellule. J'ai un ouvre-boîtes et je vais m'y mettre. Vous savez, j'ai plutôt faim et si vous pouvez faire quoi que ce soit pour faciliter ce coup de fil... j'accepterai toutes les restrictions qu'ils voudront y mettre. Mais il faut que ce soit une conversation directe, pas un enregistrement sur magnétophone. Après je pourrai aller entamer mes provisions.

CHAPITRE XIII

ANNIVERSAIRE

1

DEUX soirs plus tôt, Schiller avait pris rendez-vous avec Dave Johnston à l'aéroport de Salt Lake. Il voulait avoir quelqu'un avec lui pour préparer les questions à poser à Gilmore. Comme Dave l'avait aidé quelque temps auparavant en novembre et puis avait écrit sur lui un article charmant pour le *Los Angeles Times,* Schiller avait l'impression qu'il était peut-être le seul vrai professionnel disponible qui comprendrait ce qu'il cherchait. Ce soir-là, Johnston était arrivé de San Francisco pour l'audience du lendemain où Schiller devait comparaître, mais dans l'immédiat il accueillit Schiller avec un grand sourire et toute une liste de nouvelles questions qu'il avait préparées.

Comme ils bavardèrent durant le trajet en taxi jusqu'au Hilton, il apparut que Johnston connaissait un tas de choses sur Salt Lake, à tel point que Schiller voulut savoir comment Dave, qui était originaire du Michigan et qui travaillait maintenant pour un journal de Los Angeles, en savait aussi long sur les Saints du Dernier Jour. Johnston se contenta de lui répondre avec un grand sourire : « Je suis mormon moi-même. » Ça ne surprit pas vraiment Schiller. Il avait déjà jeté un coup d'œil aux questions et l'une d'elles assurément était frappante. « Craignez-vous ce que Benny Buschnell pourrait vous faire s'il se réincarnait ? » Ça pourrait être une conception très mormone. Ça stimula Schiller de rédiger la question subsidiaire : « Que croyez-vous qu'il vous arrivera après la mort ? »

Plus tard ce soir-là, seul dans sa chambre, Schiller se mit à penser aux critiques dont on l'avait accablé quelques années plus tôt, lorsqu'il avait fait son film avec Dennis Hopper, *The American Dreamer.* C'était une étude de la vie de Dennis Hopper, et tous les journaux d'avant-garde, plus le *Village Voice* et *Rolling Stone* étaient à la présentation à la presse. *Rolling Stone* y consacra même quatre pleines pages. Leur critique avait dit que le film était excellent, mais que le producteur-metteur en scène Schiller n'avait pas compris un côté important de Hopper. « Schiller n'a absolument rien dit des conceptions mystiques de Dennis Hopper. »

Ce que Larry appelait la lumière Dennis Hopper s'alluma dans sa tête. Schiller ne croyant pas au paradis ni à l'enfer, il n'y pensait pas particulièrement. Si l'on mourait, votre âme, pour ainsi dire, cessait de fonctionner. Par moments il pensait à la mort, mais il ne se voyait nulle part après. Aussi, en relisant les questions de Johnston, il se dit : « Il y a toute une partie de l'esprit de Gary Gilmore qui s'intéresse à la vie après la mort. Ce type y croit vraiment. » Schiller secoua la tête. C'était un tout autre aspect du personnage. Pour la première fois, l'idée le frappa que Gilmore ne voulait peut-être pas aller jusqu'au bout. Jusqu'alors, il avait supposé que Gilmore acceptait son exécution parce qu'il était un condamné orgueilleux prisonnier d'un rôle. Il comprenait maintenant que Gary s'attendait peut-être à trouver quelque chose de l'autre côté. Qu'il était non seulement prêt à parier là-dessus, mais à tout parier. Ce devait être, se dit Schiller, comme quand il lançait parfois les dés au craps en sachant qu'il allait faire sept. Oui, conclut Schiller, c'était à peu près comme ça que devait réagir Gilmore. Parfois, juste avant de lancer les dés, il croyait voir le sept sur le tapis vert. Mais ce genre de réflexion troublait Schiller. Il préférait ne pas s'encombrer d'idées trop éloignées de son domaine. Il allait peut-être avoir besoin d'aide. L'idée lui vint d'engager Barry Farrell, et il se dit qu'il faudrait y réfléchir. Il serait temps d'en décider quand il verrait ce que Barry avait écrit sur lui dans *New West.*

Le lendemain, après l'audience du tribunal, Schiller entendit le premier enregistrement que Moody et Stanger avaient fait avec Gary. Ce n'était guère encourageant. Moody et Stanger avaient l'air d'avoir un bon contact avec leur client, mais cela pouvait très bien ne rien avoir à faire avec du journalisme. C'étaient surtout des discussions juridiques et des plaisanteries d'homme à homme. Personne n'était pressé d'aborder les sujets explosifs. Schiller décida donc de ne pas faire figurer les dix questions de Dave Johnston et les vingt et quelque qu'il avait conçues pour la prochaine rencontre des avocats avec Gary, mais plutôt de demander des réponses écrites. D'après la lecture des quelques lettres adressées à Nicole et publiées dans le *Deseret News,* Schiller pensait que Gilmore se donnait du mal quand il écrivait.

2

POURQUOI AVEZ-VOUS TUÉ JENSEN ET BUSCHNELL ?

Il y a tant de similitudes entre Jensen et Buschnell. Tous les deux dans les vingt-cinq ans, tous les deux des pères de famille, tous les deux d'anciens mission-

naires mormons. Peut-être les meurtres de ces hommes étaient-ils inévitables.

Pour répondre à votre question :

J'ai tué Jensen et Buschnell parce que je ne voulais pas tuer Nicole.

BUSCHNELL ÉTAIT-IL UN LACHE ? QU'A-T-IL DIT ?

Non, je ne dirai pas que M. Buschnell était un lâche. Il n'en avait pas l'air en tout cas. Je me souviens qu'il ne demandait qu'à obéir. Mais je ne me rappelle rien de ce qu'il m'a dit, sauf qu'il m'a demandé de ne pas faire de bruit pour ne pas déranger sa femme qui était dans la pièce voisine.

Il était calme, et même brave.

REGRETTEZ-VOUS D'AVOIR TUÉ BUSCHNELL ?

Oui. Je regrette aussi d'avoir tué Jensen.

JENSEN A-T-IL RÉSISTÉ ET A-T-IL MANIFESTÉ DE LA PEUR ?

Jensen n'a pas résisté. Il n'a manifesté aucune peur.

J'ai été frappé par son visage bienveillant, amical, souriant.

JENSEN ET BUSCHNELL SONT-ILS MORTS EN HOMMES ? COMME VOUS VOULEZ LE FAIRE.

Ils n'ont pas montré plus de crainte qu'on n'en attendrait d'un homme qui se fait cambrioler.

Je suis presque certain qu'ils ne se doutaient pas qu'ils allaient mourir avant que ce soit fait.

VOUS RAPPELEZ-VOUS DES FILMS OU DES BANDES D'ACTUALITÉS OU VOUS AVEZ VU DES HOMMES MOURIR DEVANT UN PELOTON D'EXÉCUTION ?

Le soldat Slovik...

Il a récité un tas d'Ave Maria, n'est-ce pas ?

SI VOUS AVIEZ LE CHOIX, VOUDRIEZ-VOUS QUE VOTRE EXÉCUTION SOIT TÉLÉVISÉE ?

Non.

Trop macabre.
Vous aimeriez, vous, que votre mort soit télévisée ? En même temps, au fond, je m'en fous.

QUE CROYEZ-VOUS QU'IL VOUS ARRIVERA APRÈS LA MORT ?

Je pourrais faire des hypothèses, mais je ne sais pas... Si la connaissance de la mort est en moi, comme je crois, je n'arrive pas à l'amener consciemment à la surface.
Je crois juste que je ne serai pas dépaysé... Il faut que je garde mon esprit fort et aiguisé — dans la mort on peut choisir d'une façon qui n'est pas possible dans la vie. La plus grosse erreur qu'on pourrait faire en mourant, c'est d'avoir peur.

AVEZ-VOUS PEUR DE CE QU'UN BENNY BUSCHNELL RÉINCARNÉ POURRAIT VOUS FAIRE ?

J'y ai pensé... Mais je n'en ai pas peur. Je me fous de la peur. Il se peut que je retrouve Buschnell... Si c'est le cas, jamais *je ne l'éviterai. Je lui reconnais des droits.*

POURQUOI AVEZ-VOUS TUÉ, ET AURIEZ-VOUS PU VOUS EMPÊCHER DE TUER SI VOUS L'AVIEZ VOULU ?

Je ne me suis jamais senti si mal que cette semaine avant d'être arrêté. J'avais perdu Nicole. Ça me faisait si foutrement mal que ça en devenait une douleur physique... Je veux dire, je pouvais à peine marcher, je n'arrivais pas à dormir, c'est à peine si je mangeais. Pas moyen de noyer cette douleur. Même boire ne l'atténuait pas, ça faisait mal, une perte pareille. Chaque jour c'était pire. Je le sentais dans mon cœur... Je sentais la douleur dans mes os. Il fallait que je me mette en pilotage automatique pour passer la journée.
Puis ça devenait une rage calme.
Et j'ouvrais la grille pour que ça sorte.
Mais ça n'était pas assez.
Ça aurait duré et duré.

D'autres Jensen, d'autres Buschnell.
Seigneur...
Ça ne rimait à rien...

Au téléphone Gary dit à Vern : « Certaines de ces questions sont bien trop personnelles.

— Si tu n'as pas envie de répondre, fit Vern, tu n'as qu'à lui dire. Il ne va pas te forcer.

— Oui, je sais, reprit Gary, mais quand même, ces questions ne me plaisent pas.

— Dites donc, observa Stanger en lisant les réponses, c'est Jensen, pas Jenkins.

— J'ai dit Jenkins ? Bon sang, fit Gary, j'ai pourtant horreur d'écorcher son nom. »

« C'est un matériel fantastique, observa Stanger en rapportant les réponses à Schiller. Vous ne trouvez pas ?

— Je n'en suis pas si sûr, répondit Schiller. Il répond encore de façon superficielle. »

La dernière réponse était intéressante, mais bien d'autres étaient plates.

QU'AVEZ-VOUS ÉPROUVÉ LORSQUE VOUS AVEZ ENTENDU LA SENTENCE ? ÉTAIT-ELLE JUSTE ?
J'ai probablement éprouvé moins de choses que qui que ce soit dans la salle d'audience.

COMMENT DÉCRIRIEZ-VOUS VOTRE PERSONNALITÉ ?
Un tout petit peu moins que douce.

VOTRE PLUS GRAND ACCOMPLISSEMENT ?

Il n'avait pas répondu à celle-là. Il y avait là un blanc qui semblait marquer Schiller. Gilmore continuait à se présenter comme un prisonnier dur, sans cœur, sans faiblesse. Qui descendait des cibles. Schiller voulait aller plus loin que ces réponses froides. Ça n'était pas très chaleureux pour un homme qui fête son anniversaire.

3

Deseret News

Le meurtrier de l'Utah, qui a aujourd'hui trente-six ans, veut toujours mourir.

Pointe de la Montagne, 4 décembre. — Le meurtrier condamné, Gary Mark Gilmore, qui exprime toujours son désir de mourir, a célébré aujourd'hui son trente-sixième anniversaire à la prison d'État de l'Utah.

Gibbs obtint que le Gros Jake lui achète une carte pour l'envoyer à Gary. Elle disait : « J'espère que tu fêteras encore beaucoup d'heureux anniversaires. » Il savait que ça toucherait le sens de l'humour de Gary.

Brenda et Johnny lui souhaitèrent son anniversaire par téléphone. « Alors, cousin, dit Brenda, savais-tu que tu étais le prisonnier le plus célèbre des États-Unis ? C'est ce qu'on disait de toi hier soir. » Il répondit d'une voix un peu tendue : « Je préférerais plutôt qu'on applaudisse mes dons artistiques et mon intelligence. » C'était son estomac affamé qui s'exprimait. On le sentait vidé. « Je n'aime pas ce genre de publicité », se plaignit-il. Brenda rectifia en elle-même : « Peut-être que Gary n'aime pas la publicité, mais on peut dire qu'il en profite. »

Gary avait donné à Vern une liste de noms et les sommes qu'il voulait voir versées à chaque personne. Brenda devait toucher cinq mille dollars et Toni trois mille. Gary donnait aussi cinq mille dollars à Sterling et à Ruth Ann. Il voulait donner trois mille dollars à Laurel, la baby-sitter, et à sa famille, mais Vern protesta.

Puis Gary parla de deux filles de Hawaii qui lui avaient écrit des lettres d'amour. Il voulait leur envoyer quelques centaines de dollars. Vern était d'accord, mais il ne retira jamais l'argent. Il se dit que lorsque Gary aurait tout distribué, il serait heureux de découvrir qu'il lui restait quelques centaines de dollars. Bien évidemment, la façon dont Gary distribuait tout ça avait de quoi vous rendre malade.

Il y avait quelque part dans le Middle West un détenu du nom de Ed Barney. Gary reçut un jour une lettre de lui et dit à Vern qu'il avait connu ce type au pénitencier d'Oregon. Ils avaient passé pas mal de temps ensemble en isolement. « Ed Barney est un type formidable, dit Gary. Un de mes meilleurs et de mes plus chers amis. Je veux que tu lui donnes mille dollars. » Vern trouva que Gary parlait comme sa mère. Lorsque Vern l'avait rencontrée, Bessie ne pouvait jamais décrire un homme ou une femme d'une certaine beauté sans se laisser emporter par la force de sa description. Elle terminait toujours en disant : « C'est le plus bel homme que j'aie jamais vu. » Ou la plus belle femme. Elle avait dû décrire ainsi une centaine de personnes. Gary était pareil avec ses amis. Aujourd'hui, Sterling était le meilleur ami qu'il avait jamais eu. Hier, LeRoy Earp ou Vince Capitano, ou Steve Kessler ou John Mills ou bien d'autres copains de prison dont Vern n'arrivait même plus à se souvenir. On savait que demain un autre type serait élu. Sans doute Gibbs. Vern décida donc de garder pour l'instant le don destiné à Ed Barney. Étant donné la façon dont on n'arrêtait pas de retarder son exécution, Gary serait fauché avant de s'en rendre compte. Quelques milliers de dollars pourraient lui payer pas mal de choses en prison.

Vern, cependant, dut donner deux mille dollars à Gibbs. Gary insistait. Et puis il y avait un autre type, un nommé Fungoo. Gary expliqua qu'il avait terriblement vexé ce type avec un tatouage qu'il lui avait dessiné un jour. Il voulait lui faire un don. Vern eut une violente discussion, et finit par l'en dissuader.

Et puis il y avait surtout le mystérieux bénéficiaire. Une certaine personne devait recevoir un total de cinq mille dollars en deux versements égaux. Vern devait rencontrer l'homme au coin d'une rue et lui remettre deux mille cinq cents dollars. Gary dit qu'il voulait que cela fût fait *sans discussion.* Vern se doutait un peu de quoi il s'agissait. Il finit par avoir un rendez-vous avec le type et lui remit l'argent dans un restaurant, furieux d'être obligé de le faire. Du gâchis. Il fut ravi que Gary ne payât jamais le second versement.

Voilà que pour son anniversaire, Gary voulait donner cinq cents dollars à Margie Queen. « Margie Queen ? » demanda Vern. « Tu sais, dit Gary, cette charmante femme à qui Ida m'a présenté. » « Alors, pourquoi veux-tu lui donner cinq cents dollars ? » demanda Vern. « Eh bien, dit Gary, en imitant la façon dont Vern disait « Eh bien » d'une voix très douce, comme s'il voulait vous faire approcher tout près, eh bien, il se trouve que j'ai cassé le pare-brise de sa voiture. »

Vern ne fut pas trop surpris. « Je pensais bien que c'était toi, salopard », dit-il. Il se rappelait que la mère de Margie Queen lui avait demandé, il y avait des mois, si c'était Gary qui avait fait ça et Vern avait répondu : « Je ne sais pas. C'est bien possible. » Voilà cinq cents dollars que Vern ne rechignait pas à payer.

De temps en temps, Gary disait : « Veille à ce qu'on s'occupe de ma mère », mais il ne parlait pas vraiment d'argent. Vern avait l'impression que Gary voulait croire que sa mère l'aimait beaucoup et s'efforçait de rassembler des preuves pour et contre. Sans doute estimait-il en avoir suffisamment, car on pouvait dire qu'il était pingre avec elle. Vern dut même lui dire : « Tu ne peux pas donner trois mille dollars à ta baby-sitter alors que ta mère est sans argent. » « Très bien, répondit Gary, prends mille dollars là-dessus et donne-les à maman. (Puis il hésita.) Mais ne les envoie pas par la poste, dit-il, tante Ida et toi prenez donc l'avion pour les lui remettre en personne. » Vern ne comprenait pas. Si Gary avait peur que quelqu'un pique cet argent, il pouvait le faire donner par exprès par une banque de Portland. Bonté divine, un aller et retour en avion pour Ida et lui coûterait à peu près la moitié de ça ! Brenda intervint. « Juste mille dollars, Gary ? » demanda-t-elle. « Ouais », dit Gary. Brenda lança à son père un coup d'œil signifiant : « Pas la peine d'insister. »

Vern pensait que Gary en voulait peut-être à sa mère à cause du sursis accordé, sur sa demande, par la Cour suprême. Et puis il se rappela que même avant d'avoir entendu parler des requêtes légales formulées par Bessie, Gary ne l'avait jamais fait figurer sur la liste de ceux à qui il désirait donner de l'argent.

4

Le dimanche, Bob Moody et Ron Stanger furent interviewés par des gens de télé venus de Hollande, d'Angleterre et de deux ou trois autres pays. Ils allèrent déjeuner au Country Club, puis ils se rendirent à la prison.

GILMORE : Dites donc, heu... peut-être que le *Tribune* voudrait bien publier une lettre ouverte à ma mère.

STANGER : J'en suis tout à fait certain.

GILMORE : Je vais la faire brève si vous voulez bien la porter.

STANGER : Allez-y.

GILMORE : Chère maman. Je t'aime profondément, je t'ai toujours aimée et je t'aimerai toujours (un silence) mais je t'en prie, cesse de fréquenter l'oncle Tom de la N.A.A.C.P. S'il te plaît, accepte le fait que je veux mourir. Que je l'accepte. Que je l'accepte.

MOODY : Voulez-vous mettre « que je l'accepte » plus d'une fois ?

GILMORE : S'il te plaît, accepte le fait que je veux, que j'accepte la mort. Ça n'est pas mieux ?

MOODY : Peut-être que « s'il te plaît accepte le fait que j'accepte ce qui m'a été imposé par la loi » est ce que vous voulez dire ?

GILMORE : Oui. Ce serait très bien. Je ne veux pas que ça ait l'air d'un instinct de mort en disant que je souhaite la mort.

MOODY : Je ne fais qu'accepter ce qu'est la loi.

STANGER : Appliquer la loi.

GILMORE : Heu... j'aimerais te parler. J'aimerais te voir. Mais je ne peux pas, alors je t'envoie cette lettre par l'intermédiaire du journal. (Long silence.) Nous mourrons tous, il n'y a pas de quoi en faire un plat.

MOODY : C'est dans la lettre ?

GILMORE : Oui. (Long silence.) Parfois c'est juste et c'est normal. (Silence.) Je t'en prie, cesse de t'acoquiner avec cet oncle Tom de la N.A.A.C.P. Je suis un Blanc. La N.A.A.C.P. me dégoûte ; ces gens-là n'osent même pas associer leurs noms au mien, ils n'osent rien. Bon, relisez-moi ça et je vais réfléchir à ce que je veux dire... Oh ! j'aurais pu faire quelques remarques agréables sur les nègres, j'ai quelques amis noirs, vous savez, oh ! très peu. Mais la N.A.A.C.P. n'en fait pas partie. Vous comprenez, ça sent tellement le chiqué. Vous connaissez la N.A.A.C.P. ?

STANGER : Oh ! oui.

GILMORE : Tous les gens que je connais les détestent.

MOODY : C'est vrai ?

GILMORE : Oui, tout comme ils détestent Martin Luther King parce que c'était un réel pacifiste, vous savez. La N.A.A.C.P., ils ne militent pas, ils sont passifs. Ce sont des gens très riches qui dirigent le mouvement.

MOODY : A votre avis, qu'est-ce qu'aimerait le Noir moyen ?

GILMORE : Juste un peu de pastèque et du vin.

L'administration pénitentiaire avait ramené Gary à l'hôpital et ce jour-là, ses avocats ne purent pas le voir, mais seulement entendre sa voix au téléphone. Elle avait des accents acides. « Les Noirs, dit-il, apprennent par cœur plus qu'autre chose. On leur montre comment faire quelque chose et ils le font. (Il marqua un temps, comme s'il venait de donner un renseignement précieux.) Sur tout le continent africain, on n'a jamais découvert la roue ni rien de plus dangereux qu'un javelot. Voilà ce que je pense des Noirs. Ce n'est pas de la haine, ce ne sont que des faits. Peu m'importe s'il y a un type qui a fait quelque chose avec des cacahuètes voilà longtemps. »

Ron percevait les grondements de l'estomac vide de Gary et la haine qui s'acheminait par les fils téléphoniques. Il percevait aussi un côté sombre de Gilmore qui passait comme un courant. Fichtre, il était mauvais quand il était comme ça. Stanger était bien content, en ce moment, de ne jamais avoir appartenu à la N.A.A.C.P. ni au A.C.L.U.

5

Lors de ses visites, Kathryne expliquait à Nicole que Gary comptait que ce serait elle qui mourrait et pas lui. Nicole se disait que c'était peut-être vrai. Gary n'avait jamais toléré qu'elle appartienne à un autre homme. Malgré tout, ça ne changeait pas ses sentiments. Ce n'était pas comme s'il avait essayé de faire ça cyniquement. Il l'aurait certainement suivie de très près. Les accusations de Kathryne ne gênaient donc pas Nicole. Elle voulait juste voir Gary.

Ça la rendait folle de ne pas pouvoir recevoir un coup de fil ni de pouvoir écrire. Parfois elle songeait à se procurer un pistolet. Elle leur dirait que si on ne la laissait pas communiquer avec Gary, elle se ferait sauter la cervelle.

Ken Sundberg, qui avait été engagé par Kathryne sur le conseil de Phil Christensen, apporta une lettre à Nicole. C'étaient les premières nouvelles qu'elle avait de Gary depuis qu'elle avait tenté de se suicider. Il lui disait juste de ne pas se laisser impressionner par l'endroit où elle était. Il ne parlait pas de la mort ni de mourir. Il lui disait seulement à quel point il l'aimait. Nicole sut par la suite que Sundberg, qui était un homme charmant, mais un mormon rigoriste, avait accepté d'apporter la lettre à condition que Gary ne fasse aucune allusion au suicide.

Lorsque Nicole eut terminé sa lecture, elle écrivit quelques lignes au bas de la lettre et la renvoya. Puis elle eut une idée. Tout le monde était habitué à la voir écrire des poèmes dans son carnet, alors, pour l'anniversaire de Gary, au lieu de poèmes elle écrivit une lettre, arracha la page alors que personne ne la regardait, la fourra dans sa chaussure et la glissa à Ken.

En haut, elle avait écrit 2 décembre, mais avec un point d'interrogation. Elle n'était pas sûre de la date. En dessous, donc, elle écrivit *mercredi soir.* Elle découvrit plus tard que c'était jeudi soir, en réalité.

Gary,

Je t'aime. Plus que la vie.

Je pense à toi sans arrêt. Tu ne quittes jamais mon esprit.

Avant d'avoir reçu ta lettre j'avais l'impression de n'être qu'à moitié vivante parce que je ne savais pas où tu étais. Ici on ne veut rien me dire. Quand je me suis réveillée à l'hôpital du Point V on m'a seulement dit que tu t'étais réveillé aussi. J'ai alors essayé de t'appeler... Et puis on m'a amenée ici. Et ici c'est comme être enterrée vivante. Coupée de la vie. De toi. Oh ! bébé, que tu me manques...

J'ai lu ta lettre à chaque fois que j'en ai eu l'occasion. Tes mots touchent mon âme.

Je t'aime.

Comme tu l'as dit dans ta lettre, tu n'as pas besoin de ma vie pour toi. Je suis à toi à travers tout et tout le temps. Toutes les Choses et tous les Temps. Je pensais à la plus belle nuit qu'on avait eue... C'était une nuit d'Extase et d'Amour plus tendre que les mots ne peuvent le dire. J'appelle ça Douce Appréhension.

Je méprise cet endroit. Cet endroit me méprise. C'est vraiment ce que tu disais que c'était. Plein de moutons, de rats.

Mon chéri on éteint. Je peux tout juste voir ces lignes.

Touche mon âme avec ta vérité...

Pour toujours.

NICOLE

CHAPITRE XIV

LE REPRÉSENTANT

1

MIKAL n'avait pas revu son frère depuis le jour où, quatre ans auparavant, Gary avait été condamné à neuf ans de prison supplémentaires. Mais depuis quelque temps il entendait beaucoup parler de lui. Depuis le 1er novembre, le nom de Gary Gilmore était prononcé de plus en plus souvent à la radio. De plus, de grands articles lui étaient consacrés dans les meilleurs journaux et parfois même son nom paraissait en manchette en première page. C'est au début de novembre que Mikal lui téléphona à la prison d'État de l'Utah.

Au téléphone, Gary fut bref. Il parlait d'une voix sèche. Mikal s'entendit annoncer que Gary venait d'engager un avocat du nom de Dennis Boaz et qu'il comparaîtrait devant la Cour suprême de l'Utah le lendemain matin. A ce moment, il demanderait que l'on procède à l'exécution.

« Tu parles sérieusement ? demanda Mikal.

— Qu'est-ce que tu crois ?

— Je ne sais pas.

— Tu ne m'as jamais connu », fit Gary.

Mikal ne put que prier Gary de demander à Dennis Boaz de lui téléphoner. Ce soir-là l'avocat appela et mit au courant Mikal de quelques détails, mais ce n'était guère une conversation. Dès que la Cour suprême de l'Utah aurait pris sa décision, demanda Mikal, Boaz voudrait-il bien retéléphoner ?

« C'est d'accord si j'appelle en P.C.V. ? fit Dennis, je suis un homme pauvre. »

Boaz ne téléphona jamais. Mikal apprit le résultat en regardant la télévision. Lorsque Mikal appela Boaz pour se plaindre, l'avocat dit qu'il avait été harcelé de coups de fil. Quand Mikal voulut savoir où Boaz avait exercé en Californie, Dennis répondit qu'il trouvait l'attitude de Mikal « hostile ». Après ce coup de téléphone, Mikal dut admettre que Gary avait rompu avec sa famille. Il décida d'attendre.

Quelques jours plus tard, un avocat nommé Anthony Amsterdam téléphona à Bessie afin d'exprimer son intérêt pour l'affaire et lui dire qu'il allait bientôt appeler son fils. Mikal était donc prêt lorsque l'avocat téléphona.

2

Il avait examiné les titres d'Amsterdam. Assurément, ils semblaient prestigieux. L'homme était professeur de droit à l'université de Standford, et spécialiste de la peine capitale. Un ami de Mikal, qui faisait son droit, lui dit qu'Amsterdam avait gagné un procès célèbre devant la Cour suprême, *Furman contre Georgia,* qui laissait apparaître que les prisonniers noirs du quartier des condamnés à mort étaient exécutés en nombre tout à fait hors de proportion avec celui des détenus blancs frappés de la même peine. Ce procès avait donné lieu à une décision historique de la Cour suprême qui supprima pour quelque temps la peine capitale.

Au téléphone Anthony Amsterdam expliqua à Mikal qu'il faisait maintenant partie d'une organisation appelée le Fonds de Défense légale et qu'ils avaient des contacts dans tout le pays avec un réseau d'avocats disposés à coopérer dans des affaires de peine capitale. Lorsqu'un de ces cas se présentait, Amsterdam en était généralement averti par plusieurs sources. Au cours des deux dernières semaines, il avait eu de nombreux appels d'Utah. Il y avait d'abord eu un coup de téléphone de Craig Snyder pour « l'informer » du problème et un autre d'un éminent avocat de Salt Lake nommé Richard Giauque. Au cours de ces derniers jours, une demi-douzaine d'avocats qu'il considérait beaucoup avaient pris contact avec lui pour dire que le cas était bouleversant. Amsterdam avait donc estimé que c'était peut-être le moment de se mettre en rapport avec Bessie Gilmore.

Il avait été, dit-il, très frappé par cette conversation. Bessie Gilmore lui avait donné l'impression d'être une personne très forte mais qui souffrait beaucoup. On ne pouvait que respecter la tension, tant spirituelle que psychique, provoquée par cette abominable situation. Il dit à Mikal qu'il était persuadé que sa mère accueillerait volontiers un peu d'aide, mais qu'elle n'était pas encore certaine de vouloir prendre une position définitive dans l'affaire de Gary. Elle lui avait donc demandé d'en discuter avec son plus jeune fils.

Mikal savait que cet exposé était exact, puisque Bessie lui avait dit à peu près la même chose, encore qu'elle se méfiât des étrangers qui téléphonaient. A son tour, Mikal confia à Amsterdam son inquiétude à l'idée que les gens qui s'intéressaient à l'abolition de la peine capitale pourraient voir dans l'affaire Gilmore un cas susceptible de servir leurs propres intérêts plutôt que ceux de son frère.

Amsterdam répondit qu'il n'avait absolument pas l'intention de subordonner l'intérêt de Gary au service d'une idéologie. Il n'était pas homme à sacrifier l'individu pour des problèmes abstraits. Toutefois, ajouta-t-il, le temps était trop limité au téléphone pour exposer toute l'argumentation de l'affaire. Si Mikal était disposé à poursuivre la conversation, Amsterdam aimerait le rencontrer.

Mikal était impressionné, mais il dit qu'il voulait en parler à sa mère et y réfléchir. En attendant, il aimerait savoir à combien pourraient s'élever les honoraires d'Amsterdam. L'avocat lui déclara qu'il travaillait exclusivement pour l'intérêt du public. Il n'acceptait pas d'honoraires. Il préciserait même dans leur lettre d'accord que tous les services devaient être absolument gratuits.

Ils convinrent de se rappeler deux jours plus tard.

Durant ce temps, Bessie en vint à conclure que ce serait une bonne idée d'engager Amsterdam. Elle aimait beaucoup la voix de cet homme, dit-elle. Elle y avait perçu de l'assurance. Le lendemain matin elle apprit la nouvelle de la tentative de suicide de Gary et de Nicole.

Mikal appela la prison quelques jours plus tard. Gary était dans une colère noire. Il venait de congédier Boaz. Espérant que ce serait une ouverture, Mikal dit que l'affaire était devenue un vrai cirque. Tout effort de Gary pour préserver sa dignité serait vain. C'était aussi une rude épreuve pour la famille. Cette dernière remarque fut une erreur. « Qu'est-ce que je te dois ? commença Gary. Je ne te considère même pas comme un frère.

— Tu es en train de bousiller la vie d'un tas de gens », dit Mikal.

Gary raccrocha. Mikal réfléchit. Au bout d'un jour ou deux il décida d'autoriser Anthony Amsterdam à intervenir au nom de Bessie Gilmore.

3

Amsterdam exposa à Mikal les mesures qu'il se proposait de prendre. Il allait leur demander d'envisager une pétition présentée par un « Proche ». Ils allaient prétendre que la mère de Mikal agissait au nom d'un individu qui n'était pas capable de protéger ses propres intérêts. Cela leur donnait le droit d'attaquer l'État d'Utah. Un Proche n'était qu'un terme juridique pour indiquer l'intimité avec la personne au nom de laquelle on attaquait. Ce n'était pas nécessairement le parent le plus proche, mais sur le plan pratique, c'était bien, puisqu'un tribunal accepterait mieux la chose si le Proche n'était pas un excentrique, ou un touche-à-tout, mais en réalité un très proche parent.

En discutant les termes de la requête qu'il allait présenter, Anthony Amsterdam précisa qu'il devait aborder un point délicat. Selon lui, Gary était un malade qui n'agissait pas en pleine possession de ses moyens. Le fait qu'il avait été déclaré sain d'esprit ne résultait que de trois rapports de pure forme rédigés par trois psychiatres déposant des conclusions pour l'usage. Ça ne voulait rien dire du tout. Même dans ce cas, les médecins ne pouvaient ignorer le fait que Gary avait des tendances suicidaires. Ayant parlé à Craig Snyder, Amsterdam estimait que congédier un avocat compétent, alors que l'on a été condamné à mort, est en soi une forme de suicide. Gary avait soulevé des questions sur le libre arbitre et l'autodétermination, mais la situation n'était-elle pas comparable au fait de regarder une femme ayant perdu la tête et prête à sauter du haut du pont de San Francisco ? C'étaient des paroles énergiques et il n'allait sûrement pas s'exprimer de cette façon devant Bessie Gilmore, mais il tenait à souligner que la question de savoir si Gary était mentalement responsable n'avait pas été réglée de façon satisfaisante.

Toutefois, cette incapacité n'allait pas être la base de la plainte. Il y avait deux autres éléments très importants. Gary, au cours de ces récentes journées dramatiques, avait reçu des conseils de Dennis Boaz qui écrivait un livre sur toute cette histoire. Si Gilmore devenait le premier condamné à être exécuté depuis dix ans, Boaz avait beaucoup à gagner. C'était vrai aussi des avocats engagés maintenant par l'oncle, Vern Damico. L'oncle était d'ailleurs dans la même position. Gary n'avait pas été et n'était toujours pas conseillé comme il convenait. Même s'il était sain d'esprit, il n'en demeurait pas moins un profane prenant la décision juridique de se tuer sans le bénéfice d'un conseil juridique sans préjugé.

Et puis il y avait un troisième point. Lorsque Gary avait comparu devant la Cour suprême de l'Utah, les débats n'avaient pas réussi à établir ce que la Cour suprême des États-Unis avait maintes et maintes fois déclaré être la procédure obligatoire à suivre par un accusé s'il voulait renoncer à des droits essentiels.

Amsterdam affirma qu'il présentait ces arguments en connaissance de cause. Les juges de la Cour suprême de l'Utah n'étaient pas des juges d'assises. Ils n'étaient pas habilités à mettre les gens en garde et à tenir des comptes rendus d'audience convenables. Ils représentaient une juridiction d'appel, et ils s'y étaient mal pris. Les débats ne correspondaient pas, et de loin, aux exigences de la Cour suprême des États-Unis.

A la suite de cette conversation, les événements allèrent vite. Amsterdam avait besoin d'un avocat de l'Utah pour présenter la requête du Proche devant la Cour suprême et il choisit Richard Giauque. Tout de suite après, Mikal apprit que la Cour suprême avait accordé le sursis. Tout cela sembla se passer du jour au lendemain.

4

Le lundi 6 décembre, Earl ressentit les bienfaits d'un week-end de repos. Il se rendit à la prison pour prendre les dépositions du gardien qui avait laissé entrer Schiller et les expédia à Denver. Le lendemain, la Cour de Denver accorda satisfaction à la requête présentée contre Ritter, et les médias se virent de nouveau interdire tout contact avec Gary. Bien que Bill Barret vînt tout juste d'expédier les conclusions du procureur général à la Cour suprême et qu'au bureau on ne parlât que de ça, Earl avait quand même le sentiment que c'était un grand jour pour lui. Il avait remporté une affaire contre Holbrook.

C'était maintenant au tour de Bill Barrett d'être épuisé. La réponse à la Cour suprême devait être présentée le mardi 7 décembre à cinq heures de l'après-midi. Il ne restait que quatre jours et deux heures pour la mettre au point.

Ce vendredi soir, quatre jours plus tôt, Barrett avait convoqué dans son bureau tous les secrétaires juridiques, les avait fait asseoir et avait dit : « Partageons-nous le travail. » Il énuméra les conclusions, les assigna aux uns et aux autres et chacun se mit à travailler comme un fou. C'était un peu délicat au début, parce qu'ils n'avaient pas encore vu le dossier de Giauque, mais ils avaient quand même lu les conclusions qu'il avait soumises à George Latimer à la Commission des Grâces, et il semblait que l'incapacité mentale constituerait le gros de l'attaque. « *Autoriser un accusé à renoncer à la révision par la justice d'une sentence de mort* », avait déclaré Giauque dans ses conclusions,

... revient à le laisser commettre un suicide. Le Talmud, Aristote, saint Augustin et saint Thomas d'Aquin, tous considèrent le suicide comme un grave méfait sur le plan privé comme sur le plan physique. En droit coutumier, on tenait le suicide pour un crime et il entraînait la saisie des biens et l'inhumation au bord de la route... Un homme accusé d'un crime, comme Gilmore, qui refuse de poursuivre les voies légales qui lui permettraient de sauver sa vie choisit, en fait, de commettre un suicide et l'écrasante majorité des psychiatres tient la tendance au suicide pour une forme de maladie mentale.

Barrett ne calcula jamais combien d'heures de travail furent accomplies pendant ce week-end. Il n'osait pas. Durant tout le samedi et tout le dimanche, des secrétaires juridiques arrivaient pendant que d'autres rentraient chez eux et le lundi, trois d'entre eux veillèrent toute la nuit pour préparer le texte final. Le lendemain matin, ils répartirent la frappe entre quatre secrétaires. Ils étaient si près de leurs limites qu'ils durent contacter Michael Rodak, le greffier de la Cour suprême, pour lui dire qu'ils ne pouvaient pas faire parvenir le document à l'heure à Washington, même par avion.

On prit donc des arrangements avec le cabinet du sénateur Garn. Des secrétaires juridiques commencèrent à porter des textes à son bureau, à cinq blocs de là, à utiliser son téléscripteur pour les faire parvenir à Washington. Dans la conclusion, ils avaient fait feu de tout bois, mais insistaient surtout sur le fait que Bessie Gilmore n'avait pas autorité pour agir au nom de son fils. C'était son procès à lui, pas le sien à elle.

Alors que, bien sûr, la partie adverse arguait du fait que Gary ne jouissait pas de toutes ses facultés mentales et que cela donnait à Mme Gilmore le droit d'intervenir. C'était un argument de poids, qui tracassait Bill Barrett. Depuis la tentative de suicide du 16 novembre, aucun psychiatre n'avait examiné Gilmore. Il n'y avait donc, pour l'instant, aucune base solide pour affirmer la santé d'esprit ou non du condamné. Entre le 7 décembre, date à laquelle on remettrait les conclusions, et le lundi 13, lorsque la Cour suprême rendrait sans doute son verdict, on aurait amplement le temps de se faire du souci.

Toutefois, durant ces jours d'attente, Barrett relut les conclusions et il n'était pas mécontent de certains passages :

Tous les suicides ne sont pas des manifestations pathologiques ni une indication d'incapacité mentale.

La Cour suprême des États-Unis, dans l'affaire récente de Drope contre Missouri, *420.U.S.162 (1975), a noté :*

« ... la relation empirique entre la maladie mentale et le suicide est incertaine et une tentative de suicide n'est pas toujours nécessairement le signe d'« une « incapacité à percevoir convenablement la réalité ». 420.U.S. à 181.

M. Gilmore a eu une expérience suffisante de la vie carcérale pour estimer... ce que ce serait pour lui que de languir en prison. Des ouvrages historiques, reli-

gieux et existentiels donnent à penser que pour certaines personnes, dans des circonstances données, il est rationnel de ne pas éviter à tout prix la mort physique. L'étincelle d'humanité peut même augmenter son essence en choisissant une alternative qui sauvegarde la plus grande dignité et assure une certaine tranquillité d'esprit.

CHAPITRE XV

LES AVOCATS DE LA FAMILLE

1

SCHILLER s'était livré à quelques calculs pour voir ce qui lui serait nécessaire pour les autorisations des divers intéressés, les notes d'hôtel et de motel, les frais de sténo et de matériel de bureau et avait conclu qu'il aurait besoin de soixante mille dollars en plus de la contribution d'A.B.C. Il n'y avait qu'une seule façon de se procurer cette somme : acquérir les lettres de Gary à Nicole et les vendre.

Mais pour Schiller, sur le plan éthique, c'était un coup de pile ou face. Après tout, il avait fait confiance à Gilmore. Il avait remis un chèque de cinquante mille dollars d'emblée, façon spectaculaire de montrer qu'il n'allait pas distribuer l'argent au compte-gouttes. Schiller avait ses raisons. Il ne voulait pas que tout le monde continue à penser à David Susskind. Dès l'instant où les avocats de Gary pourraient appeler la banque et s'assurer que le chèque était crédité, ils seraient disposés à voir en Larry Schiller un gros homme d'affaires, et pas un petit combinard. C'était là son mobile raisonnable. Il avait aussi ce qu'il appelait son mobile romantique. Le romantisme, après tout, le séduisait, une chanson comme *Le Rêve impossible,* les airs d'*Oklahoma* et de *Carrousel, La Mélodie du bonheur,* avec les Alpes à l'arrière-plan. Il tenait donc à bien montrer qu'il n'essayait pas de jouer au plus fort mais, en fait, qu'il faisait de son mieux. Il disait : « Je suis assez malin pour ne pas essayer de vous allonger cent dollars par semaine. Je ne veux pas que vous vous mettiez à réfléchir au moyen de me rouler. Je veux traiter avec vous, avec l'homme. L'argent, ça n'est que le côté mécanique. Le voilà, cash. Vous pouvez me rouler dans la farine maintenant, mais vous ne le ferez pas, parce que je vous fais confiance. Un charmant homme d'affaires dans un bureau aura plus vite fait de me duper que vous. »

Telle était la tirade muette que Schiller adressait à Gary Gilmore. Cela se répétait dans sa tête plusieurs fois par jour. Il savait que c'était une logique à laquelle Gilmore pouvait être sensible.

De son côté, Gilmore se montrait assurément tout à fait déraisonnable à propos des lettres. Elles faisaient partie intrinsèque de la négociation et, pour Schiller, elles représentaient une partie de son capital. Il n'éprouvait donc aucun scrupule à se les procurer par tous les moyens possibles. A la fin de la première semaine de décembre, il s'en alla trouver Moody et Springer pour leur expliquer ce qu'il voulait.

Ils lui répondirent qu'ils ne savaient pas comment se les procurer.

Alors, pour la première fois, Larry perdit patience avec les avocats. « Ne me racontez pas d'histoires ! cria-t-il. Vous êtes les avocats de Gary Gilmore. Vous demandez tout simplement à Noall Wootton de vous les remettre. Ne me dites pas que cet État n'a pas de lois pour imposer l'ouverture des dossiers de l'accusation ? Vous avez droit à une copie de tout ce que l'accusation retient contre votre client. »

Schiller était particulièrement exaspéré de voir que Stanger n'avait rien fait. Non seulement il n'avait pas pris les lettres, mais il n'avait rien entrepris pour se procurer un compte rendu des débats du procès. Gary ne voulait pas, répondit Stanger.

Ça n'avait rien à voir avec la défense de Gary, expliqua Schiller. Ça concernait le livre et le film. Comment parler du procès sans un compte rendu d'audience ? D'ailleurs, fit remarquer Schiller, ils avaient un devoir légal à remplir. Et si Gary changeait d'avis et voulait faire appel ? S'ils n'avaient pas de compte rendu d'audiences, s'ils ne connaissaient pas les notes de Snyder et d'Esplin, ils risquaient de perdre une semaine cruciale. La vie d'un homme pouvait s'en trouver sacrifiée. Il tremblait d'indignation. « Je veux que tous les deux vous vous mettiez à ce foutu téléphone, dit-il, et que vous commenciez à vous remuer un peu. » Il voyait bien que cela ne leur plaisait pas du tout, mais ils savaient aussi que c'était de lui qu'était susceptible de venir tout argent supplémentaire.

Schiller n'arrivait pas à comprendre la façon dont ces avocats travaillaient. Wootton n'avait jamais pris la peine de faire établir un compte rendu d'audiences. Et si la Cour suprême des États-Unis en avait besoin ? La secrétaire de Woody rappela un peu plus tard pour dire que le sténographe de la Cour pensait que cela coûterait six cents dollars. « Je paierai, dit Schiller, ne vous inquiétez pas. » Ce qui était plus important, c'était que Wootton acceptât de lui remettre les originaux des lettres, à condition qu'on lui fournisse un jeu de photocopies. Stephanie arriva donc comme messagère de Moody et reprit le tout.

Après les avoir consultées, Larry estima que Gary avait dû écrire en août, septembre, octobre et novembre, jusqu'à la tentative de suicide, une moyenne de dix pages par jour. Bon nombre de lettres couvraient jusqu'à vingt de ces grandes pages de blocs-notes. Le total devait dépasser mille pages. Il ne fit que les parcourir. Il se rendit compte que Gilmore parlait de tout dans ses lettres. Parfois, il donnait à Nicole un véritable cours universitaire en parlant de Michel-Ange et de Van Gogh ; d'autres fois, c'étaient des pages entières où il ne parlait que de cul. Schiller se dit qu'il aurait besoin d'au moins six jeux de photocopies, un pour Wootton, un pour lui, un pour le futur auteur du livre et au moins trois autres pour des ventes annexes. Il appela le bureau de Xerox à Denver en demandant quelle était la machine la plus rapide qu'ils fabriquaient et qui pourrait en avoir une. Il était prêt à expédier Stephanie par avion à Denver, à Dallas, à San Francisco, n'importe où, lorsqu'on lui répondit qu'ici même, à Provo, la Press Publishing Company avait précisément une telle machine. Dans ce trou de Provo ! Une boîte qui fabriquait des cartes de Noël. Schiller secoua la tête. Ces choses-là arrivent parfois.

De toute évidence, il n'allait pas raconter à une telle société que c'était pour Gary Gilmore qu'il avait l'intention d'utiliser leur appareil. Il leur demanda seulement de louer la machine de onze heures du soir à trois heures du matin, et il utilisa Woody et Stanger comme références. Stephanie et lui se rendirent sur place avec un employé de la société et cela prit six heures et demie pour tout faire.

C'était un travail fantastique. Les lettres de Gary étaient si soigneusement pliées que ça n'en était pas croyable. Une petite enveloppe de prison pouvait contenir une douzaine de grandes feuilles. Non seulement Gary avait plié les feuilles, mais Nicole en avait conservé les plis. Schiller se mit à supposer les relations entre Gary et Nicole à la façon dont ces lettres avaient été ouvertes et remises en place, dans leurs enveloppes.

Par la suite, lorsqu'il eut l'occasion d'en lire davantage, Schiller commença à se sentir un peu rassuré. Même si la Cour suprême annulait le sursis et si Gary était exécuté d'ici à une semaine ou deux, ces lettres dévoilaient quand même l'histoire d'amour. Non seulement elles contenaient la raison pour laquelle l'homme voulait mourir, mais aussi Roméo et Juliette, et la Vie après la Mort. Ça pourrait même suffire à un scénariste.

Le problème suivant était de savoir à qui en vendre quelques-unes. Le *National Enquirer* avait fait une offre ferme de soixante mille dollars à l'agence Scott Meredith mais Schiller se demandait s'il ne devrait pas traiter en bloc avec *Time*. Sans doute n'obtiendrait-il pas plus que le tiers de la somme, mais même à ce prix-là Schiller optait pour *Time*. Ça n'était pas seulement le prestige. En fait, le magazine *Time* agirait comme un formidable prospectus publié partout dans le monde. L'importance de Gilmore prendrait une ampleur internationale. Cela seul justifiait la perte de quarante mille dollars. Cependant, il continuait à négocier avec l'*Enquirer*. Ils avaient augmenté leur offre de soixante à soixante-cinq mille dollars. Schiller avait besoin de plus d'argent, comme un fermier sans tracteur a besoin d'un tracteur, mais il n'aimait pas l'idée que l'*Enquirer* allait diminuer la valeur de l'histoire. En attendant, il semblait que *Time* était prêt à aller jusqu'à vingt-cinq mille dollars.

Entre-temps, il eut l'idée de vendre à *Playboy* une interview de Gary Gilmore. Ça devrait valoir encore vingt mille. Entre *Time* et *Playboy*, plus l'argent d'A.B.C. déjà dépensé, plus ce qu'il pourrait ramasser en Europe en vendant les lettres, il devrait arriver à un total de plus de cent mille dollars. Cela devrait suffire à couvrir toutes les dépenses, passées et à venir.

2

Les avocats, cependant, avaient leur problème. L'avis fait à la presse par Schiller qu'il était producteur de Hollywood avait tout retourné à la prison. Sam Smith disait qu'il allait veiller à ce que personne ne tire profit de l'exécution de Gary Gilmore. « Cela ne sera pas, tant que je suis directeur du pénitencier. » Il se mit à imposer une foule de restrictions aux visites.

A cette époque, il y avait toujours un gardien présent lorsqu'ils parlaient à Gary. Les avocats reposaient le téléphone et refusaient de parler tant que le gardien n'avait pas foutu le camp. Le type s'en allait parfois à l'autre bout de la pièce, mais alors, on pouvait supposer que les téléphones étaient sur table d'écoute. C'était difficile de parler, depuis le coin d'une salle, à un client dont on ne pouvait pas voir le visage. Un jour, Moody attaqua même Sam Smith à propos du droit d'enregistrer ses conversations avec Gary. « Pour exécuter son testament, se plaignit Bob, il faut que j'enregistre ses remarques au cas où il changerait d'avis. » Il savait que discuter ainsi était une perte de temps, mais il le faisait pour éviter qu'on parle des enregistrements clandestins auxquels il procédait déjà. Dans le meilleur des cas, c'était assez difficile. Il fallait introduire subrepticement l'appareil dans la prison en le cachant sous son manteau, et puis il y avait l'appréhension de voir un gardien remarquer le petit rond de caoutchouc qu'on avait glissé autour de l'écouteur du téléphone. S'ils étaient découverts, ce serait gênant pour eux professionnellement. Bien sûr, le Barreau n'avait rien fait à propos de Boaz, et n'allait sans doute pas commencer avec eux, mais tout de même, si on tenait à sa réputation, ça devenait un risque supplémentaire. D'autres fois, les gardiens essayaient d'inspecter leurs porte-documents lorsqu'ils arrivaient. Ils étaient alors obligés de faire un vrai numéro. Ils étaient les avocats de Gilmore et on ne devait pas toucher à leurs serviettes ! Ça voulait dire qu'ils devaient toujours se présenter à la porte de la prison prêts à la bagarre.

Une fois, Ron eut une terrible discussion avec Sam Smith. « Je vais parler à mon client comme je l'entends, lui dit Ron, et ce n'est pas vous qui allez me dire comment m'y prendre. » « Écoutez, dit Smith, c'est ma prison. » Ron dit : « Je m'en fous. » Il se mit à hurler. Smith essaya de le calmer. « Allons, Ron, disait-il, allons, Ron. » Et Ron répondit : « Bon sang, vous n'allez pas me dire comment mener une conversation. Il faut que j'en garde une trace. Si mon client est exécuté et que quelqu'un fasse un procès, je veux que ces conversations soient enregistrées. Je vais traiter mon client comme je l'entends. » « Dans ce cas, répondit Sam Smith, il va falloir que vous alliez devant la Cour fédérale pour demander si vous avez ce droit. » « Mon vieux, s'il le faut, j'irai », répondit Ron.

Ça tournait au concours de vociférations et ça ne les menait nulle part. Le directeur ne disait jamais ce qu'on pouvait et ne pouvait pas faire. Il se contentait de déclarer, quand on le lui demandait, que c'était contraire au règlement de la prison. Ron eut même une prise de bec avec Ernie Wright, le directeur de l'Application des Peines. Ron était un des cinq membres du Conseil de la Construction pour l'État et ça lui donnait une certaine puissance. Chaque fois que la prison avait besoin d'une nouvelle installation, d'un nouveau hangar, il fallait, comme pour toute autre institution d'État, obtenir la permission du Conseil de Construction de l'État. Ron avait donc depuis quelque temps des contacts quasi quotidiens avec Sam et Ernie. En cette occasion, toutefois, il se heurta à un mur. Ernie Wright finit par dire : « Aucun producteur de cinéma ne gagnera un centime avec Gilmore. Ça n'est pas juste. C'est nous qui encaissons les critiques, et personne ne fera d'argent avec cette affaire. » Voilà où ils en étaient.

« En quoi est-ce contre la politique de l'Administration ? demandait Bob. D'après quels textes ?

— Oh ! ça n'est écrit nulle part, répondait Ernie Wright, c'est simplement la politique du pénitencier. »

Moody et Stanger s'aperçurent qu'ils pouvaient obtenir bien plus en travaillant avec les directeurs adjoints. Les deux zombies de la prison étaient utiles aussi. Campbell, le mormon, passait la moitié du temps à lutter contre la prison, alors on pouvait le voir agacé et promener partout un visage fermé. Mais l'autre chapelain, le catholique, le Père Meersman, était un vieux malin, et il disait aux avocats : « Flattez-les. Ne demandez pas si vous pouvez ou si vous ne pouvez pas. Allez le plus loin possible. Quand on vous interdit une chose, essayez une autre fois. » Le Père Meersman travaillait sans problème à la prison, depuis des années. C'était un homme au visage agréable, aux cheveux gris, ni grand ni petit, ni corpulent ni maigre, une honnête moyenne dans tous les détails de son physique.

Bien sûr, Gary pouvait se montrer caustique à propos du Père Meersman. « Le padre, dit-il un jour à Moody et à Stanger, m'a donné une croix pour le jour de ma mort. Faite exprès. Elle tient dans la paume de la main. Ce pingouin papiste devrait être vendeur de voitures d'occasion. »

Moody avait aussi quelque influence dans les milieux mormons. Il était membre du Grand Conseil, un des douze Anciens à conseiller le président de la Congrégation de Provo, mais de temps en temps un bruit courait qu'il devrait être chassé du Grand Conseil pour accepter le prix du sang. D'un autre côté, des membres éminents de l'Église mormone disaient : « Vous faites un beau travail. Nous l'admirons. » C'était moitié moitié.

Moody ne s'en souciait pas. C'était comme les attaques dont il était l'objet lorsqu'il défendait un homme qui en avait tué un autre en conduisant en état d'ivresse. « Comment avez-vous pu faire ça ? lui demandait-on. Vous êtes mormon. Vous ne buvez pas. » Certains membres de l'Église ne comprenaient pas le système ni le rôle qu'il y jouait.

Malgré cela, il n'y avait pas que des mauvais côtés. Ron Stanger en était arrivé au point où il avait hâte de rentrer chez lui pour se voir sur le petit écran. Plus que Moody, il aimait la publicité. Bob n'était pas très fier de sa calvitie et n'avait nulle envie de se précipiter pour regarder son image, mais les gosses, eux, aimaient bien ça. « Voilà papa ! » criaient-ils. C'était drôle de les voir sur le petit écran. Et, bien sûr, au palais de justice et dans la rue, tout le monde leur demandait comment ils s'en tiraient, tout le monde leur disait qu'on les avait vus à la télé. Pour Moody, c'était agréable de tomber sur des avocats avec qui il était allé à la faculté, qui maintenant, peut-être, gagnaient plus d'argent que lui, et malgré cela de pouvoir discuter de l'affaire avec eux. Dans l'ensemble il était plutôt détendu. Gilmore, tout à la fois, le gênait et l'aidait dans sa clientèle. Ça faisait diversion. Moody se plaisait à se considérer comme un homme que l'idée de changement ne paralysait pas.

3

GILMORE : Vous allez dire à Larry Schiller que je veux pouvoir téléphoner à Nicole. Je suis sûr que Schiller, s'il le veut, peut faire pression sur les gens.

STANGER : C'est vrai, Larry est capable de se remuer.

GILMORE : Vous deux, vous avez fait certaines choses, mais ça n'a pas été suffisant, je n'ai toujours pas reçu ce coup de fil.

STANGER : Ça n'a pas réussi.

GILMORE : Écoutez, j'ai passé seize jours sans manger et je continuerai s'il le faut. Je ferai tout ce qui est en mon pouvoir pour recevoir ce coup de fil. Si c'est une affaire de pot-de-vin, versez-le. Je me fous de ce qu'il faut... Je veux parler à Nicole et je ne crois pas que je me montre encore coopératif avant. Ça ressemble à un ultimatum. Je ne sais pas si j'ai le droit de vous demander de m'obtenir ce coup de téléphone afin d'avoir les réponses à ces questions, mais je prends ce droit.

STANGER : Vous avez le droit de demander ce que vous voulez, Gary.

GILMORE : Je veux parler à Nicole.

Sitôt les avocats rentrés à Provo avec une bande, Schiller, s'il était en ville, venait à leur cabinet pour en faire aussitôt une copie. Cela lui donnait l'occasion de l'écouter en présence des avocats. Lorsqu'il entendit Gary dire : « Arrangez-vous pour que j'aie ce coup de téléphone », Schiller se tourna vers Moody et fit observer : « Allons, est-ce qu'il s'imagine que je vais donner vingt-cinq dollars à quelqu'un ? » Moody répondit : « Gary pense que cinq mille feraient l'affaire. » « A qui ? » demanda Schiller. Moody répliqua : « Gary dit de chercher un médecin. » Schiller répondit :

« Je ne pense pas que nous devrions nous mêler de ça, Bob. Nous ne sommes pas sortis de l'auberge. »

Il avait le sentiment que Gary essayait de voir jusqu'où il irait. En fait, tous se demandaient : combien d'argent Schiller a-t-il en poche ? A-t-il cinq mille dollars de plus à verser ? Larry estima que c'était une bonne façon d'établir son intégrité auprès de Moody en ne marchant pas. « Je ne crois pas que nous devions nous en mêler, répéta-t-il. Je vais envoyer un télégramme à Gary. »

5 DÉCEMBRE, 13 H 30
GARY GILMORE
PRISON D'ÉTAT DE L'UTAH, BOITE 250
DRAPER UT 80 4000 020
CONCERNANT VOTRE DEMANDE POUR COMMUNIQUER AVEC UNE TROISIÈME PARTIE, CE N'EST PAS LE MOMENT ET JE REPOUSSE LES MOYENS QUE VOUS AVEZ SUGGÉRÉS. JE SUIS ICI POUR ENREGISTRER UNE HISTOIRE PAS POUR M'EN MÊLER. SALUTATIONS.

LARRY

« En fait, se dit Schiller, maintenant j'en fais partie. Tout, autour de moi, fait partie de l'histoire. »

Maintenant que Gilmore refusait de répondre à ses questions, Schiller décida qu'il ferait mieux de recueillir quelques interviews annexes. Vern lui avait dit que cela vaudrait la peine de parler à Brenda, aussi, avec Stephanie, s'en alla-t-il voir Brenda et Johnny. Ce ne fut pas une grande interview, mais il fut ravi de Brenda. Elle était sincère, spirituelle et télégénique. Presque assez belle pour être une fille du style *Les Anges de Charlie.* Son mari, Johnny, fit aussi une forte impression sur

Schiller, mais d'une autre façon. Il était un peu mal à l'aise devant lui. Un homme fort, qui répugnait à parler.

Il se félicita d'avoir amené Stephanie. Le fait qu'elle l'accompagne lors de cette interview dégela Brenda. Stephanie donnait à ces situations facilement embarrassantes qu'étaient toujours les interviews un peu — il ne voulait pas dire de classe — mais un peu de culture, la légère touche de douceur nécessaire. Elle était précieuse. Enfin, jusqu'au moment où ils repartirent. « Tu es resté assis là à bouffer tous ces hors-d'œuvre, dit-elle, tout ce jambon et cet ananas. » Elle n'a pas pu s'empêcher de le dire, songea Schiller. Elle représentait un actif en arrivant et un passif en partant. Ses critiques étaient si âpres que cela lui sapa le moral pour le reste de la journée.

Ce fut donc un demi-soulagement que d'interviewer Sterling Baker et Ruth Ann au cours de la semaine, et sans Stephanie. Il fut étonné de trouver Sterling si gentil. Si timide, en fait, qu'il dut l'emmener au restaurant. Ce type ne pouvait pas rester assis et se laisser interviewer sans avoir une occupation, ne fût-ce que mastiquer, pour se détendre. Sterling révéla un autre aspect de Gary. Ce type était vraiment aimable et doux. Gary avait été attiré vers lui, c'était étonnant.

4

Moody et Stanger s'efforçaient de trouver un moyen pour que Gary puisse téléphoner à Nicole. On discuta plus d'un plan.

En attendant, pour faire plaisir à Gary, ils faisaient passer quelques lettres entre Nicole et lui.

Gary, naturellement, voulut savoir si Ken Sundberg était bien et Moody dut lui assurer que Sundberg était un jeune mormon sérieux qui n'allait pas s'interposer entre Nicole et lui.

GILMORE : Est-ce que je peux vous poser une question personnelle ? Parfois, quand les choses deviennent une réalité, les gens n'y pensent pas exactement comme ils le devraient. Vous n'allez pas changer d'avis ?

MOODY : Disons ceci, Gary, je crois que Ron et moi en sommes tous les deux arrivés à vous considérer, à vous traiter comme un bon ami et l'idée que vous soyez exécuté ne nous plaît pas mais, que voulez-vous, nous sommes ici pour faire ce que vous désirez. Nous continuerons à travailler dans ce sens, même si ce n'est pas une agréable perspective.

STANGER : Certainement pas.

GILMORE : Vous savez, je ne vous demande pas de me trouver sympathique. D'ailleurs, je ne suis pas quelqu'un de sympathique.

STANGER : Que ça vous plaise ou non, nous en sommes arrivés à avoir de l'affection pour vous.

GILMORE : La seule chose que je demande, c'est qu'on respecte mes idées sur la mort.

Stanger ne croyait vraiment pas que Gilmore allait en arriver là. Il y avait trop de juges secrètement hostiles à la peine capitale. D'un autre côté, Stanger ne voyait pas pourquoi il ne ferait pas de son mieux. Il se plaisait à respecter le rôle qu'il assumait. D'une certaine manière, il n'avait été, toute sa vie, qu'un comédien. Et puis, bien sûr, il y avait toutes sortes de côtés ironiques dans cette affaire. Il était là, censé interviewer Gilmore sur son passé et c'était plutôt Gary qui parvenait à faire parler Ron de sa propre existence.

Comme il était né à Butte, Ron pouvait facilement faire rire en disant : « Attention à ne pas oublier le "e". » (Butt, en anglais, veut dire cul.) Ses deux frères aînés, raconta-t-il à Gary, vendaient des journaux alors que lui était parfois à demi mort : Ron se mettait à crier les titres aux meilleurs coins de rue et aussitôt les vendeurs de journaux plus costauds lui sautaient dessus. A ce moment-là, ses frères contre-attaquaient et occupaient le coin pendant un moment.

Dans les années 40, pendant les hivers froids et sales, quand il en avait assez de trimbaler des journaux, il allait dans des bars et toutes les vieilles peaux qui stationnaient là lui achetaient ce qui lui restait par compassion. Le meilleur entraînement au métier d'avocat, ç'avait été d'apprendre à arborer ces expressions qui attirent la sympathie.

Puis, sa famille partit pour l'Oregon où il n'y avait pratiquement pas de mormons. L'église était installée au-dessus d'une blanchisserie. Il rencontra des gens qui étaient persuadés que les mormons avaient des cornes parce qu'ils avaient plusieurs femmes. Stanger n'était qu'un gosse mais cependant il répondait : « Je suis tout à fait pour. » Son grand-père, en fait, avait été polygame. Lorsque Stanger arriva à la B.Y.U., on demanda aux étudiants qui se trouvaient là qui, parmi eux, avait eu des ancêtres polygames. Presque tout le monde se leva. Bien sûr, ces familles polygames ne devaient pas être particulièrement heureuses, songea Ron. « Tu as fait un bébé à Une telle, devait gémir une épouse, et tu ne m'en as pas fait à moi. » Bon sang, on avait déjà assez de mal à rendre heureuse une seule femme.

Gary lui demandait de continuer. Il trouvait tout ça fascinant.

Ron dit qu'il avait été le premier membre de sa famille à être allé au collège. Il ne savait pas très bien pourquoi il avait choisi la B.Y.U., sinon parce que c'était un établissement où les mormons étaient nombreux. Il ne suivait les cours que depuis quelques jours quand une petite blonde mignonne dit quelque chose à propos d'Ernie Wilkinson. Ron ouvrit alors sa grande gueule et dit : « Qui est-ce ? » Il croyait qu'Ernie était le petit ami de la fille. Comment était-il censé savoir que Wilkinson était le président de l'université ? La fille se moqua de lui si bien que Ron s'éloigna. « Voilà une fille avec qui je ne pourrai jamais sortir », annonça-t-il à ses amis. Ils étaient mariés maintenant depuis vingt-deux ans et avaient toute une famille. Cinq gosses, tous adolescents, tous adoptés.

Comme Ron et Viva ne pouvaient pas avoir d'enfant, ils attendirent cinq ans, puis firent une demande par l'intermédiaire de l'Église et durent encore attendre deux ans pour avoir leur premier enfant adoptif. Ça prenait si longtemps qu'ils avaient déjà envoyé un tas d'autres demandes et en moins d'un an il y eut dans la maison trois enfants de plus. Quatre gosses de moins de quatre ans. Ils envisageaient d'avoir une fille pour leur cinquième adoption, mais ils entendirent parler d'un bébé qu'ils pouvaient avoir tout de suite d'une autre organisation de l'Oregon. Ron et Viva sautèrent dans un avion pour Portland afin d'aller chercher le nouveau petit bébé.

Une fois à bord, ils s'amusèrent à distribuer les enfants à tout le monde. Ils disaient à des inconnus : « Tenez, on en a trop, vous en voulez un ? » Lors du retour, ils avaient un vilain cabot en laisse, et puis des jumeaux qui marchaient à peine, Ron arrivait ensuite, portant l'avant-dernier et Viva fermait la marche avec le dernier bébé. Deux vieilles dames s'approchèrent et dirent :

« Nous voudrions vous poser une question. Vous êtes mormons ? » Comme ils acquiesçaient, les vieilles dames dirent : « On s'en doutait. C'est une si grande famille. » Plus tard, dans l'avion, Viva remarqua : « Est-ce que ça n'aurait pas été drôle si tu leur avais dit qu'on était tous les deux stériles ? »

Gary et lui rirent longtemps de cette histoire.

CHAPITRE XVI

•

UN PONT VERS L'ASILE

1

SCHILLER se procura des épreuves de l'article de Barry Farrell dans *New West.* Il était intitulé « La commercialisation de la danse de mort de Gary Gilmore », ce qui ne sonnait pas très bien, et l'article traitait des négociations de Gilmore avec Boaz, Susskind et Schiller. A la satisfaction de ce dernier, les passages qui le concernaient étaient dans l'ensemble acceptables, mais avec des nuances.

> Oncle Vern semblait moins attiré par Susskind que par Larry Schiller, qui fit l'effort de se déplacer pour rencontrer la famille. Le conseil de Schiller à eux tous fut d'engager un avocat et, quand ce fut chose faite, les avocats trouvèrent en Schiller quelqu'un parlant leur langage, qui avait de solides notions de droit et qui avait toujours avec lui un porte-documents plein de contrats compliqués concernant les droits d'histoires encore plus spectaculaires que celle de Gilmore.

C'était bien. Farrell le traitait avec un certain sérieux. Mais Larry fut consterné en lisant le paragraphe suivant :

L'homme avait un côté charognard : il avait déjà traité avec Susan Atkins, Marina Oswald, Jack Ruby, Mme Nhu et la veuve de Lenny Bruce.

Lorsque Schiller eut accusé le choc, cela ne le tracassa néanmoins pas trop. Un journaliste de magazine était bien obligé de lancer quelques pointes, et après s'être fait rouler dans l'affaire du livre de Mohammed Ali, Farrell lui devait bien cette flèche du Parthe. D'ailleurs le reste de l'article était brillant. Un très bon article. Bien sûr, on allait reprendre l'expression « charognard », mais dans l'ensemble, Schiller s'en tirait assez bien. Il pensa de nouveau à inviter Farrell à travailler avec lui.

Schiller n'était pas satisfait des interviews de Moody et de Stanger. Il n'arrivait pas à admettre que les avocats récoltent si peu de chose. Gary avait dit qu'il ne répondrait plus à d'autres questions, mais il acceptait les questions écrites. En lui parlant pendant des heures, ils auraient dû pouvoir en tirer davantage. De plus, ils commettaient des erreurs techniques.

Au début, les avocats ne surent pas se servir d'un magnétophone. Une fois, Stanger prit une interview avec des piles à plat. Schiller dut en acheter des neuves. Il ne pouvait pas comprendre que Stanger continuât à en rigoler. Une autre fois, il n'avait pas retourné la cassette. Les avocats avaient enregistré deux fois sur la même face. Ils avaient dû s'installer là, rebobiner la cassette puis réenregistrer par-dessus. L'attitude de Ron semblait être : si on fait une erreur, on rattrapera ça demain. Un jour Schiller avait retrouvé Ron et Bob dans un petit café, à trois kilomètres sur la route de la prison. Ils voulaient tout de suite écouter une bande qu'ils venaient d'enregistrer clandestinement. Comme ça, dans le bistrot! Schiller dit : « Retournons au bureau. » Mais ils voulaient absolument entendre ce qu'ils avaient enregistré ! Là, dans ce foutu restaurant. Aux tables voisines, les gens auraient pu tout entendre. Les deux loustics n'avaient pas l'air de comprendre que c'était imprudent, que demain on pourrait les en empêcher. Ils se conduisaient comme si la prison était à eux. Schiller, tout en tentant de se maîtriser, en arrivait parfois à se dire que c'était peut-être vrai. Après tout, c'était pratiquement leur ville natale.

« Ne pensez plus à Larry Schiller, l'homme d'affaires, leur dit-il. C'est un de mes aspects, mais il faut l'oublier. Nous avons ici une histoire. Il faut se la procurer. » Comme ils continuaient à manifester une certaine résistance, il finit par dire : « Je vais demander à Vern de prendre ces interviews. » Il était à moitié sérieux. Ça ne pouvait pas être pire et peut-être que Gary s'épancherait un peu. Ce qui rendait Schiller fou, c'était que les avocats ne rapportaient pas une cassette à chaque fois : il commença à se demander de quoi ils discutaient quand ils n'enregistraient pas. Pourtant il n'arrêtait pas de leur répéter : « Enregistrez tout et n'importe quoi, même vos discussions juridiques. Parlez du testament. Tout ça fait partie de l'histoire. Vous ne savez jamais quand ça peut être important. » Parfois il leur donnait un message pour Gary sans être certain qu'il lui parviendrait. En tout cas, il ne l'entendait pas sur les enregistrements. « Vern n'a peut-être pas votre éducation, les menaçait-il alors, mais il m'écoutera, lui. » Tout cela prit une horrible semaine. Il n'avait même pas le temps de négocier avec A.B.C., de s'occuper des droits de cinéma, de la construction de l'histoire, de se préparer pour l'exécution, et encore moins le temps d'étudier les lettres.

Il finit par leur dire de donner pour consigne à Gary de les appeler tous les deux Larry lorsqu'ils faisaient une interview. C'était mieux pour Gilmore, expliqua-t-il, de penser constamment à l'homme à qui il racontait l'histoire de sa vie. De cette façon, peut-être, se dit Schiller, trouveraient-ils plus facile de poser une ou deux questions difficiles. Schiller essayait tout.

Il songeait de plus en plus à contacter Barry Farrell. Il gardait un tas de souvenirs de Barry du temps de *Life,* aussi Schiller continuait-il à être plutôt content du respect avec lequel Farrell l'avait traité dans l'ensemble dans *New West.* Du temps de *Life,* Schiller n'avait jamais pu se débarrasser de l'impression que Barry Farrell éprouvait pour lui un mépris subtil et que l'homme était d'une qualité plus exceptionnelle que lui. Pas plus exceptionnelle, peut-être, mais assurément différente. La première fois qu'il travailla avec Barry, ce fut après une période de six mois que Schiller avait passée plus ou moins avec Timothy Leary, puis avec Laura Huxley. *Life* faisait un grand reportage sur le L.S.D. et Schiller avait cinquante heures d'entretien et il avait pris des milliers de photos d'adolescents, de drogués, d'étudiants et de gens plus âgés qui suivaient des gourous et qui avaient vécu des expériences en profondeur. Schiller avait commencé à songer qu'il aimerait être écrivain, mais il s'était rendu compte qu'il ne savait pas écrire. Lorsqu'il était rentré à New York, *Life* avait chargé Barry Farrell d'écrire le texte et ce type s'était tout simplement installé à son bureau et s'était mis au travail. Schiller n'en était pas revenu. Comment pouvait-on écrire un grand article sur l'usage de cette drogue sans aller sur place ? demanda-t-il à Barry. Il se prit donc d'antipathie pour Farrell, même de haine. Pourtant, quand l'article fut publié, le type avait tout dit. Il ne manquait rien. C'est en 1966 que Larry Schiller changea radicalement d'avis à propos de Barry Farrell et acquit un grand respect pour lui en tant que professionnel et écrivain. Il ne voyait pas pourquoi Farrell ne pourrait pas en faire autant avec les interviews de Gilmore.

Bien sûr, ce n'était qu'un des éléments de ses sentiments envers Farrell. Barry n'était pas seulement un pro, mais aussi un bourreau des cœurs. Le type à avoir des déjeuners de trois heures. Il portait les costumes et les cravates qu'il fallait et Schiller était franchement envieux de quelqu'un qui pouvait tenir le coup aussi longtemps à table, revenir un peu beurré et faire quand même un boulot formidable. En ce temps-là Schiller n'était pas très beau gosse, il n'avait pas de barbe, un nez pointu, un petit menton, l'air affamé. Il n'était qu'un photographe professionnel, avec une sorte de sourire maniaque parce qu'il essayait de prendre dix photos à la fois tout en trimbalant sur son dos tout un chargement de matériel. Il savait qu'il avait l'air bizarre, mais il essayait de se fondre dans le paysage. Moins on remarquait un photographe, meilleures étaient les photos. Votre appareil pouvait être de la dynamite quand les gens ne vous accordaient pas plus d'attention qu'à une mouche sur le mur. Alors que Farrell, le Don Juan, avait un côté un peu magique. Schiller se rappelait comment Barry avait commencé à tourner autour de cette fille noire qui était documentaliste à *Life*. Une superbe Noire. Oh ! mon Dieu, Schiller s'en souvenait, dans les années 60, être noire et belle, c'était être une vedette. Elle était charmante, avait une voix douce comme du miel, elle était intellectuelle et pas vulgaire du tout. Elle était superbe, noire, belle et intelligente. Maintenant Barry et elle étaient mariés et ils avaient un enfant. Schiller décida qu'il lui fallait faire le maximum pour engager Barry Farrell. Ce serait comme décrocher la timbale.

Il appela Barry et lui demanda si ça l'intéressait. Il lui expliqua tout de suite que ça n'allait pas être la fortune. Rien de comparable au projet Mohammed Ali. Il ne fallait pas attendre des rentrées extraordinaires. Pas de livre en vue, mais un travail précis et bien payé. Cinq mille dollars pour mettre au point l'interview de *Playboy*. Farrell était d'accord. Il devait se remettre à son livre, dit-il, ils discutèrent un peu. Mais à la surprise de Schiller, il eut l'impression d'avoir à se donner beaucoup moins de mal qu'il ne s'y attendait. Ils finirent par se mettre d'accord : Barry acceptait de jeter un coup d'œil aux lettres et aux interviews publiées jusqu'à maintenant. D'ici à une semaine environ, on devrait pouvoir prendre une décision.

« Je tente un coup risqué », expliqua Schiller à Stephanie.

Elle ne comprenait pas le jeu entre les deux hommes, elle ne voyait pas comment Farrell pouvait écrire quelque chose comme « charognard » et quand même vous respecter. Stephanie était furieuse de ce terme. D'ailleurs, elle ne voulait pas que Larry confie l'interview à qui que ce soit. De toute évidence, dit-elle, il avait envie de la faire lui-même. Schiller ne sortit vainqueur de la discussion qu'en lui parlant de *The American Dreamer*. « Schiller a complètement passé sur les conceptions plus mystiques de Dennis Hopper... Tu as envie d'entendre encore ça ? lui demanda-t-il. Voilà, il y a un côté de Gary que je peux manquer complètement. Le karma et tous ces trucs-là, je n'y connais rien. » Ça la convainquit. Lorsqu'il réussissait à persuader Stephanie de quelque chose, alors il pouvait convaincre n'importe qui au monde. Elle résistait au baratin d'une façon magnifique.

Barry Golson prit alors l'avion pour Los Angeles afin de discuter l'interview de Gilmore pour *Playboy*, et Schiller comprit que le journaliste arrivait en ville avec vingt mille dollars peints sur la figure, exactement ce que Schiller pensait que ça valait, plus les frais. Il était non moins évident que Golson et lui allaient se taper sur les nerfs. Golson lui parut être un homme d'affaires, purement et simplement.

« Il va nous falloir un vraiment bon écrivain pour arranger ces interviews », dit Schiller. Il mentionna le nom de Barry Farrell. Golson ne montra pas qu'il savait qui était Farrell. « Il a écrit un livre sur la comédienne Pat Neal », précisa Schiller. Il donna aussi à Golson des indications sur ce que Farrell avait fait à *Life*. Golson n'avait pas l'air de s'en soucier. Peut-être voulait-il mettre un homme à lui sur le coup. Il y aurait peut-être des problèmes par la suite, se dit Schiller, mais il conclut l'affaire à vingt-deux mille dollars.

Schiller ne put résister au plaisir de raconter à Farrell que Barry Golson, de *Playboy*, n'avait pas l'air de le connaître. « Il est tout à fait compréhensible que je n'aie jamais entendu parler de Golson, répondit Farrell, mais je considère comme une consternante preuve d'analphabétisme que Golson ne réagisse pas à mon nom. » Schiller éclata de rire. Il lui faudrait une quinzaine de jours avant d'en arriver à comprendre que Farrell n'avait pas dit ça tout à fait en plaisantant et qu'il était même agacé que Golson, étant le responsable des interviews à *Playboy*, puisse ne pas savoir que Farrell avait fait pour eux un boulot superbe il y avait quelques années avec Buckminster Fuller. Barry en était arrivé au stade de sa vie où il contait ses exploits plutôt que d'en ricaner.

Une des raisons qui lui fit accepter l'offre de Schiller, c'était que Barry Farrell n'était pas mécontent de quitter Los Angeles. Il éprouvait des doutes bien inhabituels sur ses capacités professionnelles. Ces derniers temps, il avait du mal à terminer ses articles à temps, sa femme n'allait pas bien et un éditeur lui faisait un procès pour non-remise d'un manuscrit. Comme c'était un homme qui avait toujours pris sa bonne réputation pour un fait acquis, depuis quelque temps sa vie à Los Angeles lui donnait l'impression qu'il tournait un peu dans le vide. Il éprouvait donc une certaine gratitude envers Schiller. C'était quelqu'un qui lui faisait confiance pour faire un travail.

Barry était en train de rédiger un livre sur le ranch Mustang dans le Nevada, lorsqu'il arriva la chose la plus extraordinaire. Ce groupe de mauvais garçons et de putains dont il écrivait l'histoire se mit tout d'un coup à se déchaîner. Un meurtre eut lieu. La victime était le poids lourd argentin Oscar Bonavena. Un bon copain de Barry, pratiquement le principal personnage de son livre, Ross Brymer, fut arrêté pour cette affaire.

Ça avait vraiment coupé le souffle à Farrell. Il n'arrivait pas à continuer. Pour la première fois, il percevait la signification du mot *accablé*. Et puis les éditeurs Farrar, Straus et Giroux l'attaquèrent en justice. La proposition de Schiller lui parut un merveilleux moyen d'évasion. Pouvoir trimer de longues heures loin de ses soucis, ce serait pour lui comme des vacances tous frais payés à Tahiti.

2

Tamera habitait maintenant Salt Lake avec son frère, Cardell. Un beau jour, Larry Schiller téléphona un soir pour lui dire qu'il aimerait la rencontrer. Peut-être pourrait-elle travailler avec lui. Il voulait juste en discuter les possibilités. Pouvaient-ils avoir un entretien ?

Tamera lui proposa de venir chez son frère. Cardell était courtier en assurances, de quatorze ans son aîné et elle respectait grandement son jugement. Schiller avait une réputation plutôt discutable auprès des journalistes qu'elle connaissait.

Après tout, un tas de gens dans la presse devraient se procurer par n'importe quel moyen du matériel sur Gilmore, et Schiller venait d'arriver avec son carnet de chèques et avait tout ramassé. Ils étaient tous furieux. Elle accepta quand même de le voir. Elle estimait avoir l'esprit ouvert. Même si elle avait un préjugé, elle n'allait pas s'en contenter.

Dès l'instant où Schiller eut commencé à parler, Tamera ne put entretenir son antipathie. Cardell, qui était un homme d'affaires madré, fut ébranlé lui aussi. Schiller s'était assis et leur déclara tranquillement : « Je crois que vous devriez savoir qui je suis. » Sa carrière, telle qu'il la raconta, sonnait assez bien. Il sentait que Cardell aimait la façon minutieuse dont Schiller avait rédigé les contrats de façon qu'il y eût quelque chose de substantiel pour les enfants de Nicole et pour les descendants des victimes. On n'avait pas l'impression qu'il se donnait simplement du mal pour ramasser de l'argent.

Lorsqu'il eut fini de parler de lui, il dit à Tamera : « Je ne vais pas vous raconter d'histoire en vous faisant croire que vous allez jouer un rôle capital dans l'élaboration d'un livre, d'un film ou rien de pareil. » Il y avait quand même pas mal de choses qu'elle pouvait faire pour lui et pas mal qu'il pouvait lui offrir. S'ils parvenaient à mettre sur pied une collaboration, il laisserait Tamera participer à de nombreuses réunions en tant qu'assistante. Elle rencontrerait une foule de gens importants dans le journalisme et la télévision mais sur une base sans rapport avec tous les déjeuners et les dîners qu'elle avait eus jusque-là avec eux. Ces occasions avaient pu être amusantes pour elle, mais ce qu'il proposait serait plus substantiel. Elle pourrait être présente lorsque des décisions importantes seraient prises. Elle aurait, de l'intérieur, une vue spectaculaire sur la façon dont on monte une grosse histoire et elle aurait appris beaucoup lorsqu'elle aurait fini.

Elle plut à Schiller, bien que cela n'eût guère d'importance. Elle n'était pas jolie à proprement parler, mais elle était attirante. Elle avait les traits un peu trop irréguliers pour faire d'elle une beauté, mais elle était grande, elle avait de beaux cheveux blond cendré et elle était pleine d'énergie : la belle fille saine et droite de la campagne. Vlan ! Bang ! Elle pointait sa langue contre sa joue pour manifester sa confusion ou bien elle allongeait la mâchoire inférieure sur le côté pour exprimer son embarras. Schiller savait que son offre était tentante pour une fille comme elle. C'était ce genre de jeunes personnes nettes et un peu collet monté qui avaient la folle envie de faire une carrière et qui ne pouvaient jamais résister à ce genre d'occasion.

Il avait besoin, expliqua-t-il, d'avoir vingt-quatre heures sur vingt-quatre un journal comme source d'informations. Elle serait ses yeux et ses oreilles dans une ville qu'il ne connaissait pas. Il aurait pu raconter à Tamera qu'il avait vécu et travaillé une semaine ou un mois dans plus d'une ville inconnue et qu'avant d'en avoir fini, il en savait parfois plus sur ce qui se passait dans cette région, que ce soit Provo ou Tanger, que les gens du pays. Personne n'arrivait à comprendre comment il s'y prenait, mais il lui déclara que c'était bien simple : il essayait toujours d'avoir un contact à l'intérieur d'un journal local. Voulait-elle jouer ce rôle pour lui au *Deseret News* ?

Il voulait, lui assura-t-il, un arrangement que le journal admettrait et dont il tirerait profit. Il fournirait des renseignements sur Gilmore. En retour, elle lui transmettrait les nouvelles locales de Salt Lake plus ce qui venait d'Orem et de Provo. Qu'il soit au courant de ce qui se passe, de ce que mijotait le gouverneur ou le bureau du procureur général. Il voulait être renseigné là-dessus.

Comme elle semblait soucieuse, qu'elle avait l'air de croire qu'il lui en proposait un peu trop, il revint au thème principal. « Tamera, lui dit-il, même si vous ne buvez pas vous-même, vous allez voir de grands reporters boire, être en quête d'une histoire et travailler sur leurs interviews. Tout ça, c'est un bon apprentissage. »

Ce dont il ne parla pas, ce fut de ses mobiles personnels. Il devait se préoccuper de Nicole. Il arriverait un jour où elle sortirait de l'hôpital et où Schiller irait la trouver. Si, pour une raison quelconque, elle le considérait comme un type de Hollywood brandissant un contrat, alors de bonnes relations avec Tamera pourraient se révéler indispensables.

Cardell quitta la pièce un moment et Larry trouva l'argument qu'il fallait pour nouer leurs relations. Il en fut très fier après. Ça n'était qu'une intuition, il jouait sur son instinct, mais il savait que Tamera devait avoir une raison cachée pour être si proche de Nicole. Quelque chose que les deux femmes avaient en commun. Lorsqu'ils furent seuls, Schiller lui dit : « Je parie que vous avez connu un prisonnier et qu'il vous a roulée dans la farine. »

Tamera n'en croyait pas ses oreilles. Elle balbutia : « Ça n'était pas le même genre de relations. Rien de sexuel. Mais j'étais amoureuse et Nicole m'a laissé lire les lettres de Gary lorsque je lui ai parlé des merveilleuses lettres que je recevais de mon ami. »

Schiller rentra à Los Angeles par l'avion de nuit. Il avait un accord avec Sorensen, du *Tribune*, et ce qui pourrait se révéler peut-être un vrai lien avec le *Deseret News*. Barry Farrell, qu'il appela de l'aéroport, lui affirma formellement qu'il voulait bien travailler avec lui. Tout s'arrangeait. Dans ces moments-là, Schiller aimait bien les voyages en avion.

3

Pendant les premières semaines où Nicole fut à l'hôpital, on ne put rien la laisser faire. Elle envoyait promener tout le monde. C'était tout à fait contraire au règlement de boucler les gens, mais ils ne cessaient de la surveiller. Elle leur déclara qu'ils ne respectaient pas leur propre règlement. Elle les accabla d'injures.

Le docteur Woods la dégoûtait. Elle lui demandait des choses insignifiantes comme : « Faut-il que je mange tout ce que vous me donnez à chaque repas ? » et il la regardait comme si on risquait Dieu sait quoi en lui répondant franchement. C'était quand même quelque chose ce grand et beau type qui refusait de s'engager.

Elle était folle de rage contre elle-même d'avoir loupé son suicide. Maintenant, elle avait vraiment perdu le contrôle de sa vie. On surveillait tous ses gestes. On lui disait quand elle pouvait aller aux toilettes, on la surveillait quand elle mangeait, c'était tout juste si on ne lui donnait pas la permission de fermer les yeux. Dans la journée, on ne vous permettait pas de vous appuyer la tête contre le dossier d'un fauteuil. Pas question de dormir avant huit heures du soir. Et tous ces malades, des paumés et des prisonniers, des jeunes qui avaient des histoires avec la justice, et qui se laissaient faire... On aurait même dit que ça leur plaisait d'avoir une existence ainsi réglementée.

Tous les jours, les patients assistaient à une séance de commissions — l'une après l'autre — et discutaient les règlements. Ils les réécrivaient. Et puis ils s'empêtraient dans de nouveaux handicaps en appliquant les nouveaux règlements. Il fallut un long moment à Nicole pour se rendre compte que c'était comme ça que l'établissement était censé fonctionner. Nombre d'entre eux en arrivaient à être ravis d'écrire et de réécrire le règlement. On pouvait discuter les changements à longueur de journée et jouer à toutes sortes de jeux avec les gens. On les baisait dans tous les coins et ça vous valait des points. On revenait dans le monde en connaissant les ficelles. Une vraie comédie.

Ça n'intéressait pas Nicole. Chaque fois qu'elle regardait par la fenêtre du second étage, elle pensait au jour où elle pourrait sauter, gagner la route et quitter la ville. Mais elle savait qu'elle ne pourrait pas se libérer comme ça. On la bouclerait réellement. Sa meilleure chance, ce serait lors de sa prochaine comparution devant le tribunal. Elle devrait les convaincre qu'elle n'était pas suicidaire.

Nicole n'essaya pas de savoir si c'était bien le cas. Si on la laissait sortir, peut-être qu'elle jouerait le jeu. Ou bien peut-être qu'elle déciderait de se précipiter en courant sur l'autoroute jusqu'au moment où un gros semi-remorque viendrait la faucher. Tout ce qu'elle voulait, c'était s'en aller.

Cet hôpital, c'était vraiment la merde. Tout le monde mouchardait sur tout le monde. « Tu as enfreint le règlement ! » criaient-ils toujours. Et alors c'étaient des discussions sans fin. Nicole essayait de ne pas s'en mêler, mais au bout d'un moment ce fut plus fort qu'elle. Ces règlements étaient si cons... Il fallait essayer de les améliorer.

Et puis elle découvrit qu'il y avait un règlement dont on parlait aux autres patients mais pas à elle. Personne ne devait prononcer le nom de Gary Gilmore. Et pas de journaux dans son pavillon. Si Nicole se mettait à parler de Gary, personne ne répondait. Les gens la regardaient comme si elle plaisantait. Ils finirent par lui dire qu'elle n'avait pas le droit de citer son nom. Elle s'en foutait. Ça lui faisait mal de parler pour ces moutons.

Un jour, Stein, son grand-père, vint la voir et se mit à dire quelque chose à propos de Gary. Aussitôt on lui demanda de partir. Nicole piqua une crise. On la traita par le silence. Personne ne se mit en colère ou ne poussa les hauts cris, tous ces connards se contentaient de la regarder. Elle les traitait de tous les noms jusqu'au moment où elle les voyait renâcler, elle les traitait de moutons et de salauds, disant qu'ils n'étaient que des dégonflés. Elle leur disait qu'elle n'irait pas aux réunions de commissions. On l'y emmenait de force. Au bout d'un moment, elle y alla toute seule. Elle ne voulait pas être soumise à des contraintes physiques gênantes. Un soir où il y avait bal, elle refusa d'y aller, mais on la porta et on lui fit faire comme ça une partie du couloir. Elle dut leur demander de la reposer par terre. Elle voulait bien marcher. Alors ils se mirent à chanter *La reine de la route*. Ça lui plut tant qu'elle se mit même à danser.

Ce qui se passait dans ces réunions, ça n'était pas croyable. Elle n'était pas géniale, mais auprès de ces connards, tous complètement pris dans leur propre connerie, elle ne pouvait s'empêcher d'ouvrir la bouche pour leur montrer la bonne voie. Elle riait de voir tout le mal qu'ils se donnaient tous pour devenir le mouchard numéro un. Bien sûr, le mouchard numéro un se retrouvait berger.

Mon Dieu, ils auraient pu écrire le manuel du parfait trou du cul. Si on laissait traîner un paquet de cigarettes et que quelqu'un en piquait deux, ça créait un incident. Qui avait fait ça ? Est-ce que je peux te faire confiance ? Alors on votait qu'il n'était plus question de se balader avec ses cigarettes. Quelqu'un d'autre devait les distribuer. On n'en avait qu'une à l'heure pile, toutes les heures.

Nicole finit par acquérir cette faculté d'assister à une réunion sans en entendre un mot. Il le fallait bien. Quand elle prenait un bain, trois filles restaient dans la pièce pour la surveiller. Elles devaient avoir peur de la voir partir par le tuyau de vidange... Quand elle discutait avec Woods, elle essayait de l'attaquer sur toutes les choses agréables qu'elle ferait quand elle serait sortie. Il y en avait de vraies, d'autres inventées, mais elle parlait de quitter l'Utah ou de retourner à l'école. Elle voulait s'occuper vraiment de Sunny et de Jeremy, lui raconta-t-elle. Elle fit un si bon numéro qu'au bout d'un moment, elle ne sut plus exactement si elle avait envie de vivre ou si elle n'était plus certaine de vouloir mourir. On ne pouvait pas continuer à parler avec enthousiasme de tous ces trucs formidables qu'on allait faire quand on serait sorti sans commencer à se poser des questions.

Elle essaya de faire croire à Woods qu'elle était prête à vivre sans Gary. Elle ne le dit jamais une fois sans se dire tout bas : « Je le fais marcher. » Pourtant, elle s'entendait dire aussi en elle-même : « Continue. Tu vas finir par y croire aussi. »

Le règlement interdisait de dormir sans chemise de nuit. Elle avait horreur de ça. Elle avait toujours aimé coucher à poil. Une nuit, elle ôta sa chemise sous les couvertures. Eh bien, trois filles foncèrent sur elle pour la lui faire remettre. Pendant toute la nuit, les filles se relayèrent dans un fauteuil pour la surveiller.

Elle avait l'impression que lentement, très lentement mais sûrement, on était en train d'étouffer son âme. Quelquefois, cela arrivait en pleine réunion. Elle était assise au milieu d'une rangée de filles, les écoutant gueuler et cancaner, puis elle posait la tête sur ses genoux et ne bougeait plus et ne réagissait à rien de ce qui se passait. Elle pouvait rester assise pendant toute une séance avec la tête sur ses genoux, à pleurer. Personne n'y faisait attention. Il y avait toujours une fille ou une autre comme ça. Elle n'avait jamais vu un tel gouvernement : la moitié des gosses qui pleuraient et l'autre qui votaient des lois et qui se levaient pour faire des discours pleins de foutaises. Un tas d'entre eux ne se rappelaient même pas ce qu'ils avaient commencé par dire. Et ils mouchardaient entre eux. Une fille disait : « Tu lançais des clins d'œil à Billy », et l'autre disait : « Pas du tout. » « Va te faire foutre, bien sûr que si. »

Nicole avait envie de leur dire : « Bandes d'idiotes, je me fous bien de ce que vous faites. Vous êtes toutes si connes que vous croyez que je suis malade. Ça n'a pas d'importance. Même si vous pensez que je suis folle, c'est comme ça que je veux être. Je n'ai pas envie de changer. » Et puis elle se mettait à songer que plus jamais elle n'entendrait la voix de Gary.

CHAPITRE XVII

C'EST MOI LE MAITRE DE CES LIEUX

1

GIBBS écrivit à Gary pour lui dire qu'il venait pour le procès vers le 20 décembre. Il pensait qu'il serait libéré à ce moment-là et voulait savoir s'il y avait quelque chose qu'il pouvait faire pour Gary avant de quitter l'État, parce qu'il n'allait pas traîner par ici. Il allait, écrivit-il, montrer à l'Utah ce que Mae West avait montré au Tennessee. Son cul, en partant.

Le 11 décembre, le Gros Jake accompagna Gibbs jusqu'à l'entrée où un type d'un certain âge, avec une moustache, attendait. Il marchait avec une canne et avait un porte-documents à la main. Ce monsieur se présenta comme étant l'oncle de Gary, Vern Damico, et dit que Gary lui avait demandé de lui remettre un témoignage de son amitié. Puis il ouvrit sa serviette et remit à Gibbs un chèque de deux mille dollars.

Gibbs demanda si la mère de Gary n'avait pas de problèmes financiers et, lorsque M. Damico lui eut dit que non, ils échangèrent une poignée de main. Gibbs présenta le Gros Jake à M. Damico en disant que c'était le seul geôlier pour lequel Gary avait du respect. M. Damico répondit : « En effet, Gary m'a dit des choses aimables sur vous, Gros Jake. » Damico dit alors qu'il avait d'autres rendez-vous, lui souhaita bonne chance et partit. « On aurait dû lui demander si Gary m'inviterait à l'exécution », dit le Gros Jake.

Deux gardiens étaient restés plantés sur le seuil et en bavaient d'envie. Gibbs éclata de rire et passa un coup de fil à Salt Lake. Il fit venir un de ses amis pour mettre le chèque à la banque.

Ce soir-là, Gibbs écrivit une nouvelle lettre à Gary, le remercia pour l'argent et expliqua qu'en haute surveillance il y avait maintenant six prisonniers au total, y compris Powers. Gary répondit : *« Si j'étais là, on les ferait tous s'allonger sur leurs pieux comme de petites souris d'église et on chargerait Powers de lécher avec sa langue Le Puits de la Mine de Soufre à Ciel Ouvert. »* Dans la lettre, il ajoutait qu'il faisait toujours la grève de la faim et qu'il ne comptait pas manger *« tant qu'on ne m'a pas laissé parler à ma douce amie Nicole »*.

« J'ai essayé, écrivit Gary, *de garder une certaine égalité d'humeur et de pensées, mais depuis quelque temps je suis de plus en plus irrité et furieux. Je n'aime pas l'idée qu'ils gardent Nicole là-bas et qu'ils lui lavent le cerveau. »*

« Par pure curiosité personnelle, demanda Moody, y a-t-il une autre façon de vous faire cesser cette grève de la faim autrement qu'en vous laissant téléphoner à Nicole ?

— Aucun, dit Gary, voilà tout. (Il marqua un temps.) Et vous savez, j'ai foutrement faim, murmura-t-il dans le téléphone.

— J'admire votre courage, dit Moody.

— Oh ! fit Gilmore, ça n'est que de l'entêtement.

— Il n'y a pas beaucoup de gens, lui dit Moody, qui ont la force de leurs convictions.

— J'ai passé une fois dix-huit mois d'affilée au trou, dit Gilmore. Je ne crois pas que ce que je subis en ce moment puisse même s'y comparer. »

Ron sentait que Gary faisait étalage de sa force morale. Chaque jour, il tenait à faire sa gymnastique et il faisait le poirier sur une chaise pour montrer qu'il ne souffrait pas. Toutefois, non seulement il perdait beaucoup de poids, mais depuis quelque temps son jeûne semblait affecter sa pensée. Il trébuchait sur les mots. Ses joues commençaient à se creuser. Pour la première fois, Ron remarqua les fausses dents de Gary. En perdant du poids, on aurait dit que cela avait modifié le placement sur ses gencives, et il parlait avec une lenteur délibérée, comme s'il avait une bille dans la bouche, comme un orateur qui a la langue liée.

2

Sur ces entrefaites, Gary dit à Vern qu'il voulait absolument que Ida et lui aillent voir sa mère. Pour lui porter les mille dollars. Vern en parla à Schiller, qui sauta aussitôt sur l'occasion. Bessie, dès l'instant où elle se mettrait à parler à Vern, donnerait peut-être son accord pour une interview.

Moody rédigea donc les documents. Schiller précisa : « Je paierai les billets d'avion, les coups de téléphone et j'ajouterai mille dollars pour son autorisation. Si vous avez besoin de plus, vous n'avez qu'à m'appeler. » Vern dit : « Je crois que j'aurai besoin de plus. Allons, Schiller, vous savez bien que vous pouvez donner davantage à la mère de Gary. » Larry savait qu'il en arriverait là, mais mille dollars suffiraient peut-être pour commencer.

Vern et Ida prirent donc l'avion de Salt Lake à Portland, louèrent une petite Pinto, trouvèrent le parc à caravanes de McLaughlin Boulevard et frappèrent à la porte de Bessie.

Ils crurent tout d'abord qu'elle n'allait pas les laisser entrer. Ils restèrent sur une sorte de petit perron pendant un temps interminable sans obtenir de réponse. Il faisait froid et Vern, après son opération, souffrait encore de sa jambe. Les premiers mots de Bessie furent : « Allez-vous-en. Je ne peux pas vous laisser entrer. Je ne suis pas présentable. »

Ils durent parler assez fort pour se faire entendre à travers la porte. Ils finirent par se présenter. Ils expliquèrent qu'ils arrivaient tout droit de Provo. Ils avaient des choses à discuter. Des choses que Gary voulait lui faire dire. Bessie finit par les laisser entrer.

Ils ne l'avaient pas revue depuis l'enterrement de grand-papa Brown, il y avait près de dix-huit ans. On pouvait dire qu'elle avait changé. Sa beauté avait disparu. Elle avait l'air malsain et lessivé de quelqu'un qui souffre beaucoup et qui respire rarement l'air pur. Ida n'en revenait pas. Les yeux verts de Bessie brillaient jadis comme des joyaux. Aujourd'hui, on aurait dit qu'ils étaient couverts d'une pellicule terne et grise.

Ida comprit pourquoi elle ne voulait pas les laisser entrer. Avec son arthrite, c'était à peine si elle pouvait faire son ménage. Lorsque Bessie habitait Provo, en attendant que Frank Sr sorte de prison, sa petite maison était impeccable. Ida pensa un instant à mettre un peu d'ordre, mais elle comprit, à l'expression du visage de Bessie, qu'elle ferait mieux de ne toucher à rien.

Vern, cependant, inspecta quand même le buffet et le réfrigérateur. Assurément, Bessie n'avait pas beaucoup de réserves. Il alla donc en voiture jusqu'à une épicerie et rapporta pour environ cinquante dollars de provisions. Après avoir rangé tout cela, il expliqua à Bessie qu'il avait sur lui des documents juridiques et qu'il devait aussi lui laisser mille dollars comme cadeau de la part de Gary. Comme elle commençait à le remercier, Vern dit : « Je ne suis que le facteur. Je livre, c'est tout. » Il ajouta qu'il y avait encore mille dollars qu'elle pouvait toucher en signant les papiers que Larry Schiller l'avait chargé de transmettre. Bessie regarda l'autorisation, réfléchit un moment et dit : « Je ne pense pas que je vais accepter maintenant. »

Vern avait promis à Larry de faire tous ses efforts. Lorsqu'ils la revirent le lendemain, il ramena le sujet sur le tapis. Il sentait à quel point elle était méfiante en affaires. Comme une biche sous le vent. Peu importait qu'on approche avec un fusil à la main ou une carotte, pas question de parler à la biche. « Pour l'instant, Vern, dit-elle, je vais attendre. » Il n'insista pas trop. Il lui dit pourtant : « A mon avis, tu devrais signer. Pour faciliter les choses, tenons-nous les coudes. Il faut voir si on ne peut pas tirer quelque chose de toute cette histoire. Je crois que Schiller est un homme honnête et respectable. »

Bessie se contenta de répondre : « Non, je veux attendre et voir. » Vern laissa courir. Pas moyen de tirer quelque chose de Bessie contre sa volonté. Autant essayer avec Gary.

Comme ils se levaient pour partir, Vern prit mille dollars en espèces et les posa sur la table. C'était comme si tout d'un coup Gary était là. Bessie s'effondra en sanglotant. Ida et elle tombèrent dans les bras l'une de l'autre et Bessie dit : « Oh ! on peut dire que j'en ai l'emploi. » Ils lui laissèrent aussi un châle rouge tricoté à la main et des pantoufles d'intérieur pour lui tenir chaud aux pieds. En fin de compte, ils n'étaient pas arrivés à parler de la requête de Bessie devant la Cour suprême. Ce ne fut qu'en rentrant à Provo, le 13 décembre, que Vern apprit la décision venue de Washington.

3

Dix jours après l'ordonnance de sursis, Stanger reçut un coup de fil du greffier de la Cour suprême qui lui dit : « Je voudrais juste vous informer que nous allons avoir une décision aujourd'hui. Ils sont en pleine partie de bras de fer. » Ron s'imagina les neuf juges de la Cour suprême en train de s'acharner, manches retroussées. C'était excitant de penser que la même atmosphère régnait ce jour-là à la Cour suprême que dans l'Utah.

Au bureau du procureur général, la nouvelle arriva par la voix du greffier qui déclara qu'on était en train de voter et tous les collaborateurs se réunirent autour d'une grande table pour écouter un téléphone branché sur haut-parleur, en pointant fébrilement les votes tandis que le greffier lisait la décision de chaque juge. Ils étaient si excités qu'ils durent refaire une seconde fois le total pour découvrir qu'ils avaient gagné par cinq voix contre quatre. Bill Evans, Bill Barrett, Mike Deamer et Earl Dorius étaient ravis. Le sursis d'exécution avait été annulé. C'était de nouveau le feu vert.

DESERET NEWS

Plus de retards, dit Gilmore

Salt Lake, 13 décembre. — Dans une ordonnance rendue lundi, la Cour suprême des États-Unis a décrété que Gary Mark Gilmore avait renoncé en toute connaissance de cause à faire valoir ses droits.

En attendant la décision, Gilmore a mis un terme à une grève de la faim de vingt-cinq jours.

En arrivant à la prison, Moody et Stanger trouvèrent que les gardiens à l'entrée avaient l'air content. On retrouvait cette humeur jusqu'à la grille du quartier des condamnés à mort. Tout le monde était soulagé, maintenant que Gary ne faisait plus la grève de la faim.

Lorsque Bob et Ron le virent, ils se contentèrent de dire : « Il paraît que vous avez eu gain de cause », et il hocha la tête en disant : « C'est ce que j'avais décidé. » On aurait dit que c'était lui qui contrôlait la situation. Ils prirent bien soin de ne pas mentionner qu'ils n'avaient jamais pu donner un coup de téléphone à Nicole. Comme ils n'avaient pas réussi à l'obtenir, ils n'étaient pas pressés de lui en parler. D'ailleurs, il était d'excellente humeur après la décision de la Cour suprême.

En fait, c'était aussi un soulagement pour les avocats.

4

En parlant de l'interruption de sa grève de la faim, Stanger dit à Schiller : « Gary a obtenu ce qu'il voulait. » Schiller ne put s'empêcher de dire : « Comment ça ? » « Tout le monde sait maintenant qu'il était sérieux », fit Stanger. Tout cela parut un peu embrouillé à Schiller. De toute évidence, la vérité c'était que rien ne marchait. Gilmore attendait beaucoup de sa grève de la faim, n'en avait tiré aucun résultat, et il avait assez le sens des relations publiques pour se remettre à manger un jour où il y avait une histoire plus importante pour intéresser le public.

Mais ce qui combla Schiller de joie, ce fut que Gary annonça à Stanger qu'il voulait bien répondre à la seconde liste de questions écrites et qu'il était prêt à examiner la nouvelle liste préparée par Larry.

Le second jeu de réponses, toutefois, se révéla décevant. On aurait dit que plus la grève de la faim se poursuivait, plus Gary voulait jouer au plus fin. Beaucoup de questions demeuraient sans réponse. Et c'étaient toujours les meilleures.

POURQUOI PRENIEZ-VOUS DES CHOSES AU SUPERMARCHÉ SANS LES PAYER, DE LA BIÈRE, DES ARMES, ETC. ?

Je n'avais pas toujours le temps de faire des queues interminables à la caisse.

AVEZ-VOUS ENVIE DE SAVOIR CE QUE FAISAIT VOTRE INCONSCIENT QUAND VOUS AVEZ TUÉ ?

Ça ne m'ennuierait sans doute pas de le savoir si je pouvais connaître exactement la vérité.

Je ne veux pas que ça me soit expliqué par un idiot de psychiatre qui fait des hypothèses à la con.

A PROPOS DE QUOI NICOLE ET VOUS VOUS DISPUTIEZ-VOUS ? DONNEZ-MOI DES EXEMPLES DE DISPUTES.

Vous n'avez qu'à le lui demander.

POUR QUELLES RAISONS ET DANS QUELLES CIRCONSTANCES, LE 13 JUILLET 1976, NICOLE VOUS A-T-ELLE QUITTÉ ? VEUILLEZ PRÉCISER.

Vous n'avez qu'à le lui demander.

AVANT LES MEURTRES DE PROVO AVEZ-VOUS JAMAIS TENTÉ DE VOUS SUICIDER ? SI OUI, ÊTES-VOUS CONTRARIÉ D'AVOIR ÉCHOUÉ ET POURQUOI ?

...

VOULEZ-VOUS ME RACONTER TOUT CE QUI S'EST PASSÉ AU MOTEL LORSQUE VOUS ÉTIEZ LA-BAS AVEC APRIL.

...

POURQUOI VOUS ÊTES-VOUS ARRÊTÉ A LA STATION D'ESSENCE ET QUE S'EST-IL PASSÉ ? DE QUOI APRIL ET VOUS PARLIEZ-VOUS AVANT D'ARRIVER AU POSTE D'ESSENCE ?

...

POURQUOI AVEZ-VOUS VOLÉ AVANT DE TUER... POURQUOI NE PAS SIMPLEMENT TUER OU SIMPLEMENT VOLER ?

Par habitude, sans doute.

C'est mon style.

Nous sommes tous des créatures d'habitude.

Peut-être que quelqu'un d'autre venant d'un milieu différent aurait agi différemment.

C'est une bonne question. Une question valable. J'aurais aussi bien pu me contenter de tuer... mais je suis un voleur. Un ancien prisonnier, un cambrioleur. Je revenais à mes habitudes... Peut-être pour que ça rime à quelque chose pour moi. J'espère que j'ai répondu à cette question. Maintenant, Larry, j'ai une question pour vous et j'aimerais une réponse sincère.

Avez-vous lu les lettres que j'ai écrites à Nicole ? Dites-moi.

Ça flanqua la frousse à Schiller. Il allait devoir agir vite pour obtenir de Vern et des avocats leurs accords pour vendre les lettres à l'étranger. S'il attendait beaucoup plus longtemps, Gary allait peut-être commencer à faire tout un plat à propos de ces lettres.

Schiller chassa ce problème de son esprit et passa à la liste de questions suivantes. Gary y avait répondu le jour où il avait commencé à s'alimenter et, Dieu merci, ses réponses étaient plus étoffées.

VOULIEZ-VOUS RÉELLEMENT « REPARTIR DE ZÉRO » QUAND VOUS AVEZ ÉTÉ LIBÉRÉ SUR PAROLE CETTE FOIS-CI ? PENSEZ-VOUS QUE LES CHOSES ONT COMMENCÉ A FAIRE BOULE DE NEIGE ET QUE VOUS AVEZ RENONCÉ A ESSAYER ? QUE DE TOUTE FAÇON VOUS ÉTIEZ EN TRAIN DE TOUT GÂCHER ALORS A QUOI BON...

Oui, à quoi bon ! Je regrette de ne pas pouvoir vous parler, Schiller. Je n'aime pas écrire. Ça n'est pas pareil que parler. On a plus de spontanéité dans un échange verbal et par conséquent de meilleures réponses. Je tiens beaucoup à ce que vous me compreniez bien.

Je sens à vos questions que vous ne savez pas vraiment ce que je veux vous dire. Vous êtes à au moins 35° de la cible. Ça n'est pas l'idéal pour communiquer.

QUE PENSEZ-VOUS DU FAIT D'ÊTRE EN PRISON ?

On pourrait facilement se débarrasser d'un tas de prisons.

C'est de la merde. Elles engendrent le crime, elles n'en dissuadent pas.

Pour l'instant, je suis prisonnier de mon corps.

Je suis enfermé en moi-même.

C'est pire que la prison !

PENSIEZ-VOUS JAMAIS A LA MORT AVANT DE VOUS TROUVER CONFRONTÉ AVEC CETTE CONDAMNATION A MORT ?

Beaucoup.

En profondeur.

Beaucoup, beaucoup.

Oh, oui.

COMMENT AVEZ-VOUS FAIT LA CONNAISSANCE DE NICOLE ? COMMENT VOS RELATIONS ONT-ELLES COMMENCÉ ?

C'était, pour chacun de nous, comme trouver une partie de nous qui s'était perdue et qui nous avait manqué un moment. Je ne peux pas le prouver, mais je le sais.

Vous voulez que je vous dise autre chose ! J'ai été célèbre avant — pas une triste célébrité comme aujourd'hui, mais célèbre et riche aussi. C'est peut-être pour ça que ce qui m'arrive maintenant ne me fait pas beaucoup d'effet. Tout ça arrive comme ça le devait. En mon for intérieur — dans cet endroit tranquille qui guide notre vie — je l'ai toujours su. Ça n'est pas une surprise. Il n'y a pas de quoi s'en étouffer.

ÇA PEUT SEMBLER RIDICULE, TERRIBLEMENT PSYCHANALYTIQUE, STUPIDE ET TOUT CE QUE VOUS VOULEZ, MAIS QUE PENSEZ-VOUS DE VOTRE MÈRE ET DE SON ROLE DANS VOS PREMIÈRES ANNÉES ?

J'aime ma mère. C'est une femme belle et forte. Elle n'a jamais cessé de m'aimer. Ma mère et moi nous nous sommes toujours bien entendus. On n'est pas seulement mère et fils, on est aussi amis. C'est une bonne mère de la souche des pionniers mormons. Une brave femme. Qu'est-ce que vous pensez de votre mère ?

EN GÉNÉRAL ÊTES-VOUS SENSIBLE A CE QUE LES GENS PENSENT DE VOUS ?

Oui.

Comme tout le monde.

Oui, il y était sensible, songea Schiller. Raison de plus pour vendre et publier les lettres. Le public serait moins totalement hostile à Gilmore.

En signe d'amitié, ou bien était-ce une indication de l'intérêt que trouvait Gilmore à présenter de lui une image plus favorable, il avait envoyé aussi un long poème qu'il avait écrit voilà quelques années. Schiller ne savait pas trop quoi en faire, mais il se dit qu'il pourrait en extraire quelques vers pour les donner à *Time* ou *Newsweek* lorsqu'ils seraient à court de copie.

Le Maître de Ces Lieux
Une introspection par Gary Gilmore

En sentant un vent violent souffler
Dans les couloirs de mon âme j'ai su
Qu'il était temps que j'entre
J'ai grimpé et j'ai regardé partout
J'étais bien chez moi ma semence même
Un miroir de moi reflétant mon image
De chaque courbe et de chaque ligne
Et de chaque surface Chaque grain nu
Chaque couleur chaque ton et chaque valeur
[Chaque son
Orgueil Haine Vanité
Indolence
Gâchis Folie Désir Envie Besoin
L'ignorance noire et verte
Je me voyais à chaque détour
Mettre mon esprit même à brûler
Face à face et sans esquive possible
Tête baissée je tombais dans ce chalet
Je me sentais seul et seul je me retrouvais
Un hurlement rouge m'échappait
[Mais je le reprenais
Mais j'en maîtrisais la force
Il allait crescendo dans un poids désespéré

Et sombrait dans le sang...
Je sentais et j'étendais un battement d'ailes
Comme nul oiseau que l'on connaît
Au-dessus je me voyais noir et tordu
Et brun et crispé — emporté dans les airs
Par l'aile grise d'une chauve-souris... Perchée là
Sur mes épaules...
Une chose était claire
Nul mépris ici ne menaçait
Voilà comme sont les choses
Dépouillées jusqu'à l'os
Et j'ai bâti cette maison Moi seul
Je suis le maître de ces lieux

QUATRIÈME PARTIE

LA SAISON DES VACANCES

CHAPITRE XVIII

JOURS DE PÉNITENCE

1

UN des jurés du procès de Gary adressa une lettre au *Provo Herald*. La Cour suprême de l'Utah n'avait pas trouvé d'erreur, dit-il, alors pourquoi l'affaire Gilmore était-elle allée jusqu'à la Cour suprême des États-Unis ?

Le juge Bullock se mit à penser à ce juré. D'après la teneur de sa lettre, Bullock avait l'impression que certains membres du jury se demandaient s'ils avaient convenablement accompli leur tâche. Il y avait eu tant d'appels. Le juge se dit : « Je vais demander à ce jury de revenir. Peut-être que je prends des risques, mais je tiens à leur expliquer les procédures juridiques. »

Il fit contacter chacun d'eux par son greffier. Il ne voulait pas donner au jury le sentiment qu'il y avait une pression quelconque de la part du juge J. Robert Bullock, aussi le greffier se contenta-t-il d'annoncer que le juge, à titre strictement officieux, aimerait les rencontrer et examiner toutes questions juridiques qu'ils pourraient avoir à lui poser. Tous les jurés acceptèrent. Ils vinrent tous.

Il les retrouva au palais de justice un soir où il n'y avait personne et les installa dans la tribune du jury. Il s'assit devant eux et leur expliqua le droit de faire appel et comment cette affaire allait sans doute se prolonger pendant plusieurs années encore. Ce serait d'ailleurs contraire à l'habitude si l'on parvenait à une conclusion en moins de temps que cela. Il fit remarquer que les gens avaient le droit de s'adresser à la Cour afin de lutter pour les principes juridiques auxquels ils croyaient, et il ajouta que le problème de la peine capitale n'était pas encore réglé. On n'avait exécuté personne depuis 1967, aussi était-il tout à fait normal qu'il y ait des délais. Mais il tenait à ce que les jurés comprennent bien qu'ils n'avaient pas mal fait leur travail.

C'était là où le bât blessait. Le juge Bullock leur déclara qu'en aucune circonstance on ne pourrait révoquer leur verdict. « Il se peut, dit-il, que j'aie commis des erreurs en vous expliquant ce qu'est la loi, mais vous n'en avez pas fait. Vous avez fait votre travail. » Il sentait que ces paroles les aidaient. Ils se sentaient mieux maintenant.

Il répéta encore que cela pourrait prendre quelques années et ajouta : « C'est comme ça, ne luttons pas contre le système. » A sa surprise, peu après cette réunion, la Cour suprême annula le sursis qu'ils avaient accordé. Il était donc prévu que Gilmore reviendrait le 15 décembre devant les juges pour qu'on rende une nouvelle sentence. Le juge Bullock n'avait plus qu'à recommencer à souffrir.

Il connaissait des juges qui étaient prêts à se suicider plutôt que de prononcer une sentence de mort. Le juge Bullock ne se considérait pas comme un objecteur de conscience, mais quand même il n'était pas pour la peine capitale.

Avant Gilmore, il n'avait même jamais connu de

procès susceptible d'entraîner la peine capitale. Il avait jugé toutes sortes d'homicides, avec des peines allant de cinq ans à l'emprisonnement à vie, mais jamais encore de meurtres avec préméditation. Cela se révélait plus dur qu'il ne s'y attendait. Le jury avait déclaré Gilmore coupable, aussi n'avait-il eu qu'à formuler la sentence. Pourtant, en ce jour d'octobre, il tremblait intérieurement, il était au supplice. Extérieurement, le juge Bullock pensait donner l'impression qu'il gardait son sang-froid et sa dignité. Mais en son for intérieur, il ressentait une émotion plus grande qu'il ne s'y attendait.

Et voilà maintenant qu'il allait devoir condamner Gilmore une fois de plus. Ce serait la même sentence, mais pour une date différente. Il devrait néanmoins prononcer les mots. Cette crispation et ce déchirement au creux de l'estomac, ces quelques mots qui vous vidaient affectivement, tout cela allait recommencer. Et toute la clameur du public. Si ce type a envie de mourir, qu'on lui accorde ce droit rapidement.

Non, se dit Bullock, je ne vais pas précipiter les choses. Il faut suivre la procédure. Ceux qui voudront faire appel doivent avoir le temps de le faire dans les formes.

Aussi, lorsqu'il apprit que Moody et Stanger, sur les instructions de Gilmore, allaient réclamer une date d'exécution plus proche, ne se sentait-il pas disposé à accepter cette idée.

2

En descendant le couloir du palais de justice, Gilmore avait l'air d'un homme qui retrouvait l'espoir. Aux yeux de Schiller, Gary ne paraissait pas aussi frêle que lors de sa grève de la faim. Cela ne faisait peut-être que deux jours qu'il avait interrompu son jeûne, mais il se portait bien. Il y avait un certain rythme dans sa démarche comme si, même avec les fers aux pieds, il pouvait faire de petits pas dansants un peu plus rapides, un peu plus élégants que le cheminement lourd des gardiens qui l'escortaient. Il y avait quelque chose de plaisant dans sa façon d'évoluer, comme s'il suivait un rythme intérieur.

Bien sûr, Schiller en connaissait la raison. Ce matin, Gary comptait pouvoir parler à Nicole. Bob Moody avait expliqué à Larry ce qu'il espérait réussir au palais de justice ce jour même. Stanger et lui comptaient ramener leur client dans le bureau vide de Bullock, et de là appeler l'hôpital sur le téléphone du juge en demandant à parler à Sundberg. Ken alors passerait l'appareil à Nicole.

Obtenir ce coup de téléphone était devenu un engagement moral pour Bob Moody. La première fois qu'il avait jamais vu Gilmore, c'était devant ce même palais de justice où l'on jugeait l'affaire Buschnell. Ce jour-là, Bob avait vu Nicole se précipiter pour étreindre Gary, et une intensité particulière dans cette démonstration d'affection avait ému Moody au point qu'il s'était dit : « Voilà une fille extrêmement amoureuse. »

Moody avait déjà remarqué que lorsqu'un jeune criminel quittait le palais de justice — surtout s'il était beau garçon et s'il avait une de ces moustaches à la macho — il arrivait qu'une jeune femme se précipite pour l'embrasser. En général, ce genre d'étreinte se prolongeait un bon moment. Mais celle qui avait eu lieu entre Gilmore et son amie avait dû être la plus longue et la plus passionnée dont Ron avait jamais été témoin. Cela dépassait la limite des convenances. Il s'était posé quelques questions sur les gens qui exprimaient des sentiments aussi forts.

Moody avait beau être un assez haut dignitaire de l'Église mormone, il ne s'en considérait pas moins comme un peu libéral. De temps en temps, il aimait, toutefois, se pencher sur certains problèmes, par exemple comment se faisait-il que c'étaient toujours de jolies filles comme Nicole qui semblaient avoir un penchant pour des criminels. Il savait que ça n'était pas sa propre expérience qui lui fournirait la réponse. Il se considérait comme un de ces types solides dont le plus grand problème dans la vie avait été de choisir entre devenir dentiste, homme d'affaires ou avocat. Maintenant, sa femme et lui avaient cinq enfants, ce qui représentait des rapports bien différents de ceux qu'on pouvait observer dans un couloir de palais de justice.

Cependant, le souvenir de cette première fois où il avait aperçu Gilmore donnait toujours un sens particulier à ce que Gary disait de Nicole. Cela donnait à Moody un peu de compassion pour ce que d'autres avaient peut-être vu comme un désir bizarre d'atteindre cette fille à tout prix. Aussi Moody s'était-il donné du mal pour exaucer le souhait de Gary.

3

Seulement, lorsqu'ils s'engagèrent dans le hall ce jour-là, on les installa dans une pièce sans téléphone. Leur plan se trouvait tout bonnement à l'eau. Gary dut pénétrer dans la salle d'audience très déçu. Schiller s'aperçut même que son corps commençait à se crisper. Il s'était mis à cligner les yeux et avait presque des allures de reptile. On aurait dit qu'il se demandait où frapper.

Wootton prit la parole. On ne pouvait pas calculer le délai de trente jours au minimum et soixante jours au maximum, déclara-t-il, à partir de ce jour, 15 décembre, ce qui mettrait la date de l'exécution au plus tôt le 15 janvier. Légalement parlant, dit-il, ce n'était pas sain de repousser sans cesse une exécution. Bullock n'arrêtait pas de hocher la tête.

Schiller voyait Gary regarder les gens qui l'entouraient comme s'ils étaient de la crotte. Et lorsque ce fut son tour de parler, il affirma que personne ici n'avait assez de cran pour le laisser mourir. Tout ce dont ils étaient capables c'était de le faire glander. La façon dont il déclara cela fit passer un murmure dans la salle.

Bullock ne releva pas la remarque. Comment pouvait-on condamner un homme pour outrage à la Cour alors qu'il devait déjà être exécuté ?

« A moins que ce ne soit une plaisanterie, dit Gilmore, je compte... » et il se mit à expliquer qu'il comptait qu'on exécuterait la sentence dans les jours à venir. « Je suis sérieux quand je dis que je veux mettre fin à ma vie, ajouta Gilmore. Le moins que la justice puisse faire, c'est de le reconnaître. »

Bullock fixa la date au 17 janvier. « Nous ne sommes pas ici pour vous faire plaisir », déclara le juge.

Après l'audience, Gilmore rencontra par hasard Wootton dans le couloir. Il en profita pour lui dire : « Pourquoi ne viens-tu pas me sucer, fils de pute ? » Wootton ne répondit pas.

4

Alors qu'il devait s'écouler tout un mois avant l'exécution, Schiller avait maintenant assez de temps pour négocier la vente des lettres. Aussi, après l'audience, invita-t-il Vern, Bob et Ron à déjeuner. Il leur demanda même de choisir un bon restaurant. Comme il n'y avait rien du côté d'Orem ni de Provo qui fît l'affaire, ils se retrouvèrent dans une sorte de grande brasserie bavaroise au pied des collines qui entourent Salt Lake City, et ils durent attendre pour avoir une table de coin tranquille tandis qu'une foule d'hommes d'affaires discutaient à perdre haleine. Mais Schiller voulait le cadre qui convenait pour cette conversation.

Comme il se disait qu'il devrait persuader Moody plutôt que Stanger, il mit Ron à sa droite et Moody en face. Ainsi il pouvait regarder Bob droit dans les yeux tout en vendant sa salade. Au cours du déjeuner, il exposa à fond le problème. Il leur expliqua qu'il voulait vendre certaines des lettres en Europe afin qu'elles soient publiées peu avant l'exécution, mais qu'il pouvait dissimuler les transactions de telle façon que personne ne saurait jamais qui avait effectué la vente. Les lettres, après tout, avaient déjà été publiées dans le *Deseret News*. Il avait dû y avoir au moins un jeu de photocopies qui circulait.

Il ne pouvait pas prétendre, dit-il, ne pas être préoccupé par les réactions de Gary. Si jamais celui-ci découvrait la vérité, leur assura Schiller, ça ferait certainement un foin épouvantable. Mais ça n'allait pas lui nuire. Gary était plus sympathique dans ses lettres que dans toutes les images qu'il avait données de lui. D'ailleurs, on avait déjà fait irruption dans sa vie privée. Les extraits cités par Tamera dans le *Deseret News* avaient été repris par la presse dans la moitié du monde. Schiller dit qu'il tenait à leur répéter ce qu'il leur avait dit au début : il allait y avoir beaucoup de choses qui ne leur plairaient peut-être pas, mais il en parlerait toujours. Il ne comptait pas agir derrière leur dos.

Il y eut une longue discussion. Schiller sentait que les avocats étaient surpris de le trouver aussi franc. Comme il s'y attendait, Moody était plutôt contre le projet et discuta avec Stanger de l'effet que cela pourrait avoir sur l'opinion si tout cela était étalé au grand jour. Ils ne tenaient absolument pas à se trouver comparés à Boaz. Schiller ne cessait de répéter que si les lettres qu'ils détenaient n'étaient pas publiées, les journaux étrangers se les procureraient par d'autres sources. Quelqu'un allait gagner de l'argent sur le dos de Gary Gilmore.

Schiller sentait que Vern était déchiré. Inconsciemment, estimait-il, Vern avait envie de l'argent, mais jamais il ne dit : « Il faut que j'en discute avec Gary. » Cependant, ça le travaillait. Il ne parlait pas et se repliait sur lui-même. Ça n'était pas tant qu'il était hostile mais plutôt déconcerté. En conclusion, se dit Schiller, Vern marcherait pour de l'argent.

Larry finit par les convaincre en disant : « Je pourrais faire une vente en Allemagne ou au Japon sans que vous en sachiez jamais rien. Personne ne pourrait me désigner comme l'homme ayant vendu ces lettres. » C'était la forme de menace la plus subtile. Après tout, ils savaient qu'il avait six photocopies. Comment pouvaient-ils être certains qu'il n'en avait pas fait sept ? Jamais ils ne lui donnèrent ouvertement leur accord, mais dès cet instant il sut qu'il pouvait aller de l'avant.

Après le déjeuner, lorsque Ron Stanger revit Gary à la prison, ce fut comme s'il parlait à une plaque d'acier. Il était dans un état pire que celui de la dépression où l'avait plongé sa grève de la faim. Gary était froid, dur et d'une fébrilité de glace. Ron ne l'avait jamais vu ainsi. Ça vous brûlait les yeux de sentir sa rage flamboyer. On pouvait dire qu'il était tendu. Possédé même.

Sur le chemin du retour, Ron essaya d'en plaisanter. « Bon sang, annonça-t-il à Moody, on aurait cru un film d'horreur. C'était tout juste si je ne voyais pas ses dents qui s'allongeaient. »

5

DESERET NEWS

Gilmore fait une nouvelle tentative de suicide.

Salt Lake, 16 décembre. — Gary Gilmore, qui avait été condamné pour meurtre, est actuellement dans le coma au Centre Médical de l'Université à la suite d'une seconde tentative de suicide.

Gilmore, déçu dans ses efforts pour obtenir une exécution rapide, est dans un état critique.

Il a été hospitalisé à 10 h 20 du matin, après avoir été trouvé sans connaissance dans sa cellule à 8 heures et quart...

La seconde fois, Gilmore essaya vraiment. C'était l'opinion du docteur Christensen. Gilmore avait absorbé du phénobarbital à la dose de 16,2 mg pour 100. Toute dose supérieure à 10 mg pour 100 se révélait fatale pour plus de la moitié des gens qui essayaient. Gilmore avait donc largement dépassé la dose critique.

Cette fois, lorsqu'il reprit connaissance, il ne fut pas grossier. Une des infirmières observa même : « Tiens, il a l'air plutôt gentil. » En fait, il semblait calmé. Il y avait une différence. Vraiment.

Stanger se rendit à l'hôpital dès qu'il apprit la nouvelle et tomba sur une scène bizarre. Un vieil ami qui avait partagé un bureau avec Ron à Spanish Fork il y avait des années, un ophtalmologue du nom de Ken Dutson, était en train de mourir dans la même salle des urgences où on s'efforçait de ranimer Gary. Stanger tomba pratiquement sur la femme et sur la famille de Dutson. Ils étaient bouleversés. Sitôt qu'on amena Gary, ce fut à lui que le personnel hospitalier consacra toute son attention. Stanger était sûr que le pauvre Dutson en était au point où on ne pouvait pas le sauver, mais on ne pouvait guère s'attendre à voir sa famille satisfaite de constater qu'un tueur amené d'urgence accaparait tout d'un coup l'attention de tous les médecins qui s'affairaient autour de lui.

Gilmore se remit si vite que c'en était dingue. Il avait franchement été au bord de la mort, c'est ce que dirent les médecins à Stanger, mais son système semblait avoir appris à se débarrasser rapidement des poisons. C'était incroyable, cette décision de ne le garder qu'un jour à l'hôpital avant de le réexpédier dare-dare en haute surveillance comme si on craignait que Gilmore ne s'échappe et n'aille rôder dans les rues. Bien sûr, il était malgré tout dans un triste état. Lorsque Stanger retourna le voir à la prison, Gary était encore si intoxiqué par les barbituriques qu'il ne pouvait même pas s'asseoir sur le tabouret. Il manqua d'en tomber plusieurs fois. Et il parlait d'une voix pâteuse comme s'il avait de la mélasse dans la bouche. Même en bavardant, il se mit à vaciller jusqu'au moment où il tomba.

« Tu t'es fait mal ? demanda Vern.

— Ça va.

— Tu es sûr ?
— Ça va même quand ça ne va pas », dit Gary.

Schiller envoya deux questions urgentes :

QUAND VOUS AVEZ TENTÉ DE VOUS SUICIDER, AVEZ-VOUS EU UN APERÇU DE CE QUE C'EST DE L'AUTRE CÔTÉ ?

Je ne peux pas vous dire exactement s'il faisait clair comme à l'aube ou si c'était en plein soleil, ou encore comme une lueur dans l'obscurité, mais il faisait clair. J'ai senti que je parlais à des gens, que je rencontrais des gens. Voilà le souvenir que j'en ai ramené.

QUE VA-T-IL SE PASSER QUANS VOUS RENCONTREREZ BUSCHNELL ET JENSEN DE L'AUTRE CÔTÉ ?

Qui sait si je les rencontrerai ? Peut-être bien qu'avec la mort on règle toutes ses dettes. Mais ils ont leurs droits, comme j'ai les miens, et ils ont des privilèges, comme j'imagine que j'ai des privilèges aussi. Je me demande : ont-ils plus le droit de faire quelque chose que moi maintenant ? C'est une question intéressante.

6

La seconde tentative de suicide tracassa Bob Hansen. Cela amena aussi Earl à se poser des questions sur la santé d'esprit de Gilmore. L'État ne voulait assurément pas se mettre dans une situation telle que le public pourrait penser qu'on exécutait un dément. Aussi Hansen, Sam Smith et Earl Dorius eurent-ils un certain nombre d'entretiens pour savoir quels psychiatres seraient choisis. On pensa un moment à faire venir le docteur Jerry West, qui était bien connu du fait de son témoinage dans l'affaire Patty Hearst. West était violemment opposé à la peine capitale ; Hansen pensait que si on pouvait l'amener à dire que Gary était sain d'esprit, cela réglerait la question et que plus aucun doute ne subsisterait dans l'esprit du public. Earl, toutefois, estima que c'était risqué et il se fixa pour but de faire changer Hansen d'avis. Que le psychiatre de la prison, Van Austen, fasse l'expertise, dit-il. De toute façon, il était fort possible que l'opinion publique ne serait jamais satisfaite.

Ils s'adressèrent donc à Van Austen. Celui-ci déclara Gary sain d'esprit. Les choses pourraient se calmer pendant une quinzaine de jours au moins. Dorius espérait passer un Noël tranquille.

7

La réaction de Schiller à la seconde tentative de suicide fut que Gary devait être un homme très impatient. Il ne voulait pas mourir à cause de la réincarnation, mais simplement par dépit. Il avait tenté de se supprimer pour montrer au monde que c'était lui, Gary Gilmore, qui contrôlait la situation. Schiller perdit donc tout respect pour lui. C'était idiot de se tuer rien que pour emmerder le juge. C'était un trait de revanche puéril. C'était peut-être ça qui empêchait Gary de faire quoi que ce soit de sa vie.

Schiller se mit à penser de plus en plus à April. De plus en plus, il avait l'impression que la nuit que Gilmore avait passée avec April était peut-être la clef de bien des choses. Gary avait formellement refusé de dire quoi que ce fût sur elle. Dans les questionnaires, les pages vides la concernant intriguaient Larry. Il avait déjà essayé de persuader

Kathryne Baker de le laisser rencontrer sa fille, mais cette fois il se donna plus de mal. Lorsqu'il en parla à Phil Christensen, il alla jusqu'à dire qu'il devait absolument rencontrer cette jeune personne.

Kathryne avait peur qu'April ne se mette à battre la campagne si elle savait qu'elle parlait à un journaliste. April semblait persuadée que les gens des médias avaient toutes sortes de pouvoirs déments. Ce ne fut donc pas facile de convaincre Kathryne, mais elle finit par accepter quand Phil proposa de faire sortir April de l'hôpital pour aller acheter des cadeaux de Noël. On amena même une des secrétaires de Christensen qui entrerait avec April dans les magasins de toilettes pour femmes.

Larry attendit dans la voiture pendant que Phil sortait de l'hôpital avec cette charmante petite adolescente. Schiller lui ouvrit la portière, elle s'installa sur la banquette arrière et il vint s'installer auprès d'elle. C'était une belle journée claire et ensoleillée, il ne faisait pas froid du tout, elle était vêtue d'une jupe et d'un chemisier avec une petite veste et elle avait les cheveux noués en arrière en queue de cheval. Schiller remarqua aussitôt qu'elle évitait son regard. Après s'être présenté comme étant Larry — Christensen et lui étant tombés d'accord pour penser qu'elle avait peut-être entendu le nom de Schiller à la télévision — elle dit : « Je suis April » et il lança une plaisanterie. « Je connais bien une fille qui s'appelle Tuesday, dit-il. Tuesday Weld. » Pas beaucoup de réaction. Elle restait assise, plus jolie qu'il ne l'avait supposé, une fille de seize à dix-huit ans un peu rondelette. Elle ne donnait pas l'impression de quelqu'un actuellement traité dans un asile. Peut-être lui administrait-on des sédatifs, mais certainement pas très forts.

Lorsqu'ils se mirent à parler de faire des courses au supermarché de l'Université, April dit : « Je vais acheter un cadeau pour Sissy. » Quelque chose dans la façon dont elle le déclara fit penser à Schiller que Sissy devait être le surnom qu'on donnait à Nicole dans la famille.

Lorsque Christensen donna cent dollars à April pour acheter des cadeaux pour tout le monde, elle dit que jamais elle n'avait eu autant d'argent à dépenser. Au bout d'un moment, elle déclara qu'elle allait acheter une Timex à Sissy.

Il ne fallut pas longtemps à Schiller pour en avoir assez du soleil hivernal, de l'air des montagnes, des centres commerciaux et des cloches de Noël. Il se fit déposer, sourit à April et lui dit : « J'espère vous revoir. Tâchez de trouver de beaux cadeaux. » Là-dessus, elle le regarda cette fois droit dans les yeux et lui fit un grand et beau sourire. Il s'en alla, persuadé qu'il pourrait l'interviewer. Schiller était excité. A part Vern, Brenda et Sterling, c'était son premier contact avec quelqu'un qui avait connu Gilmore intimement avant les meurtres.

8

Brenda alla voir Gary, mais on ne voulut pas lui laisser franchir la grille. Deux jours plus tard, la prison finit par accepter de la laisser voir à travers la vitre. Il avait un téléphone à chaque oreille de façon à pouvoir parler à Vern et à elle en même temps. Brenda alla droit au fait. « Gary, espèce de connard, dit-elle, tu fous tout en l'air. Si tu ne te sens pas capable de faire les choses convenablement, bon sang, cesse d'essayer. » Il répondit : « Brenda, j'ai essayé. Franchement, j'ai essayé. Mais on me découvre toujours trop tôt. » Elle dit encore : « Tête de mule, pourquoi n'utilises-tu pas un pistolet ? (Puis elle fit la grimace et poursuivit :) Non, ne prends pas un pistolet. Tu ne sais même pas où est la détente.

— Mon Dieu, je sais, fit-il. J'ai encore mal à la main. »

Ils se dirent adieu comme la fois précédente, en étalant les doigts et la paume de chaque côté de la vitre.

Le dimanche matin, une fille du magazine *People* se présenta à la maison de Brenda avec un photographe. Son jeune fils, Tony, les fit entrer. Brenda était sous la douche et arriva vêtue seulement d'un déshabillé. Comme il avait un décolleté assez plongeant, elle se servait d'un gant de toilette pour dissimuler sa poitrine du mieux qu'elle pouvait. Elle se vit dans la glace. On aurait dit un cacatoès en chaleur. Pendant ce temps-là, la journaliste, Sheryl McCall, racontait qu'elle voulait faire un article sur Cristie. Sheryl avait découvert que Gary lui avait légué sa glande pituitaire.

Brenda leur dit : « Sortez. N'utilisez rien ici ou je vous traîne en justice. »

Le photographe, qui s'appelait John Telford, se dandinait d'un pied sur l'autre en tripotant ses appareils de photos pendus à son cou. Brenda crut qu'il faisait ça pour les empêcher de se heurter, mais elle découvrit par la suite qu'il était en train de prendre des photos. Il la photographia sous tous les angles dans son horrible déshabillé. *People,* par la suite, publia sa photo. Elle était une des « huit femmes torturées dans la vie de Gary ». Un article vraiment moche et sordide. Brenda y était décrite comme une serveuse de bar. Lorsqu'elle apprit que Tony avait refermé la porte extérieure et que McCall et Telford l'avaient ouverte pour entrer, elle prit contact avec un avocat et attaqua le magazine *People*.

En outre, Brenda était en mauvais état physique. Elle en était arrivée au point de ne plus pouvoir supporter la douleur. Elle avait de telles crises que, fréquemment, elle ne pouvait pas aller travailler. C'était vraiment trop dur pour elle. Elle alla donc passer des examens et on lui fit diverses radios.

Les docteurs rendirent leur diagnostic. La paroi interne de l'utérus d'une femme se renouvelait, semblait-il, chaque mois, mais dans son cas, cette paroi interne s'accumulait sur l'extérieur de la paroi utérine. Dans l'immédiat, cela semblait se souder à ses intestins, puis se déchirer et provoquer une hémorragie. Un peu comme un cancer, sauf que ça n'était pas cancéreux. Mais il y avait sans aucun doute des adhérences intestinales. Quand ce tissu se déchirait, précisèrent les docteurs, cela arrachait aussi la paroi intérieure de l'utérus. Très pénible. Ils n'étaient pas sûrs de pouvoir maîtriser cela sans intervention chirurgicale. En attendant, elle saignait pas mal. On lui donna des analgésiques, mais elle avait quand même l'impression qu'on lui déchirait l'intérieur. A deux reprises, lorsqu'elle se rendit à la prison, le fait de s'asseoir et d'attendre lui fut intolérable. Comme, le plus souvent, on ne voulait pas la laisser entrer, elle cessa d'y aller. Ce fut alors que le simple fait de marcher lui devint douloureux. Parfois même, rester debout l'obligeait à un effort insupportable. Il y avait donc Vern qui se remettait péniblement de son opération, et elle, Brenda, avec sa constante impression de déchirement interne.

9

Ce fut Sundberg qui avertit Nicole de la seconde tentative de Gary. Cela la bouleversa. Elle ne comprenait pas pourquoi il pouvait essayer de la lâcher ainsi. Elle avait l'idée que Gary se disait : « Il faut que je m'occupe de moi. » Tout de même, elle était gênée qu'il eût échoué encore une fois. Il aurait bien dû savoir s'y prendre.

Elle fut stupéfaite lorsqu'on la désigna comme candidate à la vice-présidence du quartier des femmes. Histoire d'essayer de mettre sur pied une autre direction. Nicole trouvait insensé le choix des deux idiotes qu'on avait choisies avec elle. Bien sûr, il n'y avait pas tellement le choix, il n'y avait que quinze filles dans le pavillon, et cinq étaient si dingues qu'auprès d'elles April aurait semblé la logique même. Elle était sans doute une des rares dans le pavillon à pouvoir additionner, par exemple, cinq et huit. Mais ce n'était pas comme si elle avait recherché cette nomination. La plupart du temps, elle refusait toujours de parler à quiconque, ne fréquentait aucune des réunions qui se déroulaient toute la journée. Lorsqu'on se tournait vers elle pour avoir son avis, elle disait : « Humph. » Comme ça : « humph ». Peut-être qu'elle le disait d'une façon qui attirait vraiment leur attention, comme si elle reniflait une merde particulièrement intéressante.

CHAPITRE XIX

AVENT

1

CE n'était pas le genre de nouvelles qu'on pouvait prévoir. En réalité, c'était incroyable. Bob Moody reçut un coup de téléphone d'un ami de Gary, Gibbs, qui déclara être indicateur de police et qu'il allait témoigner à un procès dans les deux jours à venir. Ayant été le compagnon de cellule de Gary à la prison de Provo, il avait toute une histoire à raconter, expliqua-t-il à Moody. Il voulait dix mille dollars et l'occasion de passer à l'émission de Johnny Carson. Moody informa aussitôt Vern de la conversation et deux heures plus tard, lorsqu'il se rendit à la prison, Vern transmit la nouvelle à Gary. Comme ce dernier ne répondait pas, Vern expliqua de nouveau ce que Gibbs avait déclaré à Moody.

Gary fronça les lèvres si étroitement qu'on aurait pu croire qu'il avait retiré son dentier.

« Je suis désolé, Gary, dit Vern. Comme tu le sais, je lui ai déjà versé deux mille dollars.

— Tu vois ce type, dit Gary. Je lui faisais confiance. Il ne faut pas faire confiance aux gens.

— J'aimerais tomber sur lui, fit Vern. Je lui referais le portrait.

— Bah ! fit Gary, ne t'inquiète pas, Vern. Toi, tu ne peux rien y faire, mais moi je peux. (Il hocha la tête.) Je peux m'occuper de ça d'ici. » Il parlait tout à fait sérieusement, se dit Vern. « Oui, songea-t-il, si Gibbs ne quitte pas la ville, il va s'occuper de lui. »

Schiller et Barry Farrell travaillaient ensemble ce matin-là à Los Angeles quand Moody téléphona pour leur annoncer la nouvelle. Gibbs, dit-il, voulait parler à Schiller à propos d'une affaire. Larry avait été cité dans *Helter Skelter* et il pensait que Schiller voudrait peut-être acheter des confidences sur Gary, des histoires que personne d'autre ne connaissait. Schiller avait l'air soucieux, il décrocha le téléphone pour appeler Gibbs et l'entendit répéter tout ce qu'il avait dit à Moody. Gibbs demanda alors à Schiller de ne rien divulguer à Gary de ces renseignements confidentiels. En raccrochant, Schiller dit à Farrell : « C'est ridicule. Est-ce qu'il s'imagine que Moody ne va pas parler de cela à son client ? » Farrell, qui venait de lire les lettres de Gilmore, pleines d'éloges pour son compagnon de cellule, dit : « Ce Gibbs est vraiment une ordure. »

Schiller avait déjà décidé de découvrir si Gibbs en savait vraiment assez pour nuire à son récit exclusif et, si c'était le cas, de lui signer un contrat au plus bas prix possible. Comme Barry et lui allaient partir pour Provo cet après-midi-là et qu'ils étaient prêts à fournir de nouvelles questions à Moody et à Stanger, il serait relativement simple d'interviewer Gibbs en même temps. A vrai dire, ce serait le premier travail qu'ils feraient ensemble dans l'Utah. Ça pourrait être une façon de concrétiser leurs relations. « C'est à nous, dit Farrell, de presser Gibbs comme un citron. »

Dans l'avion qui les emmenait à Salt Lake, ils revirent les interrogatoires préparés par Barry. Au cours de la dernière semaine, Farrell avait lu tout ce dont on pouvait disposer ; les lettres, les bandes et toutes les feuilles de papier jaune sur lesquelles Gilmore avait écrit des réponses, et ensuite il avait élaboré un nouveau jeu de questions minutieuses. Schiller entreprit de relire ce travail avec attention, discutant chaque interrogation de Barry et ils en changèrent un certain nombre.

A Salt Lake, ils louèrent une voiture, se rendirent à Provo et descendirent au TraveLodge. Puis il emmena Barry pour rencontrer Moody et Stanger. Il fallut un moment pour convaincre les avocats de ne pas parler de Farrell à Gilmore. « Si Gary apprend qu'un autre homme intervient, il va devoir apprendre à faire confiance à ce nouveau venu », dit Schiller. D'ailleurs, après Gibbs, qui accepterait-il ?

Schiller essaya ensuite, avec la plus grande politesse, d'exposer certaines de ses critiques à propos des interviews conduites par les avocats et de les convaincre que ce devrait être Farrell et lui qui dirigeraient maintenant les opérations. « Voici, leur dit-il, notre première interview. » Il leur lut les questions en insistant sur les points annexes que cela pourrait soulever. Il fit de son mieux pour les gonfler. Ça semblait encourageant. De toute évidence, ils acceptaient Farrell en tant que journaliste — comme toujours Barry fit bonne impression — et Schiller sentait qu'ils l'écoutaient aujourd'hui avec une attention particulière. Selon toute probabilité, se dit-il, ils s'inquiétaient aussi à propos de Gibbs. Bon sang, s'ils ne commençaient pas à améliorer leur rendement, l'histoire de Gibbs paraîtrait peut-être de plus en plus tentante.

Cet après-midi-là, Moody et Stanger se rendirent à la prison et firent un enregistrement avec Gary. Ça dura des heures et ils ne rentrèrent que vers minuit. Le lendemain, lorsqu'il entendit les bandes, Schiller en fut tout excité. Gary avait longuement parlé de son enfance, de la maison de correction, de la prison et des meurtres. Comme il ne s'était écoulé que quatre jours depuis sa seconde tentative de suicide, les réactions étaient impressionnantes. On aurait cru que Gilmore, lui aussi, était inquiet à propos de Gibbs et qu'il avait décidé de raconter son histoire. Schiller était aux anges. Lorsque Farrell aurait mis le texte au point, du moins aurait-il un bon début pour *Playboy*.

2

Le rendez-vous avec Gibbs avait été arrangé par Moody par l'intermédiaire d'un inspecteur de police du nom de Halterman, un grand type blond à lunettes, vêtu d'un manteau de cuir marron, le genre ours en peluche souriant, songea Schiller, sauf que, de toute évidence, c'était un ours en peluche coriace. Halterman avait choisi la salle des interrogatoires au commissariat de police d'Orem, une petite pièce avec un bureau et deux chaises.

Gibbs était là, fumant cigarette sur cigarette. La première impression de Schiller fut d'être en présence d'un petit gibier de prison, visqueux et toujours prêt à se mettre à table. Des yeux rouges qui louchaient, il avait un début de calvitie, une barbiche à la Fu Manchu, une petite moustache. De mauvaises dents, et pâle comme un steak. Le genre de type à vous planter son couteau sous l'aisselle. Farrell le trouva encore plus antipathique. Assis là, il avait l'air d'une vieille belette. Il sentait la prison à plein nez.

Une fois les présentations faites, le premier geste de Schiller fut de tirer de sa poche un paquet de Viceroy super-longues et de lui en offrir. Ça mit

Gibbs mal à l'aise. La veille, au téléphone, Schiller semblait à peine avoir entendu parler de lui. Et voilà qu'aujourd'hui il paraissait être au courant de ses habitudes. De toute évidence, se dit Gibbs, Gary avait renseigné Schiller sur ses préférences personnelles. D'ailleurs il y avait quelque chose chez cet homme et son compagnon, ce Farrell, qui gênait Gibbs. Ils n'avaient pas l'air de riches écrivains ou producteurs de Los Angeles. Ils portaient de vieux imperméables et des pantalons de toile et on aurait presque pu dire qu'ils avaient été arrêtés pour vagabondage. Gibbs sentait ses rêves dorés fondre au soleil. Pire encore. Il éprouvait un monceau de pressentiments, aussi, tout en disant bonjour, demanda-t-il si Schiller avait révélé leur conversation à Gary. « Je dois vous faire l'aveu, fit Schiller, que je crois avoir commis une erreur. Je n'avais pas compris que je n'étais pas censé lui en parler et je l'ai fait.

— Vous m'aviez donné votre parole, fit Gibbs.

— Je suis désolé, répondit Schiller, j'ai tout embrouillé. »

« Qu'est-ce qu'a dit Gary ? » demanda Gibbs.

L'autre type, Farrell, secoua la tête et dit : « Oh ! Dick, Gary était très déçu. » Plus que tout, Gibbs avait horreur qu'on l'appelle Dick. Son prénom était Richard. Il regarda Halterman et Ken était au bord de la nausée. Il fit un signe à Gibbs et les deux hommes sortirent de la pièce. « C'est le plus vieux truc du monde, dit Halterman. Oh ! Dick, reprit l'inspecteur en imitant Farrell, Gary était très déçu. » Halterman se mit à jurer. « Tu aurais dû dire : qu'est-ce que ça me fout ? Ça n'est qu'un tueur de sang-froid. » Malgré tout, il reconnut que ça vaudrait peut-être la peine de parler d'un contrat à ces deux types de Los Angeles.

Gibbs était dans tous ses états. Tout d'abord, il était dans la plus grande confusion et il n'en avait pas l'habitude. Et puis ce Schiller commençait à le harceler. « Vous savez, disait Schiller d'un ton de confidence, Gary est fou de colère, mais je crois que je peux le calmer. Vous comprenez, je pourrais lui expliquer que vous êtes prêt à travailler avec nous. »

Gibbs n'en croyait pas un mot, mais il n'osait pas non plus lui dire qu'il ne le croyait pas. Aussi, lorsque Schiller sortit de sa poche un magnétophone, Gibbs accepta d'être interviewé. Mais c'était difficile de savoir d'où venait Schiller. Quant à l'autre, Farrell, il se contentait de continuer à le foudroyer du regard.

Quand Schiller lui demanda s'il voulait signer un contrat pour son histoire, Gibbs demanda : « Combien ? » Il savait déjà qu'il ne serait plus question de dix briques, mais il avait quand même envie de passer à l'émission de Carson, d'avoir toute l'Amérique qui regarderait son visage, et puis d'utiliser le fric pour se payer un lifting, ah ! ah ! Malgré tout, il savait que Johnny Carson avait de la repartie. Ils s'entendraient bien. Ils se comprendraient vite.

Schiller, toutefois, semblait souffrir à l'idée de sortir de l'argent.

« Vous essayez, dit-il, de vendre vos renseignements alors que Gary vous a déjà donné un chèque de deux mille dollars, ce qui représente la quatrième somme la plus importante versée à qui que ce soit, y compris sa mère.

— Gary m'a donné cet argent par amitié. »

Schiller le regarda droit dans les yeux et dit : « Lorsque j'ai rapporté notre conversation à Gary, il voulait faire opposition à votre chèque.

— Je ne vous crois pas, fit Gibbs. D'ailleurs, il est encaissé. »

Gibbs avait reçu deux jours plus tôt une lettre de Gary lui disant que Powers racontait que lui, Gibbs, était un indicateur. Gary déclarait que Powers était un enfant de salaud d'essayer de répandre de pareilles rumeurs. Et maintenant il y avait cela. Schiller devait être l'individu le plus insensible du monde. Il eut même le toupet de dire : « Gary raconte des horreurs sur vous. A votre place, je n'aimerais pas me trouver à Salt Lake. »

Là, c'était de la foutaise. Gibbs savait mieux que n'importe qui que Gary n'avait pas de contact à Salt Lake. Gibbs se sentait quand même embêté. Il ne savait pas si c'était la peur ou s'il avait des remords à l'idée que Gary soit au courant, mais ça n'aurait pas pu être pire.

« Depuis combien de temps travaillez-vous pour la police ? demanda Schiller.

— J'ai fait douze ans en clandestin, dit Gibbs. C'est la première fois que je dois me montrer.

— Ça doit vous effrayer, dit Schiller.

— Pas tant que ça, fit Gibbs, je connais mon boulot. Hier, au tribunal, je me trouvais devant ce qui est sans doute le plus redoutable élément criminel de l'État d'Utah. (Gibbs tira sur sa Viceroy super-longue.) Quand je me suis présenté à la barre, hier, on n'a pas demandé : est-ce que ce type est un indicateur ou un mouchard payé ? On a précisé : est-ce un agent du contre-espionnage à qui l'on puisse se fier ? S'ils l'avaient voulu, j'aurais pu leur donner les noms d'agents du F.B.I. pour qui je travaillais, leur montrer des billets d'avion qu'ils m'avaient donnés, des reçus. Halterman peut vous le dire. J'ai une mémoire photographique. Je pourrais rester devant ce magnétophone toute une journée et vous raconter tout sur Gary.

— Vous a-t-on mis auprès de Gary pour une raison précise ? demanda Schiller.

— Non, fit Gibbs, il ne savait rien qui aurait pu servir à la police. C'était juste pour ma protection personnelle. Ça ne me plaisait pas d'être avec les autres. Certains parmi ceux contre qui j'allais témoigner pouvaient avoir des amis qui se trouvaient là.

— Avez-vous donné à Halterman des renseignements sur Gary ? demanda Barry Farrell.

— Tout ce que j'ai dit à Halterman c'est : « Attention. Si on condamne Gilmore à mort, il « faudra l'exécuter. »

— Et si on vous avait demandé de l'espionner ? poursuivit Farrell.

— Je ne crois pas que je l'aurais fait, fit Gibbs. J'aimais bien ce type. »

Sans marquer le moindre temps, Farrell demanda : « Est-ce que Gary est bien monté ?

— Je ne sais pas, répondit Gibbs, je n'ai jamais fait attention.

— C'est par pure curiosité, dit Farrell en le regardant attentivement.

— Je n'ai jamais fait attention, répéta Gibbs.

— Est-ce que Gary a couché avec April ? demanda Schiller.

— Gary ne semble pas du genre à violer, fit Gibbs. S'il l'a fait, il m'a mieux roulé que je ne l'ai roulé, moi. »

3

Maintenant que Gary était au courant de ses activités, Gibbs se sentait si nerveux et si déconcerté que, pour se rassurer, il finit par donner à Schiller et à Farrell une liste des organisations pour lesquelles il avait travaillé au cours des dix dernières années. Quelle importance, de toute façon, ils pouvaient trouver cela dans les comptes rendus d'audience.

Gibbs avait travaillé, expliqua-t-il, pour la police municipale de Salt Lake City ; pour le bureau du shérif de Salt Lake ; pour le F.B.I. ; pour le Département du Trésor ; pour le Bureau des alcools, du tabac et des armes à feu ; pour la Force tactique Régent 8 et pour la Brigade des narcotiques du service de police de l'université d'Utah. « J'ai été une canaille et j'ai travaillé pour les forces de l'ordre, dit Gibbs, et ni l'un ni l'autre ne suffisent.

— Qu'est-ce que vous allez faire maintenant ? interrogea Schiller.

— Oh ! fit Gibbs, Halterman se présente demain devant la Commission des Grâces pour me faire relâcher. On va me donner de nouveaux papiers, un nouveau nom et un permis de port d'arme. En fait, il va falloir que je file dare-dare. J'ai une cible dans le dos. » La main qui tenait la Viceroy superlongue ne tremblait pas tant que ça, et il ajouta : « Bon, je vais vous dire. En douze ans de travail clandestin, je n'ai jamais eu peur comme en ce moment. Hier, Halterman a dû faire évacuer le tribunal pour moi, c'est vous dire comme il est inquiet.

— Halterman est un bon ami ? demanda Farrell.

— Je dirais, fit Gibbs, que ce n'est pas quelqu'un avec qui plaisanter. (Il eut un petit rire.) Ken aime bien raconter qu'il ne sait pas tirer parce qu'une fois il a essayé de toucher un de mes amis au cœur, mais il a manqué son coup et lui a logé une balle entre les deux yeux. Maintenant il veut faire partie du peloton d'exécution de Gilmore. » Il se remit à rire.

« Pourquoi perdons-nous notre temps avec ce mouchard ? demanda Farrell à Schiller. Je ne supporte pas de me trouver dans la même pièce que lui. » Il se leva brusquement et sortit. Ils essayaient vraiment de faire baisser les prix, songea Gibbs.

Halterman se trouvait dans le couloir. Farrell lui mit le grappin dessus.

« Je connais cette histoire de la fois où vous avez touché ce type entre les deux yeux », dit-il.

Cela prit Halterman au dépourvu. « Oh ! dit-il, ah, ah ! » ne sachant pas trop quoi répondre.

« Vous avez posé votre candidature pour faire partie du peloton d'exécution de Gilmore ? poursuivit Barry.

— Je serais fier d'en faire partie. Gilmore est un tueur dangereux.

— En tout cas, dit Barry, quand il s'agira de Gary, tâchez de ne pas manquer votre coup ! Les yeux de Gilmore, ses reins, son foie et quelques autres précieux organes doivent aller à des gens qui en ont besoin. Si vous tirez, touchez-le au cœur. » Halterman le regarda comme s'il se demandait si Farrell était un fou ou un juge.

« Comprenez-moi bien, fit Halterman. Je ne suis pas mauvais tireur ; je tire même bien. Je voulais toucher l'ami de Gibbs à l'œil et je l'ai touché à l'œil. Il faut se rendre compte qu'on peut supprimer une vie humaine avant d'endosser un uniforme de policier. »

Gibbs savait qu'il avait parlé trop librement à Schiller. Il aurait voulu ne donner qu'un aperçu, mais il lâchait vraiment tout. Cependant, divulguer des renseignements semblait calmer un peu ses craintes.

Essayant de faire monter un peu la mise, il reprit : « Gilmore m'a raconté des choses dont il n'a jamais parlé à personne.

— Gary nous a raconté tout ce que vous avez dit », répliqua Schiller.

Foutaises, se dit Gibbs. Mais il avait loupé son coup, il le savait. La proposition, lorsqu'on la lui fit, était de deux cents dollars, pas plus. Une autorisation, pas une exclusivité.

Schiller était satisfait. Gibbs avait corroboré toutes les histoires qu'ils avaient relevées dans les lettres de Gary. Il avait parlé de Luis le geôlier mexicain, de Powers, du gobelet avec la ficelle qui brûlait et de la générosité financière de Gibbs. Il avait aussi parlé de la réparation des fausses dents, des coupes de cheveux, des peintures sur les murs, de la façon dont ils s'étaient peint mutuellement le visage — tout cela, Gibbs le lui avait de nouveau raconté. En outre, il ne représentait pas une menace. Il ne savait vraiment pas grand-chose sur Nicole. Ce n'était qu'un à-côté de l'histoire principale.

Schiller avait donc gagné beaucoup. Cette phrase de Gary : « Larry, avez-vous lu les lettres que j'ai écrites à Nicole ? — Dites-moi » vibrait encore dans sa tête. Il fallait trouver un moyen de poser à Gary les questions que soulevaient ces lettres, mais il avait aussi besoin de dissimuler comment il s'était procuré ces renseignements. Les histoires de Gibbs allaient combler cette lacune.

4

Ça s'était peut-être trop bien passé. Au moment même où Schiller plongeait la main dans sa poche pour en retirer la lettre d'autorisation en disant : « Deux feuillets. Un que vous gardez, un exemplaire pour moi », Gibbs le regarda d'un air narquois. « Vous venez de faire tomber de l'argent, vous en avez tellement », dit-il.

Schiller regarda par terre. Il y avait des billets verts partout. « Ah ! merde, fit Schiller, je suis si riche que ça ? » Il y avait aussi une clé du Trave-Lodge.

« Barry et vous, demanda Gibbs, vous êtes descendus au TraveLodge ? » Farrell acquiesça de la tête mais Schiller fit un signe de dénégation. Gibbs observa : « Il secoue la tête pour dire oui et vous, vous dites non. » Schiller reprit : « Vous ne m'avez pas demandé si j'étais inscrit au TraveLodge, vous m'avez demandé si j'y étais descendu. (Il rit bruyamment.) Je tiens à vous préciser vos droits. » Gibbs lui lança un long regard et changea de sujet.

Lorsqu'ils eurent regagné le motel, Farrell se rendit compte que Schiller prenait Gibbs au sérieux. Bien sûr, Gibbs avait un peu parlé de ses relations avec le gang le plus redoutable de Salt Lake City, mais Farrell n'y croyait pas trop. Toutefois, dès qu'ils eurent garé leur voiture au TraveLodge, Larry alla voir la préposée à la réception et dit : « Donnez-moi deux fiches en blanc et deux chambres vides, d'accord ? » Pendant que la femme le regardait, stupéfaite, Schiller remplit les fiches pour les chambres vides, les antidata de la veille, date à laquelle Farrell et lui s'étaient installés, et déchira les fiches qu'elle avait pour Barry et lui. « Je vous parie qu'on ne vous a pas appris ça à l'école hôtelière », lui dit Farrell. Toute cette histoire de fiches l'amusait, mais il pensait en même temps : « Peut-être que je sous-estime vraiment ce qui s'est passé. »

Comme Schiller se représentait les choses, Gibbs pouvait très bien le détester, mais cependant vouloir le tâter. En sortant du commissariat d'Orem, cette idée était venue à Schiller. Non seulement il avait affaire à des gens dangereux, mais il était très exposé. Peut-être aurait-il besoin d'un peu de protection. Il y avait un garde du corps qu'il engageait de temps en temps à Los Angeles, Harve Roddetz, qui travaillait comme chauffeur dans une société de location de voitures de maîtres, mais qui faisait des extras de temps en temps. Harve l'avait protégé lors des émeutes de Watts, et juste après que la maison de Schiller eut été plastiquée à la suite de l'histoire Susan Atkins. Schiller avait donc envie d'avoir Harve auprès de lui. Après tout, dans cette chambre de motel, il était au rez-de-chaussée. N'importe qui pouvait approcher de sa porte, tirer une balle à travers la vitre et filer en voiture. Mais il réfléchit au problème. Ce qu'il fallait pour ce soir, c'était ne pas changer de chambre. A cette heure-là ça attirerait l'attention et quiconque surveillerait le verrait déménager des bagages. C'était plus simple de changer les fiches d'hôtel. Comme ça, si Gibbs persuadait un flic de venir faire une visite pour trouver leurs numéros de chambres, le registre du motel lui fournirait des informations erronées.

En attendant, Schiller voyait bien que Barry s'amusait beaucoup. Peut-être a-t-il une attitude plus nonchalante que moi devant certaines formes de dangers, se dit Larry. Malgré tout, il décida pour l'instant de se passer de Harve Roddetz. Il était indispensable de maintenir entre Farrell et lui ce respect mutuel.

5

Le matin, ils allèrent voir Gibbs et lui versèrent les deux cents dollars pour son autorisation. Gibbs semblait moins nerveux, mais Schiller n'était pas de bonne humeur. Revenu au motel, en examinant ses problèmes, ses revenus et ses débouchés éventuels, Larry commença à sentir les effets d'une fatigue accumulée. Il avait envie aussi d'avoir un peu de temps en tête-à-tête avec Stephanie. Elle était encore furieuse parce qu'ils n'avaient jamais eu un vrai Thanksgiving. Ça lui donna une idée. S'il allait avec elle passer la semaine de Noël à Hawaii ?

Ils pourraient aller voir le frère de Larry. Pendant son absence, Barry pourrait surveiller les opérations.

Lorsqu'il annonça à Moody et Stanger qu'il voulait se reposer un peu avant la cavalcade de janvier, Stanger dit : « Si vous allez à Hawaii, il est peut-être temps pour nous de prendre aussi des vacances. Où sont nos billets d'avion à nous ? » Il plaisantait, mais tout juste. Schiller éclata. « Il ne s'agit pas de notes de frais. Je vais à Hawaï sur mes propres deniers. Si vous voulez y aller, payez. »

Le lendemain matin, le premier coup de téléphone survint de *Time*. Ils étaient toujours disposés à consacrer pas mal de place à Gilmore, mais ils y regardaient quand même à deux fois à l'idée de payer les vingt-cinq mille dollars. Ils étaient disposés à donner quatre pages plus la couverture, mais pas d'argent. Une décision de politique avait été prise la semaine précédente pour arrêter le journalisme à coups de chèques. Ce n'était qu'une mode, se dit Schiller. Navré. Dans deux mois, ils changeraient d'avis et recommenceraient à acheter du matériel, mais pour l'instant ça lui forçait la main pour traiter avec l'*Enquirer*, et ça voulait dire de moindres revenus des ventes à l'étranger. Malgré tout, juste après leurs vacances, il avait envoyé Stephanie, avec sa mère et la mère de Larry, en Europe pour vendre les lettres. Pour une telle affaire, il ne pouvait faire confiance qu'à ces seules personnes.

La veille de son départ, Schiller réunit à Los Angeles un groupe de dactylos pour transcrire les lettres de Gilmore à Nicole, un gros boulot : quinze cents pages de manuscrit. Mais il n'y avait pas d'autre moyen de vendre ça à l'étranger. En Europe, les journalistes n'étaient même pas capables de lire de l'anglais dactylographié sans allumer une cigarette. On ne pouvait pas espérer qu'ils allaient avaler des centaines de pages écrites à la main.

Il voulait aussi donner quelque chose à Gary avant de partir, mais en fait il ne savait pas s'il devait le lui envoyer en cadeau de Noël. Comme il s'en allait et que c'était mal vu, très bien, ça n'était pas le moment d'essayer de l'impressionner avec un cadeau somptueux. Il décida de lui faire parvenir un télégramme. Quinze ans auparavant, alors qu'il couvrait le suicide de Hemingway à Ketchum, dans l'Idaho, pour *Paris Match,* Schiller avait écrit un texte pour légender les photos. Il disait que Hemingway n'avait pas voulu éviter la plus grande aventure de sa vie, qui était la mort. Cela devint la manchette de *Paris Match* pour leur reportage photo sur l'enterrement. Schiller se dit qu'il allait utiliser quelque chose d'analogue pour Gilmore. Pour le faire penser à lui pendant qu'il était absent. Un rien de mysticisme.

CHER GARY

CHAQUE MINUTE NOUS RAPPROCHE ET JE SAIS QUE NOUS AVONS EU RAISON DE NOUS EMBARQUER DANS CETTE AVENTURE STOP JE SUIS PROFONDÉMENT CONVAINCU QUE, A MESURE QUE JE VAIS PLUS PROFONDÉMENT, LE SENS DE VOTRE VIE DEVIENT PLUS CLAIR STOP C'EST UNE AVENTURE POUR MOI ET JAMAIS JE NE POURRAI LA REMBOURSER A MOINS DE TOMBER SUR LA PLUS GRANDE AVENTURE QUI SOIT STOP JE VOUS SOUHAITE DE BONNES FÊTES ET J'AI HATE DE VOUS REVOIR

LARRY

Moins d'une heure avant l'heure du départ de l'avion, il y eut un coup de fil de Bill Moyers. Il commençait une émission de télé intitulée « Les rapports de la C.B.S. » La première émission serait sur Gilmore. Lorsqu'il apprit que Schiller partait pour Hawaï, Moyers lui dit : « On viendra vous voir là-bas. » Schiller répondit : « Allons donc, monsieur Moyers, je ne vais pas me laisser photographier allongé sur la plage, faisant du journalisme à coups de carnet de chèques, en train de me dorer la panse au soleil. Ça n'est ni la façon dont je me vois, ni la façon dont je compte me présenter. » Moyers se mit à rire. « Vous êtes malin, hein ? » fit-il.

Schiller apprit que l'émission aurait lieu juste avant l'exécution de Gary. Il dit à Moyers qu'il serait heureux de le rencontrer à Provo après le Nouvel An et qu'il pourrait coopérer à condition qu'ils s'entendent sur certains points. C'était sa façon de dire à Moyers qu'il connaissait la musique. En route pour Hawaii !

CHAPITRE XX

NOËL

1

LE matin du mercredi 22 décembre, Ken Halterman se présenta devant la Commission des Grâces. Il témoigna que Richard Gibbs avait été témoin pour l'État d'Utah dans deux affaires criminelles, la première à Provo contre Jim Ross, l'autre à Richfield, dans l'Utah contre Ted Burr, et que sa déposition avait aidé à faire condamner une des plus grandes bandes de cambrioleurs jamais découverte dans l'État d'Utah. Il s'agissait d'une bande qui ramassait un million de dollars par an, et qui se spécialisait dans la revente de véhicules de loisir volés : bateaux, caravanes, roulottes et camionnettes.

Gibbs sortit de la prison d'Orem vers onze heures et on le conduisit au Service de police de l'université d'Utah où on lui remit une carte d'identité au nom de Lance LeBaron. Après quoi il prit les quatre cents dollars que lui versait la police de Salt Lake et se rendit ensuite à la banque où il tira ce qu'il restait des deux mille dollars de Gary.

Le lendemain matin, Gibbs alla chercher les plaques minéralogiques pour la voiture qu'il venait d'acheter, une Oldsmobile bleu et blanc, puis il se rendit chez le coiffeur se faire couper les cheveux, raser la moustache et la barbe, puis il partit pour Helena, dans le Montana. Il avait l'idée qu'il pourrait même pousser jusqu'au Canada.

2

Il était environ midi quand Gibbs partit, et il s'arrêta à Pocatello vers quatre heures, fit le plein d'essence et poursuivit jusqu'à Idaho Falls où il s'arrêta au motel Ponderosa. En ville, il leva une fille dans un bar et coucha avec elle. Ça n'était pas terrible. D'un autre côté, ça ne lui avait rien coûté.

Le lendemain matin, il alla voir sa grand-mère et sa tante qui habitaient Idaho Falls et qui avaient respectivement quatre-ving-neuf et soixante-cinq ans. Sa grand-mère aurait quatre-vingt-dix ans le 17 janvier, la nouvelle date fixée pour l'exécution de Gary, et ça lui fit penser aux « pouvoirs psychiques », un mauvais souvenir.

Il passa deux heures avec ces dames et leur laissa un billet de cinquante dollars pour leur petit Noël, puis il s'arrêta sur la route pour manger un morceau, roula encore quelques heures, fit graisser et vidanger la voiture, vérifier l'antigel, acheta un nouveau filtre à air et fit permuter les pneus. Ça prit une heure. Pendant qu'il attendait, il but quelques verres. Puis il repartit avec l'espoir d'arriver à Helena le soir même.

A environ vingt-cinq kilomètres au nord de Butte, il grimpait dans l'obscurité une route de montagne lorsqu'un camion chargé de madriers prit un peu vite un virage et fut déporté sur son côté de la route. Il avait d'énormes phares. Gibbs eut un choix rapide à faire : heurter le camion ou se lancer dans le fossé. Il donna un coup de volant à droite et heurta quelque chose.

Lorsqu'il revint à lui, il avait la tête qui saignait et ses fausses dents étaient cassées. Un côté de son visage le faisait crier de douleur. Il réussit à ouvrir la portière de la voiture, mais au premier pas dehors, il tomba le nez dans la neige. Pas moyen de prendre le moindre appui sur sa jambe gauche, il dut ramper jusqu'au bord de la route. La première voiture qui passa le vit allongé sur le bas-côté mais ne s'arrêta pas. Quelques minutes plus tard, une camionnette stoppa. Deux hommes l'aidèrent à monter et l'emmenèrent un peu plus loin dans un café à l'enseigne de La Meute d'Elans. Là, ils téléphonèrent à la police routière. Le patron lui donna une serviette humide pour s'essuyer le visage et Gibbs s'assit sur un tabouret de bar de façon que sa jambe puisse pendre sans s'appuyer pendant qu'il buvait trois whiskies secs.

L'ambulance arriva, on lui mit autour de la jambe un sac d'air que l'on gonfla, on l'allongea sur une civière et ils redescendirent la route. Ils durent s'arrêter parce qu'une dépanneuse bloquait la chaussée pour tirer du ravin la voiture de Gibbs. Il leva la tête pour demander si l'on pouvait prendre les bagages dans le coffre et le policier lui répondit qu'il allait le faire. Gibbs remarqua que les phares de sa voiture étaient toujours allumés.

A l'hôpital, le médecin lui fit des points de suture au cuir chevelu et fendit son pantalon pour faire une radio du genou, de la jambe, de la cheville et du pied. Il se révéla qu'il avait la jambe en miettes et une fracture de la mâchoire. Le médecin ajouta que les tendons étaient tellement déchirés au jarret et à la cheville qu'il faudrait sans doute l'amputer d'une jambe. Elle avait doublé de volume. Il avait le pied tout noir. Le reste de la jambe était violacé. Gibbs dit aussitôt : « Vous n'allez pas me couper la jambe. Faites-moi une piqûre pour calmer la douleur et je vais partir. »

Avant de pouvoir s'en aller, il dut montrer ses papiers d'identité à l'homme de la police routière. Le flic entreprit de remplir deux contraventions, l'une pour excès de vitesse étant donné les conditions, l'autre pour défaut de permis. Lorsqu'il était parti, le faux n'était pas prêt à Salt Lake. Le policier expliqua donc que ce serait vingt dollars de caution pour la première contravention et quinze pour la seconde. En espèces. Gibbs signa, versa les trente-cinq dollars et demanda à être transporté dans un bon motel. Le policier le conduisit dans un fauteuil roulant jusqu'à sa voiture et le déposa au motel du Sommet. Il était environ minuit. Il fallut réveiller la dame qui dirigeait l'établissement puis aider Gibbs à entrer pour remplir sa fiche et ensuite le rouler dans son fauteuil jusqu'à la chambre 3, avec ses bagages. La piqûre que le médecin lui avait faite commençait à agir, sa douleur se calmait et Gibbs s'endormit. Lorsqu'il s'éveilla le lendemain matin, jour de Noël, sa jambe le faisait souffrir atrocement.

Il appela une compagnie de taxis de Butte et demanda à la standardiste si un taxi pourrait lui apporter un sac de glace, un paquet de six bouteilles de Coca, une bouteille de Canadian Club et des cigarettes. Lorsque l'alcool arriva, Gibbs réussit à se lever en se cramponnant au dos d'une chaise, clopina jusqu'à la salle de bain, regarda dans la glace les points de suture et son œil au beurre noir, puis revint se coucher et se prépara un whisky bien tassé. Comme ça ne soulageait pas la douleur, il s'en versa quelques autres. Ça aida un peu, mais pas beaucoup. Ça n'était pas comme pour les maux de dents.

Ce soir-là, n'en pouvant plus, il appela la dame du motel et lui demanda si son mari voulait bien le conduire à l'hôpital. Elle n'était pas mariée, mais elle avait deux amis qui avaient passé le dîner de Noël avec elle, et ces messieurs le conduisirent à l'hôpital catholique de Saint-James après que Gibbs eut demandé quel était le meilleur docteur de la ville. C'était là qu'il exerçait. Il s'appelait Best. Le docteur Robert Best.

Best voulait le faire admettre à l'hôpital, mais Gibbs refusa encore. Au lieu de cela, il partit avec une ordonnance pour de la codéine et une autre pour des comprimés anticoagulants. Plus un plâtre. « Espérons, dit le docteur Best, que vous n'allez pas faire une phlébite. » Voilà ce que fut le Noël de Gibbs.

3

Après la seconde tentative de suicide, Campbell dit à Gilmore : « Écoutez, si vous voulez parler du peloton d'exécution, je veux bien vous servir de cobaye. » Gilmore répondit : « Ouah, on n'a pas envie de parler de ça. Il s'agira juste de fusiller ce vieux voleur à moitié ivre, vous savez. » Et ils se mirent à plaisanter.

De temps en temps, Gilmore lui demandait ce que pensaient les autres prisonniers, mais Cline ne lui disait pas qu'ils étaient un certain nombre à en avoir marre de Gary Gilmore. C'était parce que tout ce qu'il faisait affectait les affaires des autres prisonniers de haute surveillance. Comme il fallait trois gardiens rien que pour lui, ça bouleversait même le programme des cours. La distribution de la soupe se trouva retardée non pas une, mais plusieurs fois. Quand il s'agissait d'un truc important, comme une tentative de suicide, on bouclait l'établissement. Les détenus en avaient assez de toutes ces tracasseries.

D'un autre côté, ils ne disaient jamais que Gary était fou. Il avait passé dix-huit années en prison. Tout le monde compatissait à cela.

Bien sûr, Gary, qui était non seulement au quartier des condamnés à mort mais dont la date d'exécution était fixée, avait pour lui tout seul un ensemble de trois cellules. Une suite. Sa propre cellule, celle du milieu, avait des murs sur trois côtés et des barreaux du côté de la porte. Mais on la laissait ouverte et on lui permettait l'accès au petit couloir devant les trois cellules. Bien entendu, il y avait toujours un gardien présent. Gary pouvait même aller jusqu'à la grille qui fermait le bloc, regarder dans le grand couloir et adresser la parole à tous les policiers ou prisonniers qui passaient. Parfois, en fin de soirée, le Père Meersman venait le voir, et Gilmore apportait un tabouret ou parfois s'asseyait par terre, adossé aux barreaux, pendant que Meersman s'installait sur une chaise dans le grand couloir. Ils conversaient à travers les barreaux. Tout, autour d'eux, était peint dans un vert pastel.

Quand on amenait Gary à la salle des visites pour voir son avocat ou son oncle, on lui faisait emprunter le long couloir principal de haute surveillance d'où partaient à angle droit, des couloirs plus courts desservant d'autres cellules. Ces jours-là, à titre de précaution contre une tentative d'évasion, aucun autre détenu ne se trouvait dans le corridor principal. Lorsque Gary passait et franchissait la grille desservant chaque bloc de cellules, les prisonniers le voyaient arriver et criaient : « Salut, Gary », ou bien « Tiens bon. »

Au moment de Noël, Moody et Stanger allaient à la prison tous les matins et puis revenaient chaque après-midi ou chaque soir. Ils en étaient au point où ils devaient confier leurs autres affaires à des collaborateurs du cabinet. Ça ne les gênait pas tellement. Ils éprouvaient pour Gary des sentiments résolument plus cordiaux. En fait, il leur confia bientôt une autre mission.

Il y avait dans le bloc de cellules voisin de celui de Gary, dans le quartier des condamnés à mort, un meurtrier du nom de Belcher, et Moody et Stanger l'avaient assez souvent entendu dépeindre pour avoir de lui une image précise. Belcher était un grand gaillard de peut-être un mètre quatre-vingts, au torse puissant, aux cheveux taillés en brosse ; il était brun, avec un front et des arcades sourcilières proéminents, de gros traits, de gros bras, un type très musclé. Gary racontait qu'il tournait toujours la tête dans tous les sens, toujours aux aguets. Souvent il ne parlait pas. Stanger apprit par les gardiens que Belcher était un obsédé impulsif, qui gardait des choses dans sa cellule comme des boîtes de soupe ou n'importe quels objets qu'on le laissait garder, vraiment un de ces prisonniers dingues dont la cellule ressemblait à une boutique de brocanteur. On pouvait dire qu'il avait le sens de la propriété. Il piquait une crise si on essayait de lui prendre ses affaires. Un instinct du territoire très poussé. D'après ce que Ron crut comprendre, il vivait comme un ours, comme si sa cellule était une grotte. Pourtant, Gary et lui s'entendaient bien. D'après ce qu'entendit dire Moody, Belcher aimait aussi les enfants.

Quelques jours avant Noël, sur la suggestion de Gary, Bob chargea un de ses secrétaires de prendre une photo d'un grand groupe d'enfants brandissant un grand panonceau sur lequel on pouvait lire : « SALUT, BELCHER ! » Gary fut ravi de lui passer la photo le jour de Noël. « Tiens, dit-il à Belcher, voilà une photo de quelques gosses qui sont des fans à toi. »

4

23 décembre

Oh ! Gary, je t'aime tant. Tu me manques ! Dieu que tu me manques. Plus que le ciel et la terre. Plus que ma liberté et plus que mes enfants...

Les avocats m'ont donné aujourd'hui une lettre de toi. Les enfants de salauds qu'il y a ici me l'ont prise avant de me la donner à lire. Les salauds me fouillent même quand j'ai la visite de ma mère et de mes gosses. Les enfants de putes. Oh ! bébé j'ai envie si fort de lire tes mots tendres.

Mon chou, qu'est-ce qu'on va devenir ? Mon Dieu, qu'est-ce qui se passe ? J'ai besoin de te voir. Comment pourraient-ils te laisser mourir si seul, mon amour ? J'ai envie si fort rien que de te regarder encore une fois dans les yeux.

Mon Dieu, si c'est pas dingue ? Si c'est pas connement dingue.

Je suis furieuse contre les façons et les artifices de l'Amour, de la Vie et de l'Ultime Sagesse, furieuse contre Dieu. Et furieuse contre moi de ne pas être patiente et de faire des choses dès la première fois avec Pierre ou Paul.

J'adore avoir ce joli petit oiseau blanc perché ici sur ma table de nuit. Tu te rappelles que je t'ai parlé ou que je t'ai écrit une fois d'un de mes rêves d'enfant d'en finir avec cette vie absurde et de renaître mais si j'avais le choix, ce serait de renaître avec les ailes d'un petit oiseau blanc. Et je choisirais encore la même chose si je pouvais.

Veille de Noël
24 décembre

Longue journée d'attente
Pour retrouver ton amour
Longue nuit sans sommeil
Pensées éparpillées
En me demandant ce que deviennent
Toutes nos chances

NICOLE

25 décembre

Ça n'est pas seulement la peur mais une grande tristesse de penser à l'incertitude des jours qui nous attendent.

NICOLE

DESERET NEWS

Pas de libération pour Nicole

Provo, jour de Noël. — La Cour a ordonné que Nicole Barrett soit confiée indéfiniment à l'hôpital d'État de l'Utah à Provo.

C'est le juge David Sam, de la Quatrième Chambre, qui a décrété que la mère de deux jeunes enfants devrait rester dans cette clinique psychiatrique...

Cependant, un dîner avec dinde et tout le reste a marqué le jour de Noël à la prison d'État de l'Utah où Gilmore est au cachot pour des raisons disciplinaires.

Gilmore n'a pas été autorisé à recevoir de cadeaux et comme aujourd'hui n'était pas un jour de visite, il n'a reçu personne, a déclaré un porte-parole de la prison.

Ruth Ann, la femme de Sterling Baker, écrivit une lettre.

Cher Gary,
Je pensais à toi et combien tu vas être seul pour Noël. J'aimerais pouvoir être là-bas avec toi. Je t'aime vraiment beaucoup. J'espère que dans l'autre monde nous pourrons nous rencontrer et que nous pourrons bien nous connaître. Mais je t'en prie, n'essaie pas de hâter les choses. Je n'ai pas envie que tu meures.

En général, la famille Damico faisait une grande fête de Noël. Une année tout le monde se réunissait chez Brenda, l'année suivante chez Tony puis chez Ida. Cette fois, comme cela se passait sans joie, on se retrouva chez Tony pour échanger des cadeaux, on dit une prière pour Gary, on but une tasse de café et chacun rentra chez soi.

Mikal se rendit à la caravane le jour de Noël mais Bessie pensait à d'autres époques. Elle se souvenait d'un Noël où Gary n'était pas en maison de correction et regardait son petit frère déballer ses cadeaux. En ce temps-là, elle avait tendance à gâter Mikal. Cela lui avait pris la moitié de la nuit pour emballer ses cadeaux, mais au matin Mikal n'arrêtait pas de dire :
« C'est une sale journée. J'ai tant de choses dont je n'ai pas envie. » Et cela faisait beaucoup rire Gary.

Une autre fois, Gaylen rentra à la maison un après-midi juste avant les vacances et raconta qu'une des Sœurs lui avait dit que le Père Noël n'existait pas. Il était très bouleversé. Bessie dit : « Gaylen, il n'y a que l'esprit de donner. Ça, ça existe. Tu as eu de la chance de croire au Père Noël plus longtemps que n'importe qui. »
Puis ses pensées revinrent à la caravane. Ces temps-ci, toutes ses pensées revenaient à la cara-

vane. Son cœur se retourna comme si une grande roue avait fait un tour. Elle sentit une larme tomber, pure comme le chagrin.

GILMORE : Qu'est-ce, Noël ? Ces jours de congé en prison, c'est assommant. On ne reçoit pas de courrier. Le train-train est dérangé, la journée paraît simplement plus longue. Ils ont l'air de vraiment faire quelque chose en vous donnant un bon repas, mais ça n'est pas comme le menu décrit dans le journal. Ça n'est pas bon, vous savez. Je n'aime déjà pas les week-ends en prison, mais les jours de fête, je les déteste.

5

Shirley Pedler, directrice de la section de l'A.C.L.U. de l'Utah, avait trouvé ce travail en sortant de l'université. Elle avait posé sa candidature et maintenant elle dirigeait cette section, qui groupait quelques centaines de membres. Les fonds nécessaires au fonctionnement du bureau provenaient des cotisations et d'une modeste allocation fournie par le centre national. Cinq ou six avocats de Salt Lake travaillaient bénévolement sur une base régulière, et il y en avait peut-être une vingtaine qui leur donnaient un coup de main une fois par an. Ça ne faisait pas beaucoup de monde et encore ces gens avaient-ils l'impression d'être investis : dans l'Utah, appartenir à l'A.C.L.U., c'était comme si on était bolchevique.

Dès que l'A.C.L.U. commença à s'intéresser à l'affaire Gilmore, Shirley Pedler se mit à recevoir énormément de lettres de menaces et de coups de téléphone de détraqués. Pendant plus d'un mois, on l'appela à son bureau et chez elle, jour et nuit. Elle savait que cela continuerait jusqu'à la mort de

Gilmore. Elle vivait seule et parfois, après une longue journée, elle redoutait de rentrer chez elle pour entendre le téléphone sonner. « Il va vous arriver malheur », murmurait une voix. « J'espère qu'on va vous fusiller en même temps que Gilmore », disait l'interlocuteur suivant. Quelquefois, les hommes tenaient des propos obscènes. L'un d'eux proposa ses services en signalant que puisqu'elle était mignonne et célibataire, il était prêt à lui faire tout ce qu'il était possible de faire.

En général, ils raccrochaient vite. Depuis quelque temps, elle avait tendance à se mettre en colère. Elle n'hésitait pas à moucher ses correspondants. Elle n'avait jamais eu des nerfs d'acier mais, entre le manque de sommeil et le poids qu'elle perdait, elle faisait des cauchemars à propos de Gilmore. Un homme faisait basculer d'un coup de pied l'estrade sur laquelle il se trouvait. Comme il restait suspendu ainsi, on lâchait des boulettes qui libéraient du gaz. Certains rêves étaient sanglants.

Bien qu'éduquée à jouer un rôle actif dans l'Église, elle ne pratiquait plus la religion mormone. Tout de même, ces gens qui l'appelaient, elle avait grandi avec eux. Elle ne se sentait pas tant trahie qu'incapable de croire ce qui se passait. « Dans cette affaire, l'injustice est si flagrante », se disait-elle. A l'audience de la Commission des Grâces, elle trouva le président Latimer absolument incohérent. « Pourquoi n'y a-t-il pas de protestations publiques ? » demanda-t-elle. Ç'avait été une parodie de justice et au milieu de tout ça, Gilmore, un jeune homme terriblement pâle et d'une grande séduction, songea Shirley Pedler. Son jeûne lui donnait un air épouvantable mais inoubliable. Il était d'une telle pâleur.

Après cela, elle se sentit très gênée de penser que la vie de cet homme, à cause des manœuvres qui se tramaient, ne tenait qu'à un fil. D'un jour sur l'autre, il ne savait pas quel serait son sort, et pourtant elle était complice de ces manœuvres.

Elle écrivit donc une lettre à Gilmore. Elle lui dit qu'elle regrettait les problèmes que lui posait l'intervention de l'A.C.L.U. et cette horrible incertitude. Elle aurait voulu avoir l'occasion de lui parler directement pour lui expliquer ce qu'ils faisaient. Elle savait qu'elle lui rendait la vie plus difficile. Elle voulait lui dire pourquoi elle estimait que cela devait être fait. Elle aurait aimé qu'ils puissent coopérer au lieu de se trouver dans des camps différents.

Elle croyait que si elle pouvait parler à Gilmore, elle lui dirait qu'elle comprenait dans une certaine mesure son envie de se suicider. Elle comprenait combien la vie qui attendait un détenu de la prison d'État de l'Utah pouvait pousser au suicide, et il avait le droit de décider s'il voulait vivre ou non. Elle estimait que l'État n'avait pas son mot à dire. La peine capitale, non seulement était un mal, mais l'exécution de Gilmore en déclencherait d'autres, car cela démystifierait le fait que l'État retire la vie à quelqu'un. La véritable horreur, c'était l'idée de ces gens alignés pour fusiller un individu avec une totale absence de passion. C'était la façon méthodique et calculée dont la machine de l'État tournait pour broyer un individu. Pourquoi s'en accommoder ? Voilà ce qu'elle voulait dire.

En leur qualité d'avocats, Moody et Stanger n'étaient pas visés par la mesure interdisant les visites et ils allèrent voir Gary le jour de Noël en fin d'après-midi.

GILMORE : Shirley Pedler m'a écrit une lettre personnelle... De quoi a-t-elle l'air, au fait ?

STANGER : C'est une jeune femme plutôt frêle, d'une trentaine d'années, pas mal. Je ne l'ai jamais vue en chair et en os. Je ne l'ai vue qu'à la télévision. Elle porte des tailleurs pantalons.

GILMORE : Je ne sais pas ce que nous pouvons faire pour que l'A.C.L.U. se retire. La Cour suprême a dit qu'il n'était pas question de réviser le procès. Qu'est-ce qu'ils peuvent faire d'autre ? Aller devant les Nations unies ?...

Shirley Pedler passa le dîner de Noël chez ses parents. C'étaient des gens assez conservateurs et son père était fonctionnaire. Jamais avant ce repas, ils n'avaient eu de discussion poussée sur la peine capitale. Ce jour-là, pourtant, son frère se mit à l'attaquer à propos de la position de l'A.C.L.U. et Shirley dut la défendre. Son frère ne cessait pas de répéter : « Et les victimes ? Et les familles ? »

Le ton montait. De toute façon, Shirley avait pris une direction différente de celle de sa famille, mais la discussion gâcha bel et bien le dîner et elle en fut navrée. Personne ne se sentit plus à l'aise après cela.

GILMORE : Voudriez-vous entendre un poème ?

STANGER : Bien sûr.

GILMORE : Je vais vous donner un petit préambule. Vous savez que les prisons sont des endroits bruyants. Je vous ai parlé de ce gardien qui se mouchait pendant cinq minutes d'affilée. Et ce matin il a tenu une conversation de deux heures et j'ai fini par lui demander de la boucler. Ce poème se trouve dans le livre que j'ai écrit pour Nicole. C'est le préambule : *Je deviens irritable avec le bruit que je dois supporter, les chasses d'eau qu'on tire, les canalisations qui tremblent, les conversations stupides... Tenez, voici le poème :*

Sombres pensées de violence par une
[nuit froide comme l'acier,
quand les petits bruits vous empêchent
[de dormir.

Sombres pensées de violence, de meurtre
[et de sang.
Quel ennui. Trop peu de noires dettes sont
[jamais payées.
Un idiot là-bas rit de voir le jour perdu,
un autre soupire et un autre pleure
devant les mensonges de leur vie.
Sombre pensées de violence, de meurtre
[et de sang,
trop peu de noires dettes sont jamais payées
Il en reste plus d'impayées.

J'ai écrit ce poème en 1974 en écoutant des bruits que je n'avais pas envie d'entendre. J'aime le silence. J'aimerais une absence de son si profonde que je pourrais entendre couler mon sang. Je crois qu'une des choses que j'ai le plus détestées en prison, c'est le bruit, d'entendre ces enfants de salauds gueuler et tousser et d'écouter les frustrations. Le 17 janvier, j'espère entendre le dernier bruit désagréable.

STANGER : Heu, c'est un beau poème.

CHAPITRE XXI

LA SEMAINE DE NOËL

1

JULIE JACOBY avait bonne opinion de Shirley Pedler, elle la trouvait très séduisante avec sa silhouette longue et mince et ses belles mains effilées. Toutefois, la tension que lui imposait la situation de Gilmore faisait vraiment perdre trop de poids à Shirley. Elle avait toujours été une femme plutôt agitée mais, depuis quelques semaines, elle commençait à prendre l'aspect d'une cigarette.

Bien que Shirley eût vingt-quatre ans de moins, Julie Jacoby trouvait qu'elles se ressemblaient beaucoup. Elles avaient toutes les deux un caractère plutôt renfermé et pourtant elles étaient toujours au cœur de l'activité politique. Julie ne fut donc pas surprise lorsque Shirley, pendant la semaine de Noël, lui demanda de l'aider à former l'Association de l'Utah contre la peine de mort.

Bien sûr, Julie n'avait pas fait grand-chose depuis un an que son mari et elle avaient quitté Chicago pour s'installer en Utah. Ce n'était pas comme les Jours de Colère de l'été 1968 à Chicago où les gens se faisaient rosser par la police. C'était à cette époque, pensait-elle, qu'elle était devenue un peu plus qu'une dame comme celles de la société habitant la Rive Nord et qui venaient deux fois par semaine passer l'après-midi dans une œuvre de charité pour compatir aux malheurs des mères d'enfants noirs qui arrivaient à divers stades de coma après avoir mangé de la peinture au plomb qui s'écaillait sur les murs. Certaines de ces dames de la bonne société venaient travailler avec des diamants à tous les doigts, et Julie avait passé des heures à tenter de leur faire comprendre qu'elles ne devraient pas avoir aux mains plus d'argent que la personne dans le besoin, assise de l'autre côté du bureau, ne pouvait en gagner en un an.

Son mari était un cadre supérieur et Julie disait qu'il semblait ne s'être jamais remis d'un choc intra-utérin qui avait fait de lui pour toujours un républicain bon teint. Julie, diplômée d'histoire médiévale de l'université du Michigan, s'en était allée chercher fortune à Chicago et l'avait trouvée en la personne du brave Allemand qu'elle avait épousé, car il avait gravi les échelons de sa firme pendant que Julie élevait leurs enfants et devenait — premier indice de ses fluctuations futures — une épiscopalienne non pratiquante. Elle aurait pu se contenter de s'inscrire à la Ligue des femmes électrices, de lire le *National Observer*, la *New York Review of Books* et les livres d'I.F. Stone, mais les Jours de Colère de Michigan Boulevard l'avaient secouée jusqu'à ses racines. Elle s'était sentie radicalisée. Et, après Attica, traumatisée. Elle estimait que ce jour-là Rockefeller avait vraiment fait tirer dans le tas. Elle devint membre de l'Alliance pour arrêter la répression.

Puis la société qui l'employait envoya son mari en Utah. Là-bas, à Salt Lake, la seule distraction, c'était l'A.C.L.U. Julie aurait voulu démarrer une autre Alliance pour arrêter la répression, mais elle n'avait plus l'énergie. L'Utah la déprimait. Elle avait le sentiment que les relations se détérioraient entre son mari et elle, et son jeune fils, arraché à sa terre natale à douze ans, n'était pas heureux. Cela acheva d'abattre Julie. Elle finit par être si préoccupée par les problèmes de son fils qu'elle manquait de mordant pour les questions sociales.

Elle trouvait qu'elle était dans un milieu d'extrême droite. L'Église et l'État étaient étroitement mêlés. Julie alla assister à la séance inaugurale de la Législature et il y avait là au premier rang un trio de vieillards à l'air revêche. Ils dirent la prière d'ouverture. Elle était venue ce jour-là pour témoigner contre la peine capitale, et le président de la commission, un mormon, déclara que, s'il devait écouter le point de vue des épiscopaliens, il aimerait lire un passage plus approprié à cette séance, et il ouvrit un livre relié de rouge et lut une page de Brigham Young. Ceux qui ont versé le sang devront payer le prix du sang. Ça la glaça. L'Église était bel et bien l'État. Elle aurait aimé dire au président : « Nous vivons dans un monde de gens faillibles où des procureurs décident s'il s'agit d'un meurtre avec ou sans préméditation et où personne ne sait qui influence le procureur. On n'a pas le droit de prendre la vie d'un individu en utilisant la loi comme couverture. »

Peut-être avait-elle un problème avec son enfant, peut-être son mariage était-il mort et adorait-elle les plaisirs de la retraite et les enrichissements de la lecture — Dieu, elle aimait lire comme d'autres insisteraient pour avoir trois repas par jour — mais quand Shirley Pedler l'appela pour qu'elle l'aide à organiser l'Association de l'Utah contre la peine de mort, elle sut tout de suite qu'elle allait de nouveau se lancer dans le monde avec ses drôles de cheveux blonds, blonds à la stupéfaction générale. A cinquante-quatre ans, elle allait partir en jean et avec ses longs cheveux vanille affronter ce monde de Salt Lake où personne n'irait jamais commettre l'erreur de penser qu'elle était originaire de l'Utah. Les femmes, là-bas, optaient pour les coiffures verticales, des monuments dressés à grand renfort de laque.

Elle se rendit donc à la réunion d'où devait sortir une Association de l'Utah contre la peine de mort, et une vingtaine de personnes s'étaient déplacées pour voir ce qu'on pouvait faire en vue de convaincre Gary Gilmore qu'il avait absolument tort de vouloir que l'État le dépouille de son enveloppe mortelle. L'Association allait s'efforcer de répandre l'idée que l'État ne devrait avoir aucun droit de tuer personne. Gilmore était un artiste plein de sensibilité mais, estimait Julie Jacoby, il se conduisait aussi de façon bien égoïste.

Shirley Pedler voulait organiser la réunion elle-même, mais elle se trouva victime d'une quasi-pneumonie et Julie s'aperçut qu'on avait confié cette mission à un certain Bill Hoyle, du Parti des Travailleurs socialistes. Il était là, expliqua-t-il, pour faire les corvées. Il y avait un pasteur de l'Église unie du Christ, le Révérend Donald Proctor, et le Révérend John P. Adams, de l'Église méthodiste unie qui appartenait au Conseil de l'Association nationale contre la peine de mort. On discuta des mesures à prendre.

Don Proctor avait des idées que Julie trouvait un peu excentriques. Il voulait une réunion très vaste, une sorte de grand rassemblement, par exemple, en plein milieu d'un centre commercial, un samedi.

Cette idée ne plaisait à personne. D'abord, il fallait l'autorisation d'utiliser une propriété privée. On décida finalement de tenir un meeting dans une salle avant le 17 janvier, et puis d'organiser une veillée devant la prison durant toute la nuit précédant l'exécution. On aurait davantage de ministres du culte à ce moment-là. Pour l'instant, c'était la semaine de Noël, période d'activité intense pour les révérends.

En attendant, ils avaient cent dollars, don de la Société des Amis. Bill Hoyle annonça qu'il allait faire imprimer des prospectus et qu'ils pouvaient compter sur des badges de la Confraternité de la Réconciliation de Nyack, dans l'État de New York. Les badges diraient : « *Pourquoi tue-t-on les gens qui tuent les gens pour montrer que c'est mal de tuer des gens ?* »

2

De retour au motel, Gibbs prit de la codéine comme si c'était du sirop, mais il fit attention à ne prendre que la dose de comprimés de varidase qu'on lui avait prescrite. Le lendemain de Noël, il téléphona à sa mère, et elle lui dit de garder sa jambe en extension et de mettre une bouillotte dessus. Elle avait été infirmière diplômée pendant trente-cinq ans. Elle lui recommanda aussi de se raser avec précaution. S'il se faisait, même une petite coupure, il pourrait ne pas être capable d'arrêter le sang étant donné les médicaments qu'il prenait.

Gibbs appela aussi Halterman. Les premiers mots de Ken furent : « Si ça n'était pas toi, Gibbs, je ne le croirais pas. (Puis il ajouta :) Tu connais quelqu'un qui peut se mettre dans des pétrins pareils ? » De quoi remonter le moral de Gibbs.

Il téléphona à la compagnie de taxis pour se faire apporter des cigarettes, du whisky, du coca, de la glace ainsi que du consommé de tomates aux champignons en boîte qu'il pensait pouvoir faire chauffer sur le petit réchaud de la chambre. Tant qu'on ne lui aurait pas arrangé la mâchoire supé rieure, il devrait se nourrir de potages. Puis il appela la Police routière pour savoir qui avait ramené sa voiture et demanda au garçon qui s'en était chargé de chercher sur la banquette avant l'autre moitié de son dentier. Environ une heure plus tard, le type arriva dans la chambre avec la partie qui manquait. Comme la voiture était complètement fichue, il demanda à Gibbs s'il n'envisagerait pas de vendre le moteur. Il pourrait lui payer dans les vingt-cinq dollars par mois. Il venait de se marier et n'avait pas beaucoup d'argent. Gibbs lui dit : « Gardez-le comme cadeau de mariage. »

Après deux jours de potage de tomates aux champignons, Gibbs demanda à la gérante du motel si elle connaissait un restaurant qui vendait des plats à emporter. De prime abord, elle n'en voyait pas, mais elle lui demanda ce qu'il voudrait. Lorsqu'il dit des œufs à la coque, des grillées et du lait, elle lui apporta tout cela dans sa chambre et il lui donna cinq dollars. Elle lui dit que deux suffiraient, mais il insista pour lui en donner cinq. C'était une des personnes les plus agréables qu'il eût jamais rencontrées en trente et un ans d'existence.

Le lendemain il téléphona à un fleuriste de Butte et demanda à la vendeuse de faire livrer des fleurs. Puis il lui demanda d'inscrire sur la carte « A la femme la plus charmante du monde » et de bien vouloir signer Lance LeBaron. Il expliqua qu'il ne connaissait pas le nom de la destinataire mais qu'il appréciait la façon dont elle l'avait traité. La vendeuse convint qu'en effet la gérante était une femme charmante et précisa qu'elle s'appelait Irene Snell. Les fleurs furent livrées environ une heure plus tard.

Chaque soir désormais Mme Snell lui apportait ses repas. Quand il se fut fait arranger les dents, elle lui proposa ce qu'elle-même avait pour dîner. Il finit par manger de tout, des spaghettis jusqu'à du steak, et il devait toujours discuter avec elle à propos du prix. Entre-temps, le docteur vint examiner sa jambe, renouveler l'ordonnance et lui enlever les points de suture qu'il avait sur le front.

Ses réserves de liquide s'épuisaient lentement, mais Gibbs ne s'en préoccupait pas. De toute façon, il n'avait jamais su faire attention à l'argent. Il dépensait entre vingt-cinq et soixante dollars par jour en communications par l'inter et il tenait à régler tous les matins sa note. C'était difficile de ne pas le plaindre. Chaque soir il se soûlait et il éprouvait alors le besoin de pleurer sur l'épaule de quelqu'un. A l'inter, ça revenait cher. Il eut presque envie de demander à une ancienne petite amie de prendre l'avion pour venir s'installer avec lui, puis il se ravisa. Il s'apprêtait à en appeler une autre mais se ravisa encore. Il n'arrivait pas à trouver une fille qui n'irait pas raconter aux gens qui ne devaient pas le savoir où il se trouvait et, pire encore, dans quel état il était. Il insistait en disant à tous les gens qu'il appelait qu'il était couché avec un Browning 9 mm juste à côté de lui et treize bonnes raisons dans le chargeur pour dissuader qui que ce soit de ne pas franchir sa porte sans y avoir été invité. Quand il parla de ça à Halterman, Ken dit : « Pour quelqu'un qui essaie de se planquer, on peut dire que tu as une grande gueule. » Même les standardistes de Butte commençaient à l'appeler par son nom. Dès qu'il demandait Salt Lake, elles répondaient : « Comment allez-vous, monsieur Le-Baron ? C'est la chambre 3 au motel du Pic, n'est-ce pas ? » Il avait quitté l'Utah avec mille trois cent soixante-dix dollars. Il n'en avait plus que cinq cents.

Allongé dans son lit, il perdait parfois un peu la tête et essayait d'imaginer ce que ce serait lorsqu'il se rendrait à l'exécution. Est-ce qu'il se lèverait pour prendre la parole ? Si on le laissait, il dirait : « Gilmore, tu te souviens que tu m'as dit un jour que tu ne t'es jamais trompé sur quelqu'un qui a fait de la taule ? Eh bien, laisse-moi te dire ce que je fais pour vivre. » Et puis il se demandait s'il allait vraiment dire ça, en pensant que Schiller n'avait jamais dû en parler à personne, ce qui, bien sûr, n'était pas le cas. « Gary, dirait Gibbs en le regardant droit dans les yeux, tu as trouvé ton maître. Ton sixième sens qui te permet de repérer les bons taulards t'a trompé en ce qui me concerne. Je suis la seule personne qui ait pu te tromper, te rouler et renverser les rôles, Gary Gilmore. » Aussitôt après, tout l'accablait, la douleur, sa situation, sa foutue vie, et il se disait : « Bon sang, tu as plus de cran que tous les enfants de salaud que j'ai connus. Je regrette juste de ne pas avoir autant de couilles que toi. Qu'est-ce que tu veux, mon vieux, quand un homme en rencontre un autre, ils se reconnaissent. » Et la tristesse déferlait sur lui, car c'était une phrase que Gary lui avait écrite dans une lettre récente et qu'il aurait tout aussi bien pu recevoir voilà des années.

3

Les vacances de Schiller ne tardèrent pas à se trouver gâchées. Il avait emmené Stephanie pour la présenter à son frère et à sa belle-sœur ; c'était une vraie réunion de famille et elle passait tout son temps avec eux. Et lui, où était-il ? Au téléphone. Quelles migraines !

Les avocats de la compagnie d'assurances de Max Jensen s'étaient constitués partie civile et réclamaient quarante mille dollars sur la succession Gilmore et, pour faire plaisir à Colleen Jensen, ils réclamaient pour elle un million de dollars. Sur ces entrefaites et alors que Schiller essayait de se bronzer un peu au soleil, les avocats de la compagnie d'assurances avaient obtenu une ordonnance de la Cour décrétant que Gary devait faire une déposition. Lorsque Schiller apprit cela, il sauta au plafond. Il ne décollait pas du téléphone. Il dit à Moody : « Vous avez accepté ? Vous n'avez pas protesté ? Comment ça, vous n'avez pas bougé ? » Ça ne l'amusait pas de hurler après Moody, parce que c'était très peu productif. Moody était trop entêté. Il restait assis, derrière ses lunettes. Un vrai joueur de poker. Mais Schiller ne pouvait pas s'en empêcher. Il grimpait aux murs.

« Qu'est-ce qui vous tracasse ? demanda Ron Moody. Qu'est-ce que ça peut faire qu'il fasse une déposition ? »

Schiller faillit dire : « Vous avez perdu la tête ? » Il se contenta de dire : « Vous ne comprenez donc pas ? L'*Enquirer* peut conclure Dieu sait quel accord avec ces avocats, passer là trois heures et piquer toute l'histoire de la vie de Gary. Même s'ils n'arrivent pas à introduire dans la place un de leurs reporters, ils peuvent charger un des avocats de faire parler Gary. » C'était épouvantable. Ils avaient le droit de faire partir la déposition depuis où-êtes-vous-né, et après cela de faire défiler tout le passé criminel de Gilmore. « Toute l'histoire, cria Schiller, peut tenir en une audience.

— On ne peut rien faire, insista Moody.

— Allons donc, fit Schiller. Je veux que vous alliez immédiatement au tribunal. Si vous ne pouvez pas empêcher qu'il fasse une déposition, déposez au moins une requête pour qu'elle reste sous séquestre. (Il frappait du poing sur la table de chevet.) Les bandes magnétiques de cette audience, reprit-il, doivent être mises sous scellés, la Cour doit décréter qu'elles ne devront pas être transcrites avant tant de mois, blabla, vous voyez ce que je veux dire. » Stephanie l'aurait tué. Dire que c'était censé être des vacances et qu'il passait sa vie au téléphone. « Est-ce que ça va être comme ça quand on sera mariés ? » cria-t-elle. Est-ce qu'elle n'était qu'une femme comme les autres ? Qu'on traitait comme une affaire à conclure ? Schiller lui fit signe de s'en aller. Au téléphone il rédigeait pratiquement la requête. Quel soulagement lorsqu'il apprit deux jours plus tard que le juge avait accepté de mettre la déposition sous scellés jusqu'en mars.

Schiller se mit alors à respirer l'air embaumé de Hawaii. L'*Enquirer* pouvait toujours essayer de faire prendre des notes à ces avocats de l'assurance, mais il ne s'inquiétait pas pour cela. Maintenant qu'il y avait un arrêt de la Cour imposant le secret, un avocat pouvait se faire radier du Barreau en faisant un coup pareil. D'ailleurs aucun mormon du coin n'irait discuter l'arrêt d'un juge. L'incident était clos. Une catastrophe possible avait été évitée.

Pourtant, quand les avocats se rendirent à la prison le lendemain, pour prendre la déposition, ils durent attendre six heures et Gary ne se présenta jamais. On lui avait, paraît-il, servi son repas dans une assiette en carton, il avait piqué une crise et refusé de quitter sa cellule. Double assurance.

De Hawaii, Schiller donnait des coups de fil aux quatre coins du moinde pour arranger la vente des lettres de façon qu'on ne puisse pas remonter jusqu'à lui. Pour cela, il devait discuter avec le directeur qu'il fallait. Ce n'était que rarement, lorsqu'il avait quelque chose de particulièrement important à proposer, qu'il contactait les grands magazines étrangers. Il savait donc que ces gens n'allaient pas le doubler. Il n'était pas obligé d'être le lendemain au téléphone pour négocier un autre contrat. Il n'était pas un agent qui avait dix projets à la fois avec les mêmes gens et qui pouvait dire : « Très bien, je vous fais cette concession si vous me donnez ça. » Dans ces conditions, chacun pouvait se permettre de rouler l'autre de temps en temps. Disons dix petites fois sur cent. Mais quand on travaillait sur mesures comme lui, les directeurs de journaux n'allaient sans doute pas tenter de le tromper. Ils perdaient alors toute occasion de participer aux enchères de son prochain gros coup.

A Hawaii, il engagea des secrétaires pour dactylographier les contrats. Ainsi, chaque membre de son équipe itinérante, que ce soit sa mère, Stephanie ou la mère de Stephanie, Liz, n'aurait qu'à inscrire la somme et le nom de l'éditeur. Comme il faisait tout le travail préparatoire par téléphone, on pouvait présenter les lettres par lots. Le paquet nº 1 proposerait au magazine un spécimen de contrat et cinq lettres de Gilmore. Le rédacteur en chef ne pourrait les regarder qu'en présence d'une des envoyées de Schiller. C'était pour s'assurer qu'on ne recopiait pas un passage juteux. Si le journaliste aimait ce qu'il lisait, il pouvait alors ouvrir le paquet nº 2. Celui-là contenait la totalité des lettres, ce qui faisait un ensemble assez volumineux. On lui laissait alors tant d'heures pour se décider. A l'exception du directeur ou du rédacteur en chef qu'on aurait mis dans le secret, personne, dans aucun de ces magazines, ne se douterait le moins du monde de l'identité de ces trois femmes.

Ça, c'était le côté positif. En revanche, il n'aimait pas beaucoup la façon dont Barry menait les opérations en Utah. Dans la foulée de leur formidable interview du 20 décembre, Farrell avait compté poursuivre le travail en son absence, pour que tout cela tourne comme une horloge. Barry avait l'intention de téléphoner chaque matin aux avocats depuis Los Angeles pour leur donner un nouveau jeu de questions. Moody et Stanger les apporteraient alors à la prison, interviewreraient Gary et expédieraient le soir même la bande par avion. Farrell irait chercher le paquet à l'aéroport, écouterait les nouveaux enregistrements, préparerait une nouvelle liste de questions, appellerait les avocats le lendemain matin : tout ça serait très productif. C'était un arrangement superbe, mais qui était en train de louper complètement. En une semaine, les choses pouvaient facilement se gâter avec la distance.

On perdait un temps fou, expliqua Farrell, à dicter les questions aux secrétaires. Elles n'arrêtaient pas de s'embrouiller dans le texte et puis les avocats ne travaillaient pas beaucoup. On aurait dit qu'ils ne voulaient pas faire le travail de Schiller pendant qu'il était absent. « Quand tu seras rentré, dit Barry, on s'y mettra ensemble. » Avant d'avoir eu le temps de s'en rendre compte, Schiller acceptait. Mais il était furieux. Si Barry obtenait de si maigres résultats, pourquoi ne s'en allait-il pas dans l'Utah pour prendre la situation en main au lieu de glander au téléphone ? Mais Schiller n'osa pas avoir une telle explication d'aussi loin. Bien entendu, du coup, il restait sous pression. Quelles vacances !

4

Brenda avait parfois l'impression qu'on avait fiché des crochets dans sa chair et qu'on tirait sur ses organes avec des cordes. Quelquefois, la douleur la prenait lorsqu'elle était assise et elle était incapable de se lever. D'autres fois, c'était quand elle était debout, et c'était si soudain qu'elle était obligée de s'asseoir. Longtemps après avoir cessé de se rendre à la prison, elle continua à essayer d'appeler Gary, mais c'était rudement difficile d'arriver à l'avoir. Une fois elle se retrouva avec Sam Smith au bout du fil. « Je ne pensais pas, dit Brenda, que les coups de téléphone représentaient une telle complication. » Smith lui expliqua qu'on était obligé de faire sortir Gaby de sa cellule à chaque fois. « Pourquoi n'installez-vous pas un téléphone dans sa chambre ? demanda Brenda. Bonté divine, il est dans le quartier des condamnés à mort ! » « C'est que, répondit Sam, il pourrait se pendre avec le cordon. » Elle n'avait pas pensé à ça. « Ou bien prendre des pièces et s'en servir pour s'ouvrir les veines du poignet. » Elle n'y avait pas pensé non plus. « Nous lui accordons plus de privilèges qu'au prisonnier moyen », dit Sam doucement. « Je trouve que vous faites un dur métier », répondit Brenda.

Entre Noël et le Jour de l'An, à deux reprises durant cette semaine glacée, elle essaya par deux fois, à la demande de Gary, son ventre la tiraillant douloureusement, d'aller jusqu'à l'hôpital de l'État d'Utah afin de laisser une rose pour Nicole. Elle finit par y renoncer. L'hôpital ne voulait pas. Elle le fit savoir par Vern et de nouveau Gary fut furieux contre elle. Il était vraiment l'homme le plus déterminé du monde à remâcher une rancœur et à lui redonner forme.

5

PROVO HERALD

A ceux qui s'opposent

Gilmore adresse une lettre ouverte.

Provo, 29 décembre. — « Lettre ouverte de Gary Gilmore à tous ceux qui cherchent par tous les moyens à s'opposer à ma mort par exécution légale. Et notamment à l'A.C.L.U. et à la N.A.A.C.P.

« Je vous invite à ne pas vous mêler de ma vie. Ne vous mêlez pas de ma mort.

« Elle ne vous regarde pas.

« Shirley Pedler, bon sang, ma petite, laissez tomber. Je n'oserais pas être assez présomptueux pour supposer que je pourrais vous imposer quelque chose dont vous ne voudriez pas... Shirley, foutez le camp de ma vie.

« N.A.A.C.P., je suis un Blanc. Ne jouez pas les Oncle Tom à vous mêler de mes oignons. Vous prétendez que si je suis exécuté, alors il y a tout un tas de pauvres connards de Noirs qui le seront aussi. Ça me semble si stupide que je ne veux même pas discuter contre ce genre de logique idiote.

« Mais vous savez aussi bien que moi que de nos jours on a plus vite fait de tuer un Blanc qu'un Noir.

« Vous n'êtes pas tous aussi désavantagés que vous ne l'étiez jadis.

« Quant à ceux d'entre vous qui voudraient mettre en doute le fait que je suis sain d'esprit, eh bien, je fais les mêmes réserves à votre égard.

du fond du cœur
Gary GILMORE »

Deux jours après Noël, Sundberg apporta à Nicole le livre écrit par Gary. C'était le genre de cahier comme on en trouve dans les drugstores avec une belle couverture cartonnée. Peut-être cinquante pages. Sundberg était pressé et elle le feuilleta rapidement pendant qu'il était là et il promit de le rapporter le lendemain. Ce jour-là, elle put s'y plonger un peu plus. C'était un livre tout simple mais elle en adorait chaque mot parce que c'était un vrai livre avec une couverture et que Gary avait écrit quelques lignes sur chaque page.

Ce foutu gardien assis dans le couloir vient d'en finir de se moucher. Il a mis cinq minutes à se souffler le nez. Il devait vraiment avoir quelque chose de coincé là-haut.

Un bruit affreux qui vous râpe les nerfs.

Quand il a enfin terminé je lui ai dit : « Bon, ton klaxon marche. Maintenant si tu essayais tes phares. » Il m'a regardé de ses yeux larmoyants par-dessus son nez rouge.

Maintenant le gardien fait les cent pas. Il clopine dans un sens puis dans l'autre, chaussé d'un quarante-cinq fillette qui a l'air de le serrer un peu. Il a l'air de réellement s'emmerder.

J'ai reçu par le courrier deux livres sur Jésus, je les ai regardés et je les ai trouvés trop chrétiens.

Je veux dire que ça ne me gênerait pas de lire un livre sur le Christ en tant qu'homme, en tant que juif, en tant que Messie, mais pas en tant que chrétien.

Dans le magazine OUI, *dans la partie* Hors-d'œuvre, *ils ont toujours des pépées qui envoient trois ou quatre photos d'elles dans un photomaton, avec les nichons à l'air. Je vérifie toujours quand je lis* OUI. *J'ai pensé à leur envoyer des photos de toi — enfin j'y ai pensé, mais je ne vais pas le faire.*

Pourtant, je sais qu'ils les publieraient.

Même si tu n'étais pas célèbre ils publieraient ces photos parce que tu es si sexy et si jolie et que l'expression de ton visage avec ta langue qui sort un peu et tes nichons mignons c'est si bon.

Bébé, avant de mourir je vais détruire tes lettres. Tout simplement parce qu'elles ne sont pas faites pour être publiées. Ce n'est pas pour le public.

J'allais essayer de te les renvoyer, mais je sais que si je le faisais, elles finiraient entre les mains de Larry Schiller, producteur de cinéma.

Puis Gary colla dans le livre une coupure de presse :

SALT LAKE TRIBUNE

Gilmore répond à la demande d'une étudiante de la côte Est.

4 décembre 1976. — Lisa LaRochelle, de Holyoke, Massachusetts, dans le cadre d'un cours sur la religion, a écrit à un certain nombre de personnalités connues en demandant :

« Quelle sera la première question que vous poserez à Dieu quand vous Le verrez ? »...

« Chère Lisa, écrivit Gilmore à l'encre rouge sur une grande feuille, je ne suis pas une personnalité « en vue ». J'ai simplement acquis une célébrité indésirable. Mais pour répondre à votre question... je ne pense pas qu'aucune question soit nécessaire quand nous finirons par rencontrer Dieu. »

« Bien à vous, Gary Gilmore. »

Mlle LaRochelle a envoyé la même lettre à Walter Cronkite, aux vedettes de rugby O.J. Simpson et Roger Staubach ainsi qu'à quelques autres.

Ces gardiens peuvent se glisser furtivement par la coursive devant ma cellule et m'observer sans que je le sache. Ils peuvent me voir mais je ne peux pas les voir. Sans doute que quelques-uns d'entre eux espèrent me surprendre en train de me branler pour pouvoir rester là à regarder.

6

Vendredi 31 décembre

Mon amour
La nuit dernière j'ai volé dans mon rêve
comme un oiseau blanc par la fenêtre
j'ai traversé la nuit et le vent frais avec quelques étoiles brillantes dans l'obscurité
Et je me suis perdue. Et je me suis réveillée.

Il faut que je parte maintenant
Je t'aime à chaque minute
NICOLE

Vendredi 31 décembre

Oh mon chéri

Je suis dans un endroit que je déteste au-delà de toute expression. Il faut que je persuade des gens intelligents et importants de mon désir de vivre et de mes possibilités d'exister en tant que mère et qu'être humain valables.

En ce moment je fais tous mes efforts. Il y a des fois où il faut presque que je me persuade moi-même de certaines choses avant de pouvoir essayer de convaincre qui que ce soit.

Une dame bizarre, moi
QUI T'AIME

Réveillon du Nouvel An

Oh Bébé Nicole

Mon moi, ma femme

... une carte d'une dame de Hollande qui était très belle — elle disait : « Fais confiance à chacun. Aime tous les gens. »

Mon Dieu j'aimerais avoir cette force.

Je t'ai dit dans ma dernière lettre qu'on allait me fusiller le 17 janvier... ces gros calibres vont me libérer.

Et je viendrai à toi — petit oiseau blanc.

J'ai dix-sept jours.

Je pense à toi tout le temps.

Je ne pense qu'à toi.

Bébé, j'ai toujours su que tu étais un oiseau blanc, tu es le petit oiseau blanc qui se perchait sur mon épaule avant que de nouveau nous ne renaissions dans cette vie et que nous échangions alors des vœux solides.

1er janvier 1977

Bonjour mon amour

Hé, dis donc, Gary, c'est le Nouvel An ! Bonne année mon amour. Voici un petit poème que j'ai écrit.

Car mon esprit se perd
Rendu muet par l'aube
Amours toujours furtives
Et la souffrance est longue

Alors ne me pose pas de questions
Ne me chante pas de chansons
Ne me suis nulle part
Je suis déjà partie

Si jamais je trouve un moment de calme je crois qu'il y a un doux refrain que j'entendrai dans ma tête pour l'accompagner.

Chéri. On vient d'éteindre ma lumière. Je t'aime mon Dieu comme je t'aime Gary.

Rêve de moi... Je vais rêver de toi dans mes rêves.

Celle qui t'aime toujours
BÉBÉ NICOLE

7

Le Père Meersman avait toujours l'impression d'être venu offrir ses services à Gary Gilmore en toute sincérité, sans même se demander si le condamné était catholique ou pas. C'était simplement que Gilmore avait dit qu'il souhaitait mourir avec dignité et cela impressionnait le Père Meersman. Il était allé lui rendre visite un soir au début de novembre en disant qu'il comprenait un pareil désir et qu'il était disposé à l'aider si Gilmore le voulait. Le Père Meersman avait assisté à d'autres exécutions, il en connaissait la routine et les embûches et, à la suite de cette conversation, il parut à Meersman qu'ils étaient devenus bons amis.

Gilmore ne dormait pas beaucoup la nuit et il aimait bien les visites. L'aumônier venait le soir, une fois tous les visiteurs partis et quand la prison avait retrouvé son calme. Meersman était libre de voir les détenus à n'importe quelle heure, mais il y avait quand même des règlements et, par exemple, en haute surveillance, quand c'était l'heure de manger, on ne tolérait pas de visites. Les prisonniers ne devaient faire qu'une chose à la fois. C'était le principe de l'établissement. Comme on n'avait jamais envie de se heurter au système pénitentiaire, Meersman passait voir Gary assez tard.

Ils discutaient de petites choses. Un soir, par exemple, le Père Meersman, comme il en avait l'habitude, était planté d'un côté des barreaux dans le grand couloir et Gilmore, de l'autre côté, était appuyé à la grille, lorsque le Père Meersman sortit sa pipe de Meerschaum. Gary lui demanda ce que c'était et le Père Meersman se lança dans un long discours pour expliquer comment, lorsqu'on fumait une telle pipe, elle s'adoucissait peu à peu. Et puis, un autre soir, il apporta un tas de pièces de monnaies étrangères et Gary fut très curieux de les voir. Il aimait apprendre. Il s'intéressait beaucoup aux détails. Comme le Père Meersman, après la Seconde Guerre mondiale, avait étudié au collège américain de Rome, il posait au prêtre un tas de questions sur l'Europe.

Ils discutaient d'histoire et de la grandeur et de la décadence de différents personnages, qu'il s'agisse de Jules César ou de Napoléon, et le Père Meersman voyait bien qu'il aimait les gens qui montaient et qui devenaient célèbres, comme Mohammed Ali. Ils parlaient aussi de ce que Gilmore avait lu dans les journaux et les magazines que le Père Meersman lui apportait. Il disait : « Dites donc, padre, qu'est-ce que vous pensez de Jimmy Carter ? » Ou bien : « Padre, qu'est-ce que vous pensez de servir la nourriture dans des assiettes en carton ? » A chacune de ces questions le Père Meersman répondait : « Oh, Gary, ce qui compte c'est d'être juste. » S'il ne l'avait pas dit une fois il l'avait dit mille et Gary répliquait : « Padre, rien n'est juste. » Là-dessus ils éclataient de rire tous les deux. Gary l'appelait toujours padre.

Gilmore restait aussi très sensible à son image de marque auprès du public et remerciait chaque soir le Père Meersman de lui apporter le journal. Gary, assurément, aimait à parler de son cas. Il fut fasciné le soir où le Père Meersman apporta un exemplaire du magazine *Time* daté d'après le 1er de l'an, le premier numéro de 1977 (bien qu'il sortît deux ou trois jours avant la nouvelle année). Il y avait une double page intitulée « Images de 76 » et là on pouvait voir des photographies du président Carter, de sa mère et de sa femme, de Betty Ford et d'Isabelle Peron d'Argentine et une photo du corps de Mao Tsé-Toung sur son lit de mort, ainsi qu'une photo du pied de *Viking I* qui s'était posé sur Mars, une autre du secrétaire d'État Henry Kissinger tenant une épée africaine dans une main et un bouclier dans l'autre lors d'un voyage au Kenya, une photographie de la jeune gymnaste Nadia Comaneci et, sur cette même double page, il y avait aussi une photo de Gary Gilmore dans sa tenue blanche de haute surveillance. Il était là, souriant à l'objectif, juste après avoir appris la date de son exécution à l'audience de la Commission des Grâces. Il n'avait pas échappé à Gilmore que, dans cette revue annuelle de 1976, il était en noble compagnie.

CINQUIÈME PARTIE

PRESSIONS

CHAPITRE XXII

UN TROU DANS LE TAPIS

1

FARRELL n'avait aucune hâte de retourner en Utah pour traiter avec Moody et Stanger, parce que le travail auquel il se livrait alors lui plaisait suffisamment. Pendant que Schiller était à Hawaii, Barry avait commencé la mise en pages de l'interview à paraître dans *Playboy*. Pour en rendre la lecture plus facile il tailla dans le dialogue, déplaça des paragraphes et ajouta quelques éléments intéressants, prélevés sur les réponses écrites de Gary à des interrogatoires antérieurs. D'ordinaire il récrivait les questions de Moody et Stanger pour en adoucir la cadence et présenter quelque chose dans le genre des interviews de *Playboy*. Il décida pourtant, par respect pour les règles qu'il s'imposait à lui-même, de ne pas se servir des lettres. L'interview se composerait de réponses orales ou écrites aux interrogations.

Il comptait surtout sur l'interview du 20 décembre. Pour amener Gilmore à s'exprimer sur un large éventail de questions, Farrell laissa une certaine naïveté aux propos des interrogateurs. Il espérait trouver des réponses qui justifieraient des interrogatoires plus en profondeur, mais se dit en fin de compte que la nature des questions et leur simplicité inspireraient à Gilmore un sentiment de supériorité. Les résultats se révélaient étonnants : Gary prenait un volume surprenant. Il sembla à Farrell que Gilmore s'efforçait d'offrir au public l'image de lui-même qu'il espérait léguer à la postérité. A ce point de vue, il devenait son propre auteur et Barry en était fasciné. Tout se passait comme si Gilmore édictait son propre code : un bon ensemble de règles du détenu respectable et qui se respecte lui-même. Cela suffisait pour que Farrell se demande si l'interview proprement dite conserverait ce ton lors de sa publication.

INTERVIEWER : Autant que je puisse en juger d'après votre passé de détenu, vous avez été bouclé presque constamment depuis votre entrée en école de redressement qui date de vingt-deux ans. Il semble que vous vous soyez cru destiné à mener une existence de délinquant.

GILMORE : Oui. On peut présenter les choses ainsi, en effet, et c'est même très gentiment dit.

INTERVIEWER : Qu'est-ce qui vous a incité à penser en criminel ?

GILMORE : Sans doute l'école de redressement.

INTERVIEWER : Mais vous avez dû commettre certains méfaits pour y être enfermé.

GILMORE : Oui. J'avais à peu près treize ans quand je suis entré à l'école de redressement et... j'avais treize ans quand j'ai commencé à me faire boucler.

INTERVIEWER : Qu'avez-vous fait pour cela à treize ans ?

GILMORE : Ma foi, j'ai commencé par voler des voitures... mais je crois que mes premiers vols furent probablement des cambriolages avec effraction dans des maisons. Je cambriolais les maisons qui se trouvaient sur mon itinéraire de distribution de journaux.

INTERVIEWER : Pourquoi ? Qu'est-ce que vous espériez ?

GILMORE : Pourquoi ? Eh bien ! je voulais surtout des armes à feu. Bien des gens ont des pistolets chez eux et... voilà pourquoi j'ai été condamné la première fois.

INTERVIEWER : Quel âge aviez-vous alors ? Onze ans ? Douze ? Pourquoi vouliez-vous des armes ?

GILMORE : Eh bien voyez-vous, à Portland, à ce moment-là, il y avait un gang... Je ne sais pas si vous en avez jamais entendu parler... sans doute pas. Mais, voyez-vous, mon vieux, je me disais que, eh bien ! j'aimerais faire partie de ce gang de Broadway. Je m'imaginais que la meilleure manière d'y entrer consistait à aller à Broadway et d'y traînailler pour vendre des armes aux truands. Je savais qu'ils en cherchaient. Non, je... je ne sais même pas si ce gang existait. Peut-être était-ce un mythe. Mais j'en ai entendu parler, vous savez, alors j'ai pensé que j'avais envie de faire partie d'une bande comme celle-là... les gars de Broadway.

INTERVIEWER : Mais ça n'a pas tourné comme vous l'espériez. Vous vous êtes fait pincer et envoyer à l'école de redressement.

GILMORE : Oui, l'école de garçons MacLaren, à Woodburn dans l'Oregon.

INTERVIEWER : Est-ce alors que vous vous êtes dit : désormais je suis dans le pétrin.

GILMORE (rires) : J'ai toujours eu l'impression que j'étais fait pour avoir des ennuis. J'ai toujours eu le chic pour me conduire d'une telle manière que les adultes ne me regardaient pas du même œil que les autres gosses. Je les ahurissais peut-être ou je leur répugnais.

INTERVIEWER : Répugnais ?

GILMORE : Une manière de me regarder pas comme les autres, pas comme les adultes doivent considérer les gosses.

INTERVIEWER : Des regards de haine ?

GILMORE : Pire que de la haine. Je dirais plutôt de l'exécration. Je me rappelle une dame de Flagstaff dans l'Arizona, une voisine de mes parents, quand j'avais trois ou quatre ans. Un jour je ne sais pas quelle connerie j'avais bien pu faire mais elle en a perdu la boule, elle s'est précipitée sur moi, elle m'a littéralement agressé dans l'intention de me faire mal. Il a fallu que mon père se lève d'un bond pour venir à mon secours.

INTERVIEWER : Qu'est-ce que vous aviez pu faire pour la rendre aussi furieuse ?

GILMORE : C'était simplement la manière dont je lui parlais ou je me conduisais. Je n'ai jamais été tout à fait... un petit garçon. Un soir, à Portland, quand j'avais à peu près huit ans, nous sommes tous allés chez des gens où se trouvaient déjà deux ou trois grandes personnes. Je ne me rappelle pas au juste ce que j'ai fait. Je répondais mal à tout le monde et je bousillais tout dans la maison... Je ne me souviens pas tout ce que j'ai fait. En tout cas, cette femme-là a fini par perdre les pédales. Elle a braillé, tenu des propos insensés. Elle en bavait. Elle m'a jeté dehors. Toutes les autres grandes personnes l'ont approuvée. Apparemment, elles partageaient son opinion à mon sujet. Or, il se trouve que des conneries comme ça ne me faisaient guère d'effet. Je me rappelle être retourné à pied chez moi, c'est-à-dire à cinq kilomètres à peu près, tout seul, en sifflant et en chantant.

INTERVIEWER : Il semble alors que vous vous êtes engagé sur la voie que vous avez toujours suivie bien avant de passer par l'école de redressement.

GILMORE : Eh bien ! en effet, les lois m'ont toujours paru d'une bêtise infernale. Mais en ce qui concerne la voie que j'ai suivie, je vous dirai que chacun réagit d'une certaine manière parce que sa vie est influencée par les expériences les plus diverses. Est-ce que ça signifie quelque chose ?

INTERVIEWER : Il m'est difficile de répondre. Donnez-nous un exemple.

GILMORE : Ma foi, voici une affaire personnelle. Pour vous ce sera simplement un incident bizarre mais il a eu sur moi un effet qui a duré. J'avais à peu près onze ans et je revenais de l'école. L'idée m'est venue de prendre un raccourci. J'ai dévalé la colline haute d'une vingtaine de mètres et je me suis embringué dans des buissons de bruyère, de cassis, même de ronces. Il me semble que cette broussaille en avait elle aussi une vingtaine de haut, dans ce secteur désertique, d'une végétation luxuriante, au sud-est de Portland. J'avais cru prendre un raccourci mais impossible de passer. Personne n'avait jamais suivi ce chemin. A un certain endroit, j'aurais pu faire demi-tour mais j'ai préféré continuer. Il m'a fallu à peu près trois heures pour m'orienter. Pendant tout ce temps-là je ne me suis pas arrêté un seul instant pour me reposer. J'ai continué à aller de l'avant. Je me disais que si je poursuivais ma marche je m'en tirerais mais je savais aussi que je risquais de me faire coincer sans aucun espoir d'en sortir. Je n'étais qu'à une centaine de mètres de chez moi et si j'avais crié... Enfin j'aurais pu y laisser ma peau... Personne ne m'aurait entendu. J'ai donc poursuivi. J'en faisais une espèce d'affaire personnelle. J'ai fini par atteindre la maison avec trois heures de retard et ma mère me l'a fait remarquer. Je lui ai répondu que j'avais pris un raccourci (rires). A partir de ce moment-là la plupart des choses ont pris un aspect différent à mes yeux.

INTERVIEWER : Quelles choses ?

GILMORE : J'ai pris conscience de ce que je n'avais jamais peur. Je savais désormais qu'il suffit de vouloir aller plus loin pour s'en sortir. Cela m'a laissé l'impression précise de me surpasser moi-même.

INTERVIEWER : Alors, pourquoi avez-vous dit que c'est le passage par l'école de redressement qui vous a dévoyé ?

GILMORE : Écoutez, les écoles de redressement sèment une espèce de connaissance ésotérique. Elles sophistiquent la personnalité. Quand un môme en sort, il a appris des choses qui lui auraient échappé autrement. Il s'identifie d'ordinaire avec les gens qui partagent la même connaissance ésotérique : l'élément criminel de la population, si c'est ainsi que vous voulez l'appeler. Ainsi vous voyez que mon séjour à Woodburn ne fut pas une petite affaire dans ma vie.

INTERVIEWER : Était-ce tellement dur à Woodburn ? Comment vous y êtes-vous adapté ?

GILMORE : Cet endroit m'a fait penser que c'est la seule manière de vivre. Il y avait là-bas des types que je considérais comme mes supérieurs : des durs. Ils s'étaient livrés à l'attaque à main armée. Ça se passait dans les années 50. Il me semblait que ces types-là dirigeaient tout là-bas. Le personnel recruté dans les parages se composait de buveurs de bière qui se souciaient seulement de tirer leurs heures de service. Peu importait à ces gens-là ce que l'on pouvait bien faire. Il y avait aussi quelques médecins psycho. La psychanalyse était alors très en vogue. On les voyait arriver et nous présenter leurs taches d'encre et ils nous posaient toutes sortes de questions, presque toutes en rapport avec la sexualité. Ils nous regardaient avec des yeux bizarres et... des trucs comme ça.

INTERVIEWER : Combien de temps y êtes-vous resté ?

GILMORE : Quinze mois. Je me suis évadé quatre fois. Ensuite j'ai fini par comprendre que la bonne manière de quitter cette école consistait à montrer que je m'étais racheté. Pendant quatre mois j'ai évité tous les ennuis et on m'a relâché. Ça m'a enseigné que les gens de cette espèce sont faciles à avoir.

INTERVIEWER : Est-ce que d'autres détenus ont

essayé de faire de vous leur larbin ou leur giton ?

GILMORE : Non... jamais, personne... Je n'ai jamais eu d'ennuis de ce genre. Non. Pas une seule fois. Si c'était arrivé j'aurais agi d'une manière violente et décisive. J'aurais tué ou j'aurais frappé très dur. Avec un type trop fort, j'aurais pris une arme quelconque. Mais il ne m'est jamais rien arrivé de tel.

INTERVIEWER : Dans quel état d'esprit étiez-vous en quittant Woodburn ?

GILMORE : J'ai cherché des ennuis dès ma sortie. Il me semblait que je devais le faire. Je me sentais un peu supérieur à tout le monde parce que j'étais allé dans une école de redressement. J'avais un complexe de dur : cette espèce d'attitude de mariole que prennent les délinquants juvéniles. *Délinquant juvénile...* rappelez-vous ces deux mots. Ça m'a marqué, pas vrai ? Personne n'avait le droit de me dire quoi que ce soit. Je me faisais couper les cheveux en queue de canard. Je fumais, je buvais, je me piquais à l'héroïne, je fumais du H, je prenais même des drogues pires, je me bagarrais. Je coursais les jolies petites nanas et j'en attrapais quelques-unes. Les années 50, c'était la belle époque pour les délinquants juvéniles. Je chapardais, je volais, je jouais et j'allais dans les dancings où débutaient Fats Domino et Gene Vincent.

INTERVIEWER : Qu'est-ce que vous vouliez faire de votre vie dans ce temps-là ?

GILMORE : Je voulais devenir gangster.

INTERVIEWER : Vous ne pensiez pas avoir d'autres talents ?

GILMORE : Oui, j'avais du talent. J'ai toujours été bon en dessin. Je dessine depuis ma petite enfance. Je me rappelle que dès ma deuxième année d'école une institutrice a dit à ma mère : « Votre fils est un artiste. » Sa manière de parler indiquait qu'elle y croyait vraiment.

INTERVIEWER : Vous est-il arrivé, à une époque quelconque, de regretter votre destinée de criminel et de vous dire que vous pouviez changer de voie ?

GILMORE : Eh bien ! je me suis dit quelquefois que si je pouvais commencer à réussir comme artiste... mais c'est tellement difficile, vous savez. Je tenais à un grand succès, à devenir un artiste renommé, pas un manœuvre de l'art commercial. Au bout d'un certain temps, j'ai pensé que je vivrais sans doute le reste de mon existence en prison ou bien que je me suiciderais ou encore que je serais abattu par la police ou un truc comme ça. Bref, une mort violente quelconque. Pourtant, à un certain moment, surtout quand j'étais môme, j'ai pensé sérieusement à devenir artiste peintre.

INTERVIEWER : Combien de temps après Woodburn avez-vous été bouclé de nouveau ?

GILMORE : Quatre mois.

INTERVIEWER : Quatre mois ! Vous nous avez pourtant dit que l'école de redressement instruit. Vous ne pouviez donc pas utiliser vos connaissances ésotériques pour esquiver la prison ?

GILMORE : C'était sans doute la ligne de ma vie. Certains types ont de la chance toute leur existence. Quel que soit le pétrin dans lequel ils tombent ils ne tardent pas à reparaître sur le macadam. Mais d'autres n'ont pas de chance. A peine libérés, ils retournent au trou. La ligne de leur vie les ramène en taule où ils restent longtemps.

INTERVIEWER : Et vous êtes un de ces malchanceux ?

GILMORE : Oui. « Le récidiviste invétéré. » Nous sommes des créatures soumises à nos habitudes.

INTERVIEWER : Combien dura votre plus longue période de liberté après Woodburn ?

GILMORE : Huit mois fut à peu près la plus longue.

INTERVIEWER : Votre quotient intellectuel s'élèverait à environ cent trente et pourtant vous avez passé presque dix-neuf des vingt dernières années derrière les barreaux. Comment se fait-il que vous n'ayez jamais pu vous tirer d'affaire, en aucun cas ?

GILMORE : Mais si, je m'en suis tiré une ou deux fois. Je ne suis pas un grand voleur. J'obéis à mes impulsions. Je ne fais pas de projet, je ne réfléchis pas. Il n'y a pas besoin d'être un intellectuel distingué pour éviter les conséquences de ses conneries. Il suffit de réfléchir. Je ne le fais pas. Je suis impatient et pas assez gourmand. J'aurais pu échapper aux conséquences de bien des choses pour lesquelles je me suis fait avoir. En réalité, je ne comprends pas. Peut-être que j'ai cessé de m'en soucier depuis longtemps.

Tout cela était bel et bon. Farrell était décidé à n'accepter ces réponses qu'après un examen sérieux. Mais Gilmore s'efforçait au moins d'offrir une image de lui-même. C'était clairement ainsi qu'il voulait être considéré par le reste du monde après sa mort. Ce n'était pas du tout l'homme de ses lettres.

2

Farrell et Schiller convinrent que le truc consistait à faire parler Gary sincèrement des deux assassinats. Quand on abordait cette question il se produisait toujours quelque chose : Gilmore n'avait plus envie de commenter sa propre personnalité. Ses propos tombaient dans le style narratif qu'emploie n'importe quel criminel psychopathe pour décrire la soirée la plus ennuyeuse ou la plus sensationnelle : on a fait ça et puis ça, mec, comme on a fait ça. Des épisodes sans lien dont il ne souligne aucun détail. On constate un refus ferme d'accorder de la valeur à quoi que ce soit. Telle était l'opinion de Farrell. Ces gens-là semblent considérer la vie comme un grand magasin où l'on peut piquer n'importe quoi.

GILMORE : April est montée dans la camionnette, elle a fait marcher la radio à plein tube, elle s'est serrée contre moi et m'a dit qu'elle ne voulait plus retourner à la maison. Je lui ai répondu : « Eh bien, écoute, je te garde toute la nuit si tu veux. » Alors je suis allé à l'endroit où j'avais acheté une camionnette et j'ai parlé à ces types de nos arrangements financiers. Je leur donnerais ma Mustang comme acompte. Nous avons bu de la gnôle et nous avons pris de vagues arrangements au sujet de la camionnette. Ils m'avaient mis plus ou moins le couteau sous la gorge mais moi j'avais mon pistolet, celui qui était chargé. J'ai signé les papiers, j'ai pris possession de la camionnette et j'ai laissé ma Mustang sur place. Ensuite nous voilà en train de rouler sans but précis avec April. On arriva à Orem. J'ai ralenti en approchant de la station-service qui me parut à peu près déserte. Peut-être est-ce ce qui attira mon attention. Je roulai jusqu'au carrefour, garai la camionnette et je dis à April d'y rester parce que je ne tarderais pas à revenir. J'allai au poste d'essence et je dis à Jensen de me donner l'argent de la caisse. Il obéit et je lui ordonnai alors de venir avec moi aux cabinets et de s'allonger par terre. Alors ça s'est passé en vitesse. Rien ne pouvait lui indiquer ce qui allait arriver. J'avais tout juste un 5,5 mm. J'ai tiré deux balles coup sur coup pour m'assurer qu'il ne souffrirait pas, que je ne le laissais pas à moitié vivant ou un truc comme ça. Et puis, je suis parti et j'ai roulé jusqu'à, euh ! je ne sais pas au juste où se trouvait cette station Sinclair mais je suis retourné sur la voie principale : State Street, je crois. Je suis entré chez Albertson où j'ai acheté des chips et différentes choses à emporter au cinéma, ainsi qu'un carton de bière et des trucs qu'April voulait manger...

Finalement un des avocats posa une question. Farrell ne put s'empêcher de remarquer que ça donnait un meilleur résultat. De toute évidence, il fallait secouer Gilmore pour l'arracher à son marécage de psychopathe.

INTERVIEWER : Une question maintenant. Quand vous vous êtes arrêté au poste d'essence, aviez-vous l'intention de voler Jensen ou de le tuer ?

GILMORE : J'avais l'intention de le tuer.

INTERVIEWER : Quand cette idée vous est-elle venue à l'esprit ? Celle de tuer quelqu'un...

GILMORE : Je ne saurais le dire. Elle a mûri toute la semaine. Cette nuit-là, je sentais qu'il me fallait ouvrir une soupape pour libérer quelque chose mais j'ignorais ce que ce serait exactement. Je ne pensais pas à faire ceci ou cela, ni qu'en agissant ainsi je me sentirais mieux. Je savais seulement qu'il se passait quelque chose en moi et qu'il me fallait relâcher la pression. Euh, tout cela paraît assez odieux sans doute.

INTERVIEWER : Non, absolument pas. Jensen a-t-il dit quelque chose qui vous a déplu ?

GILMORE : Non, pas du tout.

INTERVIEWER : Qu'est-ce qui vous a incité à quitter la camionnette pour entrer dans le bureau où se trouvait Jensen ?

GILMORE : Je ne le sais vraiment pas.

INTERVIEWER : Qu'est-ce que ça signifie ?

GILMORE : Ça signifie que je ne sais vraiment pas. J'ai dit que cet endroit me paraissait désert et propice.

INTERVIEWER : Apparemment le meurtre de Jensen n'a pas réduit la pression dont vous parlez. Sinon pourquoi seriez-vous sorti le soir suivant pour tuer Buschnell ?

GILMORE : Je ne sais pas. Je suis un impulsif, je ne réfléchis pas.

INTERVIEWER : Vous l'avez tué de la même manière que Jensen la veille au soir. Vous l'avez obligé à s'allonger par terre et vous lui avez tiré à bout portant dans la tête. Espériez-vous, en tuant Buschnell, obtenir l'espèce de soulagement que vous n'avez pas eu avec Jensen ?

GILMORE : Je vous l'ai déjà dit : je ne pensais pas. Ce que je me rappelle c'est précisément une absence de réflexion. Je me souviens seulement des gestes, des actes. J'ai tué Buschnell et puis le pistolet s'est enrayé. Ces foutus automatiques ! J'ai pensé alors : merde ! ce type n'est pas mort. Je voulais tirer une seconde balle parce que je ne voulais pas le laisser à moitié vivant. Je ne voulais pas qu'il souffre. J'ai essayé de ramener le canon à sa place pour faire marcher le pistolet et tirer une deuxième balle mais le mécanisme était coincé et il a fallu que je me taille. J'ai fini par remettre l'arme en état de marche mais trop tard pour faire quoi que ce soit d'utile à Buschnell. Je crains qu'il ne soit pas mort immédiatement. Quand je lui ai ordonné de s'allonger, je voulais le liquider en vitesse. Il n'avait alors aucune chance de s'en tirer. Je vous raconte ça assez froidement mais c'est vous qui me l'avez demandé.

INTERVIEWER : Avez-vous abordé ces deux meurtres de la même manière ?

GILMORE : Ma foi oui. On pourrait tout juste dire que l'exécution de Buschnell était plus certaine.

INTERVIEWER : Pourquoi ?

GILMORE : La mort de Jensen était déjà un fait acquis, aussi la suivante était-elle plus certaine.

INTERVIEWER : Le deuxième meurtre vous fut-il plus facile que le premier ?

GILMORE : Ni l'un ni l'autre n'ont été difficiles ou faciles.

INTERVIEWER : Aviez-vous eu affaire d'une manière quelconque avec l'un ou l'autre de ces deux hommes ?
GILMORE : Non.
INTERVIEWER : Alors qu'est-ce qui vous a conduit au City Center Motel où travaillait Buschnell ? Nous nous efforçons seulement de comprendre la nature de la rage dont vous parlez. N'auriez-vous pu apaiser cette rage d'une manière sexuelle ?
GILMORE : Je ne veux pas m'égarer dans les questions concernant le sexe. Je trouve ça vulgaire.
INTERVIEWER : Pourtant, si la nuit où vous avez tué Buschnell vous vous étiez trouvé avec une amie qui aurait pu vous offrir de la bière, sa compagnie et un moment de détente, ne vous seriez-vous pas senti mieux dans votre peau ?
GILMORE : Je ne veux pas répondre à cette question.
INTERVIEWER : Vous semblez répondre plus facilement au sujet de meurtre que de sexe.
GILMORE : Ça, c'est votre avis.

Bon matériel, pensa Farrell. Un bon commentaire.

3

Pendant toute la semaine de Noël pourtant, les interviews se ternirent et ne présentèrent plus guère d'intérêt. Farrell en vint à se demander s'il n'avait pas effrayé Gilmore. Ou bien était-ce l'approche des fêtes qui le rendait incapable. En relisant les réponses amères au sujet de Noëls en prison, il n'était pas difficile de lire entre les lignes que Gary se disait : « Voilà mon dernier 1er de l'An sur terre. »

Barry se demanda également si les deux avocats n'étaient pas en cause. Jour après jour, au cours de la dernière semaine de l'année, ils plaisantèrent avec Gary en esquivant les points essentiels et sans profiter de certaines réponses pour poser des questions intéressantes.

Ils ne présentèrent pas non plus les questions plus complexes préparées par Farrell, comme s'ils les trouvaient trop littéraires pour être posées par de vrais hommes.

Barry se proposa donc d'appeler Stanger à son bureau et de lui dicter méticuleusement un nouveau jeu de questions. Un jour ou deux plus tard, la bande magnétique revint, tellement dénuée d'intérêt que Farrell se demanda si les avocats ne cherchaient pas à démontrer qu'ils pouvaient à volonté fournir ou non des résultats. Peut-être en voulaient-ils encore à Schiller de s'être rendu à Hawaii, peut-être aussi considéraient-ils comme déplacé d'interroger un homme sur le chemin de la mort. En tout cas ça ne rendait pratiquement plus rien.

STANGER : Avez-vous parfois joué le rôle du politicien de prison ?

GILMORE : Au cours de ma dernière détention, dans l'Oregon, j'ai un peu mis la main dans le sac révolutionnaire et puis je me suis rendu compte que ces révolutionnaires ne feraient pas de révolution. Alors j'ai laissé tomber (rire).

STANGER : D'accord. Vous avez passé plus de quatre ans au trou. Est-ce parce que vous avez choisi de purger votre peine à la dure ? Ou bien parce que vos actes échappent à votre volonté ?

GILMORE (rire) : ... Maintenant il faut que je choisisse entre la question A ou la question B, pas vrai ? (Rire.)

STANGER : Vous avez le choix (rire).

GILMORE : Merde, je suis un raté.

Voilà comment ça se passait. Certaines reparties mettaient Farrell hors de lui. Dans les questions et réponses du 20 décembre, il avait repéré un début de piste :

INTERVIEWER : Vous êtes convaincu que votre destin est inévitable et justifié, et cela fait supposer que les assassinats ont mûri longtemps. Vous vous étiez déjà représenté vous-même dans le rôle du tueur bien avant de le jouer. (Instant de silence.) Voilà une question à faire tourner la tête, pas vrai ? (Rire.)

GILMORE : C'est vrai, ça donne le vertige. Je suis si peu sûr de moi que je répondrai à tout hasard (rire) ça rime avec bazar.

INTERVIEWER : Bonne blague. Allez-y !

GILMORE : Eh bien ! je répondrai la prochaine fois après y avoir réfléchi.

INTERVIEWER : D'accord.

GILMORE : J'ai plus ou moins l'impression d'être dans un confessionnal.

Puis Gary reprit l'assassinat de Jensen en un récit long et à demi satisfaisant. Cet échange de propos datait de la semaine précédente. Il corroborait ce que Farrell en attendait. Sans l'avouer, Gilmore se complaisait dans les échanges de propos d'un style littéraire et appréciait les questions formulées avec solennité. Sans doute lui semblait-il que cela conférait quelque dignité à sa situation. Dans ce cas particulier, bien que l'avocat eût posé sa question d'un ton ironique, Gary s'était efforcé de présenter une réponse cohérente. Malheureusement, cette bonne volonté ne servait à rien parce que l'avocat continuait à répliquer par des plaisanteries. Cela déplaisait autant à Farrell que s'il entendait des gens plaisanter au chevet d'un homme mourant de cancer.

4

Moody et Stanger n'épuisaient pas le filon, certes, mais leur rémunération ne les laissait pas indifférents. A peine Schiller revint-il de Hawaii qu'ils l'interrogèrent au sujet des ventes à l'étranger. Il fut obligé de leur donner des détails sur les négociations avant leur conclusion. Lorsqu'il leur avait dit, au cours du déjeuner, qu'il lui serait possible de vendre les lettres à leur insu, ses propos n'étaient pas tombés dans des oreilles de sourds. Ils s'intéressaient beaucoup aux perspectives de rentrées d'argent. Farrell espérait que cela les inciterait à améliorer la qualité de leurs interviews avec Gary. En cela, il se trompait car les deux avocats semblaient se dire qu'eux seuls travaillaient pour tout le monde. Ils en arrivèrent même à prétendre qu'à l'origine les interviews ne figuraient pas dans leur accord et devraient donner lieu à une rémunération supplémentaire. Farrell se disait que cette question reviendrait souvent sur le tapis.

En fin de compte, Schiller constata que les deux avocats se sentaient de plus en plus forts dans cette affaire. Ils avaient tenu à lui faire remarquer qu'ils étaient allés à la prison le jour de Noël et même le jour de l'An pendant qu'il se bronzait tranquillement à Hawaii. Ils y étaient allés chaque jour entre ces deux fêtes parce que Gary se sentait alors particulièrement esseulé. Moody et Stanger présentèrent ces réflexions comme si Schiller s'était absenté pendant des années. Elles présentaient au moins une part de vérité : Gary tenait à leurs visites. Elles lui permettaient de quitter sa cellule pour aller à la cabine contiguë à la salle des visiteurs. Même après une conversation dépassant deux heures, il suffisait que les avocats raccrochent l'appareil et se préparent à partir pour qu'il frappe à la vitre afin d'ajouter un commentaire. De toute évidence, il s'efforçait de les retenir. Parfois il les rappelait aussi pour les interroger au sujet de leurs enfants. Il n'hésitait pas à leur donner des conseils, notamment de ne pas hésiter à les punir s'ils se conduisaient mal, mais tout en leur répétant qu'ils les aimaient.

Les entretiens quotidiens avaient suscité une certaine intimité entre Gary et ses interlocuteurs si bien que ces derniers se préoccupaient trop de lui. Schiller se disait qu'ils ne réalisaient pas l'importance de leur tâche, devenue tellement routinière à leurs yeux qu'elle leur paraissait banale.

5

Toutefois à son retour de Hawaii, c'est Gary qui inquiéta le plus Schiller. D'abord il devait lui parler du *National Enquirer*. L'article devait paraître dans quelques jours. De Hawaii, il enjoignit aux avocats d'indiquer à Gilmore qu'il avait vendu une partie des droits parce que, de toute façon, ce journal était décidé à publier quelque chose sur lui. C'était l'occasion d'empocher quelque argent. Cela marcha bien. Gilmore accepta. Mais dans un autre télégramme, Schiller commit l'erreur de désigner Nicole par un qualificatif. Pour que les gens de la prison ne sachent pas de qui il s'agissait il avait posé des questions à son sujet en l'appelant « Trésor pailleté d'or ».

Schiller se rappela trop tard que Gary l'appelait parfois ainsi dans leur correspondance. Quelle gaffe ! Autant avouer qu'il avait lu les lettres. Si seulement Gilmore admettait que ce n'était pas un crime, cela pourrait susciter plus d'intimité dans les interviews. Or, Gary prit cela très mal. Alors que

Schiller était encore à Hawaii, Moody lui lut au téléphone cette lettre de Gary.

Cher Larry
Mon Trésor pailleté d'or !
Elle s'appelle Nicole.
Pigé ?
Vous avez lu les lettres... ça ne me plaît pas.
J'ai une centaine de lettres, ici même, dans ma cellule, que Nicole m'a écrites.
Vous ne les lirez pas.

« Je les lirai avant que ce soit fini », pensa Schiller.

Peu m'importent vos raisons. Je comprends que vous vouliez en savoir le plus possible.
Mais certaines de vos façons de faire...
Il faut savoir s'y prendre avec moi, Larry...
Vous pourriez me vexer.
Je le regretterais.
Puis-je me permettre de suggérer que vous soyez absolument franc avec moi, parce que je suis un type réglo.
Quand je vous ai demandé de ne pas lire ces lettres, vous n'avez pas discuté ni cherché à me persuader.
Si vous me vexez de nouveau ce sera pour toujours, Larry. Mais pour le moment, pour cette unique fois, je laisse courir.
Maintenant vous êtes au courant.

Sincèrement
GARY

30 DÉCEMBRE, 15 H 43.
GARY GILMORE PRISON DE L'ÉTAT D'UTAH
BP 250
DRAPER UT 84020
JE COMPRENDS VOTRE POINT DE VUE ET VOUS LE PRÉSENTEZ BIEN STOP JE NE CHERCHAIS PAS A VOUS CACHER LA VÉRITÉ STOP AMITIÉS STOP LARRY.

Ne recevant pas de réponse, Schiller envoya un deuxième télégramme.

2 JANVIER, 13 H 42
GARY GILMORE, PRISON D'ÉTAT D'UTAH BP 250
DRAPER UT 84020
NICOLE EST FIÈRE DE VOS LETTRES STOP C'EST POURQUOI ELLE LES A MONTRÉES A PLUSIEURS PERSONNES MOI COMPRIS STOP COMPARÉS LES DEUX JEUX DE LETTRES DONNERAIENT UNE CONNAISSANCE PLUS AUTHENTIQUE ET PLUS COMPLÈTE DE VOS AMOURS QUE NE LE PEUT FAIRE CHACUN DES DEUX JEUX STOP JE VEUX ÉLIMINER LA THÉORIE D'APRÈS LAQUELLE NICOLE SERAIT SOUMISE A VOTRE POUVOIR STOP C'EST POURTANT L'IMPRESSION QUE L'ON A EN LISANT SEULEMENT VOS LETTRES STOP A MON AVIS LES SIENNES FOURNIRAIENT LE MEILLEUR MOYEN DE PRÉSENTER UN TABLEAU VÉRIDIQUE DE VOS RELATIONS STOP CE N'EST PAS UNE BONNE MANIÈRE DE COMMUNIQUER MAIS NOUS N'EN AVONS PAS D'AUTRE.
LARRY

La réponse parvint par cassette transmise par Moody et Stanger.

GILMORE : Un message de Larry qui me demande les lettres de Nicole. Dites-lui simplement que je les ai détruites. Je ne veux pas en dire plus. Il recourt à une espèce de psychologie abstraite mais ça ne marche pas avec moi. Il a plus ou moins suggéré... plutôt par allusions que, d'après bien des gens, j'exerce un certain pouvoir sur Nicole et que si l'on pouvait voir toute la correspondance cela mettrait les choses au point. Je n'aime pas ce genre de suggestion. Il n'aura aucun moyen de voir ses lettres : elles sont imprimées dans mon cœur. Voilà où elles sont et elles ont disparu ; cela m'évite de lui envoyer une lettre... (rires).

Par la suite on frisa la rupture. Le *National Enquirer* publia un article désastreux. Les lettres que Scott Meredith lui avait vendues n'étaient pas seulement en cause mais l'auteur du texte commentait une cassette et étalait sur toute la page la mentalité de Gilmore.

NATIONAL ENQUIRER

L'assassin Gilmore ment.
Il ne veut PAS mourir

Par John Blosser

Telle est la conclusion de Charles R. McQuiston, ancien officier de renseignement du plus haut grade, qui a appliqué le détecteur de mensonges à une conversation téléphonique de vingt minutes enregistrée sur bande magnétique à la prison de l'État d'Utah... (Ce détecteur est un appareil utilisé par les services de police pour déceler le mensonge révélé par un frémissement d'angoisse dans la voix de celui qui parle.)

« Je suis totalement convaincu que Gilmore ne désire pas mourir ; la perspective de faire face à son Créateur l'émeut puissamment et il a grand-peur », déclara l'officier de renseignement.

« Il espère la clémence pour ses crimes, dit McQueen, de l'*Enquirer.* »

Voici quelques extraits de l'analyse psychologique effectuée par Charles McQuiston :

GILMORE : « La loi m'a condamné à mourir. J'estime que c'est bien. »

ANALYSE DE MCQUISTON :

« L'énoncé du mot « mourir » dénote un stress extrêmement lourd. Cela signifie qu'il ne veut absolument pas mourir. »

GILMORE : « J'irai là-bas, je m'assoirai et je serai fusillé. »

ANALYSE DE MCQUISTON :

« Un affolement nerveux apparaît lors de cette déclaration. Peut-être sera-t-il obligé de le faire (se présenter devant le peloton d'exécution) mais ce n'est pas si simple... et il ne veut certainement pas que cela arrive. »

GILMORE : « Peut-être pouvez-vous dire que je crois à la survivance de l'âme et que cela me rend la chose un peu plus facile (la chose consistant à faire face à la mort). »

ANALYSE DE MCQUISTON :

« Les canevas de stress indiquent qu'il croit, en effet, à la survivance de l'âme.

« Cette déclaration est donc sincère. Néanmoins sa conviction ne lui rend pas la chose plus facile.

« Elle la rend au contraire plus difficile, croit-il.

« Il lui semble qu'il s'en va dans l'au-delà sans référence convenable et ça l'effraie. »

5 JANVIER 16 H 31
GARY GILMORE
PRISON D'ÉTAT D'UTAH
BP 250
DRAPER UT 84020
IL M'A FALLU VINGT-QUATRE HEURES POUR ME CALMER APRÈS AVOIR LU L'*ENQUIRER* SINON CE TÉLÉGRAMME N'AURAIT PAS ÉTÉ ACCEPTÉ STOP CES GENS-LA ONT ACHETÉ DE LA MATIÈRE PREMIÈRE ET DE TOUTE ÉVIDENCE N'EN ONT UTILISÉ QU'UNE PETITE PARTIE STOP J'AURAIS SANS DOUTE DU M'Y ATTENDRE MAIS JE SUIS ENCORE NAIF STOP QUE TEL SOIT LE PREMIER RÉSULTAT

DE NOS TRAVAUX ME FAIT HONTE MAIS VOUS SAVEZ POURQUOI J'AI AGI AINSI STOP LE MARCHÉ EST AINSI PRÉPARÉ ET NOUS POUVONS POURSUIVRE VERS NOTRE BUT STOP LARRY

5 janvier

Cher Larry,

Je viens de lire le National Enquirer *sans grand intérêt.*

Très dégoûtant... j'admets que chacun puisse imprimer lire et penser ce qui lui plaît.

*Pourtant je suis curieux... j'aurais cru qu'un homme dans votre situation, possédant votre expérience et une parfaite connaissance des journaux de chantage tels que l'*Enquirer, *aurait mieux contrôlé ce qui s'imprime grâce à lui... ou bien vous ne vous en êtes pas soucié ?*

Ça m'intrigue... un peu.

Mais au fond ça ne m'intéresse guère.

Vous voyez, je connais la vérité à ce sujet. Nicole aussi. Or, je n'ai de comptes à rendre à personne sauf à elle et à moi.

*Je ne suis ni bon mec ni héros. Mais je ne suis pas du tout non plus le type que présente l'*Enquirer.

Libre à vous Larry de penser imprimer et diffuser selon vos conclusions personnelles. Je vous considère comme un homme sensible et qui croit à la vérité.

*A l'*Enquirer *je ne répondrai que ceci :*

Tout le monde sait que ce journal n'est pas exactement ce qu'on peut appeler une « source sûre ».

GARY

Moody et Stanger dirent à Schiller que Gary n'avait pas réagi plus violemment que ne l'indiquait sa lettre. Larry n'en était pas moins confus. L'article du *National Enquirer* mettait en cause le point d'honneur que Gilmore attachait à sa mort. Pourtant il ne réagissait que mollement. D'autre part appeler Nicole « Trésor pailleté d'or » avait provoqué un tel sursaut que Gary avait paru sur le point de ne plus vouloir parler. Schiller fut tenté d'abandonner la partie. Il était bien obligé, en effet, de se demander s'il était vraiment capable de percer la personnalité de Gary Gilmore.

7

Ohé, cher copain... je t'aime.

Je suis souvent perdue ici et je le serai encore souvent partout... jusqu'à ce que je sente ton âme m'envelopper.

Je suis seule avec moi-même pendant presque tout mon temps de veille.

Mais la nuit... oh les nuits que j'aime tant. Alors je vais n'importe où, fais n'importe quoi, ressens tant de choses et toutes bonnes...

Je te serre contre moi, tiède, je sens sur mes mains ton visage rugueux et moustachu... je t'emmène à des endroits que je chérissais quand j'étais petite, par exemple une petite clairière dans une forêt de pins. C'était ma « chambre ». Tellement touffue autour de moi avec ses pins très hauts et aussi avec des buissons de cassis où il y avait toujours des baies, si bien que trouver le tunnel y conduisant était parfois un exploit. Je m'allongeais au milieu, sur le doux tapis d'aiguilles humides qui sentaient bon, j'étais comme dans un puits avec un haut mur d'arbres autour de moi et de là je regardais le ciel bleu de cristal où passaient lentement des nuages de coton. Écoute ma forêt enchantée parler tout bas en un millier de langues.

Dieu comme j'aimais cette clairière autrefois.

Je me rappelle y avoir amené ma tante Kathy. Elle en raffolait. J'ai creusé un petit trou dans le tapis d'aiguilles pour lui servir de cendrier. Elle se tenait immobile et écoutait avec moi.

J'y suis retournée avec toi il y a seulement une ou deux nuits.
Folle que je suis.

SALT LAKE TRIBUNE

Salt Lake, 6 janvier. — La K.U.T.V. a déposé hier devant la Cour du district fédéral englobant l'Utah une requête pour avoir le droit d'assister à l'exécution de l'assassin Gary Mark Gilmore prévue pour le 17 janvier...

CHAPITRE XXIII

LA-BAS OÙ L'ON FAIT LA TÉLÉ

1

SALT LAKE TRIBUNE

Assister à l'exécution ? Pas Barbara

Salt Lake, 7 janvier. — Barbara Walters serait horrifiée si on lui demandait d'assister à l'exécution de Gilmore la semaine prochaine. Probablement refuserait-elle cette mission.

Son confrère, Harry Reasoner, d'autre part, viendrait à Salt Lake City pour cette journée.

Il estime même que cet événement devrait être présenté à tout le pays par la télévision. « Mais celle-là seulement », précise-t-il...

Au début de janvier, le soir où Schiller prit contact avec Bill Moyers, à l'hôtel Utah de Salt Lake, pour discuter de son passage à « C.B.S. Rapporte », il demanda à Tamera Smith de l'accompagner. Il était sûr qu'elle sauterait sur l'occasion. Ce serait le premier des avantages qu'il lui avait promis chez son frère. Quand à lui, il voulait voir jusqu'à quel point Moyers s'engagerait devant une tierce personne.

Quand ils s'attablèrent, Larry la présenta par ses nom et prénom. Moyers se montra cordial mais ne fit pas de rapport entre elle et la journaliste du *Deseret News*. Il n'ignorait rien de Vern Damico ni de Kathryne Baker mais ne se rappelait certainement pas les noms des autres personnages.

Ils disposaient d'une table offrant une vue formidable au sommet de l'hôtel Utah, au quinzième étage, en face des tours du temple mormon situé de l'autre côté de la rue et dont le sommet arrive à la même hauteur. C'est à coup sûr le plus important des temples mormons du monde entier. Des projecteurs éclairaient les tours et leur donnaient un aspect de château fort : vue vraiment spectaculaire. Pourtant Schiller n'était guère impressionné. Quand il avait vu la cathédrale de Chartres, elle avait offert un délice à ses yeux de photographe et il se rappelait que Notre-Dame était superbe vue sous tous les angles alors que ce temple mormon offrait le même aspect quel que soit l'endroit d'où on le regardait. Rien qu'une masse verticale, suggérant des idées de piété et de hautes ambitions, mais qui pourtant présente une autre espèce de mystère. Schiller avait appris qu'il n'est pas permis de visiter le temple mormon comme n'importe quel touriste peut pénétrer dans les plus célèbres cathédrales. N'y ont accès que les Saints du Dernier Jour, de bonne réputation, munis d'une « clé » c'est-à-dire recommandés par l'évêque de leur diocèse. Ce seul détail indique que les mormons constituent une véritable société secrète.

Peut-être est-ce l'idée de se trouver près d'une église dans laquelle il n'avait pas le droit d'entrer qui excita Schiller et le poussa à jouer gros jeu. Après de brefs préliminaires, Moyers déclara tout de go qu'il entendait interroger Larry sur ce que lui rapporterait l'exécution de Gary Gilmore. Schiller sourit gracieusement en répondant : « Je ne veux pas que vous me découpiez en rondelles au cours de cette émission. » Évidemment, comme s'il jouait gardien de but, il vit arriver le ballon. « Je dispose de quelque chose que vous convoitez et je vous le donnerai. Je vous permettrai de lire la transcription dactylographiée des cassettes enregistrées lors des conversations avec Gilmore et vous y prélèverez trois minutes pour votre émission. Mais il faut d'abord que vous acceptiez mes conditions. Je veux que vous m'écoutiez pendant vingt minutes, sur-le-champ, et je vous expliquerai qui je suis, ce que je suis et ce que j'entends faire. Alors vous pourrez juger si je suis un authentique journaliste ou un exploiteur. »

Raconter sa vie en vingt minutes n'était pas une petite affaire. Devant un homme comme Moyers, Schiller se considérait comme assez naïf à bien des points de vue. Néanmoins, il saisissait toujours le meilleur côté des choses. Aussi s'efforça-t-il de donner une bonne impression à Moyers. Il grandit le personnage de Larry Schiller dont la plupart des gens ne savaient pas grand-chose. Il parla de l'enquête qu'il avait faite sur les reins artificiels et sur la pollution par le mercure du Japon, avec la collaboration de l'éminent photographe Eugene Smith. Il exposa comment, en s'engageant ainsi dans des campagnes d'intérêt mondial, il avait transformé sa vie au-delà de ce que les autres pouvaient soupçonner. Bien sûr, des années auparavant, il avait participé à la course impitoyable vers le succès mais désormais il ne songeait qu'à la qualité de son travail. Voilà ce qu'il importait de comprendre à son sujet. Lorsqu'il sentit qu'il avait assez impressionné Moyers, Schiller déclara : « Je vais vous permettre de lire ce soir quelques épreuves dactylographiées des interviews de Gary Gilmore et vous pourrez choisir trois à cinq minutes de bande magnétique mais aux seules conditions suivantes : vous ne vous servirez que des propos de Gilmore sans citer ceux des avocats qui interrogent ; au cours de votre émission vous ne devrez même pas indiquer qui sont ces interviewers. » Moyers acquiesça d'un hochement de tête. « De plus, reprit Schiller, je me réserve le droit de retrancher certaines parties de ce que vous aurez choisi. Je serai raisonnable mais je tiens à conserver la haute main. Bref, je ne peux pas vous donner carte blanche.

— Que voulez-vous en échange ? » demanda Moyers.

Schiller constata que Moyers allait mordre à l'hameçon. Il y était bien obligé car la télévision de Salt Lake avait absolument besoin de quelque chose sur Gilmore. « Premièrement, reprit Schiller, je veux être interviewé dans un décor qui évoque une salle de rédaction de journal. J'entends être photographié assis devant une machine à écrire ou bien en train de téléphoner. J'estime qu'un tel environnement augmentera la vraisemblance de mes travaux. Je n'aurai aucune influence sur vos commentaires mais je tiens à contrôler ce que vous filmerez. Je m'y connais très bien en fait de coupures aussi me sera-t-il facile de voir ce que vous faites, bien que vous soyez libre personnellement de dire ce que vous voudrez à mon sujet. Alors, je répète, je tiens à un décor professionnel. Deuxièmement, venons-en aux questions d'argent. Nous ne pouvons en discuter que si je suis en mouvement.

— Que voulez-vous dire par là ? demanda Moyers.

— Il faut que je parle en me déplaçant, soit en marchant, soit en conduisant une voiture, répondit Schiller. Je ne discuterai pas d'argent en étant assis.

— Pourquoi pas ?

— Parce que, quel que soit l'angle sous lequel

vous me photographiez, je fais trop gros. Si vous me prenez avec un objectif normal, assis derrière un bureau j'ai l'air d'un homme d'argent. Si vous me photographiez avec des lentilles qui me rapprochent, je deviens le roi Farouk. »

Moyers ricana puis éclata de rire.

« Si vous êtes prêt à traiter selon mes conditions, je me livre à vous pieds et poings liés parce que vous pourrez dire tout ce que vous voudrez à mon sujet. Si vous êtes d'accord, je vous donne les textes. Vous les lisez ce soir et vous y choisissez ce que vous voulez. »

Moyers pouvait évidemment les photocopier et faire bien d'autres choses de ce genre mais Schiller avait confiance en lui. Plus que confiance, même. Schiller était convaincu de pouvoir jouer son rôle assez bien au cours de cette émission pour que Moyers se préoccupe suffisamment de sa tâche et ne le dénigre pas publiquement.

En outre, Schiller respectait l'intégrité professionnelle de Moyers qui se présentait comme un rédacteur de premier plan à *Newsday*. Étant donné qu'il lui reconnaissait ces qualités, Schiller pouvait se permettre de lui avouer qu'il ne ferait pas forcément un très bon personnage à « C.B.S. Rapporte ».

Moyers ne cacha pas qu'il avait pensé à cette question. « Il faut apprendre à jouer un rôle », dit-il. Il confia même qu'il avait essayé de se regarder dans une glace quand il parlait aux téléspectateurs, ce qui pour lui n'était pas un procédé normal.

Arrivés à ce point de la conversation, ils se détendirent tous les deux. Moyers indiqua qu'en novembre, lorsqu'il avait proposé à C.B.S. une émission sur Gary Gilmore on lui avait répondu : « Occupez-vous plutôt de Fidel Castro. Votre émission doit être vraisemblable. » Plus tard il avait appris par les ragots qui couraient à C.B.S. qu'un personnage des plus importants avait dit à Frank Stanton : « Pourquoi pas Gilmore ? Tout le monde en parle. » Stanton avait continué à refuser, puis il était allé à un meeting avec Paley qui lui avait dit : « C'est phénoménal. Voilà ce qu'il nous faut pour Moyers. Les téléspectateurs en ont envie. »

Bill avait donc transporté toute son équipe à Provo, y compris ses préparateurs de films, et s'était mis à travailler à son « C.B.S. Rapporte » qui devait être diffusé le soir de l'exécution. Ainsi obtiendrait-il le maximum d'écoute. Schiller pensait : « Il ne faut pas que je me présente comme un exploiteur, alors que C.B.S., en dépit de ses prétentions moralisantes, ne se soucie que du taux d'écoute. »

2

Tamera trouva ce dîner vraiment exceptionnel. Quand Larry lui avait parlé d'un repas avec Bill Moyers, elle ne savait même pas qui était cet homme. Lorsqu'elle le découvrit, cette soirée se révéla palpitante. On ne dîne pas tous les soirs avec celui qui a dirigé les relations du président Johnson avec la presse.

Au début elle ne fut pas impressionnée et s'ennuya presque. Les deux messieurs parlaient affaires et elle se sentait plus ou moins tenue à l'écart. Pour donner de l'intérêt à la soirée, elle choisit sur le menu des plats qu'elle ne connaissait pas. Les autres suivirent son exemple. Ils avaient donc mangé, par exemple, une salade à la César puis elle prit une soupe ressemblant vaguement à un bortsch froid mais abominable. Elle mangea aussi du gazpacho qu'elle trouva détestable et des cuisses de grenouille en guise d'entrée. Au dessert elle se laissa tenter par des crêpes Suzette. Bref elle fit de son mieux. Les cuisses de grenouille lui semblèrent assez bonnes mais, en fin de compte, le repas ne l'enchanta pas. Plus tard, vers quatre heures du matin, elle alla chez Sambo et prit un bon vieux hamburger.

3

Le lendemain matin Moyers se présenta au petit déjeuner et dit d'entrée : « C'est formidable ! Je vais faire toute mon émission avec vos bandes magnétiques.

— Ça ne marche pas », rétorqua Schiller qui décida quand même de jeter un os à Moyers. « J'ai des photos de Gilmore au quartier de haute surveillance, dit-il. Vous n'indiquerez pas qui les a prises mais, si vous voulez faire passer sur l'écran un montage d'instantanés, je m'en chargerai à condition que vous preniez à votre compte les frais de laboratoire. En tout cas je veux faire ce film à ma façon. »

Outré, Moyers sauta au plafond. « Il s'agit de nouvelles, pas de spectacle ! » s'exclama-t-il. Cependant, Moyers accepta les conditions de Schiller. Tout compte fait, ce dernier donnait ses photos.

Schiller espérait présenter le montage photographique de telle sorte que Gilmore y paraîtrait sous les traits d'un être humain et non sous ceux d'un tueur de sang-froid. Il y avait chez lui quelque chose de vulnérable qu'il croyait possible de communiquer au public. De toute façon, il tenait à ce que Gilmore soit acceptable sur le petit écran.

Le problème ne résidait pas dans le fait que Gilmore fût un tueur. Peu importait non plus que sa présence sur l'écran fût considérée comme un défi par les bien-pensants. Le plus ennuyeux, c'était que cet assassin imprévisible se payait la tête du monde. Le public tolérerait un tueur abruti, confus, dingue. Mais qu'il se permette de poser des conditions au sujet de l'émission et cela le rendait haïssable. Pour la plupart des gens, ce serait le monde à l'envers.

Si Schiller tenait au succès de son livre et de son film, il devait éviter de susciter l'animosité du public et lui faire entendre que l'homme Gilmore présentait des qualités parfaitement humaines. Chaque fois qu'au Hilton il voyait les reporters interroger des gens, scruter leur visage, il pensait à ce qu'auraient valu ses propres interviews s'il en avait été chargé par un journal. Ça lui donnait le vertige. Les journalistes ne faisaient pas leur travail. Aucun, par exemple, n'avait cherché à pénétrer la personnalité de Gary en interviewant ceux qui avaient été en rapport avec lui. Ils se contentaient de pérorer entre eux, de boire ensemble, d'échanger des hypothèses et des anecdotes sans intérêt, pour arriver à mettre sur pied un consensus. Ils en arrivaient à évaluer l'affaire comme on établit les prix en Bourse. A force de les échanger, ils s'en tenaient tous aux mêmes histoires. Si lui, Larry Schiller, donnait des exemples de qualités humaines intéressantes chez Gilmore, aucun d'entre eux ne les accepterait. Ils prétendraient tous qu'il s'efforçait d'embellir l'affaire dans son propre intérêt financier. Force lui était donc de faire brosser le portrait par quelqu'un d'autre. Ce ne pouvait être que Bill Moyers.

4

Samedi, 8 janvier

Salut mon amour,

Ma mère m'a amené Sunny hier.

Cette gamine devient foutrement jolie, bêcheuse et gaie comme un pinson. Peabody aussi. Il s'est offert des petits lewis et des bottes. Ça lui donne des allures de petit dur mais il est mignon comme un cœur...

Il me semble que j'ai plus ou moins perdu contact avec mon amour pour eux avant que tout cela se passe...

Me croiras-tu... j'étais bouleversée après leur visite.

J'ai un rien d'infection et le toubib m'a donné un suppositoire. Mais ils tiennent à me voir me le mettre, aussi je les ai envoyés aux pelotes... j'aime mieux en pourrir, excuse ma vulgarité, Amour.

La vie est folle ces jours-ci. Me demande quel destin nous attendons. Ça vient.

Si tu es fusillé le 17 janvier...

Qu'est-ce qu'il y aura en moi ? Serai-je rien du tout... si tu t'en vas... Serai-je plus ? Serai-je perdue ou trouvée ? Je ne veux pas vivre sans toi. Je crois que je finirais d'exister si je vivais un seul jour sans Ton Amour dans mon âme.

Dieu du Ciel, Gary, sois avec moi.

Je t'aime tellement.

Larry demanda à Tamera la permission d'utiliser son bureau au *Deseret News* pour l'interview et même d'y tourner le film un samedi soir. Elle obtint l'autorisation sans difficulté d'autant plus que presque tout le personnel serait absent.

Ce local convenait à Schiller. Tout le décor d'une salle de rédaction se dessinait derrière lui. Il parla d'abord assis à une table puis écoutant une bande magnétique de Gary et ensuite en train de taper à la machine. L'équipe de Moyers tourna avec ardeur.

Schiller était assis devant les pupitres des télé-scripteurs quand Tamera entra pendant une pause. « Je veux vous montrer quelque chose », dit-elle. Puis elle l'entraîna dans un coin de la salle et lui tendit une dépêche qui venait de tomber sur l'un des téléscripteurs. A.B.C. se retirait. Merde alors, *se retirait !*

Ça s'étalait là, noir sur blanc, sur une dépêche d'agence. Le P.-D.G. de l'A.B.C., Frank Pierce, refusait de produire quoi que ce soit au sujet de Gary Gilmore. Incroyable ! Ainsi A.B.C., premièrement, passait par pertes et profits les soixante-dix mille dollars déjà dépensés et deuxièmement laissait Schiller dans le pétrin.

Il s'agissait de terminer l'interview rapidement avant que Moyers apprenne cette nouvelle. Dès qu'il saurait, il poserait des questions.

Schiller se rappela une conférence de presse à l'hôtel Americana, lorsqu'il avait publié une interview de Jack Ruby. Soudain un reporter s'était levé en disant : « Monsieur Schiller, Jack Ruby vient de mourir. Qu'est-ce que vous en dites ? » Larry avait dû répondre impromptu et faire face à une situation affreusement délicate. Atroce. Cette fois, il entendait déjà Moyers lui dire : « Monsieur Schiller, bien que nous ayons convenu que vous n'êtes pas un exploiteur, de toute évidence A.B.C. estime que vous en êtes un. » Jusqu'à présent Larry traitait avec C.B.S. mais cette chaîne pouvait lui mettre la décision d'A.B.C. sous le nez.

Lors d'une pause plus prolongée, pendant que l'équipe déplaçait ses appareils pour filmer sous un autre angle, Schiller téléphona à plusieurs membres du personnel d'A.B.C. à Los Angeles. Personne n'était au courant de rien. « Ça vient du plus haut sommet, dit Schiller. Vous feriez bien de vous y attendre. Demain matin c'est peut-être vous qu'on interviewera. » Il leur fit sentir qu'ils n'avaient pas protégé ses arrières.

Moyers ne souleva pas la question. Il interviewa encore Schiller par deux fois ultérieurement sans en dire un mot. Larry le considéra comme un homme hautement respectable.

Le matin venu, Schiller constata qu'il pouvait fort bien être en bonne posture. Au moins il ne serait pas obligé de traiter avec une organisation de spectacles télévisés qui prendrait à son compte tous ses mérites. Il conservait le copyright et pourrait donc faire son livre ainsi que son film. Cependant il voulait savoir ce qui s'était passé. Le retrait de l'A.B.C. lui paraissait invraisemblable. Le jour même, il apprit que la femme d'un des principaux directeurs d'A.B.C. suivait des cours de journalisme à l'université Columbia et qu'elle était rentrée indignée, un soir, parce que le réseau préparait une émission sur Gary Gilmore. « Comment peux-tu tomber assez bas pour exploiter une affaire pareille ? » avait-elle demandé à son mari. Schiller ne put apprendre le nom de ce monsieur qui n'en parla à personne de la côte Ouest et se contenta d'ordonner aux bureaux de New York : « Nous ne faisons rien avec Gilmore. » Il craignait évidemment que la C.F.C. (Commission fédérale des communications) mène la vie dure à A.B.C. « Un truc de cirque. » On ne peut tout de même pas soutenir le regard d'agents fédéraux qui prononcent une telle phrase.

5

Planqué dans sa chambre de motel, près de devenir fou tant il souffrait, Gibbs s'acharnait encore à placer son histoire dans un journal. Tous ceux à qui il s'adressait ne parlaient que de Schiller.

Enfin il se mit d'accord avec le *New York Post,* pour sept mille cinq cents dollars. Gibbs affirma qu'il détenait une invitation manuscrite de Gilmore d'assister à son exécution et une quantité d'autres lettres. Le *Post* avait envoyé à Aspen un reporter couvrir le procès de Claudine Longet et voulait que Gibbs aille prendre contact avec lui là-bas. Mais il craignait d'être reconnu par des reporters de Salt Lake. A force de discussions, il obtint de fixer le rendez-vous au Royal Inn de Boulder, Colorado. Il indiqua qu'il y descendrait sous le nom de Luciano.

CHAPITRE XXIV

DANS L'ATTENTE DU JOUR J

1

BRENDA avait eu des hémorragies inquiétantes. Lorsqu'elle se fit faire un bilan de santé, elle dit au docteur : « Pour l'amour du Ciel, donnez-moi quelque chose contre cette douleur. Je ne pourrai pas continuer comme ça. » Serveuse à La Cosa, certains soirs il lui arrivait d'avoir envie de pleurer. Le docteur lui avait prescrit des pilules pendant un certain temps mais ce jour-là il lui dit : « Brenda, ça ne s'améliore pas. Il faut rentrer à l'hôpital et vous faire soigner.

— Pas maintenant », dit Brenda.

Le médecin secoua la tête. « Actuellement j'ai un lit disponible, dit-il ; après je serai au complet pendant trois mois. Vous ne pouvez pas attendre aussi longtemps. Je devrais alors vous opérer d'urgence et ça augmenterait le risque.

— Salaud de médecin, dit Brenda. Je reviendrai. »

Entre-temps, Johnny prit contact avec le médecin et arrangea l'affaire. Brenda ne put résister. Les élancements la crispaient tellement qu'elle se demandait si elle n'allait pas tomber en morceaux d'un instant à l'autre. « Est-ce que j'essaie d'échapper à l'exécution ? » se demanda-t-elle. Puis elle se reprit : « Non, je tiens absolument à y aller. » Elle s'était entretenue au téléphone avec Gary et éprouvait moins de ressentiment. Lors de leur dernier entretien, elle lui avait dit : « Gary, j'espère que tu es aussi intelligent que tu le prétends et que, par conséquent, tu t'efforceras de prendre mon point de vue en considération. » Diable ! Qu'il était opiniâtre. Pourtant il lui semblait mollir.

Quand Gary apprit que Brenda entrerait à l'hôpital, il s'adressa à Cline Campbell pour qu'il obtienne du directeur de la prison un dernier permis de visite pour elle. Mais Sam Smith répondit : « Il a eu un rapport disciplinaire pour avoir jeté un plateau à un gardien. Je n'enfreindrai pas le règlement.

— Mais voyons, monsieur le directeur, cet homme va mourir », dit Campbell.

Sam Smith secoua la tête. « Je ne peux rien faire sans la permission d'Ernie Wright. »

Gary était en train de boire une tasse de café quand Cline lui apporta cette réponse. Le détenu lui envoya la tasse et son contenu à la figure mais visa mal et la tasse éclata contre le mur. Il avait d'ailleurs raté son but de très peu. Campbell ne sursauta même pas. Bien que surpris et choqué, il ne voulut pas manifester sa crainte. Gilmore jura, fit demi-tour et s'en alla en disant : « Excusez-moi. » Trente secondes plus tard il était de retour et dit au gardien « Où étiez-vous donc ? Je veux nettoyer ça. » Mais il ne restait plus de traces de café sur le mur et les débris de la tasse avaient disparu.

Quand Brenda entra à l'hôpital on l'affubla d'une mini-jupe blanche qui restait ouverte par-derrière. Dès qu'elle fut au lit elle se sentit en sécurité. Mais elle pensa encore plus à Gary. Il était né en décembre et serait exécuté en janvier. Elle se rappela le soir où il était allé la voir avec April et où, pour s'amuser, il l'avait appelée Janvier. Puis Brenda découvrit que Gary était sorti de prison pour la dernière fois neuf mois plus tôt, soit depuis le 9 avril jusqu'à ce 9 janvier où elle venait d'être hospitalisée. Si on l'exécutait le 17, sa mort tomberait neuf mois et neuf jours après sa sortie de prison. Mon Dieu ! se dit-elle, c'est presque exactement la durée d'une gestation. Sans comprendre pourquoi, elle se mit à pleurer.

2

GILMORE : Avez-vous jamais entendu parler d'un type nommé Zeke, Jinks ou Pinkney ou encore quelque foutu Dabney ?

STANGER : Oui, il est avocat de l'A.C.L.U.

GILMORE : Écoutez-moi cette connerie. M. Dabney a déclaré que Gilmore pourrait flipper et ne plus vouloir être exécuté. Vous savez, que le mot « flipper » a une signification particulière en prison. Vous autres, vous ne savez pas ce que ça veut dire, mais moi, si. Je suis sûr que Dabney le sait aussi. Ça dénomme un type qui se fait enculer ou qui en encule un autre. C'est ça flipper. Vous pigez ? Je vais vous lire une déclaration et vous la publierez lundi contre Jinks Dabney de l'A.C.L.U. Quel nom à la con ! Vous avez écrit dans le *Salt Lake Tribune* qu'il reste une chance pour que Gilmore flippe et ne tienne plus à être exécuté. Il n'y a aucune chance, V. Jinks Dabney. Aucune, jamais. C'est vous et l'A.C.L.U. qui êtes des flippards. Vous prenez position au sujet de l'avortement qui ressemble à une exécution. Vous êtes tout à fait pour et puis vous prenez une position contraire sur la peine capitale. Vous êtes contre. Que valent vos convictions V. Jinks Dabney ? Vous et l'A.C.L.U., savez-vous ce que vous pensez sur quoi que ce soit ? Laissez donc cette affaire évoluer comme une question qui ne regarde que moi. Ne faites pas en sorte d'être démenti. Vous avez perdu cette fois, V. Jinks Dabney. Voyez, mon type de la N.A.A.C.P. (Association nationale pour l'avancement des gens de couleur), je suis un Blanc. Enfoncez-vous ça dans vos têtes d'éponge. Je connais pas mal de Noirs mais je n'en connais aucun qui respecte un foutu négro de la N.A.A.C.P. Giauque, Amsterdam et vous tous, avocats fouinards en quête de publicité, foutez le camp, tas de pédales.

3

SALT LAKE TRIBUNE

Salt Lake, 10 janvier. — Les gardiens de Gilmore indiquent qu'il devient nerveux à l'approche de son exécution.

Nicole, certains gardiens disent dans un journal que je m'énerve. Je n'ai jamais été nerveux de ma vie et ne le suis pas maintenant.

C'est eux qui le sont. Je suis furieux parce que j'ai horreur d'être observé...

Sam Smith appela Earl Dorius pour discuter une fois de plus de l'exécution. Une question restait en suspens : aurait-elle lieu à la prison même ? L'effet pourrait être mauvais sur les détenus. D'une part, si c'était fait à l'extérieur, on risquait de se heurter à des manifestants ce qui poserait une question de sécurité. De toute façon, il faudrait choisir un terrain ou un local appartenant à l'État. Dorius et

Smith en revinrent à leur première conclusion : mieux valait que cela eût lieu à la prison, malgré les conséquences possibles.

Sam aborda alors une autre question capitale. En novembre, en décembre et de nouveau en janvier, on parlait beaucoup de faire appel à des volontaires bénévoles pour exécuter Gilmore. Quelques personnes avaient déjà écrit pour proposer leur service. Depuis le début, toutefois, Dorius s'en tenait absolument à l'utilisation de fonctionnaires des services de police. Le code était muet à ce sujet mais Earl estimait qu'il faudrait trier les volontaires éventuels, ce qui impliquerait des enquêtes onéreuses. D'ailleurs cela posait de toute façon une question juridique. Que cela plût ou non, Earl s'en tenait à son opinion qu'il considérait comme convenable. La discussion aboutit au même résultat que précédemment : le recours aux fonctionnaires du maintien de l'ordre. Earl tenait toutefois à ne pas les choisir parmi le personnel de la prison. Sam convint que si un gardien y participait il serait considéré comme un tueur de détenu et le maintenir dans sa fonction présenterait certains risques. Sa présence serait considérée comme un affront par les détenus. Ils en revinrent donc à des fonctionnaires du maintien de l'ordre, soit fournis par le shérif du canton de Salt Lake, ou bien celui de l'État d'Utah. De toute façon, Sam ne révélerait pas leurs noms.

Earl Dorius prévoyait que l'A.C.L.U. serait obligée d'engager une action au plus tard le mercredi 12 janvier, sinon elle pourrait perdre en première instance et n'aurait plus le temps d'interjeter appel. Toutefois Bob Hansen paria avec Earl : l'A.C.L.U. réserverait le juge Ritter pour son tout dernier recours au cas où l'appel ne donnerait pas le résultat prévu. « Elle attendra jusqu'au vendredi 14, au tout dernier moment. »

Hansen ne cachait pas son opinion au sujet de Ritter. « On peut contourner la loi, disait-il volontiers. Nous le faisons tous plus ou moins. Mais Ritter, lui, il la torture. » Il poursuivait en dénigrant les habitudes de ce magistrat.

Une des manies les moins supportables de Ritter, d'après Hansen, c'était celle d'accumuler une liste de quarante procès puis, un beau jour, il convoquait les avocats des quarante affaires. A chacun il posait la même question : « Êtes-vous prêt ?... et vous êtes-vous prêt ? » Selon leur réponse il leur disait « Très bien vous serez le numéro deux, vous le numéro trois, vous le quatre » et ainsi de suite. Mais à la fin du premier procès, il rappelait tout le monde et déclarait : « J'ai décidé de prendre le numéro vingt immédiatement au lieu du numéro deux. » Ça paraissait une mauvaise plaisanterie mais c'est bien ainsi qu'il procédait. Le vingtième avocat devait se présenter en cinq minutes. C'était insensé. Nul ne savait quand il serait amené à plaider. Chacun devait avoir constamment sous la main tous les témoins de quatre ou cinq affaires. Certains n'habitaient pas la ville. Il fallait les faire venir, les loger dans des motels. La ruine !

Dans la pratique, évidemment, quand Ritter avait à statuer sur quarante affaires, trente-huit étaient réglées à l'amiable. Personne ne pouvait supporter l'attente qu'il imposait aux parties. Cela convenait à certains, mais ceux qui travaillaient pour une administration publique et ne disposaient pas d'un budget suffisant pour entretenir indéfiniment leurs témoins ne pouvaient pas les présenter devant le tribunal. Alors Ritter classait purement et simplement l'affaire. Il pouvait s'agir d'un crime caractérisé ou d'une escroquerie grave, voire de poursuites sur lesquelles l'administration avait travaillé pendant vingt ans. Peu importait à Ritter qui classait sans vergogne. Il fallait aller en appel et la Cour annulait le jugement de Ritter. Les fonctionnaires devaient alors faire arrêter de nouveau les prévenus et recommencer toute la procédure. Perte de temps épouvantable. Oui, ce magistrat torturait la loi.

4

Le 10 janvier, une semaine avant l'exécution, les gens des médias ne cessaient d'entrer et sortir toute la journée des bureaux de l'A.C.L.U. Les alentours se hérissaient d'appareils de prises de vue et de microphones. Personne n'avait le temps de se préparer. C'était l'interview permanente de tout le monde. Shirley Pedler avait l'impression d'être constamment en cause. Elle en perdait la tête parce que sa chevelure avait toujours besoin d'être rafraîchie. Elle ne pouvait prévoir quand une caméra serait braquée sur elle. Sa tenue aussi lui donnait du souci. Elle ne pouvait plus venir au travail en pantalon de toile et tee-shirt. Elle décida de conserver le pantalon mais d'arborer d'élégants chemisiers sous un joli blazer. Étant donné qu'on la photographiait au-dessus de la ceinture, tout allait bien.

Sa conscience d'être sur l'écran, observée par un public innombrable, cessa de la tenailler. Ce fut un soulagement. Elle avait depuis longtemps l'impression que l'A.C.L.U. perdrait sa cause et se sentait lourdement responsable quand elle n'agissait pas exactement comme il convenait avec les gens des médias. Elle était tellement énervée que, même lorsqu'elle parvenait à quitter son bureau à sept ou huit heures du soir, elle filait tout droit chez elle et fumait en faisant les cent pas. Elle avait toujours abusé du tabac mais maintenant elle allumait une cigarette après l'autre du matin au soir.

Le matin du 10 janvier, Shirley discuta avec quelques avocats au sujet des dernières mesures légales. Puis, quand elle passa de la salle de conférence dans le vestibule, elle faillit être renversée par des gens de la presse. Elle n'avait même pas de déclaration à leur faire. La conférence avait été convoquée pour décider ce que ferait chaque groupe mais les avocats n'étaient arrivés à aucune conclusion. Shirley commença ainsi : « Je n'ai rien à dire. » Puis elle laissa tomber par terre les documents qu'elle tenait à la main. La hâte avec laquelle elle se baissa pour les ramasser fit éclater de rire quelques journalistes, comme s'ils la soupçonnaient de chercher à cacher d'obscurs méfaits. Elle n'arrivait pas à s'expliquer pourquoi les médias attribuaient à l'A.C.L.U. l'intention d'engager de nombreuses actions judiciaires. En réalité, ses dirigeants avaient presque décidé de se tenir à l'écart de l'affaire, et pour de bonnes raisons. La population de l'Utah considérait cette association comme révolutionnaire ; elle pouvait donc nuire à ceux qu'elle chercherait à assister.

La réunion eut donc lieu dans une ambiance de morosité. Les participants estimaient qu'ils n'avaient guère de moyens d'action. Richard Giauque leur donna quelque espoir en annonçant que Mikal Gilmore arriverait à Salt Lake le lendemain. Si Giauque pouvait présenter un appel au nom du frère ou si Gil Athay agissait pour les tueurs de la hi-fi, l'A.C.L.U. pourrait intervenir. Mais la seule action qu'elle pourrait engager pour son propre compte serait un procès au nom des contribuables. Les résultats seraient évidemment très aléatoires. Ce matin-là, les membres de l'Union se sentaient tellement démunis que la meilleure proposition fut d'envoyer quelqu'un à l'hôpital pour chercher à s'entretenir avec Nicole qui pourrait, peut-être, dissuader Gary de tant vouloir son exécution. Dabney promit à Stanger de lui téléphoner.

STANGER : Jinks a demandé quelle peut être l'influence de Nicole sur Gary. Je lui ai répondu : « Pourquoi ? De quoi parlez-vous au juste ? » Il m'a dit alors : « Nous avons pensé qu'elle pourrait peut-être convaincre Gary de se défendre. »

GILMORE : Aussi efficace que s'accrocher à un fétu de paille quand on est en train de se noyer.

5

Schiller estima qu'il était temps de monter un bureau en Utah en vue de la grande offensive. A Los Angeles, il demanda à sa secrétaire de téléphoner à quelques agences pour embaucher deux dactylos courageuses, capables de transcrire les bandes magnétiques : des célibataires prêtes à venir à Provo et à travailler au besoin vingt heures par jour. Elles devraient aussi maintenir le secret absolu sur leur occupation. Étant donné les circonstances, Schiller ne pouvait s'adresser à des filles recrutées sur place. Il fit installer des lignes de téléphone privées à la TraveLodge d'Orem et se mit à faire jusqu'à deux aller et retour par jour entre Salt Lake et Los Angeles. Il restait à peine plus d'une semaine quand les deux recrues, Debbie et Lucinda, arrivèrent en Utah et installèrent les bureaux au motel. « Je veux savoir le numéro de téléphone auquel on peut appeler d'urgence deux réparateurs d'appareils Xerox », telle fut la première chose qu'il dit à Debbie. Elle lui répondit : « On n'a donc pas toujours un dépanneur sous la main ?

— Peut-être m'en faudra-t-il un à trois heures du matin. Procurez-vous ce numéro. Donnez vingt-cinq dollars au type. Précisez que s'il sort pour dîner je veux être prévenu et qu'il dise où l'appeler. C'est ainsi que nous allons travailler. » Il voulait la mettre sur-le-champ dans l'ambiance.

Cependant il cherchait une combine pour introduire subrepticement un magnétophone sur le lieu de l'exécution. Il faudrait un engin aussi petit qu'un paquet de cigarettes. Sans savoir s'il serait amené à l'utiliser ou non, il tenait à l'avoir sous la main. Il se dit qu'il dépenserait pour des tas de choses dont il ne se servirait peut-être pas, mais il voulait se sentir sûr de lui.

En réalité, il ne dépensait pas des milliers de dollars. Il traita avec un détective privé de Las Vegas qui consentit à lui vendre son minuscule magnétophone pour mille cinq cents dollars et à le lui racheter mille trois cents dollars après. Schiller devrait payer d'avance la totalité et payer les aller et retour de Vegas à Salt Lake. Peu lui importait parce qu'il disposerait ainsi d'un moyen qui pourrait valoir beaucoup plus que ces centaines de dollars.

De toute façon, il s'engageait de plus en plus. Sans aucun doute la semaine à venir lui coûterait dans les onze mille dollars. Il devait s'assurer les services de policiers pendant leur temps de liberté. Il voulait faire protéger la maison de Vern pendant les trois ou quatre derniers jours. Il convainquit Kathryne Baker de quitter son domicile avec ses enfants. Puis il organisa ses bureaux au motel comme une forteresse. C'était nécessaire. Puisque A.B.C. avait abandonné la partie, N.B.C. allait lâcher ses chiens. Les limiers de ce réseau l'avaient d'ailleurs déjà traqué comme s'il était Mme Onassis. Une vraie frénésie ! N.B.C. savait que Schiller avait fourni du matériel à Moyers pour C.B.S. Un type pouvait avoir rompu le premier engagement et livré quelques minutes d'enregistrement de Gilmore à N.B.C. pour s'en débarrasser. Il savait que, de toute façon, on le harcèlerait. En effet, une nuit où il était descendu au Hilton de Salt Lake, il lui fallut appeler la police à quatre heures trente du matin pour faire chasser deux reporters de la N.B.C. qui montaient la garde dans le couloir devant sa chambre. Ensuite Gordon Manning, chef producteur des émissions exceptionnelles de la N.B.C., le démolit honteusement dans le milieu professionnel. Telle est la télévision ! On y est toujours prêt à écraser les couilles de ceux qui refusent leur collaboration.

Pendant tout ce temps-là, il s'efforçait de prévoir les issues. Que se passerait-il si Gary changeait d'avis ? Si l'affaire prenait ce nouveau titre : « Gilmore fait appel » ? Il en discuta avec Barry. Ils ne tenaient pas à l'exécution de Gary et voulaient être prêts à jouer sur les deux tableaux. Si Gilmore survivait, l'histoire serait évidemment moins spectaculaire mais pourrait rester bonne. Elle révélerait alors la lente capitulation d'un homme sous l'énorme éclairage de la publicité. Gary retournerait parmi les quidams. Il importait de ne pas céder à la panique et de se garder d'exercer une influence quelconque sur les événements, de ne pas chercher à forcer les résultats. Peut-être le traiterait-on de charognard mais, dans son for intérieur, il était prêt à accepter le sauvetage de Gilmore. Sa mort ne lui rapporterait pas plus qu'une commutation de peine.

6

Toutefois les tentations commençaient pour Schiller. Il avait à peine installé son bureau qu'il reçut des offres insensées. Il n'avait pas encore commencé le travail à la TraveLodge d'Orem que

Sterling Lord lui téléphonait au nom de l'agent littéraire Jimmy Breslin. Ce dernier avait appris que Schiller pourrait compter parmi les cinq invités personnels de Gilmore à l'exécution. Lord voulait savoir s'il ne consentirait pas à céder sa place à Jimmy Breslin. Rien n'indiquait si le *Daily News* ou l'agent empocherait le chèque. Toujours est-il que la première offre à Schiller s'élevait à cinq mille dollars.

Il répondit : « Il ne m'appartient pas de vendre. Je ne peux même pas vous jurer, Sterling, que j'irai à l'exécution. » Peu après, Lord appela de nouveau et dit : « Je parviendrai peut-être à vous donner trente-cinq mille, voire cinquante mille dollars.

— Ce n'est pas à vendre », répondit Schiller.

Breslin appela à son tour. « Je vous donnerai la copie au carbone de mon article », grogna-t-il. Cela signifiait que Breslin en serait propriétaire lors de la première parution et que Schiller pourrait l'utiliser à son gré par la suite.

Larry en conclut que Breslin ne comprenait pas ses intentions. Bien sûr, il ne manquait pas d'amis en ces temps-là. Voilà tout à coup que Sterling Lord se proclamait un de ses vieux copains et Jimmy Breslin aussi. « Où m'installerai-je ? demanda Breslin à Schiller.

— Tu peux aller faire le singe au Hilton ou venir te planquer ici avec moi », répondit Larry. Breslin loua une chambre au motel, contiguë à celle de Schiller. Il avait de puissants instincts de journaliste.

Barry en fut outré. « Pourquoi ce Breslin ? demanda-t-il.

— Je suis désolé, lui répondit Schiller, mais je ne peux pas faire tout tout seul.

— Puisque la question se pose, reprit Farrell, pourquoi avez-vous invité Johnston du *L.A. Times* ?

— Vous ne comprenez donc pas, dit Schiller. Je dois donner des miettes à ces types pour ne pas avoir le *L.A. Times* ni le *New York Daily News* contre moi. Il faut bien que je m'assure quelques alliés. » Barry aurait dû comprendre combien il était seul depuis que A.B.C. s'était retiré de l'affaire. Un cordon ombilical avait été coupé.

« Bien sûr, pensa Farrell, ce Schiller ne fait rien sans bonnes raisons. On ne peut pas lui reprocher d'agir par lubie ou parce qu'il est soûl. »

Schiller craignit que Barry fût sur le point de brader leur marchandise, faute de comprendre que chaque élément, si petit fût-il, était un rouage d'une superbe machine en état d'assemblage et pas des copeaux de totem échangés dans la clairière d'une forêt pour rendre propices les dragons de la presse.

Farrell se dit aussi qu'il aurait dû mieux prévoir. Toutes les premières précautions s'étaient révélées trop efficaces. A partir du moment où l'on avait emménagé dans les sept chambres louées par Larry à la TraveLodge d'Orem, complètement équipées avec le matériel de bureau, les secrétaires, les gardes du corps, les salles de travail, le cabinet de travail de Barry, sa chambre à coucher, ceux de Schiller, une pour chacune des jeunes filles, les lignes privées de téléphone, ce qui leur permettait de n'utiliser le standard du motel que pour les appels venant de l'extérieur afin que le personnel ne puisse écouter leurs conversations, Larry avait échappé aux médias. Il s'y était bien pris. Au milieu de toute l'agitation, alors que tout le monde cherchait à l'atteindre, Schiller avait prudemment dirigé ses fuites en ne révélant que le minimum par l'intermédiaire de Gus Sorensen et de Tamera. Ainsi manipulait-il l'actualité à Salt Lake et façonnait-il indirectement les dépêches d'agences émanant de cette ville. Néanmoins, après avoir aussi magnifiquement tout tenu en main, Schiller paraissait se laisser aller. Il suffirait que Barry entre dans la chambre qui servait de bureau principal pour photocopier une page et voilà Jimmy Breslin, calepin en main, qui plongerait dans l'affaire vingt jours après son début, amené par un chauffeur, merci messieurs, dans une Lincoln de grande remise. Voilà déjà Schiller qui lui parlait des yeux. Les yeux ! Pourtant, Farrell aimait bien Jimmy qui lui avait rendu quelques services. Quand Farrell avait une rubrique à *Life*, en 1969 et 1970, et avait eu, avec le rédacteur en chef, un démêlé qui aurait pu aboutir à une rupture, Breslin avait consacré une soirée entière à apaiser le conflit. Depuis lors, Farrell considérait Breslin comme un homme exceptionnellement intelligent. « Vous savez, Barry, lui avait dit Jimmy, votre chronique est pour vous un véritable bien-fonds : un patrimoine qu'il ne faut jamais lâcher. » Cette phrase était restée gravée dans l'esprit de Farrell. « Combattez, défendez-vous, rafistolez, consentez à des compromis mais n'abandonnez jamais votre bien », avait poursuivi Breslin. Aussi, Farrell se félicitait d'avoir tenu compte de ce conseil. Il avait donc un faible pour Jimmy Breslin.

Cette faiblesse s'effaça pourtant en moins d'une minute quand Farrell, entrant dans une chambre du motel, y trouva Schiller, souriant avec une béatitude d'idiot, qui parlait des yeux à Breslin. On aurait cru qu'il était en train de vanter une encaustique à la télé. Breslin, assis au bord du canapé, gras comme un porc, prenait des notes avec trois semaines de retard. Un monument de bêtise acceptant l'hommage d'un de ses semblables.

Pendant les semaines où il s'était efforcé de faire progresser les interviews, Farrell avait eu l'impression de chercher un objet maléfique dans une salle obscure. Quand l'affaire des yeux s'était présentée, il avait enfin eu l'impression d'apercevoir un rai de lumière. A force de lire les radotages de Gilmore sur ses longs séjours en prison après de médiocres exploits, Farrell en était arrivé à considérer qu'une telle existence ne valait pas grand-chose, nettement moins que celle de la plupart des détenus de la prison. Le public considérerait cet assassin comme un minable, suffisamment capricieux pour que ses codétenus ne le tracassent pas, mais sans le mettre au rang de véritable homme de cran. En fin de compte, il n'avait pas grand-chose d'un truand et se présentait plutôt comme un solitaire absolu : un de ces types qui, dans l'optique policière, sont considérés comme des microbes. Au point de vue humain : une mauvaise herbe. Pourtant, exactement la veille, alors que le jour de sa mort approchait, Gilmore, parlant de ses yeux, avait enfin dit quelque chose de vraiment remarquable, tout au moins selon Farrell.

GILMORE : Je vous ai dit que ce bonhomme de quatre-vingt-dix ans m'a écrit pour me demander mes yeux... Il est trop vieux. Attention, je ne voudrais pas avoir l'air dur mais l'autre type n'a que vingt ans et je crois que ce serait mieux. Voudriez-vous appeler le médecin en question et puis euh !... dites-lui tout simplement : les yeux sont à vous. Rédigez les papiers qu'il faut en mon nom : Gary Gilmore.

MOODY : Nous apporterons ces documents au directeur de la prison.

GILMORE : Dans cette lettre-ci, on dit quelque chose au sujet de ce jeune homme : il dépérirait. Je me rappelle une phrase d'après laquelle ce pauvre type mène une vie sans espoir. J'aime mieux les donner à lui plutôt qu'à la Banque des yeux. Ça me fait presque plaisir de savoir à qui ils iront. Bon, ça va... appelez-le en P.C.V. (éclat de rire)... Demandez-lui s'il accepte un appel de Gary Gilmore.

Qu'une telle idée vienne à Gary émut Farrell jusqu'aux entrailles. Cette interview était arrivée la veille. Quand Schiller et lui l'eurent entendue, Farrell emporta la bande dans sa chambre pour l'écouter de nouveau. C'était en pleine nuit. Il avait travaillé longtemps la veille. La voix de Gary le bouleversa. Il rit, en eut les larmes aux yeux et éprouva même un sentiment de triomphe parce que Gilmore s'exprimait avec clarté. Farrell avait de bons yeux et les considérait comme un précieux trésor. Il aurait volontiers signé un document donnant n'importe quelle partie de son corps, sexe inclus, à n'importe qui, pour utilisation après sa mort évidemment. Mais voilà un type sur qui planait une condamnation à mort — rendez-vous compte, se dit Barry dans sa chambre au petit matin après avoir travaillé vingt heures de suite — et tout le monde en réclame un morceau. Chacun lui écrit pour réclamer une partie de son corps et il est capable d'y réfléchir sérieusement, de s'exprimer clairement. Bien sûr il y a des gens qui circulent dans le monde avec une carte dans leur portefeuille indiquant : « Si vous me trouvez mort, vous pouvez prendre mes reins. » Mais ces gens-là ne savent pas qu'ils sont près de leur mort alors que Gary, lui, sait qu'il mourra le 17 janvier. Des solliciteurs se présentent encore actuellement, une semaine avant, pour lui demander son foie, sa rate, sa couille gauche. Un individu banal pourrait considérer ça comme du cannibalisme et s'exclamer : « Pour l'amour de Dieu ! laissez-moi tranquille. Je veux garder mes yeux. »

Pouvait-on considérer Gary comme Harry Truman : une médiocrité magnifiée par l'histoire ? Ce diable de type devenait maître d'une petite industrie artisanale : il vendait ses restes. Jusqu'alors la crânerie de Gilmore n'avait guère impressionné Farrell ; il le voyait tout simplement capable de suivre la route droite vers l'exécution. Mais après l'avoir entendu s'exprimer ainsi au sujet de ses yeux, il constatait un mépris total de la vie : la sienne, la vôtre, celle de n'importe qui. Il faisait fi de la sienne pour se présenter en maître de son destin. C'était une sorte de règlement de compte lamentable comportant une bonne part de pathologie, dérivant d'années passées à jouer au mariole avec les autorités pénitentiaires. Et voilà qu'à cet instant, du jour au lendemain, cet homme devenait une nouvelle célébrité, pareille à une étoile de cinéma, les revenus en moins, et pourtant il réagissait humainement à l'intérêt qu'il suscitait et fonctionnait à la manière d'un homme convenable. Sa façon de parler de ses yeux rachetait tout ce que son attitude pouvait présenter de fourbe. Cette histoire inspirait à Farrell un besoin de protection.

Cela explique pourquoi, lorsqu'il vit Schiller et Breslin assis ensemble au bord du canapé, il piqua une crise. En général il aimait conserver son sang-froid, mais vingt heures consécutives de travail l'avaient énervé. « Vous avez un flic qui veille toute la nuit dans le couloir devant votre chambre, Schiller, pour vous assurer que personne ne pénètre dans ce bureau, mais c'est devant votre bouche qu'il devrait monter la garde. (Emporté par la colère il démolit une des tables d'un coup de poing.) Schiller, vous ne donnerez pas ça à Breslin. »

Avant que Larry ait eu le temps de répondre, ce qui aurait dégénéré en querelle, Jimmy arracha la feuille de son bloc-notes, la déchira en menus morceaux qu'il dispersa à travers la pièce. Magnifique ! pensa Farrell. Ce geste de Breslin l'enchanta.

CHAPITRE XXV

ON COMMENCE A LE CONNAÎTRE

1

GARDER pour lui cette histoire d'yeux avait de quoi réjouir Farrell. Il avait besoin d'un élément important parce que, jusqu'alors, il avait découvert bien peu de choses intéressantes concernant Gilmore. En relisant les transcriptions d'interviews et les lettres, il utilisait des encres de couleur différente pour souligner les réponses de Gary. Chaque couleur dénotait une espèce de motivation. Avant d'en avoir terminé il avait isolé vingt-sept attitudes distinctes chez Gilmore. Barry avait repéré Gary le raciste et Gary le patriote de l'Ouest, Gary le poète, Gary l'artiste raté, Gary le macho, Gary en proie à des idées suicidaires, Gary du canton de Karma, Gary du Texas et Gary l'Irlandais assassin. Mais maintenant une image l'emportait sur toutes les autres : celle de Gary l'étoile de cinéma affreusement exhibitionniste.

GILMORE : Voilà une autre nana qui m'écrit : « Comment vas-tu, mon poney sauvage aux yeux fous... je voudrais t'embrasser au moins une fois. Je ne sais pas comment te dire adieu, Gary. Je pleure sur ma feuille de papier en t'écrivant. Je t'aime. Je déteste notre foutu système. Penser que ces salopards t'interdisent d'appeler Nicole m'indigne. Exécution. Qu'est-ce que ça veut dire ? On se croirait en plein Far West d'autrefois. Que mon amour soit auprès de toi, Gary. Je t'aime. » (Rire.) J'ai l'impression d'avoir une touche, non ? J'ai reçu trois lettres d'elle aujourd'hui. Heureusement que je ne suis pas en Californie et libre. Elle me crèverait, cette fille.

STANGER : Est-ce qu'elle a quinze ans ?

GILMORE : Pas facile de le savoir...

Puis apparaissait un vieux repris de justice, plein de la sagesse qu'on acquiert en prison.

GILMORE : A partir du moment où on est repéré comme sujet difficile, on ne cesse plus d'avoir des ennuis, parce que tous ces foutus gardiens vous connaissent comme s'ils avaient accroché votre portrait dans la salle du corps de garde. Vous comprenez, surveillez ce type qui doit faire ceci ou cela. Certains gardiens nous prennent même en grippe et nous persécutent par des mesquineries qui finissent par nous faire éclater. Vous comprenez, on est dans une situation où on a toujours tort, jamais raison, parce qu'on est le détenu. C'est eux qui manient le marteau, vous pigez ?

Il s'apitoyait sur lui-même mais d'une manière assez subtile pour émouvoir. Néanmoins le travail qu'il effectuait plaisait à Farrell plus qu'il ne l'avait prévu. Des journées de vingt heures, bien sûr, mais sa tâche l'absorbait totalement. Quel bonheur que d'échapper à soi-même ! « J'ai toutes les passions d'un archiviste, pensait-il. Il me semble que ce matériel n'appartient qu'à moi. »

Il lui arrivait même parfois d'éclater de rire. Une nuit où le surmenage les crispait, Larry et lui, à tel point qu'ils pouvaient à peine se regarder l'un l'autre, une cassette de Gilmore arriva et déclencha un tel fou rire qu'ils faillirent en tomber de leur chaise. Sans doute était-ce dû à leur tension nerveuse. Toujours est-il que pendant cette minute miraculeuse Gilmore sembla à Farrell aussi drôle que Bob Hope lors de ses meilleurs spectacles. Il devinait le même regard de maniaque qui pénètre au fond des choses comme les rayons X et déteste les faux-semblants. Mon Dieu ! il lui arrive parfois de regarder jusqu'au fond du pot, pensait Farrell.

GILMORE : Ah ! dites donc, il me vient une idée qui vaut de l'or. Prenez contact tout de suite avec John Cameron Swazey et apportez-moi un bracelet-montre Timex. Arrangez-vous pour que John Cameron Swazey soit là-bas avec son stéthoscope pendu au cou. Quand je tomberai, il l'appliquera à mon cœur et dira : « Ma foi, il est arrêté. » Ensuite il appliquera le stéthoscope à la montre et dira : « Elle marche encore, les gars. »

2

Pourtant, Farrell était outré de se sentir tellement accroché. Il lui arrivait souvent de penser que si l'on prêtait moins d'attention à Gilmore, il aurait peut-être changé d'idée et cherché un moyen d'éviter l'exécution. Désormais Gary était pris au piège de sa propre célébrité et c'est elle qui lui donnait un courage insensé. Bien sûr, Barry Farrell faisait désormais partie intégrante de la machine qui interdisait à Gilmore de faire appel. Cela n'avait rien de flatteur pour lui. Évidemment, on peut toujours dire : « Je ne suis pas la locomotive mais rien qu'un wagon et c'est dans mon wagon qu'on réfléchit à la situation avec le plus d'humanité. Ma responsabilité morale m'oblige donc à continuer. Si j'abandonnais la partie, il n'y aurait plus autour de

Gilmore que des individus semblables à ceux de *Bonjour l'Amérique.* » Voilà ce que Farrell se disait à lui-même.

Malgré cela, dans la quiétude de la nuit, à deux heures du matin, il arriva à Barry de se rappeler que, dans un article du *New West,* il avait traité Larry Schiller de charognard. Aujourd'hui, il devait se demander si Barry Farrell n'avait pas les ailes encore plus noires... les plus noires du journalisme. Il y avait toujours quelqu'un qui mourait dans ses articles. Oscar Bonavena était tué, Bobby Hall et des jeunes filles blondes se faisaient enlever sur les grandes routes de Californie. Les fidèles d'un culte massacraient ceux d'une autre secte. Farrell avait même la réputation d'exceller dans ce genre d'histoires. C'est son numéro de téléphone qui venait à l'esprit de divers rédacteurs en chef quand ils avaient à traiter un cas de ce genre. Barry Farrell, reporter spécialisé dans le crime et dont la vie intérieure n'en restait pas moins si éminemment catholique qu'il en était exaspéré. Il menait sa vie selon ses exigences financières et émotionnelles, acceptait les piges, payait ses factures comme l'exigeait son âme délabrée. Pourtant, d'une manière ou d'une autre, les missions qu'on lui confiait le précipitaient dans des scrupules de moralité. Lorsqu'il écrivait il lui semblait plonger dans le brouillard.

Il se gardait toutefois de mettre en cause un aspect des interviews. L'énergie qui émanait de Gilmore offrait quelque chose d'extraordinaire. Cline Campbell s'arrêta au motel rien que pour dire bonjour. Il fit à Farrell cette remarque : « Votre travail est une bénédiction. Il offre à Gary l'occasion de s'exprimer. » En considérant la paperasse quotidienne étalée sur son bureau, Farrell, depuis, se disait : En effet on constate que Gilmore s'efforce de monter une philosophie cohérente par rapport à des questions d'éthique incroyablement embrouillées.

MOODY : Y a-t-il certaines choses que vous ne pourriez jamais faire, et lesquelles ?

GILMORE : Je ne pourrais exploiter personne, ni dénoncer personne. Je ne crois pas non plus que je pourrais torturer qui que ce soit.

MOODY : Obliger quelqu'un à s'allonger par terre et lui tirer une balle dans la tête... n'est-ce pas une torture ?

GILMORE : On peut admettre que c'était une torture très brève.

MOODY : Mais peut-il exister un crime plus grave que de priver une personne de sa vie ?

GILMORE : Oui. Il est possible de modifier la vie de quelqu'un de telle sorte que la qualité de cette existence ne soit pas ce qu'elle devrait être. Voilà ce que je veux dire : on peut torturer les gens, on peut les rendre aveugles, les estropier, les esquinter si gravement qu'ils mèneront une vie misérable jusqu'à la fin de leurs jours. A mon avis, c'est pire que tuer. Mais si vous tuez quelqu'un, c'est fini pour la victime. Je... je crois au karma, à la réincarnation et aux trucs comme ça. Il se peut qu'en tuant quelqu'un on prenne en charge ses dettes karmiques. Alors peut-être soulage-t-on cette personne d'une dette. Mais je crois que faire mener aux gens une existence diminuée pourrait être pire que de les tuer.

STANGER : Ainsi, il existe des crimes que vous jugez plus graves que le meurtre ?

GILMORE : Je ne sais pas. Il y a toutes sortes de crimes vous savez... Certains gouvernements font des choses affreuses à leur population. Dans des pays il y a le lavage de cerveau... J'estime que certaines façons de modifier le comportement, comme, euh !... les actes irrémédiables comme les lobotomies et puis, vous savez, la prolixine... Je n'irai pas jusqu'à les considérer pires que le meurtre mais il faut tout de même y réfléchir... On n'a pas le droit d'intervenir dans la vie de son prochain. Il faut laisser chacun suivre son destin.

STANGER : N'êtes-vous pas intervenu dans la vie de Jensen et de... ah ! oui, Buschnell ?

GILMORE : Si.

STANGER : Estimez-vous que vous en aviez le droit ?

GILMORE : Non. (Soupir.)

MOODY : Si vous êtes vraiment convaincu que votre âme est pleine de mal et si vous voulez vraiment expier, pourquoi n'avez-vous pas essayé... d'exprimer des remords ?

GILMORE : Je ne crois pas que mon âme soit tellement pleine de mal.

MOODY : Mais vous croyez qu'elle en contient ?

GILMORE : Plus que les vôtres à tous les deux ou que celle de Ron et de bien des gens. Je me crois plus loin de Dieu que vous et j'aimerais me rapprocher de Lui.

MOODY : Croyez-vous qu'exprimer des remords serait de la sensiblerie ?

GILMORE : Je crois que les journaux l'interpréteraient ainsi.

Campbell avait raison. En dépit de ses prétentions, Gary réagissait si bien aux questions que parfois Farrell regrettait de ne pas procéder lui-même aux interviews.

Cependant il était tout aussi satisfait de ne pas pouvoir le faire. Ça lui épargnait de réprimer les clins d'œil qui le rendaient tellement rassurant. Ou bien cette poignée de main vigoureuse qui signifiait : « Je viens vous parler d'homme à homme, en copain. » Il usait en effet volontiers de tous ces trucs propres aux reporters pour susciter une sympathie perfide en atteignant parfois leurs interlocuteurs jusqu'aux entrailles. Le système des interviews par personne interposée lui évitait de trahir ensuite la fraternité à laquelle il arrivait si vite. Assis devant sa machine à écrire, il rédigeait ses questions que Moody et Stanger emportaient à la prison. Puis Debbie et Lucinda transcrivaient les cassettes. Il étudiait alors longuement les textes pour rédiger les questions suivantes. Gary et lui se trouvaient donc immunisés l'un de l'autre. Inutile de se composer un visage plus humain que nature pour inciter Gilmore à continuer de parler.

Mieux encore, il ne courait pas le risque de se lier trop amicalement avec Gary et d'oublier ainsi certains éléments essentiels qui manqueraient à la personnalité de Gary et que lui, Barry Farrell, ne pouvait pardonner, en qualité de frère de Max Jensen. Oui, ce système était bien le meilleur.

3

Pourtant les interviews l'irritaient de plus en plus. Barry se mettait à prendre en grippe les deux avocats. Ignorer si une question essentielle serait posée comme il convenait lui travaillait trop durement les nerfs. Moody et encore plus Stanger étaient capables de ricaner en la posant. Quand Farrell écoutait les enregistrements, les avocats lui paraissaient trop prudents ou trop légers. Gilmore leur confiait, par exemple, qu'à l'école catholique de Portland certaines sœurs les fouettaient réellement. « La frustration les affolait, disait Gary. Elles tenaient à tout prix à me faire plier. Ces nonnes m'ont battu plus d'une fois. Elles étaient plus sévères avec moi qu'avec les autres. Mon père a fini par me retirer de cette école. » Farrell se dressait sur la pointe des pieds en attendant que Gary développe ce thème. La clef de tout comportement violemment criminel peut se trouver dans le dossier de la petite enfance ; c'est souvent une affaire de raclées. Bien connu ! Mais Gilmore affirmait que sa mère ne l'avait jamais touché et que son père n'en avait même pas pris la peine. C'est donc dans ses souvenirs de l'école catholique de Portland que pouvait se trouver cette clef. Pourtant Stanger se contentait de dire : « Diable ! Les nonnes paraissent toujours si gentilles au cinéma. » Gilmore répondait : « En effet, au cinéma. » Et Stanger de ricaner.

A cet instant Farrell n'entendait que le ricanement, ricanement, ricanement. Écouter ces bandes magnétiques tard la nuit, au motel d'Orem, par un hiver glacial, le faisait devenir dingue.

Parfois Schiller et lui discutaient avec les deux avocats pour passer les questions en revue. En partant pour la prison, Moody et Stanger semblaient avoir compris ce qu'ils devaient faire. Puis ils revenaient pleins d'enthousiasme et laissaient les cassettes. Schiller les mettait sur le magnétophone et... Dieu du ciel ! Ces avocats ne valaient rien comme journalistes. Cas désespérés ! Combien d'éléments capitaux ils négligeaient !

GILMORE : Le gosse vint vers moi et me demanda s'il pouvait me parler. Il voulait sortir dans la cour avec moi et me demanda s'il pouvait marcher auprès de moi. Je lui demandai ce qu'il lui arrivait et il me dit qu'un négro essayait de l'enfiler. Il était prêt à se faire envoyer au mitard pour lui échapper. Il ne savait pas comment se débrouiller. Je lui ai demandé : « Écoute, mon vieux, qu'est-ce que tu attends de moi ? » Il m'a dit : « Je serai ton môme si tu me protèges. » Vous comprenez, j'espère. J'ai dit : « Eh bien ! je ne veux pas de môme. Je n'aime pas les pédales et je ne veux pas que tu en deviennes une. » Je lui ai demandé s'il en était. Il m'a assuré que non et qu'il ne voulait pas le devenir. Alors je suis allé trouver un autre type à qui j'ai raconté l'histoire. Le type m'a dit : « On n'a qu'à buter ce salopard. » Mais nous ne l'avons pas tué. Gibbs dira que nous l'avons crevé mais c'est pas vrai. Nous l'avons surpris au sommet d'un escalier. Nous nous étions munis de tuyaux de plomb, vous comprenez. Nous l'avons à moitié assommé et nous l'avons traîné dans une autre cellule de Noirs où nous l'avons allongé sur le bat-flanc. Il était évanoui. Ça, on y avait mis le paquet... C'était un boxeur et on ne lui avait pas laissé le temps de se défendre. Nous avons claqué la porte de sa cellule et nous sommes partis. Il savait bien qui avait fait le coup mais il n'a jamais rien essayé. Il a accepté la correction. Euh... C'est comme ça que ça se passait.

C'est comme ça que ça se passait. Les avocats ne posèrent aucune question à Gilmore. Farrell en aurait hurlé de frustration. Il n'aurait pas laissé Gilmore terminer ainsi son histoire. Il l'aurait interrogé pour savoir s'il lui était arrivé qu'un nègre abuse de lui. Peut-être à l'école de redressement, peut-être plus tard. En tout cas quelque chose ne paraissait pas clair à Farrell dans ce récit. La grosse brute noire indignait suffisamment Gilmore pour qu'il défende le gentil garçon blanc... Ça ressemblait à l'histoire d'une fille qui vous appelle au téléphone pour dire : « J'ai une copine enceinte, vous connaissez un médecin ? » Dans cette histoire Gary s'attribuait le beau rôle. Mais le gentil garçon blanc n'était-il pas Gary lui-même ?

Ainsi à certaines heures, Farrell désespérait en constatant combien les interviews révélaient peu de choses sur le comportement intime de Gary Mark Gilmore, et en réalisant combien il restait de questions à poser. Comment pourrait-il expliquer des choses élémentaires : par exemple, la manière dont il avait poussé Nicole au suicide ? C'était répugnant. Une telle profondeur de perfidie chez un amant peut-elle résulter de l'environnement ? Oserait-on expliquer ce forfait en prétendant que seul un cow-boy de la ville peut passer à travers une machinerie psychologique qui efface à ce point-là son sens du bien et du mal ? Est-ce qu'avoir mangé de mauvais aliments, vécu dans des taudis, pris de mauvais médicaments, conduit de mauvaises voitures, pris de mauvaises directions pendant assez longtemps peut transformer un individu quelconque en une brute incohérente capable de faire des choses atroces à ceux qui l'aiment ?

Peut-on attribuer une part à l'hérédité et prétendre que Gary Gilmore était né de mauvaises graines dans le mystère des choses de la vie ? Bien sûr, il existe des milliers de gens capables de piquer la caisse d'un motel et d'en abattre le propriétaire. Ensuite ils raconteraient les mêmes sornettes que Gilmore dans ses dépositions. Ils prétendraient ne pas savoir pourquoi ils ont agi ainsi, que ça s'était passé comme dans un film, sans raison. Un voile de brume sur l'esprit, vous savez... Mais combiner le suicide de Nicole... Ça, aux yeux de Farrell, c'était d'une méchanceté géniale. « Petit lutin, comment peux-tu me faire des choses pareilles ? » demandait Gilmore implorant. Puis au début de la page suivante, comme si le détenu avait avalé un trait de foudre qui le rendait enragé : FOUTRE, MERDE et PISSE, écrits en gros caractères...

Les lettres inspiraient d'énormes soupçons à Farrell. L'état d'esprit changeait souvent au début d'une nouvelle page, remarqua-t-il. Il constata même que chaque feuillet semblait sans rapport avec les autres. Gilmore — brave sujet de la Renaissance — n'aurait pas souillé la calligraphie d'une belle page avec des obscénités, surtout pas s'il se proposait de terminer cette page en y dessinant un lutin.

GILMORE : Si je peux parler à Nicole avant mon exécution, je ne lui demanderai pas de faire quoi que ce soit de précis et je l'encouragerai même sans doute à vivre et à élever ses enfants. Euh ! Pourtant, je ne voudrais pas qu'un autre puisse la posséder.

MOODY : Vous voilà devant un dilemme.

GILMORE : Oui, on pourrait même dire que ça me donne un sujet de réflexion.

MOODY : Ses enfants lui imposent une lourde responsabilité.

GILMORE : Bah ! pas plus de responsabilité que ceux de n'importe qui pour ses gosses. Écoutez. Les lardons apparaissent sur terre mais en réalité ne sont pas vraiment les nôtres. Je m'explique : chacun d'eux a sa petite âme personnelle. Les gosses de Nicole ont passé à travers son corps mais n'en font plus partie.

MOODY : Croyez-vous qu'ils se débrouilleraient aussi bien sans elle qu'avec elle ?

GILMORE : Ce que je vais vous dire vous paraîtra peut-être inhumain, mais j'avoue que ces gosses ne m'importent guère. De toute façon ils ne mourront pas de faim. (Instant de silence.) Je ne me soucie que de Nicole et de moi-même.

MOODY : Lui demander de vous oublier manifesterait peut-être plus de tendresse et d'amour. Elle encaisserait le coup et elle trouverait un autre homme pour elle et ses enfants. Ces derniers auraient plus de chance de mener une vie meilleure.

GILMORE : Plus de tendresse et d'amour pour qui ?

MOODY : Pour elle et les enfants.

GILMORE : Je ne répondrai pas à cette question.

Eh bien, la philosophie du condamné n'était guère plus cohérente que celle de la plupart des gens.

L'activité de Farrell irritait Schiller. Il n'aimait pas que Barry prépare ses questionnaires en fonction d'idées préconçues. Schiller y voyait la manifestation d'un mode de pensée catholique. Les fidèles de cette Église passent pour savoir ce qu'ils pensent. Parfois ils transfèrent cette habitude de l'Église à bien d'autres domaines. Il suffit de partir d'hypothèses prématurées pour que l'enquête suive un chemin déterminé. Malgré sa classe, Barry se montrait de temps en temps d'une étroitesse d'esprit identique à celle des gens du F.B.I. A coup sûr, il n'explorait pas suffisamment le karma. Schiller se demandait aussi si Barry comprenait Gilmore.

Le principal point de friction venait du fait que Farrell n'aimait pas écouter les enregistrements à leur arrivée. Pour Schiller, au contraire, ces auditions représentaient l'expérience la plus féconde de la journée. Elles provoquaient chez lui des réactions immédiates. Il lui semblait alors comprendre Gilmore au coup par coup. Mais Barry n'aimait pas écouter. Il attendait que les bandes magnétiques fussent dactylographiées. Ça lui donnait un retard de vingt-quatre heures mais il affirmait être incapable de travailler avant d'avoir le texte sous les yeux. Schiller lui disait : « Vous n'entendez donc pas sa voix. Il est prêt à répondre aux questions sur ce sujet.

— Peu importe. Je ne veux voir que le texte dactylographié. »

Bien sûr leurs relations restèrent toujours cordiales, sauf lors de leur prise de bec au sujet de Jimmy Breslin.

CHAPITRE XXVI

PLUS RIEN DANS LA TÊTE

1

En décembre, quand la Cour suprême les eut déboutés, Anthony Amsterdam appela Mikal. Il expliqua que la décision ne donnait pas raison à l'État d'Utah ni tort aux demandeurs. L'arrêt n'était qu'un refus de statuer immédiatement. Il ne s'agissait donc pas d'une défaite mais d'un simple revers. Bessie ou Mikal pouvaient encore présenter la même requête devant un tribunal fédéral d'instance inférieure. Puis l'affaire remonterait l'échelle judiciaire.

Mikal répondit cependant que Gary avait téléphoné à sa mère pour lui demander de n'en rien faire.

Apparemment, Bessie avait décidé de lui obéir et de ne pas intervenir. Toute nouvelle action devrait donc être entreprise par Mikal lui-même, mais il avoua à Amsterdam qu'il n'avait encore rien décidé et qu'il lui faudrait peut-être aller en Utah pour concrétiser ses idées. Il confia d'ailleurs à Amsterdam que la perspective de ce voyage lui faisait horreur.

Amsterdam lui fit remarquer que les Damico ne tiendraient pas forcément à ce qu'il rencontre son frère. Il assura qu'il ne prétendait pas connaître les intentions de Vern Damico mais que cet oncle et ses avocats pourraient bénéficier financièrement de l'exécution du condamné. Ils comprendraient sûrement que Mikal pourrait influencer Gary et lui faire abandonner sa position. Tout en se croyant eux-mêmes fort honnêtes, convenables et imbus d'esprit de famille, ils ne semblaient pas portés à agir.

Mikal se prépara quand même pour le voyage.

2

Le 11 janvier, Richard Giauque accueillit Mikal à l'aéroport de Salt Lake et le conduisit à Point of the Mountain. Comme sa voiture personnelle était en réparation, il se présenta dans la Limousine de son associé : une Rolls Royce argentée. Il ne manqua pas de s'en excuser. Accablé à la perspective d'une entrevue avec un frère qui risquait de se montrer hostile, Mikal remarqua à peine cette somptuosité. Une fois qu'ils eurent franchi le portail de la prison, et quand on les escorta sur l'allée limitée par des hautes clôtures en fil de fer conduisant au quartier de haute surveillance, long bâtiment pareil à un entrepôt, Mikal fut très étonné de ne pas avoir été fouillé. Giauque avait négocié cette visite par l'intermédiaire de Ron Stanger. Il n'y en aurait qu'une seule, de quatre-vingt-dix minutes, « sans aucun contact physique »... Le directeur de la prison avait sans doute changé d'idée car Mikal fut rapidement autorisé à franchir deux portes métalliques coulissantes et introduit dans une pièce de six mètres sur dix : le parloir du quartier. Tout y était peint d'un beige sinistre qui paraissait vieux et délavé. Des mégots de cigarettes jonchaient le sol et plus de dix jours après le Nouvel An un sapin de Noël continuait à perdre ses aiguilles dans un coin. Bref, tout dénotait la négligence et la crasse.

Gary entra après être passé par une autre porte coulissante. Chaussé de baskets blanc et bleu, vêtu d'une combinaison de travail d'une seule pièce, il jouait à faire passer un peigne d'une main dans l'autre comme un jongleur. Avec un large sourire il dit à son frère : « Eh bien, tu es toujours aussi foutrement maigre. »

Dès que Mikal aborda le sujet de sa visite, Gary lui déclara fermement : « Je ne veux pas que la famille intervienne. » Il fixa son frère droit dans les yeux et poursuivit : « J'espère qu'Amsterdam n'est pas mêlé à cette affaire. » Mikal n'eut pas le temps de répondre que déjà Vern et Ida franchissaient la porte. Mikal n'en crut pas ses yeux. On lui avait promis un entretien en tête-à-tête avec son frère.

Vern avait apporté un grand T-shirt vert orné d'un portrait en pointillé de Gary avec cette légende : GILMORE, DÉSIR DE MORT. Mikal ne comprit pas s'ils parlaient sérieusement lorsqu'ils insistèrent auprès de Gary pour qu'il porte ce vêtement lors de son exécution afin qu'ils puissent le vendre ensuite aux enchères avec les trous qu'y feraient les balles et les traces de sang. « Faites-la vendre chez Sotheby », dit Gary en riant. Ce bavardage prit beaucoup de temps. Vern et Gary parlaient avec l'assurance de vétérans racontant leurs farces de jeunesse devant une jeune recrue.

Après le départ des Damico, Mikal resta seul un moment avec Gary qui lui offrit une chemise.

« Elle ne me servirait guère, dit Mikal.

— Ma foi, si elle est trop grande, tu pourras toujours grossir. »

Mikal ne put s'empêcher de demander : « Est-ce que tu penses vraiment vendre des trucs pareils ?

— Et toi, tu crois vraiment que j'ai aussi peu de classe ? »

3

De retour à Salt Lake, Mikal eut un long entretien avec Richard Giauque. Comme Amsterdam, cet avocat avait confiance mais paraissait extrêmement préoccupé par la marche à suivre.

Giauque fit remarquer que bien des gens exploitaient Gary. Afin de se faire élire, le nouveau procureur général, Bob Hansen, s'était prononcé véhémentement en faveur de la peine capitale. De toute évidence, cet homme et bien d'autres conservateurs cherchaient à utiliser à leurs fins propres l'obstination à mourir de Gary. D'une part, Giauque admettait que ce prétendu droit à mourir, autrement dit droit au suicide, pourrait être soutenu par des gens comme lui, dans la mesure où la libre disposition de soi-même doit s'appliquer aux individus autant qu'aux nations. Néanmoins, dans le cas particulier de Gary, l'affaire n'était pas aussi simple parce que le condamné subissait l'influence de trop nombreuses personnes. Aux yeux de Giauque, cette particularité annulait son droit à mourir. La liberté individuelle ne peut s'étendre assez loin pour nuire au tissu même de la société. Dans ce cas précis, admettre le droit à la mort pour un individu pouvait avoir une suite mortelle sur les quatre ou cinq cents détenus de divers quartiers de condamnés à mort. En Utah quatre-vingt-cinq à quatre-vingt-dix pour cent de l'opinion publique étaient déjà favorables à la peine de mort. « Et voilà le moment que choisit votre frère pour exprimer son désir personnel d'être exécuté. Il fait le jeu des innombrables salopards toujours prêts à se livrer à la chasse à l'homme. »

Mikal exposa son propre dilemme. Il se demandait si en sauvant la vie de Gary par des moyens judiciaires on ne provoquerait pas son suicide. D'autre part, la peine de mort lui faisait horreur.

Giauque acquiesça d'un hochement de tête. Il lui paraissait toujours dangereux de supposer que les autorités étaient assez honnêtes pour avoir le droit de statuer sur une vie humaine. « Dans la pratique du droit, dit-il, on en vient à se méfier de tous les absolus, particulièrement quand il s'agit du pouvoir de l'État. Les leviers de commande sont entre les mains de gens à l'aise qui n'ont guère été exposés aux tentations. »

Néanmoins, la question essentielle pour Mikal consistait à savoir si les deux camps n'exploitaient pas Gary autant l'un que l'autre. Giauque ne s'était pas prononcé et, pour lui rendre justice, il fallait convenir qu'il n'y avait probablement même pas pensé ; pourtant ses remarques aboutissaient à une conclusion logique : les adversaires de la peine capitale s'efforceraient d'empêcher l'exécution même si cela devait pousser Gary au suicide. Ainsi l'État serait au moins privé du cadavre. Cela troublait Mikal. Il se sentit obligé de rester un peu plus longtemps à Salt Lake pour essayer de revoir Gary.

Plus tard, il téléphona à Vern afin de savoir si Moody et Stanger étaient disponibles. Il apprit ainsi qu'on ne pouvait les rencontrer que la nuit. D'autre part Schiller, qui revenait justement de Los Angeles, accorderait volontiers un entretien à Mikal. Il était même très désireux de le rencontrer.

4

Larry n'arriva à l'hôtel qu'à minuit. Dans le vestibule du Hilton, un jeune homme d'une taille supérieure à la moyenne l'aborda et se présenta. Schiller en fut étonné. Ce jeune frère de Gary portait les cheveux longs, semblait assez délicat et avait l'aspect d'un intellectuel. Vêtu d'un pantalon de toile et d'un sweater, il serrait sous son bras un petit porte-documents en matière plastique. Il se déclarait prêt à parler en plein milieu du vestibule. Lorsqu'ils se furent assis, Mikal déclara d'emblée : « J'ai beaucoup de questions à poser. » Schiller s'embarqua dans un discours d'une dizaine de minutes et le jeune homme prit des notes. Cette attitude gêna Larry qui dit en feignant de plaisanter : « Si vous notez tout ça, vous aurez bientôt de quoi publier un livre. » Quelques semaines plus tard, Schiller découvrit que Mikal, en effet, écrivait un article pour le *Rolling Stone*.

En dépit d'un certain air de famille, Schiller eut peine à croire que Mikal était le frère de Gary. Ce jeune homme parlait d'une voix douce, manifestait un grand calme, avait les doigts fuselés, un comportement agréable, surtout compte tenu de la situation. Il se tenait sagement à sa place, sans s'adosser ni croiser les jambes mais ne cessait de tirer des papiers de son porte-documents pour consulter des notes et les remettait immédiatement à leur place. Il fit à Schiller l'effet d'un étudiant. S'il n'avait pas eu une chevelure aussi longue, on l'aurait facilement pris pour quelque maigre érudit mormon ou pour un élève collet monté de l'université Brigham Young.

Schiller ne le comprit que lorsqu'il parla de lui-même. Savoir s'il devait ou non suivre Amsterdam et Giauque présentait pour lui un problème épineux. Certes, ce jeune homme ne pleurait pas mais selon toute évidence il était très ému.

Puis, brutalement, à la manière de Gary, Mikal demanda à Schiller s'il préférait la mort ou la survie de son frère. Telle était la question clé, et il l'avait posée ! Schiller regarda Mikal droit dans les yeux et répondit : « Je suis ici pour enregistrer l'histoire et pas pour la faire. » Mikal nota cette réflexion et posa d'autres questions. Il n'était certes pas expert en interrogatoires et manquait de persévérance. Telle fut tout au moins l'opinion de Larry dont Mikal acceptait les réponses sans insister ni contredire. Il les notait puis étudiait son feuillet comme s'il analysait sa propre écriture. Il se faisait tard et Schiller était très fatigué. Il avait pris l'avion pour Los Angeles le matin même et était revenu assez tard. Il se demandait pourquoi Mikal avait voulu un entretien avec lui au lieu de s'adresser à Vern ou à Ida ou à n'importe qui d'autre. « Avez-vous l'intention de vous entretenir avec les Damico ? demanda Schiller.

— Je suis venu pour parler à Gary avant de prendre ma décision. »

Schiller conclut que son interlocuteur était trop froid et manquait de contact humain. Leur entretien n'avait rien de chaleureux. « Pourquoi prenez-vous des notes ? demanda-t-il.

— Afin de pouvoir étudier ce que vous dites », répondit Mikal.

Ils convinrent néanmoins de se revoir et de ne pas divulguer leurs conversations. Après avoir déposé Mikal à son hôtel, Schiller prit la grand-route pour gagner Orem avec l'impression d'avoir fait une percée. Mikal avait eu beau se montrer méfiant, Schiller pressentait que leur prochaine rencontre donnerait de bons résultats. Par l'intermédiaire du jeune homme il pourrait avoir un aperçu de la famille Gilmore et apprendre ainsi, au sujet de la petite enfance de Gary, des détails intimes peut-être bons, peut-être moins bons. Mikal ressemblait si peu à Gary qu'il pourrait peut-être avoir un point de vue dénué de parti pris. Schiller était tellement satisfait qu'il parla de cette rencontre à Vern. Cette indiscrétion devait se révéler malencontreuse au point de vue personnel de Schiller.

DESERET NEWS

Salt Lake, 12 janvier. — Le procureur général de l'Utah, Robert B. Hansen, a reçu aujourd'hui une lettre de Judith Wolbach, avocate à Salt Lake City, dans laquelle cette dernière déclare qu'elle s'est entretenue avec l'avocat bien connu Melvin Belli qui lui aurait déclaré que la famille Gilmore pourrait déposer une plainte pour exécution injustifiée. Les Gilmore pourraient demander un million de dollars de dommages et intérêts plus un million et demi de réparations de préjudice imputables aux dirigeants de l'État... si Gilmore est exécuté et si, par la suite, la Cour suprême des États-Unis rend un arrêt déclarant contraire à la Constitution la peine de mort figurant dans le code de l'Utah...

5

Barry Golson, de *Playboy*, se présenta. Schiller avait déjà reçu un à-valoir s'élevant à près de douze mille dollars. Débats et marchandises insensés sur les derniers détails du contrat durèrent deux jours, à la fin desquels chacun devint insupportable à l'autre. La présence de Breslin gênait Golson. Schiller n'était-il pas en train de livrer à d'autres le matériel destiné à *Playboy* ?

« Rien ne vous retient plus dans ce bureau, dit Schiller.

— Soyez un peu plus courtois et je m'appliquerai aussi à l'être », répondit Golson.

Ça devenait un choc d'amour-propre.

Puis Moody et Stanger revinrent à la charge. Ils se rendirent au motel pour déclarer qu'ils exigeaient une prime. Sinon ils cesseraient d'interviewer Gary.

Schiller fit de son mieux. « Il me faudra dire à Gary le coup que vous essayez de faire », dit-il. Il se demanda aussitôt s'il ne commettait pas une erreur mais n'en insista pas moins : « Je vais lui envoyer immédiatement un télégramme. » Constatant que cette manœuvre n'impressionnait pas les avocats, il adopta une autre tactique.

« Écoutez, vous tombez dans le travers propre à tous les avocats. Vous vous prétendez moralement supérieurs à tout le monde jusqu'à ce qu'on arrive aux questions d'argent. » Finalement Schiller refusa la prime, sauf si Vern y consentait. « S'il approuve, je vous donnerai ce qu'il consentira à signer. » Discussion assez étrange car en réalité l'argent ne serait pas prélevé sur la part de Schiller mais sur celle de Vern. Encore une fois, il s'agissait d'un choc d'amour-propre. Les uns comme les autres étaient à bout.

Après le dîner, Ian Calder, du *National Enquirer*, appela de Miami pour dire qu'il lui était venu une idée valant peut-être *six chiffres*. « Persuadez Gary de vous remettre deux petits objets personnels actuellement en sa possession et faites-lui écrire un texte de vingt-cinq mots dont peu importe le sens.

Nous enverrons un messager assermenté prendre ces trois choses que vous aurez mises dans une enveloppe scellée et nous la déposerons dans un coffre. Après la mort de Gary, nous mobiliserons notre réseau international de mages et de voyants afin qu'ils soient en état d'alerte à l'instant même de l'exécution. Puis nous verrons à quel point ils se sont approchés de la vérité en identifiant les deux objets ainsi qu'en devinant le message écrit par Gary.

— Et nous, Ian, jusqu'à quel point nous approchons-nous des *six chiffres* ? répondit Schiller.

— Si ça marche, Larry, dit Calder, mon idée vaut bien cent mille dollars. C'est çà qui m'intéresse. Cent mille aussi de votre côté si vous réussissez.

— Et que se passera-t-il si aucun de vos mages et voyants ne s'approche de la vérité ? demanda Larry.

— Ma foi, l'affaire rapportera beaucoup moins, avoua Ian.

— Bonne nuit », dit Schiller qui raccrocha.

6

Dans le coin à gauche du parloir, il y avait une cabine contenant trois sièges, trois appareils téléphoniques et trois alvéoles vitrés. Le lendemain, quand Mikal retourna voir Gary, Moody et Stanger s'entretenaient avec son frère par téléphone et séparés par les vitres. Gary avait deux écouteurs aux oreilles. Par l'un, il entendait la voix de Moody et par l'autre, celle de Stanger. Ni l'un ni l'autre cependant ne savait que Mikal se trouvait derrière eux et qu'il aurait pu décrocher le troisième appareil téléphonique. Le jeune homme préféra rester discrètement dans un coin. Il entendit Moody dire : « Schiller l'a rencontré la nuit dernière et croit qu'il va empêcher l'exécution. (Puis Moody ajouta :) Savez-vous que Giauque l'a amené en Rolls Royce ? »

Quand il se leva pour s'en aller, Moody parut surpris. Puis Mikal l'entendit demander à un des gardiens qui était ce visiteur.

Gary entra dans le parloir, vêtu d'un maillot sans manche et faisant tourner au bout d'un doigt un béret écossais.

« Je ne veux pas chinoiser avec toi, Gary, dit Mikal. Ton avocat t'a dit la vérité. Peut-être bien que je vais demander un sursis d'exécution. »

Gary prit l'expression qu'il avait sur les photos publiées par les journaux : mâchoire crispée, narines palpitantes. « Est-il vrai aussi que Giauque t'a amené ici dans une Rolls ? »

Mikal comprit aussitôt l'effet que faisait ce détail sur Gary. Des richards aux idées avancées, qui ne s'étaient jamais souciés le moins du monde de lui pendant des années, unissaient maintenant leurs richesses et leur pouvoir pour le frustrer. « Peu importe », dit Mikal.

Ils se disputèrent au sujet d'Amsterdam et de Giauque. « Pour qui les prends-tu ? demanda Gary. Pour de saints hommes ? En réalité ils cherchent à se servir de toi.

— Admets pourtant que je peux agir sans eux. Je peux encore demander une commutation de peine. Ce ne serait pas eux qui le feraient, mais moi.

— Pourrais-tu vraiment le faire ? demanda Gary.

— Je le crois. »

Gary fit les cent pas dans le parloir. « Écoute, dit-il, j'ai passé trop de temps en prison. Je n'ai plus rien dans la tête. »

Un gardien entra. « Visite terminée, dit-il.

— Reviens, dit Gary. Nous parlerons encore demain. »

Au moment où Mikal franchissait le seuil de la porte, Gary s'écria : « Où étais-tu, il y a des années, quand j'avais besoin de toi ? »

Pendant toute la durée de son retour vers Salt Lake, Mikal entendit : « Où étais-tu quand j'avais besoin de toi ? » Alors qu'il s'était senti prêt à signer le document que Giauque lui avait soumis, maintenant il ne savait plus s'il devait agir selon son propre gré ou celui de Gary. Il entendait encore la voix de son frère lui dire : « Je n'ai plus rien dans la tête. » Mikal aurait voulu s'enfuir vers un endroit où l'on n'est pas obligé de décider. Après une mauvaise nuit il écrivit à Gary.

Dans sa lettre il expliqua que, lorsqu'il affrontait la colère de son frère aîné, il ne trouvait plus les mots qu'il aurait voulu dire. Il lui avoua aussi qu'il avait toujours eu peur de lui. C'est seulement au cours de leurs deux dernières rencontres qu'il avait découvert cette vérité : il l'aimait. Quelle que soit sa décision, il la prendrait par amour. Si Gary consentait à survivre, il espérait qu'ils démoliraient ensemble la barrière qui les séparait. Il termina en évoquant sa foi : c'est en choisissant la vie plutôt que la mort qu'on a les meilleures chances de rédemption. C'est dans la vie que se trouve la rédemption, pas dans la mort.

L'après-midi, à la prison, un gardien lut d'abord la lettre de Mikal puis la fit transmettre à Gary.

Plus tard, lors de la visite, Gary considéra de nouveau la lettre et se mit à pleurer. Rien qu'une ou deux larmes. Puis il essuya un œil du bout d'un doigt et sourit. « Bien exprimé », dit-il dans l'appareil téléphonique. Puis il demanda à Mikal : « Connais-tu les œuvres de Nietzsche ? Il a écrit qu'à certains moments chaque homme doit se montrer à la hauteur des circonstances. C'est ce que je m'efforce de faire, Mikal. »

Ils restèrent face à face. Gary hocha la tête puis dit : « Écoute, môme. J'ai réfléchi à ce que je t'ai dit hier. J'étais injuste. Je n'étais pas auprès de toi quand tu étais jeune. Alors, ne t'y trompe pas. Je ne te déteste pas. Je sais que tu es mon frère et je sais aussi ce que cela signifie. »

Cette déclaration équivalait à poser la main sur le cœur de Mikal qui eut l'impression d'être manipulé ici, amadoué là, circonvenu ailleurs. Il se força à dire : « Que ferais-tu si j'essayais de te sauver ?

— Bien sûr, tu pourrais faire commuer ma peine mais ce n'est pas toi qui passerais ta vie en prison. As-tu une idée de ce qu'il faut d'énergie pour rester entier dans un endroit pareil pendant des années et des années ? »

A ce moment-là Mikal se sentit prêt à céder. Mais le premier jour qu'il avait passé à Salt Lake City, il avait rencontré Bill Moyers. Depuis lors, il s'était entretenu pendant des heures avec lui et le considérait comme l'un des hommes à la fois les plus sages et les plus charitables qu'il eût jamais connus. Or, Moyers avait dit : « Si l'on est obligé de choisir entre la vie et la mort et que l'on se prononce pour la mort, on abandonne l'humanité. » Mikal pensa que Gary comprendrait peut-être le sens de cette phrase. En effet, elle présentait une netteté identique aux idées que Gary exposait souvent lui-même. Mikal ne se faisait d'ailleurs pas trop d'illusions. Pourtant, avant de le quitter, il demanda à son frère de s'entretenir avec Bill Moyers : « Il ne s'agit pas d'une interview mais seulement d'une rencontre.

— D'accord, dit Gary, mais que cela reste entre nous. N'oublions pas mon accord avec Larry Schiller. »

CHAPITRE XXVII

COUPER LE CORDON

1

JANVIER, 13
jeudi

Bon matin mon *Ame Sœur*
je *Love* vous. *Oh !* je *Love* vous !
et avoir besoin de vous tant.

Ce matin j'ai seulement quelques minutes pour écrire car mon avocat va arriver bientôt.

Je me suis amusée avec un vieux livre de français. C'est une belle langue. J'aimerais l'apprendre et peut-être même vivre en France un jour.

Loin d'ici... ah ! oui...

Sundberg m'indique que tous les médecins mêlés au pétrin dans lequel je suis plongée se proposent déjà de recommander ma libération pour le 22 janvier (1977, j'espère).

Ces longues journées nous rapprochent de ton exécution. Il m'est difficile d'accepter cette idée comme une réalité.

Ce n'est pas tellement que tu vas bientôt mourir mais que je ne peux pas être avec toi alors que la date approche tellement. Pourquoi faut-il que ce soit ainsi ? Il doit bien y avoir une logique derrière ma destinée mais je n'en vois même pas une particule...

Il n'y a pas de mot pour exprimer l'Amour que j'ai

dans mon âme et dans mon cœur pour toi mon *Ame Sœur.*
Tout mon amour est à toi. J'espère que tu le sais et je sais que le tien est à moi
si tu meurs... si prochainement... je le saurai et je sentirai ton âme s'envelopper autour de mes pensées et de cette âme qui t'aime si profondément.
Au revoir mon amour
Jusqu'alors et à jamais
peu importe où j'irai
j'irai seule
Jusqu'à ce que je sois auprès de toi
je t'aime
toujours à toi
NICOLE

2

Larry en parla à Farrell et ils se mirent d'accord. Lorsque Gilmore parlait de lui-même, si franc qu'il pût paraître dans les interviews, il vivait toujours derrière une muraille psychique. Pour en apprendre plus, il faudrait réussir une percée. Afin de pénétrer à travers la frime les questions devaient comporter une critique des attitudes de Gary. Farrell étudia donc une série de questionnaires plus précis à l'usage de Moody et Stanger. Schiller indiqua aussi aux deux avocats que Gilmore devait les lires à haute voix avant d'y répondre. Farrell et lui voulaient éviter que l'intonation des avocats influence les réactions du condamné.

Au quartier de haute surveillance, Ron Stanger dit par téléphone : « Notre ami voudrait des *« réponses sérieuses »*. Ces deux derniers mots entre guillemets.
— Je joue sérieusement depuis le début, répon-

dit Gilmore. Aussi sérieusement que j'ai tout fait dans ma vie.

— Parfait », dit Moody.

Gilmore lut : « Il me semble maintenant que, dans votre situation, compte tenu de votre sens du destin et du karma, l'entretien que nous nous efforçons d'avoir ensemble présente une réelle importance dans votre vie ainsi que dans la mienne. »

Gilmore se tourna vers les avocats et répondit à l'usage de Schiller : « Merci, Larry. »

Il reprit la lecture : « J'estime que, étant donné l'importance de la situation, nous devons faire notre possible pour remplacer les interprétations aléatoires par des conclusions plus sérieusement réfléchies. »

Cette fois encore il répondit à sa propre voix : « Très bien. »

« Parfois vous paraissez raconter une histoire souvent répétée, lut-il. Voici ma réaction : Dites donc, Gary, est-ce que vous racontez ça à toutes les filles et à tous les caves, à tous ceux ou celles qui voient quelque chose d'intéressant en vous et veulent mieux vous connaître ? Bien des histoires que vous racontez au cours des interviews, vous les avez déjà écrites à Nicole dans vos lettres, souvent assorties de propos amoureux, de petites indications dénotant une intention de charmer la lectrice, la maîtresse, n'importe qui qui vous observe et cela d'une manière qui paraît habituelle et bien calculée. Voilà l'effet que vos propos me font. Dites-moi sur quel point je peux me tromper. » Gary répondit : « Vous vous trompez, Larry. »

Puis Gilmore éclata de rire. « Merde ! dit-il, il n'y a aucun calcul là-dedans. Je me sens seul. J'aime le beau langage mais je dis la vérité. On bavarde beaucoup en taule, pour passer le temps. A peu près chaque détenu collectionne réminiscences, anecdotes et toutes sortes d'histoires. Chacun peut s'habituer à faire appel à ses souvenirs. Vous-même Larry vous fréquentez des gens, vous allez à des repas, vous parlez à bien des personnes différentes... mais vous aussi vous devez avoir vos petites histoires favorites à raconter. Le fait de dire la même chose plus d'une fois et à plus d'une personne ne signifie pas que ce soit un mensonge. (Gilmore marqua un temps d'arrêt et reprit :) C'est vrai, Larry, je monte certaines choses en épingle... J'ai passé bien du temps au trou et, là, on ne voit pas le type à qui on parle parce qu'il est dans la cellule voisine ou à l'autre bout du couloir. Alors il devient indispensable... de s'exprimer clairement et d'être bien entendu parce que nos propos peuvent se mêler à d'autres conversations et puis il y a toujours beaucoup de bruit : les gardiens font tinter leur trousseau de clés, les portes claquent. Réfléchissez-y. »

Gilmore reprit la lecture : « Je ne suis pas certain que vous vous rappelez la vérité au sujet de votre petite enfance. »

Il répondit sur un autre ton : « Et vous, Larry, est-ce que vous êtes sûr de vous rappeler exactement votre petite enfance ? »

Gary continua la lecture du questionnaire : « Vous avez dit que l'amour de votre mère fut toujours vigoureux, constant et cohérent. Voilà notamment d'étranges adjectifs pour qualifier un amour maternel. »

Il répondit aussitôt : « Je ne les trouve pas étranges. Votre question ne paraît pas présenter d'intérêt. »

Il en revint au texte de Schiller : « Je ne crois pas avoir jamais entendu employer les mots « vigoureux, constant et cohérent » à un tel usage. »

Gilmore répondit : « Vous avez probablement raison mais avez-vous déjà interrogé quelqu'un d'autre au sujet de sa mère ? »

« En me fondant sur mes conversations avec des membres de votre famille et en écoutant votre voix sur les bandes j'ai l'impression que vous avez peut-être été traité assez cruellement dans votre petite enfance. Certains membres de votre famille me disent que vos grands-parents se sont efforcés de se faire attribuer votre garde. Vous seriez né à un moment fâcheux de la vie de votre mère qui semblait éprouver du ressentiment contre vous quand vous étiez tout petit. Y a-t-il quelque chose de vrai là-dedans ?

— Pas à ma connaissance, Larry », répondit Gilmore.

« Tout compte fait, continua le questionnaire, quelle espèce de fils êtes-vous pour agir comme vous le faites et tirer ainsi une superbe vengeance contre tous ceux qui ne vous ont pas assez aimé ? Peut-être s'agit-il ici d'extravagances chères aux psychanalystes. S'il en est ainsi, j'admets ma culpabilité. Pourtant j'aspire à comprendre comment un petit garçon très aimé par sa mère la récompense en menant l'existence que vous avez vécue. Gary, je crois que vous agissez ainsi par représailles au sujet de quelque chose qui vous est arrivé quand vous étiez trop petit pour vous défendre. J'ai une autre raison de le croire : dès que la conversation aborde des sujets émotionnels on constate un rien de bégaiement dans votre voix.

— Tralala », dit Gilmore qui ricana.

« Vous vous mettez à parler comme un bègue qui a été soigné, continua le questionnaire. Je ne crois pas que vous soyez dénué de sensibilité. Je vois plutôt en vous un homme qui ne peut pas admettre ses véritables sentiments. »

Cette fois Gilmore marqua un assez long temps d'arrêt avant de répondre : « Je jure devant Dieu que je ne me rappelle pas, bien que j'aie une mémoire formidable, Larry, que ma mère m'ait frappé une seule fois. Je ne crois même pas qu'elle m'ait jamais fessé. Elle m'a toujours aimé et a eu confiance en moi. Au diable tout ce que racontent les gens de la famille. J'ai une mère superbe. Au diable tout ce qu'on raconte dans la famille. J'ai une mère superbe. Je me répète à cause du bruit de fond et je crains que vous n'entendiez pas bien cette bande. »

Gary ne reprit pas immédiatement la lecture des questions. Il dit à Moody : « Certains sentiments sont strictement intimes. Évidemment, ce type essaye de me passer publiquement aux rayons X. Merde alors.

— A mon avis, il s'efforce simplement d'atteindre la vérité, répondit Moody.

— Qu'il aille se faire foutre ! Larry cherche probablement à me mettre en colère en espérant que ça me fera répondre plus spontanément. »

Il reprit la lecture des questions et l'interview se poursuivit sans autre incident. Gilmore ne s'excita plus.

Barry eut l'impression d'avoir tenté, en vain, de porter son coup le plus sérieux. Peut-être la mère n'était-elle pas le point douloureux. Farrell perdit alors l'espoir d'une percée. Il faudrait rédiger l'interview pour *Playboy* avec des matériaux dont il disposait en plus de ce qui pourrait venir du côté Moody-Stanger.

3

Après l'interview, Sam Smith eut un entretien avec les avocats au sujet d'un recours de dernière minute. Le directeur de la prison s'inquiétait parce que, si Gary changeait de position au tout dernier instant, il n'y aurait aucun mécanisme administratif pour empêcher l'exécution. Smith estimait donc que les avocats devaient en informer Gilmore.

Gary ne voulut même pas en discuter. « Il n'y a aucune précaution à prendre », dit-il à Moody et à Stanger. Il leur interdit même d'accepter une autre conversation à ce sujet. Les avocats en conclurent que Gary ne changerait très vraisemblablement pas d'idée et que, s'il le faisait, le directeur de la prison ne pourrait faire autrement que de prendre contact avec le gouverneur de l'État.

Sam Smith consulta aussi Earl Dorius. Faudrait-il mettre une cagoule à Gilmore ? Le condamné prétendait vouloir faire face debout à ses exécuteurs. Mais Smith se sentait obligé de penser à ce qui serait préférable pour le peloton. La cagoule serait utile. Qui a envie de soutenir le regard d'un individu qu'il exécute ? En outre, dit Smith, que se passerait-il si le type perdait son sang-froid au dernier instant et gesticulait pour esquiver les balles ?

Fort de ce qu'il avait lu dans le code de procédure, Dorius répondit que les détails de l'exécution incombaient au directeur de la prison. Si Sam le souhaitait, on pouvait ligoter Gilmore dans un fauteuil et lui couvrir la tête d'une cagoule.

GILMORE : Le directeur de la prison n'est pas venu m'en parler directement mais il me semble redouter que j'agisse sur les nerfs du peloton d'exécution si je me tiens debout et que je le regarde. Il m'a parlé d'une cagoule. Je lui ai demandé s'il avait une bonne raison à me donner. Il ne m'en a pas fourni mais je sentais qu'il avait une idée derrière la tête. Il a dit devant

Fagan que d'habitude les exécuteurs entrent dans la cellule, ajustent une cagoule sur le condamné qui la porte à partir de l'instant où il quitte sa cellule jusqu'à celui de sa mort. Il a toutefois affirmé qu'il ne me ferait pas ça à moi et qu'on ne me mettrait la cagoule que lorsque je serais sur le fauteuil d'exécution. Je veux que cet enfant de salaud tienne parole au moins sur ce point.

Gilmore tenait sûrement à prouver qu'il gardait son sang-froid. Ces derniers temps, un seul article de journal l'irrita parce qu'on l'y disait nerveux. Gary était tout ce qu'on voulait sauf nerveux. Moody lui demandait souvent : « Vous n'avez pas peur ?

— Non », répondait Gilmore.

Pas une seule fois il n'admit la moindre crainte. A aucun instant, rien ne put faire penser qu'il changerait d'avis. Cette absence d'hésitation finit par paraître invraisemblable à Moody. Gilmore semblait maintenir ses intentions avec une volonté inébranlable. Ce n'est pas seulement sa vigueur morale qui grandissait mais aussi sa force physique.

« Comment allez-vous ? lui demandait Moody. Avez-vous bien dormi ?

— J'ai bien dormi la nuit dernière.

— Faites-vous toujours des exercices ?

— Oui, je m'entraîne. »

Pour en donner la preuve, Gilmore posait les deux mains sur un tabouret et faisait l'arbre droit. Tonus excellent. Au quartier de haute surveillance, les détenus ne paraissaient se soucier que de l'état de leurs muscles et Gary faisait, parmi eux, figure de superman. Moody s'était toujours pris pour un homme qui ne s'étonne de rien. Néanmoins Gilmore commençait à l'impressionner.

4

Quand Gibbs remit les lettres de Gilmore au *New York Post,* on lui donna cinq mille dollars. On lui remettrait les deux mille cinq cents restants après. Puis Gibbs apprit que les gens du *Post* avaient pointé la liste des personnes invitées à l'exécution et que son nom n'y figurait pas. Néanmoins, après avoir vérifié ses certificats du Trésor et du F.B.I., les reporters du *Post* l'interviewèrent dans un bar et prirent de lui une trentaine de photos.

Journalistes et photographes partis, Gibbs continua à boire mais il ne mêla pas à sa boisson son remède habituel et fut pris de crampes d'estomac. Le barman dut l'aider à gagner une salle afin qu'il s'y repose. Gibbs avait immédiatement envoyé mille dollars à sa mère sur les cinq mille qu'il avait touchés mais il avait dépensé le reste inconsidérément. Dans la pièce où le barman le conduisit, il y avait une nana avec son jules. Elle plongea sur Gibbs en espérant le maîtriser à cause de son infirmité mais c'est lui qui l'envoya au tapis. Puis il vint à bout du type. C'est tout au moins ainsi qu'il raconta l'histoire plus tard. Quand il retourna au bar, deux flics se trouvaient au restaurant et l'arrêtèrent. On l'emprisonna et le juge fixa sa caution à cent mille dollars.

5

La tension s'accrut brusquement le jeudi précédant le lundi de l'exécution. Rupert Murdoch commença à appeler Schiller de New York pour lui offrir de grosses sommes contre un reportage exclusif de l'exécution. Il lui suffirait de s'adresser à la presse immédiatement après l'exécution, de faire une brève déclaration publique, puis de s'enfermer avec un des reporters de Murdoch. Schiller sentit qu'il ne pouvait répondre non car, dans ce cas-là, Murdoch pourrait chercher à glisser quelqu'un d'autre sur le lieu d'exécution, peut-être en soudoyant un gardien. Ce n'est pas pour rien que Rupert Murdoch s'était assuré la maîtrise du *New York Post* et du *Village Voice* et avait fait fortune dans la presse australienne. Schiller envisagea donc de le lanterner. A ce moment-là il tenait déjà en haleine *Time, Newsweek* et quelques autres publications.

Ensuite ce fut un Anglais qui appela Schiller. « Nous voulons que vous fassiez les Derniers Pas.

— Je ne suis pas Edward G. Robinson, répondit Larry.

— Vous prétendriez qu'il ne se trouvera pas quelqu'un pour faire les Derniers Pas avec votre homme ? demanda le journaliste britannique.

— Je ne ferai pas les Derniers Pas ! vociféra Schiller. Je ne sais même pas si je veux que ce foutu lascar soit exécuté. »

Puis Moody apporta une interview dans laquelle Gary exprimait ses sentiments au sujet de la cagoule. On pouvait en tirer quinze cents mots pour les journaux, sans empiéter sur l'essentiel. Schiller décida de diffuser son texte auprès de quelques reporters de choix. Ce serait Breslin, Dave Johnston et Tamera Smith.

Barry et lui en vinrent presque aux mains « Vous n'allez tout de même pas prétendre me gouverner, dit-il à Farrell. Je sais ce que je fais. »

Les deux derniers jours, la presse du monde entier envahit Salt Lake comme s'il allait s'y disputer une rencontre de boxe mettant en jeu le titre de champion des poids lourds. Maintenant Schiller n'avait plus à se soucier seulement d'une vingtaine de reporters de la ville qui l'exécraient. Il en avait trois cents sur le dos et chacun voulait une boucle de cheveux ou l'extrémité d'un ongle de Gary. Il était temps d'être prêt.

Schiller appela Gus Sorensen, ce qui stupéfia encore Barry Farrell. Larry expliqua : « Il faut que je fasse passer un message au directeur de la prison. Je veux m'assurer qu'il comprend mes intentions : je ne lui ferai aucun tort si je suis invité à l'exécution. Ce Sam Smith est le seul qui puisse m'empêcher d'y assister, pas vrai ? D'après la loi il ne le peut pas mais pratiquement il le peut. Je dois donc lui faire savoir que si je suis invité je me comporterai à sa convenance. »

Gus Sorensen vint au motel le jeudi après-midi. Larry lui donna une interview destinée à montrer qu'il avait conscience de ses responsabilités et qu'il respecterait le règlement à la prison.

6

L'équipe de Stephanie n'effectua que trois ou quatre ventes en Europe. Certes, elle se réjouissait d'être à Paris, descendue au George-V, mais jouer le rôle de femme d'affaires l'agaçait. Quelques revues promirent d'acheter puis revinrent sur leur parole. En France, où Schiller comptait sur des affaires substantielles, un assassinat commis dans le pays accaparait les manchettes des journaux. Quand Larry eut payé les frais du voyage qui s'élevèrent à dix mille dollars pour les trois femmes, il ne lui en resta que dix autres. Pas le Pérou ! Pour aggraver les choses Stephanie décida de rester à New York et refusa fermement d'aller en Utah. Toute l'affaire — Gilmore, la presse, l'exécution — lui répugnait.

Larry était en train de digérer, vers minuit, la dernière communication de Stephanie quand Moyers téléphona pour préciser qu'il chercherait à voir Gilmore. Il tenait à ce que Schiller le sache.

« Non, répondit Schiller. A aucun prix.

— Mais écoute, Larry, dit Moyers. Gilmore consent à me recevoir.

— Tu mens, Bill. J'en aurais été avisé. »

Mais l'aurait-il été ? Moyers n'était pas homme à téléphoner ainsi s'il n'était pas sûr de son fait. Schiller s'efforça de comprendre comment Bill s'était infiltré dans l'affaire. Ce ne pouvait être que par l'intermédiaire de Mikal. Aussi demanda-t-il : « As-tu vu le frère de Gary ?

— Oui, répondit Moyers. Il est ici, dans ma chambre. Il y est même depuis plusieurs jours. »

C'est ainsi que tournait le manège. Schiller éprouva une impression de défaite. Dieu sait quelles informations d'une valeur impossible à évaluer Moyers avait arrachées à Mikal. C'était encore une filière de communication compromise.

Quand il raccrocha, blessé dans son amour-propre, Schiller eut une crise de jalousie. Lui, on ne lui avait pas permis de voir Gilmore. Il avait recouru à tous les subterfuges possibles et n'avait encore de relations avec le condamné que par un foutu magnétophone. Il appela Bob Moody pour lui dire : « Bill Moyers prétend qu'il sera admis au parloir. Prenez immédiatement contact avec Gary pour lui expliquer que ça réduirait en miettes tout ce que nous avons si difficilement bâti. »

Larry rappela Moyers et engagea la conversation calmement. Mais quand Moyers déclara qu'il verrait Gary Gilmore seul à seul, Schiller éclata : « Bill, tu me trahis. Je t'ai aidé en comptant que tu jouerais honnêtement le jeu et maintenant tu t'y introduis grâce à Mikal. Je ne reconnais plus le type avec qui j'ai dîné. (Schiller engageait toute son énergie dans le micro de son téléphone.) Moi je ne me servirais pas d'un frère pour approcher un condamné. Ce Mikal est venu ici pour sauver la vie de Gary. Il a une décision à prendre et toi, tu l'amadoues rien que pour prendre contact avec Gary Gilmore.

— Tu n'as aucune idée de ce que j'endure, répondit Moyers en rugissant, lui aussi. J'ai fait de mon mieux pour encourager Mikal à y voir clair. J'ai passé des heures avec lui. Il est resté toute la nuit dernière dans ma chambre. Je t'en prie, ne va pas dire que je l'exploite. »

Schiller eut l'impression que Moyers allait éclater en sanglots. Heureusement, le cordon du téléphone était assez long pour qu'il pût emmener l'appareil dans une autre pièce afin que les deux secrétaires ne l'entendent pas. Là, il confia à Moyers : « Je ne veux pas que ce pauvre connard meure.

— Moi non plus », répondit Moyers.

Il leur sembla alors à tous les deux que tout le monde circulait la mort au ventre. Un homme qu'ils connaissaient allait mourir à un moment déterminé. A ce signal, tout le monde franchirait d'un bond un abîme.

•

Quand il eut raccroché, Schiller passa dans sa chambre à coucher et s'arrêta devant la fenêtre pour considérer le paysage. Il neigeait. Tout à coup Schiller détesta la neige. Il n'aurait su dire pourquoi. Il lui semblait qu'une couverture l'enveloppait pour paralyser ses efforts. Cette idée prit un caractère de rêve. Or, la situation était assez insensée pour que Schiller n'eût pas envie de vivre un songe.

Alors, aux environs de minuit, Murdoch téléphona son dernier prix : cent vingt-cinq mille dollars mais il s'agissait d'un reportage exclusif de l'exécution, par Lawrence Schiller.

Des années auparavant, Larry avait touché vingt-cinq mille dollars pour une seule photo de Marilyn Monroe nue. Maintenant on lui offrait cent vingt-cinq billets pour décrire l'exécution d'un homme. Par ici la bonne soupe ! Il resterait libre de vendre son livre, les interviews pour *Playboy* et le film. Murdoch ne saurait même pas s'il lui donnait tous les détails de l'exécution. Schiller pourrait conserver les plus intéressants à son propre usage. Ce patron de journal ne s'intéressait qu'à l'exclusivité pour augmenter la vente de sa feuille. Il ne pourrait même pas, d'ailleurs, imprimer la totalité de l'article. Bref, c'était tentant. Vraiment tentant.

Schiller retourna à la fenêtre. La neige tombait encore plus dru et il était fatigué. A force de se crisper sur le combiné du téléphone, sa main lui faisait mal. Il se mit à pleurer. Il n'aurait pu dire pourquoi, mais les larmes coulèrent malgré lui. Il n'y pouvait rien.

Il se dit à lui-même : « Je ne sais même plus si ce que je fais est moralement acceptable. » Cette constatation le fit pleurer encore plus. Depuis des semaines, il se répétait qu'il ne faisait pas partie de la chienlit, que ses instincts l'élevaient au-dessus de ça, qu'il entendait enregistrer l'histoire, l'histoire authentique, et pas produire de la marchandise journalistique. Pourtant, à ce moment-là, il eut l'impression d'être entré dans le cirque et même d'y jouer un rôle principal. Alors, tout en pleurant, il alla aux cabinets et déféqua plus abondamment qu'il ne l'avait jamais fait de sa vie. Rien que de la diarrhée. Après des journées successives d'aller et retour, de travail acharné, de mauvais sommeil, tout son système était détraqué. Les horreurs se déchaînaient. La diarrhée le traversa comme pour le débarrasser de tout ce qu'il y avait de pourri en lui. Pourtant elle continuait à s'écouler. Quand il eut l'impression d'en avoir fini, il regarda par la fenêtre, vit la neige qui continuait à tomber et décida de ne vendre à aucun prix l'exécution de Gary Gilmore. Non. Personne ne pourrait l'en convaincre. Il ne commettrait pas une erreur aussi sordide, ni par cupidité ni par souci d'assurer sa sécurité. Non. Peu lui importait de ne pas tirer un sou de cette affaire. Il devait s'en tenir à ce que disaient ses entrailles. Il se remit à pleurer et se dit : « Je ne sais même pas écrire convenablement. Je ne peux pas exprimer ce que j'éprouve et ce que je veux dire. » L'affaire lui pesait de nouveau très lourd et il perçut une fois de plus le dégoût qui tintait dans la voix de Stephanie au téléphone lorsqu'elle avait refusé de quitter New York. Mais il envisagea ce qui se passerait quand il annoncerait à Murdoch, à *Time*, *Newsweek*, l'*Enquirer* et tous les autres qu'il avait tenu en haleine, qu'il ne leur donnerait pas le moindre compte rendu des dernières minutes d'existence de Gary Gilmore. Ils se déchaîneraient tous contre lui. Il comprit la part de peur qu'il y avait à l'origine de sa diarrhée. Non seulement il refusait l'argent le plus aisément gagné qu'on lui eût jamais offert mais encore il s'exposait à une correction. Il se rappela le temps de son enfance à San Diego, où les Chicanos le battaient, et son frère aussi, chaque jour, à leur retour de l'école. Il éprouva la même peur enfantine et se surprit à pleurer de nouveau, tout seul dans sa chambre. Tout seul alors que le ciel nocturne bleuissait à l'approche de l'aurore. Plus épuisé qu'il ne l'aurait cru possible, il se demanda ce qu'il faisait là et pourquoi il s'attribuait des responsabilités dépassant les magouilles courantes du métier au lieu de rédiger ses articles le mieux possible.

« Quoi que je sois, journaliste ou homme d'affaires, je me dois à moi-même d'affirmer mon intégrité morale. » Il eut alors une inspiration : tous les gens respectés, dans tous les milieux du monde, étaient passés par la même épreuve ; on les respectait pour leur intégrité qui n'était peut-être pas innée chez eux mais qu'ils s'étaient assurée par leur manière d'exécuter chacune de leurs tâches, jour après jour, nuit après nuit. Enfin il s'habilla et quitta le motel pour se rendre à Orem, au carrefour des rues University et Center. Il y resta au bord du trottoir, bloc-notes et crayon à la main à regarder la circulation dense qui traversait le plus important croisement de rues de la ville, aux premières heures du matin ; dans leur voiture, les ouvriers d'usine roulaient vers les aciéries Geneva ; les autres glissaient et dérapaient sur la neige épaisse couvrant les très larges artères. De temps en temps, Schiller élevait son calepin plus près de ses yeux pour vérifier si ses notes étaient lisibles. Il réalisait que, s'il allait prendre des notes précises sur l'exécution, il ne pourrait probablement pas quitter la scène du regard, ne serait-ce que l'instant d'un clin d'œil. Il devait donc apprendre à séparer sa main de son regard et écrire sans consulter le calepin. Il se dit à lui-même : « Pour la première fois, Schiller, tu ne peux plus inventer ni *broder.* »

Il retourna au motel et consacra la première partie de la matinée à appeler Murdoch, l'*Enquirer* et la N.B.C. pour annoncer sa décision : non, il ne traiterait pas. Il ne vendrait rien. Il donnerait tout. Après l'exécution, il diffuserait son compte rendu personnel de témoin oculaire à l'usage de tous les médias à la fois. Cette décision ne plut pas aux enchérisseurs. A l'*Enquirer*, on râla, on grogna. A la N.B.C., on laissa entendre qu'il y aurait des représailles. Schiller entendit sonner le cor de chasse. Seul Murdoch se conduisit en gentilhomme. « Merci de m'avoir appelé. »

CHAPITRE XXVIII

BONS BAISERS, À LUNDI

1

QUAND Mikal arriva au parloir le vendredi matin, Gary lui dit : « Schiller ne veut pas que je voie ton ami. Ça annulerait son exclusivité. Je devrais l'envoyer promener et je le ferais volontiers, mais il est trop tard pour trouver quelqu'un d'autre. (Mikal ne répondit pas et Gary reprit :) Mais je peux encore faire quelque chose : annuler son invitation à l'exécution. »

Mikal se proposait de quitter Salt Lake le soir même, pour passer le samedi et le dimanche avec Bessie. Gary lui demanda de rester un jour de plus. « Je n'en ai rien révélé à personne, dit-il à son frère, mais je ne sais pas comment ça se passera lundi matin. (Il considéra Mikal à travers la paroi de glace.) Peut-être est-ce pour cela que j'ai besoin de Schiller. Il sera là et prendra des notes pour l'histoire, ce qui m'obligera à garder mon sang-froid. (Il secoua la tête.) Je ne m'attendais pas à ce que cela devienne une affaire aussi importante. Je pensais seulement à quelques articles. » Il leva sa main et appliqua la paume à la vitre. Mikal en fit autant de son côté, si bien que les deux frères ne furent plus séparés que par huit millimètres de verre.

De retour à Salt Lake, Mikal revit Richard Giauque pour la dernière fois et lui annonça sa décision de ne pas intervenir. Quand il eut pris congé, Giauque téléphona à Amsterdam qui dit comprendre ce qu'il avait dû en coûter au jeune homme pour en arriver là, et il raccrocha. Amsterdam ne doutait pas du caractère définitif de cette décision. Giauque était, en effet, doué d'un esprit assez astucieux et n'aurait pas passé le mot s'il avait soupçonné le moindre espoir d'un revirement chez Mikal.

2

Le vendredi matin, à moins de soixante-douze heures de l'exécution, Earl Dorius s'attendait à un certain nombre d'actions judiciaires. Le droit a toujours été plus ou moins un jeu. Voilà une des bonnes raisons pour lesquelles Earl veillait depuis longtemps à maintenir le cours de la justice lent et paisible. Cela permet d'en amortir les aspects sportifs et compétitifs. Désormais pourtant tous en étaient arrivés au point où ils devaient calculer le nombre d'heures dont ils avaient besoin pour engager une action ou y riposter. C'est dans de telles circonstances que la loi ressemble plus à un jeu.

Earl téléphona à la Dixième Cour itinérante d'appel dont le point d'attache se trouve à Denver (l'Utah est un des six États dépendant de cette Cour). Il indiqua au greffier, Howard Phillips, que le parquet général de l'Utah craignait quelques tentatives de dernière minute, légalement bizarres, certes, en vue d'empêcher l'exécution. Il souhaitait donc pouvoir prendre contact avec la Cour pendant le week-end, particulièrement le dimanche, pour le cas où le procureur général devrait prendre d'ultimes mesures, contre de telles actions.

Dorius fit consulter les horaires des lignes aériennes par sa secrétaire et apprit que le dernier vol de Salt Lake à Denver partait à 21 h 20 les samedi et dimanche. Il transmit ce renseignement à Mike Deamer, substitut du procureur général Hansen. Cela signifiait que, s'il voulait se rendre à la Dixième Cour après 21 h 20, il lui faudrait prévoir un mode de transport particulier.

Ensuite Earl téléphona à Michael Rodak, greffier de la Cour suprême des États-Unis. Ils étudièrent ensemble le mécanisme des recours de dernière minute à Washington, D.C. Ils se mirent aussi d'accord sur un code dont Rodak pourrait se servir si la Cour suprême voulait atteindre Dorius. C'était très important. Il ne voulait pas qu'un hurluberlu ou un partisan trop passionné téléphone à la prison de l'État de l'Utah au dernier moment en se faisant passer pour un magistrat de la Cour suprême, qui annoncerait un sursis d'exécution. Il fallait donc qu'on soit sûr à la prison que c'était bien le greffier de la Cour suprême, et lui seul, qui parlait. Michael Rodak confia donc son surnom à Dorius, Mickey, et lui indiqua qu'il avait grandi à Wheeling en Virginie occidentale. La formule codée serait donc : « Ici Mickey de Wheeling, Virginie occidentale. »

Vendredi après-midi deux requêtes atterrirent sur le bureau d'Earl. La première émanait de Gil Athay, avocat d'un pensionnaire du « couloir de la mort », Dale Pierre, un des tueurs de la hi-fi, condamné pour avoir versé un liquide corrosif dans la gorge des clients d'un magasin d'électrophones. Athay prétendait que l'exécution de Gary Gilmore provoquerait une ambiance publique qui nuirait aux chances de son client en appel.

Dorius se rendait précisément au bureau de Hansen pour discuter de cette requête, quand on l'appela au téléphone. L'A.C.L.U. déposait une plainte de contribuables devant le juge Conder du tribunal de district. Deux affaires et un seul après-midi pour les résoudre.

Le parquet décida que Bill Evans et Earl Dorius s'opposeraient à l'action d'Athay et que Bill Barrett et Michael Deamer plaideraient contre les contribuables.

Deux heures plus tard ils revinrent victorieux les uns et les autres. Earl attribuait surtout ce succès au fait que les demandeurs ne pouvaient prouver aucun déni de justice dans l'exécution. Bien sûr, les plus proches parents de Gilmore pourraient réclamer un sursis, mais personne d'autre. On ne pouvait tout simplement pas permettre à tout le monde et à n'importe qui d'engager une action judiciaire pour n'importe quoi. Dieu merci pour le *sursis,* pensa Earl. Cet après-midi-là, il avait plaidé que tout retard à l'exécution léserait la société et il en était convaincu : plus l'agitation de l'opinion publique se prolonge, plus les choses respectables paraissent ridicules.

3

Le vendredi après-midi, après l'audience, Phil Hansen se surprit à réfléchir de nouveau sur le cas de Nicole et Gary Gilmore. Deux entrevues avec Nicole n'avaient rien donné mais il continuait à penser à Gilmore et supposait que son amie prendrait contact avec lui pour l'appel. Hansen avait tant à faire qu'il lui restait à peine le temps de s'asseoir un instant, même dans son bureau, pour réfléchir et prendre une décision. Gilmore avait refusé tout recours avant que Phil ne se rende compte de ce qui se passait. A ce moment-là, Phil se demanda comment il pourrait intervenir. A-t-on le droit de sauver un homme qui ne désire pas l'être ? Cependant l'idée de l'exécution de Gilmore lui faisait personnellement horreur. Phil avait consacré sa carrière à sauver des gens que personne d'autre ne se serait chargé de défendre et il en était fier. Cela l'inclinait à considérer toute condamnation à mort comme une obscénité. Si vous étiez un pieux catholique et un célèbre entraîneur d'équipe de football, il vous paraîtrait obscène que votre équipe, Notre-Dame, perde un match par 79 à 0. Cette semaine-là en particulier l'exécution flottait avec toutes les bouffées de fumée de cigare dans les corridors de tous les tribunaux à Salt Lake. A la fin de l'après-midi de vendredi, Hansen constata que dans trois de ses affaires, le juge Ritter avait renvoyé les parties dos à dos et il s'était même trouvé que les jurés étaient absents lorsqu'on avait plaidé la troisième affaire. Aussi, l'après-midi de vendredi, au prétoire, Hansen dit à Ritter : « Vous m'avez fait crever à la tâche pendant toute la semaine. Vous me devez un verre. » Ritter éclata de rire et l'invita dans son cabinet. Ils parlèrent de Gilmore et attendirent un coup de téléphone de Dick Giauque. Ils s'efforcèrent de trouver l'associé de Giauque, Daniel Berman, qui effectuait des recherches de jurisprudence pour le juge Ritter. Puis ils appelèrent Matheson, le nouveau gouverneur de l'État. Ils ne réussirent à joindre personne. Hansen se faisait un sang d'encre en pensant à la stupidité de l'exécution qui allait avoir lieu. « Oui, ironisa-t-il, Sam Smith ne mourra jamais d'une tumeur au cerveau. (Il ricana et des petites bouffées de fumée de cigare sortirent de sa bouche.) Si tout le reste échoue, reprit-il, j'engagerai une action qui fera novation je crois. » Quand il était procureur général, bien des gens le confondaient avec Bob Hansen et il en était exaspéré. Depuis, lorsqu'il engageait une action pour un de ses clients, ses requêtes passaient pour des réquisitoires de procureur. En y réfléchissant, il lui sembla possible d'agir en qualité de citoyen des États-Unis habitant l'État d'Utah. « Pourquoi faudrait-il que j'aie un titre pour agir ainsi ? dit-il à Ritter. Pourquoi un simple citoyen ne pourrait-il empêcher une exécution ? » Ils en discutèrent pendant un moment. Finalement, Hansen se dit que si l'A.C.L.U. déposait une nouvelle requête le lendemain après avoir perdu cet après-midi-là, il lui faudrait n'agir qu'en dernier recours.

4

Los Angeles Times

Toquade ou mesure utile ?
Un juge de l'Utah sert de caution

Salt Lake City. — Le juge fédéral de district Willis W. Ritter est un magistrat fort controversé. Ceux qui ne l'aiment pas le considèrent comme un vieillard mesquin et irascible. Ses amis voient en lui un jurisconsulte de qualité. La vérité se situe probablement entre ces deux extrêmes.

Pendant vingt-huit ans, ce magistrat a joué un rôle dominant dans les affaires judiciaires de l'État, bien qu'il soit un démocrate libéral et antimormon dans un État gouverné surtout par des conservateurs fortement influencés par l'Église de Jésus-Christ des Saints du Dernier Jour.

« Il a été le seigneur du manoir et l'Utah fut son fief. » Ainsi s'exprime l'ancien procureur fédéral Ramon Child.

Maintenant, pourtant, le juge Ritter affronte à soixante-dix-huit ans un défi sans précédent, lancé contre son autorité par des fonctionnaires fédéraux et de l'État.

Le procureur général de l'État, Robert B. Hansen, a déposé une pétition devant la Dixième Cour d'appel fédérale à Denver pour qu'il soit interdit au juge Ritter de statuer sur n'importe quel cas où les États-Unis et l'État d'Utah seraient en cause.

Cette pétition accuse Ritter d'inconduite répétée au prétoire, d'un préjugé accentué contre les gouvernements de l'État et des États-Unis ainsi que d'un comportement en général capricieux.

Le sénateur républicain de l'Utah, Jake Garn, a traité Ritter de « honte du système judiciaire fédéral » et mène campagne au Congrès pour amoindrir l'autorité de ce juge.

Mais dans une lettre du mois d'octobre dernier au représentant, Peter W. Rodino Jr (démocrate du New Jersey), président de la Commission judiciaire de la Chambre, Ritter esquissa l'origine de ses ennuis.

« Méchanceté, mormonisme, ruses perverses à la McCarthy-Nixon apparaissent partout dans les manœuvres des éléments de l'extrême droite du parti républicain », écrivit Ritter dans cette lettre.

« L'Église des mormons a pratiquement pris en main tous les leviers de commande dans l'État d'Utah. Depuis longtemps elle cherche à mettre la main sur les Cours fédérales du district englobant cet État. »

Ritter était professeur de droit à l'université d'Utah quand il fut nommé juge fédéral, en 1949, par le président Harry S. Truman. Mais cette nomination fut âprement combattue par les mormons qui accusaient

Ritter d'immoralité privée et de corruption publique.

Quand le Congrès fixa à soixante-dix ans l'âge de la retraite obligatoire des juges fédéraux, en 1958, elle exempta trente-deux magistrats supérieurs siégeant alors. Ritter est actuellement le dernier survivant des bénéficiaires de cette mesure.

Bob Hansen était tout aussi mécontent quand on le prenait pour Phil Hansen. D'autre part, il n'y avait pas à douter de son opinion sur Ritter. Il accusait ce magistrat d'avoir le cœur plein de méchanceté. Évidemment, Hansen ne se permettait pas de mettre en doute la brillante érudition de Ritter qu'il considérait même peut-être comme un génie. Si l'on cherche des gens d'une intelligence exceptionnelle, il se pourrait que Ritter figure dans la couche supérieure représentant un dixième d'un pour cent de l'élite, pensait-il. Mais c'est aussi une machine à susciter constamment la fureur. En réalité Ritter était si violemment antimormon que, selon Hansen, cette Église était sensibilisée d'une manière outrancière contre toute idée émanant de ce magistrat. Hansen envisageait une politique d'apaisement. Toutefois il aurait recours à toutes les manœuvres possibles afin d'empêcher Ritter de prendre en main l'affaire Gilmore.

CHAPITRE XXIX

SAMEDI

1

LORS de leur dernière rencontre, Gary donna à Mikal un dessin représentant un vieux soulier de détenu. « Mon autoportrait », dit-il. Ils s'entretenaient encore au téléphone, chacun d'un côté de la glace, quand le directeur de la prison, Smith, entra dans la cabine de Gary et se mit à discuter au sujet du moment précis où il faudrait lui placer la cagoule sur la tête. Au bout d'un moment, Mikal ne put supporter cette conversation. Il frappa sur la vitre et dit qu'il serait obligé de partir bientôt pour prendre l'avion. Le directeur autoriserait-il une dernière poignée de main ?

D'abord Smith refusa. Puis il accepta mais à condition que Mikal se soumette à une fouille complète avec examen de la peau.

L'opération terminée, deux gardiens amenèrent Gary. Ils enjoignirent à Mikal de rouler sa manche avant la poignée de main... Il ne fallait pas aller au-delà de cette poignée de main. Dès que la paume de Gary toucha celle de son frère, il serra presque à écraser. Une lueur apparut dans son regard. « Je crois que c'est ça », dit-il. Il se pencha vivement et baisa Mikal sur les lèvres. « Nous nous reverrons à l'ombre », dit-il.

Incapable de s'empêcher de pleurer, Mikal fit demi-tour. Il ne voulait pas que son frère voie ses larmes. Un gardien lui remit *L'Homme en noir,* livre de Johnny Cash, que Gary voulait offrir à Bessie ainsi qu'un dessin à l'intention de Nicole. Mikal sentit le regard de Gary qui le suivait jusqu'au double portail. « Transmets mon amour à maman, s'écria Gary et engraisse un peu. Tu es encore trop maigre. »

Le même samedi matin, Schiller écouta les bandes magnétiques des interviews du vendredi après-midi. Ils s'étaient longuement étendus sur Melvin Belli et ses bottes de cow-boy serties de strass.

« Il s'habille chez Nudi, à Hollywood, dit Gary.

— Vous qui en avez tant fait en prison, qu'est-ce que vous avez introduit clandestinement de plus gros dans une cellule ?

— Une lutteuse norvégienne de cent cinquante kilos. »

Tous éclatèrent de rire.

Schiller entendit parler de bons et mauvais gardiens et de ce qui faisait courir les directeurs de prison. Il entendit une conversation au sujet de la procédure légale. Puis Gary parla des bibles qu'il recevait par la poste et sur lesquelles des gens avaient souligné ou commenté certains passages.

Stanger arriva alors à la TraveLodge pour demander ce que Larry pensait de cette interview.

« Vous ne pourriez pas un peu vous magner le train ? brailla Schiller.

— Puisqu'il est question de train, vous n'avez qu'à vous enfoncer les bandes magnétiques dans le cul », répondit Stanger qui s'en alla et claqua la porte derrière lui.

« Je ne parlerai plus jamais à ce Schiller », dit Stanger en roulant vers le portail de la prison. Il bouillonnait de rage. Stanger se considérait lui-même comme un excellent interrogateur de prétoire. Il en pensait autant de Moody. L'un comme l'autre étaient capables de pénétrer Gilmore, de le disséquer à droite et à gauche, exactement comme le souhaitait Larry. Mais il y avait quelques empêchements. D'abord les questionnaires dont Schiller et Farrell étaient si fiers. Stanger les jugeait stupides. A son point de vue, ils présentaient très peu de rapport avec ce qui préoccupait Gilmore.

Schiller avait mis en route une opération colossale qui pouvait se terminer en queue de poisson. Ron s'en rendait compte et comprenait les inquiétudes de Larry. Mais il s'agissait de gagner la confiance de Gilmore et de ne pas susciter sa méfiance. Stanger était avocat et Gilmore, son client. Il devait tenir compte des désirs de ce dernier. Larry choisissait des questions propres à faire réagir Gilmore. Stanger n'avait aucune envie de se rendre à la prison pour mettre le condamné en colère. Chercher à recueillir des renseignements, d'accord. Mais, de là à traiter Gary comme un rat de laboratoire et lui enfoncer des fils dans le cerveau !... Le détenu était déjà enfermé et réduit au mutisme vingt-quatre heures sur vingt-quatre.

« Je ne veux pas l'interviewer aujourd'hui, dit Stanger à Moody.

— Nom de dieu ! nous avons accepté une mission et nous devons la remplir ! » cria Moody.

Tel fut sans doute le différend le plus aigu qui sépara les deux avocats lors d'un trajet vers le quartier de haute surveillance.

2

Moody estimait qu'ils accomplissaient un travail formidable, compte tenu des circonstances, même si Schiller et Farrell ne s'en rendaient pas compte. Cela n'empêchait pas Schiller d'avoir raison. Il ne leur restait plus que deux jours et bien des éléments de valeur étaient à récolter. Moody soupira.

GILMORE : Écoutez... est-ce qu'on enregistre ?
MOODY : Euh, oui, euh.
GILMORE : Le directeur de la prison m'a dit que je peux inviter personnellement cinq personnes. Je lui ai donné des noms et il m'a demandé : « Vous ne voulez donc pas un prêtre ? »
MOODY : Le règlement est clair : vous avez droit à deux membres du clergé en plus des cinq autres personnes.
GILMORE : Je ne veux pas écarter les prêtres. Voilà longtemps qu'ils attendent ce moment.
MOODY : Allons donc ! Personne n'a envie d'assister à une telle chose. Je crois... ils auront l'impression d'accomplir un devoir.
GILMORE : Peu m'importe leur mobile, ils tiennent tous les deux à venir.
MOODY : Ce seront quarante-huit heures foutrement pénibles pour tout le monde.
GILMORE : Pas pour moi. Je ne suis pas tourmenté.
MOODY : Je le sais, mais les autres en souffrent. Votre oncle Vern et votre tante Ida sont aussi malheureux qu'en enfer. (Temps de silence.) Bien d'autres en sont physiquement malades.
GILMORE : Qui ?
MOODY : Moi, notamment. Ron Stanger aussi et le Père Meersman.
GILMORE : En voilà une affaire !
MOODY : Évidemment, ce n'est pas une affaire mais nous compatissons.
GILMORE : J'aimerais voir Nicole. Le fumier refuse de me répondre.
MOODY : Ce seul refus représente sa réponse. Il faut vous faire une raison.
GILMORE : J'ai mal entendu.

MOODY : À mon avis, la réponse du directeur, c'est qu'il ne répondra pas. Point à la ligne. Ce n'est pas une raison pour éliminer tout le reste du monde. Il vous reste quarante-huit heures à vivre. Vivez-les.

GILMORE : Merde. Jusqu'aux derniers moments je n'avais qu'un gardien. Faute de lui parler je ne pouvais m'entretenir avec personne. J'étais tranquille.

MOODY : Ouais...

GILMORE : Maintenant on a placé deux guignols, là, derrière. Ils ne font que bavarder et jouer aux cartes.

MOODY : Eh bien, d'après eux ça fait partie du programme de l'exécution.

GILMORE : Hé ! ça va pas, non ?

MOODY : Il y a toujours une veillée mortuaire avant une exécution. C'est ce que vous subissez maintenant.

GILMORE : Eh bien, j'aime pas entendre ces connards tout près de moi.

MOODY : Que ça vous plaise ou non, ça fait partie de la condamnation.

GILMORE : Alors ça va.

MOODY : Vous allez être fusillé et vous avez droit à une veillée mortuaire. Tout ça fait partie de l'ensemble.

GILMORE : Oui... (Temps de silence.) D'accord, mon vieux.

MOODY : Voulez-vous que je vous pose des questions ?

GILMORE : Je ne suis vraiment pas bouleversé par le désir de continuer à répondre.

MOODY : D'accord.

GILMORE : Il y a tellement de bruit. Si seulement je pouvais passer tranquillement mes dernières heures.

MOODY : Est-ce que vous prenez encore de l'exercice ? Que faites-vous d'autre pour passer le temps ?

GILMORE : Des tas de trucs.
MOODY : Vous lisez un peu ?
GILMORE : Non, bah... je ne lis plus... j'ai lu tout ce que je lirai de ma vie.
MOODY : Vous dessinez au moins ?
GILMORE : Non.
MOODY : Vous allez tout de même brosser votre autoportrait.
GILMORE : Je n'ai pas de glace.
MOODY : Eh bien, alors, mon pauvre ami, je vois que vous n'avez pas grand-chose à faire.
GILMORE : Il ne me reste plus que moi-même. (Long silence.)
J'ai pas envie de perdre mon temps à écrire des réponses à toutes ces questions. Évidemment Schiller a sans doute droit à mes réponses mais, bordel de merde ! je n'aime pas sa manière de faire certaines choses.
MOODY : Eh bien ! il nous arrive souvent, à nous aussi, de ne pas aimer ses procédés. Mais c'est sa manière et il s'est lancé dans une grosse affaire. Peut-être est-ce précisément ce qui le rend désagréable.
GILMORE : Tout le monde est-il vraiment obligé d'accepter ça ?
MOODY : Non, je ne crois pas, mais il accomplit une tâche difficile. Il s'efforce de faire de son mieux. C'est tout. Il se crève au boulot.
GILMORE : Je lui ai demandé de ne pas lire les lettres et il m'a trahi.
MOODY : D'accord. (Long silence.) Vous n'estimez pas que vous devez quelque chose à Larry ?
GILMORE : Allez-y, lisez les questions. Je répondrai. Je veux faire comprendre à Larry qu'il n'a pas le droit de choisir les gens à qui je parle. Mon frère m'a demandé de recevoir un de ses amis : Moyers. J'ai accepté parce que je connais cet homme. Je ne lui aurais rien dit que vous voulez être seuls à savoir.
MOODY : Vous coupez les cheveux en quatre. C'est

d'ailleurs inutile parce que Moyers n'aura aucun moyen de vous voir.

GILMORE : Je le sais. Ça m'a foutu en rogne parce que Mikal en était malheureux.

MOODY : C'est bien.

GILMORE : Très bien.

MOODY : On vous a déjà posé cette question à plusieurs reprises. Avez-vous jamais tué quelqu'un avant Buschnell et Jensen ?... Et ce type que vous avez frappé avec un tuyau de plomb ?

GILMORE : Il a survécu. (Soupir.) Ça modifia quand même plus ou moins le cours de sa vie.

MOODY : Et l'exécution par fusillade, elle ne vous paraît pas grotesque ?

GILMORE : Ce qu'il y a de grotesque, c'est d'être ficelé dans un fauteuil avec une cagoule et toutes ces conneries.

MOODY : Est-ce que le caractère sauvage et sanglant de la fusillade vous attire ?

GILMORE : (Rire.) Allez au diable ! Sauvage et sanguinaire... oui, Larry, j'en ai vraiment envie. Je mangerais ça à la cuillère.

Le questionnaire se poursuivit. Pas de percée.

Le Père Meersman avait déjà assisté à deux exécutions et avait appris que les choses peuvent mal tourner. Le condamné peut être tellement bouleversé qu'il perd la contenance qu'il s'impose personnellement. Le Père Meersman s'efforçait toujours de maintenir le sang-froid du détenu en lui expliquant ce qui allait se passer, étape par étape. Si le condamné sait à l'avance qu'il ira au point A puis du point A au point B, puis, au bout d'un certain temps, au point C et ainsi de suite, il ne risque pas d'être surpris. Il n'a pas besoin de demander : « Qu'est-ce que nous faisons maintenant ? » Des petits détails de ce genre peuvent avoir une influence considérable sur le condamné dans les instants précédant l'exécution.

En revanche, si les condamnés sont au courant, ils se conforment en douceur au programme et si tous ceux qui s'occupent d'eux sont également calmes, ils gardent leur sang-froid, eux aussi parce qu'ils savent plus ou moins comment fonctionnera le mécanisme. Il faut surtout éviter les surprises. Tout le monde est très crispé à ce moment-là. Il s'agit d'écarter toute possibilité de faux pas, tout ce qui pourrait faire regimber l'homme qui vit ses dernières secondes.

Meersman se vanta toujours d'avoir fait comprendre personnellement à Gary pourquoi on lui mettrait une cagoule. Il ne s'agissait pas d'une mesure contre lui en particulier, expliqua le prêtre. Il fallait que le condamné reste parfaitement tranquille : que la cible ne se déplace pas le moins du monde. Le moindre mouvement pourrait faire rater le tir. Si Gary voulait mourir dignement, il lui fallait donc obéir au règlement extrêmement simple de la cagoule. Cet instrument n'avait qu'un but pratique : permettre à l'exécution de se dérouler dans l'ordre et la dignité. Gary écouta sans rien dire.

3

Le samedi après-midi, Gil Athay se rendit à la chambre du juge Lewis et affronta la presse dans le corridor. Les reporters étaient déchaînés. D'ordinaire, le juge Lewis siégeait à Denver, point d'attache de la Dixième Cour itinérante. La chambre où il siégeait à Salt Lake City n'était qu'une commodité de circonstance mais trop exiguë. Bien des gens n'avaient pu y pénétrer pour suivre la procédure.

On était donc en plein chaos. Les flashes des caméras, les sigles en grosses lettres des micros des divers réseaux locaux, du reste du pays et même de l'étranger, tout contribuait à donner à Athay l'impression qu'il s'était égaré sur la piste d'un cirque.

Une telle atmosphère l'exaspérait. Depuis bien des jours, il jouait du coude dans des corridors bondés de reporters. Maintenant il n'y avait même plus moyen d'avancer. Homme élégant portant des lunettes, la moustache en brosse, il était de trop petite taille pour ne pas être avalé par la foule. Se rendant compte de la situation, il dit à pleine voix : « Je ferais volontiers une déclaration mais seulement au rez-de-chaussée. » Le cirque ne s'atténua pas. Il entendait encore le juge Lewis lui dire : « Vous rendez les choses très difficiles, monsieur Athay, en me chargeant de toutes les responsabilités. Si vous nous en aviez donné le temps, il y aurait ici trois juges pour vous entendre. » A ce moment-là, Athay était assez à bout pour répondre : « Je reconnais, Votre Honneur, que c'est exact, mais nous avons été obligés de prendre une décision et je ne peux pas me retrancher derrière le comité. » Avait-il vraiment répondu cela ? Le sort de Dale Pierre l'obsédait au point de le rendre irritable.

Athay en était arrivé à croire que son client, Dale Pierre, détenu du couloir de la mort, était innocent. La plupart des gens jugeaient cette opinion invraisemblable. Aux yeux du public, Dale Pierre était bien un des tueurs de la hi-fi qui avaient massacré les clients d'un magasin de disques, magnétophones et appareils de radio. Ils avaient poussé l'atrocité jusqu'à faire avaler de force un liquide corrosif à leurs victimes et à leur enfoncer des stylobilles dans les oreilles. La femme d'un éminent gynécologue en était morte et le cerveau de son fils avait subi des dégâts irrémédiables. Une affaire abominable. Mais petit à petit, Athay en venait à conclure que Dale Pierre avait été condamné, bien qu'innocent, parce qu'il était noir, état dangereux dans l'État d'Utah. Les gens de couleur, par exemple, ne peuvent pas devenir prêtres de l'Église mormone. C'est tout dire.

Athay s'était donc lancé dans une croisade. Ça lui coûtait même le prix d'une croisade. Quand il avait ambitionné le poste de procureur général aux dernières élections, son adversaire, Bob Hansen, l'avait emporté en évoquant constamment pendant la campagne le cas de Dale Pierre. Voudriez-vous-comme-procureur-l'homme-qui-défend-un-malfaiteur-capable-d'enfoncer-des-pointes-de-stylobilles-dans-les-oreilles-d'une-mère-de-famille. Tel avait été le leitmotiv chuchoté de bouche à oreille pendant la campagne, ce qui lui avait valu une forte majorité. Athay n'avait aucun moyen de se défendre. Il ne pouvait dire à chaque électeur personnellement que la Cour l'avait nommé d'office défenseur de Pierre, qu'à l'origine il avait accepté ce devoir avec répugnance et qu'il s'était convaincu plus tard seulement que ce Pierre était innocent. Comment expliquer aux électeurs que Dale Pierre était un homme compliqué, au caractère difficile. C'est ainsi qu'il l'avait vu au début. Mais maintenant, à ses yeux, Pierre n'était plus qu'un superbe Noir. En outre Athay avait toujours eu horreur de la peine capitale.

Il était prêt à plaider qu'aucun motif raisonnable ne justifie la peine de mort, sauf si on admet qu'il s'agit purement et simplement d'une vengeance. Si telle était la base de la justice pénale, le système judiciaire ne valait rien.

Il avait donc collaboré avec l'A.C.L.U. dans l'affaire Gilmore. Ce jour-là il tentait un recours extrêmement audacieux. En guise de préambule, il indiquait que l'absence de recours obligatoire dans le code de l'Utah était contraire à la constitution fédérale. Puis il avançait son argument audacieux : qu'une exécution ait lieu en vertu d'une loi erronée, et il serait difficile ensuite à une cour supérieure de déclarer cette loi inconstitutionnelle. Aucun juge n'aimerait dire à un de ses confrères : « Vous avez fait exécuter cet homme par erreur, vous savez. » La mort de Gary Gilmore menaçait donc l'existence de Dale Pierre. Raisonnement intéressant mais difficile à faire valoir. Pour retenir l'attention de la Cour, il était virtuellement obligé d'employer un langage agressif.

Lors de sa réunion du 10 janvier, le comité de l'A.C.L.U. inscrivit le projet d'Athay au dernier rang sur sa liste de moyens d'action. Mais l'après-midi du vendredi, quand Giauque annonça que Mikal Gilmore refusait de signer un recours, Gil Athay se rendit à la Cour du juge Anderson, un mormon intransigeant, mais le seul juge disponible à ce moment-là. Bien qu'il n'eût aucune raison d'espérer, Athay se laissa emporter par sa propre logique et crut même un moment qu'il atteignait son but. Le juge Anderson l'avait écouté attentivement. Mais le problème fondamental subsistait. Personne ne voulait affronter les conséquences sinistres de l'argument. Le juge Anderson débouta donc Athay.

Décidé à surmonter cet échec, Athay se rendit le samedi après-midi à la chambre du juge Lewis. A ce moment-là, la fragilité de sa requête lui apparaissait clairement. Il ne pouvait présenter aucune statistique. Il ne pouvait démontrer qu'auparavant cinquante pour cent de la population s'était déclarée favorable à l'exécution de Dale Pierre mais que désormais, en raison du mouvement d'opinion provoqué par l'affaire Gilmore, cette proportion était passée à quatre-vingt-dix pour cent. Il n'avait donc que sa logique pour arme.

Athay perdit encore devant le juge Lewis. En se frayant un chemin à travers les gens de la presse dans le couloir, il se disait qu'il lui faudrait, d'une manière ou d'une autre, s'efforcer d'atteindre la Cour suprême des États-Unis dès le lendemain.

4

La Coalition contre la peine de mort de l'État d'Utah tint son assemblée dans la salle de conférence du bâtiment de l'administration d'État, le samedi après-midi. Julie Jacoby trouva le décor plutôt somptueux. Henry Schwarzchild, seul membre de l'assistance qui n'était pas du cru, prit la parole, mais pas pour longtemps. Mieux valait la donner à des gens de Salt Lake City. Le professeur Wilford Smith, impeccable mormon de l'université Brigham Young, représentait une excellente prise. Il y avait aussi Frances Farley qui n'était pas seulement sénateur de l'État d'Utah mais aussi une femme, et le professeur Jefferson Fordham de la faculté de droit de l'université de l'État ainsi que James Doobye, président de la section de Salt Lake City de la N.A.A.C.P. (Association nationale pour l'avancement des gens de couleur). On offrait à la porte des insignes portant cette inscription : POURQUOI TUONS-NOUS DES GENS QUI TUENT DES GENS POUR MONTRER QU'IL EST MAUVAIS DE TUER DES GENS ? Le programme indiquait : « Vos dons seront très appréciés. »

Hoyle évalua l'assistance à cent soixante-quinze personnes, ce qui était encourageant. Il y avait des hommes et des femmes que Julie ne connaissait pas, plus tous les gens de l'A.C.L.U. qu'elle avait souvent vus. Bref, tous les libéraux de Salt Lake City étaient là.

Une fois de plus, les engagés prêchaient les convertis. Aux yeux de Julie, c'était futile. Tous savaient que la souris combattait l'éléphant.

Néanmoins ils voulaient faire quelque chose. Il s'agissait de ne pas laisser les assoiffés de sang dénués de raison passer cette journée sans rencontrer de résistance. C'est ainsi que Julie vit les choses. Les regards du monde entier étaient fixés sur l'Utah. Il fallait donc lui faire savoir que certains habitants de cet État n'étaient pas d'accord avec les forces dominantes.

Cette assemblée eut une certaine publicité. Le *Salt Lake Tribune* lui accorda la première page de sa deuxième section et y publia une superbe photo du doyen Andersen de la cathédrale épiscopalienne Saint-Mark, devant une bannière bleue brandie par deux étudiants et portant en lettres blanches : Pas d'exécution.

SALT LAKE TRIBUNE

« Bain de sang officiel »
Ainsi des professeurs qualifient-ils
la peine de mort en Utah

Salt Lake, 16 janvier. — L'exécution de Gary Mark Gilmore se transforme en un « bol d'or de la violence », déclara samedi un prêtre épiscopalien.

« Il n'y manque rien, ni l'ambiance du cirque Barnum-Bailey, ni le copyright cinématographique, ni les sièges réservés, ni les T-shirts, ni les lettres d'amour. Nous pourrions tous en rire mais dans deux jours une équipe de volontaires tuera sans appel Gary Mark Gilmore », dit le Révérend Robert Andersen.

DESERET NEWS

Salt Lake, 15 janvier. — Quelque quinze ou vingt évêques du Conseil national des Églises arriveront samedi après-midi pour participer à une veillée dans la nuit de dimanche à lundi, à la prison de l'État d'Utah.

Henry Schwarzschild, coordinateur de la Coalition contre la peine de mort, a qualifié l'exécution d'« horreur inhumaine », « précédent redoutable » et d'« homicide judiciaire ».

5

Le même après-midi, le directeur de la prison donna une conférence de presse. Tamera en rapporta un compte rendu détaillant le programme de l'exécution : on allait transférer Gary du quartier de haute surveillance à la conserverie où il affronterait le peloton d'exécution. Sam Smith avait aussi édicté ses règlements à l'usage des médias. Les portails d'entrée de la prison seraient fermés à la presse le dimanche à dix-huit heures et ne seraient pas ouverts avant six heures du matin le 17. Cela signifiait que quiconque voudrait se trouver sur le territoire pénitentiaire à n'importe quel moment durant les heures précédant l'exécution, devrait passer la nuit sur le parking de la prison.

Une difficulté se présentait à Schiller. S'il y allait à six heures du soir, il ne pourrait pas recevoir un éventuel appel téléphonique que Gary pourrait faire au motel. D'autre part, Gary serait autorisé à passer sa dernière nuit avec Moody, Stanger et des membres de sa famille. Il y avait une petite chance pour que Smith permît à Larry de se joindre à eux. Dans ce cas mieux vaudrait se trouver dans l'enceinte de la prison. Dilemme.

Il se posait cette question quand Tamera lui dit : « Larry, je voudrais que vous veniez à l'université Brigham Young, cet après-midi pour y prononcer une allocution sur Gary Gilmore devant les élèves de sciences sociales.

— Qu'est-ce que ça veut dire, Tamera ? demanda Schiller.

— C'est mon évêque qui me l'a demandé », dit-elle.

Schiller soupçonna Tamera de chercher à se donner du prestige dans son Église. Peut-être aussi se reproche-t-elle de n'en avoir pas fait assez ces derniers temps. Aussi lui dit-il : « D'accord. Ce sera au moins un prétexte pour échapper à cette maison de fous. »

Il se rendit à l'université dans l'après-midi du 15. Il retrouva dans le grand amphithéâtre de la B.Y.U. quelque quatre cents foutus étudiants, tous mormons, et leur professeur, un évêque qui blablatait. L'orateur présenta Tamera Smith comme une de ses anciennes élèves qui travaillait actuellement au *Deseret News*. Tamera se leva alors et prononça une allocution de dix minutes, très pieuse, celle de la mormone idéale qui aspire à sa Recommandation. Ensuite l'évêque présenta Schiller qui parla à son tour en se déchaînant contre les mauvaises méthodes journalistiques. Par la suite, il ne se rappela plus un mot de ce qu'il avait dit mais il s'agissait sûrement, pensait-il, d'une opinion arrêtée qu'il couvait depuis longtemps sans en avoir jamais rien dit. Si un jour arrivait où il ne pourrait plus parler sans interruption pendant un quart d'heure, il serait alors en bien mauvaise passe.

Au bout d'un moment, il invita l'assistance à poser des questions. Trente mains se levèrent aussitôt. Il désigna du doigt un étudiant qui demanda : « Monsieur Schiller, pouvez-vous me dire, s'il vous plaît, pourquoi vous portez une ceinture Gary Gilmore ? »

Larry abaissa le regard vers sa taille. Il portait une ceinture de Gucci dont la boucle était constituée par des G entrelacés. Il expliqua donc aux quatre cents mormons ce que signifiaient ces initiales et demanda au jeune homme qui avait posé la question : « Vous êtes journaliste vous aussi, n'est-ce pas, puisque vous êtes capable de présenter une chose aussi simple sous un aspect aussi pervers ? » La suite se passa de la manière la plus banale. Les étudiants ne lui parurent ni brillants ni même intelligents : des gens de leur propre monde, hostiles à Gilmore, évidemment, mais avec la réserve des mormons, tellement subtile qu'il était difficile de discerner leur opinion ailleurs que dans leurs questions.

« Pourquoi n'avez-vous pas choisi d'écrire l'histoire de Ben Buschnell au lieu de celle de Gary Gilmore ? » demanda l'un d'eux. Larry répondit qu'à ce moment-là, aux États-Unis, Gary Gilmore jouait un rôle historique. Peut-être était-ce injuste, mais Benny Buschnell n'entrerait jamais dans l'Histoire. Les jeunes gens n'aimèrent pas cette réponse mais il l'énonça cependant sans hésitation. Il avoua ne pas être venu là pour leur faire plaisir mais pour montrer le revers de la médaille. « Je ne chercherai pas à vous cacher ce que je suis », telle avait été une de ses premières réflexions. Il continua sur ce thème. Les étudiants posèrent des questions. Il leur répondit. Ainsi s'écoulèrent deux heures de son existence.

De retour au motel, Schiller eut un entretien intéressant avec un des policiers qu'il avait embauché sur la recommandation de Moody : Jerry Scott.

Ce gros bonhomme de haute taille, aux cheveux noirs et à l'air apaisant, avait pris un congé afin de travailler pour Schiller. De toute évidence, il connaissait la musique. Étant donné qu'il ne pouvait surveiller qu'une seule entrée du motel, il garait sa voiture de police à l'autre issue pour effrayer quiconque serait venu par là. Quant à lui, il veillait à la porte principale.

Cet après-midi-là, à son retour de la B.Y.U., Larry apprit que Scott était précisément le policier qui avait amené Gary Gilmore de la prison cantonale à la prison d'État à la fin de son procès. Quelle chance ! Schiller eut l'impression que ce Jerry Scott lui porterait bonheur. Tant mieux. Ce flic gagnait à son service cinq cents dollars par semaine.

Le samedi soir, Schiller se procura un appareil de prises de vue de 16 mm. Il s'arrangea avec la C.B.S. pour qu'une équipe de photographes filme la prison sous la neige : de longues séquences donnant le maximum d'atmosphère. Ça lui coûterait trois mille dollars mais il était alors plein d'espoir. Plus tard on lui présenta la pellicule qui ne valait rien. Cette équipe ne savait filmer que des bricoles concernant les faits divers. Tout ce qui aurait pu suggérer l'ambiance sinistre de la prison lui avait échappé.

Il tenta un dernier effort pour faire venir Stephanie. Elle refusa encore. D'abord il demanda, puis il supplia. Elle refusa. La conversation dégénéra en une querelle animée. En général, il ne perdait jamais dans de tels débats. Elle fut intraitable. Une vraie folle.

« Tu ne cesses de me critiquer, dit-il.

— Oui, je te critique, mais c'est parce que je t'aime et je veux t'être utile. Tu ne comprends donc pas ? »

Il se sentit alors plus près de rompre avec elle

qu'il ne l'avait jamais été. Pourtant il savait qu'il ne le ferait pas. Si bizarre que cela puisse paraître, peut-être était-ce une des raisons pour lesquelles l'affaire marchait. Peut-être comprenait-il enfin que Stephanie ne se voyait pas elle-même comme une alliée inconditionnelle, capable d'aller avec lui jusqu'au bout du monde, ainsi qu'il l'avait exigé de sa première femme. Stephanie tenait à ménager son système nerveux délicat. Quelques années auparavant, elle avait eu un terrible accident de voiture et en était restée terrifiée. Sa beauté aussi était d'une fragilité dépassant l'entendement de Larry. A ce moment-là, peut-être était-elle bouleversée par toutes les émotions qu'il éprouvait lui-même. Cette hypothèse lui inspira une grande tendresse pour elle, bien qu'elle ne voulût pas le rejoindre.

6

Convoquée à un studio d'A.B.C.-Informations, Shirley Pedler s'y trouva par hasard nez à nez avec Dennis Boaz. « Vous arriverez à vos fins, lui dit-elle. J'espère que ça vous fait plaisir.

— Bon dieu ! Shirley, nous ne pourrions pas être amis ? demanda Boaz en la toisant de la tête aux pieds.

— Fichtre non ! Je ne veux pas être votre amie. »

Il resta sur place, désemparé, puis se tourna vers les gens qui l'entouraient. « Elle a dit fichtre non qu'elle ne veut pas être mon amie », dit-il. Puis il feignit de rire. Cependant elle suivait son chemin, outrée. Voilà un homme qui s'est engagé dans cette affaire pour assurer son prestige, pensa-t-elle ; il ne demandait qu'une chose : jouer un rôle dans un événement qui intéressait tout le pays.

L'une des deux dactylos, Debbie, était une ravissante rousse ; il suffisait de la voir pour se sentir de bonne humeur. Elle exécutait d'ailleurs fort bien sa tâche. L'autre, Lucinda Smith, rayonnait d'une beauté classique. Tout au moins, c'est ainsi que la voyait Barry ; ses cheveux noirs, ses yeux extraordinaires, sa voix douce, pareille au ronronnement discret d'un chaton, avaient quelque chose de typiquement californien. Leur présence au motel plaisait à Barry. Très sensible, Lucinda pleurait facilement. Il y avait tant de raisons de verser des larmes au cours des dernières semaines qu'il la jugeait indispensable au bureau. Un chœur, non, un ruisseau de sentiments limpides amenait un souffle de tendresse dans l'abîme plastifié du motel. Bien sûr ! Elle n'avait quitté que depuis peu d'années le collège Corvallis dirigé par des religieuses du Sacré-Cœur-de-Marie. C'était d'ailleurs la seule presbytérienne de l'équipe. Barry apprit que son père avait été scénariste et metteur en scène de Groucho Marx, qu'elle avait grandi à Studio City, aussi isolée qu'on pouvait l'être dans la vallée de San Fernando et, qu'elle avait fait ses débuts dans le monde au cours d'une cérémonie des plus convenables avant de s'inscrire à l'U.C.L.A. Biographie parfaite pour une Californienne. Et voilà que maintenant, elle dactylographiait les foutre, pisse, merde et autres expressions de Gary Gilmore.

Elle avait obtenu cet emploi par l'intermédiaire d'une agence de placements dirigée par deux jeunes filles. A l'université, elle avait fait des études de lettres ; aussi, lorsque Schiller appela l'agence, la gérante pensa immédiatement à elle en se disant qu'elle trouverait là une expérience intéressante. Avant de commencer son travail Lucinda n'avait pas vu Schiller mais s'était entretenue avec sa secrétaire à Los Angeles qui lui avait mis brutalement le marché en main : si elle ne faisait pas l'affaire, on la renverrait chez elle immédiatement.

Elle eut donc l'impression de se mettre au service d'un patron porté à imposer sa loi mais n'en fut pas rebutée, au contraire : on la traiterait selon ses mérites et non d'après son prestige mondain.

L'autre jeune fille étant partie un jour plus tôt qu'elle, Lucinda prit seule l'avion à Los Angeles. Quand elle arriva à la TraveLodge d'Orem, Schiller l'accueillit fort poliment et lui offrit de se reposer d'abord un moment. « Non, dit-elle, je me mets immédiatement au travail. » Elle prit à peine le temps de déposer sa valise avant de transcrire les cassettes l'une après l'autre. La cadence du travail s'accrut et sa durée aussi. Au début, Lucinda travailla douze heures par jour et presque vingt-quatre pendant le week-end. Elle n'avait vraiment pas envie de dormir. Toute l'affaire se déroulait dans une ambiance irréelle. Elle préférait être avec Larry, Barry et Debbie, parce que lorsqu'elle se retrouvait seule dans sa chambre, elle réfléchissait trop à ce qui se passait.

Le samedi soir, elle s'offrit quand même une pause et brancha la télévision. Dans l'émission *Samedi soir vivant*, on donnait une parodie de Gary Gilmore. La scène représentait la séance de maquillage de l'acteur jouant le détenu et le directeur de la prison disait : « Un peu plus de lumière par ici, un peu plus d'ombre autour des yeux. » On l'apprêtait pour être fusillé par la caméra. Spectacle cynique. Les maquilleurs s'affairaient. Lucinda n'aurait jamais cru que la télévision pouvait tomber dans une telle bassesse. Le mot « existentiel » lui avait toujours paru bizarre mais, à ce moment-là, elle le découvrit aussi sinistre et glacial que les alentours du motel couverts de neige. Elle eut l'impression que personne ne s'était encore jamais trouvé à la TraveLodge avec des machines à photocopier et à dactylographier.

7

Barry Farrell étudiait les vieilles lettres de Gary à Nicole. L'une d'elles lui arracha un grognement. Il était trop tard pour interroger Gilmore à son sujet. Pas pour poser la question — Dieu sait si on lui en avait posé ! — mais certainement trop tard pour obtenir une réponse révélatrice. Ils auraient dû consacrer des semaines à préparer leur travail.

« J'étais à l'hôpital d'État de l'Oregon, dans la salle surveillée par la police, parce que je me débattais dans une affaire de vol à main armée. Un gamin de treize ans y entra pour fugue parce qu'il ne supportait pas sa famille. Il était vraiment beau, presque joli comme une fille, mais je ne lui prêtai guère attention avant de constater que je lui plaisais. J'avais vingt-trois ans. Quand j'étais assis sur un banc, il venait s'asseoir auprès de moi et me passait un bras autour de la taille. Pour lui, c'était un geste naturel, une manifestation d'amitié. Un jour, il me rejoignit au vestiaire et me demanda la permission de lire un exemplaire de Playboy *que j'avais alors. Je lui répondis : bien sûr, pour un baiser. Ma fille, il en fut abasourdi ! Ses paupières s'écarquillèrent et il resta un moment bouche bée. Enfin il s'exclama :* « Non ! » *Il était vraiment joli et, à cet instant, j'en tombai amoureux. Il réfléchit et changea d'avis parce qu'il avait grande envie de lire la revue et me donna, ou plutôt me laissa lui donner, un très tendre petit baiser sur les lèvres. Je le regardai nager dans la piscine. C'était un des êtres les plus beaux que j'aie jamais vus. Je ne crois pas avoir contemplé un aussi beau cul. Toujours est-il que je l'embrassais de temps à autre et que nous devînmes très bons amis. J'étais simplement frappé par sa jeunesse, sa beauté et sa naïveté. Puis l'un de nous deux fut envoyé ailleurs.*

Barry attacha une grande importance à ce baiser. Il équivalait à une confession. Cette lettre était la plus révélatrice au sujet de sa moralité. Enfin Gilmore admettait une chose qui restait constamment tapie derrière sa tête et qu'il était parvenu à éluder au cours des interrogatoires. Cela expliquait pourquoi il paraissait toujours mal à l'aise lorsqu'il s'agissait de questions sexuelles. Là, dans cette petite confession, l'énigme s'élucidait. Il était capable de le dire, de parler d'un doux baiser, d'un moment exquis.

A la réflexion, Farrell estima qu'il ne s'agissait pas d'homosexualité proprement dite. Il lui semblait certain que la majorité des gens qui passent longtemps en prison deviennent ambivalents et tombent donc parfois dans une homosexualité de circonstance. Tout compte fait le choix se limite à l'homosexualité, l'onanisme ou la chasteté. Farrell croyait qu'à peu près personne ne choisit l'abstinence et que ceux qui la pratiquent ne s'en portent probablement pas mieux. En résumé, les réticences de Gilmore au sujet de la sexualité s'expliquaient du fait qu'il avait mené une vie sexuelle désordonnée et surtout misérable. Comme la plupart des détenus, ses désirs sexuels normaux avaient dû être effacés par la masturbation. Aucune femme n'est capable de s'y prendre aussi bien que soi-même. Ce n'est donc pas l'homosexualité qu'il avouait dans cette lettre. Il expliquait plutôt à Nicole combien l'amour physique était devenu pour lui à la fois difficile, beau, lointain et compliqué.

Farrell décida d'enfreindre les règles qu'il s'imposait à lui-même et de glisser la lettre dans une authentique interview. Il trichait. Eh bien ! qu'il en soit ainsi. Schiller ne lui avait-il pas dit : « Venez dans le ruisseau avec nous, pécheurs. »

Puis il tomba sur quelque chose d'autre qui remontait au mois de décembre et qui était resté sous son nez pendant des semaines :

GILMORE : Ça va. (Silence.) Il y a un livre qui me plairait mais je ne crois pas que vous pourrez l'avoir à Provo. Peut-être pourrez-vous le trouver à Salt Lake. Il s'appelle *Montre-moi*. C'est un album de photos d'enfants. Il doit valoir quinze dollars. Croyez-vous que vous pouvez me l'apporter ?

INTERVIEWER : Ça me paraît possible.

GILMORE : J'ai essayé de l'acheter à Provo. On a fait de la publicité à son sujet voilà bien des années. Peut-être est-il interdit dans une ville comme Salt Lake ?

INTERVIEWER : De quoi traite-t-il ?

GILMORE : Ce sont des photos d'enfants.

INTERVIEWER : Pourquoi serait-il interdit ?

GILMORE : Parce que c'est un livre sur la sexualité. Pendant des années, j'ai lu des articles où on en parlait. Ils m'ont rendu curieux. Il a été interdit dans certaines provinces du Canada et aussi dans certains États des États-Unis. Mais il devrait y en avoir à Salt Lake.

INTERVIEWER : Est-ce un ouvrage éducatif ?

GILMORE : Ma foi, il serait plutôt scabreux, un véritable classique. Il a été fait en Allemagne et tous les enfants qui y figurent sont allemands. Les photographies sont vraiment artistiques et savoureuses quoique prises avec tact. Ce n'est pas une ordure. J'en ai envie.

Farrell avait laissé passer ça ! La petite lueur révélatrice luisait de nouveau. Oui. L'amour de Gilmore pour Nicole n'était-il pas fondé sur l'aspect enfantin de la jeune femme ? Un lutin portant des chaussettes lui arrivant seulement au genou et en outre débarrassé de ses poils pubiens par Gilmore lui-même. Et les allusions dans les lettres à des ébats douteux avec Rosebeth et les bizarreries avec Pete Galovan. Barry hocha la tête. Il était permis de se dire que tout cela coïncidait. Dans les prisons, les détenus les plus durs ne méprisent personne plus que ceux qui s'attaquent aux enfants. A leurs yeux c'est le summum de la dépravation. Pourquoi Gilmore, privé si tôt de Nicole, condamné à passer des semaines sans elle, n'aurait-il pas éprouvé des impulsions tout à fait inadmissibles ? D'autre part, sa crispation insupportable (qu'avaient décelé tous les psychiatres qui avaient consenti à l'écouter) n'aurait-elle pas été en rapport avec des besoins déviés ? Rien n'aurait été plus intolérable à Gilmore que de se voir ainsi lui-même. Bien sûr, cet homme aurait fait n'importe quoi, même commis des assassinats, plutôt que de se livrer à ce méfait d'un autre genre. Bon dieu ! ça pouvait peut-être même expliquer l'affreuse attitude de noblesse dont il se jugeait digne en raison de ses deux homicides. Barry regretta intensément de faire si tard une découverte aussi importante. Désormais il ne pouvait plus en dire un seul mot. Il ne s'agissait que d'une hypothèse impossible à prouver. Si Gilmore consentait à s'exécuter lui-même en raison d'un tel vice, à supposer qu'il en fût affligé... il fallait se garder de le comprendre trop rapidement ; plutôt le laisser mourir avec au moins la dignité de sa décision. Et d'ailleurs, combien de choses peuvent se cacher sous un mot tel que dignité ?

8

Le dimanche soir vers minuit, le Père Meersman transforma la cuisine du quartier de haute surveillance en chapelle et célébra une messe pour Gary en se servant d'une table métallique roulante en guise d'autel. Afin de ne rien perdre de la cérémonie, Gary s'assit sur une des tables scellées dans le sol et posa les pieds sur un banc. Un gardien, ancien enfant de chœur, servit la messe.

Le Père Meersman tira de son nécessaire un tissu qu'il étala sur la table en guise de nappe d'autel. Puis il disposa quelques napperons et le corporal. Il posa le calice, la patène et mit les cierges dans leurs chandeliers, plaça le crucifix et donna un petit missel à Gary afin qu'il participe. Le Père Meersman portait la tenue cérémonielle complète : aube blanche, étole, manipule et chasuble. En face de lui, Gary était vêtu d'une chemise et d'un pantalon blancs.

Le prêtre récita le Confiteor : « ... J'ai péché par ma propre faute, en pensées et en paroles, par action et par omission » et il entendit l'écho de l'ancien Confiteor : « Par ma faute, par ma très grande faute. »

Puis le Père Meersman lut le psaume préféré de Gary. Il savait que le condamné s'en rappelait au moins les premiers versets :

Mon âme, bénis l'Éternel !
Que tout ce qui est en moi bénisse son saint nom !
Mon âme, bénis l'Éternel,
Et n'oublie aucun de ses bienfaits !
C'est lui qui pardonne toutes tes iniquités,
Qui guérit toutes maladies ;
C'est lui qui délivre ta vie de la fosse,
Qui te couronne de bonté et de miséricorde ;
C'est lui qui rassasie de biens ta vieillesse,
Qui te fait rajeunir comme l'aigle.

Puis il lut l'Évangile, Marc 2 : 1-12. Cette fois encore, il s'en tint à la première partie. « Fils, tes péchés te sont remis. » Le strict respect du rituel, pensa le prêtre, aurait dû lui interdire de s'écarter de l'Évangile du jour. Mais dans un cas pareil, il estimait que personne ne le lui reprocherait.

« Ceci est Mon Corps... ceci est Mon Sang », dit le Père Meersman pour consacrer le pain et le vin. Puis il éleva l'hostie et le calice. Le gardien qui servait d'enfant de chœur fit tinter trois fois la clochette — c'est tout au moins ce que raconta le prêtre — fit tinter la clochette trois fois.

« Seigneur, je ne suis pas digne de te recevoir, mais dis seulement une parole et mon âme sera guérie. »

Le Père Meersman communia. Quand il eut bu le vin, l'enfant de chœur communia mais les autres gardiens, qui se trouvaient derrière Gary, se contentèrent d'observer parce qu'ils étaient mormons. Gary reçut l'hostie sur la langue, à l'ancienne mode, bouche grande ouverte, tête rejetée en arrière, comme dans son enfance, remarqua le Père Meersman. Puis il but aussi. Le Père Meersman resta auprès de lui pendant qu'il vidait le calice.

Le Père Meersman pensa que c'était une belle nuit, une très bonne nuit. Gary s'était béni lui-même au début de la messe puis avait écouté docilement. Quand tout fut fini pourtant, il taquina le prêtre. « Padre, dit-il, le vin n'était pas aussi fort qu'il aurait pu l'être. »

Dimanche 2 : 00 A.M.

Salut lutin

Quand tu seras libre, va voir Vern. Je lui ai donné beaucoup de choses pour toi.

Elles seront dans un sac noir fermé par du ruban adhésif... tu y trouveras mon album de photos, quelques bijoux, beaucoup de livres, des chemises à l'effigie de Gary Gilmore, quelques lettres venant surtout de pays étrangers.

Un appareil de radio Sony.

J'essaye de me procurer une bague sertie de l'œil sacré de la Société de joaillerie maison Aladin, à New York. Si je la reçois aujourd'hui, je la mettrai avec le reste.

Chérie, ma chérie ma chérie, tu me manques !

Je t'aime de tout ce que je suis.

On joue souvent notre chanson : En marchant sur les pas de notre esprit. *Je ne sais pas si tu peux écouter la radio. Le poste K.S.O.P. de Salt Lake nous aime vraiment. Il joue à notre intention* La Vallée des larmes.

Je serai mort dans à peu près trente heures. On appelle ça la mort. Ce n'est qu'une libération... un changement de forme.

J'espère avaoir bien fait.

Mon Dieu ! Nicole. J'admire la puissance de notre amour. Sans doute ne pouvons-nous pas savoir dès maintenant de quoi il s'agit mais nous devons bien faire ce que nous faisons. Nous en avons la connaissance innée. Mais nous ne pourrons en prendre conscience que plus tard.

Mon ange, il est trois heures moins le quart du matin. Je vais faire un somme. T'écrirai un petit peu...

9

L'Église des mormons avait envoyé un jeune homme, marié depuis peu, Doug Hiblar, veiller sur Bessie. Il avait l'impression que leurs rapports s'étaient améliorés au cours du dernier mois. Pourtant, il lui arrivait encore qu'elle lui interdise d'entrer, alors il lui disait à travers la porte qu'il l'aimait et il s'en allait. Certains jours elle le recevait mieux, encouragée par un incident qui s'était produit entre eux.

Il avait commis l'erreur de lui dire qu'il comprenait ce qu'elle éprouvait. Indignée, Bessie lui avait répondu : « Non, vous ne le comprenez *pas.* » Il reconnut s'être trompé et avoua qu'il ne saurait jamais ce qui pouvait se passer en elle en de telles circonstances. Par la suite, il fut plus prudent dans ses propos. Peut-être est-ce cela qui lui assura les bonnes grâces de Bessie. Depuis lors, en effet, elle lui parlait plus librement.

Il alla la voir le samedi soir, bien qu'il lui eût rendu visite toute la semaine. Elle avait l'air calme, comme si elle s'attendait à ce que les tribunaux ordonnent un sursis. La semaine précédente, elle avait parlé de se rendre en Utah, puis elle avait abandonné cette idée. Doug Hiblar eut l'impression que Gary l'avait convaincue de n'en rien faire, craignant, sans doute, supposait-il, qu'une rencontre avec sa mère affaiblisse sa volonté.

Peut-être Bessie paraissait-elle tranquille mais elle ne pouvait pas dormir. Pendant toute la semaine, elle avait redouté la nuit où elle s'endormirait pour apprendre la mort de Gary à son réveil. Aussi chaque soir restait-elle éveillée très tard. Mikal l'appelait régulièrement en fin de journée de Salt Lake City ; elle faisait ensuite un petit somme. Mais elle se réveillait bientôt et ne pouvait plus s'endormir. Pendant le reste de la nuit elle traversait la longue tempête de l'insomnie. Elle imaginait des télégrammes qu'elle n'osait pas ouvrir et qui contenaient ces mots : « Comment pourrais-je atteindre Gary ? Comment pourrais-je lui dire ce que ça me fera ? » Il lui semblait en effet qu'un sabre la couperait en deux au moment fatal.

Il lui arrivait de penser au mont Y, à Provo, et au jour où elle était retournée en Utah parce que son père se mourait. Mikal était avec elle et il lui avait demandé : « Me montreras-tu ta montagne ? » Il faisait nuit, elle lui avait répondu : « Je te la montrerai demain matin. » Pourtant une brume s'était levée avec l'aurore et Mikal avait dit : « Je ne vois pas de montagne. » Il avait huit ans.

« Elle est là, avait dit Bessie. Elle me dit que mon père va cesser de vivre. » Il mourut en effet quelques jours plus tard.

Une autre des nuits qu'elle avait passées à Provo avec son fils en attendant la mort de son père, un match de football avait donné lieu à un grand rassemblement de jeunes gens. Les étudiants de la B.Y.U. grouillaient sur la montagne en brandissant des torches. « Maman, viens voir. Tu n'as jamais vu une chose pareille, avait dit le petit Mikal.

— Bah ! j'ai déjà vu ça autrefois, lui avait-elle répondu. N'oublie pas que c'est *ma* montagne. »

Tous ses neveux et nièces l'avaient regardée d'un air de dire : « Pour qui te prends-tu ? Tu n'es même pas d'ici. » Elle leur avait souri. Ils ne la comprenaient pas. Quelques-uns lui avaient demandé : « Vous n'avez donc pas le mal du pays ?

— Non, mais j'ai la nostalgie de ma montagne, avait-elle répondu. Elle m'appartient vous savez. » Elle avait bien senti qu'ils la croyaient un peu dingue.

C'est en évoquant ce souvenir qu'elle salua la fin de la nuit de samedi et l'aube du dimanche.

CHAPITRE XXX

DIMANCHE MATIN
DIMANCHE APRÈS-MIDI

1

IL est dix heures du matin ce dimanche. Je me suis levé, j'ai pris une douche, je me suis rasé... ma foi non, j'ai d'abord pris de l'exercice. Dix minutes de course. Les foutus gardiens pensent que je suis dingue quand ils me voient courir d'un bout à l'autre du couloir. Ce sont presque tous des gros connards fainéants. Hé ! dis donc, toi, tu es bien un lutin, pas vrai ? !

On m'a demandé qui j'invite à me voir fusiller. J'ai dit

Numéro Un : Nicole
Deux : Vern Damico
Trois : Ron Stanger, avocat
Quatre : Bob Moody, avocat
Cinq : Lawrence Schiller, grand manitou à Hollywood.

Je savais qu'ils ne te laisseraient pas venir, alors je leur ai dit de réserver au moins un siège en ton honneur.

Le New York Post *écrit que je mets les places aux enchères...*

Bien des gens publient des tas de saletés dans le journal.

Mon amour, tu as demandé ce qu'il resterait en toi si on me fusille.

Ce sera moi.
J'irai vers toi et je te prendrai dans mes bras, ma compagne chérie.
N'en doute pas.
Tu verras.
Mon trésor j'ai éludé une question mais il faut bien que je l'aborde maintenant.
Tu choisiras de me rejoindre ou bien d'attendre... à toi de décider.
Quand tu viendras, j'y serai, où que ce soit.
Je te le jure sur tout ce qu'il y a de sacré.
Si tu décides d'attendre, je veux que plus personne ne te possède.
Tu m'appartiens.
Mon âme sœur.
En vérité mon âme elle-même.
Ne crains pas le néant mon Ange. Tu ne le connaîtras jamais.

Le dimanche matin, Lucinda transcrivait l'interview de la veille. Tout à coup elle ne put retenir un sanglot. Schiller se tourna vers elle. Le front sur les bras, les coudes sur la machine, elle pleurait toutes les larmes de son corps, là dans le bureau, ce dimanche matin.

Vern téléphona à Larry. Des musées de cires désiraient acheter les vêtements de Gary. Leurs offres totalisaient plusieurs milliers de dollars. Certes, il n'était pas question de vendre. Mais cela indiquait qu'il faudrait veiller sur la dernière tenue de Gary. Puis ils décidèrent de protéger également sa dépouille. L'administration pénitentiaire livrerait le corps à l'hôpital de Salt Lake où l'on prélèverait yeux et organes. Cependant, Schiller décida d'y envoyer son propre garde du corps. Avoir embauché Jerry Scott était vraiment un coup de chance. C'était exactement l'homme qu'il fallait pour veiller sur Gary entre l'hôpital et le four crématoire.

GILMORE : Fagan a dit : « Il y a encore l'espoir que tu reçoives un coup de téléphone de Nicole.

— Abruti, pourri et dégueulasse, va te faire voir chez les Grecs.

— Oh, ah ah ah ah. (Il a ajouté :) J'ai les mains liées.

— Quel effet ça fait de circuler les mains entravées ? Tu n'as jamais envie toi de te sentir homme, gros tas de merde. » Je ne sais même pas si j'irai au parloir ce soir. Fagan dira : « Eh bien on l'a traité richement la nuit dernière. Visites sans restriction. On lui a laissé voir son oncle et ses avocats. » (Rire.)

Moody présenta alors sa dernière liste de questions.

MOODY : Si pendant votre passage vous croisez une nouvelle âme qui vient prendre votre place, quel conseil lui donnerez-vous ?

GILMORE : Aucun. Je ne prévois d'ailleurs pas que quelqu'un prendra ma place. Salut, je viens te remplacer... Où est la clé du placard ?... Où se trouvent les serviettes ?

MOODY : Je ne sais pas. Vous n'auriez rien à lui dire au sujet de l'existence qui euh... l'attend.

GILMORE : Merde... voilà une grave question.

MOODY : Je crois que cette âme tiendrait, en effet, à ce que vous preniez ça très au sérieux.

GILMORE : J'ai parlé à des gens qui en savent plus que moi et à d'autres qui en savent moins. Alors, écoutez, j'ai conclu que je sais au moins une foutue chose au sujet de la mort. Je ne le sais peut-être pas, mais je le ressens. Elle ne m'étonnera pas. Je ne crois pas que ce soit une chose dure et méchante. La dureté et la malveillance sont ici, sur terre, et elles ne durent pas. Tout ça, ça passe. Voilà le résumé de mes idées et je me fous peut-être dedans.

MOODY : Savez-vous ce que fut le dernier message de Joe Hill aux anars ?

GILMORE : Joe ?

MOODY : Joe Hill. Un homme qui fut tué ici, en Utah, voilà bien des années.

GILMORE : Il s'appelait Joe Hillstrom. Qu'a-t-il dit aux anars ?

MOODY : « Ne me regrettez pas, les gars, organisez-vous. »

GILMORE : Ne vous grattez pas ?

MOODY : Non. « Ne me regrettez pas, les gars, organisez-vous. »

GILMORE : Eh bien j'ai une devise dans ce genre-là qui me plaît assez : « Ne crains rien, ne souffle pas. » C'est un dicton musulman. Je ne sais pas d'où ça leur vient, mais je peux l'appliquer à bien des circonstances. Ça se comprend. « Ne me regrettez pas, les gars, organisez-vous. »

MOODY : Vous connaissez cette phrase qu'on entend dans tous les films de guerre : « Quiconque prétend n'avoir jamais peur n'est qu'un menteur ou un idiot ? »

GILMORE : Et alors ?

MOODY : Vous ne trouvez pas que ça colle au moins un peu avec votre situation ?

GILMORE : Ai-je dit que je n'ai pas peur ?

MOODY : Non. Mais le message que vous adressez au monde l'implique.

GILMORE : Eh bien, pourquoi craindre ? C'est négatif. Soumettre son existence à la peur est un péché. Vous ne trouvez pas ?

MOODY : Vous êtes certainement décidé à surmonter la peur.

GILMORE : Je n'éprouve pas de crainte en ce moment. Je ne crois pas en éprouver demain matin. Jusqu'à présent j'y ai échappé.

MOODY : Comment pourrez-vous empêcher la peur de pénétrer votre âme ?

GILMORE : J'ai peut-être de la chance. Elle ne s'est pas encore présentée. Un homme vraiment courageux ressent la peur mais fait ce qu'il doit faire, sans en tenir compte. Je ne pourrais pas me prétendre aussi foutument brave parce que je ne combats pas la peur et n'ai donc pas besoin de la surmonter. Je ne sais pas ce qui se passera demain matin... Je ne sais pas si je serai dans le même état d'esprit demain matin qu'en ce moment et que le 1er novembre quand j'ai renoncé à cette saleté de recours.

MOODY : Ma foi, vous êtes remarquablement calme.

GILMORE : Merci, Bob.

MOODY : Je ne sais pas quoi dire, c'est seulement...

GILMORE : Écoutez, mon vieux. Je suis un peu dur avec vous. C'est pas juste parce que vous êtes assez bouleversé, pas vrai ?

MOODY : C'est dur, Gary. J'en suis littéralement malade.

A cet instant Moody pleura. Un peu plus tard, quand il se fut repris, Gilmore, Stanger et lui s'entretinrent encore un moment. Puis ils se dirent au revoir. Les deux avocats promirent de revenir en fin d'après-midi et de rester toute la nuit. Au moment où ils s'en allaient, Gilmore leur dit : « N'oubliez pas le gilet.

— Le quoi ? demanda Bob.

— Le gilet pare-balles, dit Gilmore.

— Je le porterai dans mon cœur, dit Moody.

— Soyez prudents, mes amis », dit Gilmore.

Dimanche matin, Vern alla au quartier de haute surveillance et parla à Gary par téléphone en le regardant à travers la vitre. Pour une fois, ils s'entretinrent des sœurs de sa mère qui habitaient Provo. Gary se demandait pourquoi aucune de ses tantes, sauf Ida, n'était venue le voir. « Qu'est-ce que tu en penses ? demanda-t-il abruptement.

— Je suis sûr qu'elles en avaient envie, mais je

ne peux pas répondre à leur place », dit Vern. Il lui semblait encore entendre une des sœurs d'Ida lui dire : « Je ne peux tout simplement pas me décider à aller là-bas pour lui parler. »

Gary reprit : « Maman est trop malade, sinon elle serait ici. »

Après un très long silence sinistre, Gary fredonna une chanson de Johnny Cash. Il roula les yeux et s'efforça de chanter plus fort.

Quand il constata que Vern riait, il dit : « Je fais ce que je peux pour te distraire.

— Je vais t'en chanter une, vociféra Vern.

— Surtout pas la chanson du vieux chien de berger », grogna Gary.

La chanter était en effet une manie de Vern. Chaque année il la braillait au banquet du Club des Archers.

« Mais si, bien sûr : le Vieux Shep », dit Vern.

Quand j'étais petit, j'avais un chien de berger ;
Nous parcourions collines et marais.
Rien qu'un gars et son chien, nous
[nous amusions bien
Et nous avons grandi ainsi.

Les années s'écoulant le bon Shep devint vieux
Et sa vue baissa.
Un jour le docteur releva la tête et me dit :
« Je ne peux plus rien pour lui, Jim. »

D'une main tremblante, je pris mon fusil
Et visai la tête du fidèle vieux Shep
Mais je ne pouvais pas. Je voulais fuir.
J'aurais préféré qu'on me tue.

Le vieux Shep savait qu'il s'en irait.
Il me regarda et me lécha la main.
Ses yeux semblaient me dire :
« Nous nous quittons mais tu comprendras. »

Maintenant le vieux Shep est où vont
[les bons chiens.
Je n'errerai plus avec mon vieux Shep.
Mais s'il est un paradis pour les chiens,
Je suis sûr d'une chose :
Mon vieux Shep vit dans une niche merveilleuse.

— Et yop-là ! s'écria Gary.
— C'est tout pour aujourd'hui, dit Vern. Tu ne mérites pas mieux. »

2

Le service juridique de la N.A.A.C.P. mit à la disposition de l'A.C.L.U. un avocat de Washington nommé John Shattuck. Il allait présenter une requête à la Cour suprême des États-Unis au nom d'Athay. Après son échec à la Cour du juge Lewis, le samedi après-midi, Athay dicta par téléphone le texte de son recours. Le dimanche il fut remis par Shattuck au greffier de la Cour suprême qui l'enregistra.

A 18 h 25, heure du district de Columbia, c'est-à-dire à 16 h 25 en Utah, Michael Rodak, greffier de la Cour, téléphona à Athay que le juge White avait prononcé l'arrêt suivant : « *Le recours est rejeté. Je me permets de dire que la majorité de mes confrères approuve cette décision. Bryron R. White, juge à la Cour suprême.* »

Étant donné que la décision n'était pas unanime, Shattuck s'efforça de prendre contact avec d'autres magistrats. S'il parvenait à mettre la main sur un membre de la minorité, ce dernier accorderait peut-être un sursis. Ça laisserait le temps de présenter d'autres moyens de défense.

Le juge Blackmun répondit : « *La demande de sursis m'étant présentée après avoir été repoussée par le juge White, je la repousse également. Harry A. Blackmun, juge, 16 janvier 1977.* »

Le juge Brennan n'avait pas été contacté. Shattuck conseilla par téléphone de s'adresser à lui, en insistant sur l'urgence du cas. Ce ne serait peut-être pas vain car ce magistrat s'était déjà montré indulgent dans des affaires identiques. L'avocat de Washington donna à Athay le numéro de téléphone privé de Brennan qui ne figurait pas sur l'annuaire. Athay l'appela. Une voix vint en ligne et dit : « Ici le juge Brennan. » Athay prit à peine le temps de se présenter et enchaîna immédiatement : « Je suis engagé dans l'affaire Gary Gilmore.

— Ah mon Dieu ! » entendit l'avocat. Et aussitôt après, un déclic. Il rappela immédiatement et entendit : « Je suis désolé, le juge Brennan n'est pas en ville. » Athay aurait juré que c'était exactement la même voix. Consterné, il se demanda quand même s'il avait vraiment parlé au juge Brennan.

Athay avait maintenant épuisé la liste des mesures qu'il pouvait prendre en faveur de Dale Pierre.

3

L'attente fut atroce pendant toute la matinée et l'après-midi de dimanche. Schiller avait épinglé une liste de questions auprès de son téléphone. Si Gilmore appelait en son absence, Barry pourrait répondre et si Barry n'était pas là non plus, une des jeunes filles prendrait l'appel. Les questions étaient prêtes. Inutile de tergiverser, de tourner autour du pot ni de cacher son identité. Gary comprendrait qu'ils étaient tous tenus par un compte à rebours.

Schiller n'en était pas moins déprimé. Les espoirs qu'il avait fondés sur les interviews s'envolaient. Mikal avait quitté l'Utah, emportant la meilleure des dernières occasions d'obtenir quelques aperçus de dernier instant au sujet de Gary. Schiller avait l'impression d'avoir perdu tout contact. Qui croirait que Gilmore avait aussi mal pris l'affaire Moyers ? Quand Mikal menaçait de faire obstacle à l'exécution, Gary avait dû le neutraliser. Il était alors devenu le frère aîné que Mikal n'avait jamais connu jusqu'alors et il avait bien joué son rôle. Par ailleurs, il continuait à se conduire comme si Schiller avait commis une véritable agression contre lui. Tout compte fait, avoir confiance en sa mission impose des devoirs dans une situation d'aussi extrême urgence. Néanmoins, Schiller estimait qu'il payait cher son initiative.

Moody téléphona de la prison : « Le directeur va vous appeler, dit-il à Schiller. Vous *assisterez* à l'exécution. » La nouvelle avait déjà paru dans les journaux mais Larry n'en avait pas encore reçu confirmation officiellement. Il s'inquiétait donc. Si Sam Smith lui interdisait le portail, il pourrait s'en tirer par une manœuvre légale de dernière minute. La loi lui donnait totalement raison mais une telle opération impliquerait une tension abominable.

Cinq minutes plus tard, le téléphone sonna de nouveau. Le directeur adjoint de la prison dit à Schiller : « Monsieur Smith m'a demandé de vous indiquer que, si vous voulez assister à l'exécution de Gary Mark Gilmore, vous devez vous présenter demain matin à six heures au portail de la prison, sans appareil de prises de vues ni de prises de son.

— Merci. Voudriez-vous, s'il vous plaît, transmettre ce message au directeur. La déclaration que j'ai faite à Gus Sorensen est exacte. Je n'ai l'intention d'enfreindre aucune règle ou règlement édictés par la direction de la prison. Veuillez assurer à M. Smith que je me conduirai de la manière qu'il souhaite. »

Au cours de la dernière conversation téléphonique, Moody avait indiqué que Gary demandait de l'alcool et ils avaient envisagé la manière de lui en apporter.

Schiller envoya Debbie à la pharmacie acheter une ou deux bouteilles plates. « Si on n'y vend pas de récipients vides, achetez du sirop pour la toux et videz les bouteilles. »

Il expliqua à la jeune fille que de tels flacons gonflent moins le veston ou la poche revolver. Lorsqu'elle fut partie, il estima que ces fioles ne contiendraient pas assez d'alcool, aussi, envoya-t-il Tamera à la Western Airlines acheter, si elle le pouvait, quelques petites bouteilles d'une quarantaine de centilitres, comme on en sert dans les avions. Mais en Utah, cette compagnie de navigation aérienne se serait bien gardée de vendre de l'alcool le dimanche. Schiller téléphona au Hilton et apprit que cet hôtel ne servait ni ne vendait que tard dans la nuit de ce jour-là. Enfin il entendit parler d'un certain bar de Salt Lake où l'on vendait des petites bouteilles. Tamera téléphona donc au *Deseret News* d'envoyer quelqu'un en chercher. Schiller supposa que les gens du journal se réuniraient solennellement en conseil pour étudier cette affaire.

Cependant Tamera s'attendrissait au sujet de cet alcool réclamé par Gary. A ce moment-là, évidemment, tout le monde aimait le condamné, même ceux qui l'avaient détesté jusqu'alors.

Schiller avait l'impression de sentir ce changement d'atmosphère. Chacun commençait à se demander : pourquoi tuons-nous Gary Gilmore ? A quoi servira sa mort ?

Breslin parcourait le bureau en sacrant d'une manière ininterrompue. « Comment ces foutus gens osent-ils supprimer ce foutu lascar ? » Il en voulait même à Gilmore de tenir à être supprimé.

Pour se détendre, Larry se mit à faire marcher la machine à polycopier. Il lui semblait qu'occuper ses mains lui changerait les idées. Puis Tamera annonça que son journal refusait de procurer de l'alcool. « Peu m'importe qui s'en occupe, dit Schiller. Trouvez quelqu'un. » Tamera s'adressa à Cardell, autrefois un des militants mormons les plus actifs de Salt Lake. Chose surprenante, il accepta de se charger de cette mission comme d'un acte de charité chrétienne. Il estimait qu'au seuil de la mort chacun a le droit de satisfaire son dernier désir. C'était invraisemblable. Jusqu'alors le frère de Tamera suivait un chemin d'une rectitude incroyable.

Schiller appela Stanger et lui demanda : « Est-ce que le directeur de la prison me permettra de voir Gary avant l'exécution ? » L'avocat avoua qu'il ne le savait pas. Larry appela la maison de détention. Le directeur refusa de prendre l'appel. Alors Schiller se dit : « Comme ils sont capables de changer d'avis, je me trouverai devant le portail à l'heure dite. »

Ensuite il étudia le programme imposé aux médias par Smith et le jugea inspiré par un journaliste. « Je ne crois pas que le directeur de la prison ait pondu ça lui-même », dit-il à haute voix. Ce projet était trop sensé. Pendant la nuit, un haut-parleur annoncerait des nouvelles toutes les demi-heures et des représentants de l'administration pénitentiaire sortiraient fréquemment pour s'entretenir avec les reporters. Quelques minutes après l'exécution, Sam Smith ferait une déclaration. Dix minutes plus tard, la presse serait autorisée à visiter le lieu de l'exécution. Ce projet laissait apparaître une connaissance que Sam Smith n'avait pas manifestée jusqu'alors. Le langage dans lequel était rédigé ce texte intriguait Schiller et il se dit : « Voilà quelque chose qui lance un défi à mon intelligence. » Il eut alors une de ses inspirations qu'il appelait ses « rêves de l'impossible ». Peut-être rencontrerait-il le soir même l'auteur de ce programme et lui expliquerait pourquoi il devait parler à Gary. « Oui, se dit-il. J'y entrerai comme membre de la presse. »

Il avait évidemment pris des dispositions pour une telle éventualité. John Durniak, chef du service photographique de *Time*, l'avait autorisé à se servir d'une carte de ce journal s'il le désirait. Elle faisait de lui LAWRENCE SCHILLER, TÉMOIN DE L'EXÉCUTION. Cela ne lui permettait pas d'entrer dans les locaux pénitentiaires avant six heures trente, mais il pouvait se présenter au portail à dix-huit heures, soit plus de douze heures à l'avance, grâce à sa nouvelle carte le présentant comme accrédité par cet hebdomadaire.

Bien avant cinq heures de l'après-midi, Schiller n'eut plus la patience d'attendre à Orem. Il fourra dans sa poche la fiole de sirop pour la toux remplie d'alcool et demanda à Tamera de prévenir son frère pour qu'il soit lui aussi au portail. Ils quittèrent la TraveLodge. Quand Larry arriva à l'enceinte du pénitencier, la presse franchissait déjà le portail. Jusqu'alors on parlait de cirque ; désormais ça se présentait comme un cortège de Gitans. Des camionnettes de la télévision, celles des actualités filmées, des équipes de remplacement sans compter les nombreuses voitures de la presse écrite. Tous ces gens-là s'entassaient dans les véhicules les plus divers qui pénétraient lentement, un par un. Schiller remarqua surtout que tout le monde buvait.

4

Le communiqué du directeur de la prison n'avait pas spécifié si les gens des médias pouvaient apporter alcool ou bière. Cette lacune n'avait guère de conséquence sur l'ensemble du programme. Qui a jamais entendu parler de journalistes s'assemblant à un endroit quelconque pour douze heures sans se munir de boissons ? En outre, il faisait un froid si aigu que sans gnôle, on gèlerait. Schiller imagina le spectacle qui aurait pu se présenter à six heures du matin : trois cents membres de la presse raides morts dans l'enceinte de la prison. Quelle photo sensationnelle ! Il ne resterait plus un seul survivant pour annoncer l'événement à l'univers. Oui, en effet, le programme de Sam Smith n'omettait rien d'important. Toute manifestation qui pourrait avoir lieu se déroulerait hors du domaine pénitentiaire. Les contestataires brailleraient à une distance de cinq cents mètres. Sans les précautions prises par le directeur, quelques-uns des meilleurs journalistes auraient sollicité des interviews de manifestants, se seraient mêlés à eux, les auraient encouragés en leur suggérant des mots d'ordre cuisants. Le lendemain matin on aurait diffusé ou publié les propos d'orateurs hostiles à l'exécution. Décidément, les mesures de Sam Smith dénotaient un esprit exceptionnellement avisé. Au matin, les journalistes seraient peut-être blêmes mais ils auraient été bouclés pendant toute la nuit jusqu'après l'exécution. Le lendemain, bien sûr, les médias se vengeraient mais ils avaient maltraité l'État d'Utah depuis le début. L'exécution aurait au moins lieu sans émeute au petit jour, sans bagarre avec les gens qui voudraient pénétrer dans l'enceinte de la prison. La cohue se manifestait à dix-huit heures, la veille au soir. La rancune de la presse pourrait s'atténuer au cours de la nuit. Ses membres boiraient tant qu'ils seraient abrutis à l'aurore. Quand on transférerait Gilmore du quartier de haute surveillance à la conserverie, les reporters seraient si heureux de quitter le froid de l'extérieur pour pénétrer dans les locaux qu'ils attendraient sans rouspéter, quelle que fût la salle dans laquelle on les enfermerait. Finalement Schiller supposa que ce programme avait été élaboré à Washington par quelqu'un du F.B.I. ou bien du ministère de la Justice.

Quand Schiller se présenta devant les gardiens, ils lui demandèrent seulement son nom puis celui du journal qu'il représentait. La carte de *Time* suffit : on lui fit signe de passer. Il descendit la côte vers le parking. Mais le gardien qui s'y trouvait n'était autre que le lieutenant Bernhardt qui avait laissé entrer Schiller une première fois, près de deux mois auparavant, alors qu'il se présentait en qualité d'expert immobilier. Schiller passa raide sur son siège, le regard fixé droit devant lui. Mais il vit dans le rétroviseur Bernhardt monter dans un véhicule pour lui donner la chasse. Schiller s'arrêta et descendit de voiture. Bernhardt l'aborda en lui disant sans aucun préambule : « Foutez-moi le camp d'ici. Vous ne serez admis qu'à six heures et demie demain matin. » Bernhardt se mit même à brailler, ce qui attira l'attention : précisément ce que Schiller souhaitait éviter.

Bernhardt retourna au véhicule et appela quelqu'un par radio. Puis il revint et dit : « D'accord. Vous êtes là, restez-y, mais vous ne quitterez pas le parking avant six heures pétantes du matin. Ne l'oubliez pas. Vous ne verrez pas Gilmore. » Il vociféra cela devant d'innombrables membres de la presse. Le peu de couverture qu'avait Schiller jusqu'alors s'envola. Pendant les quelques heures à venir, force lui serait de s'en tenir à ce qu'annonceraient les haut-parleurs.

Plus tard, Tamera lui remit subrepticement les petits flacons que Cardell avait apportés au portail. Les reporters grouillaient sur le parking, en bavardant et en tapant des pieds. Bientôt chacun retourna dans sa voiture. Puis il fut dix-huit heures et ils se trouvèrent tous bouclés. La longue nuit d'hiver descendit de Point of the Moutain, balaya le parking et la prison puis chassa les derniers suaires du crépuscule jusqu'au-delà du désert.

SIXIÈME PARTIE

DANS LA LUMIÈRE

CHAPITRE XXXI

UNE SOIRÉE DE DANSE ET DE RAFRAÎCHISSEMENTS LÉGERS

1

JULIE JACOBY sortit de bonne heure pour se rendre à la veillée. Le Révérend John Adams se trouvait avec elle dans la première voiture. Rompu depuis longtemps aux manifestations, il désirait s'entretenir avec le shérif du canton de Salt Lake pour assurer la protection de ses fidèles.

Grave ennui : on ne les laissait pas pénétrer dans l'enceinte. La police de l'Etat les orienta sur une route d'accès. Au bout d'un moment, ils apprirent que bien peu de reporters s'occuperaient d'eux.

La nuit tomba et le froid vint avec elle. Le service religieux se poursuivit quand même. Il n'y avait que quarante ou cinquante personnes qui récitèrent des litanies. Une équipe de télévision alluma ses projecteurs pour permettre aux fidèles de lire les répons. Sur les conseils de John Adams, Julie avait vidé ses armoires et tiroirs de tous les vêtements chauds qu'elle possédait et les avait apportés pour les gens qui viendraient insuffisamment vêtus. Puis le pasteur lui emprunta sa Subaru et fit plusieurs aller et retour pour amener les fidèles du motel Howard Johnson à Salt Lake qui avait été choisi comme lieu de rassemblement. D'autres profitèrent de ces aller et retour pour s'en aller. Il passa donc toute la nuit à véhiculer des gens.

2

A cinq heures de l'après-midi, quand Toni alla rejoindre Gary, la presse s'était déjà rassemblée sur le parking. Les journalistes s'agglutinèrent autour d'elle près du portail donnant accès au quartier de haute surveillance. Ce serait encore pire quand elle ressortirait. La presse serait plus nombreuse. En suivant le couloir entre les barrières de fil de fer barbelé, sur la neige, battue par le vent qui soufflait de la montagne, Toni pensa à la première visite qu'elle avait rendue à Gary deux jours avant son anniversaire. Elle ne savait pas alors si elle lui pardonnerait. Mais en constatant combien sa visite étonnait Gilmore, elle lui demanda ce qu'elle pourrait lui envoyer. Il avait envie de deux tricots de corps, très grands, avec les épaules renforcées, ce qui compenserait l'absence de manches. Depuis, elle était retournée le voir. Il l'accueillait toujours en s'exclamant : « Dieu ! que tu es belle. » Elle en rougissait.

Ce dimanche-là pourtant, ce n'était pas la même chose ; coïncidence curieuse, c'était l'anniversaire de Toni et la famille Howard irait souper chez elle. Aussi, pendant le temps où elle pensait à sa visite, Toni avait préparé le repas du soir en se demandant si elle pourrait voir Gary assez tôt pour être de retour à sept heures quand arriveraient les Howard.

Il était six heures moins dix quand on la laissa enfin entrer au parloir où il lui fallut encore attendre vingt minutes avec les autres visiteurs. A peine arrivé, Gary la remarqua et l'étreignit aussi vigoureusement que s'il voulait briser toute la glace de l'hiver. Il la serra ainsi avec une telle ardeur et si longtemps qu'elle se demanda s'il finirait par la lâcher. Sa mère, qui se trouvait auprès d'elle, lui dit : « Maintenant, c'est mon tour. » Gary lâcha Toni d'un bras et de l'autre serra Ida contre lui. Mieux encore, quand sa tante recula d'un pas, il souleva Toni et lui donna un gros baiser sur les lèvres. Il la tenait encore un quart d'heure plus tard quand les deux femmes furent absolument obligées de s'en aller.

« Tu reviendras, n'est-ce pas ? » demanda Gary. Toni ne l'avait pas envisagé. Cela apparut dans son regard. Alors Gary lui dit : « Retourne chez toi, prends soin de tes beaux-parents et reviens. » Ce n'était pas aussi simple qu'il le pensait. D'abord elle devait éviter de vexer les Howard. Ensuite, et plus important, elle ne pouvait passer que le dimanche avec Howard, qui travaillait en semaine sur un chantier de construction dans le sud de l'Etat.

Avant qu'elle ait eu le temps de répondre oui ou non, Gary lui donna un autre gros baiser d'anniversaire. Puis Moody et Stanger conduisirent la mère et la fille par les couloirs et jusqu'aux palissades de fil de fer barbelé et enfin jusqu'à la foule qui grossissait. Toni comprit d'où venait le nom de la presse : les journalistes faillirent l'étouffer. Mais cela l'émut moins que de quitter la prison pour retrouver chez elle préparer son dîner d'anniversaire.

3

Bob Moody avait commencé sa journée de dimanche à six heures du matin pour assister à une réunion du Conseil supérieur. Cela dura jusqu'à huit heures. À neuf heures et demie, il se rendit à une réunion de diaconat. Il retourna chez lui conduire sa famille à l'église, se rendit à la prison et alla chercher les siens quand l'école du dimanche se termina à une heure de l'après-midi. Toute la famille Moody alla déjeuner. À seize heures, Ron Stanger et lui furent prêts pour aller à la prison.

Vern et Ida étaient déjà sur le parking. Toni les rejoignit avec deux cousins entre deux âges de Gary : Evelyn et Dick Gray. On les emmena tous, avec le Père Meersman, au quartier de haute surveillance. Le lieutenant Fagan les reçut aimablement cette fois et leur indiqua où se trouvaient les commodités. On avait nourri les détenus de bonne heure. Les portes entre le parloir et la salle à manger du quartier étaient ouvertes, si bien qu'ils purent passer d'une pièce dans l'autre pendant la soirée. Cela leur donnait beaucoup d'espace ; environ une trentaine de mètres en droite ligne. Il y avait aussi deux petites pièces supplémentaires pour des conversations privées. Le bureau du lieutenant Fagan était ouvert ainsi que la cuisine et la cabine à cloisons de glace où ils parlaient auparavant à Gary.

Tout cela se trouvait à l'entrée du quartier de haute surveillance, juste derrière les deux portes coulissantes permettant de communiquer avec l'extérieur. Au-delà du parloir, derrière une porte à barreaux, s'étendait le long vestibule traversant le quartier et donnant accès aux diverses rangées de cellules. Moody n'était jamais allé aussi loin et ne connaissait donc pas ce lieu qui l'intimida quelque peu. Avec ses couloirs divergents, ce vestibule ressemblait aux anciennes maisons de détention d'un aspect oppressant. Des cris, des gémissements montaient des cellules jusqu'à eux mais atténués, comme provenant de sous la terre.

Etant donné qu'ils étaient convenus de rester toute la nuit et voulaient apparaître dans leur meilleure tenue le lendemain matin, Moody et Stanger étaient venus avec des vêtements de rechange. Ils s'étaient aussi munis de biscuits et de boissons sans alcool. Cette précaution se révéla inutile car l'administration pénitentiaire servit de légers rafraîchissements : tang, koolaid, galettes et café. Puis le Père Meersman se procura un poste de télévision et le brancha. Quelqu'un était parvenu à introduire un appareil de stéréo avec quelques disques. Trois ou quatre gardiens circulaient dans la cuisine, le réfectoire et le parloir ; allaient et venaient aussi le Père Meersman, Cline Campbell, les deux avocats, les cousins Gray, Vern, Toni et Ida. Cela faisait une assistance suffisante pour une espèce de petite fête, abstraction faite du gardien de service pendant toute la nuit dans la cabine de verre dominant le parloir.

A peu près toutes les deux heures, quelqu'un apportait des médicaments. La soirée s'écoulant, Bob Moody supposa que l'administration était en train de droguer Gary. Sans aucun doute, les pharmaciens considéraient cela comme un acte de miséricorde. En effet, dès les premières heures de la soirée, Gary parut de plus en plus heureux. Il fut d'abord enchanté de voir Toni, l'étreignit, la bécota avec enthousiasme. Bob, Ron, Vern et les autres se tinrent à l'écart et se gardèrent de l'interrompre pendant qu'il jouissait de cette visite. Les gardiens, quant à eux, avaient des corvées à accomplir. Ils apportèrent deux ou trois lits de camp avec matelas et oreillers et disposèrent de quoi boire et manger sur les tables du réfectoire. Toutefois Toni ne resta pas longtemps ; Ron et Bob la menèrent, entre les deux palissades de fil de fer barbelé, jusqu'à la cohue de la presse. Pratiquement ce fut un exploit. Quand ils parvinrent à la faire monter dans sa voiture, les projecteurs les avaient tellement éblouis qu'ils se crurent aveugles et se demandèrent s'ils n'allaient pas sombrer dans la démence générale. Cette nuit-là, la presse les considéra comme des magiciens parce qu'ils avaient vu l'Homme et pouvaient parler de lui.

Ils ne cessaient de répéter : « Pas de commentaire. » Ils se mirent en quête de Schiller et tinrent suffisamment les médias en haleine pour que Vern parvînt à se glisser dans la foule pour s'entretenir avec Larry.

Moody et Stanger parvinrent peut-être pendant quelque temps à satisfaire la majorité des reporters mais ceux-ci étaient nombreux. Certains s'agglutinèrent autour de Larry et Vern. Dans la cohue, Vern put à peine chuchoter : « Vous avez l'alcool ? » Schiller le rassura à ce sujet et Vern demanda : « Comment parviendrai-je à l'introduire dans la prison ?

— Glissez les petits flacons sous vos aisselles et serrez les coudes, dit Larry.

— D'accord, répondit Vern. Mais comment les passer sous mon manteau ? » La presse les cernait aussi étroitement que deux joueurs d'une équipe victorieuse surpris sur le terrain après le match.

Schiller pivota sur lui-même et vociféra : « Vous ne pourriez pas laisser respirer cet homme ? Vous l'étouffez ! Reculez ! » Il repoussa légèrement ceux qui se trouvaient au premier rang, sans brutalité, mais en usant d'un mélange de pression et d'exaspération qui est toujours efficace avec les reporters. « Laissez-le donc vivre », répétait-il. La cohue s'écarta d'un mètre peut-être un peu plus, ce qui permit à Vern de disposer des fioles. Quand Larry se tourna vers lui, l'oncle de Gary était prêt à s'exposer aux faisceaux des projecteurs pour gagner le parloir. Gilmore commençait sa dernière nuit sur terre.

4

Les petits flacons ne durèrent guère. De temps en temps, Gary disparaissait dans une des petites pièces, buvait un petit coup et revenait en clignant de l'œil. Moody l'approuvait. Puisque c'est tout ce que demandait cet homme, tant mieux s'il s'offrait ce plaisir. Quant à lui-même, l'avocat n'avait pas bu d'alcool depuis des années, mais il s'agissait d'une occasion exceptionnelle. Une petite voix lui disait que Gilmore allait affronter son Créateur à la fin de la nuit et que se présenter la tête embrumée par l'alcool serait fâcheux. Pourtant il considérait cette indulgence identique au dernier repas qu'on accorde toujours au condamné. S'il a envie de nous quitter soûl, c'est son droit. Il se rappela que Gary avait délibérément refusé toute drogue parce qu'il ne voulait pas que le monde le croie incapable de faire face au peloton d'exécution. Mais maintenant on lui apportait des médicaments et il sifflait de la gnôle.

Compte tenu de la satisfaction que manifestait Gary, de la manière dont il supportait sa légère ébriété, car il ne s'enivra pas, l'ambiance de la soirée devint agréable. Gary emmena même un des gardiens dans une des petites pièces, à l'écart, et lui offrit une rasade du médicament contenu dans les bouteilles envoyées par Schiller.

L'idée qu'il pourrait serrer la main de Gary, le regarder droit dans les yeux pendant un instant, plaisait à Bob. Son désir de choses aussi simples s'était accru d'une manière inattendue au cours des semaines d'interviews. C'était en outre la première fois qu'il se trouvait avec le condamné sans avoir des choses sérieuses à discuter avec lui. Il se réjouissait donc de voir Gary se détendre et passer la soirée avec plaisir.

Tout se déroulait simplement, dans une atmosphère de quiétude. Au fil des heures Ron et Bob se levaient, allaient à la cuisine boire un verre de rafraîchissement. Evelyn et Dick Gray ainsi que Vern allaient et venaient d'un bout à l'autre du local mis à leur disposition. L'angoisse des secondes qui passent, des horloges qui tournent et l'idée que hors de la prison des avocats s'efforçaient encore d'obtenir un sursis d'exécution... tout cela leur échappait.

5

Au début de la soirée, quand ils pénétrèrent dans le parloir et y trouvèrent Gary presque en liberté, sans être séparé des visiteurs par une cloison de verre, donc à même d'aller vers eux et de les toucher, Stanger le salua chaleureusement, lui serra la main et lui posa un bras sur l'épaule : pas une étreinte évidemment, mais un geste viril. Se trouver ainsi, ensemble, face à face, équivalait presque à une victoire, pensa l'avocat et cette idée éclaira longtemps ses pensées.

Un peu plus tard, alors que la soirée s'écoulait encore agréablement, Ron parla du temps où il pratiquait la boxe à l'université Brigham Young. Gary indiqua qu'il s'y connaissait assez bien dans ce sport. Tous deux se levèrent et mimèrent un combat. Au début, Ron pensa qu'il s'agirait seulement de lancer quelques coups mais Gary prit ça autrement. En réalité, il n'était pas boxeur mais il avait l'expérience de la bagarre de rue. Il cognait vivement. Ron esquivait. Gilmore se prit de plus en plus au jeu. Plus il frappait fort, plus il était heureux. Cela dénotait évidemment un fond de malice. N'esquivant pas toujours assez vite, Ron recevait quelques coups aux épaules, aux bras ou aux mains. A un moment, comme s'il s'agissait encore d'un amusement, Gary commenta son propre style : « Je ne mène pas le combat, je riposte seulement. » Mais à ce moment-là, il frappa. Ron pivota sur lui-même et pressa Gary de l'épaule assez vivement. Puis il s'éloigna. Mais Gary le poursuivit. Ce n'était plus un jeu. Il tenait, semble-t-il, à prouver la vigueur de ses muscles. Deux directs atteignirent presque Ron à la tête. Pendant les quelques premières vingt ou trente secondes, l'avocat se sentit en pleine forme. Il était plus rapide que Gary. Mais, au bout d'une minute, chaque mouvement respiratoire lui rappela son âge. De plus, Gary le dépassait de quelque cinq centimètres par la taille et avait plus d'allonge. Bientôt l'avocat éprouva la même impression que lorsqu'il entrait dans le quartier de haute surveillance où les détenus ne se préoccupaient que de leurs corps et de leur forme. Leur présence l'écrasait psychologiquement. En manifestant leur vigueur, ils semblaient dire : « J'ai plus le droit que toi d'être libre, mon bonhomme. » Enfin, Ron eut l'occasion de prendre Gary à bras-le-corps ; il l'étreignit brièvement en souriant, s'écarta et signifia que ça suffisait.

Après cet exercice, Gary lança quelques appels téléphoniques. Ron l'entendit parler à l'émetteur de radio spécialisé dans le country-and-western ; pour les embêter, il leur reprocha la mauvaise qualité de leur musique mais surtout il les remercia de jouer souvent *Marcher sur les traces de ton esprit ;* ensuite il alla dans le bureau de Fagan pour appeler sa mère. Ron n'essaya évidemment pas d'écouter mais Gary reparut tout joyeux parce qu'il avait aussi parlé à Johnny Cash. Puis il se mit à circuler d'une manière désordonnée, comme si entendre l'appareil de stéréo jouer des airs de danse et ne pas avoir de cavalière à sa disposition l'exaspérait. Pourtant, jusqu'alors la bonne humeur avait continué à régner. Si désagréable qu'il eût été, le combat de boxe avait établi une sorte d'intimité entre le condamné et l'avocat. Bien qu'on ressentît des hauts et des bas, tout le monde restait à peu près de bonne humeur. Pendant un moment de silence, Gary aborda Ron et demanda à lui parler en particulier. Ils s'assirent ensemble sur un banc, dans un coin du parloir, à l'écart des autres.

Gary déclara abruptement qu'il possédait cinquante mille dollars et regarda Ron dans les yeux. Ses iris d'un bleu clair parurent alors aussi profonds que le ciel par un de ces étranges matins où il n'est pas possible de prévoir s'il fera beau ou mauvais temps. « Oui, Ron, j'ai cinquante mille dollars ou, plus exactement, je sais comment y accéder et je vous en donnerai le moyen. En échange je ne vous demande qu'une chose : la prochaine fois que vous sortirez, laissez-moi la clé du placard où vous avez mis vos vêtements de rechange. » Ce placard se trouvait dans une des petites pièces attenantes au réfectoire. « Il y a ici tellement de chahut, poursuivit Gilmore, que les gardiens n'y verront que du feu. Laissez-moi la clé c'est tout.

— A quoi voulez-vous en venir ? » demanda Ron. Sa propre naïveté l'étonnait. « Expliquez-moi exactement ce que vous entendez faire ? » A cette deuxième question il se trouva lui-même encore plus stupide.

« Si je peux franchir les deux portes dans vos vêtements, je suis dehors. Au-delà il n'y a rien que la porte donnant accès à l'extérieur et elle est toujours ouverte. Je n'aurai plus qu'à grimper le long de la palissade de barbelés et rouler par-dessus arrivé en haut. Je me déchirerai vêtements et peau mais ça ne fait rien.

— Et du sommet vous vous laissez tomber ? demanda Ron.

— Oui. Ensuite je prends mes jambes à mon cou. Dès que j'ai franchi les deux portes d'ici, je suis dehors. Vous avez bien des vêtements de rechange ? »

Alors Ron comprit pourquoi Gary faisait tellement d'exercices de gymnastique chaque jour depuis sa condamnation. Il s'obligea à regarder le condamné droit dans les yeux et répondit : « Quand nous nous sommes mis d'accord, Gary, il n'était pas question de trucs comme ça. (Il marqua une pause puis reprit :) Après avoir passé tant d'heures ensemble, je me sens votre ami. Je ferais n'importe quoi pour vous mais je ne veux pas fourrer mes enfants et toute ma famille dans le pétrin. »

Gary hocha la tête. Il acceptait cette réponse sans dépit et parut moins découragé que confirmé dans ses prévisions.

Ron se rappela que lorsque Toni et Ida étaient parties, Gary s'était livré à une petite comédie en se coiffant du chapeau de la fille et en enfilant le manteau de la mère. Ensuite il avait feint de vouloir franchir le sas avec elles. A ce moment-là tout le monde en avait ri, même le gardien débutant, un jeune type que Ron n'avait encore jamais vu dans la prison. Toutefois, si ce geôlier avait ouvert les deux portes à la fois, Gary aurait filé. Bon Dieu ! Soudain Stanger comprit le secret du condamné. Gary disait vrai : s'il lui fallait rester en prison, il préférait mourir ; mais s'il pouvait prendre le large, c'était une autre affaire.

6

Assis sur un banc, s'efforçant de ne pas penser à la douleur qui lui tenaillait le genou, Vern était très ému, affligé et las ; son estomac se crispait de temps à autre. Son visage était figé sur une expression d'impassibilité qu'il lui était difficile de maintenir. A un moment, il faillit éclater sans savoir s'il retenait un cri de douleur ou un éclat de rire. C'était au moment où Gary disait au téléphone : « Vous êtes bien le vrai Johnny Cash ? » Pouvait-on imaginer rien de plus insensé ?

Un peu plus tard, Gary circula, coiffé du chapeau de Robin des Bois que Vern lui avait acheté au magasin d'alimentation Albertson. Cet article de bazar était beaucoup trop grand. C'était le dernier qui restait en rayon. Quand il l'avait vu, avec sa longue plume incurvée, Vern s'était tourné vers Ida et lui avait dit : « Il aime porter des trucs marrants. Je l'achète. » Comment peut-on aimer un type rien que parce qu'il aime des déguisements de ce genre ?

Gary était plein d'humour cette nuit-là. Vern ne l'avait jamais vu aussi riche. La seule chose qui pouvait encore l'irriter c'était la prison et, même à ce sujet, il était drôle. « Ma dernière nuit, répétait-il en souriant. C'est ma dernière nuit alors on ne peut plus me punir. » De nouveau Vern fut près de pleurer. Il se rappela sa visite à la prison longtemps auparavant, quand Gary lui avait dit d'emblée : « Vern, inutile de parler de ma situation. J'ai tué ces deux hommes et ils sont morts. Je ne peux pas les ressusciter. Si je le pouvais, je le ferais. »

7

Un peu plus tard, Stanger s'inquiéta. Le projet d'évasion pour lequel Gary lui avait demandé son aide l'avait bouleversé. « Eh dites donc ! clama-t-il, si on mangeait de la pizza ? » Il s'adressa ensuite au lieutenant Fagan pour lui demander s'ils auraient la permission de sortir et de revenir. L'idée de manger une pizza plaisait à tout le monde. Stanger n'avait que six dollars sur lui, aussi le Père Meersman lui donna un peu d'argent et Fagan se fendit de deux dollars. Quelques-uns des gardiens participèrent aussi. Puis Vern émergea d'une rêverie et déclara : « Reprenez votre fric. C'est moi qui paye les pizzas. Débrouillez-vous pour les apporter. »

Fagan offrit de lui-même une voiture et un gardien pour la conduire. Ron, Bob et le gardien sortirent, montèrent aussitôt en voiture et s'arrêtèrent d'abord au parking où Stanger eut le temps de débarquer, repérer la voiture de Larry, l'aborder et lui dire : « Gary vous appellera à une heure trente du matin.

— Ça va, dit Schiller, je sors avec vous. »

A ce moment-là, les journalistes ne bourdonnaient plus autour de Schiller. Le froid paralysait tout le monde. Chacun sirotait dans sa voiture. Schiller put donc traverser le parking et grimper dans la voiture sans être remarqué par la presse. Le gardien qui la conduisait lui demanda : « Qui êtes-vous ?

— Je dois sortir avec vous », répondit tout simplement Schiller qui s'allongea sur le plancher de la voiture. Cependant un reporter avait harponné Stanger. Moody le rejoignit et il leur fallut cinq bonnes minutes pour se libérer. Enfin la voiture roula jusqu'au portail qui s'ouvrit et ils furent dehors. Schiller se leva et tout le monde éclata de rire.

S'ils avaient conduit Larry jusqu'à Orem, on se serait demandé à la prison pourquoi la voiture restait si longtemps à l'extérieur. Ils filèrent donc jusqu'aux confins nord de Salt Lake. De là Schiller téléphona à son chauffeur. Ainsi arriva-t-il à son motel avant minuit pour attendre l'appel de Gary.

La pizzeria était la seule boutique ouverte et ils furent les derniers clients. Bob Moody commanda les pizzas avec jambon, saucisse et poivron en croyant épater les autres par ses connaissances en la matière. Ils prirent aussi de la bière. Quand ils arrivèrent au portail de la prison, on fouilla leur voiture et on confisqua leur bière. Ils en furent outrés mais le gardien de service resta intraitable : aucune boisson alcoolisée n'était tolérée dans la prison. Le plus drôle, c'est qu'il n'ouvrit pas les cartons des pizzas dans lesquels ils auraient pu dissimuler au moins cinq pistolets. Ensuite ils suivirent l'allée depuis l'enceinte jusqu'à la porte du bâtiment administratif. La voix d'un gardien juché sur un mirador tomba du ciel comme celle du Tout-Puissant parlant du haut des nuages : le règlement interdisait la pizza. Inacceptable.

Ils contestèrent et la discussion dura jusqu'à ce qu'un changement de consigne leur parvînt : tout compte fait ils pouvaient entrer avec la pizza mais Gary n'en aurait pas, parce qu'il n'avait pas inscrit cet article sur le menu de son dernier dîner.

Moody s'imagina la scène qui se déroulait dans le bureau du directeur de la prison. Une délibération fiévreuse. Comment ? Des vivres apportés de l'extérieur ? Arrêtez ça ! Lorsqu'ils arrivèrent à la porte du quartier de haute surveillance, Bob et Ron, exaspérés, restèrent dehors pour manger leur pizza en grelottant. Quand ils rentrèrent, le lieutenant Fagan était très gêné par cette affaire. C'était un homme généralement accommodant, de petite taille, mince, aux cheveux et à la moustache blancs, vêtu avec soin. Mais la réaction de ses supérieurs le mettait de mauvaise humeur. Au bout d'un moment, un gardien vint annoncer que Gary pourrait manger une tranche de pizza. Évidemment le condamné ne voulut même pas en entendre parler. En considérant le mur dont la peinture s'écaillait, il déclara : « J'espère que mon dernier repas plaît à tout le monde. »

Cependant le Père Meersman ne cessait d'entrer et de sortir. Il tenait l'assistance au courant de ce qui se passait à la direction et, pensa Bob, racontait à la direction ce qui se passait au parloir.

Après l'épisode de la pizza, un sentiment d'humiliation prévalut. Le soir précédent, Gary aurait pu demander n'importe quel plat. Le directeur aurait signé sa commande et il aurait pu le manger cette nuit-là. Mais désormais il était trop tard. Toutefois, deux pharmaciens vinrent donner des pilules au détenu. On lui avait refusé la pizza mais on le nourrissait de calmants. Stanger conclut qu'un seul adjectif qualifiait l'administration pénitentiaire : superbe.

Ils apprirent aussi que Sterling et Ruth Ann Baker n'étaient pas admis au parloir. L'administration avait enquêté sur Sterling qui avait un passé judiciaire : deux procès-verbaux pour infraction aux régles de la circulation. Le grand criminel ! Grotesque. Moody bougonnait : stupides, idiots, des ânes.

8

Pendant son dîner d'anniversaire, Toni reçut des douzaines d'appels téléphoniques qui lui firent parfois oublier Gary. Néanmoins elle répétait sans cesse à sa mère : « Je veux y retourner.

— Mais, chérie, tous les reporters qui sont là-bas savent désormais qui tu es. »

Après y avoir réfléchi, Toni décida : « D'accord. Je me lèverai à cinq heures du matin. »

Ses beaux-parents s'en allèrent de bonne heure. Elle resta à bavarder avec Howard. Il sentait qu'elle avait envie de retourner voir Gary et elle s'en rendait compte. Evidemment, elle ne voulait pas quitter Howard. En outre, il y avait la presse ! Les faisceaux de projecteur dans les yeux, les questions des reporters qui lui faisaient claquer les nerfs. Jamais jusqu'alors elle n'avait eu ainsi l'impression d'être un animal enfermé dans une cage avec d'autres animaux.

Howard lisait probablement dans ses pensées car il lui dit : « Viens, chérie. Je te ferai passer à travers les reporters. » Ils laissèrent un mot pour Ida et s'en allèrent. Ils arrivèrent à la prison peu avant dix heures du soir mais il leur fallut trois bons quarts d'heure pour franchir le portail. Les mesures de sécurité s'étaient alors resserrées. Les gardiens étaient habitués au visage de Toni mais ne connaissaient pas Howard. Ils refusèrent de le laisser entrer. Elle dut faire tout le chemin jusqu'au bâtiment administratif, seule, et y affronter les reporters.

Sam Smith refusa de laisser entrer Howard. Il sembla à Toni que, si elle insistait, il céderait. Mais elle se rappela ce que lui avait dit Howard : « Comment peux-tu aller bavarder avec quelqu'un qui va mourir dans quelques heures ? » Alors, plutôt que de lui imposer une corvée désagréable, elle entra seule.

Quand on ouvrit la double porte à son intention, elle avisa immédiatement son père et Gary, assis côte à côte sur un lit de camp. Vern avait visiblement sommeil. Gary paraissait crispé. Sans doute s'étaient-ils habitués aux entrées et sorties car, lorsque la seconde porte claqua derrière elle, ils ne levèrent même pas la tête. Elle se trouva au milieu de la pièce avant que Gary l'aperçoive, se lève d'un bond, la saisisse à bout de bras et la soulève. « Je savais que tu reviendrais. Dieu merci, te voilà revenue ! »

Il tourna sur lui-même en la tenant ainsi en l'air, puis l'étreignit et lui baisa les lèvres.

« Pourquoi es-tu revenue si tôt ? demanda Vern. Le matin est encore loin. » Mais il n'ajouta rien et les laissa tranquilles.

Ils s'assirent par terre, côte à côte, et bavardèrent. Gary serrait les mains de la jeune femme entre les siennes. « Je regrette que nous ne puissions pas passer plus longtemps ensemble, dit-il.

— Je le regrette aussi, répondit-elle.

— Ma foi, il y a une raison à cela. Si nous nous étions liés plus tôt, cette soirée n'aurait pas la même importance. »

Puis il lui demanda si elle voulait voir des photos de Nicole et il alla chercher un carton fermé par des bandes gommées qu'il décolla avec soin. Il montra d'abord Nicole enfant. « Celles-là, tu n'as pas besoin de les regarder si ça ne t'intéresse pas », dit-il. Il sortit alors de la boîte deux esquisses de Nicole nue, puis une série d'instantanés pris dans une de ces cabines où l'on a quatre portraits pour un demi-dollar. Nicole y exhibait ses seins. Toni ne trouvait rien à y redire. De toute évidence, ces photos avaient beaucoup de valeur pour Gary. Il lui montra encore Nicole à cinq ans, huit ans, dix ans en répétant combien elle était belle étant enfant.

« C'est aussi une belle femme maintenant », dit Toni. Elle se demandait pourquoi il prêtait tant d'attention aux photos d'enfant.

« J'aurais bien voulu la revoir encore une fois », dit-il.

Il referma le carton aussi soigneusement qu'il l'avait ouvert et en prit un autre contenant des photos de camarades de prison. Pour chacun, il indiqua dans quelle maison de détention il l'avait connu. Des pharmaciens arrivèrent avec des médicaments. L'un d'eux lui donna une tasse et dit : « Buvez ça *tout de suite.*

— Vous n'avez pas confiance en moi, dites donc ? » répondit Gary qui s'exécuta. Quand ils s'en allèrent, Toni se trouva de nouveau seule avec Gary. Il montra alors la plaque qu'Annette lui avait donnée longtemps auparavant et dit : « Ça, je veux qu'on le donne à Nicole. » A ce moment-là, Toni fut convaincue que Gary était innocent. Sinon, il ne laisserait pas cela à Nicole.

L'électrophone diffusait encore de la musique. Gary dit à Toni : « Viens. Voilà des années que je n'ai pas dansé. » Ils se levèrent. Quand il se mit à chanter, elle constata qu'il n'avait aucun sens de la musique et devina qu'il danserait aussi mal. Pourtant cela ne lui déplut pas. Assise auprès de lui, par terre, alors qu'il faisait l'inventaire de ses affaires, elle s'était sentie très proche de son cousin. Comme Brenda, Toni s'était mariée quatre fois, dont deux pour quelques mois seulement. Son quatrième mariage, avec Howard cette fois, durait depuis neuf ans. Elle avait moins d'ennuis avec lui et c'était une bonne union mais elle n'avait jamais éprouvé pour un homme le même sentiment exceptionnel que pour Gary à ce moment-là. Elle eut l'impression, au cours de ces deux dernières heures, d'être aussi attachée à lui que si elle l'avait connu pendant toute sa vie.

L'air que jouait l'électrophone avait une cadence rapide. Gary posa son chapeau de Robin des Bois sur Toni et lui ébouriffa les cheveux puis ils dansèrent. Elle fit de son mieux pour suivre. Quand la musique cessa, Gary lui avoua : « Je n'ai jamais été très bon danseur, mais je n'ai guère eu l'occasion de danser. » Ils rirent tous les deux. Il lui dit qu'il avait parlé par téléphone à Johnny Cash mais que la communication était mauvaise. Pourtant il avait demandé : « Vous êtes bien le vrai Johnny Cash ? » Dès que l'autre avait répondu affirmativement, il avait braillé : « Eh bien, moi, je suis le vrai Gary Gilmore. »

Ils s'assirent de nouveau. « J'ai découvert avec toi quelque chose que j'ai connu avec Brenda au cours des dernières années, dit Gary. Je regrette de ne pas vous avoir traitées de la même façon toutes les deux. » Toni parut intriguée. « Je vous lègue trois mille dollars, à ton mari et à toi, et cinq mille à Brenda et Johnny. Je regrette de ne pas avoir fait les parts égales. Mais je te connaissais si peu avant. »

Elle l'assura que cette affaire d'argent n'avait aucune importance.

Il reprit : « Ce soir, tu représentes tant de gens. Tu es Nicole, tu es Brenda et, dans un certain sens, tu es ma mère, telle que je me la rappelle dans sa jeunesse. » Sans être sûre de bien comprendre ce qu'il voulait dire, elle soupçonna qu'il éprouvait un désir pressant d'étreindre une dernière fois sa mère. Elle se rappela aussi sa sœur, Brenda, qui avait eu si grande envie d'être auprès de lui cette nuit-là mais se trouvait alors à l'hôpital. Toni éprouva même l'étrange impression d'être à la fois sa sœur et elle qui dansaient et que Gary serrait dans ses bras.

De temps à autre, un ou deux gardiens entraient pour serrer la main du condamné. « Vous voulez un autographe ? demandait-il.

— Bien sûr, Gary », répondaient les gardiens. Il empruntait un stylo, signait sur la poche de leur chemise ou leur manchette. Toni eut l'impression que tous l'aimaient bien.

Quand le pharmacien reparut, Gary s'exclama : « Voilà le bon ami qui prend soin de moi.

— Ouais, grogna l'autre. Vous me donnez bien du souci avec vos fumisteries. »

Toni n'oubliait pas que Howard grelottait, là-bas sur le parking. Enfin elle dit à Gary : « Ecoute, je reviendrai à cinq heures et j'amènerai maman.

— Oui, je tiens à ce que tu sois auprès de moi au matin. (Il la prit dans ses bras, l'étreignit et reprit :) Merci pour cette soirée. (Il l'étreignit de nouveau.) Une fraîche et paisible soirée d'été dans une chambre où règne l'amour. Tu as illuminé toute ma nuit, Toni, et tu m'as apporté l'amour. (Il lui caressa le visage, le prit entre ses deux mains et lui baisa le front.) Tu m'as ramené ma Nicole, cette nuit », dit-il. Il la serra encore dans ses bras.

« Il faut vraiment que je m'en aille maintenant », dit-elle.

Gary la conduisit jusqu'à la porte intérieure. « A demain matin, dit-il. Rentre et prends soin d'Ida. Rappelle-moi aussi au bon souvenir de Howard. Dis-lui que je suis touché parce qu'il a cherché à me voir. » Toni sortit en lui laissant croire que si Howard n'était pas venu au parloir, c'était seulement parce que le directeur de la prison ne le lui avait pas permis. La première porte se referma derrière elle. Gary s'accrocha aux barreaux pour la regarder jusqu'à ce qu'on ouvrît la seconde. Quand cette dernière se ferma, elle enfila son manteau et disparut.

Elle ne le revit pas.

9

Jusqu'alors, malgré l'incident de la pizza, tout s'était passé comme au cours d'une soirée entre amis. Aucune difficulté, aucun souci même, sauf un seul : tellement énorme qu'il éliminait tous les autres. Mais après le départ de Toni, Gary manifesta de nouveau sa fureur au sujet de la pizza. Il prit des allures solennelles. Ron se rappela ce que Gary avait sans cesse répété : « Je ne veux pas de dernier repas parce qu'on me jouerait des tours. » Depuis leur conversation seul à seul, Ron n'avait plus envie de parler avec Gary.

Moody non plus. Une ambiance de mort planait désormais dans le parloir. Elle y était déjà auparavant mais elle stimulait plutôt les énergies. Maintenant, il semblait qu'elle pénétrait en rampant sous la porte, comme de la fumée. La nuit avançait. Il y avait moins de bruit. L'électrophone ne fonctionnait plus. Vern s'était endormi. Dick et Evelyn Gray ronflaient. Ron alla à la cuisine parler avec les gardiens. C'est alors que Gary aborda Bob.

« Vous ne changeriez pas de vêtements avec moi, n'est-ce pas ? demanda-t-il.

— Non, sûrement pas. »

Gary expliqua comment il pourrait s'évader si Bob lui donnait ses vêtements. Les gardiens ne faisaient plus attenton à rien. Il pourrait donc passer à travers le sas. On le prendrait pour Bob Moody. Aussitôt arrivé hors du quartier de haute surveillance, il franchirait la barrière barbelée plus vite que personne ne pourrait l'imaginer. Il grimperait jusqu'au sommet tout simplement, s'y allongerait, roulerait sur lui-même, ferait quelques trous dans les vêtements et récolterait quelques égratignures, mais qu'importait, il filerait, mon vieux ! On ne le retrouverait pas.

Ce fut un moment sinistre.

« Je sais que je peux m'en aller d'ici avec votre aide », dit Gary. Il suffisait que Bob prît ses vêtements de rechange dans le placard et les mette dans un coin. Mieux encore, il pourrait se coiffer du chapeau de Robin des Bois pendant quelque temps. Les gardiens, abrutis par le sommeil, ne verraient que ça et le prendraient évidemment pour Gary Gilmore.

« Non, dit Bob Moody. Je ne peux pas faire ça, Gary, et je ne le ferai pas. »

Cline Campbell était entré et sorti à plusieurs reprises au cours de la nuit et avait donc constaté l'évolution de l'ambiance. Aux toutes premières heures, on se serait cru un matin de Noël. Mais Campbell dut partir à dix-neuf heures trente pour prononcer une conférence à Salt Lake et ne revint que vers minuit. Tout avait changé. Au début, un gardien était assis à une extrémité d'une couchette, Gilmore au milieu et Campbell à l'autre bout. Ils parlaient de tout et de rien. A un moment, Gilmore avait plongé la main sous l'oreiller et en avait tiré une bouteille échantillon de whisky. « Eh, là ! avait dit Campbell en tournant la tête. Je ne vois pas le mal, je n'entends pas le mal et je ne prononce pas de mauvaises paroles. Mais sers-toi, mon ami, sers-toi. » Gilmore avait ri. Ça, c'était plus tôt.

Après sa conférence, Campbell revint précipitamment à la prison sans même prendre le temps de dîner. Il apprit que les autres avaient mangé de la pizza. Il n'en restait plus. Seuls Gilmore et lui avaient le ventre vide. Quand ils se trouvèrent seuls, Campbell dit au condamné : « Il semble que maintenant le sort en soit jeté.

— Ça va marcher, dit Gary. Ils ne peuvent plus rien arrêter.

— Vous savez que nous nous reverrons. Ce sera la même chose pour vous et pour moi, quoi qu'il y ait de l'autre côté. » Ils se trouvaient alors dans le bureau du lieutenant Fagan et Gary portait encore le chapeau à plume qui aurait pu appartenir à Chico Marx. « Peu importe si vos opinions religieuses sont bonnes ou si les miennes sont mauvaises, ou vice versa, de toute façon nous nous reverrons. Sous une autre forme, n'importe laquelle. En attendant, je tiens à ce que vous sachiez ce que je pense de vous : vous êtes vraiment un brave type. » Campbell parlait sincèrement, effaré par le caractère abominable de la situation : plus il passait de temps avec Gilmore moins il était capable d'admettre que cet homme avait commis deux assassinats. La plupart du temps, en effet, Gilmore n'avait absolument rien d'un tueur, au moins si on comparait son visage à celui d'autres hommes que Cline Campbell voyait tous les jours en uniforme dans la prison ou à l'extérieur.

Le père Meersman dit à Moody et à Stanger qu'il avait une avance sur à peu près tout le monde, parce qu'il avait déjà assisté à deux exécutions. Il leur expliqua comment il avait persuadé le directeur de la prison et son état-major de la nécessité absolue d'une répétition. Il fallait que chacun fasse exactement les gestes et les pas qu'il ferait le matin au moment fatidique. On avait suivi son conseil. Les fonctionnaires de la prison avaient consenti à une répétition générale afin que tout se passe dans le calme et la dignité lorsqu'ils participeraient à l'événement réel. Pendant ces exercices, quelqu'un chronométrait les diverses phases et il fallait le faire, compte tenu de l'importance de ce qui allait se passer. Il fallait, en effet, avoir une connaissance parfaite de tous les mécanismes de l'exécution.

CHAPITRE XXXII

QUAND ANGES ET DÉMONS RENCONTRENT DIABLES ET SAINTS

1

PLUS de douze heures auparavant, c'est-à-dire avant midi, ce dimanche-là, Earl Dorius avait reçu un coup de téléphone de Michael Rodak. Le greffier de la Cour suprême lui avait signalé que Gil Athay cherchait à obtenir un sursis. Guère plus d'une heure après, Rodak appela de nouveau : le juge White avait repoussé la requête d'Athay. Ne recevant plus de nouvelle de Washington, Earl fut convaincu que Athay avait épuisé son arsenal d'actions légales. Il emmena sa femme et ses enfants chez ses beaux-parents et put enfin se détendre pour la première fois ce jour-là. Pourtant, de retour chez lui, au début de la soirée, il apprit de Bob Hansen que Jinks Dabney réclamait une audience de nuit pour statuer sur la requête déposée au nom des contribuables. L'affaire aurait lieu à la cour du juge Ritter.

Néanmoins Earl ne réagit guère sur le moment. Dabney ne pourrait prouver que l'exécution serait payée par le Trésor fédéral. Toute cette affaire sentait le moisi : une tentative désespérée de dernière heure.

Lorsque Dorius et Bill Barrett entrèrent dans le vestibule de l'hôtel Newhouse, Jinks Dabney y était déjà avec son associée Judith Wolbach. Il y avait aussi dans ce même vestibule Bob Hansen, Bill Evans, Dave Schwendiman. Ces messieurs étaient attablés autour de la même table dans le décor élégant d'un Extrême-Ouest revu et corrigé : quelque chose d'intermédiaire entre un palace et un bordel. Fauteuils de velours rouge vif trop rembourrés, tapis rouges, escalier blanc à double révolution dont les deux volées se rejoignaient à la hauteur du balcon. A l'origine, c'était une pièce vaste et solennelle. Elle était désormais parfaitement démodée. Tout le monde savait que c'était le séjour favori du juge Ritter. Après y avoir attendu pendant deux heures, ce décor ne présenta plus aucun attrait.

Ritter était dans sa chambre et il savait sûrement que les gens de l'A.C.L.U., ainsi que le procureur général, se trouvaient en bas. Mais il ne donnait pas signe de vie. Envisageant ce qu'il lui faudrait faire au cas où Ritter accorderait un sursis, Bob Hansen téléphona au juge Lewis. En qualité de membre de la Dixième Cour itinérante, ce magistrat était d'un rang plus élevé que Ritter et pouvait donc annuler ses arrêts. Hansen lui demanda s'il consentirait à tenir une audience exceptionnelle ce soir-là à Salt Lake.

Le juge Lewis répondit qu'il ne siégerait pas seul dans ce cas-là. Un juge fédéral unique prendrait une trop grande responsabilité en annulant l'arrêt d'un autre magistrat, surtout si sa décision provoquait l'exécution d'un homme.

A neuf heures, Dabney céda à son impatience et demanda à l'employé de la réception de rappeler une fois de plus au juge Ritter leur présence dans le vestibule. Il lui envoya en même temps le dossier par un chasseur. Beaucoup plus rapidement que

Dabney l'espérait, le juge Ritter téléphona que tout le monde devait traverser la rue pour se rendre au palais de justice où le gardien de service les laisserait entrer.

Dabney transmit cette nouvelle à Hansen en prenant bien soin de ne pas le provoquer. Originaire de Virginie, il s'appelait en réalité Virginius Jinks Dabney. C'était un type de l'aspect le plus banal qui portait des lunettes cerclées d'écaille en toutes saisons, un costume de coutil en été et un veston de tweed en hiver. Il parlait avec désinvolture comme s'il connaissait tous ses interlocuteurs depuis une dizaine d'années mais n'élevait jamais la voix. De toute évidence, il chercha en cette occasion à dédramatiser son message. Néanmoins, cette nouvelle affecta vivement Earl qui crut la partie perdue. Au début il avait espéré que le juge Ritter ne prendrait pas la peine d'étudier la requête. Les arguments juridiques étaient trop minimes et la mesure était prise trop tardivement. Son pessimisme augmenta lorsqu'il pensa que Bob Hansen n'assisterait pas à l'audience avec eux. Le procureur général craignait en effet que sa présence nuise à leur cause. Bob alla donc se coucher. Earl n'en fut que plus déprimé. En prenant congé, le procureur général donna l'impression qu'il prenait du repos parce qu'il aurait besoin de toute sa vigueur plus tard.

Circuler dans les couloirs du palais de justice obscurs, à peine éclairés par quelques veilleuses, avait quelque chose de sinistre. Mais quand les avocats eurent pris place, quelques reporters de faits divers criminels ou judiciaires entrèrent un à un dans la salle d'audience. Tout le monde commençait à percevoir la gravité de cet instant. Pourtant une longue attente commença alors.

Le substitut du procureur général siégeait à la table du défendant alors que Jinks Dabney et Judith Wolbach se trouvaient du côté des plaignants. Earl s'efforçait de conserver son sang-froid et se rappela qu'il avait négligé le contre-interrogatoire de Schiller lors du procès. Il avait beau se raisonner, il était furieux. Il estimait que l'A.C.L.U. se conduisait malhonnêtement en se présentant aussi tardivement devant la Cour. Peu lui importait que ses arguments fussent inconsistants. Soutenir n'importe quelle cause, même à peine plausible, n'a certes rien d'immoral, se disait-il. On peut toujours essayer même avec une infime chance sur cent. Mais l'immoralité résidait dans le fait que l'A.C.L.U. agissait la nuit précédant l'exécution. Que se serait-il passé si Earl et ses collaborateurs n'avaient pas consacré de nombreuses heures de travail à préparer leurs ripostes à de telles requêtes.

S'ils n'avaient pas aussi bien prévu toute éventualité, l'A.C.L.U. les aurait vaincus par surprise. C'eût été déloyal envers l'Etat d'Utah.

2

A la table des demandeurs, Judith Wolbach était assez furieuse, elle aussi. Jinks Dabney était un bon avocat plaidant mais elle-même n'avait guère l'expérience d'affaires de ce genre et en voulait à son A.C.L.U. Pourquoi, dans un cas aussi capital, l'Association s'en remettait-elle à une avocate aussi peu qualifiée qu'elle et à Jinks qui n'y tenait guère ? Malgré ses qualités professionnelles, il adhérait sans enthousiasme à l'A.C.L.U. Jinks avait en effet une carrière prometteuse devant lui à Salt Lake. Un jeune ambitieux n'avait rien à gagner en se présentant aux yeux des archi-conservateurs mormons comme défenseur des libertés civiques. Où étaient-ils donc, tous les grands ténors de l'A.C.L.U. des cabinets juridiques réputés de l'Etat qui devaient apporter le secours de leur formidable expérience judiciaire ? Judith ne comprenait pas. Une affaire aussi importante et intéressante abandonnée au talent local !

Elle avait mis en jeu toutes les ruses qu'elle pouvait imaginer, y compris le communiqué aux journaux de sa conversation avec Melvin Belli pour effrayer Bob Hansen. Si l'Utah perdait quelques millions de dollars par sa faute, ce serait désastreux pour la carrière du procureur général. Tout ce qu'elle avait obtenu pour sa peine ne fut qu'une réponse pompeuse et ahurissante. Hansen affirmait que le caractère constitutionnel de la peine capitale en Utah ne pouvait être mis en question. Pas de questions ? Bien sûr, seule une Chambre législative composée d'idiots pouvait voter une loi ne prévoyant pas de recours obligatoire contre une condamnation à mort. Même les réactionnaires les plus prudents admettaient qu'il fallait n'appliquer cette peine qu'avec la plus grande prudence. Personne ne voulait plus de bain de sang. Même en se plaçant au point de vue des conservateurs, le meilleur moyen de valoriser la peine capitale consistait à monter en épingle toutes les mesures prises afin d'éviter de tuer un homme pour trop peu. Pourtant l'Utah — ce bon vieil Utah — avait négligé de rendre le recours obligatoire. Il agissait comme un enfant idiot.

Tout cela n'empêchait pas cet appel au nom des contribuables d'être incongru. Judith s'en rendait compte. Elle ne se réjouissait que d'une chose : cette mesure lui avait permis d'écrire au gouverneur, au lieutenant gouverneur, au procureur général et au directeur de la prison, en les accusant catégoriquement de dépenses illégales. Elle aurait voulu voir leur tête lorsqu'ils avaient lu ça. Ces lettres leur avaient été remises par la propre fille de Judith qui, peut-être en raison du sang juif de son père, s'intéressait beaucoup à la politique. Elle avait même été bouleversée en apprenant que sa mère pratiquait le droit pour gagner de l'argent. Elle trouvait ça mal. A ses yeux, personne ne devait se soucier d'argent. On devait au contraire aller de l'avant et plaider à des fins politiques. Dieu bénisse son cœur, pensait Judith Wolbach. Et pourtant, ce dimanche-là, étant donné les faibles ressources de l'A.C.L.U., Judith n'aurait pu faire livrer ces lettres aux défendants si sa fille ne lui avait pas servi de courrier.

3

Tout en attendant, Jinks Dabney se rappela les anecdotes qu'il avait entendues au sujet du juge Ritter. D'après des gens qui connaissaient bien ce magistrat, il se considérait comme un avant-poste du bon sens dans un désert de folie. On l'accusait de mener une vendetta contre les Saints du Dernier Jour. Il le niait et estimait même qu'il ne valait pas la peine de se venger des mormons. Catholique dans son enfance, il ne croyait plus à d'autre livre saint que la Constitution des États-Unis. Il n'avait aucune indulgence envers ceux qui cherchent à s'emparer de l'esprit des gens en usant d'une doctrine religieuse. En outre, la manière dont l'Église mormone gérait ses terres, dirigeait les banques et dominait les politiciens lui déplaisait. Il en était plus offensé que par n'importe quelle doctrine religieuse car il les trouvait toutes stupides. Pensez aux miracles de Joseph Smith ! D'autre part, ce juge ne se prononcerait jamais contre les mormons en raison de leurs croyances. Il aimait à penser que, dans chaque affaire, il respectait profondément les seuls faits.

L'attitude de Ritter envers l'incompétence de certains avocats suffisait pour instiller la peur au ventre de bien des membres du barreau, mormons ou pas. Il lui arriva une fois d'être tellement écœuré par la manière dont procédait un avocat qu'il lui demanda : « Combien avez-vous réclamé à votre client ?

— Cinq cents dollars, Votre Honneur. »

Le juge se tourna alors vers le client et lui dit : « Vous avez déjà payé votre amende. Ne donnez plus un sou à votre défenseur. »

Le malheureux avocat aurait voulu disparaître sous sa table.

A un autre qui parlait trop bas, Ritter demanda : « Pourquoi chuchotez-vous ainsi ?

— Parce que j'ai peur. »

Même le plus chevronné des avocats plaidants n'entrait dans la salle d'audience du juge Ritter qu'à la manière dont le commun des mortels pénètre dans le cabinet du dentiste. Mais Ritter discernait plus rapidement l'orientation des débats que le dentiste ne localise la carie. Il engueulait ceux qui lui faisaient perdre son temps. Sous ses yeux, il ne fallait pas seulement bien agir mais aussi agir vite.

Même les partisans de Ritter convenaient que son impatience lui avait valu bien des ennuis. Quand il y voyait clair dans une affaire, il rédigeait son arrêt sans se soucier d'exposer longuement ses attendus, en les appuyant sur cinquante ou cent citations. Alors, la Dixième Cour itinérante annulait son jugement en donnant, elle, pour attendu que le dossier n'était pas complet. Ensuite, la Cour suprême confirmait le jugement de Ritter. « Ces gens-là sont simplement trop stupides pour comprendre que j'ai raison », disait-il de la Dixième

Cour. Il est vrai que la Cour suprême des Etats-Unis l'approuvait aussi souvent que la Cour itinérante le désapprouvait.

Evidemment son mépris pour les magistrats, qu'il jugeait inintelligents, empêchait Ritter de réaliser que le plaideur en faveur de qui il se prononçait y perdait le plus, quand la Dixième Cour annulait son jugement, même si la Cour suprême le confirmait, deux ou trois années après. Il était souvent trop tard pour que le malheureux en bénéficie.

Ces anecdotes avaient pris un caractère légendaire au palais de justice de Salt Lake. Mais Dabney s'était aussi entretenu avec des gens qui connaissaient assez bien Ritter pour parler de sa vie privée. A ce sujet-là, les légendes n'avaient rien de véridique. En réalité, Ritter menait une vie solitaire. Presque tous les jours, il ne sortait de son appartement au Newhouse Hotel que pour traverser la rue et aller à sa Cour. Il avait la réputation de boire et de trop s'intéresser aux femmes. Peut-être l'avait-il fait autrefois quand il enseignait à l'école de droit, mais durant les dernières années personne ne l'avait vu avec une femme et il buvait rarement. Depuis longtemps on racontait que le meilleur bar de la ville était le cabinet du juge Ritter. C'était assez vrai. Willis Ritter cachait de bonnes choses sous son bureau. Il lui arrivait d'inviter un avocat à prendre un verre avec lui mais il n'avait rien d'un alcoolique. Voilà longtemps que les médecins lui avaient recommandé de boire modérément et il suivait ce conseil. Pour s'en tenir aux seuls faits, personne ne l'avait vu en état d'ébriété depuis des années. Une fois, lors d'un voyage à San Francisco, Craig Smay, son greffier, s'était donné un mal du diable pour trouver une bouteille du scotch préféré de Ritter, du Glen Livet. Mais par la suite la bouteille resta six mois sous le bureau du juge et finalement il la donna à Smay sans l'avoir débouchée. Il ne pouvait pas boire. Le souci de sa santé le lui interdisait. Il était sujet à des crises cardiaques. Il subissait une opération chirurgicale tous les trois ou quatre mois. Cela ne l'empêchait pas de revenir au prétoire quinze jours plus tard avec des allures d'athlète olympique, aux cheveux blancs et au visage rubicond. Il avait une incroyable aptitude à récupérer.

C'était un solitaire. Il ne fréquentait que quelques avocats et reporters qu'il connaissait de longue date. Depuis que les mormons avaient proféré des accusations contre lui, sous la présidence de Harry Truman, Ritter avait cessé de se faire des relations et on ne l'avait vu en compagnie qu'une seule fois, celle où il avait invité Craig Smay et sa femme à dîner. Lorsque ces derniers arrivèrent à l'hôtel, on les conduisit dans un salon particulier où ils trouvèrent vingt-cinq à trente personnes autour d'une grande table : des gens âgés avec leurs enfants et leurs petits-enfants. Tous l'appelaient Bill. Leur amitié remontait au temps de son enfance. Jusqu'alors Craig Smay n'avait jamais pensé que ce juge, comme tous les autres êtres humains, avait un prénom.

Etant donné la longueur de l'attente, mieux valait n'évoquer que les histoires encourageantes au sujet de Ritter. Aussi Dabney se rappelait-il avec délice l'histoire de Ritter et des mustangs sauvages. Des Peaux-Rouges poursuivaient le gouvernement fédéral parce qu'on avait saisi quelques centaines de mustangs dans leur réserve pour les envoyer aux abattoirs. Ritter leur accorda deux cents dollars par cheval. L'administration fit appel et la Cour annula ce jugement. Mais l'affaire lui revint. Au cours du procès suivant le chef de la tribu indienne déclara qu'il s'agissait de poneys *cérémoniels*. De ce fait le magistrat décida que chacun valait quatre cents dollars.

Plus tard Ritter confia à quelques amis sur quel fait il s'était fondé pour estimer que le gouvernement devait payer et bien payer : les chevaux avaient été entassés dans un wagon à claire-voie, la jambe d'un des mustangs passait à travers les barreaux ; les gens qui s'étaient chargés de ce travail auraient dû ouvrir une porte, ramener la jambe du cheval à l'intérieur et le remettre d'aplomb ; mais ç'aurait été trop compliqué ; aussi quelqu'un prit-il une tronçonneuse pour couper la jambe du cheval. De toute façon on avait capturé ces chevaux pour fabriquer de la pâtée à l'usage des chiens. Ritter en concluait : « Cela montre l'attitude cavalière du gouvernement envers nos chevaux. »

Dabney se dit à lui-même : au moins ce magistrat n'est jamais ennuyeux. En quittant sa salle d'audience on pouvait penser : « Il n'y a pas d'autre prétoire comme celui-ci dans tout le pays. » Gagnant et perdant pouvaient se féliciter d'avoir vécu une expérience exceptionnelle. Le juge Learned Hand n'avait-il pas écrit que Willis Ritter était doué de l'esprit le plus fin qu'il eût jamais rencontré dans un prétoire. C'est cette opinion qui donnait confiance à Dabney.

4

Quand le juge Ritter apparut enfin, Earl estima qu'il paraissait étonnamment en forme pour un samedi soir à près de minuit. Sa voix, aussi grave et tonnante que celle du Très-Haut, impressionna Judy Wolbach. Ritter se contenta de dire : « Les documents sont en ordre. Je vous écoute. » A cet instant, elle tomba amoureuse de lui. Voix lente, profonde, aux nombreuses harmoniques. Quel bel homme, replet, à l'air sévère. Si Dieu avait eu quatre-vingts ans à l'époque, il ressemblait à Ritter lors du déluge.

Gil Athay se trouvait dans la salle d'audience. Judy le remarqua et vit aussi les principaux avocats libéraux de la ville tels que Richard Giauque, Danny Berman, son associé, c'est-à-dire le gratin des éléments avancés de Salt Lake. Leur présence devait encourager Jinks. Cet avocat, en effet, aimait plaider et, même dans des circonstances aussi exceptionnelles, il n'hésita pas le moins du monde. Il commençait par une présentation succincte et parfaite du cas. C'est pourquoi il réussissait si bien devant les tribunaux. Judy se dit que, si elle avait parlé à sa place, elle aurait perdu du temps à faire remarquer que le procureur général Hansen n'avait même pas le courage de comparaître. C'eût été une erreur. Jinks, quant à lui, entra droit dans le vif du sujet.

Dabney avait plaidé vingt-cinq ou trente fois devant Ritter dont deux fois en présence d'un jury. Peut-être ce que l'on racontait à son sujet n'était-il que bavardage, mais tous les avocats n'en redoutaient pas moins de heurter un point sensible de ce magistrat. Dans de tels cas, il était capable d'interrompre les débats et de prononcer son arrêt sur-le-champ. Etant donné l'amour de Ritter pour la procédure expéditive, Dabney aurait dû être bref et il prenait un risque en parlant longuement ce soir-là. Mais la validité douteuse de sa requête justifiait cet écart.

« Votre Honneur, nous nous sommes efforcés d'obtenir justice devant pratiquement tous les tribunaux de ce pays et nous faisons ici, à cet instant, notre dernière tentative pour empêcher ce que nous considérons comme un acte clairement inconstitutionnel, accompli par l'Etat d'Utah : exécuter un homme avant que la loi sur la peine capitale n'ait été examinée soit par la Cour suprême de l'Utah, soit par la Cour suprême des Etats-Unis... »

Dabney n'avait pas écrit sa plaidoirie. Ce qu'il avait à dire tenait en cinq piles de feuillets. Une fois lancé, il pouvait y prélever un groupe de notes et en analyser les détails. Mais il devait d'abord résumer sa plainte. Puisqu'il s'agissait d'un procès engagé au nom des contribuables, il fallait démontrer que les fonds publics étaient en l'occurrence dépensés d'une manière « illégale ». Ensuite, il exposa que si une instance suprême jugeait inconstitutionnel le code de l'Utah, cet Etat serait redevable.

Ayant terminé son introduction, Dabney eut l'idée d'ajouter un argument qui ne figurait pas dans sa requête : « Il nous est revenu récemment que M. Gilmore envisagerait d'agir pour sauver sa vie si Nicole Barrett le lui conseillait. » Etant donné que ce fait lui était *revenu* au cours d'une discussion avec quelques autres avocats de l'A.C.L.U., plus une brève conversation sans grand intérêt avec Stanger, Dabney s'empressa d'ajouter : « Nous ne pouvons affirmer avec certitude que nous avons là un élément nous permettant de demander un sursis. Mais si tel est vraiment l'état d'esprit de M. Gilmore, nous devrions lui permettre d'avoir contact avec Mlle Barrett en présence de l'avocat de cette dernière ou d'un psychiatre désigné par la Cour, afin de juger s'il changerait de point de vue. Cela me paraît une requête bien minime, compte tenu du fait que nous nous trouvons au seuil de l'exécution d'un homme. »

Dabney lança cet argument parce qu'il lui paraissait bon. Cela pouvait émouvoir suffisamment le juge pour l'incliner à se prononcer en faveur de l'A.C.L.U. Souvent, afin de l'emporter dans une affaire de ce genre, il ne faut pas seulement fournir au magistrat de bonnes raisons légales qui satisfont son esprit, mais aussi lui assener un argument qui agit sur ses entrailles. Dabney n'allait pas tarder à plaider que la loi sur la peine de mort en Utah était nulle et non avenue. Mais Ritter pouvait décider que l'A.C.L.U. avait raison mais en ajoutant : « Gary Gilmore veut mourir, alors pourquoi tant d'histoires ? » Or, s'il était possible de lui suggérer que Gilmore pourrait changer d'avis au sujet de son exécution et que, pour cela, il suffirait d'une rencontre avec Nicole !... Eh bien, Dabney espérait que cela pourrait convenir à Ritter...

Ensuite l'avocat passa aux questions strictement juridiques. La loi de l'Utah ne prévoyait pas de révision obligatoire. Cela supprimait une précaution capitale. Il fallait toujours en appeler d'une sentence de mort, que le condamné le voulût ou pas. Faute de cela, comment protéger d'autres accusés dans des cas subséquents ? Le premier juge pourrait avoir commis une grave erreur judiciaire qui se répéterait.

Puis Dabney aborda la Constitution. Tout le monde savait que le juge Ritter en conservait un exemplaire écorné sur son bureau depuis le temps où il fréquentait l'école de droit, cinquante années auparavant. Jinks fit donc remarquer que, dans cette affaire, les Huitième et Quatorzième amendements seraient enfreints. Ils exigent, en effet, que la peine de mort ne soit jamais infligée « par caprice » ou « d'une manière arbitraire ».

A coup sûr, Earl Dorius allait citer l'opinion de la majorité des juges de la Cour suprême dans l'affaire Bessie Gilmore. Dabney le devança, « Gary Gilmore sait parfaitement qu'il a le droit d'en appeler à la Cour suprême de l'Etat d'Utah. Il s'est abstenu. » Dabney lut ces mots à pleine voix. Selon lui, ils signifiaient que Gilmore avait le droit d'en appeler ou de ne pas le faire mais il ne fallait pas perdre de vue que la question de l'appel obligatoire n'avait pas été soulevée devant la Cour. Mieux encore, le juge White avait même dit que Gilmore n'était pas à même « d'abandonner le droit à une révision par appel au niveau de l'Etat ». Burger avait même ajouté : « La question n'est même pas posée devant nous. » Par conséquent, insista Dabney, la Cour suprême n'avait pas statué sur la requête de Bessie Gilmore. Au contraire. Compte tenu de la décision dans les affaires *Gregg C/Georgie, Proffitt C/Floride et Jurek C/Texas,* la Cour suprême avait confirmé les lois exigeant révision obligatoire et, en outre, les affaires *Collins C/Arkansas* et *Neal C/Arkansas* avaient été renvoyées par la Cour suprême, précisément en raison de l'absence de révision obligatoire.

« Votre Honneur, dit Dabney, c'est ici, dans cette Cour, que se trouve la dernière occasion de faire prévaloir la justice. » Ainsi conclut-il sa plaidoirie.

5

Dorius entreprit de répondre. L'audience avait été demandée parce que « de l'argent de la Fédération serait dépensé illégalement... dans le but d'exécuter Gary Mark Gilmore ». Néanmoins, poursuivit Earl, « aucun subside fédéral n'a été affecté spécifiquement pour cette exécution, à notre connaissance. »

Cet argument aurait permis d'obtenir une décision sur-le-champ. Le juge Ritter prit la parole pour la première fois. « Qu'avez-vous à répondre à cela, monsieur Dabney ?

— Plaise à la Cour de savoir que d'après nos renseignements le budget correctif pour l'année fiscale 1976-1977 comporte une subvention fédérale de cinq cent un mille dollars. »

Dorius répliqua qu'il s'agissait d'une subvention à usage général. « Les demandeurs sont incapables de prouver que n'importe quelle partie de cette somme a été affectée aux frais de l'exécution. »

Dabney était prêt à répondre. « Une subvention fédérale d'un demi-million a été affectée au service pénitentiaire de l'Utah, dit-il. Je présume que le service pénitentiaire de l'Utah a quelque rapport avec l'exécution projetée de Gary Gilmore. » Mais le juge Ritter ayant laissé passer l'assertion de Dorius sans commentaire et ne paraissant pas particulièrement pressé cette nuit-là, Dabney n'insista pas.

Earl Dorius reviendrait certainement sur ce point. Dabney tenait en effet en réserve une décision fort appropriée de la Cour suprême. Elle donnerait quelque consistance à sa douteuse requête au nom des contribuables. Mais il ne voulait pas s'en servir trop tôt. Cet arrêt datait, en effet, de plus de dix ans et des jugements subséquents de la même Cour suprême en avaient affaibli l'effet. Mieux valait donc ne l'utiliser qu'en dernier recours afin de ne pas donner à la partie adverse trop de moyens de manœuvrer.

Voici quel fut l'argument suivant de Dorius : « Les questions soulevées cette nuit sous le prétexte d'une requête de dernière heure portent sur des problèmes dont les demandeurs connaissaient les données depuis au moins deux mois. » Ils avaient pris un retard énorme pour engager leur action. Dans l'affaire *Gomports C/Chase,* concernant un tas de déségrégation scolaire, soumis à la Cour suprême en 1971, le juge Marshall avait admis que

« dans des circonstances normales la plainte serait recevable » mais la demande avait été formulée trop tard et le juge Marshall l'avait donc repoussée. En soumettant sa requête « à peine neuf heures avant l'exécution », l'A.C.L.U. « se trouve dans un cas fort analogue à celui de l'affaire *Gomports* ». Et Dorius conclut : « Les demandeurs ont trop longtemps fait preuve de carence. »

Bill Evans prit à son tour la parole au nom du parquet général. Selon lui, la Cour suprême n'exigeait que deux conditions dans les cas de peine capitale. La première consistait en un procès séparé pour le seul condamné et une audience sur laquelle il est statué quant aux circonstances atténuantes. La loi de l'Utah en tenait compte. La seconde condition exigeait que le magistrat prononçant la sentence soit muni des éléments d'appréciation nécessaires. Cette condition est aussi respectée dans le système juridique de l'Etat d'Utah. En outre, la Cour suprême n'a jamais jugé que l'appel obligatoire seul peut la satisfaire.

Bill Barrett parla ensuite. « En déposant cette requête au nom des contribuables, les demandeurs cherchent à faire surseoir à une exécution mais pas à empêcher une dépense injustifiée de l'argent provenant des impôts. Ils n'ont pas prouvé qu'ils défendent de bonne foi le portefeuille des contribuables. » Argument bref mais efficace. Dabney sentit qu'il était temps d'avancer un moyen de défense particulier.

« Si Votre Honneur le permet, dit Dabney, je ferai remarquer que M. Barrett a négligé une affaire fort significative lorsqu'il a traité de la question en suspens. Il s'agit d'une décision de la Cour suprême des Etats-Unis dans l'affaire *Flast C/Cohen* datant de 1968. Dans ce cas, Votre Honneur, il s'agissait d'une requête de contribuables tendant à empêcher l'attribution de certains fonds par la Chambre des représentants et le Sénat. Le juge suprême Warren statua que cette requête était déposée du seul fait que les demandeurs figuraient au nombre des contribuables du gouvernement des Etats-Unis. Néanmoins, le juge suprême Warren estima que leur action était valable.

— Répétez-moi ça », dit le juge Ritter qui releva la tête pour la première fois.

Tel était le nœud du problème et Dabney le sentit. C'est sur ce point qu'il l'emporterait ou non. L'élément d'après lequel le juge suprême Warren s'était prononcé en faveur des contribuables, expliqua-t-il, consistait en « un concept d'équilibre entre la somme en cause d'une part et le type d'intérêt légal d'autre part ». Dans le cas de poursuite par les contribuables où le danger couru par les droits du public n'est pas important, mais où la somme en cause l'est, l'action est légitimée. « D'autre part, si l'intérêt juridique présente une importance extrême, la Cour n'a pas lieu de se soucier de l'intérêt financier. » Lorsqu'on est faible sur un point, on doit être fort sur l'autre. Etant donné que la peine de mort est la sentence ultime, il semblait à Dabney que les demandeurs n'avaient pas à prouver que des sommes importantes étaient en jeu. La question de droit en cause importait tellement que la somme pouvait être minime.

6.

A partir de cet instant, Dabney se sentit plus fort. Ritter n'avait pas répondu mais l'avocat avait le sentiment de se mouvoir sur un terrain plus ferme.

Désormais il pouvait aborder d'autres aspects de l'affaire.

« Nos adversaires disent que M. Gilmore a comparu devant la Cour suprême de l'Utah, dit Dabney. Au cours de cette audience, Votre Honneur, on a seulement posé des questions à Gilmore. « Voulez-vous ou ne voulez-vous pas en appeler ? » Il a répondu : « Je ne le veux pas. » On lui a demandé : « Savez-vous ce que vous faites ? » Il a répondu : « Oui, je le sais. » Alors, les magistrats ont dit : « Très bien. Nous annulons l'appel. » Voici comment s'est déroulée l'audience. Le fait que M. Gilmore refuse de recourir contre la sentence qui le frappe ne permet pas à la Cour suprême de l'Utah de ne pas tenir compte de l'appel. Il doit obligatoirement y avoir révision en appel. Or, une audience de vingt minutes devant la Cour suprême de l'Utah ne saurait être considérée comme une révision. Quel que fût le désir de Gilmore, la Cour suprême de l'Utah devait prendre l'affaire en main. Comme elle ne l'a pas fait, nous ne pouvons savoir si la condamnation à mort de M. Gilmore contrevient aux Huitième et Quatorzième amendements de la Constitution des Etats-Unis, tels que les interprète la Cour suprême des Etats-Unis. La seule manière de savoir s'il s'agit d'une sentence *capricieuse* ou *arbritaire* consiste à comparer le cas de Gilmore avec tous les autres cas d'appel portant sur la peine de mort. Le cas de Gilmore n'a été comparé avec rien du tout. Je ne parviens pas à comprendre pourquoi la Cour suprême de l'Utah n'avait même pas le procès-verbal de l'audience au cours de laquelle Gilmore fut condamné, ni le texte de la sentence. »

Evans se leva. « Votre Honneur, nous avançons qu'il serait catégoriquement illogique de la part de la Cour suprême des Etats-Unis de statuer que M. Gilmore a délibérément et en connaissance de cause passé outre à son droit de recours si, en réalité, d'après cette même Cour suprême, il doit obligatoirement y avoir appel. Nous nous trouvons là devant un manque de logique patent. Une des deux opinions élimine totalement l'autre. »

Dabney répondit : « J'estime que l'Etat d'Utah n'apprécie pas à sa juste valeur la question que nous avons soulevée. Nous ne nous soucions pas du fait que Gary Gilmore a fait fi de son droit d'appel. La question qui se pose est celle-ci : L'Etat a-t-il le droit d'exécuter un individu en infraction des Huitième et Quatorzième amendements ? Peut-il le faire par caprice et arbitrairement ? La seule manière d'examiner la question consiste à comparer tous les cas de condamnation à mort à un niveau d'appel. »

A ce moment-là, le juge Ritter interrompit l'avocat en disant avec un accent acerbe : « Je crois que je comprends. »

Dabney hocha la tête. Il avait reçu un avertissement. « Cela dit, Votre Honneur, je terminerai ma plaidoirie en indiquant simplement que nous avons démontré la valeur de notre requête. Je me contenterai de rappeler que la présente audience nous donne notre dernière chance. Nous demandons respectueusement à la Cour de signer un ordre de sursis à l'exécution de M. Gilmore. Merci, Votre Honneur. »

Les représentants du parquet de l'Etat n'avaient rien à ajouter. Le juge suspendit la séance à vingt-trois heures trente-neuf.

7

D'abord Judith crut que l'A.C.L.U. l'emportait. L'audience s'était si bien déroulée. Plaignants et défendants avaient eu le loisir de se faire entendre. Le prétoire n'avait cherché à presser personne ni énoncé quoi que ce fût qui pût passer pour un sous-entendu. Le juge Ritter avait à peine parlé puis il était parti. Par malheur, il ne revenait pas. Au bout de vingt minutes, Judy Wolbach commença à s'inquiéter.

Une heure plus tard, elle ne comprenait plus ce qui se passait. Si Ritter temporisait autant, c'était sans doute parce qu'il statuait contre la requête. Etant donné la qualité de la plaidoirie de Dabney, il lui serait difficile, tant au point de vue judiciaire que moral, pensait-elle, de laisser exécuter Gilmore. Si le juge mettait si longtemps, c'était parce qu'il avait honte de se présenter. Judy sentit de nouveau combien la valeur de leur action était douteuse.

De l'autre côté de la salle d'audience, Earl Dorius en arrivait aux suppositions inverses, précisément parce que le juge Ritter prenait aussi longtemps. En général, ce magistrat n'écrivait pas ses jugements. Il les prononçait dans le prétoire, parfois une fraction de seconde après que le dernier avocat eût terminé. Le fait qu'il rédigeait ses attendus par écrit suggérait qu'il s'efforçait de rédiger un jugement suffisamment bien raisonné pour tenir devant une instance supérieure. Mike Deamer partageait l'opinion d'Earl. Il alla téléphoner à Bob Hansen qu'il prévoyait la défaite. Dans ce cas-là, dit Hansen à Deamer, il leur faudrait aller au siège du gouvernement de l'Etat dès le prononcé du jugement.

La suspension de séance dura vraiment longtemps. Les avocats se mêlèrent aux reporters. Tout le monde paraissait gêné. Earl eut conscience de la fatigue qu'il éprouvait depuis quelques jours. Un procès après l'autre, plus vivement que les oiseaux passent, volant au-dessus de nous.

A peu près à ce moment-là, à quatre-vingts kilomètres, Noall Wootton alla se coucher. Mais il ne parvint pas à dormir. Dans la quiétude de la nuit à Provo, il restait éveillé après minuit. Wootton attendait six heures du matin, moment où l'enquêteur viendrait le chercher pour le conduire à la prison de l'Etat afin d'assister en témoin à l'exécution.

CHAPITRE XXXIII

LA DERNIÈRE CASSETTE DE GILMORE

1

VERS une heure du matin, alors que tout le monde somnolait, Gary alla au bureau du lieutenant Fagan pour téléphoner à Larry Schiller, au motel Trave-Lodge. Schiller, qui attendait auprès de son appareil, décrocha immédiatement. Toutes les questions du mois dernier se pressaient sur ses lèvres. « Comment ça va, champion ? » Tels furent ses premiers mots.

« Très bien, dit Gilmore. Que voulez-vous me demander ? Que voulez-vous savoir ?

— Je voudrais revenir sur deux ou trois questions.

— Puis-je vous dire quelque chose personnellement ?

— Certainement. Je tiens à ce que vous me parliez personnellement.

— Vous avez vexé mon frère et ça ne me plaît pas.

— Oui, j'ai déjà entendu ça sur une cassette.

— Eh bien, je tenais à vous dire personnellement que je n'aime pas ça. »

Schiller se dit que son interlocuteur ne paraissait pas tellement fâché et qu'il avait tenu à éliminer cette question pour passer à autre chose. Il toussota pour s'éclaircir la voix et dit : « D'accord. Pouvons-nous passer outre ?

— Allez-y. »

Schiller aborda immédiatement le sujet : « A cet instant, Gary, à une heure du matin...

— Pardon, dit Gilmore.

— A une heure du matin, reprit Larry en lisant une fiche, estimez-vous que vous ayez encore quelque chose à me cacher au sujet de votre vie ?

— Quel genre de chose ?

— Je ne vous demande pas de me confier de quoi il s'agit mais seulement si vous estimez bon de me cacher quelque chose. »

Gilmore soupira puis demanda : « Avez-vous une idée précise en tête ?

— Eh bien, disons... Avez-vous jamais tué quelqu'un d'autre que Jensen et Buschnell ? »

Peut-être était-ce plus ou moins une idée romanesque mais il semblait à Schiller qu'au seuil de la mort, tout homme devait se sentir prêt à révéler sa personnalité entière et Schiller avait vraiment envie de savoir si Gilmore avait commis d'autres meurtres auparavant. Il répéta donc sa question.

« Non, dit Gilmore sèchement.

— Non », répéta Schiller. Encore une déception. Silence. Impossible de continuer sur cette voie. Il fallait aborder d'autres sujets.

« Y a-t-il eu dans vos relations avec votre mère ou votre père un élément qui vous soit strictement personnel et dont vous préférez ne pas parler, même au moment de votre mort ? » Schiller se demandait quel genre de relations cette mère pouvait avoir avec son fils puisqu'elle n'allait pas le voir en un tel moment. Même si elle devait se faire porter sur une civière ! Schiller ne comprenait pas. Il devait exister entre eux quelque animosité souterraine : une chose que Gary lui avait faite ou qu'elle avait faite à Gary. Si seulement il pouvait saisir un début de piste relatif à ce mystère! Mais personne n'avait pris contact avec Bessie Gilmore. Dave Johnston était allé seul à Portland pour le *L.A.Times* et n'avait pu lui parler. Pour qu'un homme comme Dave Johnston échoue, il fallait que cette dame n'eût vraiment pas envie de parler.

Gilmore jura et enchaîna en ces termes : « J'en ai vraiment ras le bol des questions de ce genre. Je me fous absolument de ce qu'a pu vous raconter qui que ce soit. Je vous ai dit la vérité, la foutue vérité. Ma mère est une femme sensas. Elle souffre depuis quatre ans d'arthrite aiguë et ne s'en est jamais plainte. Est-ce que cela vous indique quelque chose ?

— Ça m'en dit énormément à cet instant, répondit Schiller d'une voix rauque.

— Mon père a souvent été jeté en prison quand nous étions gosses, dit Gilmore. C'était un pilier de cabaret qui faisait souvent des fugues. Ma mère disait : « Eh bien ! il est parti. » Elle ne s'en souciait pas plus. Elle se débrouillait du mieux qu'elle pouvait et, mon vieux, elle était toujours là, nous avions toujours quelque chose à manger, il y avait toujours quelqu'un pour nous border dans notre lit.

— D'accord, dit Schiller, je vous crois.

— Et votre mère à vous ? demanda Gilmore.

— Ma mère était une femme revêche et dure, répondit Schiller. Elle travaillait tout le temps. Elle me laissait au cinéma avec mon frère. Nous regardions des films chaque jour pendant qu'elle frottait les planchers pour mon père. » Bien des années plus tard, Schiller s'était dit qu'une bonne part des mobiles du comportement humain dérive de ce que les films ont introduit dans la tête des spectateurs. Bien des gens jouent dans la vie le rôle de personnages qu'ils ont vu dans les films. Ce que Larry racontait à Gilmore dérivait d'un souvenir de cinéma. En réalité, sa famille n'avait connu de difficultés financières que pendant quelques années au cours desquelles sa mère avait dû, en effet, nettoyer des planchers de temps à autre. Mais l'idée d'une existence passée à genoux pouvait amadouer Gilmore.

« Ma mère était receveuse d'autobus, dit Gary. Elle n'avait pas d'argent mais elle peinait pour conserver une jolie maison entourée d'un jardin traversé par une allée sinueuse qui décrivait un cercle devant la porte. Elle y tenait. Elle désirait bien des choses. Elle a perdu la maison. Alors elle s'est installée dans une caravane. Elle ne s'en est jamais plainte.

— Alors, vous aimez vraiment votre mère, n'est-ce pas ? demanda Schiller.

— Foutre du diable ! oui, dit Gary. Je ne veux plus entendre de conneries d'après lesquelles ma mère aurait été méchante avec moi. Elle ne m'a jamais frappé. »

A cet instant, une voix intervint dans la communication. « Allô.

— Allô, répondit Garry.

— Est-ce bien monsieur Fagan ? demanda la voix.

— Qui est en ligne ? demanda Gary.

— Le directeur de la prison.

— Ici, monsieur Gilmore, dit Gary modestement. Je téléphone avec l'approbation de M. Fagan.

— Très bien, merci, dit Sam Smith qui ajouta même : excusez-moi. » Il raccrocha. Sa voix semblait indiquer qu'il s'était contenu. Schiller en conclut qu'il devait se presser.

Couché par terre sous la table, auprès de Schiller, Barry Farrell suivait la conversation grâce à un écouteur relié par un court cordon au magnétophone enregistreur. Schiller eut envie de voir le visage de Barry pour juger de sa réaction, mais étant donné l'angle sous lequel il le regarda, il ne vit que sa main écrivant sur un morceau de carton, grand comme une carte postale.

Schiller souleva une dernière fois la question que Gilmore avait toujours éludée. « Je crois que vous n'avez pas eu de chance, dit-il. Vous tombiez souvent dans la mouise. Vous étiez irritable, impatient, mais vous n'aviez rien d'un tueur. Il s'est produit quelque chose qui vous a transformé en un individu capable de tuer Jensen et Buschnell. Un incident, un sentiment, une émotion, un événement.

— J'ai toujours été capable de tuer, dit Gilmore. Il y a une partie de moi-même que je n'aime pas. Par moments je peux être totalement dénué de sentiment pour autrui, tout à fait insensible. Je sais que je suis en train de commettre quelque chose d'absolument affreux mais je continue et je le fais. »

Ce n'était pas exactement la réponse que Schiller espérait. Il aurait voulu qu'un événement épisodique détermine une transformation. « Cependant, dit-il, je ne comprends pas ce qui se passe dans l'esprit d'une personne quand elle décide de tuer.

— Ecoutez donc, dit Gilmore. Une fois je roulais dans une rue de Portland. Je me baguenaudais tout simplement, à moitié soûl, et je vois deux types sortir d'un bar. J'étais jeunot, dix-neuf ou vingt ans, quelque chose comme ça. L'un des deux julots était un chicano d'à peu près mon âge et l'autre un connard plus vieux, dans les quarante balais. Je leur dis : « Dites donc, les gars, vous voulez voir « des filles ? Montez. » Ils montèrent à l'arrière. J'avais une Chevrolet de 49, à quatre portes, vous savez. Ils y sont entrés. Je les ai conduits au canton de Clackamas... maintenant je vous raconte la vérité, je n'invente rien, je n'exagère rien, que la foudre m'arrache à mes bottes si je mens. Je jure à Jésus-Christ sur tout ce qu'il y a de sacré que je vous dis la vérité, la foutue vraie vérité. C'est une histoire étrange.

— D'accord.

— Alors ils s'assoient sur la banquette arrière, dit Gary.

« En roulant je leur parle des nanas, j'en rajoute, je parle de leurs gros nichons, je dis qu'elles aiment baiser. Je raconte qu'il y avait une surprise-partie là-bas et que je l'avais quittée parce qu'on manquait de types. La nuit était très noire. Mes deux types étaient à moitié soûls, eux aussi, et je les conduisais sur une route dans l'obscurité opaque. C'était une belle chaussée noire, plate, lisse, en bon béton. C'est ainsi que je me la rappelle. J'ai glissé la main sous mon siège où je dissimulais toujours une batte de base-ball ou un tuyau de plomb, vous savez. J'ai glissé la main sous le siège... un instant. »

Schiller n'écoutait pas cette histoire. Il savait qu'elle s'enregistrait sur le magnétophone, aussi se pencha-t-il par-dessus la table pour voir si Barry avait une question à poser. Ce faisant, il entendait vaguement parler d'un tuyau de plomb ou d'une batte de base-ball mais soudain Gary s'exclama : « Foutu Jésus-Christ ! »

Schiller sentit qu'il s'était produit quelque chose d'inattendu.

Au bout d'un moment de silence, Gary reprit : « Le lieutenant Fagan vient de me dire que Ritter a ordonné un sursis. Enfant de salaud, foutu salopard de merde !

— Bon, dit Schiller. Tâchons de tenir le coup. Vous en avez l'habitude. » Il voulait entendre la suite de l'histoire.

Mais il entendit seulement Gary parler à Fagan.

« C'est certain, Ritter a ordonné un sursis, reprit Gary s'adressant de nouveau à Schiller. D'après lui, dépenser l'argent des contribuables pour me fusiller serait illégal.

— Oui », dit à mi-voix Schiller. Long temps d'arrêt puis Larry reprit : « Il est difficile de définir quelle est la plus cruelle torture. Ce que Ritter vient de faire est une cruauté.

— Oui, dit Gilmore. Ritter est un foutu connard, oui oui. Oui oui oui oui oui. C'est une pédale pourrie. Une action engagée par les contribuables !... Mais je paierai l'exécution de ma poche s'il le faut. J'achèterai les fusils, les balles et je paierai les tireurs. Jésus foutu damné Christ ! Je veux en finir. » On aurait cru qu'il allait pleurer.

« Vous avez, en effet, le droit d'en finir, un droit... un droit inaliénable.

— Prenez contact avec Hansen, dit Gilmore.

— Saisissez-vous des foutus téléphones, brailla Schiller à Lucinda et Debbie. Appelez-moi un certain Hansen, avocat à Salt Lake City.

— C'est le foutu procureur général de l'Etat d'Utah, dit Gary.

— Procureur général de l'Etat d'Utah d'accord, répéta Schiller en s'adressant aux jeunes filles.

— Dites-lui de s'adresser à un magistrat d'une juridiction supérieure, pour faire jeter à la poubelle la connerie de Ritter. »

« Peut-être ai-je trop vu de films moi-même », pensa Schiller. En entendant sa propre voix exhorter Gary à vivre, il reconnut le genre de propos encourageants qu'il avait entendus dans bien des navets.

« Gary, dit-il. Peut-être ne devez-vous pas mourir. Peut-être y a-t-il quelque chose de tellement phénoménal, tellement profond au fin fond de votre cœur que vous ne devez peut-être pas mourir dès maintenant. Il reste peut-être des choses à faire. Peut-être ne savons-nous pas de quoi il s'agit. Il se peut qu'en ne mourant pas, vous rendiez un énorme service au monde entier. La souffrance que vous endurez en ce moment pourrait être une expiation pour les deux vies que vous avez interrompues. Peut-être posez-vous les fondations de ce qui permettra à notre société et à notre civilisation de connaître un avenir meilleur. Le châtiment que vous subissez actuellement pourrait être pire que la peine de mort. Pourtant, il peut en résulter les plus grands biens. » Soudain Schiller réalisa qu'il s'impressionnait beaucoup plus lui-même qu'il n'émouvait Gilmore et il pensa : Je vais avoir l'air d'un con sur la copie. Il se reprit et dit à haute voix : « Vous ne m'écoutez pas ?

— Comment ? demanda Gary. Si, j'écoute.

— Considérons le revers de la médaille, dit Schiller. Passons les prochaines heures ensemble. Actuellement on vous fait souffrir comme jamais personne n'a souffert. »

Lorsqu'il répondit, la voix de Gary suggérait qu'il allait éclater en sanglots. « Rendez-moi un service, dit-il. Il faut que je quitte ce téléphone parce que M. Fagan en a besoin. mais ne lâchez pas vos filles.

— D'accord.

— Embrassez-les toutes les deux pour moi. Dites-leur de prendre contact avec M. Hansen. Trouvez ce qu'on peut faire pour annuler immédiatement l'ordre de l'autre type. Ce Ritter, quel con ! C'est un de ces connards capables de faire n'importe quoi à n'importe quel moment. Ensuite, rappelez-moi.

— Non, je ne peux pas vous appeler. Vous, appelez-moi.

— D'accord, dans une demi-heure.

— Une demi-heure. Tout ça, c'est terrible mais il n'y a pas de quoi en avoir la chiasse.

— Tout juste.

— C'est de la merde, reprit Larry, mais défendez-vous de la chiasse.

— Jésus-Christ, répondit Gary. Merde. Pisse. Dieu ! »

2

Le juge Ritter n'était revenu au prétoire qu'à une heure du matin. Il lut son ordonnance à pleine voix pour que tout le monde entende dans la salle d'audience. « Le caractère constitutionnel de la loi sur la peine de mort en Utah n'a été confirmé par aucune Cour... Jusqu'à ce que les doutes soient dissipés... il ne peut y avoir d'exécutions conformes à la loi. Le consentement du condamné n'autorise pas l'Etat à exécuter. » Judith Wolbach recommença à respirer librement et un élan de bonheur la bouleversa. La terreur qu'elle écartait de son esprit à grand-peine jusqu'alors s'envola très loin. Elle aurait volontiers embrassé le juge Ritter qui poursuivait sa lecture d'une voix forte malgré l'âge. « Nous constatons trop d'incertitudes dans la loi et trop de hâte à exécuter. » Mon Dieu ! cette voix rappelait celle de Franklin Delano Roosevelt dans les vieilles actualités cinématographiques. Puis le juge signa le sursis à exécuter demandé par Dabney et Wolbach, et fixa au 27 janvier, dix jours plus tard, à dix heures du matin, une audience pour statuer sur le fonds.

Les substituts retournèrent piteusement au bureau du procureur général. Cependant, Bill Barrett, Bill Evans et Mike Deamer pensaient déjà aux prochaines mesures à prendre. Ils en arrivaient à peu près tous à la même conclusion : rédiger une requête de mandement et l'expédier à Denver. En outre, si le juge Bullock consentait à retarder l'exécution, elle pourrait avoir lieu à la date prévue bien que douze ou quatorze heures plus tard.

3

Le juge Bullock était allé à Salt Lake pour des raisons personnelles. A son retour chez lui, avant de se coucher, il écouta la radio et entendit parler du sursis. « Eh bien ! ça va », pensa-t-il. Le shérif avait envoyé une voiture banalisée qui s'était garée devant chez lui. Le juge Bullock ressortit et dit au policier : « Inutile de rester ici, vous pouvez rentrer chez vous. »

On avait appelé en fin d'après-midi du bureau du shérif pour prévenir le juge Bullock que des manifestations étaient à craindre devant chez lui... C'est pourquoi on avait fait garder son domicile. Le juge s'était dit : « Ma foi, je ne crains pas grand-chose pour ma propre sécurité. Mais, qui sait ? Ces gens sont capables de faire flamber une croix sur ma pelouse ou de se livrer à quelque autre chose de ce genre. » Il ne prévoyait pas de violences graves mais, pour protéger sa propriété, il avait accepté l'offre du shérif. Un minimum de surveillance éviterait à sa femme et ses enfants d'être dérangés, voire bouleversés.

Le juge Bullock ne s'inquiétait pas des gens du voisinage. Mais quand on exécute un condamné, des centaines de milliers de personnes perdent la tête dans tout le pays et certaines d'entre elles pourraient venir près de chez lui. Il aurait pu s'agir de pacifistes adversaires de la violence mais qui tenaient quand même à se manifester. Le juge se répéta : « Oui, on pourrait brûler une croix sur ma pelouse. »

Mais puisque le juge Ritter avait ordonné un sursis, il n'y avait plus rien à craindre. Bullock alla donc se coucher en se disant que le parquet ferait appel devant la Dixième Cour itinérante des Etats-Unis et que, de là, on en recourrait à la Cour suprême. Peut-être les débats porteraient-ils sur d'autres points que ceux présentés au juge Ritter. Dans sa somnolence il se dit encore : « C'est le départ d'un fleuve judiciaire et je ne vivrai peut-être pas assez longtemps pour le voir atteindre la mer. » Certaines affaires, en effet, duraient jusqu'à vingt-cinq ans. Le juge Bullock s'endormit.

4

Julie Jacoby était allée chez elle après la veillée pour se reposer un peu mais elle entendait retourner passer la nuit à la prison. Elle brancha la télévision pour quelques instants et apprit ainsi le sursis. A ce moment-là son mari l'appela de Sanibel, en Floride, où il se trouvait. Il lui dit qu'il l'avait vue sur le petit écran un peu plus tôt. On l'avait filmée à la veillée. Puis elle reçut un autre appel, cette fois d'une dame de l'A.C.L.U. avec qui elle devait se rendre à la prison le matin. « As-tu entendu la nouvelle ? demanda cette femme. Nous n'aurons pas besoin de nous lever aussi tôt. » Julie aussi croyait que l'ordonnance du juge Ritter ne pouvait être mise en cause. Elle alla donc se coucher elle aussi.

5

Au parloir, Stanger entendit un puissant grondement émis par les détenus du quartier de haute surveillance. Ce tonnerre roula le long des corridors, de rangée de cellules en rangée de cellules. Stanger avait alors oublié qu'il y avait tant de monde dans ce quartier de la prison et que les détenus écoutaient la radio avec des appareils à écouteurs. Tout à coup, on entendit ce bruit. Il n'aurait su dire si on applaudissait, acclamait ou déplorait. C'était un tonnerre sourd, comme celui d'un tremblement de terre. Soudain il perçut quand même : « Il y a sursis ! » Il alluma le poste de télévision. A cet instant, Gary revint du bureau de Fagan où il téléphonait. Il faillit foncer sur l'appareil. Stanger eut même l'impression qu'il allait démolir l'écran à coups de poing.

Cline Campbell avait déjà vu une ou deux fois Gary en colère. Chez lui, ça ne se manifestait pas comme chez la plupart des gens. Campbell avait jugé depuis longtemps que chez Gilmore la colère montait du fin fond de son être. D'autres peuvent frapper sur un mur, saisir un objet et le jeter par terre. Gilmore grinçait des dents et émettait un sourd grognement. Il serrait alors ses deux mains l'une contre l'autre et les pétrissait comme pour s'écraser les doigts. Cette nuit-là, quand on apprit l'ordonnance du juge Ritter, il sembla que Gary allait effectivement se briser les mains. Campbell ne l'avait jamais vu aussi furieux.

Bob Moody éprouva alors un choc qu'il attribua à un sursaut cardiaque. Rien n'aurait été plus ridicule que de dire à Gilmore : « Un instant, excusez-moi, Gary. Ils ne sont plus obligés de vous tuer ! » Mais Bob vit alors le visage de Gary. Cet homme s'était préparé à la mort, Moody ne savait pas comment : peut-être en stimulant sa volonté ou bien en épluchant ses craintes comme s'il se débarrassait de feuilles fanées. Quel que fût le moyen auquel il avait recouru, le juge Ritter venait de l'envoyer en enfer. Quelque chose s'effondrait en Gary. Il paraissait plus triste, plus menaçant mais moins impressionnant. Il circula dans le parloir en bougonnant : « Je me pendrai. Avant huit heures du matin, je serai mort. Les lacets de souliers finiront par me servir. » Moody avait entendu parler des lacets de souliers. Stanger lui avait raconté qu'un jour où il se trouvait avec Gary dans le bureau de Fagan, ce dernier était sorti pour un instant. Moins de vingt secondes, dix à peine. En si peu de temps, Gary avait volé une paire de lacets de souliers dans le tiroir du bureau de Fagan. Il était tellement surveillé qu'il lui était pratiquement impossible de voler quoi que ce soit ou de conserver éventuellement le produit de son vol. Pourtant, il avait gardé les lacets pendant les derniers quinze jours et maintenant il parlait de s'en servir.

Moody et Stanger n'en pouvaient plus. Ils quittèrent le quartier de haute surveillance et se rendirent sur le parking où ils se mêlèrent aux journalistes. Tout à coup un rugissement retentit. De nombreux projecteurs s'allumèrent sur un camion de télévision qui quittait l'enceinte de la prison. A ce moment-là, Stanger et Moody apprirent par un reporter que le juge Ritter s'était fait conduire à la prison par un agent de la police fédérale pour s'assurer que son ordonnance serait remise en main propre à Sam Smith. Sans doute Ritter, malgré sa corpulence et son âge, s'était-il allongé sur le plancher de la voiture pour franchir le parking afin d'échapper à la vue de la presse. C'était bien de lui : remettre le document en personne pour s'assurer qu'il ne disparaîtrait pas entre deux lames de plancher.

Le juge parti, Moody et Stanger entendirent les journalistes se plaindre, outrés d'avoir été frustrés de la meilleure interview de la nuit. Déjà certains d'entre eux braillaient des titres. « Ritter livre l'ordonnance lui-même », dit l'un d'eux. « L'ordonnance en voiture avec Ritter », suggéra un autre. Détail curieux : tout le monde avait un mauvais goût dans la bouche. Les gens de la presse s'étaient réveillés de temps en temps pour faire tourner le moteur de leur voiture, avaient bu un coup de plus et s'étaient rendormis. Si l'ordonnance de sursis tenait, tout cela n'aurait servi à rien : une longue nuit de souffrance.

De retour au parloir, Moody constata que les autorités de la prison avaient décidé : « Ça va, plus de drogue pour Gary. » On ne pouvait en effet en donner à un banal pensionnaire du couloir de la mort. Peut-être y traînerait-il encore un mois ou plus. Alors voilà Gary furieux et qui, privé de calmants, dégringolait des sommets où il avait flotté pendant la soirée.

Au bout d'un moment, il s'isola dans une des petites pièces attenantes au parloir. Le Père Meersman avait apporté un magnétophone. Pendant toute la nuit Gary s'était proposé d'enregistrer, à l'intention de Nicole, une cassette qui lui serait remise après l'exécution. Stanger ne pouvait imaginer ce qu'il y raconterait mais il n'eut pas longtemps à attendre. Moins d'une demi-heure plus tard Gary s'assit auprès de Ron et lui dit : « Tenez, écoutez ça. »

6

« Chérie je t'aime. Tu fais partie de moi et voilà longtemps au mois de mai nous nous sommes juré fidélité l'un à l'autre, chacun devait être le maître, le professeur, le bien-aimé de l'autre : Nicole et Gary, parce que nous nous connaissions depuis si longtemps. »

— Cette bande pourrait être terriblement intime, dit Stanger.

— Ecoutez, ça suffit, répondit Gary. Nicole et moi avons parlé de choses plus intimes que vous ne pouvez l'imaginer. Je lui ai exposé chacune des idées qui me passaient par la tête et nous en avons discuté. (Gary hocha la tête et poursuivit :) Je voudrais que vous compreniez ce qui se passe entre nous quand nous nous entretenons. »

Stanger continua à écouter mais la bande aborda rapidement des questions sexuelles. Gary y parlait de la baiser en des points secrets de son corps. Ça devenait de plus en plus intime et cru. Stanger protesta de nouveau. « Ecoutez, mon ami, ça devient vraiment trop personnel.

— Eh bien, qu'est-ce que vous en pensez ? demanda Gary.

— J'en pense que c'est très *très* intime. »

Dans cet enregistrement, la voix de Gary ne ressemblait pas à celle que Ron avait entendue jusqu'alors. C'était une voix bizarre, pâteuse et qui paraissait même artificielle. De temps en temps, Gary s'appliquait à énoncer clairement ses mots. Puis il retombait dans les chevrotements et les murmures. Cela se débitait comme si chacune de ses personnalités parlait à tour de rôle, pensa Ron. Ou bien comme si un acteur mettait un masque, le retirait, en mettait un autre en changeant de voix à chaque fois. Parfois il parlait pompeusement, une autre fois, il paraissait sur le point de pleurer. Dans l'ensemble Stanger aurait préféré ne pas écouter. De temps en temps Gary s'éloignait. Ron appuyait sur le bouton du déroulement rapide pour ne pas être obligé de tout écouter. Cependant il s'étonnait : le discours était plus éloquent qu'il ne l'aurait prévu. Stanger ne savait pas s'il pourrait jamais adresser de telles paroles à l'objet de son amour.

7

« Le meilleur moment pour y voir clair, c'est au petit matin. Tu vis dans un endroit pareil à celui où je suis. Tu n'aimes pas entendre sonner les cloches et brailler debout debout ou nous t'arracherons de ton lit. Moi aussi je suis obligé d'entendre claquer des portes d'acier, retentir des pas sur le béton et toute cette merde. C'est comme ça que je me réveille et tu comprends que je ne peux pas penser clairement. Pour bien réfléchir il faut du calme, de la détente. Eh lutin ! je t'aime. Je veux lécher ton petit cul. Foutu bon Dieu de merde, j'étais prêt à mourir. Oh ! les salauds ! Rappelle-toi que je t'aime. Mais, con comme tous les autres hommes, j'ai les idées un peu brouillées. Il y a aussi des tas de filles qui m'écrivent. Il y en a même de quatorze ans qui m'écrivent d'Honolulu. Elles s'appellent Stacy et Rory. Elles ne parlent que de baiser et de fumer de l'herbe mais pourtant tu sais, elles appartiennent à de bonnes familles. L'une m'a même écrit : « Parlez-moi de Nicole, je veux savoir comment elle est. » Je lui ai répondu : « C'est la plus belle fille du monde, la plus excitante et, avec moi, je voulais qu'elle soit presque tout le temps nue parce que c'est un ravissant lutin, un mignon petit lutin, le lutin, mon lutin. (Sa voix s'affaiblit puis il sembla se reprendre et poursuivit :) Elle m'a écrit de nouveau pour me dire : « Moi aussi j'ai des cheveux roux et des taches de rousseur. » Ça se passait juste avant Noël et je leur ai envoyé cent dollars à chacune : un cadeau de Gary et Nicole. Elles ne le demandaient pas et n'espéraient même rien du tout. Mais j'aime faire des choses comme ça. (Il bégaya un peu et continua :) Je leur ai envoyé aussi à chacune un T-shirt Gary Gilmore et je leur ai demandé de le porter sans rien dessous. Bien des filles m'écrivent pour me raconter toutes sortes de choses et me dire qu'elles sont amoureuses de moi sans me connaître. Si elle me connaissaient elles ne m'aimeraient pas. En réalité, elles sont amoureuses du connard de merde dont le nom paraît dans les journaux tous les jours. Je flirte avec elles par lettre, tu sais, mais je ne manque pas de préciser : « Ecoute, nana, j'ai une amie et je ne voudrais pas te tromper, petit cul rose, parce que j'ai la fille la plus merveilleuse du monde. Elle fait partie de moi-même. » Eh bien, c'est vrai, Nicole. Il n'y a que toi qui comptes, jamais une autre, jamais, jamais, jamais... je t'aime de tout ce que je suis. Je te donne mon cœur et mon âme. (Un soupir.) J'ai lu des choses dans le journal... on dit que cet enfant de salaud incita, par son charisme hypnotique, son amie à se suicider... merde... je ne te dirai pas ce qu'il faut en penser. Comme tu me l'as dit, tu es dans une infirmerie de détention, surveillée par des chasseurs d'hommes. Tous ceux qui se livrent à des battues ne sont que des assassins. Tu as de l'argent, chérie. J'ai pris soixante phénobarbital. Je suis resté ailleurs pendant douze heures. J'ai une carcasse assez solide, tu sais, je ne l'ai pas esquintée en buvant et en fumant de trop parce que j'ai tant vécu en prison. Si vraiment on repousse mon exécution, je me pends et je les enfile tous dans leur foutu cul noir et velu. » A ce moment Gary reprit son souffle et se mit à chanter. Stanger n'avait jamais entendu une voix pareille, jamais dans le ton et Gary ne s'en rendait sûrement pas compte. Quand il croyait roucouler, il grognait et ses grognements s'étranglaient. Jamais une note juste. Après avoir chanté *Le Rocher des âges*, il s'exclama : « Dis donc, ma vieille, je t'ai dit que j'ai parlé à Johnny Cash, merde alors. (Rire.) Johnny Cash sait que je suis vivant, il sait que tu es vivante, il nous aime... Oh ! Nicole... Je ne suis pas un type du genre de Charles Manson, qui te pousserait à faire ça... Si tu veux continuer à vivre et élever tes enfants, tu es un fille sensas, tu as beaucoup d'argent et je veux que tu en aies encore plus. Alors si tu veux vivre, vas-y chérie mais que personne ne te baise. (La voix de Gary tomba au niveau du murmure.) Ne permets à personne de t'avoir chérie, ne fais pas ça. Tu es à moi ! Discipline, continence. Peut-être qu'une fille... merde ! je ne sais pas... on devait m'exécuter à sept heures quarante-neuf... j'ai un missel sous les yeux. Tu es jolie, excitante, et tu as quelque chose qui semble jaillir de toi. Ma foi ! je sais que les gars ont des envies. Ce sont des salopards excités prêts à profiter des occasions. Ils te voient, ils voient combien tu es jolie, ils croient que je vais mourir. Ils veulent ton argent, ils te veulent, toi. Il y a quelque chose chez toi que tout le monde désire. J'espère, Dieu du ciel j'espère, oh ! foutre, mon Dieu, j'espère... je te veux chérie. (A cet instant Gary pleura.) Et puis merde, souffla-t-il. Je n'ai jamais été aussi malheureux. Je croyais que je serais mort dans quelques heures... libre de te rejoindre... peu m'importe si tu veux continuer à vivre... tu as tes enfants. Je ne te dis pas... de te décider à te suicider. C'est quelque chose de tellement difficile... (Il continuait à chuchoter.) Je ne veux tout simplement pas que quelqu'un d'autre te baise. Je veux que tu restes à moi, rien qu'à moi... à moi tout seul. Chérie, je veux me libérer de cette planète... j'ai distribué tout mon argent. Cent mille dollars... Je ne voulais pas t'en parler. Tu aurais pu croire que je me vantais. Tu as plus d'argent que moi maintenant mais je veux seulement être franc avec toi. Je croyais qu'ils allaient me tuer, ces fumiers de lapin, ces pédales baveuses, ces foutus salauds... (La voix baissait de plus en plus, puis il roucoula :) Nicole, je ne sais pas ce qui se passe. Peut-être faut-il que nous vivions un peu plus longtemps. Ecoute, j'ai pris tout ce que tu m'as donné... ving-cinq seconal, dix dalmane, à minuit. Rien ne m'y oblige mais je connais tellement de cantiques. Ce truc-là, c'est un livre catholique... Le prêtre est venu hier soir et il a dit la messe. Mon Dieu ! il n'y a rien de plus embêtant qu'une messe... Nicole... tu es ma Nicole. Dieu du ciel ! Je sens qu'il y a tant de puissance dans notre amour... Chérie, je t'ai demandé de m'aimer de tout ce que tu es. Tu me manques d'une manière si foutument cruelle. Je ne veux que toi et je jure devant Dieu que je t'aurai. Je ne pars pas pour la planète Uranus. Peu m'importe ce qu'il me faudra subir, ni quels démons je devrai combattre, peu importe ce qu'il me faudra surmonter. Je me manifesterai clairement à toi. Je me fous de ce qu'il me faudra faire, torturer, souffrir pendant combien de vies mais tu sais que je t'aime tendrement et doucement, farouchement et durement, nue, entortillée autour de moi... »

8

Vern avait observé Gary attentivement. Quand tout le monde tomba de sommeil, le forcené fit marcher si fort la radio que c'en était assourdissant. Puis il s'allongea et feignit de dormir mais on voyait bien qu'il ne le pouvait pas. Un peu plus tard, il se leva, éteignit la radio, parcourut le parloir et le réfectoire, l'air farouche. On aurait cru qu'il allait donner des coups de poing dans le mur. Puis il essaya encore de dormir.

Evelyn Gray — une aimable dame entre deux âges, svelte, qui portait des lunettes et avait les cheveux roux très courts et frisés comme si elle allait régulièrement dans un institut de beauté — s'approcha de Gary et s'efforça de le consoler. « Puis-je faire quelque chose pour vous ? demanda-t-elle.

— Je n'ai jamais désiré qu'un peu d'amour », répondit-il en redressant la tête.

Evelyn Gray s'éloigna, tellement émue qu'elle en pleura.

« Et voilà ! se dit Vern. Rien qu'un peu d'amour. »

Plus tôt dans la soirée, quand les gardiens avaient extrait Gary de sa cellule pour l'amener au parloir, ils avaient apporté ses affaires, puisqu'il ne devait plus retourner au couloir de la mort. Ça remplissait plusieurs cartons et son courrier était entassé dans quelques sacs en matière plastique. Après avoir essayé de se reposer un peu, il se leva et dit à Vern : « Je veux te montrer des trucs. »

Ils s'assirent côte à côte. Gary fit l'inventaire de bricoles et de pièces de monnaies étrangères. Puis il demanda à son oncle de l'aider à faire un paquet pour Nicole. Ils choisirent ensemble des lettres et des objets exceptionnels. Quand ce fut fait, Gary referma le carton. A un moment, il releva la tête et dit : « Vern, s'ils ne le font pas, je vais me suicider. » Il énonça cela avec un tel calme que Vern conclut que Gary mourrait sûrement ce jour-là, qu'il n'attendrait guère lorsque l'heure prévue pour l'exécution serait passée. « D'une manière ou d'une autre, se dit Vern, il sera mort avant midi. » Ils feuilletèrent les lettres une dernière fois. Gary retira le chapeau à la Robin des Bois que Vern lui avait offert et le mit dans le carton pour Nicole. Puis il le colla avec des bandes gommées.

« Jure-moi que ça lui sera remis, dit Gary.

— Je ferai ce que tu veux, tu le sais bien », répondit Vern.

CHAPITRE XXXIV

VOL AU-DESSUS DES MONTAGNES

1

EARL, Bill Barrett, Mike Deamer et les autres étaient à peine rentrés au bureau lorsque Bob Hansen téléphona. Le juge Lewis, dit-il, avait accepté de tenir une audience d'appel dans les heures à venir, mais en stipulant qu'une décision aussi grave devrait être prise à Denver, par un tribunal de trois juges. Hansen informait donc l'équipe que tous les documents légaux devaient être terminés à temps pour qu'ils puissent quitter Salt Lake à quatre heures du matin. Compte tenu de la vitesse d'un petit avion, il faudrait compter un vol de deux heures au-dessus des montagnes et ils arriveraient avant l'aube à six heures du matin. Voilà qui ne laissait guère de temps pour rédiger une requête de qualité à soumettre à la Cour de Denver.

Earl ne sentait que la fatigue. Il allait falloir faire ça sur place en plein milieu de la nuit et sans secrétaire. C'était ça le pire. Ils avaient déjà fait les recherches juridiques. En se divisant les tâches, ils pouvaient certainement rédiger le texte dans le temps dont ils disposaient. Earl, par exemple, pouvait gagner trois heures dans la rédaction de sa requête étant donné qu'il en avait déjà présenté une quand le juge Ritter avait accordé au *Tribune* ses interviews exclusives de Gilmore en novembre. Il n'avait maintenant qu'à rapprocher les éléments de l'affaire de mesures procédurières qu'il avait déjà ouvertes. Mais c'était la simple absence de secrétaire qui pouvait tout retarder. Schwendiman et Dorius se mirent à taper à la machine, et ça n'allait pas vite. Earl était inquiet à l'idée de remettre un document plein de fautes de frappe à une aussi haute juridiction que la Cour d'appel de Denver. Même si on lui avait signifié de préparer un document à toute vitesse, c'était quand même abominable de remettre un si triste échantillon de dactylographie. Il fut soulagé quand le bureau du shérif de Salt Lake envoya deux filles pour les aider.

D'autres problèmes se posèrent. Un coup de téléphone de Gary Gilmore. Bien sûr, ils ne le prirent pas. Tout le monde dans le bureau eut la même réaction : ne pas lui parler. Tout ce qui leur manquait, c'était une conversation entre l'accusation et le condamné. Malgré tout, Earl fut impressionné. Il s'attendait encore à voir Gilmore dire à la dernière seconde : « Je veux faire appel. » D'une certaine manière, ayant roulé la société, en fin de compte, il se retournerait. Mais là, au cœur de la nuit, Earl commença à croire que Gilmore voulait peut-être vraiment voir la sentence exécutée.

Une nouvelle angoisse se mit à peser sur les assistants du procureur général. Bob Hansen comptait les amener à Denver pour six heures du matin, mais l'exécution était prévue pour l'heure du lever du soleil : sept heures quarante-neuf. En une heure et cinquante minutes, temps qui leur resterait après l'atterrissage, comment pouvaient-ils aller jusqu'au tribunal, exposer l'affaire et obtenir une décision des juges ? Ils avaient un secrétaire nommé Gordon Richards qui passait la nuit à la prison pour remplacer Earl, et ce fut lui que Dorius appela. Richards dit que si Sam Smith n'avait pas de nouvelles à sept heures quinze, il ne pouvait pas, absolument pas, assurer l'exécution pour sept heures quarante-neuf. Et puis Gordon aurait besoin d'un message en code du genre « Mickey de Virginie de l'Ouest » pour être certain que le coup de téléphone viendrait bien de Denver. Dorius savait que Howard Phillips, le greffier de la Cour de Denver, habitait Eudora Street dans une banlieue du nom de Park Hill, aussi donna-t-il à Richards comme code : « Eudora de Park Hill. »

Dorius se mit alors à chercher s'il fallait absolument exécuter l'ordonnance du juge Bullock à sept heures quarante-neuf. Il consulta les textes appropriés dans le Code de l'Utah. Bien entendu, il y en avait deux qui s'appliquaient à l'affaire et tous les deux contradictoires. La Section 77-36-6 disait que la Cour fixerait le *jour* où l'exécution devrait avoir lieu. Un autre texte, le 77-36-15, précisait que le directeur de la prison devait faire exécuter la sentence à *l'heure* prévue. Earl avait un joli problème juridique : le Jour contre l'Heure.

Sans doute le juge Bullock avait-il fixé l'exécution au lever du soleil uniquement pour conférer à son jugement un petit côté western. En fait, c'était une précision purement gratuite. Dans ce cas particulier, Earl estimait qu'on pouvait s'en passer, d'autant plus que le second texte disait que si l'exécution n'avait pas lieu au jour fixé, il fallait alors fixer une autre heure. Voilà qui semblait indiquer qu'en l'occurrence on utilisait le mot « heure » comme synonyme de jour. Ça ne voulait rien dire de supposer que si l'on fixait une date pour l'exécution et qu'elle n'ait pas lieu, il fallait être plus précis pour la fois suivante, c'est-à-dire fixer la minute précise. Une telle pratique pouvait mener au chaos. Et si on se retrouvait avec le directeur de la prison la main levée et qu'il y ait une seconde de retard ? Infaisable ! Earl décida que dans ces textes on devait parler du jour et non pas de l'heure. On pouvait donc légalement considérer comme une précision gratuite celle qu'avait donnée le juge Bullock en parlant de « lever du jour ». Voilà ce qu'il pensait du problème.

Il en discuta brièvement avec Mike Deamer. En tant que procureur général adjoint, Deamer resterait à Salt Lake pour assumer les responsabilités pendant que Bob Hansen, Schwendiman, Barrett, Evans et lui prendraient l'avion pour Denver. Mais c'était une conversation précipitée. Après tout, il y avait urgence de terminer leurs documents. Ils étaient déjà en retard. Il allait falloir retarder l'heure de départ prévue par Bob Hansen à quatre heures du matin. Cette aiguille qui se déplaçait sur le cadran, c'était comme l'angoisse qui vous serrait la poitrine...

2

A Washington, Al Bronstein, un avocat de l'A.C.L.U., reçut un coup de téléphone à cinq heures du matin, heure de New York. Ce qui faisait, bien sûr, trois heures dans l'Utah. L'appel provenait de Henry Schwarzschild, président de l'association nationale contre la peine de mort, et il parla à Bronstein de l'intention qu'avait Bob Hansen de prendre l'avion pour Denver. Schwarzschild venait d'apprendre la nouvelle et n'avait vu aucun document, mais il pensait que le procureur général devrait demander une ordonnance de révocation d'arrêt contre le juge Ritter, et il voulait que Bronstein se rende à la Cour suprême pour être là au cas où la Cour de Denver annulerait la décision du juge. Bronstein passa donc le reste de la nuit à essayer de préparer les documents juridiques sans connaître le nom de l'affaire, ni des intéressés. Il ne savait même pas qui plaidait contre qui. Il appela la Cour suprême qui, théoriquement, d'après la loi, était ouverte vingt-quatre heures sur vingt-quatre, mais qui ne répondait pas.

Peu après quatre heures du matin, Phil Hansen se leva et alluma la radio. Et voilà que soudain il entendit que le procureur général et les autres allaient prendre l'avion pour Denver. Bien sûr, il téléphona à Ritter et le juge dit qu'il en avait eu l'intuition et qu'il aurait dû se douter qu'ils allaient tenter ce coup-là. Mais plus ils discutaient de la situation, moins elle paraissait compromise. En tenant compte de l'heure, il n'y avait aucun moyen pour la Cour de Denver de parvenir à tout boucler avant sept heures quarante-neuf. Il restait à peine trois heures. Impossible d'être dans les temps. En mettant les choses au pire, la Cour de Denver condamnerait de nouveau Gilmore à une date ultérieure. Demain, songea Phil Hansen, on aurait le temps de prendre des dispositions pour déposer une nouvelle requête.

3

Judy Wolbach et Jinks Dabney ne s'attendaient pas à cette histoire de Denver. En sortant du cabinet du juge Ritter, bras dessus bras dessous, ils débouchèrent sur la place bourrée de journalistes. Ils durent courir se réfugier au bureau de Jinks.

Judith aimait bien les gens de la presse, mais Jinks, lui, avait horreur de se trouver pris dans la foule, aussi allèrent-ils chercher refuge dans la bibliothèque. La presse envahissait déjà son antichambre. Puis la femme de Jinks Dabney téléphona pour dire que Bob Hansen voulait lui annoncer ce nouveau développement.

Judy resta dans la bibliothèque en essayant de trouver les renseignements sur la procédure utilisée par la Cour de Denver pendant que Jinks téléphonait aux compagnies aériennes. Il revint pour annoncer qu'il n'y avait pas de vol. Il ne pouvait donc pas y aller. Bob Hansen avait loué un avion mais l'appareil n'était pas assuré et Jinks ne voulait pas en faire autant. Judy dit : « Jinks, c'est vous qui connaissez cette juridiction. Il vaut beaucoup mieux que ce soit vous qui vous chargiez de cette affaire. » Dabney lui dit qu'il n'en était pas question. Il ne voulait pas prendre le risque de ce vol.

Elle en fut très surprise. Bien sûr, de temps en temps on entendait parler de gens qui s'étaient écrasés en bouillie en survolant les Rocheuses à bord de petits avions. On pouvait même estimer qu'il y avait des esprits maléfiques dans ces montagnes. C'était une phobie qu'elle avait déjà rencontrée, et en général elle arrivait à l'admettre, mais dans l'immédiat son problème était qu'elle n'avait pas les connaissances juridiques suffisantes. Elle allait devoir discuter seule devant la Cour d'appel de Denver. Ça ne lui était jamais arrivé. « Dites donc, avait-elle envie de crier, je ne suis qu'une ancienne étudiante en anthropologie. On aborde là des niveaux de procédure trop élevés pour moi. »

Elle le connaissait à peine, mais il était bien évident que Jinks n'allait pas prendre ce petit avion. « Il n'en est pas question », répéta-t-il tranquillement.

Avant de partir, Judy Wolbach s'empara d'un exemplaire des procédures de la Cour d'appel et de deux volumes de *Jurisprudence américaine*. C'était une sorte d'encyclopédie juridique au ras des pâquerettes. Jinks et elle parvinrent quand même à contacter par téléphone quelques avocats de l'A.C.L.U. à Denver qui connaissaient bien cette juridiction et qui promirent de la retrouver devant le palais de justice fédéral. Ils discuteraient avec elle les aspects techniques de l'affaire, dirent-ils. Judy était impressionnée par les gens de l'A.C.L.U. de Denver. Quelle chance d'avoir d'aussi bons avocats prêts à intervenir au pied levé !

Toutefois, cela se révéla ne pas être une mince affaire que d'arriver jusqu'à la ville. Hansen téléphona pour lui dire qu'il allait passer la prendre et qu'ils iraient ensemble jusque chez le juge Lewis, puis qu'ils partiraient tous pour l'aéroport. Judy n'avait aucune envie de voyager avec les gens du procureur général, mais elle n'avait pas le choix. Hansen passa donc la prendre et elle commença à bouillir d'impatience. Au lieu de prendre à l'ouest vers l'aéroport, ils durent retraverser tout Salt Lake pour aller chercher le juge Lewis. Judy aurait pu utiliser ce temps à faire des recherches au lieu d'aller glander dans toutes ces rues des quartiers snobs de la ville. Tout ce que Judy voyait, c'étaient des branches d'ormes dépouillées qui s'agitaient dans la nuit. Elle trouva que c'était moche de la part de Hansen de lui faire faire un tour pareil, et elle faillit lui en faire la remarque, mais cependant s'en abstint. Hansen lui aurait sans doute répondu qu'il avait besoin d'un témoin pour affirmer qu'ils n'avaient pas eu de conversation préalable avec le juge.

Bref, avec le temps qu'il lui fallut pour aller jusqu'à la porte du juge, dont la maison se trouvait assez en retrait sur la pelouse, puis de bavarder avec lui dans le vestibule avant de finir par regagner la voiture, il avait le loisir de raconter tout ce qu'il voulait. Pour ce qui était d'influencer son opinion, Hansen et le juge Lewis discutaient pêche, ils parlaient de la façon dont les choses se passaient dans leur bureau respectif et Judy se disait : « Bon sang, j'aimerais bien glisser un mot pour dire au juge ce qui se passe », mais non, Hansen parlait au juge Lewis de clubs de golf en bois. Judy les entendit discuter interminablement bois et fers, et comment le bois reprenait le dessus, c'était vraiment un monde d'hommes ! Elle devrait interroger le juge sur des tournois auxquels il avait participé et dire : « Au fait, j'ai ce client, et j'aimerais autant qu'il ne soit pas fusillé. »

Elle avait entendu dire que Lewis était un républicain de l'Utah nommé à la Cour d'appel par le président Eisenhower. Il était assurément vêtu de façon conservatrice, l'air modeste, le regard aigu, le visage bien rasé, un renard argenté. Il avait la manière de comportement grisâtre qui devait le mettre parfaitement à l'aise dans une salle de conseil d'administration. Pour l'instant, Bob Hansen et lui parlaient sans discontinuer de tout sauf de l'affaire. Tout cela était bel et bon, mais elle se rappelait une phrase du juge Lewis qu'elle avait vu citée dans les journaux à propos du juge Ritter. Quelque chose de peu flatteur.

A l'aéroport de Salt Lake, ils contournèrent l'aérogare principale pour aller jusqu'à l'un des hangars où se trouvaient les petits avions. Lorsqu'ils arrivèrent, ce fut pour constater que les adjoints de Hansen n'étaient pas encore là. Le juge Lewis avait l'air un peu inquiet de l'heure.

4

Dorius, Barrett, Evans et Schwendiman attendaient tous la photocopie des dernières pages. A quatre heures du matin, Schwendiman mit les documents dans un carton et ils se précipitèrent dans les couloirs en courant. Dehors des journalistes les entourèrent et il y avait la lumière éblouissante des projecteurs de cinéma. Une voiture de la police routière attendait près de la porte sud. Ils partirent. Allumant son feu tournant, le policier fonça vers l'aéroport par de petites rues que Earl n'avait jamais empruntées. Ils devaient rouler à plus de cent à l'heure au milieu de ces foyers endormis.

Arrivés à l'aéroport, ils furent accueillis par un feu roulant de questions des journalistes, des cris, du bruit et l'éclairage bleuté des feux clignotants si intense que ni Dorius ni Schwendiman ne pouvaient savoir où ils allaient en suivant les autres sur la piste jusqu'à l'avion, un King-Air bimoteur dans lequel ils embarquèrent vers quatre heures vingt. Bob Hansen, Bill Barrett, Bill Evans, Dave Schwendiman, Jack Ford, qui était un reporter de la station locale, le juge Lewis, Judy Wolbach décollèrent presque aussitôt. Ils avaient maintenant dix minutes de retard.

Dès qu'ils eurent décollé, Bob Hansen se mit à discuter avec le copilote. Il voulait savoir la vitesse de l'appareil, la force du vent arrière et l'heure à laquelle il comptait arriver. Puis il demanda au pilote de vérifier par radio si des taxis seraient là pour les attendre. Les chauffeurs savaient-ils exactement à quel endroit de l'aéroport se rendre ?

Connaissaient-ils le meilleur itinéraire jusqu'au palais de justice ? Il ne laissait rien au hasard.

Ce qui rendait tout cela extrêmement agaçant pour Judy, c'était la façon dont ils étaient assis. Le juge Lewis, pour éviter de participer à des conversations avec l'une ou l'autre partie, ou même de les entendre, avait choisi l'endroit le plus inconfortable de l'appareil ; un petit strapontin au fond où il avait très peu de place. Il y avait un journaliste devant lui. Puis une longue banquette incurvée qui allait de l'avant à l'arrière si bien qu'on s'asseyait de guingois. On avait installé Judy là entre Hansen et Schwendiman, ce qui la rendait un peu claustrophobe. S'il y avait un avocat qu'elle n'aimait pas tellement, dans l'Etat d'Utah, c'était Bob Hansen, avec un air fort et vertueux, pourtant bel homme au visage sévère, des lunettes à monture sombre, des cheveux noirs, un costume bleu marine, mais tout cela proclamant : « Je suis un bureaucrate total, un cadre total, un politicien total. » C'était comme ça que Judy le voyait dans ses bons jours.

Schwendiman, en revanche, était bien, pensa-t-elle, un homme vraiment charmant, qu'elle avait connu à la faculté de droit, mais qu'elle ne voulait pas gêner maintenant en évoquant la moindre amitié. En face d'elle était assis Dorius, frétillant comme un fox-terrier, avec une moustache, plein d'entrain et d'allant, et Bill Evans, encore un autre dans le style lancier du Bengale. Et puis Bill Barret, un grand type décharné avec des lunettes et une moustache. Seigneur, elle était entourée de procureurs généraux et de procureurs généraux adjoints, et qu'ils avaient l'air con !...

Juste devant elle, Hansen demandait à Dorius s'il avait fait des recherches sur le sursis d'exécution et juste à ce moment-là Dorius répliqua que des affaires similaires semblaient indiquer qu'une exécution était légale même si elle avait lieu après l'heure et la minute fixées. Hansen dit que ce renseignement devrait être communiqué à Smith, le directeur de la prison. Judy demanda alors si Hansen croyait vraiment juste de placer un aussi lourd fardeau sur les épaules du directeur « avec un terrain si peu sûr » ? L'atmosphère était déjà assez tendue dans la cabine bien avant cela. On ne devrait jamais mettre ensemble des avocats adverses avant une audience importante et surtout dans un petit avion miteux. Après le « terrain si peu sûr », l'atmosphère était épaisse à couper au couteau. Hansen ne lui répondit pas directement, mais un peu plus tard, il ordonna à Schwendiman de trouver un téléphone le plus vite possible après l'atterrissage pour appeler le directeur de la prison, le juge Bullock, le procureur Wootton afin qu'ils puissent faire amender l'ordre d'exécution. Puis il dicta la formule qu'il fallait employer : « A une autre heure de ce même jour, quand les obstacles légaux auront été levés, ou le plus tôt possible ensuite. » Judy prit un bloc et un crayon pour noter cette phrase. Elle s'attendait à voir Hansen réagir lorsqu'elle déclara qu'elle transcrivait ses instructions mot pour mot, mais il ne broncha pas.

Hansen s'inquiétait de nouveau de l'horaire de l'exécution. « Dès que nous arriverons là-bas, répéta-t-il à Schwendiman, je veux que vous sautiez sur le téléphone. » Judy se disait : « La loi de l'Utah dit qu'on doit comparaître devant la Cour, mais tout cela se fait par téléphone. C'est bizarre. »

Elle décida de se montrer aussi désagréable qu'elle le pouvait. Elle ne cessa de se tourner vers eux en souriant pour demander : « Qu'est-ce que vous avez dit encore ? » Hansen répondait : « J'ai dit de téléphoner à telle personne », et il en donnait le nom. Elle notait tout. Elle se sentait terriblement hostile. Lorsqu'il demanda au pilote si le moteur était en assez bon état pour maintenir le régime actuel, elle pensa : « Il devrait l'être, grand Dieu. Il est à moitié mormon, tout comme la moitié de la ville. »

Le mormonisme, se dit Judy, ce vieux christianisme simpliste et primitif. Si littéral. Elle pensait à des mormons dévots, comme ses grands-parents qui portaient toujours des sous-vêtements dont ils ne se dépouillaient jamais, pas même pour se coucher ni s'accoupler. Une fois par semaine, peut-être, ils osaient exposer leur peau à l'air pollué. Ils auraient aussi bien pu être des pharisiens. Ils suivaient toujours la Loi à la lettre.

Elle avait horreur de l'expiation dans le sang. La croyance parfaite pour un peuple du désert, se dit-elle, accroché à survivre, comme ces vieux mormons du temps jadis. Ils croyaient en un Seigneur cruel et jaloux. Vengeur. Bien sûr, ils avaient sauté sur l'expiation par le sang. Elle croyait entendre Brigham Young déclarant : « Il y a des péchés qui ne peuvent être expiés que par une offrande sur l'autel... et il y a des péchés que le sang d'un agneau, d'un veau ou d'une colombe ne peut racheter. Ils doivent être expiés par le sang d'un homme. »

Voilà, mon bon monsieur, apaisez votre soif de sang et dites-vous que vous avez été bon envers la victime parce qu'une expiation par le sang a racheté le péché. Après tout, vous avez donné à ce gaillard une chance d'arriver dans l'au-delà. Cette histoire de vivre pour l'éternité apportait assurément sa contribution à la peine capitale, et la brutalité à la guerre. Ce Brigham Young, avec ses épouses innombrables qui dépérissaient sur pied, avait le culot d'affirmer que si vous preniez une de vos femmes en flagrant délit d'adultère, il vous appartenait en bon chrétien de la prendre sur vos genoux et de lui plonger un couteau dans le sein. Comme ça, elle garderait sa chance de connaître l'au-delà... Elle ne serait pas reléguée dans les ténèbres extérieures. Judy eut un grognement de dégoût. Le christianisme primitif ! Elle était satisfaite d'être allée à Berkeley.

5

Lorsque Mme Wolbach eut terminé de poser des questions, Earl révisa des passages de son réquisitoire, puis essaya de dormir un peu. Mais c'était un vol inconfortable. Un très fort vent arrière ne cessait de les secouer au milieu des turbulences qui se suivaient l'une après l'autre. Avec les moteurs maintenant poussés à plein régime, la cabine vibrait sérieusement. Dorius commençait à craindre que l'appareil ne devînt impossible à contrôler. Il volait assurément de façon assez irrégulière. A quinze ou vingt minutes de Denver, ils rencontrèrent une turbulence particulièrement forte et chutèrent d'un seul coup de plusieurs dizaines de mètres. Dorius regardait par hasard vers l'arrière lorsque cela se produisit, et il vit le juge Lewis voler en l'air, se cogner le crâne contre le plafond bas et abondonner aussitôt les documents qu'il était en train de lire afin de pouvoir se cramponner au fuselage et éviter de se cogner la tête une nouvelle fois.

Earl était terrifié. Le bruit réuni du vent et des moteurs était assourdissant et jamais il n'avait traversé pareilles turbulences. Une singulière idée lui traversa l'esprit : « Bon sang, si je m'écrase au sol et que Gilmore vive... ce serait quand même quelque chose ! »

Earl ne se représentait pas Dieu récompensant les gens pour leur vertu ou les punissant de leur mauvaise conduite. En fait, ce pourrait bien être le contraire. La religion ne mettait pas obligatoirement à l'abri. Le chef actuel de l'Eglise mormone, Spencer Kimball, par exemple, avait connu dans sa vie une suite de tragédies. Sa mère était morte quand il avait douze ans, un peu plus tard il avait été atteint d'un cancer à la gorge et on lui avait retiré la moitié du larynx. Pourtant, il continuait à faire des discours. Ensuite, on lui avait fait une opération à cœur ouvert. C'était un homme d'une vertu irréprochable, et cependant il avait traversé une catastrophe après l'autre. Peut-être bien que plus on était vertueux dans la vie, plus grand était le défi qu'on lançait à l'Adversaire. L'Adversaire se donnait plus de mal pour atteindre les gens vertueux. Aussi cette turbulence, même si Earl se refusait à la considérer comme une force plus grande que celle des éléments déchaînés, lui donnait quand même matière à réflexion. Jamais il n'avait fait plus mauvais voyage en avion.

Sur ce strapontin, assis littéralement sur un coussin capitonné servant de couvercle de toilette, le juge Lewis était bien secoué aussi et, après s'être cogné la tête, il décida de demander une cigarette. Durant le cours de ses fonctions, il avait parcouru des centaines de milliers de kilomètres par la voie des airs, mais il ne s'était jamais trouvé bien longtemps dans un avion à hélice. Etait-ce le bruit ou bien le fait que ni lui ni Mme Lewis n'avaient dormi depuis samedi après-midi, le téléphone n'ayant cessé de sonner après cette affaire Athay, et aux heures les plus insensées (les journaux avaient le droit de savoir ce qui se passait dans un tribunal fédéral) — mais en tout cas il se trouva en train de chercher le réconfort d'une cigarette. Ça faisait plus d'un an qu'il n'avait pas éprouvé une si furieuse envie de fumer.

De plus, il avait dû réveiller Breitenstein à Denver, à deux heures du matin cette nuit-là, pour lui annoncer qu'il devrait être au tribunal à l'aube et entendre Breitenstein utiliser certains mots qui ne retentissaient généralement pas dans les prétoires. Ce n'était pas avec ce genre de nouvelle qu'on réveillait un collègue. Il fallait quand même faire quelque chose à propos de Gilmore. Ces sursis commençaient à prendre l'allure d'un châtiment d'une cruauté insolite.

Le juge Lewis s'effondra. C'était peut-être ce coup sur la tête ? Ces montagnes russes dans les turbulences ? Il vint demander une cigarette au pilote et celui-ci lui répondit qu'il en avait toute une cartouche. Pourquoi ne pas en prendre un paquet ? C'est ce que fit le juge. Il alluma sa première cigarette depuis un an et comprit, avant d'allumer la seconde, qu'il venait de se remettre à fumer et que ça n'allait pas s'arrêter de sitôt.

Le père du juge Lewis était juge et son frère aîné avocat. Il avait grandi sans s'être jamais posé la moindre question sur le fait que lui aussi serait homme de loi et peut-être juge. Dans sa famille, on avait le sens de la loi comme d'autres ont le sens de la terre. Ça vous donnait des racines. Dans une certaine mesure Lewis avait donc l'impression de toujours comprendre Ritter. Lewis avait suivi les mêmes cours que Ritter à la faculté de droit à l'université d'Utah. Il comprenait la décision de Ritter. Ça n'était pas Lewis qui irait critiquer un juge qui trouvait une exécution scandaleuse. Travailler contre la montre dans une affaire de peine capitale devait être l'expérience la plus traumatisante que pouvait connaître un juge. On avait toujours besoin de temps pour ne pas avoir à supporter l'idée que l'on n'avait pas examiné le dossier suffisamment à fond.

Et ce matin-là, pourtant, ils allaient devoir affronter la seconde possibilité. C'était cruel de remettre sans cesse l'exécution de Gilmore. Lewis alluma sa troisième cigarette.

Maintenant, il se demandait, avec inquiétude, si d'une exécution appliquée aujourd'hui, la première depuis de nombreuses années, n'allait pas découler un encouragement à revenir au bain de sang d'autrefois. Cela n'allait-il pas déclencher un nouveau « bang, bang, bang » et faire liquider en hâte un tas de prisonniers du quartier des condamnés à mort ? Ça n'améliorerait sûrement pas l'image des Etats-Unis dans le monde. Lewis était satisfait à l'idée que deux de ses frères allaient siéger à Denver avec lui pour cette affaire.

6

L'avion arriva avec dix minutes de retard et Judy se dit que la seule façon de retarder les choses serait de tomber lors du débarquement et de se casser la jambe. Là, ils seraient obligés de s'arrêter. Et encore, peut-être pas ! De toute façon, elle était trop lâche. Avant de se casser sa propre jambe, il faudrait qu'elle soit sa propre cliente.

Ils roulèrent jusqu'à l'aéroport des petits appareils. Sur la zone de stationnement, des projecteurs extrêmement forts étaient allumés et, lorsqu'ils stoppèrent, d'autres s'allumèrent à leur tour et l'atmosphère, nota Dave Schwendiman, devint surréaliste. Ils étaient partis de Salt Lake dans un décor comparable, et voilà qu'ils le retrouvaient ici même. Ils n'avaient volé dans les ténèbres d'une terrible tempête que pour retrouver la même et intense luminosité au sol. La porte de l'avion s'ouvrit et ils furent éblouis par le déferlement des projecteurs. Des hommes des médias étaient partout. Aveuglés, les avocats se précipitèrent vers les taxis qui les attendaient, moteurs en marche.

Au tribunal, d'autres représentants des médias encombraient l'espace de leurs caméras et de leurs micros. Un journaliste de Salt Lake City, Sandy Gilmour, qui présentait les informations sur la chaîne Deux, avait pris son propre avion et était arrivé à Denver avant eux. Maintenant, il plaisantait. Qu'est-ce qui les avait retardés si longtemps ? Bonté divine ! D'autres incidents comiques. Le juge Lewis eut du mal à obtenir l'accès du bâtiment. Le gardien de service ne travaillait que la nuit et n'avait jamais vu le président de la Cour d'appel. Aussi n'était-il pas pressé de laisser entrer tous ces gens à une heure pareille.

On finit par ouvrir les portes et le juge dit de prendre l'ascenseur jusqu'au quatrième étage. Ce fut une véritable course avec les gens des médias jusqu'à la salle d'audience.

7

Environ à cette heure-là, à peu près neuf heures à Washington, Al Bronstein arriva au bureau du greffier de la Cour suprême, Michael Rodak, avec la requête manuscrite adressée au juge White. Bronstein avait intitulé son document « L'Honorable Willis Ritter contre l'Etat d'Utah » et expliquait à M. Rodak qu'il y avait là un problème de procédure particulier. A sa connaissance, la Cour d'appel de Denver n'avait pas encore rendu son ordonnance, mais le temps pressait et il voulait être ici avec le document au cas où on en aurait besoin. Rodak répondit : « Parfait, on va attendre ensemble. » Et il installa Al Bronstein dans un bureau provisoire.

CHAPITRE XXXV

AURORE

1

TONI était rentrée de la prison assez tôt pour passer un moment avec Howard avant que celui-ci ne se lève à quatre heures trente pour se rendre à son travail. Si bien qu'ils avaient à peine dormi lorsqu'il leur fallut se relever.

De retour à la prison pour une troisième visite, on dit à Toni qu'il était trop tard pour revoir Gary. Ses visiteurs, lui annonça-t-on, n'allaient pas tarder à quitter les quartiers de haute surveillance, donc on ne pouvait pas la faire entrer. C'était ridicule. On la fit attendre un long moment à la réception avant que n'apparaisse Dick Gray, qui lui dit : « Toni, il vaudrait mieux ne pas le revoir. Souvenez-vous de lui tel que vous l'avez vu hier soir. » Elle secoua la tête. « Il faut que je lui dise adieu. » « Non, insista Dick Gray, ça pourrait juste augmenter la difficulté pour Gary de se rendre à son exécution. Si vous craquez, peut-être qu'il craquerait aussi. » A cet instant, Toni eut l'intuition que Gary avait vraiment peur et qu'il ne voulait pas mourir.

Lorsque Schiller se présenta à la grille à cinq heures quarante-cinq les gardiens n'en crurent pas leurs yeux. « Je ne suis pas entré hier soir », déclara Schiller. « Oh ! si, bien sûr », répondirent-ils.

« Bon, reconnut Schiller, d'accord, je suis entré à cinq heures et demie, mais je suis ressorti à six heures moins cinq. » Les gardiens haussèrent les épaules. Ils savaient qu'il mentait, mais que pouvaient-ils faire ? Un gardien-chef monta pour le guider jusqu'aux bâtiments de détention. Schiller gara sa voiture et ils s'en allèrent à pied dans la nuit glacée, avec le soleil qui commençait tout juste à pointer quelque part derrière la crête. Il faisait encore sombre, mais à l'Est le ciel commençait à pâlir.

Dans ces montagnes, on n'était peut-être qu'à une demi-heure de l'aube, mais il fallait attendre deux heures pour voir le soleil apparaître. Schiller continuait à marcher. Le gardien était tout à fait aimable. Il dut sentir que Schiller n'avait pas dormi depuis longtemps car il dit : « Si vous voulez vous arrêter pour vous reposer, vous pouvez. »

Schiller ne savait pas s'ils approchaient tous d'une sorte de détente, mais ce gardien avait une personnalité plaisante. « Vous voulez du café ? » proposa-t-il. Ça n'était qu'un gardien qui l'escortait, mais Schiller éprouvait un calme et une sérénité comme il n'en avait jamais connu dans une prison. Il était six heures moins cinq et, lorsqu'il se retourna, le ciel était déjà d'une autre nuance, plus clair. On apercevait, à l'Est, une lueur à l'horizon et autour de lui les bâtiments de la prison commençaient à prendre des airs de monastère.

On le conduisit à la salle des visiteurs où il fut l'un des premiers à pénétrer. Il s'assit en songeant aux notes qu'il allait devoir prendre relatives à l'exécution et fouilla dans sa poche pour prendre son carnet, le carnet qu'il avait pris avec lui deux jours plus tôt lorsqu'il avait décidé d'écrire sans baisser les yeux sur le papier, mais tout ce qu'il avait avec lui, c'était son carnet de chèques. Il allait être obligé de prendre ses notes aux dos de chèques. A cette idée, il sentit ses entrailles s'enflammer. Quelle connerie ! Il avait les larmes aux yeux tant il essayait de réprimer ses spasmes intestinaux. Si jamais un journaliste le voyait maintenant avec des chèques à la main !

Il y avait des toilettes près de la salle des visiteurs, et toutes les cinq minutes, il devait faire la navette. De plus, il avait une extraordinaire envie d'uriner, mais n'y parvenait pas. Rien. Il avait tout l'intérieur à l'envers. Jamais de sa vie il n'avait ressenti ça. Tout devenait dingue, tout...

2

Mike Deamer, qui était resté à Salt Lake, était terré dans son bureau et compulsait tous les ouvrages qu'il avait pu trouver afin de tenter de découvrir combien de temps après le lever du soleil on pouvait encore procéder à une exécution dans des formes légales. Ne trouvant rien, il se sentait de plus en plus découragé lorsqu'à six heures et demie, il reçut un coup de téléphone de Schwendiman à Denver lui transmettant un message de Hansen : il n'était pas nécessaire de s'appuyer sur un précédent juridique si Noall Wootton pouvait amener le juge Bullock à reformuler son ordonnance.

Wootton était resté allongé dans son lit toute la nuit, sans vouloir penser au matin. Il avait le sentiment de n'avoir aucune raison d'assister à l'exécution. Il n'en avait pas envie. Quelques jours auparavant, il avait discuté avec le juge Bullock qui interprétait le mot « invité » dans le texte de la loi comme une offre qui ne pouvait pas se refuser. Wootton alla trouver un autre juge qui lui dit : « Vous avez une obligation morale. C'est vous qui avez déclenché cela. » Mais un autre juge lui fit remarquer : « Dites-leur d'aller se faire voir. » Noall alla donc voir Smith, le directeur de la prison, pour lui signifier : « Je décline respectueusement l'invitation. » Sam Smith répliqua : « Je vous serai très obligé d'être présent. Le procureur général a dit que vous deviez être là. »

Les heures défilaient. Il ne dormait pas, mais il n'alluma pas la télévision ni la radio. Ce fut seulement quand Brent Bullock, son enquêteur, arriva le matin pour l'accompagner qu'il entendit parler du sursis accordé par Ritter et qu'il décida d'aller quand même à la prison pour voir ce qui s'y passait.

Lorsqu'il entra dans le bâtiment de l'administration, il apprit que Bob Hansen était parti pour Denver. Juste au moment où le directeur demandait ce qu'il fallait faire au cas où ils ne seraient pas prêts à opérer à sept heures quarante-neuf, un coup de téléphone arriva de Deamer, à Salt Lake. On voulait que Noall change la formulation de l'ordonnance de l'arrêt de mort.

Il fallut toutefois mettre le juge Bullock au courant. Il était stupéfait. Il ne s'imaginait pas que quelqu'un avait pu prendre un avion au milieu de la nuit. Il ne pensait pas qu'on pouvait tirer de leur lit des juges pour des choses comme ça (pas plus que d'un bar d'ailleurs) mais il ne s'exprima même pas cette pensée à lui-même. Voilà maintenant que Noall lui demandait s'il était prêt à modifier son ordonnance d'exécution à cause d'un problème de lever du soleil. Le juge Bullock n'avait pas le temps d'y réfléchir mais il sentit la vieille torture recommencer. Tu n'as pas à le condamner de nouveau, se dit-il, cette décision a déjà été prise. La seule question qui se pose maintenant est celle de l'heure. Il dit donc oui à Wootton : il allait modifier son ordonnance et il se souvint même pourquoi en octobre, il avait fixé l'heure à huit heures du matin, mais qu'en décembre, une fois les soixante jours écoulés, le directeur de la prison lui avait dit : « Si jamais nous recommençons, pouvez-vous prévoir l'exécution pour le lever du soleil ? A huit heures, ça dérange l'horaire du petit déjeuner et du nettoyage de la prison. Du point de vue de l'administration, ça aiderait certainement de faire cela vraiment de bonne heure. » Le juge Bullock avait répondu : « Bien sûr, n'importe quelle heure, tôt ou tard. Si vous voulez minuit, ça ne me gêne pas. » Le lever du soleil, c'est un détail militaire ; il n'y avait pas d'heure bonne pour exécuter quelqu'un. On n'avait pas besoin d'être le mormon le plus pratiquant du monde pour se sentir un peu mal à l'aise d'envoyer un homme à la mort quand on aurait peut-être à le retrouver de l'autre côté.

3

Vers sept heures moins dix, les gardiens entrèrent dans la salle des visites de haute surveillance et prévinrent ceux qui s'y trouvaient qu'ils allaient devoir dire adieu à Gary. Le directeur avait donné la consigne de procéder comme si l'exécution avait lieu. On commença donc à le préparer. Bien sûr, en attendant des nouvelles de Denver, personne ne saurait rien avec certitude. C'étaient donc d'étranges adieux. Un peu en ordre dispersé. Evelyn et Dick Gray étaient déjà partis, ce furent ensuite Ron et Vern qui franchirent la double grille pour monter dans une voiture qui attendait. Cline Campbell et Bob Moody restèrent, pendant que Gary serrait la main de ses gardiens habituels. Il en prit même un par les épaules. « Tu as été formidable, tu sais », dit-il et à un autre il déclara en souriant : « Tu es une sorte de Noir salopard, mais je t'aime bien quand même. » Le gardien noir prit cela avec bonne humeur. C'étaient de jeunes gars durs et coriaces, et ils étaient au bord des larmes. Sur ces entrefaites arriva le groupe des officiels vêtus d'une veste pourpre, des types vraiment grands, Gilmore se tourna vers eux en disant : « Bon, allons-y. »

Il était calme. Il tendit les mains et Campbell partit devant pour monter dans la voiture qui attendait. Toutefois, quand Cline eut franchi les grilles, il se retourna et se rendit compte d'une petite bousculade. A propos des fers aux pieds.

Moody vit nettement la scène. « Ecoutez, dit Gary aux gardiens. Je vais marcher. Vous n'avez vraiment pas besoin de me mettre ces trucs-là. » Les gardiens répondirent : « C'est le règlement de la prison. Nous suivons les ordres. » C'était une erreur. Gary n'était plus du tout excité. Il était même près de s'effondrer. Ce n'était pas le moment de le pousser.

Ça ressemblait à un viol collectif. On aurait dit que Gary se débattait une dernière fois pour montrer aux gardiens que plus jamais il n'aurait à supporter les fers. Moody avait envie de leur crier : « Vous ne pourriez pas tout simplement entrer et lui dire : « Allons, Gary, c'est l'heure » et voir s'il sort comme un homme ? Et recourir aux fers, seulement s'il refuse ? Crétins de gorilles. » Ils ne cessaient de tirer et Gary répétait sans arrêt : « Je ne suis pas encore prêt. » Il cherchait un dernier objet, n'importe quoi, à emporter. Ils le saisirent et lui firent franchir l'autre porte. D'autres gardiens demandèrent à Moody de sortir, il alla dehors et monta dans la voiture qui devait l'emmener à l'endroit convenu.

CHAPITRE XXXVI

MICKEY WHEELING
ET EUDORA DE PARK HILL

1

SITÔT les compagnons du procureur général arrivés dans la salle du tribunal, les trois juges sortirent de leur cabinet. Avec Lewis se trouvaient les juges William E. Doyle et Gene S. Breitenstein. Earl jeta un coup d'œil à sa montre. Il était sept heures moins dix.

Bob Hansen se leva, présenta ses assistants et commença à exposer le fond de l'affaire. Un des juges l'interrompit. Voudrait-il en venir tout de suite au fait ? Bob acquiesça et demanda à Earl de présenter la première partie du dossier.

Earl attaqua ses remarques préliminaires. Pendant ce temps le juge Lewis regarda du haut de l'estrade et remarqua qu'il n'y avait personne de l'A.C.L.U. C'était étonnant. Leur table était vide. Personne ne savait où ils étaient. Earl se trouvait donc seul devant les juges.

Il était furieux. Tout le monde aurait dû se rendre compte de l'urgence de la situation. L'A.C.L.U. devait s'efforcer délibérément de retarder l'audience. Earl resta là trois minutes, cinq minutes, six puis sept minutes. Plus il attendait, plus sa colère montait. Judy finit enfin par entrer dans la salle avec les autres avocats de l'A.C.L.U. et il la foudroya du regard. En fait, ils se foudroyèrent mutuellement du regard, car elle était tout aussi furieuse.

2

Lorsqu'elle était entrée dans le bâtiment, la première pensée qui avait traversé l'esprit de Judy avait été : « Où est-ce que je rencontre mes collègues ? » Tout était dans le vague. A peine avait-elle pénétré dans le hall qu'une charmante jeune femme, dont elle ne retint jamais le nom, entraîna Judy pour l'emmener retrouver quatre avocats de l'A.C.L.U. qui l'attendaient. Ils venaient tout juste de s'asseoir lorsque Schwendiman arriva en trombe avec le greffier et dit : « Ils ont commencé. On vous demande au tribunal. » Oh ! mon Dieu, songea Judy, quelle façon de commencer ! Déjà outrage au tribunal.

Elle s'efforça alors d'entrer sans trop se faire remarquer, mais l'atmosphère était pompeuse. Les juges étaient en robe et juchés sur une estrade plus haute que tout ce qu'elle avait jamais vu : ils devaient se trouver à près de deux mètres au-dessus du sol. En levant les yeux pour s'adresser à eux, on avait l'impression d'être à genoux.

Dorius se mit à la regarder d'un air mauvais. A sept heures du matin ! A cette heure-là, Judy était toujours capable de prendre un air furieux. Elle se dit : « Je le hais et je le méprise » en lui lançant un regard aussi noir que le sien.

Earl poursuivit sa déclaration préliminaire. « Monsieur le président, dit-il, nous avons un grave problème de temps. M. Gilmore doit être exécuté à sept heures quarante-neuf. » Il était déjà sept heures.

Le juge Lewis lui annonça qu'il aurait quinze minutes pour présenter ses arguments, mais Earl n'en prit que dix. L'urgence, estimait-il, renforçait sa thèse. Il précisa que les demandeurs avaient entamé leur action à neuf heures la veille au soir et qu'il était un peu tard pour se préoccuper d'un abus spectaculaire des droits des contribuables. Il sentit toute la force de cette remarque. « L'A.C.L.U., continua-t-il, utilise ce subterfuge dans le but de retarder l'exercice légitime du pouvoir de l'Etat. » Il se laissait emporter par son indignation. Tout ça ne tenait pas debout, absolument pas debout !

Le juge Ritter, expliqua-t-il, avait grossièrement abusé des pouvoirs discrétionnaires de la justice. Personne n'avait pu démontrer que l'on dépensait pour cette exécution le moindre fonds d'origine fédérale. En outre, le juge Ritter avait estimé que la décision prise par l'Etat d'Utah n'était pas constitutionnelle. Pourtant ce point avait déjà été discuté devant la Cour suprême des Etats-Unis. La Cour n'aurait sans doute pas décrété que Gary Gilmore pouvait renoncer à son droit d'interjeter appel si elle avait estimé que l'arrêt était contraire à la Constitution.

Bill Barrett était censé parler ensuite et démontrer pourquoi la position de l'A.C.L.U. était indéfendable. La Cour, toutefois, déclara vouloir d'abord entendre l'A.C.L.U. Aussi Steve Pevar, un des avocats de l'A.C.L.U., essaya-t-il de plaider que la Cour n'était pas compétente pour trancher. Depuis trois heures du matin jusqu'à l'aube, il avait eu un échange de coups de téléphone avec Jinks Dabney, et ils en étaient arrivés à conclure que l'Etat d'Utah ne pouvait pas demander que soit cassé le jugement de Ritter parce qu'il n'avait pas dépassé les limites de son autorité. Si le gouverneur de l'Etat d'Utah avait reçu l'ordre de déplacer le bâtiment du Capitole de trois blocs vers le sud parce qu'on avait enfreint une petite loi quelconque, cela justifierait un arrêt de cassation. Mais la décision en question, du moins en apparence, avait été prise selon les règles. Une requête avait été présentée et accordée. Le bureau du procureur général n'aurait même pas osé réclamer une cassation s'il ne s'était agi de Willis Ritter. En conséquence, plus Dabney et Pevar approfondissaient le problème, plus ils se sentaient dans une position solide.

Toutefois, lorsque Pevar essaya d'exposer ses arguments, le juge Breitenstein se mit en colère. Judy n'en revenait pas. « Je connais la loi, répliqua-t-il à Pevar. Que croyez-vous que nous compulsons depuis cinq heures trente ce matin ? » Classique. Un jeune avocat se faisait rabrouer par un vieux juge. « Nous n'avons pas besoin de vous pour nous enseigner la loi, blablabla, nous en avons assez entendu de votre part, blablabla. Veuillez en venir au fond de l'affaire. » Voilà comment le juge voyait les choses. Un juge agacé. Pevar essayait en vain de revenir au point qu'on ne pouvait pas casser le verdict d'un juge pour trois fois rien, mais la Cour n'acceptait pas ses arguments. Ils se passa encore quelques minutes et l'A.C.L.U. s'entendit avertir que ses avocats retardaient le cours des débats. L'un d'eux se leva alors et annonça que maître Wolbach allait prendre la parole.

Judy exposa son cas. C'était une répétition précipitée des arguments présentés par Jinks, et tout en exposant ces différents points, elle foudroyait du regard Earl Dorius. Il l'irritait profondément ce matin-là, non pas pour avoir fait une chose précise, mais parce qu'il estimait avoir raison.

Quand Judy se rassit, un autre membre de l'équipe de l'A.C.L.U. s'éleva contre la peine de mort en général. Les juges lui coupèrent la parole. Dès lors, les débats se précipitèrent. Bill Barrett essaya encore de discuter la question de la compétence de la Cour, mais on lui répondit qu'on connaissait l'argument. Les représentants du procureur général voulaient-ils exposer leur cas ? Bill Evans commença à défendre le caractère constitutionnel du verdict rendu par l'État d'Utah. Les juges l'arrêtèrent. Le problème, déclarèrent-ils, n'avait rien à voir avec l'affaire qu'on leur présentait. Le dialogue devenait de plus en plus abrupt. Quand un des avocats de l'A.C.L.U. essaya de discuter de la peine capitale, on lui coupa la parole et on décréta une suspension d'audience. Les juges allaient maintenant rédiger leur sentence.

Juste avant de se retirer, le juge Lewis prit la parole. « Parmi d'autres personnes qui ont des droits, déclara-t-il, M. Gilmore a les siens. Si une erreur est en train de se commettre parce qu'on laisse l'exécution avoir lieu, il en est en partie responsable. » Sur quoi ils sortirent.

Earl Dorius se tourna vers Dave Schwendiman et lui dit de trouver un téléphone pour contacter Gordon Richards. Il devrait d'abord se présenter selon la formule de code, « Eudora de Park Hill », puis dire à Gordon d'attendre à l'appareil. Schwendiman se rendit aussitôt au bureau du greffe, faisant en sorte de marcher plutôt que de courir. Il n'y avait là qu'une secrétaire, aussi s'installa-t-il à un bureau inoccupé et demanda-t-il Richards en P.C.V. à la prison d'Etat de l'Utah. Après avoir donné le mot de passe, il déclara qu'ils semblaient devoir l'emporter. Ils bavardèrent pour conserver la ligne et Richards raconta que la nuit avait été froide et que le fourgon qui devait transporter Gilmore et l'automobile qui emmènerait les témoins étaient tous deux prêts, respectivement devant la haute surveillance et la réception. Les moteurs tournaient.

Alors qu'il attendait le verdict dans la salle du tribunal, Earl était certain que son camp allait gagner. Il se sentait même calme pour la première fois depuis plusieurs jours et se tourna vers Bob Hansen en commençant à le remercier pour les avoir tous poussés à se mettre au travail et à venir à Denver. Tout en parlant, il éprouvait une émotion tellement plus grande qu'il ne l'aurait cru qu'il craignit un moment de se retrouver les larmes aux yeux. Il était assurément reconnaissant d'être tombé sur un procureur général disposé à se lancer dans une pareille affaire et qui n'avait pas hésité à pousser ses collaborateurs jusqu'à leurs extrêmes limites.

Les juges revinrent au bout de trois minutes. Ils ne lirent pas leur verdict. Ce fut le greffier de la Cour, Howard Phillips, qui le fit pour eux d'un ton sec et détaché. Pendant qu'il lisait, Judy pensait à tous les manquements : il n'y avait pas de secrétaire de la Cour, il n'y aurait pas de procès-verbal des débats. Terrible ! Vlan ! Les juges étaient sortis. Vlan ! Ils étaient revenus. Elle resta assise à écouter le greffier.

« Etant donné ce qui suit : l'arrêt de convocation est accordé. L'ordonnance de sursis temporaire rendue à une heure cinq ce matin par l'Honorable Willis W. Ritter, juge de la Cour de l'Etat d'Utah, est révoquée et tenue pour nulle et non avenue. Il est ordonné à l'Honorable Willis W. Ritter de ne prendre aucune autre mesure en aucune façon concernant Gary Gilmore à moins qu'une telle requête ne soit présentée par l'avocat dûment accrédité de Gilmore ou par Gilmore lui-même. Fait à sept heures trente-cinq le 7 janvier 1977. »

Earl sortit en courant du tribunal, bouscula deux journalistes en leur criant de lui laisser le passage.

Dave Schwendiman entendit une bousculade dans le hall et Earl arriva en trombe. Il s'empara du téléphone et annonça à Gordon Richards qu'on avait accordé la révocation de l'ordonnance. La prison devait mettre en œuvre tous les processus nécessaires pour assurer l'exécution.

A l'autre bout du fil, Richards avait l'air extrêmement tendu. Il ne cessait de demander si c'était définitif et si la partie adverse n'allait pas faire appel devant la Cour suprême. Earl lui répétait et répétait avec de plus en plus de détails, ce qui s'était passé exactement, et il dit à Richards de donner l'ordre de procéder à l'exécution. Gordon objecta que cela prendrait au moins une demi-heure. Etait-il indispensable qu'elle eût lieu au lever du soleil ? Parce qu'ils ne pourraient pas être sur place à temps. Dorius dit que la conclusion à laquelle on était parvenu était que le seul point essentiel était le jour et non pas l'heure. Richards ne semblait quand même pas absolument sûr. Il dit qu'il allait en parler à Deamer. Dorius était d'accord. Qu'il vérifie auprès de Deamer.

Richards était encore très préoccupé. L'A.C.L.U., demanda-t-il, ne pouvait-elle obtenir dans la demi-heure suivante un sursis de la Cour suprême des Etats-Unis ?

Elle le pouvait. C'était peu problable, mais possible. Un tel message, insista Dorius, s'il venait, arriverait directement de la Cour suprême. « Mickey de Wheeling, en Virginie de l'Ouest », téléphonerait. Richards répéta qu'il allait appeler Deamer.

Sur ces entrefaites les avocats de l'A.C.L.U. revinrent en courant. Ils voulaient appeler la Cour suprême. Mais Howard Phillips, étant arrivé avec eux, leur dit que ce n'était pas permis d'utiliser son téléphone. Les gens de l'A.C.L.U. montrèrent aussitôt Earl du doigt. Il s'en était bien servi, dirent-ils, pourquoi pas eux ? Phillips répliqua qu'il n'était pas au courant et demanda à Earl de s'en aller. Ce qu'il fit, sans tarder. Phillips était si ennuyé qu'il déclara aux gens de l'A.C.L.U. qu'il avait plein de monnaie dans sa poche. Ils pouvaient téléphoner d'une cabine publique.

Après leur départ, Dorius sortit dans le hall et regarda par les fenêtres du couloir. Sur la place en bas, il apercevait des journalistes qui interviewaient Bob Hansen. Le soleil se levait à Denver et Dorius éprouvait une intense satisfaction en se disant que les arguments qu'ils avaient présentés étaient ce qu'on pouvait faire de mieux dans les circonstances données. En regardant son reflet dans la vitre, il constata qu'il était mal rasé et qu'il avait les yeux injectés de sang. Il avait besoin d'un bain, mais il se sentait bien.

Le juge Lewis estimait que tout cela avait été fort déplaisant. Il venait sans doute de vivre les moments les plus bouleversants et les plus traumatisants de sa carrière de magistrat. Puis il se dit : « Bah, la Cour suprême ne s'en est jamais mêlée. Ils ont pourtant eu souvent des occasions, mais ils n'ont jamais rien fait. » On pouvait être raisonnablement certain que lui et ses deux collègues de la Cour avaient raison.

CHAPITRE XXXVII

LE BOUT DE LA ROUTE

1

GORDON RICHARDS appela Mike Deamer à sept heures trente-cinq pour annoncer que la Cour de Denver avait annulé le sursis accordé par Ritter. Pouvait-on procéder maintenant à l'exécution ? Deamer fut extrêmement surpris. Il cria dans l'appareil : « Pas possible ! » Il était absolument stupéfait.

Deamer n'avait jamais supposé que cela se passerait aussi vite. Il s'était imaginé que l'exécution serait reculée de trente jours, ou que, si elle avait lieu, ce serait beaucoup plus tard dans la matinée. peut-être que vers midi on leur donnerait le feu vert. Il se reprit toutefois très vite et répondit à Richards que le directeur de la prison pouvait accélérer les choses. Mais Richards était inquiet. Il annonça que l'American Civil Liberties Union essayait d'interjeter appel devant la Cour suprême. Fallait-il attendre ? Deamer répondit que la seule ordonnance légitime à prendre effet actuellement était celle rendue par le juge Bullock. Il ne voyait aucun empêchement juridique à aller de l'avant. La loi n'exigeait pas d'eux de prévoir un sursis accordé par un tribunal quelconque, y compris la Cour suprême. Deamer savait que cela prendrait au moins une demi-heure pour transporter Gilmore du quartier de haute surveillance jusqu'à la conserverie. Puisque Denver avait parlé, il ne voyait aucune raison pour ne pas commencer.

Pourtant, dès que Richards et lui eurent terminé leur conversation, il appela malgré tout Denver et parla directement à Howard Phillips en lui demandant de vérifier l'arrêt de la Cour. Phillips le lui lut au téléphone. Tout de suite après, un journaliste de U.P.I., qui avait le numéro de ligne directe de Deamer, téléphona pour demander une interview. Deamer répondit qu'il le rappellerait, mais le reporter ne cessait de poser des questions. Il n'était pas grossier mais assez insistant, si bien qu'en fin de compte, pour s'en débarrasser, Deamer dut lui dire : « Oui, l'exécution va avoir lieu. » Il ne voulait pas repousser complètement le journaliste.

Vers sept heures cinquante-cinq, Gordon Richards rappela. Gilmore se trouvait maintenant sur les lieux de l'exécution et Sam Smith était prêt. Que conseillait Deamer ? Une fois de plus, Mike fut surpris de la rapidité avec laquelle tout se passait. Il confirma à Richards qu'il n'avait entendu parler d'aucun autre sursis et lui dit de procéder à l'exécution. Qu'il le rappelle dès que ce serait terminé.

Deamer estimait que c'était important de prendre une telle responsabilité. Gordon Richards n'était qu'un étudiant en droit de troisième année. S'il donnait un avis juridique à la prison dans une affaire aussi importante, cela pourrait se révéler par la suite un handicap à sa carrière. Le Barreau de l'Etat ne pardonnerait jamais à un étudiant d'avoir donné une directive. En fait Deamer déclarait donc clairement que c'était lui, Deamer, qui disait : « Exécutez Gilmore. » Si l'A.C.L.U. portait plainte par la suite pour erreur judiciaire, ce serait donc lui l'homme qui aurait pris la responsabilité. Deamer aurait pu, bien sûr, essayer de prendre contact avec Bob Hansen, mais Bob et lui avaient à peu près la même opinion sur presque tous les sujets et il était certain que Bob n'agirait pas autrement. Qu'ils nous attaquent, songea-t-il. Ils savent où nous trouver.

Il aurait pu aussi appeler le gouverneur Matheson pour demander si l'on n'avait pas changé d'avis de ce côté-là, mais il avait déjà eu deux ou trois conversations avec lui et la position du gouverneur avait toujours été qu'il ne voulait pas s'en mêler. Alors pourquoi lui en donner l'occasion aujourd'hui ? Matheson était sans doute chez lui en train de dormir. Deamer n'avait pas envie de réveiller le gouverneur et de le voir s'asseoir dans son lit, au petit matin, peut-être se mettre à avoir des doutes et décider tout d'un coup : « Au fond, je ferais mieux de faire quelque chose et d'appeler la prison. » Il se dit qu'il ferait aussi bien de laisser le gouverneur tout à fait en dehors du coup.

Malgré ces atermoiements Deamer espérait qu'ils allaient en finir aux environs de sept heures quarante-neuf. Procéder à l'exécution avant le lever du soleil simplifierait le problème. Si Deamer était bien certain de l'argument d'Earl Dorius selon lequel la date signifiait le jour, il pensait aussi qu'il y avait un autre argument en vertu duquel on pouvait prétendre qu'il devait y avoir une certaine précision dans un ordre. Si la partie adverse soulevait jamais le problème que le nouvel arrêt du juge Bullock avait été obtenu dans des circonstances peu convenables puisqu'il n'y avait jamais eu d'audience à ce sujet, Deamer ne voyait aucune raison d'apporter de l'eau au moulin de l'adversaire. Plus près de l'heure du lever du soleil Gilmore serait exécuté, mieux cela vaudrait. La loi n'aimait pas en faire trop. On s'exposerait moins à la critique si on différait l'exécution de quelques minutes plutôt que de quelques heures.

Toutefois, après avoir dit à Gordon Richards d'aller de l'avant, il se rendit compte qu'il était assis là, à son bureau, avec le cœur de Gary Gilmore qui semblait battre entre ses mains. C'était l'heure de la vérité. Deamer avait passé six ans dans l'armée de réserve, avec six mois de service actif dans l'artillerie, mais il n'était jamais allé au combat. Maintenant, il se demandait si ce qu'il éprouvait pouvait ressembler au genre d'émotion que l'on pouvait ressentir quand on était sur le point de tuer quelqu'un ajusté dans son viseur. Il avait assurément une réaction moins précise qu'il ne s'y attendait. C'était difficile, par exemple, de rester assis dans son fauteuil après avoir raccroché. Tout était trop calme, son bureau était trop désert. Il avait travaillé toute la nuit, il était crevé et se sentait crasseux. Il avait besoin de se raser et de changer de chaussettes. Il était non seulement épuisé mais littéralement vidé. Les dimanches étaient souvent durs. Il était le numéro deux dans le groupe de Bob Hansen et il était aussi conseiller en second de son évêque. Les activités paroissiales lui prenaient de quarante à cinquante heures par semaine, sauf quand des obligations légales comme l'affaire Gilmore en absorbaient de soixante à soixante-dix. Malgré cela, il avait passé toute la journée de la veille à l'église et toute cette dernière nuit il l'avait passée à travailler jusqu'à l'aube du lundi. Il se dit que même étant en faveur de la peine capitale, il venait de traverser une longue expérience émotionnelle. Au fond, il s'était toujours attendu à être celui qui aurait à exécuter la sentence. Après tout, il y croyait.

2

Deamer estimait que nous étions sur terre pour être mis à l'épreuve, pour que l'on voie si nous pouvions vivre vertueusement. La clef, c'était le repentir. Un individu devait réparer de son vivant ce qu'il avait fait de mal, sauf dans le cas d'actions pour lesquelles on ne pouvait obtenir le pardon dans cette vie. L'une d'elles était le meurtre. On pouvait obtenir le pardon pour un meurtre, mais pas dans la vie terrestre. Cela devait être obtenu dans la suivante. Pour expier, on devait se laisser prendre la vie. Deamer n'estimait donc pas qu'en donnant le feu vert, il rendait nulle l'existence de Gary Gilmore. Bien au contraire, il permettrait à Gilmore de passer dans une sphère spirituelle où, à un point quelconque de la route vers l'éternité, ce dernier obtiendrait le pardon des meurtres qu'il avait commis.

Assis seul dans son bureau, contemplant sa grande carcasse peu soignée, Deamer pouvait bien être fatigué jusqu'à la lassitude, il n'en considérait pas moins être dans la ligne de ses buts et de ses ambitions. Il se disait aussi qu'un individu occupant sa position devait être capable de prendre une décision et de la tenir. Aussi, tout en attendant le dernier coup de téléphone de Gordon Richards, il pensa : « Peut-être y a-t-il une raison pour laquelle on m'a confié cette tâche. Je suis peut-être celui qui est capable de l'accomplir. » C'était le genre de pensée qui lui venait à propos de tout ce qu'il faisait. Il se plaisait à croire qu'il avait été envoyé sur terre pour être un de ceux à qui l'on avait confié la mission de faire un peu de bien pour l'amélioration de la société. C'était son espoir d'avoir été élu pour faire partie d'un plan plus vaste.

Lorsque Bob Hansen choisirait de ne plus briguer le poste de procureur général, Deamer serait donc prêt. Depuis des années il jouait un rôle actif dans la politique républicaine et il avait ses ambitions. Parmi lesquelles, au bout du compte, celle d'être gouverneur. Si l'Eglise croyait au libre-arbitre, elle enseignait quand même que Dieu a des plans prédéterminés et qui s'accomplissent à moins que les individus ne manquent de les suivre. Si lui, Deamer, devenait jamais un dirigeant, alors sans doute avait-il été prévu pour le devenir et ne faisait-il qu'exécuter fidèlement les directives. Cela pouvait même faire partie de sa mission que d'assumer aujourd'hui le poids de l'exécution de cet homme : ce serait une préparation à ce qui serait peut-être le lourd fardeau des responsabilités de l'avenir.

3

A Washington, devant la Cour suprême, les documents préparés par Al Bronstein arrivèrent devant le juge White vers neuf heures quarante, ce qui équivalait à sept heures quarante à Denver. En dix minutes les documents étaient de retour. Le juge White avait refusé le sursis. Bronstein était prêt. Dans un cas impliquant une Cour d'appel, il fallait d'abord en appeler au juge de la Cour suprême contrôlant directement cette Cour, en l'occurrence, White. Il soumit donc de nouveau la même requête au juge Marshall. Elle lui revint au bout de quelques minutes signée avec la mention « Requête refusée ».

Bronstein demanda alors à présenter sa requête au juge Brennan pour qu'elle fût soumise à la Cour tout entière. Michael Rodak partit avec les documents et une minute plus tard, Francis Lorsen, l'adjoint du greffier en chef, revint annoncer à Bronstein que les juges de la Cour suprême étaient au vestiaire et s'apprêtaient à ouvrir une session régulière, mais qu'ils étaient repartis pour examiner la demande de Bronstein. C'était extrêmement inhabituel. Vingt minutes plus tard, Rodak remit à Bronstein un court billet disant que la Cour suprême siégeant en séance pléniaire, par la voix du président de la Cour, le juge Burger, avait refusé le sursis à dix heures trois. Il était maintenant huit heures trois en Utah et toutes les dernières ressources juridiques avaient été utilisées. Rien ne pouvait empêcher l'exécution de Gary Gilmore.

CHAPITRE XXXVIII

TIR AUX PIGEONS

1

DANS la pièce de réception où Schiller avait été introduit par les gardiens se trouvaient un tas de gens qu'il ne reconnut pas. L'un après l'autre, ils passèrent, essayant de ne pas avoir l'air de se concerter ; ils prenaient une chaise pliante et s'asseyaient. Les gens ne s'adressaient pas la parole. Ce n'était pas l'atmosphère d'un enterrement, mais il régnait un calme d'une extrême politesse.

Puis Toni Gurney entra. Pour la première fois, Larry vit quelqu'un à qui il pouvait dire bonjour et il se mit à bavarder avec elle. Ce n'était pas qu'il eût vraiment brisé la glace, mais une conversation s'était engagée et bientôt plusieurs personnes se mirent à discuter.

Au bout d'un moment, Vern s'approcha et désigna un type que Schiller avait déjà remarqué, un homme à l'air assez glacial, qui de toute évidence portait perruque et était accompagné de deux femmes au visage sévère. Schiller croyait que c'était un croquemort, mais Vern dit : « C'est le médecin qui va retirer les yeux de Gary. »

Soudain, Stanger entra dans la pièce et il était furieux. Le juge Bullock avait retardé l'ordre. Gary pouvait être exécuté à n'importe quelle heure de la journée. « Vous vous rendez compte, Larry ? » Schiller sentit que Stanger ne voulait pas que l'on exécute Gary et, d'ailleurs, quand Moody arriva, Ron continua à soutenir que ç'allait être encore une répétition. Tout simplement, l'exécution n'aurait pas lieu. Schiller entendit quelqu'un dire dans le coin : « Ils peuvent nous garder ici trois heures. »

A ce moment, un gardien entra en courant par la porte du fond et cria quelques mots par-dessus son épaule. « Requête rejetée. Ça marche. » A cet instant Stanger, pour la première fois, réalisa que Gary Gilmore allait être fusillé. Cela le sonna comme s'il avait reçu un coup de pied en pleine poitrine. Puis il se sentit glacé. C'était une sensation abominable. Pour la première fois de sa vie, Ron percevait ses terminaisons nerveuses. Il avait l'impression d'avoir le cœur enveloppé dans de la glace. Il regarda Schiller qui prenait des notes au verso d'on ne savait quel papier et pensa : « Heureusement qu'il enregistre tout ça, parce que je ne peux même pas bouger. Je ne sais même pas si je suis encore capable de marcher. »

Puis on commença le transfert des invités. Comme on le conduisait jusqu'à la voiture, Stanger comprit qu'il devait sembler être au bord de la nausée. Il avait l'impression qu'il allait mourir et se demandait en même temps s'il ne perdait pas l'esprit, car il aurait parié un million que Gary Gilmore ne serait jamais exécuté. Ça lui avait facilité la tâche. Il n'avait jamais connu le moindre dilemme moral en exécutant les désirs de Gary. En fait, il n'aurait pas pu le représenter s'il avait vraiment cru que l'Etat irait jusqu'à l'exécution. Ç'avait été un jeu. Il ne s'était pas considéré comme un personnage plus important que les autres.

2

Dehors, sur le parking, on réveillait les journalistes. Des portières claquaient. « Le peloton d'exécution arrive », cria quelqu'un.

Robert Sam Anson, qui couvrait l'événement pour *New Times*, prenait des notes :

Une fois de plus, tout le monde court. A une centaine de mètres, en haute surveillance, une voiture de police, suivie d'un fourgon, vient de s'arrêter près de la grille. Sam Smith s'avance maintenant à grands pas vers le bâtiment, très droit, décidé, sans manteau, indifférent au froid. A sept heures quarante-sept, un petit groupe sort par la porte du quartier de haute surveillance; même à cette distance, on voit très nettement Gilmore. Il porte un pantalon blanc et un T-shirt noir... « Ça a l'air de bien se passer », observe un des gardiens. « Tout ce qu'il reste à faire maintenant, c'est la paperasserie », répond son compagnon.

A l'apparition de Gilmore, les journalistes se précipitent comme un troupeau affolé. Les projecteurs balaient le ciel tandis que les éclairagistes s'efforcent de les braquer en position. Les producteurs de télévision donnent des ordres. Juste devant le bâtiment de la prison, Geraldo Ribera, en blouson de cuir noir et jeans, l'air impassible, comme seul Geraldo Ribera peut en avoir l'air, crie dans son micro : « Coupez la suite, Rona. Donnez-moi l'antenne. Vous allez pouvoir entendre les coups de feu. Je vous promets. Vous pourrez entendre les coups de feu. »

Lorsque Gary sortit du quartier de haute surveillance, on l'escorta jusqu'au fourgon et on le fit asseoir derrière le chauffeur. Meersman s'assit près de lui, puis le directeur, Smith, monta avec trois autres gardiens. Le fourgon s'éloigna lentement avec les sept hommes, le seul véhicule à rouler sur ces quatre cents mètres de rue carcérale séparant la haute surveillance de la conserverie.

Dès qu'ils eurent démarré, Gary, malgré ses deux mains entravées par les menottes, fouilla dans une poche et en sortit un bout de papier plié qu'il posa sur son genou pour pouvoir le regarder. C'était une photo de Nicole découpée dans un magazine et il la dévorait des yeux.

Lorsque le chauffeur du fourgon mit le contact, la radio, qui s'était tue quelques instants plus tôt, reprit. La tension était telle dans le fourgon que tout le monde sursauta. Puis on entendit les paroles d'une chanson. Le chauffeur tendit aussitôt la main pour éteindre le poste, mais Gary leva la tête et dit : Laissez-la, s'il vous plaît. » Ils commencèrent donc à rouler avec la musique de la radio. Les paroles de la chanson évoquaient le vol d'un oiseau blanc. « Una paloma blanca », disait le refrain. « Je ne suis qu'un oiseau dans le ciel. Una paloma blanca, au-dessus des montagnes je vole. »

Le chauffeur demanda : « Vous voulez que je laisse la radio ? » Gary répondit : « Oui. »

« C'est un jour nouveau, c'est un jour nouveau, poursuivit la chanson, je m'envole vers le soleil. »

Ils roulaient lentement, aux accents de la chanson, et le Père Meersman remarqua que Gary ne regardait plus la photo. C'était comme si les paroles étaient devenues plus importantes.

J'ai eu jadis ma part de perte,
Et puis on m'a enchaîné,
Oui, on a essayé de briser mon pouvoir
Oh ! je sens encore la douleur.

Personne ne parlait et la chanson se poursuivait.

Personne ne peut m'ôter la liberté,
Non, personne ne peut m'ôter ma liberté.

Quand ce fut fini, ils roulèrent en silence et, à la conserverie, descendirent un par un, débarquant comme ils s'y étaient préparés aux heures du petit matin, ces mêmes gardiens ayant répété la scène avec quelqu'un qui figurait Gary. Ils l'escortèrent jusqu'à la conserverie, sans aucun heurt. Meersman se dit que l'entraînement avait été utile.

Hier soir dans mon rêve j'ai volé
Comme un oiseau blanc par la fenêtre...
Cette nuit je dirai à mon âme de me faire voler
[jusqu'à toi

3

Durant tout le trajet jusqu'à la conserverie, et alors que la radio débitait « La Paloma Blanca », le Père Meersman n'éprouva pas de sentiments particuliers. Il fallait procéder étape par étape pour que tout se déroulât sans à-coups. Ce fut sa principale préoccupation, de penser au pas suivant, si bien que même pour monter dans le fourgon, personne ne trébucha.

Ç'avait été minutieusement mis au point, songea le Père Meersman. Tout, jusqu'au soin avec lequel on s'était arrangé pour que, pendant le transport de Gary Gilmore jusqu'à la conserverie, tout le trafic soit arrêté dans l'enceinte de la prison et qu'aucun véhicule ne roule au moment où le fourgon passerait, si bien que du point de vue de la sécurité, on ne courut aucun risque. Les autorités pénitentiaires avaient chronométré ce transfert avec tellement de précision qu'ils savaient combien il faudrait de temps pour aller jusqu'à ce coin, et puis encore ce coin-là. Le Père Meersman s'attachait si intensément à la logique de cette progression qu'il n'éprouvait aucun sentiment qui retienne son attention et le porte à réfléchir. Son souci primordial était que durant le déroulement du trajet Gilmore n'ait aucune raison de s'énerver. Ce qu'il voulait, c'était que Gary Gilmore demeure dans ses calmes dispositions d'esprit jusqu'au bout, sans accrocs pour qu'on en termine sans heurts. Et ce fut baigné de ces pensées tranquilles, son gros manteau noir enroulé autour de lui, que le Père Meersman arriva avec les autres à la conserverie.

Maintenant, il était important de s'assurer que le fourgon s'arrête aussi près que possible des marches. Gary avait les chevilles entravées et ce que le Père Meersman tenait à lui éviter avant tout, c'était une longue marche à pas lents et pénibles. En fait, le Père Meersman garda tout son esprit concentré sur le mécanisme de ces activités jusqu'au moment où toute l'opération fut arrivée à conclusion et où ils eurent escaladé les neuf ou dix marches de bois qui les conduisaient dans la salle d'exécution. Lorsque Gilmore fut enfin installé dans le fauteuil, le Père Meersman éprouva un sentiment de soulagement et pensa que tout allait se passer sans problème.

Noall Wootton quitta le bureau du directeur pour aller à pied jusqu'à la conserverie. Il prit son temps. Avec un peu de chance, tout serait peut-être fini avant qu'il n'arrive, mais le shérif du Comté d'Utah prit la peine de s'arrêter pour le prendre au passage et ils roulèrent jusqu'à une porte d'un entrepôt où le directeur adjoint, Leon Ahtch, fit signe à Wootton d'entrer. C'était une grande salle avec des murs de parpaing. Ce fut tout ce qu'il vit, car il se dirigea tout de suite vers le fond. Noall fut frappé de voir combien de gens se trouvaient là. Un tas de grands types étaient devant lui. Wootton ne pouvait rien voir. C'était parfait. Il ne voulait gêner personne. Il resta là au dernier rang, près des pots de peinture vides, des vieux pneus et des machines à l'abandon.

4

A Denver, Earl Dorius déambulait dans le couloir lorsqu'il remarqua Jack Ford, de la station K.S.L., au téléphone. Dès que Jack sortit de la cabine, Earl demanda ce qui se passait à la prison. Il apprit qu'on allait procéder à l'exécution et que la voiture transportant Gilmore venait d'arriver à la conserverie.

Ce fut la première fois, durant ce que Earl considéra somme toute comme une longue épreuve, qu'il prit conscience que c'était un homme qu'on allait tuer. Il ressentait maintenant dans ses nerfs la tension qu'avait connue Gordon Richards quand Earl lui avait transmis la première fois le message, et cela donna à Earl une idée de ce que devait éprouver le personnel de la prison. Il ressentait une très grande angoisse en pensant au directeur. Ce ne serait pas facile pour son ami, Sam Smith, d'ordonner l'exécution d'un homme.

Cependant, Earl se dit qu'il n'éprouvait aucune pitié pour Gilmore. L'impact que cet homme avait eu sur les familles de ses victimes, l'impact infiniment moindre qu'il avait eu sur la propre vie de Earl qui, ces derniers mois, avait à peine eu le temps d'entrevoir ses enfants, n'était pas de nature à lui faire éprouver beaucoup de compassion. Il plaignait seulement le directeur, son ami, Sam Smith.

Lorsque Judy Wolbach quitta le tribunal, elle regarda du haut d'une grande fenêtre du couloir l'aube grise qui pointait et sentit en elle un vide affectif total. Ce qui troubla le plus Judy à cet instant c'était l'impression d'être sale. Elle n'avait même pas eu le temps de rentrer chez elle, le soir, pour changer de chemisier. Elle se sentait en nage, fatiguée et vraiment écœurée. Cela la scandalisa de ne pas avoir d'autres réactions. Elle trouvait que la justice avait eu un comportement méprisable. Elle en voulait à Dorius et voilà tout.

5

Devant la réception de la prison, des voitures attendaient les gens qui allaient assister à l'exécution. Après un bref trajet, Schiller vit une fourgonnette reculer vers le bâtiment de brique qu'on appelait la conserverie et se dit : « C'est le peloton d'exécution. » Puis il entendit un bruit au-dessus de sa tête et cela le surprit. Le communiqué publié par la prison avait déclaré que l'espace aérien au-dessus du pénitencier était interdit jusqu'à une altitude de cinq cents mètres. Mais il y avait un hélicoptère juste au-dessus d'eux. Schiller découvrit par la suite qu'un journal s'était débrouillé pour prendre des photos de Gilmore lors de son transport, car le communiqué avait parlé d'avions et non pas d'hélicoptères.

Juste derrière la conserverie, Schiller vit qu'on avait édifié sur la plate-forme de chargement une sorte d'appentis couvert de toile noire, comme une pièce supplémentaire, et il se rendit compte que le peloton d'exécution devait attendre à l'intérieur. Puis la voiture contourna un autre coin du bâtiment et il vit Vern, Moody et Stanger descendre de la voiture les précédant et monter les marches qui menaient à l'entrée. Lorsque ce fut son tour de franchir la porte, Schiller vit du coin de l'œil que Gary était à sa droite, attaché sur un fauteuil. Ce qui le frappa avant même de vraiment regarder, ce fut que l'extrémité de la salle où se trouvait Gary était éclairée, pas de façon éblouissante comme un plateau de cinéma, mais des lumières étaient braquées sur lui alors que le reste de la salle se trouvait dans l'ombre. Il était surélevé sur une petite estrade, un peu comme une scène. Avec le fauteuil aussi en vue, on avait l'impression que c'était plutôt une électrocution qu'une fusillade qui allait avoir lieu.

A mesure que Schiller avançait, au lieu d'entrevoir la nuque de Gary il commençait à apercevoir un profil, et puis il parvint à voir un peu son visage. A ce moment, Gilmore fit signe qu'il l'avait vu et Schiller fit un petit signe de tête en réponse. Ce qu'il remarqua ensuite, ce fut que Gilmore n'était pas attaché très serré sur le fauteuil. Ce fut le premier détail qui le frappa vraiment. Tout était lâche.

Il y avait des courroies qui lui entouraient les bras et les jambes, mais elles avaient au moins trois centimètres de jeu. Il aurait pu se libérer les mains. Puis, comme Schiller continuait d'avancer, il vit une ligne peinte devant lui sur le sol et un fonctionnaire de la prison lui dit : « Restez derrière cette ligne. » Alors il fit demi-tour et se trouva face au fauteuil. Maintenant, ayant de nouveau Gilmore sur sa droite, Schiller aperçut sur sa gauche un volet noir avec une fente pratiquée dedans. A sept ou huit mètres de lui et à peu près à la même distance de Gilmore, estima-t-il. Alors seulement, il regarda bien le condamné.

C'était la première fois que Schiller voyait Gary depuis décembre. Il lui sembla avoir l'air fatigué, abattu, amaigri, plus âgé que Schiller l'avait jamais vu, et son œil était un peu vitreux. Un vieil oiseau épuisé avec des yeux très brillants.

Ensuite, ce qui impressionna Schiller, c'est que Gary était toujours parfaitement maître de lui. Il poursuivait une conversation, pas assez fort pour qu'on pût l'entendre, mais il disait quelque chose au gardien qui l'attachait, au directeur de la prison et au prêtre. peut-être y avait-il huit personnes autour de lui en vestes pourpres. Schiller allait noter que c'étaient des fonctionnaires de l'administration pénitentiaire, mais c'était précisément ce dont il souhaitait se garder. Pas de supposition journalistique. Il n'allait donc pas dire que c'étaient des fonctionnaires de la prison, mais simplement des gens en veste rouge. Puis, à mesure que son œil de photographe s'habituait à la scène il n'arrivait pas tout à fait à croire ce qu'il observa ensuite. Car le siège du condamné n'était rien d'autre qu'un vieux petit fauteuil de bureau, et derrière il y avait un vieux matelas crasseux étayé par des sacs de sable et le mur de ciment de la conserverie. On avait coincé ce matelas entre le fauteuil et les sacs de sable, un expédient de dernière minute à n'en pas douter comme si, à un moment durant la nuit, on s'était dit que les sacs de sable ne suffisaient pas, que les balles risquaient de les traverser, de heurter le mur et de ricocher. Ce fut le matelas sale qui dégoûta Schiller. Il se dit : « Mon Dieu, et ils ont cousu cette toile noire bien proprement autour des meurtrières dans lesquelles vont passer les fusils des assassins. » Il se rendit compte alors du mot qu'il employait.

Quand même, il ne pouvait pas ignorer le contraste entre la préparation méticuleuse du volet et le fauteuil de Gary avec ce rideau de scène improvisé et crasseux. Même les liens qui lui attachaient les bras avaient l'air d'avoir été découpés dans de vieilles sangles.

6

La première idée de Ron Stanger fut de se demander combien de gens se trouvaient dans la pièce. Seigneur, le nombre de spectateurs ! Les exécutions devaient être un sport spectaculaire... Ça le frappa vraiment avant même de jeter un premier regard à Gary, et il remercia le Ciel que celui-ci n'eût pas encore sa cagoule. C'était un soulagement. Gilmore était encore un être humain, non pas un objet grotesque et camouflé et Ron se rendit compte à quel point il s'était préparé au choc de découvrir Gary avec le visage dissimulé sous un sac noir. Mais non, Gary était là, dévisageant la foule avec, sur le visage, une expression d'humour étrange. Stanger devinait ce qu'il pensait. « Tous ceux qui ont des relations vont se faire inviter au canardage. »

Stanger avait espéré qu'il n'y aurait pour ainsi dire personne, mais il devait bien y avoir là une cinquantaine de spectateurs massés derrière la ligne blanche. Tous les flics, tous les bureaucrates qui avaient un peu d'influence étaient là. Stanger croyait entendre ce que Bob Moody avait si souvent dit de Sam Smith. « C'est un homme très sincère. Simplement il est incompétent. Tout à fait incompétent. » Il y avait là des shérifs et des policiers que Stanger n'avait jamais vus : comment pouvait-on se faire respecter dans sa profession si on ne se trouvait pas là ?

Moody en voulait aussi à tous les gens qui avaient été invités. Sam Smith avait fait une telle histoire pour savoir s'il y aurait cinq ou sept invités. Et voilà que maintenant il y avait tous ces gens inutiles qui se pressaient là et les membres du peloton d'exécution qui bavardaient derrière le rideau. On ne pouvait pas comprendre ce qu'ils disaient, mais on les entendait et Bob était furieux de voir Ernie Wright se dandiner pour accueillir les gens. C'était tout juste s'il ne faisait pas des ronds de jambe, avec son grand chapeau blanc de cow-boy et son air de bureaucrate du Texas.

Moody avait l'impression que les hommes du peloton, derrière le volet, faisaient exprès de ne pas regarder Gary, mais lui tournaient le dos. Ils bavardaient entre eux et ne se retourneraient qu'à la dernière minute, quand on leur en donnerait l'ordre. Ron Stanger, installé auprès de Bob Moody, avait envie de se lever pour leur dire à tous : « Dire que vous ne voudriez même pas donner à cet homme un morceau de pizza avant de lui crever les tripes. » C'était ça qu'il avait envie de dire, mais il n'osait pas. Ç'aurait été trop dément. « Vous ne pourriez pas le laisser manger sa pizza et boire une canette de bière. Ça vous ferait mal, hein ? » Voilà ce qu'il avait envie de leur crier.

La première pensée de Cline Campbell lorsqu'il entra dans la salle fut : « Mon Dieu, est-ce qu'on vend des billets pour ce genre de spectacle ? » Malgré tout, Campbell percevait à quel point tout le monde avait peur. Ça pesait sur l'exécution. La bonne vieille peur des bureaucrates que quelqu'un dans l'administration ait oublié quelque chose. Ça en ferait un foin. Campbell se contenta de dire à Gary : « Comment ça va ? » et il se planta d'un côté du fauteuil et le Père Meersman de l'autre. Puis le Père Meersman prit un gobelet d'eau et Gilmore en but une gorgée quand le prêtre l'approcha de ses lèvres.

Un fonctionnaire s'approcha de Vern pour lui dire que Gary voulait lui parler. Vern pénétra dans le cercle de lumière au milieu duquel se trouvait Gary et son neveu leva vers lui ses yeux d'un bleu de bébé. A ce moment-là, Vern sentit qu'il aimerait le tirer de ce fauteuil, juste le tirer de là et refaire de lui un homme libre. Vern était très ému. Il ne voulait vraiment pas le voir dans ce fauteuil.

Gary lui dit : « Tiens, prends cette montre. Je ne veux qu'elle aille à personne d'autre que Nicole. » Il l'avait cassée et bloquée avec les aiguilles sur sept heures quarante-neuf. Il la remit à Vern. Il avait dû la tenir tout le temps. Gary dit encore : « Je veux que tu me promettes de veiller à ce qu'on s'occupe de Nicole. » Comment Gary s'imaginait qu'il pouvait s'occuper d'elle, Vern ne le savait pas, mais Gary était bien obligé de le demander à quelqu'un. Ils échangèrent une poignée de main et Gary se mit à lui serrer la main comme s'il voulait broyer les jointures de Vern. Il lui dit : « Allons, je te laisse ta chance », et Vern répondit : « Gary, si je le voulais, je pourrais te tirer de ce fauteuil.

— Ah oui ? » fit Gary.

Vern regagna sa place derrière la ligne et pensa à la conversation qu'il avait eue des semaines auparavant lorsque Gary leur avait demandé, à Ida et à lui, d'être témoins de l'exécution, et que Vern avait dit : « Je ne veux pas que Ida voie ça. » Gary avait repris : « Mais je veux que toi, tu sois là, Vern.

— Je ne sais pas si je serai capable de le supporter, avait dit Vern, je ne crois pas. » Gary avait insisté : « En tout cas, je veux que tu sois là.

— Pourquoi ? avait demandé Vern. Pourquoi me veux-tu ?

— Eh bien, Vern, avait dit Gary, je te montrerai. Je t'ai déjà montré comment je vis (il lui avait fait son sourire le plus moqueur) et j'aimerais te montrer comment je saurai mourir. » Maintenant, Vern pensait que tout cela avait dû faire partie de ce qu'il avait dit alors car, derrière la ligne, alors qu'il sentait encore la main de Gary sur la sienne, Vern aurait voulu lui dire : « C'était bien, Gary, ce que tu viens de faire. »

Bob Moody s'approcha ensuite et lui serra la main. Bob s'attendait à lui trouver la main plus grande, et elle n'était ni glacée ni d'une chaleur fébrile. Ce fut un choc pour lui car c'était une main tiède et vivante comme la main de n'importe qui. Gary le regarda et lui dit : « Tenez, Moody, je vais vous laisser mes cheveux. Vous en avez plus besoin que moi. »

Ensuite ce fut le tour de Schiller. Plus il approchait, plus il s'inquiétait de ne pas trouver le mot juste à dire. Mais lorsqu'il arriva devant lui, il fut abasourdi par l'immensité de tout cela. Il avait l'impression de dire adieu à un homme qui allait entrer dans la gueule d'un canon et se faire expédier sur la lune, ou bien immergé dans un coffre d'acier pour atteindre le fond de la mer. Un véritable Houdini. Il étreignit les deux mains de Gilmore, et peu importait si cet homme était un meurtrier. Il aurait tout aussi bien pu être un saint car, à cet instant, les deux états semblaient aussi démesurés à Schiller — et il dit, il s'entendit dire : « Je ne sais pas pourquoi je suis ici. »

Gilmore répondit : « Vous allez m'aider à m'évader. » Schiller le regarda, assis dans son fauteuil, et dit : « Je ferai du mieux qu'il est humainement possible de faire. » Ce qu'il voulait dire par là, c'était qu'il allait rapporter l'événement de la façon la plus honnête, et Gilmore lui sourit. De ce drôle de sourire triste qu'il avait, un petit froncement de la lèvre supérieure, comme si lui seul connaissait la signification des propos qui venaient de s'échanger, et puis cela s'élargit pour devenir ce sourire qu'il arborait parfois sur ses lèvres minces, un sourire de chacal, subtilement railleur, la dernière expression de Gilmore dont Schiller devrait garder le souvenir. Ils se serrèrent la main, la poignée de main de Gilmore manquant de force, et Schiller s'éloigna sans être bien sûr de s'être tiré de ce moment comme il l'aurait dû. Il ne savait d'ailleurs pas si c'était un moment dont on pouvait même se tirer. Il avait la curieuse sensation de n'avoir eu aucun rapport réel avec Gilmore.

Vern était passé le premier parce qu'il était le patriarche, puis Bob Moody, mais Schiller avait essayé d'être le dernier. Stanger s'était dit qu'il n'allait pas le laisser faire son numéro et il avait gagné la manœuvre. Larry était passé avant lui. Quand arriva le tour de Stanger, il ne trouva rien à dire. Il se contenta de murmurer : « Tenez bon. Tenez bon. » Gary n'avait pas l'air très dur. Il était plutôt pâle. On voyait dans son regard que l'effet de tous les médicaments commençait à s'estomper. Il s'efforçait d'être brave, mais il dit simplement « Ça ira », comme si ça lui était devenu difficile de faire sortir des mots, et ils échangèrent une poignée de main. Gary serra vraiment fort, Stanger lui passa un bras autour des épaules et Gary déplaça sa main pas trop serrée par les sangles pour toucher le bras de Ron. Stanger se disait que Gilmore avait les mains plus maigres qu'on ne l'avait supposé. Puis ils se regardèrent dans les yeux, dans une sorte d'ultime étreinte.

Dès que Ron eut regagné sa place derrière la ligne, un fonctionnaire de la prison vint lui demander s'il voulait du coton pour ses oreilles. Ron remarqua que tout le monde en prenait, alors il s'en fourra un peu dans les oreilles et regarda Sam Smith se diriger vers le fond de la salle où un téléphone rouge était posé sur une chaise. Puis il donna un coup de téléphone, revint près de Gary et se mit à lire une déclaration.

Schiller, qui essayait d'écouter, conclut que c'était un document officiel. Ça ne semblait pas être le genre de texte que normalement il aurait écouté mais, à travers le coton, il entendait Sam Smith qui continuait à blablater. Pendant ce temps, Gary ne regarda pas le directeur, il était plutôt penché dans son fauteuil d'un côté ou de l'autre, essayant de regarder par-delà la grande carcasse de Sam Smith. Il faisait presque basculer son fauteuil pour apercevoir les visages derrière le volet, avoir un aperçu de leur expression.

Puis le directeur demanda : « Y a-t-il quelque chose que vous aimeriez déclarer ? » Gary leva les yeux au plafond, hésita, puis répondit : « Allons-y. » Ce fut tout. La manifestation de courage la plus marquée qu'il ait jamais vue, se dit Vern, aucun tremblement, aucun accent rauque, un ton net et direct. Ce fut Vern que Gary regarda en parlant.

Quand Stanger entendit cela, il eut l'impression que Gary aurait voulu dire quelque chose de bien, de digne et d'intelligent, mais qu'il n'avait rien pu trouver de profond. Les médicaments l'avaient trop engourdi. Plutôt que de ne rien dire, il fit de son mieux pour énoncer d'une voix très claire : « Allons-y. »

C'était à peu près tout ce qu'on pouvait attendre d'un homme qui n'avait pas dormi depuis plus de vingt-quatre heures et qui avait absorbé une foule de médicaments. Si bien qu'il semblait avoir la gueule de bois, qu'il était plutôt abattu et qu'il avait l'air beaucoup plus vieux que son âge. Il était épuisé. Pour la première fois, Ron remarqua de profonds sillons sur son visage. De plus, Gilmore était aussi blême que le jour où les avocats l'avaient rencontré pour la première fois, après sa tentative de suicide.

Le Père Meersman s'avança pour lui administrer les derniers sacrements. Noall Wootton se crispa en jetant un coup d'œil furtif entre les épaules de quelques-uns des grands gaillards se tenant devant lui, et il se souvint de Gary lorsqu'il était venu à l'audience de la Commission des Grâces, plein de confiance ce jour-là, comme s'il avait tous les atouts en main. Et maintenant il n'avait plus rien, se dit Wootton.

Regardant le même homme, Schiller estima qu'il avait un aspect résigné, avec cependant beaucoup de présence et peut-être même une certaine autorité.

Le Père Meersman acheva d'administrer les derniers sacrements à Gary Gilmore. Comme les hommes approchaient avec la cagoule, Gilmore dit : « Dominus vobiscum. » Le Père Meersman ne savait comment cacher son émotion. Gary n'aurait rien pu dire d'autre qui provoquât plus qu'une réaction machinale. Le Père Meersman avait maintes et maintes fois salué ainsi les gens depuis les trente années qu'il exerçait son ministère. « Dominus vobiscum », disait-il à la messe et on lui répondait : « Et cum spiritu tuo. »

Aussi, à ce moment précis, quand Gilmore dit : « Dominus vobiscum », le Père Meersman répondit comme un enfant de chœur : « Et cum spiritu tuo. » Alors qu'il énonçait sa formule rituelle, Gary lui fit une sorte de grimace et dit : « Il y aura toujours un Meersman. »

« Il veut dire par là qu'il y aura toujours un prêtre sur les lieux dans un moment pareil », songea le Père Meersman.

Trois hommes en veste rouge s'approchèrent et passèrent la cagoule sur la tête de Gilmore. Dès cet instant, plus un mot ne fut prononcé.

Absolument plus un mot. On passa une sangle autour de la taille de Gilmore et une autour de sa tête. Le Père Meersman se rappela que lorsque l'on avait attaché Gary sur le fauteuil celui-ci avait voulu de l'eau. Le Père Meersman lui en avait donné pour humecter sa gorge trop sèche. Puis Gilmore avait encore voulu boire. Pourquoi ce rappel à cet instant précis ?

Le docteur s'approcha de Gary pour épingler un cercle blanc sur son maillot noir puis il recula. Le père Meersman traça alors un grand signe de croix dans l'espace, dernier geste qu'il eût à accomplir. Puis lui aussi vint derrière la ligne blanche, se retourna et regarda la silhouette assise et munie de la cagoule. Le téléphone se mit à sonner.

La première réaction de Noall Wootton dut : « Mon Dieu ! c'est comme au cinéma, l'exécution ne va pas avoir lieu. » Schiller prenait des notes sur les chèques qu'il avait pris soin de détacher de son chéquier. Il nota que la cagoule tombait en plis larges comme si un carton carré était posé sur la tête de Gary. Ça n'avait aucune forme et, on ne pouvait avoir aucune idée des traits du supplicié.

En entendant le téléphone, Stanger se dit : « C'est une ultime confirmation. » Sam Smith raccrocha et reprit sa place derrière la ligne. Il se trouva être auprès de Schiller. Il tendit du coton à Larry et ils se regardèrent dans les yeux. Schiller ne sut pas si Sam Smith avait remué le bras ou non, mais il eut l'impression de voir bouger l'épaule du directeur en un spasme incontrôlé. Ron, Bob Moody et Cline Campbell entendirent énoncer le compte à rebours. Noall Wootton appuya les doigts sur ses oreilles par-dessus le coton et Campbell constata que le corps de Gary était calme, d'un calme qu'il était à peine possible d'imaginer. Gilmore était si fort et si concentré dans son désir de bien mourir qu'il ne serra même pas le poing lorsque débuta le compte à rebours.

« J'espère que je ne vais pas m'écrouler », se dit Stanger. Il avait la main levée pour se protéger vaguement la tête. A travers le coton, il entendit le bruit de souffles rauques et il vit les canons des fusils émerger des fentes du volet. Il fut horrifié en constatant combien ils étaient près de la victime. Ils ne voulaient certes pas manquer leur coup. Puis tout devint tellement silencieux que ça retenait l'attention. A travers le coton, Ron entendit murmurer « DEUX », puis « un » et on n'alla pas jusqu'à « zéro » puisque les fusils partirent : « Bam. Bam. Bam. » Avec un bruit terrifiant. Dans l'épaule de Ron, un muscle se contracta jusqu'au bas de son dos. Tout un groupe de muscles, crispés dans un spasme.

Schiller entendit trois coups de feu, alors qu'il pensait en percevoir quatre. Le corps de Gary n'eut aucun soubresaut, le fauteuil ne bougea pas. Schiller attendit le quatrième coup de feu et il comprit plus tard que deux avaient dû partir simultanément. A cet instant, Noall Wootton essaya de voir Gary, mais il lui était dissimulé par la foule. Il sortit avant tout le monde, alla droit à sa voiture garée près de la réception, y monta et démarra. Il y avait des journalistes et des photographes, mais il ne s'arrêta pas. Il ne voulait surtout voir personne.

7

Vern entendit juste un grand WHAM ! quand les coups de feu éclatèrent. Gary ne remua même pas un doigt. Il n'eut pas un tremblement. Sa main gauche ne bougea pas et, sitôt après la fusillade, sa tête tomba en avant, mais la sangle la maintint. Puis sa main droite se souleva lentement et retomba tout aussi lentement comme pour dire : « Messieurs, voilà qui est fait. » Schiller pensa que le mouvement avait été aussi délicat que celui d'un pianiste levant la main avant de la poser sur les touches. Le sang se mit à couler à travers le maillot noir, à couler sur le pantalon blanc et à s'égoutter sur le sol entre les jambes de Gary. L'odeur de la poudre emplissait la pièce. Les lumières s'éteignirent et Schiller perçut le bruit du sang qui coulait goutte à goutte. Il n'était pas sûr de l'entendre couler, mais il le devinait et, avec ce sang, la vie qui s'envolait du corps de Gilmore comme se dissipait la fumée. Ron Stanger, qui avait le vertige, se dit : « Tu es le seul qui va tomber dans les pommes et ça va être gênant de te retrouver par terre au milieu de tous ces gens. » La violence des contractions musculaires qu'il sentait dans son dos le fit trébucher en arrière ; il tendit les bras, s'accrocha à quelqu'un pour ne pas tomber et se retourna pour jeter un dernier coup d'œil au corps. Ce fut alors qu'il vit la main droite de Gary se lever.

Ron ferma les yeux, et lorsqu'il les rouvrit, le sang formait déjà une flaque entre les jambes de Gary et coulait sur ses pieds en maculant ses chaussures de tennis, ces invraisemblables chaussures bleu blanc rouge qu'il portait toujours en haute surveillance. Les lacets en étaient maintenant tout ensanglantés.

Un médecin s'approcha avec un stéthoscope et secoua négativement la tête. Gilmore n'était pas encore mort.

Ron se souvint du jour où Gary s'était trouvé un moment seul dans le bureau de Fagan et comment, en dix secondes, Gary en avait fait le tour comme un papillon. Il avait ouvert le tiroir et pris une cuillère et des lacets, fouillant partout avec des mouvements rappelant ceux d'un chef d'orchestre. C'était magnifique. Gilmore, au fond, était un voleur de talent, et il avait terminé juste au moment où Fagan disait : « Bon, Joe, d'accord. » Le temps que le lieutenant se retourne et ce vieux Gary était assis, calme comme un hibou et dodelinant de la tête. Stanger, de l'autre côté de la vitre, en avait ouvert des yeux grands comme des soucoupes.

Peu après, Gary avait plaisanté à propos des lacets. Ils étaient assez solides pour se pendre, avait-il expliqué à Ron. Et maintenant, cette main qui avait si bien volé s'élevait en l'air et retombait. On aurait pu croire qu'elle désignait le sang coulant sur les lacets.

Ils attendirent une vingtaine de secondes. Puis le docteur revint, le Père Meersman s'approcha ainsi que Sam Smith, le médecin posa une fois de plus le stéthoscope sur le bras de Gary, se tourna vers Sam et fit de la tête un signe affirmatif. Sam Smith desserra la sangle qui ceinturait Gilmore, la fit passer sous celle qui lui maintenait la tête et regarda derrière le corps l'impact des balles, là où l'on voyait les trous.

Stanger était furieux. Dès l'instant où Gilmore avait été fusillé, tout le monde aurait dû sortir et ne pas se rendre complice de tout cela. Alors même que Sam examinait le corps, Gary tomba entre les mains de Meersman. Le Père dut lui tenir la tête pendant que Sam palpait le dos de Gilmore pour localiser les blessures de sortie. Le sang se mit à couler sur les mains de Meersman, à ruisseler entre ses doigts et Vern se mit à pleurer. Puis le Père Meersman en fit autant. Un fonctionnaire de la prison finit par s'avancer pour dire aux gens encore présents : « Maintenant, il faut partir. » Schiller sortit en se disant : « Qu'est-ce que nous avons fait ? Il n'y en aura pas moins de meurtres. »

Pendant ce temps, le Père Meersman et Cline Campbell libéraient les bras et les jambes de Gilmore. Campbell ne cessait de penser à l'importance des yeux. Il se disait : « Pourquoi personne ne vient-il ? Il faut sauver les yeux. »

8

Dans le bureau du directeur, quelques minutes plus tôt, Gordon Richards avait reçu un coup de téléphone d'un greffier adjoint de la Cour suprême des Etats-Unis lui annonçant que la Cour siégeant en séance plénière — sans le juge Brennan toutefois — venait d'examiner la demande de sursis de l'A.C.L.U. et l'avait repoussée. Richards commença à s'énerver. Ce greffier, qui s'appelait Peter Beck, ne savait rien de « Mickey de Wheeling, en Virginie de l'Ouest ». Voyons, demanda Richards, M. Beck savait-il où M. Robak était né et quel était son surnom ? « Ça n'est pas Mike ? » fit Beck. Richards demanda alors si M. Rodak pouvait l'appeler. Avant d'avoir eu une réponse, il se trouva en attente. « Dépêchez-vous, je vous en prie, cria Richards à Beck, c'est important. » Il se retrouvait avec une information non confirmée venant de la Cour suprême. Il lança au fonctionnaire de l'administration pénitentiaire qui se trouvait avec lui dans le bureau du directeur : « Dites-leur d'attendre à la conserverie. » Mais les fonctionnaires secouèrent la tête. L'exécution venait d'avoir lieu.

Trois minutes plus tard, Rodak était en ligne. Richards lui demanda son surnom et son lieu de naissance. Le surnom était Mickey, dit-il, mais il était né à Smock, en Pennsylvanie.

« Et la Virginie de l'Ouest ? » demanda Richards.

« Je suis né à Smock, insista Rodak, mais je suis parti pour la Virginie de l'Ouest. Je fais partie du Barreau de Virginie. »

Avait-il donné ce renseignement à Earl Dorius ? demanda Richards. Rodak répondit qu'il ne le pensait pas. Puis il se souvint. « Ah ! oui, il voulait être sûr de ne pas avoir un coup de téléphone bidon. » Bon. « Est-ce que l'exécution a eu lieu ? » demanda Rodak.

Ç'aurait pas été horrible, dit Richards à un des fonctionnaires en raccrochant, s'il y avait eu deux coups de téléphone simultanés ? »

9

Vern, Bob Moody, Ron Stanger et Larry Schiller montèrent dans une voiture et se rendirent au bâtiment d'administration. Durant cette minute de trajet, ils discutèrent la question de savoir s'il fallait ou non publier un communiqué pour la presse avant le directeur.

Stanger déclara : « Je pense que nous devrions le faire. Qu'est-ce que vous en dites, Larry ? » Schiller répondit : « Nous n'avons aucune obligation. La première personne qui arrivera là-bas sera celle à qui la presse voudra parler. » Stanger ajouta : « Coiffons le directeur sur le poteau. » Vern demanda : « Pouvez-vous répondre à des questions sur l'exécution, Larry ? Moi, je ne veux pas en parler. »

La conférence de presse se tenait au premier étage du bâtiment de l'administration, dans une grande salle de conférence qui avait un peu l'aspect d'un tribunal. Elle était aussi bondée que lors de l'audience de la Commission des Grâces. C'était le même charivari de gens des médias, de caméras et de projecteurs éblouissants, de personnes qui poussaient pour s'approcher. Il ne devait y avoir guère moins de trente-cinq degrés dans la pièce. On pouvait à peine respirer.

En essayant de monter, ils se heurtèrent à de nombreux obstacles. Un type de la télé s'affairait sur des câbles devant Bob Moody, et il se montra si grossier lorsque Moody voulut passer que Bob finit par empoigner un raccord qui lui barrait le chemin et l'arracha. « Bon Dieu ! je n'ai plus de jus, je n'ai plus de jus », cria l'homme tandis que Moody passait.

Lorsqu'ils arrivèrent à l'estrade, Schiller dit à Vern : « Pourquoi ne parlez-vous pas le premier ? » et Vern s'assit sur une chaise pour reposer sa jambe douloureuse.

Il ne parla pas longtemps. « Ça a été très bouleversant pour moi, dit Vern, mais il a réalisé son vœu, il est bien mort... et il est mort dignement. C'est tout ce que j'ai à dire. »

Bob Moody se contenta de dire : « Je pense que c'est un événement cruel et brutal. J'espère seulement qu'il nous permettra de mieux nous connaître nous-mêmes et de reconsidérer notre société et nos systèmes. Je vous remercie. »

Ron déclara : « Gary Gilmore essayait toujours de garder l'esprit léger parce qu'il assurait qu'il avait reçu un don, et que ce don lui permettait de savoir qu'il allait mourir et qu'il pouvait faire les arrangements nécessaires. En conséquence, il estimait en fait avoir bien de la chance. Souvent il disait qu'il attendait avec impatience le moment où il pourrait trouver le calme, où il pourrait méditer. Aujourd'hui, Gary Gilmore a trouvé le calme, et pour l'éternité. »

Schiller prit la parole à son tour : « Je ne suis pas ici pour exprimer mes sentiments personnels, mais quand Vern sera parti, je serai à votre disposition pour donner toutes les précisions que n'importe lequel d'entre vous aimerait connaître. Je ne pense pas qu'il serait convenable de le faire en présence de Vern, mais ensuite je répondrai à vos questions. » Il jeta un coup d'œil sur la salle et le seul sourire qu'il rencontra fut celui de David Johnston, du *Los Angeles Times* et du Trave-Lodge d'Orem. Puis Gus Sorensen lui fit un clin d'œil.

LE SPEAKER DU POOL TELE : Je vois maintenant Ron Stanger et Robert Moody quitter l'estrade, deux avocats qui au cours des deux derniers mois ont aidé Gary Gilmore à réaliser le vœu qu'il voulait voir exaucer : il voulait mourir et ces hommes l'y ont aidé. S'en vont aussi Vern Damico, l'oncle de Gilmore, de Provo, dans l'Utah, l'homme qui a accueilli Gilmore chez lui lorsqu'il a été libéré sur parole. Et c'est maintenant le tour de Lawrence Schiller, un agent littéraire et cinéaste qui s'intéresse à cette affaire depuis quelque temps.

Dave Johnston, en observant Schiller, se dit qu'il fallait rendre hommage au calme de ce type. Là, à cette conférence de presse où tout le monde le détestait pour avoir mis la main sur l'histoire, Schiller faisait un vrai travail de reporter. Il devait avoir assez d'adrénaline dans le sang pour ébranler sa carcasse et pourtant on n'observait pas un frémissement de sa part.

Schiller parla de la ligne blanche, de la cagoule noire et du T-shirt noir que portait Gary, du pantalon blanc et des coups de feu. « ... Lentement, le sang rouge est sorti de sous le maillot noir pour se répandre sur le pantalon blanc. Il m'a semblé que son corps bougeait encore pendant quinze à vingt secondes ; ce n'est pas à moi de dire si c'était un spasme d'après ou d'avant la mort. Le ministre du culte et le médecin se sont avancés vers Gary », dit Schiller et il continua à parler en phrases lentes et claires, s'efforçant de faciliter la tâche aux journalistes fatigués qui prenaient des notes.

Ce fut ensuite le tour de Sam Smith.

SAM SMITH : Je n'ai pas de déclaration officielle à faire. Je crois que M. Schiller a fort bien expliqué les détails. Je suis prêt à répondre aux questions.
QUESTION : Quelle était l'heure officielle, monsieur le directeur ?
SAM SMITH : L'heure officielle était huit heures sept.
QUESTION : Comment avez-vous donné le signal ?
SAM SMITH : Je n'ai pas vraiment donné le signal. J'ai indiqué que tout était prêt.
QUESTION : Comment avez-vous fait cela ?
SAM SMITH : Juste par un geste.
QUESTION : Y avait-il un chef du peloton d'exécution ?
SAM SMITH : Oui, il y en avait un.

QUESTION : Est-ce ce chef qui a donné le signal ?
SAM SMITH : Ce qui s'est passé derrière, je l'ignore.
QUESTION : Qui étaient les quarante personnes présentes ?
SAM SMITH : Ma foi, je n'ai pas le même compte que M. Schiller.
QUESTION : Vous n'êtes pas d'accord avec ce nombre de quarante, monsieur le directeur ?
SAM SMITH : Non, je ne suis absolument pas d'accord sur ce point.
QUESTION : Combien y avait-il de personnes ?
SAM SMITH : Moins.
QUESTION : Trente ? Vingt ?
SAM SMITH : Je ne pourrais pas vous donner un chiffre exact.
QUESTION : Monsieur le directeur, pouvons-nous visiter les lieux, maintenant ?
SAM SMITH : Dès que nous estimerons que tout est en ordre et que nous pouvons contrôler la circulation.

Lorsque Sam Smith descendit de l'estrade, Johnston monta rejoindre Schiller et lui dit : « Tu me stupéfies. Tu es vraiment un journaliste. »

Une lueur s'alluma dans l'œil de Schiller. Johnston sentit que le compliment l'avait touché. « Oui, c'était formidable, continua Johnston, mais pourquoi as-tu tout raconté ? » Larry renversa la tête en arrière et eut un sourire narquois : « Je n'ai rien raconté qui ait de l'importance. »

Mais il ne parvint pas à se taire : « Les dernières paroles de Gilmore n'étaient pas vraiment ce que j'ai dit qu'elles étaient », avoua Schiller.

Johnston éclata de rire. Il avait le sentiment que ce n'était pas tout.

« Larry, il y a des gens, dit-il, qui pourraient considérer cela comme un mensonge.

— Non, rétorqua Schiller. « Allons-y » ont été les derniers mots que tout le monde a entendus. »

Johnston se dit : « Voilà un secret qu'il devra raconter, mais il est comme un gosse qui a besoin de le confier quand même à quelqu'un. »

« Eh bien, poursuivit Larry en lui faisant jurer le secret, Gary a parlé en latin au prêtre.

— Ah oui ? Quelles ont été ses paroles ?

— Si je le savais, je ne pourrais pas les prononcer, dit Schiller avec de nouveau son sourire narquois. Mais je le saurai. »

Ils repartirent ensemble en voiture sur le lieu de l'exécution. Lorsqu'ils entrèrent dans la conserverie, Schiller n'en crut pas ses yeux. Sa description des événements était exacte à tous égards sauf sur un point. Il s'était trompé dans les couleurs. Le tissu noir du rideau n'était pas noir mais bleu, la ligne peinte sur le sol n'était pas jaune mais blanche et le fauteuil n'était pas noir mais vert foncé. Il se rendit compte que durant l'exécution quelque chose avait modifié sa perception des couleurs.

Il quitta pour la seconde fois l'endroit où Gary avait été supplicié en emportant le souvenir de journalistes se précipitant sur le fauteuil, les sacs de sable et les trous dans le matelas, et agissant comme des créatures de la même espèce qui venaient toutes se nourrir au même endroit. Comme il franchissait la porte, il entendit un homme expliquer à un autre qu'on avait utilisé des balles à chemise d'acier pour qu'elles ne fassent pas un trou plus large derrière que devant, et pour éviter par là même un affreux gâchis. Et aussi pour éviter que le corps saute sous l'impact.

SEPTIÈME PARTIE

LE CŒUR QUI FLANCHE

CHAPITRE XXXIX

TÉLÉVISION

1

EARL était dans le couloir quand un des journalistes passa en courant et dit : « Gary Gilmore est mort. » Earl regarda de nouveau par la fenêtre et vit d'autres journalistes en bas sur la place alors que le soleil brillait sur Denver et que les gens se rendaient à leur travail. Lorsqu'il descendit dans le grand hall, Sandy Gilmour, de la deuxième chaîne de télévision de Salt Lake, demanda à l'interviewer. Earl accepta et Gilmour lui demanda l'impression que ça lui faisait d'avoir été celui qui avait annoncé à la prison que l'exécution pouvait avoir lieu. Earl expliqua que sa seule responsabilité avait été de faire savoir que la Cour d'appel de Denver avait révoqué l'arrêt du juge Ritter. C'était tout, dit-il. Il n'avait pas envie de discuter les subtilités de ce qu'il ressentait.

Earl, Bob Hansen et les autres collaborateurs du procureur général prirent un taxi. Judy Wolbach, leur dit-on, rentrerait par un autre avion.

2

Toni attendait à la réception avec Ida, Dick Gray, Evelyn Gray et toutes les personnes qui n'avaient pas été invitées à la conserverie. Un gardien en veste pourpre entra dans la pièce et demanda : « Personne n'est venu vous prévenir ? » « Non », répondit Toni. L'homme était pâle et tremblait très fort. « C'est fini. Gary est mort », dit-il.

Ida éclata en sanglots. Elle avait très bien tenu le coup jusque-là mais maintenant elle craquait. Les gardiens furent remarquables. Plusieurs s'approchèrent pour demander s'ils pouvaient faire quoi que ce soit pour leur transport et Toni répondit qu'elle attendait que son père les rejoigne. Au bout d'un moment, un des gardiens dit que Vern attendait près de la tour où était garé leur camion. Les fonctionnaires de la prison se montrèrent très gentils avec elle en la raccompagnant et ça lui rappela que juste avant l'exécution, ils s'étaient montrés pleins d'attentions, qu'ils avaient tenu à savoir si sa mère n'avait besoin de rien, ou si elles voulaient du café ? On avait presque l'impression de se trouver dans une entreprise de pompes funèbres et d'avoir affaire à des croque-morts.

Lorsqu'elles rejoignirent la camionnette de Vern, celui-ci n'était pas encore arrivé et le parking leur apparut plein de voitures et de gens. Des journalistes, agglutinés comme des mouches, interrogèrent sa mère par une vitre, elle par l'autre, jusqu'au moment où Toni finit par devenir grossière. Elle en avait maintenant vraiment ras le bol. Elle avait laissé sa vitre ouverte pour fumer et un journaliste s'approcha en insistant pour prendre une interview bien que Toni eût refusé de la tête. Mais il n'entendit absolument pas respecter son désir de ne pas vouloir parler et passa son micro par la vitre ouverte en disant : « Je peux le mettre là ? » Ce fut alors qu'elle lui cria où il pouvait se le mettre. Il leva les bras au ciel. Plus tard, une de ses amies lui dit que dans l'émission « Bonjour l'Amérique », on avait remarqué l'endroit où ils avaient coupé quelques mots.

Puis elle aperçut Vern, boitillant, qui essayait de les rejoindre. Il avait le visage décomposé. De toute évidence, il souffrait et elle eut l'impression que son genou allait le lâcher. Aussi sauta-t-elle à terre pour se précipiter à sa rencontre. Trois journalistes lui empoignèrent le bras. Oui, trois. « Quelques mots s'il vous plaît. » Elle s'empara d'un des micros comme pour dire quelque chose, puis le jeta par terre où il se brisa en une douzaine de petits morceaux et elle cria à Vern : « Tu prendras ta camionnette plus tard. Elle est coincée maintenant. » Puis elle l'entraîna jusqu'à sa propre voiture et ils allèrent jusque chez elle à Lehi. Elle lui fit du café, l'installa, puis l'emmena prendre un petit déjeuner dans un bistrot de Provo. Environ deux heures plus tard, elle le reconduisit à la prison pour qu'il reprenne sa camionnette.

3

Durant toute la nuit qui avait précédé l'exécution de Gary, Pete Galovan avait travaillé à la piscine municipale. Il était très fatigué lorsqu'il rentra chez lui de bonne heure ce matin-là, et il s'agenouilla pour prier. Il demanda au Seigneur de lui pardonner certains des sentiments peu chrétiens qu'il avait eus envers Gary. Il ne voulait le détester en aucune façon. Cela le préoccupait. A tel point que Pete se mit à pleurer. Puis il eut une étrange impression et sentit Gary entrer dans la pièce.

Pete était en train de prier à genoux lorsque Gary entra, accompagné de deux autres hommes. Gary portait une chemise blanche et un pantalon blanc ; les deux hommes qui l'accompagnaient avaient des costumes blancs et des cravates.

C'étaient peut-être des parents du passé ou de l'avenir. Pete n'en savait rien.

Gary dit alors à Pierre qu'il ne lui en voulait pas. Il expliqua que sitôt après son exécution, ces deux hommes qui étaient des parents s'étaient trouvés là pour recevoir son esprit. Le Seigneur les avait envoyés. Il était tout à fait clair pour Pete que c'était exactement ce que Gary disait.

Gary était de bonne humeur et déclara qu'il éprouvait toutes sortes de sensations nouvelles. Vraiment étranges. Il raconta à Pete qu'il traversait les murs et que c'était une expérience intéressante. Il se sentait comme un gosse dans un parc d'attractions. Il allait maintenant pouvoir visiter toutes les prisons du monde, dit-il, et il comptait bien le faire dès que ses cendres auraient été dispersées depuis l'avion. Ensuite il reviendrait à Provo de temps en temps.

Gary lui révéla alors que comme il avait été rempli de vaillants sentiments à la fin, le Seigneur envisageait de l'utiliser comme exemple pour les gens qui avaient des problèmes similaires aux siens. A la fin de mille ans de paix, son esprit avancerait dans l'échelle des êtres. Il confia à Pete qu'il avait de très bonnes chances de devenir un des êtres supérieurs. On lui avait dit qu'il était une personnalité spirituelle dynamique qui avait fait dans cette vie un choix très profond et que cela pouvait racheter pas mal de mauvaises décisions prises plus tôt. Si, maintenant, il faisait face aux événements, le Seigneur allait vraiment l'utiliser.

Juste après le départ de Gary, Pete appela Elizabeth pour lui raconter ce qu'il venait de voir et lui dit qu'il allait glisser le nom de Gary sur les listes de prières. Si bien que Gary M. Gilmore se trouverait dans chaque temple mormon du monde et que tous les jours des gens innombrables prieraient pour lui.

4

Extrait d'un mémoire d'Earl Dorius sur les événements du 17 janvier :

Le chauffeur de taxi nous entendit parler et vers la fin du trajet, il demanda si nous avions quelque chose à voir avec l'affaire Gilmore. Nous nous mîmes tous à sourire et lui racontâmes ce qui s'était passé.

Lorsque nous arrivâmes à l'aéroport, je me souviens que dans la salle d'attente, il y avait un groupe de gens qui regardaient les informations à la télévision. Ils nous dirent qu'ils venaient d'entendre que Gary Gilmore avait été fusillé et qu'il était mort. Je me rappelle Jack Ford leur demandant d'un air incrédule comment ils avaient appris cela, et se comportant comme s'il n'en savait rien. Je me tournai vers Jack et lui dis qu'il était ridicule de faire marcher les gens alors que c'étaient nous qui avions plaidé l'affaire. Nous nous mîmes à plaisanter, et puis nous nous embarquâmes et reprîmes l'avion pour l'Utah. Le trajet de retour fut beaucoup plus détendu. Nous discutâmes de bien d'autres sujets que de l'affaire Gilmore mais il nous parut que cela nous prenait plus de temps pour rentrer qu'il n'en avait fallu pour se rendre à Denver.

Lorsque nous arrivâmes en Utah, il n'y avait pas un seul représentant des médias à l'aéroport. Salt Lake City semblait extrêmement calme. Nous débarquâmes et nous nous dirigeâmes vers notre voiture sans aucun journaliste pour nous poser des questions. Il semblait qu'avec la mort de Gary Gilmore la publicité s'était aussi terminée.

Mais vers la fin du trajet, à moins d'un bloc de chez lui, Earl vit un panneau d'affichage non occupé et sur lequel on avait écrit à la peinture : « Robert Hansen, hitlérien ! » Il ne discernait pas vraiment si cela avait été écrit parce que Bill Barrett et lui habitaient dans les environs et qu'on voulait leur faire savoir ce qu'on pensait d'eux, ou si c'était simplement une pure coïncidence.

5

Brenda était entrée à l'hôpital le 10 janvier et devait se faire opérer le 11. Six jours plus tard, l'exécution eut lieu alors qu'elle venait d'être opérée et qu'elle était encore toute meurtrie par l'intervention chirurgicale. La veille, elle avait été harcelée par des gens qui ne cessaient d'appeler pour lui adresser des prières qu'elle entendit de nouveau à la radio. Les gens de l'hôpital lui disaient que tout le monde priait. Puis Geraldo Rivera téléphona : il voulait faire une interview télévisée en direct dans sa chambre d'hôpital. « Quelle horreur ! Il doit plaisanter », se dit Brenda.

Il lui était impossible de supporter tout cela. Le soir de l'anniversaire de Toni, elle eut une conversation téléphonique avec Gary et elle savait que c'était la dernière fois qu'elle entendait sa voix. De plus, elle ne parvenait pas à dormir. On lui apporta un somnifère qui ne lui fit pas grand effet. Deux heures plus tard, l'infirmière, munie d'une torche électrique, venait vérifier si Brenda dormait. « Comment voulez-vous que je dorme avec une telle lumière dans les yeux ? » grommela Brenda. Le docteur prescrivit un second somnifère.

Toutes les deux heures, on lui donnait des barbituriques, mais elle ne put s'endormir qu'à quatre heures du matin quand on vint lui faire une piqûre. Elle s'éveilla à sept heures et demie, à demi abrutie par les médicaments, mais elle voulut savoir si on allait exécuter Gary ou pas. Elle alluma la télé et rendit tout le monde fou jusqu'au moment où elle entendit qu'on lui avait accordé un sursis. Ce furent les seules nouvelles qu'elle prit ce matin-là, et elle perdit si complètement la tête, elle se mit dans un tel état qu'elle ne savait même plus si elle était heureuse ou triste. Au bout de quelques minutes, tout changea, mais elle ne comprit pas alors si elle venait de subir une décharge d'adrénaline ou bien si son cœur avait des hauts et des bas. C'est alors que la nouvelle apparut sur l'écran : GARY GILMORE EST MORT ! Le chirurgien qui vint la voir une minute ou deux après attendit patiemment que sa crise de nerfs soit passée. « Comment vous sentez-vous aujourd'hui ? » demanda-t-il. « Pauvre enfant de salaud, foutez-moi la paix ! » hurla-t-elle intérieurement.

Elle ne voulait personne auprès d'elle. Le docteur lui demanda de nouveau comment elle se sentait et l'infirmière expliqua ce qui venait de se passer. Le médecin dit : « Oh ! c'est vraiment dommage, mais on aurait dû l'exécuter depuis longtemps. » Brenda éclata : « Donnez-moi les papiers pour que je sorte. Je veux une ordonnance pour des calmants et foutez le camp de ma chambre. » Elle prit son oreiller et le lui lança à la figure. « Si vous vous conduisez comme ça, je conseillerai qu'on ne vous laisse pas sortir aujourd'hui », dit le médecin. « Qu'est-ce que ça peut vous foutre ? répondit Brenda. De toute façon, je ne vous aime pas. Si j'avais su que c'était vous qui alliez me charcuter, je ne serais pas venue. » Voilà un homme dont elle pouvait dire maintenant qu'elle le détestait.

Lorsqu'il eut signé son bulletin de sortie, elle

appela Johnny. A onze heures, elle était dehors. Il fallut la faire passer par-derrière, pour qu'elle puisse rentrer chez elle sans être harcelée par une nuée de journalistes. Il fallut trois jours à Brenda pour commencer à se rappeler quelques détails de tout cela.

6

A l'heure de l'exécution de Gilmore, Colleen Jensen était chez elle à Clearfield à se préparer pour l'école. Elle était maintenant professeur remplaçante et avait commencé tout juste deux semaines plus tôt. Aujourd'hui elle avait sa première classe avec un nouveau groupe d'élèves et pendant qu'elle s'habillait ce matin-là, en pensant que la date de l'exécution était reculée — car c'était ce qu'elle avait entendu aux premières informations du matin — lorsqu'elle arriva à l'école, c'était fini. Des élèves de la classe en parlaient lorsqu'elle franchit la porte. Elle les entendit qui murmuraient à propos du rôle qu'elle avait joué dans l'affaire. Aussi fit-elle un petit discours à la classe.

Elle ne leur raconta pas que le soir, quand elle s'asseyait en bas pour faire dîner Monica et la bercer pour qu'elle s'endorme, elle lui montrait des photos de son papa bébé en disant à Monica qui il était. Dans ces moments-là, Colleen s'efforçait de parler à Monica pour briser le silence et expliquer au bébé d'un an que Max était mort, que son père était mort. Mais là, en s'adressant à ses élèves, elle se contenta de dire que, pour ceux qui ne le savaient pas, elle allait leur expliquer qui elle était et quel avait été son rôle dans toute cette affaire. Elle ajouta que ce n'était pas quelque chose dont il faudrait discuter de nouveau. Elle dit aussi qu'elle était prête, si eux l'étaient, à reprendre son cours.

7

Ce matin-là, Phil Hansen s'éveilla et regarda les informations dans son lit en secouant la tête et en se bourrant de coups de poing. Tout en regardant la télévision, il pensait : « Si je m'étais seulement douté qu'ils allaient se lancer dans cette expédition nocturne, j'aurais préparé les papiers et j'aurais fait signer un autre sursis par Ritter. »

8

Le lundi matin à sept heures, Lucinda était en train de taper le dernier enregistrement de Gary avec Larry. Elle entendait la voix de Gilmore dans les écouteurs et c'était pathétique la façon dont il ne cessait de répéter à Larry à quel point il avait envie de mourir. Elle le plaignait beaucoup.

La télévision était dans le bureau même. Geraldo Rivera disait : « Eh bien, nous nous trouvons devant la prison. » Elle se rendit compte soudain que le monde entier regardait et en même temps la voix du condamné retentissait dans ses oreilles, cette petite voix qui sortait du magnétophone.

Avec Barry et Debbie, elle avait veillé toute la nuit et ils étaient tous épuisés. Ils essayaient maintenant toutes les chaînes de télévision. Ils ne tombaient que sur des émissions de jeux : à sept heures du matin, à Orem, on captait un jeu télévisé.

Quand ce n'était pas celui-là, c'en était un autre. Pas moyen d'avoir des informations. Pas moyen de savoir s'il avait été fusillé ou pas. Barry en perdait la tête. Il se mit à maudire le récepteur de télé. Avec une grossièreté inouïe. C'était quand même terrible la télé, songea Lucinda, un déroulement d'idioties alors qu'ils étaient impatients de savoir. Toutes ces images qui défilaient, tout ça sans intérêt, puis soudain une voix annonçant : « Gary Mark Gilmore est mort. » Vlan !

9

C'était un beau jour ensoleillé et Julie Jacoby s'était levée de bonne heure, elle était en train d'arroser ses plantes, elle était contente du sursis et pensait : merci mon Dieu. Elle adorait le soleil d'hiver. Puis elle reçut un coup de fil d'un journaliste du Catholic News Service de Washington. « Ça y est », dit-il. Elle ne savait pas quoi faire d'elle-même et tournait en rond. Ce n'est que plus tard qu'elle se sentit un peu soulagée de ne pas s'être donnée totalement à cette affaire, dont elle avait toujours su qu'elle ne changerait pas le monde.

Dans la matinée, elle lut un article du *Salt Lake Tribune* où son nom était écorché. Elle était une des quatre personnes dont le nom figurait sur la plainte de citoyens contre l'ordonnance du juge Ritter, mais le *Salt Lake Tribune* l'avait orthographié « Mulie Jacobs », au lieu de Julie Jacoby. Elle se mit à rire en le voyant, car elle savait que son fils de douze ans ne manquerait pas désormais de l'appeler Mulie quand ça l'arrangerait. Cela lui épargnerait aussi les lettres de menaces et les coups de téléphone anonymes qui avaient fait tant maigrir Shirley Pedler.

10

Shirley était seule au bureau quand on annonça la nouvelle à la radio, et elle eut l'impression qu'on venait de lui tirer dessus. Elle s'effondra et éclata en sanglots.

Plus tard dans la matinée, elle fit plusieurs déclarations. C'était incroyable — un véritable affront — la presse avait tout d'un coup disparu. Shirley trouva que c'était le côté le plus horrifiant de toute l'affaire. Par leur absence les journalistes semblaient dire : « Il a été exécuté, ça n'est plus de l'actualité. » Dire que la presse de tout le pays avait envahi tous les bons restaurants de Salt Lake, et maintenant tous ces gens-là étaient partis. Le jour de l'exécution elle resta à son bureau et personne ne vint la harceler.

11

A la prison, Gibbs avait attendu tout au long de la journée, et tous les jours de la semaine précédant l'exécution de Gary. La nuit d'avant l'exécution, il était passablement abruti par les médicaments qu'il devait prendre pour sa jambe. Le matin, lorsqu'il entendit la nouvelle à la radio, il se sentit sonné.

12

Dennis Boaz était allé passer deux jours dans l'Iowa en décembre et avait participé à une table ronde à la télévision où il avait entendu que le président Ford pourrait commuer la sentence de Gary avant de quitter sa charge. Il lui envoya donc un télégramme disant que si la peine capitale devait être appliquée, elle devait l'être équitablement. Pas d'exécution avant qu'il n'y ait une loi unique pour tout le monde. Il n'eut jamais de réponse de Ford.

Le jour de l'exécution, il ressentit une sorte de tristesse silencieuse et les larmes lui vinrent aux yeux. Gary mourut un 17 janvier, jour dont la correspondance numérologique était six, ce qui symbolisaient les frères et, bien sûr, ça le fit penser à Caïn et à Abel. A l'époque où Dennis travaillait avec Gilmore, il lui était sorti une marque rouge au-dessus du sourcil droit, pas un bouton, mais une marque signifiant la mort. Il l'avait remarquée la première fois vers fin novembre. C'était une plaque ronde et rouge, mais qui n'avait rien d'un bouton. Il la conserva pendant près de deux mois, puis elle disparut après la mort de Gary. Intéressant, en tout cas. Il remarquait des choses de ce genre.

13

Nicole avait appris que Gary devait être exécuté le 17 janvier mais elle n'avait aucune idée de l'heure. Le matin de ce jour, en revenant du réfectoire, elle éprouva soudain un grand besoin de s'allonger sur son lit. On commença à s'affairer autour d'elle, mais elle continua à marcher jusqu'à sa chambre. Personne ne lui dit un mot. Elle s'allongea et essaya de songer à Gary. Depuis des jours elle pensait au moment où il serait fusillé et retomberait en arrière. Elle voyait toujours Gary debout au moment de l'exécution. Mais aujourd'hui dans son esprit, elle ne voyait rien que les cubes rouges qu'on donnait aux patients pour faire des constructions.

Ils étaient dans sa tête et elle s'efforçait de les repousser quand soudain le visage de Gary lui apparut comme sortant des ténèbres, très vite et avec une expression de douleur et d'horreur. Au lieu de tomber en arrière, il se dressa vers elle. Nicole se retourna sur le lit, les yeux ouverts, et ce fut tout. Elle s'efforça de le sentir encore ce jour-là, mais n'y parvint pas. Pendant plusieurs jours, pas une fois il ne fut proche d'elle.

14

Après la mort de Gaylen, Bessie avait cru qu'elle ne s'en remettrait jamais. Mais cette fois, ç'allait être pire. Lorsqu'elle téléphona à la prison pour dire adieu à Gary, ce dernier soir, il lui avait dit : « Ne pleure pas. » « Je ne vais pas pleurer, Gary », avait-elle répondu, mais ce qu'elle aurait voulu dire, c'était : « Ne meurs pas, Gary, ne meurs pas. Je t'en prie, je t'en prie. » Seulement ça aurait nui à ce qu'il était en train de bâtir, à l'effort qu'il faisait sans doute pour se tirer de là. Alors elle avait dû faire attention. Elle vivait un véritable cauchemar.

En écoutant la pendule égrener les heures, Bessie ne pouvait s'empêcher de penser : « Son cauchemar va être fini, mais le mien ne le sera jamais. »

Quand Mikal acheta le journal de bonne heure ce matin-là, on y lisait que l'exécution avait été repoussée. Ils écoutèrent « Bonjour l'Amérique ».

Un peu plus tôt pourtant, Bessie avait dit : « N'allume pas la télé. » Elle ne voulait pas entendre. Si ça arrivait, elle ne voulait pas le savoir tout de suite. Et elle ne voulait surtout pas en entendre parler à la télévision. Cependant, lorsque Mikal eut apporté le journal, quelqu'un — était-ce Frank Jr ou Mikal ou sa petite amie : elle ne put jamais s'en souvenir et en fut soulagée car elle n'eut pas à pardonner — l'un d'eux dit : « On ne risque plus rien maintenant. Il y a un sursis. On peut regarder "Bonjour l'Amérique". » Ce qu'ils firent. Une voix déclara : « Gary Mark Gilmore est mort. » On aurait dit que ça venait d'en haut. Bessie pleura jusqu'à l'épuisement.

Peut-être une demi-heure plus tard, Johnny Cash téléphona pour présenter ses condoléances à Mikal.

Le temps que Doug Hiblar arrive, Bessie s'était durcie. Elle avait sur le visage l'expression d'une femme dont la maison vient d'être bombardée. « Foutez le camp, c'est vous qui avez tué mon fils, cria Bessie.

— Que voulez-vous dire, Bessie, balbutia Doug, je ne le connaissais même pas.

— C'est vous, les gens de l'Utah, qui avez tué mon fils. » Il se garda bien de lui dire qu'il était de l'Oregon.

« Montagnes, vous pouvez aller vous faire voir, se dit Bessie. Vous n'êtes plus à moi. »

Dans la cour, leurs appareils prêts, les photographes étaient rassemblés à la porte de la caravane de Bessie.

CHAPITRE XL

LES RESTES

1

PENDANT le trajet du retour, Stanger demanda : « Qu'est-ce que tu vas faire maintenant ?

— Je ne sais pas, répondit Moody. Je ne peux aller au bureau. » Stanger se mit à rire. « Tu as besoin d'un jugement par contumace pour occuper ton après-midi ?

— Oh ! non, fit Moody avec force, je ne pourrais pas le supporter. »

Ils avaient besoin de parler à quelqu'un qui avait participé à tout cela. Ils avaient beau partir dans deux jours pour une semaine de vacances avec leurs épouses, ce qui aurait dû les obliger à courir de suite à leur bureau pour laisser un semblant d'ordre dans leurs affaires, ils se sentirent incapables d'y retourner dans l'immédiat. Ils décidèrent donc d'aller chez Larry, mais lorsqu'ils arrivèrent au TraveLodge d'Orem, Schiller n'était pas encore rentré. Alors ils bavardèrent avec Barry Farrell. C'était important pour eux de continuer à parler.

Pendant le trajet, ils avaient eu des visions fugitives. Stanger avait vu la main de Gary se lever et retomber, et le sang sur son pantalon. Stanger n'arrivait pas à chasser ces images de son esprit. Il aurait voulu pouvoir les extirper, plonger la main dans son esprit, s'emparer de ces pensées et les rejeter.

Ils étaient donc satisfaits de parler à Barry Farrell. Même s'ils ne s'étaient jamais bien entendus auparavant, Ron comprenait maintenant que malgré ses airs professionnels, Barry avait une violente réaction. Alors cela lui fit du bien de parler à Farrell. Il en fut de même pour Moody.

Et Farrell qui avait passé plus d'une soirée à déblatérer contre eux, Moody et Stanger, qui avait un sens de l'humanité si peu développé qu'il était capable de pousser une question jusqu'à l'absurde, qui les avait accusés de ne même pas avoir la curiosité d'un avocat, éprouvait maintenant le besoin de calmer son ressentiment car il les sentait terriblement bouleversés par la mort de Gary. Ils comprenaient vraiment qu'un homme avait été tué, constata Farrell.

De plus, il avait hâte de connaître tous les détails et il voulait leur faire comprendre combien il admirait Gilmore d'avoir approché sa mort avec une telle dignité que c'en était à peine concevable. Barry était intimement persuadé que Gilmore n'aurait pas pu faire mieux. Ça l'aidait à le soulager des doutes qu'il avait maintenant sur le rôle qu'il avait joué au cours de ces derniers jours : tout ce travail affreux et minutieux de traduire les plus brillantes pensées de son âme et de sa conscience par une question pourrie de plus, par un coup de sonde de plus dans la vie privée d'un homme qui se protégeait autant des révélations qu'il pouvait faire sur son propre compte qu'une palourde de la découverte d'une caresse.

Quand Schiller arriva, ils se mirent à évoquer en désordre des souvenirs, à se poser des questions jusqu'au moment où ils n'en trouvèrent plus, et alors Moody et Stanger rentrèrent chez eux. Ron songeait que le seul événement qui avait eu à peu près sur lui-même ce genre de réaction prolongée, avait été l'assassinat du président Kennedy. Arrivé chez lui, il se sentit épuisé et alla aussitôt se coucher, mais ne parvint pas à dormir. Quand il fermait les yeux, il revoyait toutes les scènes de l'exécution et il avait la peau endolorie.

2

Lorsqu'ils furent seuls, Farrell dit à Schiller : « Tu as pris un petit déjeuner ?
— Non, dit Schiller.
— Ça t'intéresse ? demanda Farrell.
— Je ne suis que diarrhée », répondit Schiller en se disant qu'il allait peut-être dormir.
Là-dessus, Barry leva les yeux et dit : « Oh ! oui, au fait, ta mère a appelé. » Schiller ne lui avait pas parlé depuis deux semaines. Il décrocha l'appareil, apprit qu'elle avait vu la conférence de presse à la télévision après l'exécution et qu'elle voulait être sûre qu'il allait bien. Elle avait trouvé qu'il avait mauvaise mine. L'air épuisé, précisa-t-elle.

Schiller lui assura qu'il comptait encore au nombre des vivants. La conversation terminée, il monta et s'endormit, mais il fut réveillé quelques heures plus tard par une fille du *New York Times* à qui il avait promis d'accorder une interview mais il refusa. *Time* appelait. *Newsweek* appelait. Le téléphone sonnait. On voulait savoir s'il avait des photos de l'exécution. On voulait venir l'interviewer. Schiller dut se lancer dans une longue tirade pour expliquer qu'il ne voulait pas se laisser houspiller comme ça. « Vos rédacteurs en chef demandent des photos, déclara-t-il à *Newsweek* et à *Time*, alors si vous voulez quelque chose, il va falloir discuter. Vous n'allez pas me traiter d'homme qui fait argent de tout. Je tiens à m'assurer que vous allez me traiter en journaliste. » Il se mit vraiment à exposer ses conditions. « Il y a deux semaines, vous m'avez traité d'homme d'affaires, de promoteur. Maintenant, vous voulez des photos. Vous voulez que je vous donne d'autres détails sur l'exécution. Eh bien, j'en ai assez, dit-il. Il va falloir préciser quelques règles du jeu. Si vous voulez raconter que j'ai extorqué des interviews à la veuve de Lenny Bruce, alors je veux aussi que vous parliez de *Minamata*, qui est un livre dont je suis fier. Si vous voulez une photo de Marilyn Monroe, alors il faudra aussi passer une photo de l'histoire que j'ai publiée sur l'empoisonnement au mercure. » Il dit encore : « Si vous voulez déformer l'histoire d'un côté, il faudra la rattraper de l'autre. » Et il cognait dans un sens, et il cognait dans l'autre et il sentait son sang couler de nouveau dans ses veines. Toute cette merde...

3

DESERET NEWS

La majorité silencieuse n'est plus silencieuse

par Ray Boren
de la rédaction du Deseret News

17 janvier. — D'après un sondage de l'institut Louis Harris effectué la semaine dernière, les Américains étaient favorables dans une proportion de 71 % contre 29 à la mort de Gilmore devant un peloton d'exécution.

Deseret News

Vives émotions avant le lever du soleil

par Tamera Smith
de la rédaction du Deseret News

Prison d'État de l'Utah, 17 janvier. — L'impatience, la résignation, la colère, la déception et la confusion ont été les émotions qui se sont succédé aux premières heures du petit matin aujourd'hui dans le bloc de la prison occupé par Gary Mark Gilmore.

A 16 h 07, on a apporté à Gilmore son dernier repas dans sa cellule. Un steak, des pommes de terre, du pain, du beurre, des petits pois, une tarte aux cerises, du café au lait. Il ne prit que du café au lait.

Entre 20 heures et 21 heures, il demanda à des gardiens d'appeler la station de radio K.S.O.P. pour demander deux de ses chansons favorites : *Valley of Tears* et *Walking in the Footsteps of your Mind.* Deux opératrices passèrent la nuit à recevoir des appels des quatre coins du monde.

De Munich, en Allemagne, une femme appela à dix-sept reprises. « Mon mari est mort dans un camp de concentration, dit-elle. Il se passe la même chose là-bas. L'Amérique ne vaut pas mieux », déclara-t-elle à chaque appel.

Une autre femme pleurait en disant que, trois semaines auparavant, elle avait rêvé que Gary ne mourrait pas.

4

Schiller avait envoyé Jerry Scott à Salt Lake pour s'assurer qu'aucun dingue ne tenterait quoi que ce soit pendant l'autopsie du corps de Gary Gilmore.

Pendant le trajet d'Orem à l'hôpital, Jerry Scott se demandait pourquoi c'était tombé sur lui d'emmener Gary de la prison municipale à la prison d'État de l'Utah, juste après son procès, et pourquoi il allait sans doute être le dernier à voir sa dépouille. C'était là une coïncidence suffisante pour occuper son esprit.

La salle d'autopsie, au cinquième étage de l'hôpital de l'université d'Utah, était assez grande et comportait deux tables de dissection. En raison de son travail dans la police, Jerry Scott la connaissait bien. C'était là qu'on procédait à toutes les autopsies pour l'État. Ce matin-là, on venait d'apporter le corps d'une femme qui s'était noyée dans une rivière au nord de Salt Lake, et on l'avait installée auprès de Gary, les deux tables se trouvant environ à trois mètres l'une de l'autre.

Au début, il aurait été difficile de dire qui étaient les médecins officiels, car il y avait trois hommes et trois femmes autour des tables. Deux d'entre eux étaient occupés à récupérer les yeux de Gilmore, et une autre équipe prélevait les organes destinés aux greffes. Ils avaient tous un air très pressé et devaient manifestement opérer assez vite. D'autant plus qu'un autre médecin, qui observait la scène, ne cessait de les presser : « Vous ne pouvez pas vous dépêcher ? J'ai beaucoup à faire. » Encore un peu plus tard : « Vous n'avez pas encore fini ? » Enfin, le dernier des spécialistes acheva son travail et dit :

« Voilà, il est à vous. » L'équipe habituelle d'autopsie se mit au travail.

Jerry Scott se trouvait à environ un mètre de la table. Il était curieux de voir ce qui se passait et le médecin légiste lui dit qu'il pourrait servir de témoin à l'autopsie. Il prit donc son nom, ainsi que celui de Cordell Jones, un shérif adjoint que Jerry Scott fut content de trouver là, car Jerry s'attendait à avoir des problèmes un peu plus tard avec les badauds stationnés dehors, lorsque le corps de Gary serait transporté de l'hôpital jusqu'au crématorium. Il pensait même être obligé de demander à Cordell Jones de l'aider à canaliser la foule. Au moment de la sortie Jerry avait compté au moins vingt personnes attendant à la porte de l'hôpital. Deux ou trois seulement étaient d'authentiques journalistes alors que les autres ne devaient être que des détraqués et des amateurs de sensations. Jerry s'attendait donc à avoir quelques problèmes et peut-être même se trouver en face de quelques agitateurs.

Le docteur qui avait prélevé les organes à greffer avait laissé le corps de Gary ouvert depuis la toison pubienne jusqu'au sternum. L'équipe d'autopsie entreprit d'abord de le laver puis le médecin légiste prit un scalpel et prolongea l'incision du sternum jusqu'au cou et poursuivit l'entaille jusqu'à l'épaule, de chaque côté. Puis il se mit à tirer.

Il dépouilla Gilmore jusqu'aux épaules, comme s'il lui retirait la moitié d'une chemise et, avec une scie, le découpa du sternum jusqu'à la gorge. Poursuivant son travail le légiste jeta l'os qu'il venait de scier dans un grand évier où coulait de l'eau courante et entreprit alors d'extraire ce qui restait du cœur de Gilmore. Jerry Scott n'en crut pas ses yeux. L'organe était pulvérisé. Il n'en restait même pas la moitié. Jerry était si troublé qu'il demanda au docteur : « Pardonnez-moi, dit-il, c'est bien le cœur ? » « Eh oui », répondit le docteur.

« Alors, il n'a rien senti, n'est-ce pas ? » demanda Jerry Scott. « Non », répondit le médecin. Auparavant, Jerry avait regardé les points d'impact des balles qui ne formaient que quatre petits trous bien nets qu'on aurait pu couvrir avec un verre retourné, tous à environ un centimètre l'un de l'autre. Les médecins avaient pris le soin de prendre pas mal de photos. Ils numérotèrent chaque trou avec un marqueur et retournèrent Gary pour photographier les points de sortie de chaque balle dans le dos. En regardant ces marques, Jerry se rendit compte que les types du peloton d'exécution n'avaient pas eu la main qui tremblait le moins du monde. C'était un beau tir groupé.

Bien sûr, Jerry pensait souvent au risque de recevoir une balle lui-même. En service, ça pouvait arriver n'importe quand et parfois il se demandait quel effet ça lui ferait. Maintenant, en regardant encore le cœur, il répéta : « Il n'a rien senti, n'est-ce pas ? » « Non, rien », lui affirma le médecin. « Mais est-ce qu'il a encore bougé après avoir reçu les balles ? » « Oui, environ deux minutes. » « C'étaient juste les nerfs ? » interrogea encore Jerry. Le docteur acquiesça et ajouta : « Il était mort mais nous devions attendre officiellement qu'il ne remue plus. Environ deux minutes plus tard. »

« Après, cela devint vraiment macabre, reconnut Jerry. Ils se mirent à extraire différentes parties du corps de Gilmore. On lui retira les poumons, l'estomac, les entrailles, enfin tout, puis on préleva des petits morceaux de chaque organe. Un type qui travaillait sur la tête de Gary Gilmore se retrouva avec la langue de Gary à la main. « Pourquoi prendre ça ? » demanda Jerry Scott. Il ne se posait pas la question de savoir s'il ennuyait les médecins ou pas. Puisqu'il était témoin, autant savoir ce que tout cela signifiait. « Nous allons en prendre un échantillon », répondit le médecin qui disséquait. Sur quoi, il posa la langue de Gary sur la table de marbre, la coupa en deux et en découpa un morceau qu'il mit dans une bouteille de solution.

Jerry Scott avait vu des tas de corps et s'était rendu sur les lieux d'innombrables accidents d'avions. Il savait à quoi pouvait ressembler quelqu'un de démembré, mais d'être planté là à les regarder découper quelqu'un, ça commençait à lui faire de l'effet. Ces types connaissaient vraiment leur boulot et n'arrêtaient pas de discuter, mais ils n'auraient pas été moins excités s'ils s'étaient trouvés dans une boucherie à tailler un quartier de bœuf. De temps en temps, ils s'adressaient aux autres toubibs qui travaillaient sur la femme qui s'était noyée. Elle était si grasse que lorsqu'on l'ouvrit, son ventre pendit sur les cuisses. Les autres continuèrent à travailler comme si de rien n'était.

Le type qui était installé en haut de la table que surveillait Jerry fit une incision partant de derrière l'oreille gauche de Gary à travers tout le haut du crâne pour redescendre jusqu'à l'autre oreille. Après quoi il empoigna la peau des deux côtés de la coupure et tira. Il tira tout simplement le visage sous le menton jusqu'au moment où la peau se retourna comme un masque de caoutchouc. Il prit alors une scie et fit une incision tout autour du crâne. Il s'empara alors d'un instrument qui ressemblait à une spatule et écarta l'os, faisant sauter la calotte crânienne. Ensuite, il plongea la main à l'intérieur de la cavité, en retira le cerveau et le pesa. Une livre et demie, crut voir Jerry Scott. Puis ils enlevèrent la glande pituitaire, la mirent de côté, et découpèrent le cerveau comme si c'était du pâté. « Pourquoi faites-vous cela ? » demanda Jerry Scott.

« Eh bien, dit un des médecins, on regarde s'il n'y a pas de tumeur. » Ils commencèrent à lui expliquer ce qu'étaient les différentes zones du cerveau et pourquoi ils examinaient l'organe. Il fallait savoir si Gary Gilmore n'avait pas de problème dans le système moteur, mais tout avait l'air en parfait état. Ensuite, on prit des photos de ses tatouages. Il avait « maman » écrit sur l'épaule gauche et « Nicole » sur l'avant-bras gauche. On lui prit ses empreintes, et puis enfin ils replacèrent tous les organes dont ils n'avaient plus besoin dans les cavités du corps et de la tête. Ils remirent en place la peau du visage en la tendant bien sur les os et les muscles, comme on remettrait un masque, réajustèrent la calotte crânienne découpée à la scie, puis il fut recousu. Quand ils eurent terminé, le cadavre ressemblait de nouveau à Gary Gilmore.

Jerry Scott remarqua que Gilmore n'avait que deux dents au fond, en bas, et aucune en haut. On lui remit ses fausses dents et en le regardant maintenant, ainsi reconstitué, Jerry Scott fut très étonné de constater qu'en fait il avait une assez bonne couche de graisse pour un type aussi maigre. Malgré cela, il donnait l'impression d'avoir été assez bien bâti. Presque la carrure d'un athlète s'il n'y avait eu cette graisse sur le ventre.

Jerry regarda sa montre. Il était une heure et demie de l'après-midi. Il avait passé là quatre heures. Le type des pompes funèbres, Walker, arriva et on posa Gilmore sur un lit roulant. On l'emballa dans un drap et il fut recouvert par une belle couverture. Ensuite, on le poussa jusqu'à la rue et on le chargea dans un corbillard qui l'emmena au crématorium de Salt Lake. C'était peut-être dû à la longueur de l'attente, mais il n'y avait aucun rassemblement devant l'hôpital et bien qu'il y eût déjà deux autres policiers à les attendre au crématorium, quand ils y arrivèrent, il n'y avait personne non plus.

Comme le cercueil devait être brûlé en même temps que le corps, on n'avait utilisé qu'un modèle de dernière classe. Il était en contreplaqué, bien que recouvert de velours rouge, muni de poignées d'argent sur le côté et de beau satin blanc à l'intérieur, de même que l'oreiller. C'était mieux qu'une simple boîte en bois, mais ça n'atteignait pas le luxe des modèles en bronze.

Parmi les consignes que Jerry Scott avait reçues pour ce jour-là, il devait s'assurer que c'était bien Gary M. Gilmore qu'on brûlait. Aussi, juste avant qu'on introduise le cercueil dans le four, il souleva le drap pour vérifier que c'était bien le visage de Gary. Puis on releva la grande porte du four qu'on avait rabattue précédemment comme protection contre la flamme de plus d'un mètre qui jaillissait durant le pré-chauffage, et on introduisit la caisse et le corps. Quand le cercueil fut dans le four et qu'il eut brûlé quelques minutes, on ouvrit une nouvelle fois la porte pour que Jerry constate. Le préposé prit alors un long pique-feu et fit tomber la tête du cadavre hors du cercueil. Par la suite, ils regardèrent à travers un trou d'une trentaine de centimètres et Jerry Scott aperçut la tête de Gary. Déjà les cheveux étaient en train de brûler et la peau tombait sur le côté.

Scott vit le visage de Gary disparaître, la chair noircir et s'en aller en fumée. Puis les muscles se mirent à brûler et les bras de Gilmore qui étaient repliés sur sa poitrine se desserrèrent et se soulevèrent jusqu'au moment où les doigts des deux mains se trouvèrent braqués vers le ciel. Ce fut la dernière image que Jerry Scott eut de lui. Il la conserva tout le temps dans sa tête pendant que le corps se consumait et ça prit du temps, car il était arrivé au crématorium à deux heures et demie et cela dura jusqu'à cinq heures. Il ne restait alors plus rien d'autre qu'un peu de cendre et d'os calcinés.

5

Deux serveuses, des amies de Toni Gurney, qui travaillaient à l'Etrier, y arrivèrent avant de prendre leur service du soir et s'installèrent au bar. C'était une grande salle sombre avec une piste de danse et, bien sûr, comme on était en Utah, il fallait payer une cotisation de membre du club pour pouvoir prendre un verre, mais ça n'était pas trop difficile. Le soir, l'Étrier était animé et c'était un des rares endroits agréables entre Provo et Salt Lake où on pouvait boire et danser. Mais en ce moment, dans l'après-midi, c'était tranquille et on ne distinguait que deux ou trois personnes dans la pénombre.

Une des amies de Toni, une nommée Willa Brant, demanda à Alice Anders, la patronne, qui étaient les trois types assis au bar, car ce n'étaient pas des habitués. Alice répondit qu'ils faisaient partie du peloton d'exécution de Gary. « Comment le sais-tu ? » demanda Willa. La patronne répondit : « Eh bien, c'est moi qui les ai inscrits. Ils sont membres du Club de l'Élan de Salt Lake et nous acceptons les membres de ce club. » Willa alla chercher un paquet de cigarettes et fit exprès de passer près de leur table. Un des hommes la héla : « Pourquoi ne venez-vous pas vous asseoir et bavarder avec nous ? »

Ils étaient installés pour boire et jouaient au poker menteur avec des billets. Willa s'assit et ils jouèrent encore un petit moment puis l'un des hommes dit : « Je parie que vous trouvez que nous sommes des salauds assoiffés de sang, non ? »

« Ma foi, répondit Willa, ça devait être fait. C'était ce que Gary voulait. » Elle s'en tint à ça. Elle ne dit pas qu'elle connaissait Toni Gurney et le reste de la famille. Puis l'homme poursuivit : « Tenez, vous voulez voir quelque chose de sadique ? » Et il lui montra un bout de sangle et l'ogive d'une balle en disant : « C'est une des balles qui a tué Gary, et voici une des sangles de nylon qui lui liait le bras. » Comme on lui demandait si elle voulait les toucher, Willa dit non, mais cependant elle ne put s'en empêcher. Elle le fit avec une petite grimace, puis l'homme les remit dans sa poche. Un autre annonça qu'il avait la cagoule dans sa voiture. Il n'en parla pas beaucoup. Il se contenta de dire qu'il l'avait, mais il buvait sec.

Un de ces hommes était petit et trapu, il devait avoir dans les trente-cinq ans et se déplumait. Il y en avait un autre dans les trente-cinq ans aussi, avec des cheveux châtain clair, un mètre quatre-vingts, poids moyen, mais de la brioche et des lunettes. C'étaient ces deux-là qui parlaient le plus. Le troisième, qui parlait peu, avait les cheveux bruns et était de taille moyenne, mais il portait une grande barbe et une moustache qui grisonnaient et il avait les larmes aux yeux. Il finit par dire que s'il avait su ce qui l'attendait, il ne l'aurait jamais fait. Sur ces entrefaites, une jeune femme mariée du nom de Rene Wales, que Willa connaissait vaguement, vint s'asseoir avec eux et ils se remirent tous à jouer au poker menteur.

Au bout d'un moment, les exécuteurs se mirent à parler de leur C.B. Tous les trois avaient un émetteur radio dans leurs voitures, mais l'un d'eux commença à se vanter de la portée de son appareil.

Et tout à coup Rene Wales partit avec lui pour aller vérifier la qualité de son émetteur. Quand elle revint avec le type, quarante-cinq minutes plus tard, ils avaient vraiment l'air de ne pas s'être embêtés tous les deux.

CHAPITRE XLI

FUNÉRAILLES

1

LE lendemain matin, mardi 18 janvier, Schiller tint une réunion avec Debbie, Lucinda et Barry Farrell pour ranger le bureau et rendre le matériel loué. Au beau milieu de ces occupations domestiques, coup de téléphone de Stanger. Il allait y avoir un service à la mémoire de Gary à Spanish Fork dans l'après-midi. Tout le monde voulait que Larry et Barry viennent.

Lorsque Schiller annonça cela aux filles, elles voulurent venir aussi. Debbie commença même à pleurer. Ils arrangèrent donc la chose et elles furent invitées aussi. Il fallut ensuite différer l'heure du service à deux reprises pour tromper la presse et pour finir, la cérémonie eut lieu, non pas dans une église, mais dans une entreprise de pompes funèbres de Spanish Fork.

Sur ces entrefaites, Tamera arriva au bureau et Schiller décida de ne rien lui dire. Il sentait qu'il ne pouvait pas lui faire confiance et qu'il ne pourrait pas lui interdire de faire un article là-dessus. Mais, en entendant la conversation des filles, elle comprit vite ce qui se passait et alla trouver Larry. Elle était livide. Folle de rage. « J'ai marché avec vous, dit-elle, je fais partie de l'équipe. Pourquoi est-ce que je ne peux pas y aller ? » Schiller dut lui répondre : « Oh ! ça n'est pas que je ne vous fasse pas confiance, Tamera, mais je ne peux pas prendre ce risque. Ça n'est pas à moi de faire cadeau de cette histoire. » Tamera était de plus en plus furieuse. Elle était terriblement jalouse du fait que Debbie et Lucinda y allaient. Elle en devenait presque laide. Tamera était dans une telle colère qu'on aurait dit qu'elle brûlait. Une vraie journaliste.

La maison de pompes funèbres se trouvait sur la grand-rue, un bâtiment de stuc sale sans étage, avec une bande horizontale de verre teinté qui courait sur toute la façade et était censée donner un effet de vitraux, se dit Schiller, mais qui évoquait plutôt une mosaïque de table basse. Ça n'était certes pas un chef-d'œuvre d'architecture.

A la surprise de Schiller, il y avait là une quarantaine de personnes. On le présenta à de nombreuses sœurs de Bessie et il n'essaya même pas de se rappeler leurs noms, mais l'une après l'autre elles vinrent le remercier. Schiller se demandait pourquoi. Puis l'orgue se mit à jouer.

CAMPBELL : Notre Père qui êtes aux cieux, c'est avec une profonde humilité que nous marquons un temps au début de ce service à la mémoire de notre défunt, Gary Mark Gilmore, avec un grand sentiment de respect pour la forte personnalité qu'il était et qu'il sera à jamais. Père, une grande tragédie a eu lieu voilà bien des années dans le cadre de la justice pour les mineurs, qui a précipité un jeune homme, une grande personne, un de tes enfants devant les tribunaux et dans l'ombre des cachots. Nous l'avons connu comme étant un être noble et digne d'amour et c'est ce souvenir que nous conserverons toujours. Sois avec nous maintenant, nous t'en prions, au nom de ton fils, Jésus-Christ. Amen. (Silence.) Cet après-midi, nous avons à transmettre, par la bouche de Toni Gurney, un message de la mère de Gary.

TONI : Tante Bessie m'a demandé de transmettre à tous ce message. Elle dit : « J'ai plein de merveilleux souvenirs de mon fils, Gary. De belles choses qu'il m'a données, des tableaux qu'il a peints, et le sac de cuir fait à la main qu'il a commandé pour moi, mais ce que Gary m'a donné de plus précieux, ç'a été son amour et sa bonté. » ... Je tiens à dire aussi en mon nom et au nom de ma sœur Brenda... (Elle craque.)

VERN (lisant le message de Toni) : Heu, je tiens à dire aussi au nom de ma sœur Brenda que nous regrettons tous Gary. Nous l'avons vu à une époque heureuse et à une époque de souffrance et nous savons tous que maintenant il repose en paix.

CAMPBELL : Merci beaucoup. Mme Evelyn Gray a écrit quelques poèmes à l'intention de Gary, elle les lui a remis personnellement et elle aimerait vous en lire un aujourd'hui. Evelyn est une cousine.

EVELYN : Pour mon cher Gary :

La mort peut-elle empêcher que vive
[un tel esprit,
alors que la mer orageuse de la vie pousse
l'âme fragile au gré des courants,
non, par les sombres portes elle la guide
pour qu'elle vogue vers le large
jusqu'en vue de quelque autre rade
lorsqu'elle fait route dans le calme
abritée par Sa main bienveillante.
Elle vogue sur une mer immense et sans fin
au point que Dieu seul en connaît les confins.

Merci.

CAMPBELL : Une autre personne qui en est venue à très bien connaître Gary, pour lui avoir souvent rendu visite à la prison, un homme qui est entré dans sa vie par le système juridique, son avocat, maître Robert Moody.

MOODY : Mes chers amis, je crois qu'il convient de prendre le temps d'évoquer la mémoire de Gary. Lorsque nous en avons parlé, il m'a dit : « Oui, oui, j'aimerais qu'on se souvienne de moi. J'aimerais qu'on célèbre un service à ma mémoire et j'aimerais que oncle Vern dise quelques mots à ceux qui jugeront bon de venir. » En rencontrant Gary pendant bien des heures au cours de ces derniers mois, nous en sommes arrivés à connaître un être humain, un individu, un homme dont la profondeur nous a surpris. Gary n'avait pas eu les chances que nous avons eues, il était autodidacte. Il avait beaucoup lu et avait acquis une foule de connaissances. Gary s'était bâti sa propre philosophie, il avait sa façon à lui de sentir Dieu, et il le faisait dans les limites que lui imposait son incarcération. Et cette auto-éducation a été un enseignement pour tous ceux d'entre nous qui l'ont approché... Je crois que ce dont nous garderons toujours le souvenir, c'est que Gary, qui a si longtemps et si passionnément recherché l'amour, n'a compris que ces derniers mois, ces dernières semaines, que l'amour était dans le monde, que l'amour était pour lui, cet amour qu'il n'avait jamais su trouver. En nous rappelant Gary aujourd'hui, souvenons-nous qu'en effet l'amour est pour tous et que, quoi que d'autres puissent dire de Gary, son amour était là, et j'ai la certitude que Gary maintenant est en paix... que Gary a trouvé Dieu. Merci.

CAMPBELL : Merci, Bob. Le Frère Dick Gray aimerait maintenant présenter un message spécial.

DICK GRAY : J'éprouve une grande perte. Je tiens à lire ces messages, car ils viennent de ses frères. « De nombreuses histoires maintenant circulent à propos de Gary Gilmore, certaines sont flatteuses et d'autres non, certaines sont vraies et d'autres pas, mais le Gary Gilmore que j'ai connu était tout à la fois bon et mauvais, comme tout le monde. Ce dont je me souviens surtout à propos de Gary Gilmore, c'est qu'il était exactement comme les autres quand il était jeune, avant que la justice ne l'expédie en maison de correction ; oui, avant cela, Gary Gilmore était comme tout le monde. Bref, nous voici réunis ici aujourd'hui, parce que la justice a envoyé Gary Gilmore en maison de correction. » Cela, c'est le message de son frère Frank. Le suivant vient de son frère Mikal. « Gary, je prie pour que tu aies trouvé un monde meilleur et plus miséricordieux. Je prie pour que l'héritage que tu nous laisses soit quelque chose qui nous rappelle la valeur de la vie, et non la glorification ou la commercialisation de la mort sous aucune forme. Je prie pour nos familles comme je prie pour les familles de ceux qui ont déjà souffert, et je prie... pour qu'aucun homme qui prétend représenter nos intérêts n'oublie cette dette envers ces familles-là. Je regrette, Gary, que nous n'ayons pas plus de temps. Mon amour et mon remords, Mikal. »

CAMPBELL : Merci, Dick. Thomas R. Meersman, aumônier de la prison d'État de l'Utah, aimerait maintenant communier avec toi, Gary.

Presque tous les assistants se mirent à écouter avec attention, car la plupart, étant mormons, n'avaient encore jamais entendu de sermon d'un prêtre catholique.

MEERSMAN : Vous savez donc que je suis le Père Meersman et que je suis l'aumônier catholique de la prison d'État de l'Utah... Mes rapports avec Gary étaient peut-être différents de ceux que vous avez pu avoir. Je suis entré dans sa vie à cause d'une déclaration très insolite que j'ai entendue dans la bouche d'un homme lorsqu'il a été condamné à mort. C'est ce que je lui ai dit la première fois que je l'ai rencontré. J'ai dit : « Voilà une déclaration bien inhabituelle et si vous pensez vraiment cela, alors je vous propose de vous apporter tout ce dont je suis capable. » La déclaration qu'il a faite est celle que, j'imagine, vous avez tous entendue : « Je veux mourir avec dignité. » C'est ainsi qu'ont commencé nos relations, nous nous voyions surtout le soir parce que pendant la journée il était très occupé. Des gens venaient le voir, lui rendaient visite... Son nom devenait de plus en plus célèbre et dans le monde entier on commençait à connaître au moins son nom, ce qu'il faisait et d'autres choses... Nous avons continué ainsi et, quand il a semblé que la fin, bien sûr, était très proche, ma foi, il a fallu être très sérieux. Il y a un temps pour tout, aussi la nuit qui a précédé l'exécution, nous nous sommes retrouvés, il était à peu près minuit, on avait transformé la cuisine en chapelle, et un des gardiens se trouvant être catholique, c'est lui, dans notre terminologie, qui a servi la messe et qui a assisté le prêtre, c'est-à-dire moi. Pour les deux parties de la messe, nous avons fait des lectures de la Bible, et quand la question s'est posée : « Quel Évangile allons-nous lire ? » dans son style inimitable, Gary a dit : « Je m'appelle Gary Mark. Lisez un passage de saint Marc. » Après, eh bien, les gardiens étaient assez émus, et ils ont remarqué, évidemment, qu'il était extrêmement songeur, il ne bougeait pas, il restait assis à la table. Et nous lui avons donc dit très simplement : « Nous sommes entrés dans votre vie quand vous avez annoncé que vous vouliez mourir avec dignité. Et nous resterons auprès de vous, nous resterons jusqu'à ce que cela soit accompli. Mais nous tenons à ce que vous sachiez ceci : que chaque jour de ma vie de prêtre catholique, quand je serai devant l'autel, où que ce soit, à la prison d'État de l'Utah, dans un hôpital, à Saint-Pierre-de-Rome, que chaque jour de ma vie je prierai pour vous. » Voilà quelques-unes de mes réflexions. Ce n'est sans doute pas tout, mais je n'ai pas eu beaucoup de temps pour préparer quoi que ce soit. J'espère toutefois que ces pensées vous aideront, vous qui l'avez tant aimé. Et bien sûr il nous manque. Peut-être cela vous aidera-t-il à le mieux connaître que nous ayons prononcé ces paroles en cette occasion. Et je ne peux rien vous dire de mieux que ses dernières paroles... « Dominus vobiscum. » Que le Seigneur soit avec vous. Merci.

CAMPBELL : Merci, mon Père. Je suis profondément ému, comme vous l'êtes tous, à mesure que nous commençons à dévoiler le vrai Gary Mark Gilmore. Voici une autre personne qui en est venue à le respecter, Ron Stanger.

STANGER : Je crois que Bob et moi faisions partie de sa famille adoptive. Je crois qu'à l'exception de trois ou quatre jours peut-être, nous avons été avec lui quotidiennement, et si vous ne nous croyez pas, demandez à nos femmes. Ah ! elles le savent. Tenez, le jour de Noël, toute la famille rassemblée, on s'amuse comme toujours à Noël, et savez-vous où sont allés Moody et Stanger ? Cela dit, il me semblait très bien pour la première fois, et peut-être la seule fois de ma vie, de me considérer comme un bon et vrai chrétien, parce que j'ai fait ce qu'a dit le Sauveur, c'est-à-dire d'aller dans les prisons pour s'efforcer d'aider ceux qui en ont besoin.

Puis-je vous lancer à tous le défi de faire ce que j'ai appris aussi de Gary au cours de ces conversations avec moi à propos de la famille — et nous savons tous qu'il aimait les enfants ? Il me demandait comment nous nous entendions avec nos enfants et il disait toujours : « Ron, occupez-vous de vos enfants, soyez proche d'eux, soyez sévère avec eux, faites-leur comprendre que s'ils font de petites fautes, elles deviendront plus graves. » Il a dit une fois, avec ce sourire qu'il avait parfois, il a dit : « Ils pourraient bien, s'ils continuent à mal faire, ils pourraient bien finir par devenir d'autres Gary Gilmore. »

CAMPBELL : Merci, Ron. Gary m'a rendu un grand service. Il m'a aidé à sauter le pas. Dans six mois, je vais quitter la prison. Gary m'a convaincu qu'un rien de prévention vaut tous les remèdes du monde, que les deux mots juvénile et justice ne vont pas ensemble. Je compte m'installer dans le sud de l'Utah, où j'ai un peu de terre et bâtir là une ferme de jeunes pour y prendre jusqu'à l'âge de quatorze ans ceux qui ont des problèmes avec la justice et m'occuper d'eux avec amour. Vous avez compris, d'après les propos de ceux qui ont parlé, que ce que Gary voulait nous laisser, c'était l'amour. Il avait sans doute de plus grandes capacités d'aimer que n'importe lequel d'entre nous. Il m'a fait le don d'un amour profond et je veux que vous sachiez que j'ai en moi un peu de Gary Mark Gilmore qui ne disparaîtra jamais.

Il a demandé qu'à ce service on chante une chanson qui lui est chère et, quand il m'en a parlé, il m'a dit : « C'est moi au moment de quitter cette terre. » Il s'agit d'un grand hymne chrétien intitulé *Étonnante Grâce* que va nous interpréter Mme Robert Moody.

MADAME ROBERT MOODY (elle chante) :

Étonnante Grâce, combien doux les accents
Qui ont sauvé un pauvre hère comme moi
Jadis j'étais perdu mais maintenant j'ai trouvé
J'étais aveugle et maintenant je vois.

Combien de dangers, de pièges et d'épreuves
J'ai déjà traversés
C'est la Grâce qui, jusque-là, m'a poussé
C'est la Grâce qui me conduira au port.

CAMPBELL : Merci beaucoup. C'était magnifique. Je sais que c'est vrai que Gary vous aimait tous. Mais il est un cas, en particulier, où je sais que l'amour venait des deux côtés en abondance, c'est son oncle Vern... Et Vern va maintenant vous donner le dernier message.

VERN : Frères et sœurs, en ce jour, le 18 janvier 1977, je suis là devant vous parce que Gary m'a demandé de le faire. Et tout cela est très étrange pour moi, je n'ai encore jamais fait cela... Mais je lui ai promis que j'essaierais de dire quelques mots pour lui. Non pour l'excuser de ce qu'il a fait, mais pour tenter d'expliquer pourquoi il l'a fait. Ce qui, j'en suis sûr, va être difficile pour moi. La meilleure façon dont je puisse l'expliquer, c'est que Gary était profondément amoureux d'une fille qui était profondément amoureuse de lui. Et les problèmes qu'ils avaient entre eux étaient sans doute les mêmes que ceux que connaissent certains de nous. Mais Gary ne pouvait tout bonnement pas les surmonter. Il avait besoin de frapper quelque chose, quelqu'un, et malheureusement, c'est ce qu'il a fait. Gary est allé à la mort en espérant que cela rachèterait ce qu'il avait fait. Il a fait cela à deux familles, mais il m'a dit qu'il n'avait qu'une vie à donner et il le regrettait. Il aurait voulu donner plus. Il a donné certaines parties de son corps à des gens et à la science, dans l'espoir que cela aidera un malheureux à retrouver la santé. J'ai appris à connaître Gary... les derniers mois, plus que jamais depuis que je le connais, j'ai découvert le vrai Gary, et il est humain, tendre et, oui, compréhensif, tout à fait capable d'amour. Gary est en route vers une vie nouvelle avec Dieu et, comme il l'aurait dit : « Pas d'affolement, vous autres. » Au nom de Jésus-Christ. Amen.

2

Après le service, Stanger demanda à Larry Schiller de venir dans la pièce attenante où se trouvait l'urne. Larry apprit là que Gary avait demandé qu'on disperse ses cendres au-dessus de Spanish Fork, parce que c'était là que demeuraient ses plus tendres souvenirs. Vern avait le sentiment que Gary ne voulait pas être enfermé encore une fois. Il avait passé toute sa vie enfermé. Maintenant il voulait être libre de s'en aller rôder là où le vent l'emmènerait.

Ils allaient procéder à cette dispersion d'un avion, et Ron expliqua à Larry que Gary souhaitait qu'il soit du voyage. Il l'avait demandé. Schiller dit qu'il n'avait aucune envie d'y aller. Il ne pensait pas que c'était sa place. On lui communiqua que Vern aussi avait été invité, ainsi que le Père Meersman et Cline Campbell, et qu'il y aurait Ron Stanger et lui. Mais Larry avait quand même l'impression que ce n'était pas bien. Durant tout le service, il ne s'était pas senti proche de Gary, ni proche des émotions que les autres assistants éprouvaient manifestement. Durant le trajet en avion, ce serait pareil. Il fut quand même convenu qu'ils feraient tous le voyage le lendemain matin. Schiller passa le reste de la journée à faire ses bagages.

Le mercredi 19, il alla à l'aéroport de Provo et ils s'embarquèrent tous à bord d'un avion à six places, le pilote et Stanger aux deux places avant, Vern et Campbell derrière, Meersman et lui tout au fond. Ça se révéla très simple. Ils avaient une boîte en carton de la taille d'une boîte à chaussures et, une fois en l'air, Stanger l'ouvrit. On avait mis les cendres de Gary dans un sac en plastique habituellement utilisé pour envelopper le pain de mie, avec le nom de la marque bien lisible. Schiller trouva ça insensé. Stanger se tenait près du hublot tenant ce sac où l'on pouvait lire des choses imprimées en couleur. Ça ne faisait pas sérieux mais plutôt minable : un malheureux pain à 59 *cents*. Schiller s'était imaginé que les cendres seraient d'un noir sombre qui ne manquerait pas d'une certaine dignité, mais elles étaient grises et blanches avec de petits bouts d'os dedans, tout ça d'une couleur terne et fanée.

Gary avait précisé comment il voulait qu'on disperse ses cendres. Il avait choisi un certain nombre d'endroits de Spanish Fork, de Springville et de Provo, si bien que Stanger dut répandre les cendres en quatre ou cinq fois. Il n'eut jamais à passer le bras dehors, il se contenta de glisser l'ouverture du sac près de l'endroit où se trouvait la bouche de ventilation. Le pilote virait sur l'aile pour que Stanger soit en bas et l'air aspirait les cendres. C'était lent et pas très spectaculaire. Sur le siège, derrière Stanger, Meersman se mit à parler à Schiller du service commémoratif. Schiller avait nettement l'impression que Meersman tenait à laisser entendre que le jour de sa mort Gary était retourné dans le giron de l'Église catholique, mais ça ne paraissait pas vraisemblable à Schiller. Gary détestait le prénom de Mark, il l'avait même barré sur ses contrats. Bien sûr, il avait peut-être eu des sentiments ambivalents à propos de son second prénom, mais Schiller était persuadé que l'histoire de Meersman n'avait pas de base solide.

Lorsqu'ils eurent répandu les cendres et qu'ils furent redescendus, Barry Farrell les attendait à l'aéroport. Il y avait avec lui la fille du *New York Times* à laquelle Schiller ne voulait absolument pas accorder d'interview. Il avait toutefois négligé d'en avertir Farrell. Aussi, à peine débarqué, dut-il affronter la journaliste du *New York Times*. A voir l'air qu'elle avait, il était évident que Barry lui avait raconté ce qu'ils étaient allés faire dans l'avion.

Schiller était coincé et donna une interview abominable. L'article fut publié. L'endroit où les cendres de Gilmore avaient été dispersées n'était plus un secret.

Plus tard, ce même jour, il donna aussi une interview à *Time* et une à *Newsweek*, puis il prit l'avion pour Los Angeles. Les deux magazines avaient accepté ses conditions mais il est vrai qu'il les tenait tous les deux. En novembre, *Newsweek* avait travaillé un jour ou deux avec Schiller, aussi précisa-t-il aux gens du magazine que s'ils ne mentionnaient pas ce détail dans leur article, il préviendrait *Time*. En revanche, il dit à *Time* que si la rédaction n'était pas d'accord pour donner de lui une image équitable, il irait raconter à *Newsweek* comment *Time* lui avait passé un Minox à remettre à un journaliste de la rédaction la nuit d'avant l'exécution pour prendre des photographies de Gary. Il obligea donc les magazines à le traiter convenablement. Pas à le couvrir de fleurs, juste à le traiter comme il convenait : il n'en demandait pas plus.

CHAPITRE XLII

REFLUX DE L'ACTUALITÉ

1

TIME

CE que le directeur de la prison a appelé « l'événement » a pris tout juste dix-huit minutes. En entendant la fusillade, les prisonniers des trois blocs de cellules voisins ont hurlé des grossièretés.

SALT LAKE TRIBUNE

L'A.C.L.U. traite Hansen de complice d'assassinat

18 janvier 1977. — Henry Schwarzschild, coordinateur à New York de l'Association nationale contre la peine de mort et directeur du Projet contre la peine capitale à l'American Civil Liberties Union a eu des commentaires sévères à propos de l'exécution et des fonctionnaires de l'Utah.

« Il ne s'agissait pas d'un suicide de M. Gilmore mais d'un homicide judiciaire avec M. Hansen comme complice », a déclaré M. Schwarzschild lors d'une conférence de presse donnée à l'hôtel Hilton de Salt Lake.

La rapidité avec laquelle « le procureur général de l'État s'est précipité à Denver ne trahit rien d'autre qu'une soif de sang », a ajouté M. Schwarzschild.

« Je suis consterné de voir un tel geste dans cette société qui se prétend civilisée », a déclaré l'adversaire de la peine capitale.

« Je ne saurais mesurer le déferlement d'insensibilité et de perversité humaines provoqué par un tel spectacle. »

M. Schwarzschild a dit que ses propos étaient sévères, mais il a précisé que la situation l'exigeait. « Que M. Hansen en pense ce qu'il veut. »

SALT LAKE TRIBUNE

Justice a été rendue, dit Hansen à propos de l'exécution

Par Dave Johnson
de la rédaction du *Tribune*
7 janvier 1977. — Le procureur général de l'Utah, Robert B. Hansen, qui a pris personnellement position au tribunal contre les sursis d'exécution de Gary Mark Gilmore, a déclaré lundi après la mort du condamné : « Justice a été rendue. »

« La peine capitale symbolise la détermination de la société de faire appliquer toutes ses lois. Si nous ne faisons pas respecter les plus sévères de nos lois, les criminels pourraient en conclure qu'on ne leur imposera pas les châtiments prévus par d'autres lois », a dit M. Hansen.

« Aucune mort ne saurait être exaltante

ni la tristesse qui domine lorsque quelqu'un meurt, a ajouté M. Hansen, le visage tiré après trente heures passées sans sommeil, mais je suis intimement plus peiné quand je songe aux familles des deux victimes que par le fait que Gilmore n'est plus en vie. »

Les déclarations de Hansen furent publiées à côté d'une grande photographie de lui dans le *Salt Lake Tribune*. A côté de l'article, toutefois, se trouvait le gros titre de l'article de Schwarzschild et l'on pouvait lire : « Homicide légal. »

Bob Hansen avait l'habitude de voir écrites à son propos des phrases plutôt dures, mais « homicide légal » le blessa. Il hésita longtemps à poursuivre le type de l'A.C.L.U. Comme il était un personnage public, il savait qu'il devrait établir qu'il y avait une malveillance délibérée. Si, du point de vue de Hansen, la déclaration de Schwarzschild puait la malveillance, le problème était que Schwarzschild ne pouvait guère être tenu pour responsable du titre de l'article. Qui constituait le point le plus sensible de toute l'histoire. C'était un problème et Hansen en était très agacé.

2

Un jour, peu après l'exécution, Judy Wolbach se rendit au Capitole de l'État pour dire à Earl Dorius ce qu'elle pensait de lui. Ce n'était pas une décision bien judicieuse, mais elle s'assit dans le bureau d'Earl et lui demanda s'il était satisfait de lui. Il répondit : « Judy, il faut que vous compreniez que, si vous pouvez penser que ce que nous avons fait était épouvantable, nous estimions de notre côté que tout ce que vous faisiez était absolument injuste. Dans l'avenir, nous aurons à travailler ensemble sur d'autres affaires. Je serais donc heureux si vous pouviez maîtriser un peu vos sentiments. » Peut-être n'employa-t-il pas exactement ce langage, mais elle l'entendit lui tenir un discours de cet ordre. Ce fut à peine si elle put l'écouter. « Earl, répondit-elle, dites-moi, vous avez des petits-enfants. Cela ne vous dérange pas de vous dire qu'ils apprendront un jour que vous avez été complice de cette exécution ? » Il acquiesça. C'était vrai que cela le préoccupait, lui dit-il. Un des enfants avait entendu des commentaires disant que lui et le procureur général Hansen avaient participé à un meurtre de sang-froid. Il avait dû leur expliquer toute l'affaire.

Assis à son bureau, Earl avait le sentiment que Judy avait le droit de venir l'affronter. En fait, il était heureux qu'elle l'eût fait. Après une affaire mettant en jeu de tels sentiments, procureurs et avocats s'en vont chacun de leur côté. Il n'aimait pas, quand ils se rencontraient plus tard dans la rue, ne pouvoir échanger avec eux que des regards noirs. A vrai dire, il trouvait que c'était bien de la part de Judy d'avoir eu le courage d'être venue le voir et de lui lâcher ce qu'elle avait sur le cœur. Cela valait mieux que de remâcher une rancœur pendant des années.

En quittant le bureau, Judy songea qu'elle s'était attendue à souffrir beaucoup à l'exécution, mais que cette souffrance ne s'était pas manifestée, seulement une colère qui la brûlait. Elle avait dû réagir en profondeur, sinon elle ne serait pas allée voir Earl Dorius ; mais elle n'avait tout simplement pas eu de réaction affective en soi à la mort de Gilmore. Elle se demanda si cela ne tenait pas à l'horrible doute qu'elle avait eu de temps en temps que c'était elle qui allait à l'encontre des droits de Gilmore.

SALT LAKE TRIBUNE

L'exécution de l'Utah : sur les lieux du crime

Par Bob Greene
du Groupe Field.

20 janvier 1977. — Nous ne vous avons pas dit comment nous avons rampé autour des sacs de sable devant le fauteuil du condamné, des sacs de sable encore tachés de son sang. Nous ne vous avons pas dit comment nous nous sommes précipités dans la petite pièce où le peloton d'exécution attendait derrière son rideau, et comment nous avons regardé par les fentes verticales où passaient les fusils, regardé le fauteuil et comment nous avons profité de la même vue qu'avaient les bourreaux.

Nous n'avons pas dit comment nous avons touché à tout, touché toutes les surfaces imaginables du lieu de l'exécution. Nous ne vous avons pas parlé des expressions du visage du gardien de prison, qui nous regardait avec stupéfaction aller et venir avec une telle soif. Nous ne vous avons pas dit ce que nous avons fait du fauteuil du supplicié — le fauteuil avec les trous laissés par les balles dans le dossier de cuir. Nous ne vous avons pas dit ça, n'est-ce pas ? Nous ne vous avons pas dit comment nous avons plongé nos doigts dans les trous et frotté ensuite nos doigts pour nous rendre compte qu'elle était la profondeur et la largeur de ces trous par où la mort était passée. Pour tout sentir.

3

Brenda était complètement épuisée. De retour chez elle, flottant dans son lit, elle recevait des visites, mais elle avait le plus grand mal à se rappeler qui venait. Elle parlait, mais n'arrivait pas à se souvenir de ce qu'elle disait. Trois jours passaient comme un seul. Puis la fièvre la prit et elle se mit à avoir des vomissements. Sa seule pensée était : « Il faut que je me lave et que j'aille aux funérailles. » Elle alla jusqu'à la salle de bain. Elle ne savait pas que les funérailles avaient eu lieu deux jours auparavant. Ce fut vraiment un choc pour elle de l'apprendre. Elle ne serait pas avec Gary, à son dernier service. C'était vraiment le laisser tomber.

4

Quelques jours après l'exécution, Nicole se trouva prise dans une bagarre. Alors que la nuit tombait, elle éprouva soudain une violente envie d'aller se coucher. Ce n'était pas encore l'heure, mais elle s'allongea et quatre ou cinq malades s'approchèrent pour la tirer de son lit. Lorsqu'on la toucha, Nicole se mit à donner des coups de poing.

Elle cassa presque le nez de quelqu'un et à un moment faillit bien mettre au tapis les cinq filles. Ça dura probablement plus de trois minutes. C'était long de lutter contre cinq femmes. Elles finirent pas réussir à l'allonger sur le dos, mais elle parvenait à se libérer les pieds pour les frapper, alors elles la retournèrent sur le ventre et s'assirent sur elle pendant, elle l'aurait juré, une vingtaine de minutes, sur le sol glacé, chacune d'elles assise sur un bras ou sur une jambe. Tout d'un coup, elle comprit tout le ridicule de la situation et éclata de rire. Elle se mit à rire comme si son cœur allait éclater.

Bien entendu, les filles qui la tenaient ne trouvaient pas ça drôle. Pourtant, Nicole avait le sentiment qu'elle n'était pas seule à rire. Quelqu'un était là avec elle. Puis elle sut que c'était Gary. Il allait lui dire à l'oreille : « Alors, pétasse, maintenant tu sais ce que c'est. »

Suite à cela, on l'enferma pendant quelques jours. Durant cette période, souvent elle éclata de rire. Elle avait l'impression qu'elle ne riait pas seule.

Pendant tout ce temps, elle ne pleura jamais sur Gary. Ça n'était pas nécessaire. Elle ne s'apitoyait pas sur son sort. Elle continuait à espérer qu'il serait proche d'elle lorsqu'elle sortirait de l'asile et pensait que peut-être elle allait se suicider, mais elle n'en était pas très sûre. C'était difficile à dire.

5

Stanger et Moody avaient pris des billets pour une croisière dans le golfe du Mexique dont le départ était fixé au samedi, mais ils n'avaient pas envie d'attendre le week-end. Aussi, le jeudi après-midi, partirent-ils pour la Nouvelle-Orléans, accompagnés de leurs épouses. Ils dînèrent à six heures, mais ils étaient dans un tel état d'épuisement physique qu'ils regagnèrent leur motel et ne se réveillèrent que deux jours plus tard.

Le lendemain soir, ils étaient assis dans un restaurant quand une fille, à la table voisine, se montra un peu bruyante. Son mari dit en souriant : « Ne vous occupez pas d'elle, nous allons rentrer. » Il plaisantait, mais elle se leva et déclara : « Je tiens à ce que vous sachiez que je suis une étudiante en droit et que je fais des recherches sur une affaire importante, le procès Gary Gilmore. Vous en avez entendu parler ? »

Kathryne, la femme de Bob, ne put s'empêcher de répondre : « Ce sont les avocats de Gilmore. » Ça aurait valu la peine de perdre sa culotte en plein tribunal rien que pour voir la tête de cette fille.

6

Les jours suivants, Earl Dorius fit toute une histoire à propos de la dispersion des cendres de Gilmore. D'après les règlements d'hygiène c'était un acte illégal et il aurait dû l'empêcher s'il avait été prévenu. Il découvrit alors que la prison était au courant mais ne l'avait pas contacté. Il dut se forcer à ne plus y penser. De plus ce n'était pas le genre de chose où l'on pouvait engager des poursuites et d'ailleurs il était passablement fatigué. Bob Hansen lui conseilla de prendre un peu de vacances pour compenser toutes ces heures de travail presque chaque soir, et depuis novembre, jusqu'à des neuf ou dix heures.

Earl voulait des vacances tranquilles, brèves et sans but spécial, aussi emmena-t-il sa femme et ses enfants à Orem, où ils avaient de la famille. Juste à côté de l'autoroute, il aperçut un TraveLodge et alla demander s'ils avaient des chambres. Comme la réceptionniste commençait à remplir leur fiche, le téléphone sonna et Earl l'entendit répondre : « Ne vous inquiétez pas, monsieur Damico. » Lorsqu'elle eut raccroché, Earl dit : « Qu'est-ce que Vern Damico a à voir avec ce motel ? Si c'est lui ou M. Schiller qui en est le propriétaire, je m'en vais.

— Comme c'est curieux, dit la fille, M. Schiller et ses collaborateurs sont partis hier. » « Je n'échappe pas à Gilmore », se dit Earl.

Plus tard, Earl pensa souvent à cet instant où, dans le couloir de la Cour fédérale à Denver, il regardait par la fenêtre après avoir appris que Gilmore était mort et qu'il contemplait les gens se rendant à leur travail. Il était tout seul. Même lorsqu'il avait exposé sa requête, il était un personnage solitaire ; et c'était bien ainsi, au fond, de pouvoir regarder dehors, et voir, sur la place, les autres donner des interviews à la presse. Il devait avouer qu'il éprouvait pourtant une certaine déception et fit de son mieux pour en rire et se dire qu'il recherchait vraiment le masochisme du martyr. S'il avait tenu à s'abrutir de travail, rien que pour s'assurer que tout était au point dans les moindres détails, alors il ferait mieux d'acquérir une maturité affective suffisante pour ne pas se soucier de qui bénéficiait de la publicité.

Il n'allait d'ailleurs pas tarder à vérifier cette exigence. Deux semaines plus tard, la Société historique de l'Utah alla visiter le bureau et interrogea tout le monde pour un de leurs volumes sur l'histoire de l'État. Toutefois personne ne s'adressa à Earl. Il n'était pas au bureau ce jour-là. C'était à peu près comme toute l'affaire Gilmore : il était toujours loin du centre de l'action, là où se trouvaient les gens des médias ou les historiens. L'essentiel, se dit-il, c'était d'être toujours content que tout soit fait.

SALT LAKE TRIBUNE

Une enquête exigée sur la photo de Gilmore

Par George A. Sorensen
de la rédaction du *Tribune*

28 janvier 1977. — La Commission des Peines de l'État d'Utah a ordonné jeudi l'ouverture d'une enquête sur la façon dont les magazines *Time* et *Newsweek* se sont procuré des photos de Gilmore buvant une petite flasque de whisky peu avant l'exécution.

SALT LAKE TRIBUNE

L'exécution de Gilmore a coûté soixante mille dollars à l'État

Par George A. Sorensen

30 janvier. — Cela a coûté plus de soixante mille dollars aux contribuables de l'Utah pour juger le meurtrier Gary Mark Gilmore et le ramener à la vie lors des deux tentatives de suicide. A l'exception des frais réels du procès, estimés par le procureur du comté d'Utah, Noall T. Wootton, à quinze ou vingt mille dollars, tous les autres chiffres résultent d'heures supplémentaires ou d'engagements de personnel adjoint.

Plus de deux cents membres du personnel de la prison sur trois cent vingt ont été rappelés à trois heures le matin de l'exécution.

Le procureur général de l'Utah, Robert B. Hansen, estime à dix-neuf mille dollars le travail supplémentaire de ses adjoints et secrétaires. Certaines ont travaillé jusqu'à trente heures d'affilée durant le dernier jour et la nuit qui ont précédé l'exécution.

8

Une des tâches les plus dures pour Toni Gurney fut de se rendre à l'hôpital de l'université d'Utah pour reprendre les vêtements de Gary. Ils avaient été entreposés quelques jours dans un magasin et avaient fini par rancir au point qu'on avait dû les congeler.

Ce fut ce colis glacé qui fut remis à Toni et elle le mit dans le coffre de sa voiture, mais durant son retour chez elle, il dégela. Le temps qu'elle mit pour rentrer fit qu'elle n'était pas loin d'être en retard pour son travail, mais il n'était cependant pas question de ne pas mettre ces vêtements immédiatement dans la machine à laver. Il s'en dégageait toute la puanteur d'une perte mortelle.

9

Avec les semaines, le flot des lettres de menaces commença à ralentir et Shirley Pedler retrouva une sorte de train-train quotidien, mais cela lui faisait un drôle d'effet d'entrer dans le bureau de l'A.C.L.U. sans trouver les couloirs pleins de monde. Tant de son énergie affective restait attachée à Gary Gilmore que le monde normal lui semblait bizarre et bien petit.

Non seulement Gilmore était mort, mais elle se

trouvait elle-même dans une sorte de réalité en marge. De temps en temps, comme une brume qui traverse le ciel, elle se sentait en étrange communion avec lui, comme si une pensée l'avait traversée, et elle était heureuse qu'il se trouvât libéré de la tension sous laquelle il avait vécu. C'était paradoxal, mais elle en était contente.

CHAPITRE XLIII

NICOLE OUVRE LES VANNES

1

A CHICAGO où ils étaient allés pour le montage définitif de l'interview dans *Playboy,* Schiller et Farrell travaillèrent vingt-quatre heures sur vingt-quatre et ne terminèrent qu'à cinq heures du matin le dimanche soir 23. Cela faisait une semaine heure pour heure que Schiller avait quitté le motel Trave-Lodge afin de gagner la prison pour le début de la dernière nuit.

Lorsqu'ils l'apportèrent, ils croyaient remettre dix-neuf mille mots, une masse confortable puisque le contrat de *Playboy* en stipulait quinze mille, mais il se révéla dans la soirée que ça en faisait vingt-cinq mille. Art Kretchmer, un rédacteur dont Schiller trouvait qu'il ressemblait un peu à Abe Lincoln — un jeune et beau Abe Lincoln à l'air juif — dit : « Je n'oserais pas en couper un mot. » Barry Golson était d'accord et se demandait comment il allait s'en sortir. « Rien d'autre de ce que nous pourrions publier, dit Kretchmer à Golson, n'est aussi important que de passer ça en entier. » Et il supprima une nouvelle.

Schiller essaya ensuite de persuader Kretchmer de changer la présentation habituelle et d'utiliser

INTERVIEWER et GILMORE plutôt que PLAYBOY et GILMORE, mais il se doutait que Hugh Hefner insisterait pour que l'interviewer devînt synonyme de *Playboy.*

Farrell écrivit une introduction que Barry Golson eut le plaisir de récrire et ensuite Schiller et Farrell voulurent aller dormir. Mais on avait fait venir Debbie à Chicago pour les ultimes travaux de dactylographie, et maintenant que c'était fini, elle avait envie d'aller nager dans la célèbre piscine intérieure de Hugh Hefner où on pouvait, quand on était au sous-sol, regarder nager les gens à travers une paroi de verre. Ce n'était pas pour rien qu'elle était une ex-Bunny de *Playboy.* Kretchmer ouvrit donc la maison de Hefner. Personne n'était là. Personne n'était plus jamais là depuis que Hefner était à Los Angeles, mais Debbie put aller nager pendant que Farrell et Schiller se contentaient de dire : « Oh ! non, ce n'est pas vrai », allongés dans le sauna et buvant des boissons glacées.

De retour à Los Angeles, Schiller eut des nouvelles de Phil Christensen, l'avocat de Kathryne Baker, qui appela pour dire que Nicole allait être libérée. Schiller s'imagina les journalistes se pressant à la porte de l'hôpital. Il n'avait jamais rencontré Nicole et ne savait pas ce qu'elle pensait de lui. Il n'était même pas certain qu'elle allait honorer son contrat.

Naturellement, juste à ce moment-là, *Chic,* le nouveau magazine déshabillé de Larry Flynt, téléphona en proposant cinquante mille dollars pour une série de photos de nu de Nicole. Cinquante mille dollars ! Ils étaient d'une extrême politesse. Il répondit à *Chic* qu'il aimerait qu'on lui propose une liste de photographes. C'était un truc pour gagner du temps. Puis Larry appela Kathryne Baker et lui dit : « Je crois qu'il est important que Nicole quitte immédiatement l'Utah, sinon la presse va la traquer. Vous et vos gosses avez besoin de vacances. Avez-vous jamais vécu au bord de la mer ? » « Nicole adorait la plage quand on était dans l'Oregon », répondit Kathryne.

« Très bien, dit Schiller. Je vais trouver une maison à Malibu. Vous, Nicole et votre famille êtes mes invités. Je ne vous gênerai pas. Venez et vous passerez un mois dans une ambiance différente. »

Kathryne dit que ce serait vraiment merveilleux. Larry se démena, s'arrangea avec Western Airlines pour se procurer des billets pour Nicole et ses enfants sous de faux noms, paya les six billets et demanda à Jerry Scott de se rendre à une certaine heure à la maison de Kathryne pour prendre les bagages et les apporter à l'aéroport, puis de revenir chercher Mme Baker et de se mettre en rapport avec Sundberg pour que Nicole sorte de l'hôpital à une heure précise afin que Jerry puisse l'expédier à l'aéroport. Ils calculèrent qu'il faudrait compter trente-cinq minutes pour le trajet avec une marge de dix minutes. Il passerait donc la chercher quarante-cinq minutes avant l'heure de départ de l'avion. Tout était arrangé.

Nicole était non seulement en train de se préparer à partir, mais elle avait même traversé une dernière fois le couloir de l'hôpital pour aller chercher ses vêtements de ville quand une fille lui demanda : « Quels sont tes sentiments envers Gary ? » « S'il était vivant, je recommencerais », répondit Nicole. On lui fit faire demi-tour et on la réhospitalisa.

Schiller n'arrêta pas de téléphoner durant les quatre ou cinq jours suivants. Il parla au docteur Woods et aux autres médecins. Il parla à Kiger. Il décrivit l'endroit où il allait installer Nicole. Il promit d'avoir un médecin sur place s'il arrivait quelque chose, jura qu'elle serait à l'abri de la presse. Il se portait garant de cette promesse. Il adressa à Kiger un télégramme qui précisait tous ces points, puis une longue lettre par messager. Il suggéra que l'hôpital demande à la Cour de recommander sa sortie, libérant ainsi l'hôpital de toute responsabilité.

On reprit le plan initial. Seulement cette fois, Schiller décida qu'il allait se rendre en Utah. Il n'allait pas se retrouver du mauvais côté à attendre qu'il se passe quelque chose. On envoya Lucinda à Malibu où elle trouva une maison pour quinze cents dollars par mois. Schiller versa le loyer et le dépôt de garantie et partit pour l'Utah où il s'arrangea pour rencontrer Nicole au cabinet de Ken Sundberg. Alors qu'il était assis, il y eut un coup de fil de Vern disant qu'il avait les cartons que Gary voulait donner à Nicole. Que fallait-il en faire ?

« Écoutez, Vern, fit Schiller, je vais vous dire. Mon avis est : ne gardez rien. » « Voulez-vous examiner d'abord les cartons ? » demanda Vern. « Non », dit Schiller. Vern reprit : « J'ai cette cassette que Gary a enregistrée pour Nicole la dernière nuit. Je l'ai écoutée. » Son silence encouragea Schiller à demander : « C'est comment ?

— Ma foi, dit Vern, il lui demande de se tuer.

— Alors, répondit Schiller, je crois que nous ne devrions pas la lui donner. (Il réfléchit un moment et poursuivit :) Je pourrais peut-être me trouver là quand on ouvrira les cartons. » A ce moment, il était prêt à les garder, mais Gary en avait parlé à Nicole, dans une de ses lettres.

Pendant qu'il attendait Nicole au bureau, il reçut un coup de fil de Phil Christensen. Le vieil avocat avait un nouveau contrat qu'il voulait faire signer à Nicole. Il préciserait que vingt pour cent de ses revenus serviraient d'honoraires à Christensen. Schiller sauta au plafond. « C'est que, dit Christensen, nous avons perdu beaucoup de temps. » Et l'avocat se mit à parler des heures consacrées à cette tâche et de tout le travail encore à venir. « Non, dit Schiller, qu'elle prenne sa décision elle-même. » Il avait l'impression que Christensen n'était pas tout à fait convaincu lui-même.

Une demi-heure plus tard, Nicole arriva. Ça se passa sans histoire. La presse n'avait aucune idée qu'elle sortait ce jour-là. S'adressant au tribunal, l'hôpital avait obtenu que le juge donne son accord pour la laisser sortir dans vingt-quatre heures, tout en annonçant que cette sortie aurait lieu quatre jours plus tard. La presse aurait donc soixante-douze heures de retard.

Schiller était donc au premier étage du bureau de Sundberg en compagnie de Sunny et Peabody, quand arriva cette fille à la silhouette superbe, vêtue de jeans et d'une chemise, et très silencieuse. Elle passa près de lui presque sans le voir, prit les enfants et les serra contre elle en les embrassant. Ils étaient vraiment ravis de la voir. « Maman, maman », répétaient-ils, extasiés. Nicole se mit à pleurer, Kathryne Baker aussi, mais pas les gosses. Ils avaient des jouets à la main et disaient à Nicole : « Regarde ce que oncle Larry nous a donné. » Elle se tourna alors et Schiller en fut ravi. Beaucoup plus séduisante qu'il ne s'y attendait, et il trouva qu'il y avait du caractère et de la subtilité sur son visage, compte tenu du fait que c'était une fille à l'air tranquillement sauvage. Elle était magnifique. Cela fit tout de suite monter Gilmore dans son estime. Gary et Nicole, ça n'était pas une aventure sordide, c'était une relation intéressante.

Schiller s'agenouilla et lui dit en la regardant d'un air radieux : « J'aimerais me présenter. Je suis le gros méchant loup, Larry Schiller. » Elle n'eut aucune affectation. Elle répondit carrément : « Gary m'a parlé de vous, mais je ne m'attendais pas à ce que vous ayez cet air-là. » Elle parlait d'une voix douce et murmurante, comme si elle réfléchissait à chaque mot. Ce qu'elle avait à dire, elle l'énonçait lentement, mais on sentait une forte personnalité pour une fille aussi jeune, et Schiller estima qu'il comprenait ce qu'elle voulait dire. Gilmore n'avait sans doute cessé de parler de lui comme un malin de Hollywood, aussi s'attendait-elle à trouver un connard tout mielleux et bien sapé. Et il était là, massif et dépeigné, avec sa parka. Bien sûr, il l'avait mise tout exprès. Pas de costume ni de cravate pour rencontrer Nicole. Le choix parfait.

Il la laissa jouer un moment avec les gosses, puis l'emmena dans un bureau attenant, la fit asseoir et dit : « Écoutez, vous ne me connaissez ni d'Ève ni d'Adam. Je peux vous dire que Gary, Dieu sait pourquoi, me faisait confiance pour un tas de choses. J'ai des projets que je vous expliquerai et si vous êtes d'accord, il va falloir partir d'ici dans cinq minutes pour prendre un avion. Si ça ne vous dit rien, sans rancune. » Il lui exposa les raisons pour lesquelles il pensait qu'elle devait venir en Californie et dit : « Vous savez, un tas de gens m'ont prévenu que vous alliez peut-être encore essayer. » Il le lui dit carrément. Elle hocha la tête comme si elle le respectait pour avoir fait cette remarque. Puis il ajouta : « J'ai une petite maison sur la plage. Vous pourrez vous promener et réfléchir. Je serai là. » Il hésita un peu, puis décida de se jeter à l'eau et lui demanda si elle se souvenait avoir signé des contrats. Se rappelait-elle qu'elle avait un contrat avec lui ? Elle répondit oui. « Très bien, poursuivit Larry, qu'en pensez-vous ? Vous êtes partante ? » « Oui, dit Nicole, j'aimerais aller en Californie. » Il ajouta alors : « Vos avocats parlaient aussi d'un contrat à vous faire signer avant de partir.

— Croyez-vous que je doive ? » demanda-t-elle.

Ils s'entendaient comme cul et chemise. « Oh !

dit-il, je ne peux pas vous dire ce qu'il y a dedans, mais c'est de la merde. »

Elle sourit de nouveau. Elle avait un sourire formidable. Ça venait de quelque part au milieu d'elle et se répandait lentement sur son visage comme de la crème fouettée. Elle avait des lèvres pleines, ce qui donnait une certaine force à son sourire. Son expression semblait dire : « Allons, vous ne valez pas mieux que moi. » Il fut surpris de la trouver aussi fraîche. Une jeune femme remarquablement nette. Sur cette note prometteuse, ils quittèrent le bureau, partirent pour l'aéroport et en route pour la Californie.

Mais dans l'avion, elle commença à s'effondrer. Il la sentait qui rentrait dans sa coquille. Elle n'avait plus l'air d'avoir une âme à elle. On aurait plutôt dit une enfant abandonnée dans une maison aux fenêtres humides de buée. Schiller sentit la peur s'agiter comme un ver au creux de son ventre.

2

A Los Angeles, alors qu'elle attendait leur arrivée à l'aéroport, Lucinda repensait à certains des actes dont elle avait entendu Gary parler à Nicole, par l'intermédiaire des cassettes, le genre de choses dont Linda n'avait jamais entendu parler. Elle avait peine à croire que c'était Nicole qu'elle voyait maintenant s'approcher d'elle en descendant la passerelle, mais, à sa surprise, elle se sentit navrée pour elle. Nicole semblait si petite et si seule, comme si on l'avait arrachée d'un autre monde pour la remettre dans celui-ci sans la possibilité de comprendre. Pourtant, c'était cette même Nicole qui venait vers elle maintenant avec sa mère et ses enfants, portant son petit numéro de *Newsweek* avec Gary figurant sur la couverture. Le magazine était ce qui touchait le plus Lucinda. On aurait dit que Nicole n'avait aucun moyen de rien appréhender. Elle avait l'air engourdie, hors du coup. Elle semblait loin de Larry. Lucinda n'aurait pu dire si Nicole le détestait ou si elle les détestait tous. Rien ne semblait émaner d'elle sinon ce refus d'avoir le moindre contact avec qui que ce soit.

Lorsqu'ils furent arrivés à Malibu, Larry emmena Nicole et Lucinda à l'épicerie et Lucinda le regarda dépenser quelque chose comme cent soixante dollars de provisions pour la famille Baker. C'était sans doute, songea Lucinda, plus de produits alimentaires qu'ils n'en avaient jamais vus à la fois dans toute leur vie, mais Nicole ne disait rien. Elle se contentait d'arpenter les rayons. Larry disait parfois : « Voyons, vous croyez que nous avons besoin de ça ? » Mais elle parcourait simplement cet incroyable supermarché de Malibu au milieu de cette foule de gens bien habillés et qui puaient le fric.

Larry n'arrêtait pas d'acheter, comme pour compenser la bizarrerie de la situation. Il ne fallut pas longtemps pour emplir deux chariots. Nicole avait un vague sourire, comme si la nourriture était le cadet de ses soucis. A un moment, Larry lui demanda si elle ne voulait rien d'autre et elle dit : « Ah ! si, je crois que j'aimerais des patates épluchées. »

Plus tard, en conduisant Kathryne Baker dans Los Angeles et alors qu'il roulait sur l'autoroute avec, près de lui, cette petite femme nerveuse, décharnée et très maquillée, Lucinda l'entendit raconter comment Gary était arrivé chez elle avec des pistolets et déclarant qu'elle avait toujours eu peur de lui. On aurait dit que Nicole ayant eu droit à tant d'attention Kathryne avait aussi envie de raconter son histoire et le faisait devant les enfants.

Ça sortait de façon désordonnée, mais Lucinda était fascinée. Quand les gosses voulaient l'interrompre, Lucinda les faisait taire.

La première chose que Schiller dit à Nicole lorsqu'ils furent rentrés du supermarché, c'était qu'elle allait devoir s'occuper de la maison. Il y aurait mille dollars en espèces pour couvrir les dépenses du mois, et il lui laisserait sur cette somme ce qu'elle désirait maintenant. Le break était aussi à sa disposition. Maintenant il allait prendre congé pour quelque temps. Avant de partir, toutefois, l'idée lui vint que Nicole allait peut-être ouvrir les cartons que Gary avait laissés, lire quelque chose qu'il lui avait écrit et se tuer. Elle était assez calme pour le faire. Ça lui flanqua la frousse.

Il lui avait dit adieu avec un grand sourire, lui avait expliqué qu'il passerait le lendemain, qu'elle devrait se détendre, mais il sentait bien à quel point elle était surprise de voir qu'il la laissait seule cette première nuit après sa sortie de l'hôpital, enfin seule avec sa mère et ses gosses. Il dit : « Bon, vous êtes libre de vos mouvements. Si je vous vois demain, parfait. Si je ne vous vois pas demain, ça n'est pas grave. » C'était ce qu'il disait, mais jamais il n'avait eu aussi peur en rentrant chez lui.

En fait, il ne tint pas le coup jusqu'au retour chez lui. Aux deux tiers du chemin de Beverley Hills, il s'arrêta pour téléphoner en faisant semblant de venir juste d'arriver. « Je voulais simplement vous dire que je suis rentré sans histoire », dit-il d'une voix qui, certes, manquait de conviction mais, bien sûr, il avait besoin d'entendre sa voix pour être sûr qu'elle n'avait pas fait de bêtises.

3

Nicole ouvrit bien le carton cette nuit-là. Gary lui avait laissé une pipe en écume dont Nicole ignorait qu'elle avait de la valeur. Elle trouva qu'elle avait l'air parfaite pour faire des bulles de savon. Et puis il y avait la montre que Gary avait cassée à l'heure prévue pour l'exécution. Elle trouvait que c'était chic de sa part d'avoir fait ça. Après tout, à quoi ça rimerait si on lui avait simplement remis une montre ? Et puis il y avait une Bible dans le carton. Gary écrivait qu'on lui avait envoyé assez de bibles pour ouvrir une librairie, mais celle-ci était arrivée le jour où il avait tenté de se suicider pour la seconde fois.

Elle lut les articles de journaux qu'il avait laissés sur eux deux et regarda une photo d'Amber Jim, qui était une jeune boxeuse de dix ans qui avait écrit à Gary. Un tas de lettres d'Amber Jim. Nicole était jalouse de les lire, même si Amber Jim n'était qu'une petite fille. Ça lui donnait aussi envie de pleurer. Ce fut le premier détail qui ramena Nicole à la réalité de tous ces gens si près d'elle et qui avaient cessé de penser à Gary à mesure que l'heure de son exécution approchait.

Puis elle vit une photo de Richard Gibbs. En dessous, Gary avait écrit : « Un policier clandestin et un mouton. Le mouchard, il m'a vraiment eu. » Il y avait dans le carton un tas de photos de Nicole et de sa famille à des âges divers ainsi que des lettres adressées à Gary par une foule de gens. Une médaille de saint Michel. Ce qu'il y avait de mieux, c'était un maillot de survêtement de Marine. Il n'empestait pas, mais on retrouvait quand même l'odeur de Gary. Ça sentait bon. C'était un maillot formidable et elle n'avait pas envie de le laver. Elle le porta cette nuit-là et plusieurs soirs ensuite sans jamais vouloir le laver. Mais, au bout d'un certain temps, il commença à moisir et elle dut le mettre dans la machine à laver.

4

Schiller attendit une semaine pour entamer la première interview. Et puis il y avait le problème de trouver un endroit tranquille pour les faire. La maison de Malibu avait trois chambres au premier, une cuisine, une salle à manger et une salle de séjour au rez-de-chaussée et en contrebas, au niveau de la plage, une salle de jeux. La mère de Nicole dormait dans une chambre, les enfants Baker dans une autre, et Nicole comptait partager un grand lit avec Sunny et Jeremy, mais elle préféra finalement s'installer sur la véranda froide et éventée sous le pâle soleil hivernal qu'il y avait à Malibu en janvier et au début février. Ça n'était pas très confortable, mais ce fut ce qu'elle choisit. Elle s'installa pratiquement là. Tous ses livres étaient sur la véranda.

Ils finirent par avoir leurs interviews dans les endroits les plus divers. Maintenant qu'elle était sortie de l'hôpital, Nicole avait horreur d'être confinée dans une chambre, alors Schiller mettait son magnétophone en marche aussi bien dans les restaurants ou bien l'emmenait faire un tour et ils bavardaient dans la voiture. Après quelques jours de ce régime, il s'aperçut qu'elle allait lui fournir plus qu'il ne l'espérait, plus en fait que Gary ne l'avait jamais fait ou peut-être n'avait pu le faire.

Elle semblait mettre tout son cœur dans ces interviews. On aurait dit qu'elle se sentait obligée de lui raconter l'histoire comme jadis elle l'avait racontée à Gary, et de tout lui dire, pas pour apaiser ses remords (et il pensait parfois qu'elle devait en traîner pas mal), non, elle racontait pour une raison plus profonde. Schiller était très intrigué de voir combien elle tenait à tout dire et à expliquer ce qui s'était passé du mieux qu'elle avait pu le comprendre. Elle parlait avec la même sincérité de tout ce qui n'était pas bien entre Gary et elle mais aussi de tout ce qui était bien. Cela dura jusqu'au moment où Schiller commença à se demander si, ayant traversé l'enfer et en étant revenue, elle n'en avait pas rapporté un simple message : « Rien n'est pire au monde que le goût de la foutaise dans la bouche. »

Bien sûr, les interviews allaient parfois lentement, elle avouait parfois les choses les plus stupéfiantes. Dès le début elle lui parla de l'oncle Lee, mais les petits aveux la tracassaient beaucoup et elle était gênée par les détails les plus bizarres. Quelquefois Schiller devait lutter contre la stupéfiante répugnance qu'elle manifestait à fournir un détail qui lui paraissait à lui absolument banal.

SCHILLER : Maintenant, entrebâillez la porte un petit peu. (Long silence.)
NICOLE : Je ne peux pas, Larry.
SCHILLER : Vous pouvez parler du meurtre, vous pouvez parler du jour où Gary a voulu vous étrangler, vous pouvez parler des violences que vous a fait subir oncle Lee, et vous ne pouvez pas parler de Barrett vous racontant n'importe quoi ?
NICOLE : Si, je pourrais probablement. Mais je ne peux pas dire des choses précises qu'il m'a racontées.
SCHILLER : Pourquoi pas ? (Long silence.) Est-ce que Barrett est plus sain que vous ?
NICOLE (en riant) : Allez vous faire foutre, Larry. Je

n'ai pas envie d'en parler. Je ne vais pas dire ce que je ne veux pas dire.

SCHILLER : Vous faites ça juste pour prouver que vous êtes plus forte que moi, voilà tout.

NICOLE : Non, je ne fais pas ça pour prouver quelque chose.

SCHILLER : Mais si.

NICOLE : Je le fais parce que ça me gêne.

SCHILLER : Comment pouvez-vous être gênée avec moi ? Allons. Vous voulez que j'arrête cette connerie de magnétophone ? C'est ça qui vous gêne ? Je ne comprends pas comment vous pouvez être gênée avec moi. Vraiment pas.

NICOLE : Bon. Vous ne comprendrez jamais. (Silence.)

SCHILLER : Allons, il faut que je comprenne. Il faut que j'en aie un exemple. Parce que ça revient tout le temps. Allons, ne jouez pas avec moi. Allons.

NICOLE (petit rire) : Oh ! mon Dieu. (Murmures.)

SCHILLER : Oh ! mon Dieu, allons.

NICOLE : J'essaie, Larry. Je n'ose pas le dire, vous comprenez ? J'essaie vraiment, je ne peux pas. Laissez tomber.

SCHILLER : Je ne vais pas laisser tomber. Pas question.

NICOLE : D'accord. Une autre fois.

SCHILLER : J'ai besoin de savoir cette fois-ci. Pas une autre fois. Donnez-moi un exemple. Bon, vous êtes là-bas à Midway à cause de ce que Barrett vous a raconté comme foutaises.

NICOLE (en riant) : Je n'ai pas dit que Barrett était la cause de ce qui m'était arrivé à Midway.

SCHILLER : Non, vous n'avez pas dit qu'il en était la cause. Vous avez dit qu'il vous avait fait éprouver certains sentiments. A cause de choses qu'il vous avait dites.

NICOLE : Oui.

SCHILLER : Ne me faites pas sourire. (Rire.) Ne me faites pas sourire. Vous savez, vous regardez là-bas. Et puis vous vous retournez et vous me faites le petit sourire.

NICOLE (en riant) : Je me moque de vous.

SCHILLER : Pourquoi ?

NICOLE : Je me moque de vous.

SCHILLER : Parce que je suis si naïf ?

NICOLE : Non.

SCHILLER : Parce que je n'ai pas le don de fantasmer ni d'imaginer ?

NICOLE : Non, ça n'a rien à voir. C'est que vous ne renoncez pas et que vous revenez sans cesse à la charge, sournoisement.

SCHILLER : Je suis un peu sournois, c'est ça ?

NICOLE : Oui, quelquefois. (Long silence.)

SCHILLER : Vous faisiez des conneries. Qu'est-ce qui vous a amenée à faire des conneries à Midway ?

NICOLE (long soupir ; long silence ; un autre soupir ; encore un silence... elle ricane toute seule) : Ce qui m'a poussée à faire des conneries, je ne sais pas, mais il y a une chose que je sais. Je l'ai toujours su. Simplement je n'y ai pas pensé pendant un bon moment. (Silence.) J'ai eu cette période où je levais des types qui... ou bien n'avaient jamais baisé ou des types qui étaient... vous savez, qui n'étaient pas...

SCHILLER : Qui n'étaient pas brillants au lit ?

NICOLE : Oui.

SCHILLER : Bon.

NICOLE : J'évitais les beaux gars, les types qui avaient l'air de pouvoir tomber toutes les mignonnes qu'ils voulaient.

SCHILLER : Bon. Et vous cherchiez le type qui avait l'air de n'avoir jamais baisé, en tout cas jamais bien.

NICOLE : C'est ça.

SCHILLER : Et quel était le mobile ?

NICOLE (long soupir) : Bon sang, un vrai psychiatre. Non, vous ne l'êtes pas, je le sais, je le sais.

SCHILLER : Quel était votre mobile ?

NICOLE : Vous me le demandez juste pour que je vous le dise. Mais pour vous, c'est évident, n'est-ce pas ?

SCHILLER : Non, je vous le jure, pas du tout.

NICOLE : Je ne peux pas croire ça.

SCHILLER : C'est la vérité, ma petite. Je vous le jure.

NICOLE : Ah ! cette voix innocente.

SCHILLER : Parce que si je savais ? (Rires.) Maintenant écoutez-moi, Nicole. Si je savais, je vous le dirais, et je vous demanderais de le confirmer. C'est vrai.

NICOLE (petit rire, long silence) : Bon, d'accord, c'était parce que Barrett m'avait persuadée que je ne valais rien et que... et que la seule chose que j'étais capable de faire c'était... d'aller avec quelqu'un qui ne savait pas ce que c'était que de bien baiser.

SCHILLER : Vous voulez dire que Barrett vous avait persuadée que vous ne valiez rien au lit ?

NICOLE : Oui.

Pour les interviews, Schiller comprit qu'il avait trouvé son maître. Peut-être n'y avait-il pas une révélation sur laquelle il était tombé en vingt ans dans les médias qui ne s'était pas édifiée en partie sur le « Non Foutaise », mais il s'entendait bien avec Nicole. Il n'avait pas à utiliser des trucs trop souvent et ça le touchait beaucoup. Il fit le vœu que quand, et si son tour venait d'être interviewé sur Gilmore, lui aussi dirait la vérité sans chercher à se protéger.

Schiller avait maintenant retrouvé Stephanie. Il était amoureux. Il allait épouser sa princesse. Il y voyait là son plus grand coup de chance. Mais il n'arrivait pas à croire à cet autre coup de chance : être copain avec une fille pour la première fois de sa vie. Quelque chose comme de l'affection pour lui-même commença à se manifester chez Schiller lorsqu'il se rendit compte que le risque fantastique qu'il avait pris en pariant que Nicole n'allait pas se suicider, avait sans doute payé. Une des raisons pour lesquelles il pouvait compter qu'elle ne chercherait pas à se suicider pour trop peu au cours des semaines, des mois et des années à venir, c'était à cause de l'amitié qu'elle avait pour lui. Elle ne lui ferait pas ce coup-là pour trop peu de chose. Il poursuivit donc les interviews et par moments il était prêt à crier dans son sommeil qu'il était un écrivain sans mains.

CHAPITRE XLIV

SAISONS

1

APRIL rejoignit la famille Baker à Malibu après un dur séjour à l'hôpital. Les malades et le personnel hospitalier, annonça-t-elle, lui avaient martelé la tête avec cette histoire. Livres et journaux ne cessaient d'arriver. C'était horrible. Elle n'arrêtait pas de lire tout ce qu'on publiait sur Gary.

Maintenant, à Malibu, elle était encore affolée. Dans son sommeil elle criait : « Maman, ça va ? Tu es sûre que ça va ? » Et la nuit se passait ainsi.

Dans la journée, April et Nicole se querellaient. Elles ne s'étaient jamais entendues. Les choses pourraient s'améliorer, elles pourraient empirer, mais il y avait certains points sur lesquels Kathryne pouvait compter. L'un d'eux, c'était qu'April et Nicole ne passeraient pas une journée sans chacune cracher sur l'autre comme des chats.

2

Plus tard cet hiver-là, Noall Wootton prenait un Martini avec deux magistrats du bureau du shérif du comté de Salt Lake et l'un d'eux remarqua : « Ces types veulent toujours que je poursuive Nicole pour avoir fait passer en douce des somnifères à Gilmore. » Noall Wootton dit : « Bon dieu, Bill, à quoi ça avancera ? Laissez tomber.

— Oh ! fit Bill, c'est déjà fait. Je leur ai dit que je refusais. Ça ne m'intéresse pas. » Malgré cela, Wootton aurait bien aimé interroger Nicole pour savoir comment elle avait réussi à faire passer les somnifères.

Sam Smith appela Vern un jour, il voulait savoir comment ils avaient fait passer l'alcool en prison.

« Vous rêvez, lui répondit Vern. Je ne suis pas dupe. »

Sam rappela une autre fois. Il essaya de le faire parler. Pour quelles raisons, cela demeura toujours un mystère pour Vern.

3

Après le mois passé à Malibu, Nicole décida qu'elle aimerait bien vivre à Los Angeles avec les gosses, aussi prit-elle une maison qui ne lui coûtait pas trop cher dans la vallée de San Fernando. Juste un petit bungalow de style ranch un peu miteux, à cinq blocs de la lisière de la ville. Elle avait presque l'impression d'être à Spanish Fork. Le désert commençait au bout de la rue et les premiers contreforts de la montagne à moins de deux kilomètres. Nicole essaya de faire aller les enfants à l'école, de trouver un emploi et d'aller elle-même à l'école, mais c'était assommant. Il n'y avait pas d'hommes. Rien dans sa vie.

Avec un peu d'argent que lui avait laissé Gary, elle acheta une camionnette avec des couchettes aménagées pour le camping et partit pour l'Utah puis revint. Elle n'avait pas fait l'amour depuis cette nuit d'octobre avec l'Australien, en plein procès de Gary, mais fin avril, en rentrant d'Utah, elle prit un auto-stoppeur. Ç'avait été une longue et difficile période avec toutes sortes de types qui essayaient de la sauter, et Nicole s'était demandé si elle allait pouvoir tenir le coup jusqu'à la fin de ses jours en se mettant la ceinture. Être fidèle lui laissait l'impression d'étouffer, d'être assommante, de s'ennuyer, d'avoir des envies et d'être nerveuse.

Après avoir fait l'amour avec l'auto-stoppeur, elle ne sentit plus auprès d'elle la présence de Gary. Après cela, elle ne la sentit plus pendant longtemps. Comme s'il avait disparu. Ça la laissa déprimée, comme morte. Elle continua quand même à faire l'amour. Ça n'arrangeait rien, mais ne pas faire l'amour n'arrangeait rien non plus. En tout cas, elle n'allait pas tomber amoureuse.

Malgré tout, elle se sentait moche après. Elle essaya de comprendre. C'était elle qui vivait. Si elle était tendue et pouvait arranger un peu ça en faisant l'amour avec quelqu'un et puis, une fois le type parti, son souvenir ayant disparu aussi et n'ayant plus rien à voir avec elle, avec son corps, son cœur ou ses souvenirs, alors en quoi donc trompait-elle Gary ?

Malgré tout, le sexe lui faisait de plus en plus perdre contact avec lui. Son cœur partait à la dérive. C'était difficile de se lancer dans un programme pour l'améliorer. Larry lui dit qu'elle était assez intelligente pour se tirer du marais toute seule, mais la vérité c'était qu'elle se sentait paresseuse et qu'elle était tentée de dire : « Oh ! et puis merde, je suis dans un marais. J'y reste. »

L'idée dont Nicole voulait vraiment se débarrasser, c'était qu'il n'y avait plus de Gary. C'était une possibilité qu'elle n'aimait pas envisager. C'était trop déprimant de se dire qu'il ne serait peut-être pas de l'autre côté.

4

A plusieurs reprises cette année-là, quand des amis se mettaient à parler de Gilmore, Barry Farrell, dans le cours de la soirée, proposait de leur passer une cassette. Les gens étaient curieux d'entendre la voix de Gilmore. Barry prenait donc son magnétophone, mais entendre la voix de Gary le glaçait totalement. Les enregistrements étaient si intéressants pour les autres qu'ils ne le laissaient jamais arrêter l'appareil.

5

Larry interviewait maintenant diverses personnes de Provo qui avaient connu Gary, et Lucinda essayait de transcrire les bandes. Au bout de deux ou trois mois, quand le travail commença à se terminer, elle s'en alla travailler pour David Frost qui faisait une série d'interviews télévisées de Richard Nixon.

Lucinda faisait cela à Los Angeles, tapant les bandes de Frost dans un bureau de Century City de quatre heures de l'après-midi jusque vers huit heures du matin, trois fois par semaine. Elle était là, enfermée dans ce gratte-ciel vide, avec la voix de Richard Nixon sortant d'un magnétophone, et c'était loin d'être aussi intéressant que Gary Gilmore. Elle ne cessait d'entendre la voix de

Gilmore, et elle trouvait qu'il parlait comme un cow-boy. Une voix mauvaise, rocailleuse, qui ménageait ses effets, juvénile, vulnérable, une voix pleine d'amour pressé en petites boulettes bien serrées.

6

Un an après l'exécution, Kathryne Baker écrivit à Schiller :

Vous savez, Larry, je plaignais toujours Gary, mais ce qu'il a fait à mes filles, ce qu'il leur fait encore, eh bien ça me donne cent fois l'envie de le tuer. Je vis tous les jours avec Gary, la peur de lui qu'en a encore April, ça nous rend tous dingues ! Pour elle, quand la nuit arrive, c'est un cauchemar et aussi pour nous tous. Elle est morte de peur dans l'obscurité parce qu'« il est là avec un fusil à tuer des gens ». Elle ne dit pas Gary... seulement « Il » — et elle est vraiment obsédée — la semaine dernière à quatre heures du matin, absolument hystérique : « Il est là à tuer des gens, maintenant il va en tuer d'autres... dépêche-toi, il faut se lever avant qu'Il en tue d'autres ! » Voilà comment c'est tout le temps — même dans son sommeil — quand elle dort. Ça ne change rien si on est tous là, elle doit être rassurée toute la nuit qu'Il ne peut pas entrer pour nous tuer, personne ne dort de la nuit parce qu'April nous réveille toutes les heures en criant : « Ça va, maman, qu'est-ce qu'on va faire ? » Je vous le dis, Larry, je déteste tellement Gilmore que je regrette qu'il ne soit pas là pour que je puisse le tuer ! April... d'après ce qu'elle dit dans son sommeil et sa panique à la vue du sang, je crois que les chaussures de Gary, ses jambes de pantalon devaient être couvertes de sang et de cervelle, je pense qu'il devait y en avoir plein les murs. Je ne sais plus quoi faire, je ne peux pas parler à Nicole de ses sentiments pour

Gary, elle les cache, elle écoute de la musique et pleure interminablement sur Gary, c'est dans ses poèmes... Je ne peux pas parler de Gary à April, parce qu'elle ne prononce plus et ne veut plus pratiquement prononcer son nom... Avant-hier, dans son sommeil, elle a dit : « Il est là avec du sang sur lui et ce regard fou. » Maintenant, qui d'autre que Gary irait la tourmenter dans ses rêves ? Je connais ce regard fou qu'il avait : qu'il avait quand il est venu chercher son pistolet, quand il a emmené April avec lui... on dirait que j'ai aussi besoin d'un psychiatre, hein ? Ah ah ! Eh bien non, je vais très bien, j'ai simplement besoin d'un coup de main pour lutter contre le fantôme de Gilmore.

Un matin Nicole était assise dans sa cuisine, dans le petit appartement qu'elle louait maintenant dans une petite ville de l'Oregon où elle avait fini par échouer après Los Angeles, et elle prenait le café avec le type qui avait passé la nuit avec elle. Elle cherchait quelque chose sur la table quand tout d'un coup sa main lui parut bizarre. Elle vit que l'anneau d'Osiris que Gary lui avait donné était cassé. La monture s'était fendue.

Au cours des derniers mois, elle était arrivée à pas mal se contrôler, mais tout d'un coup ça lui fit si mal qu'elle se mit à hurler là devant sa table, deux secondes après avoir vu la bague cassée. C'était la première fois qu'elle pleurait un bon coup sur Gary depuis longtemps, depuis au moins un mois.

Elle n'était plus sûre que Gary existait encore. Elle ne savait pas si elle pouvait y croire. Il n'était plus tellement présent dans son esprit. Peut-être bien qu'il était vraiment mort.

7

A Noël 1977, Vern acheta des haltères et les apporta à la prison d'État de l'Utah pour les détenus. Gary lui avait demandé de le faire après l'exécution.

Ça n'avait pas été une bonne année et ça ne s'était pas arrangé. La jambe de Vern allait si mal qu'il avait besoin d'une autre opération, mais il n'avait pas d'argent. Comme il ne pouvait pas rester sur ses jambes toute une journée, il avait dû vendre son magasin, et puis il y avait les procès contre la succession de Gary. L'État d'Utah le poursuivait pour les honoraires de Snyder et Esplin, et les compagnies qui avaient assuré Max Jensen sur la vie faisaient un procès. Il y avait aussi une demande de un million de dollars en dommages et intérêts de Debbie Buschnell. De plus, Ida eut une grave attaque et pendant trois semaines Vern lui fit prendre ses trois repas par jour à l'hôpital et essaya de lui réapprendre à marcher et à parler. Comme sa note d'hôpital s'élèverait à vingt mille dollars, il ne pensa plus à sa propre opération.

8

Depuis le jour où Brenda lui avait annoncé que Gary avait commis des meurtres, Bessie avait une jambe qui se tordait à la cheville. En outre, depuis le jour où Gary avait été exécuté, cette jambe ne lui permettait plus de marcher. Jusqu'alors, elle avait pu aller jusqu'au bureau pour le courrier. Maintenant, alors que le bureau n'était qu'à trois caravanes plus loin, elle n'essayait même pas. La jambe refusait son office.

Assise dans son fauteuil, elle se rappelait la maison hantée de Salt Lake, où elle avait comme voisine cette charmante dame juive. Bessie pensait que la présence qui vivait dans la maison, cette présence contre laquelle cette charmante dame juive l'avait mise en garde, avait dû en ces années-là commencer à vivre dans l'esprit de Gary.

Elle apprit alors que Ida avait eu une attaque. Un soir, Vern était rentré chez lui et avait trouvé Ida frappée par une attaque. Bessie aurait pu le lui dire à l'avance. Ceux qui s'étaient attachés à Gary voilà longtemps dans cette maison de Salt Lake avaient dû récemment s'attacher à Ida. Toutefois, Bessie ne voulut pas en parler à Vern. Tout compte fait, elle ne connaissait pas assez bien Vern pour lui annoncer que l'apparition était maintenant chez lui.

Elle pensa toutefois à sa belle-mère Fay et à la vieille maison de Sacramento où les meubles refusaient de rester en place. Bessie était assise dans son fauteuil, au milieu des tasses de café et des soucoupes qui traînaient sur la table de sa caravane, elle était là dans sa chemise de nuit fanée qui semblait avoir cent ans et elle se disait : « J'ai atteint le point de non-retour vers l'enfer. »

Devant le parc des caravanes, des automobiles roulaient sur McLaughlin Boulevard. De temps en temps, une voiture passait sous l'arche en bois délabrée de l'entrée, continuait jusqu'à ses fenêtres sombres et s'arrêtait. Elle les sentait qui regardaient. Elle avait reçu des lettres de menaces et ne s'en souciait pas. Des lettres qui ne pouvaient pas toucher une femme dont le fils avait reçu quatre balles dans le cœur.

Il y avait aussi des lettres de gens qui avaient écrit des chansons sur Gary et qui demandaient l'autorisation de les publier. Elle les ignorait tout autant.

Elle se contentait de rester là assise. Si une voiture arrivait la nuit, entrait dans le parc des caravanes et ralentissait, si elle s'arrêtait, Bessie savait que quelqu'un dans cette voiture se disait qu'elle était seule derrière la fenêtre. Alors elle songeait : « S'ils veulent me tirer dessus, j'ai le même genre de cran que Gary. Qu'ils viennent. »

Du fond de mon donjon
  je t'accueille
Du fond de mon donjon
  je respecte ta peur
Au fond de mon donjon
  j'habite.
Je ne sais pas
  si je te souhaite du bien.

Du fond de mon donjon
  je t'accueille
Du fond de mon donjon
  je respecte ta peur
Au fond de mon donjon
  j'habite.
Un baiser sanglant
  de celui qui te souhaite du bien.

(vieille chanson de prison)

EN GUISE
DE POSTFACE

1

CE livre fait de son mieux pour être un récit fondé sur des faits et des activités de Gary Gilmore et des hommes et des femmes qui l'ont connu dans la période du 9 avril 1976, où il a été libéré du pénitencier de Marion, dans l'Illinois, jusqu'à son exécution un peu plus de neuf mois plus tard à la prison d'État de l'Utah. *Le Chant du bourreau* est donc directement fondé sur des interviews, des documents, des comptes rendus d'audiences et autre matériel original recueillis au cours d'un certain nombre de voyages dans l'Utah et l'Oregon. Plus de cent personnes ont été interviewées, plus un certain nombre par téléphone. Le total, avant d'en faire le compte, arrivait à quelque chose comme trois cents séances et leur durée varie de quinze minutes à quatre heures. Peut-être une dizaine de personnes ont enregistré chacune plus de dix heures. Et il est certain qu'au cours des trente derniers mois, les interviews de Nicole Baker ont dû atteindre trente heures, les conversations avec Bessie Gilmore dépassent sans doute ce chiffre. On peut affirmer sans exagération que la transcription totale de toutes les conversations enregistrées approcherait quinze mille pages.

C'est à partir de ces révélations que ce livre a été bâti et le récit est aussi exact que possible. Cela ne veut pas dire qu'il approche beaucoup plus de la vérité que les souvenirs de témoins. Si les événements importants ont été corroborés par d'autres récits dans la mesure du possible, ce n'était pas toujours possible, étant donné la nature de l'histoire et, bien sûr, deux témoignages sur le même épisode étaient souvent très différents. Dans ces cas-là, l'auteur a choisi la version qui lui semblait la plus probable. Ce serait pure vanité que de supposer qu'il a toujours eu raison.

Un temps considérable a été consacré à essayer d'établir la succession des événements. La documentaliste, Jere Herzenberg, a découvert que les gens avaient des défaillances de mémoire caractéristiques. Certains se rappelaient toujours divers épisodes comme ayant eu lieu à quelques jours d'intervalle alors qu'en fait, si on avait établi à partir d'autres sources un calendrier provisoire, telle aventure pouvait se situer à deux semaines d'une autre. Comme une chronologie précise se révéla bientôt aussi cruciale pour comprendre les mobiles, tous les efforts ont été faits pour y parvenir, et pas seulement dans l'intérêt de l'histoire. On comprenait mieux un caractère quand la chronologie était exacte. Bien sûr, il n'était pas toujours possible de donner une date précise pour plus d'un événement (par exemple, la nuit de printemps où Nicole et Gary s'ébattaient dans ce champ derrière l'asile). On ne pouvait que le situer approximativement dans l'espoir de n'avoir commis aucune erreur trop grave.

Le matériel de seconde main, comme les citations de journaux, permettait quelques libertés. On a parfois supprimé des mots ou des phrases sans le marquer par des parenthèses et, à de très rares occasions, on a déplacé une phrase ou transposé un paragraphe. Non pas pour rendre le texte de l'article plus frappant ou plus absurde ; c'était plutôt pour éviter des répétitions ou supprimer des allusions susceptibles d'embrouiller le lecteur.

Les interviews de Gilmore ont été dégrossies et

de temps en temps une phrase a été transposée. Ce n'était pas tant pour améliorer ses propos que pour le traiter convenablement, le traiter, disons, à peu près comme on le ferait pour des remarques qu'on aurait faites soi-même en en rédigeant la transcription. Le passage du parler à l'écrit n'en exige pas moins.

Avec les lettres de Gilmore, toutefois, il semblait juste de le présenter à un niveau supérieur à sa moyenne. On tenait à bien montrer son influence sur Nicole et la meilleure façon d'y parvenir était de laisser son esprit exercer son impact sur nous. D'ailleurs, il écrivait bien par moments. Ses bonnes lettres sont pratiquement intactes.

L'auteur enfin voudrait faire aveu d'invention. La *Vieille chanson de prison* qu'on trouve au début et à la fin de ce livre n'est pas, hélas ! un refrain ancien mais une création écrite par l'auteur voilà dix ans pour son film *Maidstone*.

Aussi le contre-interrogatoire auquel John Woods procède sur un psychiatre qui prescrit de la prolixine vient en fait d'une interview faite deux ans plus tard par Lawrence Schiller et moi-même et placée dans la bouche du docteur Woods avec son aimable autorisation.

En outre, les noms et les détails permettant d'identifier certains personnages ont été changés pour protéger leur vie privée. Il va de soi que toute ressemblance entre leurs noms fictifs et ceux de personnes vivantes ou disparues serait pure coïncidence.

2

Il est toujours présomptueux de dire qu'un livre n'aurait pu être écrit sans la contribution de certaines personnes puisque cela suppose au préalable que le livre valait la peine d'être écrit. Toutefois, étant donné la longueur de cet ouvrage, je peux sans risque d'erreur supposer que tout lecteur qui est parvenu aussi loin a dû trouver quelque intérêt aux pages précédentes. Qu'il soit donc précisé que sans la coopération de Nicole Baker, il n'aurait pas été possible d'écrire ce récit fondé sur les faits — cette *histoire vraie d'une vie*, j'ose le dire, sans les vrais noms et les véritables existences — comme s'il s'agissait d'un roman. Mais, étant donné les détails intimes que Nicole Baker a bien voulu communiquer à Schiller puis à moi, j'avais une richesse narrative suffisante dès le départ pour me sentir encouragé à en chercher davantage.

Comme il a déjà été précisé dans les dernières pages du livre, c'est surtout Lawrence Schiller qui a recueilli ces interviews de Nicole ; nombre d'entre elles ont été terminées avant même qu'on ait la certitude que j'allais me charger de cette tâche. Dans les mois qui ont suivi l'exécution de Gilmore, Schiller allait chaque semaine à Provo ou à Salt Lake et enregistrait deux ou trois longues interviews par jour. En mai 1977, lorsque les contrats furent signés, et que j'ai pu commencer à m'atteler à la tâche, Schiller avait déjà recueilli quelque chose comme soixante interviews et il allait en ajouter encore autant et faire d'innombrables voyages en Utah et en Oregon. Ce fut la première de ses inestimables contributions à ma tâche ; l'autre, ce fut de bien vouloir se laisser interviewer lui-même. Peut-être a-t-il tenu à avoir le meilleur livre possible, mais Schiller a posé pour son portrait et tracé la carte de ses moindres défaillances. Il a confié ses secrets, persuadé sans doute que, ses vieilles méthodes révélées, cela l'inciterait désormais à recourir à des techniques plus raffinées ; aussi, a-t-il non seulement livré le contenu de ses visions mais aussi la logique de ses vilaines combines et, dans les mois qui ont suivi, il n'en a pas éprouvé de regrets. Sans Schiller, cela n'aurait pas été possible d'écrire la seconde moitié du *Chant du bourreau*. Ma profonde reconnaissance donc à Nicole Baker et à Lawrence Schiller.

Il y en a d'autres que j'aimerais remercier pour m'avoir apporté une contribution qui a dépassé mes espérances. Vern Damico, Bessie Gilmore et Brenda Nicol sont trois noms qui me viennent aussitôt à l'esprit ; leur apport a été considérable et ils m'ont donné sans compter leur temps en étant toujours disponibles pour vérifier des contradictions ou des détails, aussi bien que pour apporter à cet ouvrage leur touche personnelle. Une partie d'ailleurs du plaisir que j'ai trouvé à écrire ce livre tient à ce que j'ai fait leur connaissance. Je tiens à remercier presque autant April Charles, Kathryne Rikki et Sterling Baker ainsi que Jim Barrett, Dennis Boaz, Earl Dorius, Barry Farrell, Pete Galovan, Richard Gibbs, Toni Gurney, Grace McGinnis, Spencer McGrath, Robert Moody, Ron Stanger, Judith Wolbach et le docteur John Woods, mais il est vrai qu'instaurer de telles catégories est injuste pour tous les autres qui ont été interviewés, puisque presque tous n'ont pas ménagé leurs efforts pour décrire leur rôle dans cette histoire. Qu'on me permette de citer ici leurs noms : Anthony Amsterdam, Wade Anderson, Gil Athay, Cathy Baker, Ruth Ann Baker, Sue Baker, M. et Mme T.S. Baker, Jay Barker, Bill Barrett, Marie Barrett, Thomas Barrett, Cliff Bonnors, Alvin J. Bronstein, Brent Bullock, le juge J. Robert Bullock, Chris Caffee, David Caffee, Ken Cahoon, Cline Campbell, le docteur L. Grant Christensen, Rusty Christiansen, Glade Christiansen, Val Conlin, Mont Court, Virginius (Jinks) Dabney, Ida Damico, Michael Deamer, Pam Dudson, Porter Dudson, Roger Eaton, Michael Esplin, M. et Mme Norman Fulmer, Elizabeth Galovan, Richard Giauque, Frank Gilmore Jr, Stanley Greenberg, Steven Groh, le docteur Grow, Howard Gurney, Phil Hansen, Robert Hansen, Ken Halterman, Doug Hiblar, le docteur Howells, Alex Hunt, Julie Jacoby,

Albert Johnson, Dave Johnston, le juge David T. Lewis ; Kathy Maynard, Wayne McDonald, le Révérend Thomas Meersman, Bill Moyers, Johnny Nicol, Gerald Nielsen, le capitaine Nolan, Martin Ontiveros, Glen Overton, le lieutenant Peacock, Shirley Pedley, Margie Quinn, Lu Ann Reynolds, Michael Rodak, Jerry Scott, Craig Smay, le lieutenant Skinner, Lucinda Smith, Tamera Smith, Craig Snyder, Davis Susskind, Craig Taylor, Frank Taylor, Julie Taylor, Wally (l'Australien), Wayne Watson, le docteur Wesley Weissart, Noall Wootton.

Don Adler, T. Aiken, Paul J. Akins, Mildred Balser, Mary Bernardie, Frank Blalm, Tony Borne, Mark Brown, Vince Capitano, le directeur Hoyt Cupp, Dynamite Shave, LeRoy Earp, Richard Frazier, Duane Fulmer, Sally Hiblar, Mildred Hillman, le docteur Jarvis, l'inspecteur Jensen, Tom Lydon, Harry Miller, John Mills, Bill Newall, Andrew Newton, le docteur Allen Roe, le lieutenant Lawrence Salchenberger, l'évêque Seeley, Linda Strokes, le capitaine Wadman, le capitaine Harold Whitley, Tolly Williams, le docteur Joe Winter ont aussi été interviewés. Pour des raisons de construction du livre, ils ne figurent pas (à part une allusion parfois à leur nom) dans les pages de cet ouvrage, mais leur influence n'en a pas été diminuée pour autant. De nombreux déplacements ont été effectués à la prison d'État de l'Oregon pour interviewer les gardiens et les prisonniers qui avaient connu Gilmore au cours des nombreuses années qu'il avait passées dans cet établissement, et l'auteur a été grandement aidé dans sa compréhension de la vie carcérale, du côté officiel par le directeur Hoyt Cupp qui a fourni une coopération précieuse et notamment en faisant part de son opinion personnelle sur les conditions d'emprisonnement, par le capitaine Whitley, le lieutenant Salchenberger et les responsables des quartiers de haute surveillance, par Paul J. Akins, Vince Capitano, LeRoy Earp, Andrew Newton et Tolly Williams pour leurs souvenirs de

Gilmore lorsqu'il partageait leur détention. L'auteur doit aussi beaucoup à Duane Fulmer qui a fourni un manuscrit clair, bien écrit et extrêmement détaillé de la vie à l'École de garçons MacLaren. Ces contributions, si elles n'apparaissent pas directement dans le livre, ont constitué une matière indispensable, un ensemble de documentation personnelle qui ont permis de mieux comprendre certains des agissements de Gilmore dans les neuf derniers mois de sa vie. Il faut ajouter à cela les lettres de Jack H. Abbott, un détenu qui a passé une grande partie de sa vie dans les prisons de l'Ouest et qui m'a adressé une série de lettres exceptionnelles, tout à fait dignes d'être publiées, qui définissent le code, la morale, l'angoisse, la philosophie, les pièges, l'orgueil et la recherche de l'inviolabilité chez les détenus endurcis, et ce dans une langue dont je n'ai pas rencontré l'équivalent dans la littérature de prison de ces dernières années.

Mikal Gilmore a été assez aimable pour me communiquer son article publié dans *Rolling Stone* du 10 mars 1977, au sujet des visites qu'il avait faites à son frère, et Sam Smith m'a autorisé à visiter sa prison.

Il convient aussi de faire une mention toute particulière de Colleen Jensen et de Debbie Buschnell pour avoir consenti à me faire un portrait de leurs maris et se contraindre par là même à revivre les heures les plus douloureuses et les plus bouleversantes de leur existence. Aucune interview n'a été plus pénible tant pour l'interviewé que pour l'interviewer et aucune n'a été plus précieuse pour l'équilibre de ce livre.

Pour leur assistance dans la recherche de la documentation et dans la dactylographie, il convient de remercier aussi Janet Barkas, Dean Brooks, Sœur Bernadette Ann, Clayton Brough, Murray L. Calvert, Molly Malone Cook, Peter Frawley, Kathleen Garrity, Lenny Hat, Jere Herzenberg,

Diana Broede Hess, Susan Levin, Francis Lorsen, Mary Oliver, Donna Pode, Dave Schwendiman, Martha Thomases et Mike Mattil qui a fait un gigantesque travail de correction littéraire avec un talent et une rapidité extraordinaires.

A ceux qui ont bien voulu lire et commenter ce manuscrit : Norris Church, Berbard Farbar, Carol Goodson, Robert Lucid, Scott Meredith, Stephanie Schiller et John T. Williams s'adresse ma gratitude sans bornes. J'aimerais ajouter ici le nom de Judith McNally, qui non seulement a lu et commenté ce manuscrit, mais a passé dix ans à travailler pour moi en tant que secrétaire, enquêteuse, documentaliste et lectrice. Sans elle ce livre n'aurait pu être écrit en quinze mois.

Je voudrais enfin saluer la mémoire de cet admirable et fin passionné de littérature qu'était Larned G. Bradford, de chez Little, Brown, qui a disparu le 12 mai 1979. Il a été mon éditeur-conseil pendant dix ans, et il aurait été content de voir cet ouvrage publié.

TABLE

LIVRE PREMIER : VOIX DE L'OUEST

Première partie : GARY

Deuxième partie : NICOLE

Troisième partie : GARY ET NICOLE

Quatrième partie : LE POSTE D'ESSENCE ET LE MOTEL

Cinquième partie : LES OMBRES DU RÊVE

Sixième partie : LE PROCÈS DE GARY M. GILMORE

Septième partie : LE CORRIDOR DE LA MORT

LIVRE II : VOIX DE L'EST

Première partie : SOUS LE RÈGNE DU BON ROI BOAZ

Deuxième partie : DROITS EXCLUSIFS

Troisième partie : LA GRÈVE DE LA FAIM

Quatrième partie : LA SAISON DES VACANCES

Cinquième partie : PRESSIONS

DU MÊME AUTEUR

Chez le même éditeur :

BIVOUAC SUR LA LUNE, 1971.
PRISONNIER DU SEXE, 1971.
UN CAILLOU AU PARADIS, 1974.
MÉMOIRES IMAGINAIRES DE MARILYN, 1982.

Composition réalisée par C.M.L. Montrouge

IMPRIMÉ EN FRANCE PAR BRODARD ET TAUPIN
7, bd Romain-Rolland - Montrouge - Usine de La Flèche.
LIBRAIRIE GÉNÉRALE FRANÇAISE.
ISBN : 2 - 253 - 02966 - 1

30/5650/4